COORDENADORES
NELSON ROSENVALD
MARCELO MILAGRES

PREFÁCIO DE
DONAL NOLAN

2018

Responsabilidade Civil
Novas Tendências

Adriano Marteleto Godinho • Adisson Leal • Alexandre Bonna • Alexandre Dartanhan de Mello Guerra • Ana Rita de Figueiredo Nery • Atalá Correia • Bruno Leonardo Câmara Carrá • Catarina Helena Cortada Barbieri • Christian Sahb Batista Lopes • Christiano Cassettari • Daniel Ustárroz • Diogo Leonardo Machado de Melo • Elcio Nacur Rezende • Fabiana Rodrigues Barletta • Felipe Braga Netto • Felipe Teixeira Neto • Fernanda Ivo Pires • Flaviana Rampazzo Soares • Guilherme Magalhães Martins • Hercules Alexandre da Costa Benício • Juliana de Sousa Gomes Lage • João Victor Rozatti Longhi • Karina Nunes Fritz • Lucas Magalhães de Oliveira Carvalho • Luciana Dadalto • Luciana Fernandes Berlini • Marcos Ehrhardt Júnior • Marcelo Benacchio • Marcelo de Oliveira Milagres • Marcos Catalan • Michael César Silva • Nelson Rosenvald • Pablo Malheiros da Cunha Frota • Pastora do Socorro Teixeira Leal • Patrícia Faga Iglecias Lemos • Rafael Peteffi da Silva • Raphael Abs Musa de Lemos • Raquel Bellini de Oliveira Salles • Renata Domingues Balbino Munhoz Soares • Roberta Densa • Samuel Vinícius da Silva • Sérgio Savi • Thaís G. Pascoaloto Venturi • Tula Wesendonck • Tom Alexandre Brandão

SEGUNDA EDIÇÃO

2018 © Editora Foco

Coordenadores: Nelson Rosenvald e Marcelo de Oliveira Milagres

Autores: Adisson Leal, Adriano Marteleto Godinho, Alexandre Bonna, Alexandre Dartanhan de Mello Guerra, Ana Rita de Figueiredo Nery, Atalá Correia, Bruno Leonardo Câmara Carrá, Catarina Helena Cortada Barbieri, Christian Sahb Batista Lopes, Christiano Cassettari, Daniel Ustárroz, Diogo Leonardo Machado de Melo, Elcio Nacur Rezende, Fabiana Rodrigues Barletta, Felipe Braga Netto, Felipe Teixeira Neto, Fernanda Ivo Pires, Flaviana Rampazzo Soares, Guilherme Magalhães Martins, Hercules Alexandre da Costa Benício, João Victor Rozatti Longhi, Juliana de Souza Gomes Lage, Karina Nunes Fritz, Lucas Magalhães de Oliveira Carvalho, Luciana Dadalto, Luciana Fernandes Berlini, Marcelo Benacchio, Marcelo de Oliveira Milagres, Marcos Catalan, Marcos Ehrhardt Júnior, Michael César Silva, Nelson Rosenvald, Pablo Malheiros da Cunha Frota, Pastora do Socorro Teixeira Leal, Patrícia Faga Iglecias Lemos, Rafael Peteffi da Silva, Raphael Abs Musa de Lemos, Raquel Bellini de Oliveira Salles, Renata Domingues Balbino Munhoz Soares, Roberta Densa, Samuel Vinícius da Silva, Sérgio Savi, Thaís G. Pascoaloto Venturi, Tom Alexandre Brandão e Tula Wesendonck

Diretor Acadêmico: Leonardo Pereira
Editor: Roberta Densa
Assistente Editorial: Paula Morishita
Revisora Sênior: Georgia Renata Dias
Capa Criação: Leonardo Hermano
Diagramação: Ladislau Lima
Impressão miolo e capa: Gráfica EXPRESSÃO & ARTE

Dados Internacionais de Catalogação na Publicação (CIP)
de acordo com ISBD

R434

Responsabilidade civil: novas tendências / Nelson Rosenvald [et al.] ; organizado por Nelson Rosenvald, Marcelo Milagres. – 2. ed. – Indaiatuba, SP : Editora Foco, 2018.

580 p. : il. ; 17cm x 24cm.

Vários autores.

ISBN: 978-85-8242-241-0

1. Responsabilidade civil. I. Rosenvald, Nelson. II. Milagres, Marcelo. III. Título.

2018-188   CDD 342.151   CDU 347.53

Elaborado por Vagner Rodolfo da Silva - CRB-8/9410
Índices para Catálogo Sistemático:
1. Responsabilidade civil 342.151   2. Responsabilidade civil 347.53

DIREITOS AUTORAIS: É proibida a reprodução parcial ou total desta publicação, por qualquer forma ou meio, sem a prévia autorização da Editora FOCO, com exceção do teor das questões de concursos públicos que, por serem atos oficiais, não são protegidas como Direitos Autorais, na forma do Artigo 8º, IV, da Lei 9.610/1998. Referida vedação se estende às características gráficas da obra e sua editoração. A punição para a violação dos Direitos Autorais é crime previsto no Artigo 184 do Código Penal e as sanções civis às violações dos Direitos Autorais estão previstas nos Artigos 101 a 110 da Lei 9.610/1998. Os comentários das questões são de responsabilidade dos autores.

NOTAS DA EDITORA:

Atualizações e erratas: A presente obra é vendida como está, atualizada até a data do seu fechamento, informação que consta na página II do livro. Havendo a publicação de legislação de suma relevância, a editora, de forma discricionária, se empenhará em disponibilizar atualização futura.

Erratas: A Editora se compromete a disponibilizar no site www.editorafoco.com.br, na seção Atualizações, eventuais erratas por razões de erros técnicos ou de conteúdo. Solicitamos, outrossim, que o leitor faça a gentileza de colaborar com a perfeição da obra, comunicando eventual erro encontrado por meio de mensagem para contato@editorafoco.com.br. O acesso será disponibilizado durante a vigência da edição da obra.

Impresso no Brasil (03.2018) – Data de Fechamento (03.2018)

2018
Todos os direitos reservados à
Editora Foco Jurídico Ltda.
Al. Júpiter 542 – American Park Distrito Industrial
CEP 13347-653 – Indaiatuba – SP
E-mail: contato@editorafoco.com.br
www.editorafoco.com.br

Sumário

FOREWORD
Professor Donal Nolan 1

APRESENTAÇÃO
Nelson Rosenvald e Marcelo de Oliveira Milagres 5

PRINCÍPIOS E FUNDAMENTOS DA RESPONSABILIDADE CIVIL

FUNDAMENTOS FILOSÓFICOS DA RESPONSABILIDADE CIVIL: MAPA PARA UMA DISCUSSÃO
Catarina Helena Cortada Barbieri 15

RESPONSABILIDADE CIVIL: QUESTÕES ATUAIS
Daniel Ustárroz 27

***HONESTE VIVIRE*: PRINCÍPIO INSPIRADOR DA RESPONSABILIDADE CIVIL**
Fernanda Ivo Pires 35

APONTAMENTOS PARA UMA TEORIA GERAL DA RESPONSABILIDADE CIVIL NO BRASIL
Marcos Ehrhardt Júnior 45

BREVES NOTAS SOBRE A ANÁLISE ECONÔMICA DA RESPONSABILIDADE CIVIL
Thaís G. Pascoaloto Venturi 73

PRESSUPOSTOS E MODALIDADES DE RESPONSABILIDADE CIVIL

DANOS MORAIS E O NOVO CPC: PROPOSTA DE INVERSÃO DAS ETAPAS DO MÉTODO BIFÁSICO DE ARBITRAMENTO DA INDENIZAÇÃO
Adisson Leal 87

ANÁLISE CRÍTICA DA INDENIZAÇÃO PUNITIVA E RESPONSABILIDADE OBJETIVA NO BRASIL À LUZ DA TEORIA DE JULES COLEMAN
Alexandre Bonna 97

RESPONSABILIDADE CIVIL POR ABUSO DO DIREITO: ENSAIO POR UMA COMPREENSÃO CONTEMPORÂNEA DO EXERCÍCIO DISFUNCIONAL DO DIREITO
Alexandre Dartanhan de Mello Guerra 109

TODO DANO É DANO INDENIZÁVEL?
Bruno Leonardo Câmara Carrá 129

O CHAMADO "DUTY TO MITIGATE" NA RESPONSABILIDADE CIVIL EXTRACONTRATUAL
Christian Sahb Batista Lopes 141

CONSIDERAÇÕES SOBRE A BOA-FÉ NA RESPONSABILIDADE CIVIL EXTRACONTRATUAL
Diogo Leonardo Machado de Melo 151

RESPONSABILIDADE CIVIL AGRAVADA PELO RISCO/PERIGO DA ATIVIDADE: UM DIÁLOGO ENTRE OS SISTEMAS JURÍDICOS ITALIANO E BRASILEIRO
Felipe Teixeira Neto 163

A RESPONSABILIDADE PRÉ-CONTRATUAL POR RUPTURA INJUSTIFICADA DAS NEGOCIAÇÕES
Karina Nunes Fritz 175

BREVES NOTAS SOBRE A (DES)PATRIMONIALIZAÇÃO DA RESPONSABILIDADE CIVIL: AINDA A FUNDAMENTALIDADE DO DANO
Marcelo de Oliveira Milagres 189

UM ENSAIO INCONCLUSIVO A PARTIR DE FRAGMENTOS DE UMA DECISÃO JUDICIAL: ENTRE CHANCES PERDIDAS, REALIDADES NÃO VIVIDAS E A GÊNESE (OU NÃO) DO DEVER DE REPARAR
Marcos Catalan 197

O "MÍNIMO COMPENSATÓRIO" PENAL: UMA INOVAÇÃO BRASILEIRA
Nelson Rosenvald 205

RESPONSABILIDADE POR DANOS E A SUPERAÇÃO DA IDEIA DA RESPONSABILIDADE CIVIL: REFLEXÕES
Pablo Malheiros da Cunha Frota 225

DANO NORMATIVO OU DE CONDUTA PELA VIOLAÇÃO DE NORMAS DE PROTEÇÃO
Pastora do Socorro Teixeira Leal 243

ANTIJURIDICIDADE NA RESPONSABILIDADE CIVIL EXTRACONTRATUAL: PROBLEMAS TERMINOLÓGICOS E AMPLITUDE CONCEITUAL
Rafael Peteffi da Silva 257

O ASPECTO MULTIFACETÁRIO DA RESPONSABILIDADE OBJETIVA E AS OSCILAÇÕES JURISPRUDENCIAIS NA APLICAÇÃO DO PARÁGRAFO ÚNICO DO ARTIGO 927 DO CÓDIGO CIVIL
Raquel Bellini de Oliveira Salles 275

QUANDO O ILÍCITO NÃO COMPENSA: A SOLUÇÃO DOGMÁTICA PARA O LUCRO DA INTERVENÇÃO
Sérgio Savi 287

RESPONSABILIDADE CIVIL AMBIENTAL E NAS RELAÇÕES DE CONSUMO

A RESPONSABILIDADE CIVIL PELOS RESÍDUOS DO PRODUTO NO PÓS-CONSUMO
Atalá Correia 303

RESPONSABILIDADE CIVIL AMBIENTAL: UMA SUPERAÇÃO DO DISCURSO DE AUTORIDADE INSCULPIDO PELA TEORIA DO RISCO INTEGRAL
Elcio Nacur Rezende 319

O DIREITO À AUTONOMIA DO CONSUMIDOR DE PLANOS DE SAÚDE IDOSO E DOENTE E A RESPONSABILIDADE CIVIL DO FORNECEDOR DOS SERVIÇOS DE SAÚDE
Fabiana Rodrigues Barletta e Juliana de Sousa Gomes Lage 333

RESPONSABILIDADE CIVIL DO PROVEDOR INTERNET PELOS DANOS À PESSOA HUMANA NOS SITES DE REDES SOCIAIS
Guilherme Magalhães Martins e João Victor Rozatti Longhi 353

CONCESSÃO ABUSIVA DE CRÉDITO PELOS BANCOS ENQUANTO ATIVIDADE DE RISCO NA PERSPECTIVA DA RESPONSABILIDADE CIVIL
Marcelo Benacchio 381

CONTORNOS ATUAIS DA RESPONSABILIDADE CIVIL POR DANOS AO MEIO AMBIENTE
Patrícia Faga Iglecias Lemos 391

CRIANÇA CONSUMIDORA: A RESPONSABILIDADE DOS PAIS EM RELAÇÃO AOS FILHOS FRENTE AOS DESAFIOS DA SOCIEDADE DE CONSUMO
Roberta Densa 403

A RESPONSABILIDADE CIVIL PELOS DANOS DECORRENTES DOS RISCOS DO DESENVOLVIMENTO DOS PRODUTOS POSTOS EM CIRCULAÇÃO
Tula Wesendonck 419

RESPONSABILIDADE CIVIL NO DIREITO DAS FAMÍLIAS

A RESPONSABILIDADE CIVIL DE QUEM NÃO REGISTRA FILHOS
Christiano Cassettari 435

DA RESPONSABILIDADE CIVIL NAS RELAÇÕES PATERNO-FILIAIS: A COMPENSAÇÃO POR DANOS MORAIS EM RAZÃO DO EXERCÍCIO ABUSIVO DA AUTORIDADE PARENTAL
Luciana Fernandes Berlini 453

AINDA SOBRE O ABANDONO AFETIVO: REFLEXÕES SOBRE AS CONSEQUÊNCIAS DE UMA CONDENAÇÃO AO PAGAMENTO DE INDENIZAÇÃO
Tom Alexandre Brandão 465

RESPONSABILIDADE CIVIL NA ÁREA MÉDICA

A RESPONSABILIDADE CIVIL DOS PROFISSIONAIS DA SAÚDE PELA VIOLAÇÃO DA AUTONOMIA DOS PACIENTES
Adriano Marteleto Godinho 479

CONSENTIMENTO INFORMADO: PANORAMA E DESAFIOS
Flaviana Rampazzo Soares 491

INVESTIR OU DESISTIR: ANÁLISE DA RESPONSABILIDADE CIVIL DO MÉDICO NA DISTANÁSIA
Luciana Dadalto.. 503

RESPONSABILIDADE CIVIL DOS FABRICANTES DE CIGARROS

RESPONSABILIDADE CIVIL E TABACO
Michael César Silva, Lucas Magalhães de Oliveira Carvalho e Samuel Vinícius da Silva 517

A RESPONSABILIDADE CIVIL DA INDÚSTRIA TABAGISTA PELOS DANOS CAUSADOS AO FUMANTE
Renata Domingues Balbino Munhoz Soares 531

RESPONSABILIDADE CIVIL DOS NOTÁRIOS E REGISTRADORES

A RESPONSABILIDADE CIVIL DE NOTÁRIOS E REGISTRADORES
Hercules Alexandre da Costa Benício e Raphael Abs Musa de Lemos............ 543

RESPONSABILIDADE CIVIL DO ESTADO

RESPONSABILIDADE CIVIL E SERVIÇOS PÚBLICOS: UM ESPAÇO DE CONVIVÊNCIA ENTRE A AUTORIDADE E A CONSENSUALIDADE
Ana Rita de Figueiredo Nery.. 557

VIOLÊNCIA URBANA E RESPONSABILIDADE CIVIL: ALGUMAS PERGUNTAS E UM VASTO SILÊNCIO
Felipe Braga Netto 567

FOREWORD

It is an honour and a privilege to be asked to write the foreword to this collection of contributions on Brazilian tort law, which marks the birth of the Brazilian Group on Tort Law, a group that consists of some 35 professors, judges and legal practitioners who have each made a significant contribution to the development of tort law in Brazil.

The English word 'tort' derives from the old French word meaning 'wrong' and in the common law world a tort can be defined as 'a civil wrong, other than a breach of contract or an equitable wrong'. The concept cannot straightforwardly be transposed into civil law systems, such as that of Brazil, where the legal rules that most closely approximate to tort law in common law systems concern the law of civil responsibility, which is to say, loosely speaking, the law relating to non-contractual liability arising out of damage caused to another. Nevertheless, the connections between the two categories of legal rule are strong, and there is much that common lawyers can learn from civilian thinking in this area, and vice versa. With that in mind, I propose to offer a brief overview of the structure of, and the key concepts employed in, the law of tort in the modern common law.

At considerable risk of simplification, we can say that in civil law systems two main approaches are taken to the structuring of the law of tort. One approach is to provide a list of rights or interests which the law protects against unlawful interference. This approach is taken, for example, in German law, where § 823(1) of the BGB gives protection only to the rights listed in the provision. The alternative approach is to employ a general clause imposing liability for damage caused by fault, without the law being limited to the protection of particular rights or interests. The classic example of a 'general clause' of this kind is article 1240 (formerly article 1283) of the French *Code civil*.

In common law systems, such as English law, the modern law of torts is a combination of these two approaches. Historically, there were particular causes of action protecting particular rights or interests. These so-called 'nominate torts' had some similarities with the 'protected rights' approach taken by, for example, German law. However, the last 150 years or so has seen the development of general principles of negligence liability in common law systems which are more reminiscent of the French general clause, and which operate alongside the older right- or interest-based causes of action. This hybrid approach appears unsystematic and untidy, although a case can be made for saying that combining narrowly defined causes of action protective of particular rights or interests with a more general liability for negligent conduct causing damage achieves a satisfactory balance between the specific and the general in this context.

The nominate torts recognised by common law systems can be divided up by reference to the interest which they protect. *Real property* interests, for example, are protected by the torts of trespass to land and private nuisance, and also by the so-called 'rule in *Rylands v Fletcher*', which imposes strict liability for damage done to real property interests as the result of the escape of a dangerous thing from neighbouring property. As for *personal property* interests, these are protected by the torts of trespass to goods and conversion. *Reputation* is protected by the torts of libel and slander, which are collectively known as 'defamation' (the distinction between the two is that libel deals with defamatory statements in a permanent form, and slander with spoken statements). And finally, *bodily integrity* is protected by the tort of battery, and *freedom of movement* by the tort of false imprisonment.

By contrast, the 'super-tort' of negligence is defined, not by reference to a particular protected interest, but instead by the nature of the defendant's conduct. Three of the basic building blocks of the negligence cause of action, namely fault, damage and causation, will be familiar to civilian lawyers cognisant of the French 'general clause'. In addition, however, common law systems add a fourth building block, the so-called 'duty of care', an umbrella concept which enables the courts to decide whether in this *type or category of case* it is appropriate to countenance the possibility of negligence liability. The duty of care concept is rarely an issue in the most straightforward of negligence cases, where a positive act of the defendant has caused physical harm to the claimant's person or property, but it becomes of much greater significance in other types of case, such as those concerning psychiatric injury, pure economic loss, and negligent omissions.

Alongside the old nominate torts and the tort of negligence we can also observe in common law systems a number of forms of liability imposed by legislation, which are defined by reference to the way in which the harm comes about. These include the liability of occupiers of land to visitors on the land (a form of statutory negligence liability), and various forms of strict liability, including liability for harm done by dangerous animals, by defective products, by escapes of gas and water, and as a result of marine oil pollution and nuclear accidents.

Historically, a key distinction in English tort law was the distinction between actions in trespass and actions on the case, and we can still see the effects of this distinction in the modern law. To be a trespass, the wrong had to be *direct*, but there was no need for damage, while actions on the case lay for *indirect* wrongs, but damage was required. The direct/indirect distinction is notoriously elusive, but a couple of examples will give a flavour of it. In respect of interference with land, if you walked onto someone's land without their permission, that was direct interference, and so a trespass to land, whereas if noise travelled from your land to theirs, that was indirect interference, and so your neighbour had to bring an action in nuisance (an action on the case). Similarly, in respect of interference with the person, if you punched someone in the face, that was direct interference, and so a battery (a form of trespass to the person), whereas if you dug a hole and the person fell into it, and was injured, that was indirect interference, and so they would have to bring an action on the case.

The tort of negligence derives from the action on the case, with the result that indirect interference is actionable, and damage is required. It is important to remember, however, that negligence operates alongside forms of trespass action, which protect very specific interests, require direct interference, and do not require damage to be actionable. A good example of such a trespass action is battery, which requires an intentional and direct application of force to another without that person's consent. The distinction between battery and negligence can be illustrated by reference to the medical context. If, for example, a doctor carries out an operation on a patient without their consent, then that is a battery, but if the patient consents to the operation and the operation is carried out without due care, causing the patient injury, then that is negligence.

An important distinction between common law systems and civil law systems is that in civil law systems liability between neighbours is generally regarded as a matter for the law of property, whereas in the common law it is regulated by tort law, and in particular the torts of trespass to land and private nuisance. Suppose, for example, that a factory is producing noise and smells which affect the comfort of residents who live in the locality. In Italian law, the question of whether the noise and smells are lawful as a matter of private law would be determined by the title of the Italian Civil Code dealing with property rights, which refers (in Article 844) to the obligation to tolerate 'emissions of smoke or heat, smells, noises, and vibrations where they do not exceed the customary measure of what is tolerable, with due consideration to the conditions prevailing within the locality'. Similarly, in the German BGB, the provisions governing neighbour law are to be found in the sections on ownership, as elaborations of that right.

In common law systems, by contrast, the legality of the emissions is governed by tort law, and in particular by the tort of private nuisance, which can be defined as an unlawful and indirect interference with the use and enjoyment of land. Note, however, that the central question which a common law court would have to answer in such a case is the same as the question posed by the Italian Civil Code, namely whether or not the local residents can reasonably be expected to tolerate the noise and the smells. It is just that this question would be framed in terms of whether the factory owner was committing a tort against the residents, rather than in terms of the obligations of the residents as property owners.

One reason why common lawyers are comfortable with the characterisation of the factory emissions problem as a tort issue is that they do not see the scope of tort law as being limited to reparation for past harms. On the contrary, the issuing of an injunction (a court order requiring a defendant to stop an ongoing violation of the claimant's rights) is seen by common lawyers as a tort remedy, just as an award of monetary compensation is.

There are two final observations that I should make. The first is that the common law of tort is primarily judge-made 'common law', although, as we have seen, the common law torts are supplemented by a number of causes of actions which derive from statute. In some cases, however, the statutory provisions are largely based on pre-existing case law principles, with the legislation having been intended to put the common law rules on a more rational footing (this is true, for example, of the legislation dealing with the liability of occupiers of land, which was designed to simplify and rationalise the complex common law regime).

My final point is that, although structurally speaking the common law of torts is more homogenous than the law of tort in civil law systems, there are important substantive and procedural differences between the law of tort in the United Kingdom and the British Commonwealth (Australia, Canada, India, New Zealand etc) and the law of tort in the United States. Two examples of these differences can be given. The first is that in the UK and the Commonwealth, most tort cases are now decided by a judge, rather than a jury, although there are some exceptions, most importantly civil actions against the police, and claims in defamation. By contrast, in the US most tort claims are still the subject of trial by jury, with the jury not only determining key liability questions, but also setting the damages to be awarded. And the second difference is that while in the UK and the Commonwealth only limited use is made of awards of punitive damages, such damages play a central role in the operation of tort law in the US. These differences remind us that, while different legal systems have much to learn from each other, such learning must be grounded in a full appreciation of the particular characteristics of the legal system in question. Needless to say, such an appreciation can most easily be acquired by reading scholarship of the kind to be found in books such as this.

Professor Donal Nolan
Professor of Private Law, University of Oxford

APRESENTAÇÃO
RESPONSABILIDADE CIVIL NA CONTEMPORANEIDADE

Nelson Rosenvald
Marcelo de Oliveira Milagres

O sucesso desta obra ensejou a imediata confecção da 2ª edição com algumas poucas modificações e acréscimos, destacando-se o relevante trabalho da professora Karina Nunes Fritz, tendo por base o direito alemão, sobre a responsabilidade pré-contratual por ruptura injustificada das negociações.

Esse sucesso, sem dúvidas, pode ser creditado ao concorrido Congresso Internacional de Responsabilidade Civil, ocorrido aos 5 e 6 de outubro de 2017, na centenária Faculdade de Direito da Universidade de Minas Gerais (UFMG). Em histórica oportunidade com a presença de professores, convidados, profissionais e acadêmicos, debateram-se temas de excelência, contando, inclusive, com as presenças internacionais dos professores Donal Nolan, André Dias Pereira e Pedro Del Omo Garcia.

Com efeito, o tema "responsabilidade civil" é um dos mais instigantes do Direito. Ontem e hoje desafia inúmeras perspectivas, incrementadas, a todo tempo, pela hipercomplexidade, pelas incertezas e pela mutabilidade dos fenômenos sociais. Discute-se, até mesmo, a possível superação dos pressupostos da responsabilidade civil e suas funções.

A iniciativa desse livro não teve outro propósito senão o de fomentar continuado debate sobre essa rica e difícil temática.

Donal Nolan, Professor of Private Law, University of Oxford, em elegante prefácio, brinda toda a comunidade acadêmica com instigante abordagem comparada. O autor bem destaca que a concepção do *"tort"* não pode, sem as devidas ressalvas e nuances, ser transportada para o sistema do "Civil Law". No âmbito do *"Common Law"*, destaca o vigor e o alcance do *"duty of care"*, concluindo que a proposta desse livro tem muito para contribuir com o direito comparado. Embora os sistemas jurídicos tenham as suas especificidades, as contribuições são recíprocas e desejadas.

Visando apenas a uma melhor organização, dividimos os trabalhos nos seguintes grupos: a) princípios e fundamentos da responsabilidade civil; b) pressupostos e modalidades da responsabilidade civil; c) responsabilidade civil ambiental e nas relações de consumo; d) responsabilidade civil no direito das famílias; e) responsabilidade civil na área médica; f) responsabilidade civil dos fabricantes de cigarros; g) responsabilidade civil dos notários e registradores; h) responsabilidade civil do Estado.

Como qualquer escolha, assumimos os naturais riscos de outras possíveis propostas. De toda sorte, destacamos que nos valemos, para tal divisão, dos temas preponderantes, sem desconsiderarmos a transversalidade do assunto.

No primeiro capítulo, destacamos os trabalhos de Catarina Helena Cortada Barbieri, Daniel Ustárroz, Fernanda Ivo Pires, Marcos Ehrhardt Júnior e Thais G. Pascoaloto Venturi.

A autora Catarina Helena Cortada Barbieri, a partir dos trabalhos de Izhak Englard e William Lucy, apresenta instigante panorama do debate filosófico e teórico acerca do direito privado e da responsabilidade civil. Destaca, entre outras questões, que o *fundamento normativo* da responsabilidade civil se preocupa em responder à seguinte pergunta: "Quem paga e por quê?" Ou seja: qual é o embasamento normativo, se algum houver, da ligação que se estabelece entre ofensor e ofendido e a consequente obrigação legal de reparar o dano.

Daniel Ustárroz discorre criticamente sobre as variadas e complexas nuances da responsabilidade civil. Apontando a existência de variados fundamentos do dever de indenizar, afirma que o sistema nacional de reparação de danos é extremamente individualista e que nem todos os danos são suscetíveis de indenização.

A autora Fernanda Ivo Pires, na busca da promoção do bem social, dos interesses da sociedade, problematiza sobre as modalidades de responsabilidade civil, defendendo a harmonização do dano e da culpa, a possibilidade de coexistência da responsabilidade baseada na culpa e da responsabilidade objetiva, sem afastar, *a priori*, qualquer uma dessas espécies.

Marcos Ehrhardt Júnior propõe a análise da responsabilidade civil a partir da nova teoria dos contratos civis, avaliando as novas perspectivas do inadimplemento obrigacional nas relações privadas da sociedade pós-industrial. Nesse contexto, defende que, no direito contemporâneo, os deveres supramencionados derivam de princípios normativos, impondo-se tanto ao devedor quanto ao credor, porquanto não se originam da relação jurídica obrigacional, concluindo que a superação dos modelos dicotômicos responsabilidade civil extranegocial *versus* negocial, na direção da consolidação de um regime plural, permite ampliar as possibilidades, num caminho mais consentâneo com as exigências da contemporaneidade.

Thaís G. Pascoaloto Venturi afirma que a aproximação entre o Direito e a Economia, historicamente, teve como substrato a própria responsabilidade civil. Nesse sentido, descreve a importância da análise econômica (*Law and Economics*) no campo da responsabilidade civil, destacando a sua função preventiva de condutas danosas, tudo sob o paradigma da maior eficácia social.

No segundo capítulo, em que discutimos temas envolvendo pressupostos e modalidades da responsabilidade civil, trazemos os artigos de Adisson Leal, Alexandre Bonna, Alexandre Dartanhan de Mello Guerra, Bruno Leonardo Câmara Carrá, Christian Sahb Batista Lopes, Diogo Leonardo Machado de Melo, Felipe Teixeira Neto, Karina Nunes Fritz, Marcelo de Oliveira Milagres, Marcos Catalan, Nelson

Rosenvald, Pablo Malheiros da Cunha Frota, Pastora do Socorro Teixeira Leal, Rafael Peteffi da Silva, Raquel Bellini de Oliveira Salles e Sérgio Savi.

Adisson Leal, apresentando a nova sistemática do atual Código de Processo Civil quanto à formulação certa e determinada da pretensão inicial, destaca os reflexos na quantificação da indenização por danos morais e conclui que o sistema ora vigente resolve, além das litigâncias sem limites, o problema da subjetivação da sucumbência.

Alexandre Bonna analisa criticamente a indenização punitiva e a responsabilidade objetiva no Brasil, à luz da teoria de Jules Coleman. Segundo o autor, a escolha da concepção mista da teoria da justiça corretiva se revela mais consentânea com imbróglios da sociedade atual, encontrando um ponto de equilíbrio entre teorias instrumentalistas (objetivos da responsabilidade civil definem sua estrutura) – como a análise econômica do Direito – e formalistas (a estrutura da responsabilidade civil define os seus objetivos).

Alexandre Dartanhan de Mello Guerra destaca todo o seu fascínio pela figura do abuso do direito ou exercício disfuncional do direito como fundamento para a responsabilidade civil. Com propriedade, aborda as concepções subjetivista e objetivista do abuso de direito e conclui que o exercício disfuncional do direito é a perda do sentido de proporcionalidade e de moderação que são próprios de qualquer comportamento humano, perda essa que se mostra nociva para toda a ordem sociojurídica.

Bruno Leonardo Câmara Carrá questiona se todo dano é indenizável. No âmbito da realidade dos ditos novos danos, indaga sobre possíveis excessos, com menção às conhecidas expressões de "propagação irracional dos danos", "inflação dos danos", "indústria das indenizações". Ao final, conclui que o exagero não pode servir de argumento para sustentar qualquer postura ideológica que defenda uma estagnação, ou mesmo o retrocesso, da reconfiguração da responsabilidade civil em vista a uma mais eficaz e plena defesa das vítimas, razão por que propugna pela busca de um meio-termo que permita efetuar a compensação adequada para os eventos lesivos que comprometam de modo reprovável o patrimônio jurídico da pessoa, seja ele material ou imaterial, seja ela física ou jurídica.

O autor Christian Sahb Batista Lopes, ao analisar um julgado do Tribunal de Justiça do Estado de Minas Gerais, indaga se a vítima teria, à luz do direito brasileiro, ônus de mitigar o próprio dano decorrente de um ilícito extracontratual. Nesse sentido, conclui que a teoria do abuso do direito, em sua acepção objetiva e desenvolvida a partir da boa-fé, seria o fundamento para justificar o ônus de mitigar os prejuízos no âmbito da responsabilidade extracontratual.

Diogo Leonardo Machado de Melo tece relevantes reflexões sobre o papel da boa-fé objetiva na aplicação da teoria da responsabilidade civil extracontratual. Para tanto, defende que, em algumas situações, é possível a legitimação da pretensão indenizatória fundada na não observância da boa-fé, na quebra das expectativas, da confiança, orientadora de um comportamento em uma situação jurídica. A partir do princípio da boa-fé objetiva, conclui ser necessário um *balanceamento* das atuais concepções de direito de danos, exigindo, mesmo na responsabilidade *subjetiva*, agentes mais probos, mais integrados com as exigências civil-constitucionais e, por que não dizer, também das próprias vítimas, que deverão contribuir com a mitigação do prejuízo.

O autor Felipe Teixeira Neto apresenta a responsabilidade civil pelo risco da atividade em perspectiva do direito comparado a partir de abordagens dos direitos italiano e brasileiro. O autor reconhece nítida inspiração do artigo 927, parágrafo único, do Código Civil brasileiro na regra do artigo 2050 do *Codice Civile*, ressaltando que o legislador brasileiro optou por uma responsabilidade de natureza objetiva.

Karina Nunes Fritz, tendo por base o direito alemão, discute, profundamente, sobre a responsabilidade pré-contratual por ruptura injustificada das negociações.

Marcelo de Oliveira Milagres, após problematização sobre os conceitos de patrimônio, dano e prejuízo, discorre sobre a essencialidade do dano como pressuposto da responsabilidade civil. Adverte que a possibilidade de consequências não econômicas pelos mais diversos ilícitos, superando a ideia do equivalente em pecúnia pelos prejuízos suportados, não significa, por si só, a *despatrimonialização* da responsabilidade.

Marcos Catalan, a partir de considerações sobre a sociedade de consumo, apresenta instigantes reflexões sobre julgado do Superior Tribunal de Justiça acerca de consequências da violação de dever contratual caracterizado no não comparecimento da *Cryopraxis Criobiolgia*, em tempo hábil, à promoção da coleta de células-tronco embrionárias de infante recém-nascido, células essas que, algum tempo antes, obrigara-se expressamente a recolher e a adequadamente *crioconservar*. O autor muito bem problematiza a teoria da perda da chance, destacando dificuldades em critérios para sua aferição e também na definição de elementos para quantificação da condenação.

Nelson Rosenvald, ao destacar a importância do diálogo entre "civilistas" e "criminalistas", aprofunda a atual temática nacional sobre o mínimo compensatório, concluindo que o atual art. 387 do Código de Processo Penal (CPP) é norma híbrida, de conteúdo processual e substancial, e que o projeto de reforma do CPP aproxima as responsabilidades dentro do processo penal, adotando-se o conceito de parte civil, com a revalorização da figura da vítima.

Pablo Malheiros da Cunha Frota discute as premissas e os fundamentos da ideia da responsabilidade por danos. Defende que o dano pode ser entendido como uma lesão, potencial e (ou) concreta, a situações jurídicas inter-racionais de ordem existencial ou material, social, individual homogênea, coletiva e difusa. Essas situações jurídicas inter-racionais englobariam direitos, interesses, poderes, deveres de ordem existencial ou material ligados por relações jurídicas.

A autora Pastora do Socorro Teixeira Leal trabalha a ampliação da noção de dano para englobar a violação dos deveres de proteção, além da violação dos deveres meramente prestacionais, chegando à conclusão de que as práticas abusivas são violações dos deveres de proteção, e que a reprimenda jurídica a tais práticas não deve ficar restrita aos efeitos invalidantes, mas deve alcançar efeitos indenizatórios.

Rafael Peteffi da Silva desenvolve aprofundada abordagem sobre a antijuricidade, apresentando as diferenças entre a antijuricidade formal e a material, sem prejuízo de apontar o instável relacionamento semântico entre antijuricidade e ilicitude. Para tanto, vale-se o autor de incursões no direito estrangeiro.

Raquel Bellini de Oliveira Salles apresenta o caráter multifacetário da responsabilidade objetiva e as oscilações jurisprudenciais na aplicação do parágrafo único do art. 927 do Código Civil. A autora conclui que a cláusula geral de responsabilidade objetiva fundada no risco da atividade demanda critérios aplicativos que precisam ser melhor assentados, para que não fique sujeita a subjetivismos, imprecisões conceituais ou invocações meramente retóricas.

Sérgio Savi apresenta instigante abordagem sobre o tema do lucro da intervenção. Segundo o autor, tal lucro significa a vantagem obtida por aquele que, sem autorização, interfere nos direitos ou bens jurídicos de outra pessoa e decorre justamente dessa intervenção. Conclui que, na maioria das vezes, as normas que regulam os institutos da responsabilidade civil e do enriquecimento sem causa serão suficientes para lidar com as questões relacionadas ao lucro da intervenção. Destaca manifestação do Supremo Tribunal Federal, RE 56.904/SP, segundo a qual a consequência do ato vedado *não* pode ser a mesma do ato permitido.

No terceiro capítulo, a responsabilidade civil ambiental e nas relações de consumo foi objeto de reflexões de Atalá Correia, Elcio Nacur Rezende, Fabiana Rodrigues Barletta e Juliana de Sousa Gomes Lage, Guilherme Magalhães Martins e João Victor Rozatti Longhi, Marcelo Benacchio, Patrícia Faga Iglecias Lemos, Roberta Densa e Tula Wesendonck.

Em tempos de consumo de massa, Atalá Correia analisa as condições e os limites da responsabilidade do fornecedor após o consumo de produtos. Trata-se de abordagem da conhecida dialética em que o consumo e o meio ambiente coexistem em um mesmo contexto. O autor muito bem conclui que a questão dos resíduos é ampla e complexa e que, não sendo possível isolar causas adequadas para o dano, impõe-se a responsabilização solidária dos agentes causadores do dano ambiental.

O autor Elcio Nacur Rezende, após discorrer sobre aspectos gerais da responsabilidade civil ambiental no Brasil e no direito estrangeiro, bem como sobre o conteúdo e alcance da teoria do risco integral, conclui que não há, no ordenamento jurídico brasileiro, a previsão dessa teoria. Adverte que a simples constatação do dano ambiental não enseja, por si só, responsabilidade e conclui que, excepcionalmente, admite-se a teoria do risco integral quando, de forma insofismável, o empreendedor, na busca pela maximização do lucro, assume conscientemente que exerce atividade de potencial risco ambiental.

As autoras Fabiana Rodrigues Barletta e Juliana de Sousa Gomes Lage discutem, entre outras questões, o direito à informação e as sanções compensatórias do dano moral sofrido pelo consumidor pelo não cumprimento de sua vontade emitida após o consentimento informado ou pelo consentimento emitido sem a devida informação, bem como a responsabilidade do fornecedor de planos de saúde por não cumprimento das diretivas antecipadas de vontade emitidas pelo consumidor idoso lúcido ou por quem escolher para o representar quando perder as condições ou a lucidez por causa da doença e/ou do cansaço da doença, somado à velhice.

Guilherme Magalhães Martins e João Victor Rozatti Longhi, com muita profundidade, discorrem sobre a responsabilidade civil pelos acidentes de consumo ocorridos nas redes sociais da Internet. Após fundamentada abordagem, concluem os autores que a responsabilidade civil dos prestadores de serviços nas redes sociais virtuais pelos danos à pessoa humana decorrentes do meio é objetiva, na forma do artigo 14 do Código de Defesa do Consumidor, não se podendo admitir a inexistência de um dever geral de vigilância, sob pena de um retrocesso em direção à culpa, em plena era do risco.

Marcelo Benacchio propõe a análise da relação jurídica estabelecida entre banco financiador e terceiro em decorrência da má concessão de crédito a um empresário que vem causar dano àqueloutro (o terceiro), em causalidade com a atividade bancária creditícia. O autor conclui que a atividade de concessão de crédito encerra risco à órbita jurídica dos demais sujeitos de direito, sendo portadora de periculosidade em razão das situações ínsitas a seu exercício, quando efetivada fora dos limites concedidos pelo ordenamento jurídico.

Patrícia Faga Iglecias Lemos sustenta que os contornos contemporâneos da responsabilidade civil por danos ambientais atingem qualquer dos elementos componentes do meio ambiente. Afirma que essa responsabilidade pode configurar-se pelo menoscabo do meio ambiente natural, artificial, laboral e cultural, tratando-se, pois, de dano social. A autora muito bem problematiza sobre o pressuposto do nexo de causalidade, a solidariedade extracontratual e a obrigação *propter rem*.

Roberta Densa desenvolve o tema da responsabilidade dos pais em relação aos filhos frente aos desafios da sociedade de consumo. Muito bem conclui a autora que a responsabilidade dos pais não se limita aos aspectos técnicos e teóricos do aprendizado e deve ser estendida aos aspectos éticos, culturais e, evidentemente, ao consumo.

A desafiante e atual matéria em torno dos riscos do desenvolvimento foi objeto do aprofundado estudo da autora Tula Wesendonck, para quem a responsabilidade pelos danos tardios não pode ser confundida com a responsabilidade decorrente da violação do dever de informação sobre a potencialidade de dano de um produto. Ao final, a autora, além de defender a incidência do art. 931 do Código Civil brasileiro, conclui que o Código de Defesa e Proteção do Consumidor não excluiu a responsabilidade civil pelos riscos do desenvolvimento.

Christiano Cassetari, Luciana Fernandes Berlini e Tom Alexandre Brandão, no quarto capítulo, desenvolvem a instigante temática da responsabilidade civil no direito das famílias.

Christiano Cassetari, após apresentar a importância do registro de nascimento e a evolução, na jurisprudência, do denominado "abandono afetivo", conclui pela presunção de dano moral por tal situação e pela objetivação da responsabilidade civil pela não realização do registro de nascimento de uma pessoa. Segundo o autor, a responsabilidade pelo abandono afetivo enseja o dano *in re ipsa*, havendo objetivação da responsabilidade civil, de forma que o abandono afetivo é presumido quando a pessoa não foi registrada pelo pai, pela mãe ou por ambos, podendo ser traduzido como uma forma pecuniária de compensação, uma vez que a mágoa e a tristeza decorrentes da negligência afetiva podem permanecer por toda a vida.

Luciana Fernandes Belini trata da responsabilidade nas relações paterno-filiais, destacando a polêmica possibilidade de compensação por danos morais em razão do exercício abusivo da autoridade parental. Segundo a autora, a relação paterno-filial encontra limites legais, mas, além deles, os pais devem agir de acordo com o melhor interesse da criança, sob pena de serem compelidos a reparar e compensar os danos causados, preferencialmente com a adoção de medidas eficazes, mas menos drásticas para os filhos, como os danos morais.

Tom Alexandre Brandão, após apontar a intensa discussão sobre o fenômeno conhecido como abandono afetivo, tece relevantes considerações sobre o entendimento de que todos os ilícitos podem ser indenizados em dinheiro, considerando tal entendimento inadequado. O autor questiona a finalidade da reparação e, sobretudo, as consequências que advirão de uma eventual condenação judicial, sobretudo nos casos que envolvem o abandono afetivo. Conclui que eventual condenação em dinheiro por dano afetivo é um atestado de fracasso, o resultado de uma relação de paternidade que nunca mais será retomada e também de uma intervenção jurídica malsucedida.

No quinto capítulo, quanto à responsabilidade civil na área médica, destacamos os trabalhos de Adriano Marteleto Godinho, Flaviana Rampazzo Soares e Luciana Dadalto.

Com destaque à autonomia, Adriano Marteleto Godinho discute a possibilidade de responsabilidade dos profissionais de saúde, ainda que empreendam adequadamente as melhores técnicas possíveis, pela violação da liberdade de agir dos pacientes. No âmbito da relação médico-paciente, o autor também destaca que o consentimento informado não deixa de ser uma decorrência da boa-fé.

A autora Flaviana Rampazzo Soares apresenta todo um universo normativo sobre a importância do consentimento informado no atendimento médico eletivo não compulsório, destacando o seu conteúdo, suas possibilidades, seus limites e suas consequências. Ao final, conclui a autora que a autodeterminação do paciente tem sua base fundante na dignidade da pessoa humana, que se relaciona inexoravelmente com a boa-fé que deve permear a relação médico-paciente.

A autora Luciana Dadalto revela importante inquietação sobre a possibilidade – ou não – de se responsabilizar civilmente o médico por ter agido para prolongar a vida do paciente fora de possibilidades terapêuticas quando inexistir vontade manifestada por ele e/ou por sua família. Após bem discorrer sobre a distanásia e a responsabilidade civil do médico no ordenamento jurídico pátrio, conclui que, nesse tema, é preciso ir além da responsabilização do profissional de saúde.

Michael César Silva, Lucas Magalhães de Oliveira Carvalho e Samuel Vinicius da Silva e Renata Domingues Balbino Munhoz Soares desenvolvem, no sexto capítulo, o envolvente tema da responsabilidade civil dos fabricantes de cigarros.

Michael César Silva, Lucas Magalhães de Oliveira Carvalho e Samuel Vinicius da Silva defendem que as empresas de tabaco são responsáveis objetivamente pelos danos causados aos consumidores, tanto pelo *fornecimento de informações insuficientes* e *não qualificadas* sobre os malefícios do consumo de cigarro quanto pelo caráter fundamental e inalienável do *direito de saúde*.

A autora Renata Domingues Balbino Munhoz Soares destaca a importância da informação para fins de eventual responsabilidade civil da indústria tabagista pelos danos causados ao fumante. Muito bem avalia que, na relação jurídica entre fumante e fabricante, que devem se comportar de modo leal e honesto, se uma das partes gerou na outra um estado de confiança no negócio celebrado – como fez a indústria de cigarros durante décadas –, possível é a fundamentação da responsabilização no princípio da boa-fé objetiva.

No sétimo capítulo, os autores Hercules Alexandre da Costa Benício e Raphael Abs Musa de Lemos, em abordagem da Lei 8.935/1994 e suas modificações, bem problematizaram sobre a responsabilidade indireta do ente estatal delegante por atos notariais e de registro, a aplicabilidade do Código de Defesa do Consumidor nas relações entre prestadores e usuários de serviços notariais e de registro e os limites da imputação de responsabilidade a tabeliães e oficiais de registro no exercício de suas funções.

Finalizando, Ana Rita de Figueiredo Nery e Felipe Peixoto Braga Netto abordam a temática da responsabilidade civil do Estado.

Após bem-elaborado panorama da responsabilidade civil do Estado pela prestação de serviços públicos, a autora Ana Rita de Figueiredo Nery desenvolve interessante abordagem sobre autoridade e consensualidade, concluindo que, mediante um modelo permeado à consensualidade, o Estado é protagonista do processo de responsabilização civil sem se afastar de um ambiente processual, com a participação dos interessados, em que prevalece a regra do contraditório em coexistência com o poder do Estado.

Felipe Peixoto Braga Netto problematiza a respeito da conexão teórica entre a responsabilidade civil do Estado por omissão e a violência urbana. O autor indaga criticamente se as vítimas de violência urbana não dispõem de direitos e pretensões contra o Estado. Provocativamente, afirma que a segurança pública não é uma promessa vazia a ser cumprida "se der".

Assim encerramos essa breve apresentação, como um convite para a leitura de todos os trabalhos e para a continuidade das nossas pesquisas sobre as diversas nuances da responsabilidade civil, inclusive na perspectiva do direito comparado. Oportunamente, agradecemos a contribuição de todos que, indistintamente, permitiram a construção desse projeto vitorioso, sobretudo a criação do Instituto Brasileiro de Estudos de Responsabilidade Civil.

Princípios e Fundamentos da Responsabilidade Civil

FUNDAMENTOS FILOSÓFICOS DA RESPONSABILIDADE CIVIL: MAPA PARA UMA DISCUSSÃO[1]

Catarina Helena Cortada Barbieri

Professora de Filosofia Política, Ética e Teoria do Direito na Escola de Direito de São Paulo da Fundação Getulio Vargas. Editora-chefe da Revista Direito GV desde setembro de 2014. Formada em Direito pela Universidade de São Paulo, mestre e doutora pela mesma instituição. Fox International Fellow (2010-2011) na Universidade de Yale.

Sumário: 1. Introdução – 2. Três questões fundamentais sobre os fundamentos da responsabilidade civil; 3. Fundamentos filosóficos da responsabilidade civil: responsabilidade moral (não utilitarismo), justiça corretiva e culpa versus utilidade social (utilitarismo), justiça distributiva e responsabilidade objetiva – racionalidades excludentes ou complementares? – 4. Comentário final – 5. Referências.

1. INTRODUÇÃO

Esse artigo tem por objetivo apresentar os temas e questões centrais do debate filosófico contemporâneo acerca dos fundamentos filosóficos da responsabilidade civil no contexto anglo-saxão, incluindo uma apresentação das teorias antagônicas que o dominam e das principais questões teóricas que guiam as discussões atuais. Não pretende de forma alguma ser exaustivo, mas traçar um mapa topográfico dos principais problemas que movem esse campo do conhecimento, fazendo referência a alguns de seus principais nomes, esperando que esta apresentação seja útil aos pesquisadores brasileiros que se lançam pela primeira vez na discussão anglo-saxã.

Se na primeira seção nos ateremos a apresentar as questões ao redor das quais o campo se organiza, na segunda seção, nos deteremos em um de seus temas centrais, a saber, a função e o lugar dos conceitos de justiça corretiva e distributiva, ora explicados como racionalidades excludentes, ora como racionalidades complementares.

Ao observarmos o cenário contemporâneo em matéria de filosofia e teoria do direito, especialmente nos países da tradição de *Common Law*, encontramos um terreno fragmentado por inúmeras teorias antagônicas. Para exemplificar essa frag-

---

1. Este artigo é uma versão resumida e modificada do primeiro capítulo de minha dissertação de mestrado defendida em 2008 na Faculdade de Direito da Universidade de São Paulo sob o título "Os fundamentos teóricos da responsabilidade civil".

mentação, podemos listar, de um lado, os adeptos da análise econômica do direito. De outro, estudiosos voltados à filosofia moral e política e ainda, apartados destes dois, o movimento de *Critical Legal Studies*.[2] Essa fragmentação repercute nos estudos das disciplinas jurídicas específicas e, assim, quando falamos em estudar os fundamentos filosóficos da responsabilidade civil, nos deparamos com um panorama similar.

David G. Owen afirma que, tradicionalmente, considera-se que a ligação entre a filosofia e a responsabilidade civil remonta ao Livro V da *Ética a Nicômaco* de Aristóteles, passando pelos escritos de Tomás de Aquino, Hugo Grotious e Samuel Pufendorf. No entanto, o debate e o contexto que interessa a esse artigo estão circunscritos à década de 1980 em diante, período em que a compreensão da racionalidade do direito privado e da responsabilidade civil à luz da filosofia moral ganha impulso como uma resposta ao avanço compreensões rivais e, especialmente, como resposta à Análise Econômica do Direito.[3]

Alguns autores inseridos nesse contexto, tais como Izhak Englard (1993) e William Lucy (2007), escreveram obras abrangentes procurando, além apresentar suas próprias teorias, expor e analisar o panorama mais geral do debate filosófico e teórico acerca do direito privado e da responsabilidade civil. Nesse artigo, tomamos esses autores como ponto de partida para um primeiro contato com esta ampla e complexa discussão.

Como veremos nas seções subsequentes, essas duas obras procuram criar categorias nas quais possam ser incluídos os diferentes autores contemporâneos que estudam a filosofia do direito privado e da responsabilidade civil e, portanto, são um mapa confiável para quem adentra o campo da filosofia da responsabilidade civil.

2. TRÊS QUESTÕES FUNDAMENTAIS SOBRE OS FUNDAMENTOS DA RESPONSABILIDADE CIVIL

Na obra *Philosophy of private law*,[4] William Lucy busca organizar as principais questões teóricas contemporâneas – no mundo anglo-saxão – em matéria de direito privado e, consequentemente, em matéria de responsabilidade civil. Para ele, há atualmente especial atenção às bases normativas do direito privado.

A expressão "fundamentação normativa" está ligada à ideia de descobrir os valores morais ou políticos que podem ser (ou estão) incorporados pelos conceitos fundamentais, doutrinas substantivas e pela estrutura do direito globalmente considerado ou de um de seus ramos particulares. A fundamentação normativa pode ter

---

2. Para compreensão da força e importância da Análise Econômica do Direito e do movimento *Critical legal studies*, ver: Owen Fiss, The Death of Law?, *Cornell Law Review*, v. 72, n. 1, 1986. Ver ainda a breve explicação de David Owen, Foreword: Why Philosophy Matters to Tort Law, In: *Philosophical Foundations of Tort Law*, Oxford: Oxford University Press, 1995.
3. David Owen, Foreword: Why Philosophy Matters to Tort Law, p. 2-3.
4. William Lucy, *Philosophy of private law*, Oxford: Oxford University Press, 2007.

elementos críticos, ao permitir a avaliação moral ou política da prática e das doutrinas jurídicas.[5] Em boa medida, os teóricos contemporâneos consideram que sua tarefa primordial é fornecer uma solução para a questão da articulação dos valores políticos e morais com o direito.[6]

Exemplos relevantes para o direito privado seriam as articulações e relações que se pode estabelecer – ou afirmar que existem – entre os valores da autonomia ou da liberdade e certas áreas do direito privado, como o direito contratual. Ou então, entre diversos valores ou concepções de justiça (corretiva e distributiva) ou de eficiência econômica e a responsabilidade civil.

Lucy acredita que uma das razões para que a teoria e a filosofia do direito privado estejam voltadas, em grande medida, para a questão da fundamentação normativa é que tal postura se constitui numa reação ao domínio que a Análise Econômica do Direito tem exercido no campo do direito privado desde os anos de 1960 com os trabalhos de Ronald Coase e, na responsabilidade civil, Guido Calabrase.[7]

Como reação à análise econômica do direito, os filósofos do direito se voltam para a tarefa de encontrar uma razão moral adequada que justifique a relação que se estabelece entre um determinado autor-vítima e um determinado réu-ofensor.[8]

Assim, para Lucy, o resumo da agenda contemporânea de teoria e filosofia do direito privado contém pelo menos três questões principais. A *questão da inteligibilidade* dos conceitos centrais do direito privado, a já citada *questão do fundamento normativo* que possuem (ou devam possuir) esses conceitos centrais e as doutrinas jurídicas deles derivadas e a *questão da autonomia* do direito privado.[9]

A questão do *fundamento normativo* da responsabilidade civil se preocupa em responder à seguinte pergunta: "Quem paga e por quê?", ou seja, qual é o embasamento normativo, se algum houver, da ligação que se estabelece entre ofensor e ofendido e a consequente obrigação legal de reparar o dano.[10]

A questão da relação entre ofensor e vítima e a obrigação de reparar levantam um dos tópicos mais interessantes da filosofia do direito privado que é o da *bilateralidade* da estrutura da relação privada. A constatação de que há um liame bilateral entre ofensor e vítima é um tema central nas teorias contemporâneas e é um dos elemen-

---

5. William Lucy, *Philosophy of private law*, 2007, p. 227.
6. Um caso exemplar seria a obra de Ronald Dworkin.
7. Guido Calabresi, Some Thoughts on Risk Distribution and the Law of Torts, *Yale Law Journal*, v.70, 1961, p. 499–553. Ronald Coase, The Problem of Social Cost, *Journal of Law and Economics*, v. 3, 1960, p. 1-44.
8. William Lucy, *Philosophy of private law*, 2007, p. 32-33 e p. 37.
9. William Lucy, *Philosophy of private law*, 2007, p. 42-44.
10. Um dos expoentes da filosofia da responsabilidade civil, o jusfilósofo canadense Ernest Weinrib dá um bom exemplo de como estas questões se articulam. No seu principal livro, *The idea of private law*, Ernest Weinrib trata essas três questões conjuntamente. Para ele, a intelecção dos conceitos fundamentais do direito privado e da responsabilidade civil depende da compreensão da estrutura conceitual fornecida pela ideia de justiça corretiva que, segundo ele, constitui a base normativa do direito privado. Assim, a questão normativa relativa à responsabilidade civil é um eixo fundamental da análise da obra de Weinrib. Ver: Ernest Weinrib, *The ideia of private law,* Cambridge: Harvard University Press, 1995.

tos de construção da fundamentação da responsabilidade civil na justiça corretiva, como veremos a frente.

Da pergunta "quem paga e por quê?" decorre outra importante indagação: qual é a natureza da obrigação do réu de reparar o ilícito ou o dano quando considerado responsável. Essa obrigação decorre exclusivamente do direito positivo ou é suportada por alguma razão adicional, derivada, por exemplo, de sua natureza normativa?[11]

Como será apresentado na seção seguinte, no papel de base normativa do direito privado mais comumente encontramos os conceitos de eficiência econômica de um lado e de justiça corretiva e distributiva de outro, ora apresentados como racionalidades complementares, ora como excludentes.[12]

Lucy ainda esclarece as diferentes formas como se pode compreender a ideia de fundamentação normativa do direito privado. O primeiro sentido, o *arquitetônico*, é quase intuitivo. Nessa concepção, os contornos gerais do direito privado e sua extensão serão determinados pelos contornos e extensão do conceito que é colocado como fundamento estrutural.

Já no sentido *epistêmico*, afirmar que um conjunto de razões morais ou políticas fornecem o fundamento normativo do direito privado é fazer duas asserções possíveis: (1) de que tais razões explicam algo sobre o direito para além do sentido que ele tem para seus praticantes, isto é, para além do senso-comum jurídico daqueles imersos no dia a dia da prática; ou (2) de que tais considerações esclarecem algum sentido ou significado imanente ao direito, isto é, já inscrito na própria prática, mas que os participantes pouco ou nunca reconhecem.

Cada uma dessas asserções possui versões mais fracas ou mais fortes. Uma possível versão forte é de que é impossível compreender ou explicar com propriedade o direito e seus ramos sem examiná-lo à luz de sua fundamentação normativa.[13]

---

11. Tomando como exemplo novamente a teoria de Ernest Weinrib, que funda a responsabilidade civil na justiça corretiva, obrigação não decorre exclusivamente do direito positivo, sendo que a teoria deve, em certos casos, como da responsabilidade objetiva, ser usada para criticar as soluções jurídicas positivadas. O fundamento normativo é imanente ao material jurídico, mas o material jurídico não se restringe ao direito positivo. O *ius* é distinto (e mais amplo) que a *lex*. Ver: Ernest Weinrib, *The ideia of private law*, 1995.
12. William Lucy, *Philosophy of private law*, 2007, p. 249-250.
13. Por exemplo, na já citada obra de Ernest Weinrib, *The idea of private law*, a fundamentação da responsabilidade civil contemporânea na ideia de justiça corretiva tem este sentido epistêmico forte. Weinrib afirma em diversas passagens que a justiça corretiva é uma forma que conforma a própria possibilidade de inteligibilidade das relações jurídicas, pois conhecer a forma é conhecer o conteúdo; é acessar e compreender a especificidade daquilo que está diante de nós. Essa versão forte do sentido epistêmico, no entanto, padece de um problema. Para Lucy, mesmo que os operadores do direito (participantes) utilizem as ferramentas jurídicas com sucesso e se movam dentro das práticas jurídicas com bons resultados, se, todavia, não acessarem as fundamentações normativas e a prática for incoerente com ela, torna-se forçoso concluir que eles possuem uma compreensão inadequada das instituições. Para Weinrib o conteúdo normativo do direito privado é "interno" ou "imanente" ao próprio direito privado, tratando-se de uma verdadeira parte integrante do todo, de forma que o direito privado não pode ser bem encarado como algo capaz de suportar o peso de uma estrutura maior do que sua base normativa, isto é, não pode ser visualizado como propõe a visão *arquitetônica*. Ao contrário, deve ser compreendido como uma mistura dentro do corpo da própria estrutura. Para Lucy, essa compreensão imanente proposta por Weinrib pode ser considerada errada por ser tautoló-

Uma versão fraca, que busca desviar desse problema enuncia que observar a fundamentação normativa do direito fornece uma visão mais profunda, mais proveitosa e informativa do mesmo do que a que eventualmente se conseguiria sem a investigação desses fundamentos.[14]

3. FUNDAMENTOS FILOSÓFICOS DA RESPONSABILIDADE CIVIL: RESPONSABILIDADE MORAL (NÃO UTILITARISMO), JUSTIÇA CORRETIVA E CULPA VERSUS UTILIDADE SOCIAL (UTILITARISMO), JUSTIÇA DISTRIBUTIVA E RESPONSABILIDADE OBJETIVA – RACIONALIDADES EXCLUDENTES OU COMPLEMENTARES?

Passando das questões gerais que norteiam a discussão sobre o direito privado e encontrando especificamente no campo da responsabilidade, Izhak Englard, em sua obra *The philosophy of tort law* (1993), faz um mapeamento e uma análise crítica da discussão atualmente travada acerca dos fundamentos filosóficos da responsabilidade civil. Na tentativa de organizar o emaranhado de premissas e teorias conflitantes, o autor chega a três pares de noções dicotômicas basilares para o entendimento do debate:

Pares de Noções Dicotômicas	Elementos da visão tradicional	Elementos de outras visões[15]
1º par	Responsabilidade moral	Utilidade social
2º par	Justiça corretiva	Justiça distributiva
3º par	Culpa (fault)	Responsabilidade objetiva (strict liability)

(Tabela: elaboração própria)

Preliminarmente, vale dizer que os três pares de noções apresentados por Englard não possuem a mesma natureza. Os dois primeiros possuem caráter formal e estrutural, ou seja, são ideias que representam a estrutura mais geral das relações jurídicas, exercendo uma função tipológica. Já o terceiro diz respeito às regras jurídicas substantivas e positivadas que regem esse campo do direito. De qualquer forma, os três pares não são divisões estanques e têm função heurística, se constituindo em

---

gica. Weinrib tem uma grande preocupação em explicar a razão da adoção da compreensão imanente, bem como os motivos pelos quais a considera superior a outros tipos de explicação e não tautológica. Todavia, essa extrapolaria os limites deste artigo. Para tal, ver: Ernest Weinrib, Legal Formalism: on the imanente rationality of law, *Yale Law Review*, v. 97, n. 6, 1988 e Ernest Weinrib, *The ideia of private law*, 1995. Para as críticas de Lucy, ver: William Lucy, *Philosophy of private law*, 2007, p. 255-256.

14. William Lucy, *Philosophy of private law*, 2007, p. 254-255.
15. O termo "outras visões" (terceira coluna) é aqui utilizado unicamente para expressar a ideia de que outras abordagens teóricas foram sendo desenvolvidas a partir da visão tradicional. Consideramos equivocado interpretar a tabela como a total superação dos elementos e valores "tradicionais" por estas "novas visões", como ficará demonstrado no decorrer do texto.

uma tentativa de capturar as grandes tensões existentes dentro das teorias contemporâneas da responsabilidade civil.[16]

O primeiro par de noções dicotômicas é o da responsabilidade moral e utilidade social. Pode-se dizer, de forma genérica, que a *utilidade social* se relaciona com a ideia de que o Direito deve alcançar algum objetivo conveniente ou necessário para a comunidade em que se insere como, por exemplo, a maximização do bem-estar social ou da riqueza em uma dada comunidade. Dessa maneira, a noção de utilidade social se relaciona a toda uma corrente da filosofia moral e política, à qual damos o nome de utilitarismo.[17]

Por outro lado, dentro da tipologia apresentada por Englard, a *responsabilidade moral* está relacionada à ideia não utilitárias ou não instrumentais, ou seja, do Direito concebido não como uma ferramenta para se alcançar certos objetivos socialmente desejados, mas como conjunto de normas morais que respeitam a primazia do indivíduo, isto é, que ancoram a existência de direitos individuais inegociáveis frente a qualquer objetivo socialmente relevante. A noção de responsabilidade moral está ligada à tradição filosófica kantiana e nas teorias tributárias dessa tradição encontramos as defesas mais contundentes da irredutibilidade e oposição entre responsabilidade moral e utilidade social.[18]

No entanto, enunciadas de forma tão geral, estas são noções cuja distinção é difícil de ser traçada, pois, embora sejam compreendidas em geral como noções antagônicas, não é difícil perceber que a maior parte das teorias não cria uma oposição absoluta entre elas. Englard busca ilustrar essa situação a partir da teoria de Richard Posner sobre a responsabilidade civil. Embora o ponto central de sua abordagem seja a ideia de que as regras de responsabilidade civil devem atuar para a maximização de riqueza, objetivo claramente alinhado com a noção de utilidade social, Posner faz um esforço para também encontrar um fundamento moral para a escolha da maximização de riqueza como objetivo primordial do Direito. Dessa forma, Posner lança-se no terreno da utilidade social, mas também no da responsabilidade moral, argumentando que o princípio da maximização de riqueza harmoniza-se com certos postulados morais relativos à primazia do indivíduo.[19]

A teoria de Ernest Weinrib, mencionada anteriormente, possui uma característica peculiar. Devido ao seu enraizamento teórico no kantismo, Weinrib é um dos poucos autores contemporâneos que trabalha com a oposição absoluta entre utilidade social e responsabilidade moral, colocando sua teoria no campo desta última. Radicalmente não utilitarista, sua teoria tem como premissa a ideia de que o Direito deve ser enten-

---

16. Izhak Englard, *The philosophy of tort law*, Cambridge: Dartmouth, 1993, p. 2 e 21.
17. Para os fins desse artigo não é necessário formular as implicações relativas ao uso do termo utilitarismo ou mesmo fazer uma recapitulação histórica desta corrente de pensamento. Basta constatar que uma parte dos estudiosos considera o Direito um instrumento para a consecução de fins externos a ele e a esta visão associam a ideia de utilidade social.
18. Izhak Englard, *The philosophy of tort law*, 1993, p. 7-8.
19. Izhak Englard, *The philosophy of tort law*, 1993, p. 7-8.

dido como uma esfera autônoma, não servindo a qualquer fim externo a ele próprio, ou seja, a qualquer fim socialmente útil a não ser o fim mesmo de "ser Direito".[20]

É possível afirmar que Ernest Weinrib defende uma versão própria da dicotomia entre utilidade social e responsabilidade moral em sua versão do formalismo jurídico. Para ele, o direito privado e a responsabilidade civil são o *loci* de uma moralidade própria, apolítica e não instrumental. A justificação para essa posição estará erigida sob a diferença que ele traça entre a racionalidade formal da justiça corretiva e a racionalidade formal da justiça distributiva, o segundo par de noções dicotômicas que que falaremos a seguir.[21]

Essa posição radical e absoluta em favor da responsabilidade moral contribui para a compreensão de sua visão do direito a partir da abordagem formalista, isolando-o da atual preponderância de visões utilitaristas ou teorias pluralistas, como a visão do próprio Izhak Englard, e tornando Weinrib um purista mesmo entre seus pares não utilitaristas.[22]

Como mencionado, segundo par de noções dicotômicas apresentado por Englard é da justiça corretiva e justiça distributiva. Apresentados inicialmente por Aristóteles no Livro V da Ética a Nicômaco, esses dois conceitos estão no centro do atual debate sobre os fundamentos da responsabilidade civil.[23]

A *justiça distributiva* está direcionada para a divisão de algo (sejam bens, valores ou responsabilidades) entre certas pessoas de acordo com um critério, que pode ser o mérito, a virtude, o talento, a posição social ou qualquer outro, de acordo com a

---

20. Izhak Englard, *The philosophy of tort law*, 1993, p. 8-9; Ernest Weinrib, *The ideia of private law*, 1995, p. 5.
21. Ernest Weinrib, Legal Formalism: on the imanente rationality of law, *Yale Law Review*, v. 97, n. 6, 1988, p. 951 e Ernest Weinrib, *The ideia of private law*, 1995, p. 3-5.
22. Curiosamente, em uma entrevista concedida a esta autora em outubro de 2011 durante o estágio doutoral na Universidade de Toronto, Weinrib esboçou grande admiração pelo projeto teórico de Hans Kelsen, por sua tentativa de isolar o fenômeno jurídico de outras esferas, como a economia e a política e fazer assim uma teoria pura do direito. Ao mesmo tempo, é importante perceber que a teoria de Weinrib não seria pura no sentido kelseniano já que, importante para Weinrib, não é identificar o direito a partir de uma teoria das fontes sociais (direito é conjunto de normas jurídicas baseadas em ameaça emanadas de autoridade competente para tal). Sua teoria se afasta da teoria kelseniana, pois o fundamento do direito é identificado com relação a uma certa coerência entre o material jurídico e formas de justiça que independem da emanação por autoridade competente. Para Weirnib, o *jus* é diferente e independente da *lex*.
23. Aristóteles, a respeito da justiça distributiva, assevera: "3. (...) O justo, então, é uma das espécies do gênero 'proporcional' (a proporcionalidade não é uma propriedade apenas das quantidades numéricas, e sim da quantidade em geral). (...) o justo envolve também quatro elementos no mínimo, e a razão entre um par de elementos é igual à razão entre o outro par, pois há uma distinção equivalente entre as pessoas e as coisas. (...) O princípio da justiça distributiva, portanto, é a conjunção do primeiro termo de uma proporção com o terceiro, e do segundo com o quarto, e o justo nesta acepção é o meio termo entre dois extremos desproporcionais, já que o proporcional é um meio termo, e o justo é o proporcional".
A respeito da justiça corretiva, afirma: "4. A espécie restante de justiça é a corretiva, que tanto se manifesta nas relações voluntárias quanto nas involuntárias. (...) a justiça nas relações privadas é de fato uma igualdade, e a injustiça nestas relações é uma espécie de desigualdade, mas não conforme à espécie de proporção mencionada acima, e sim conforme à proporção aritmética. (...) a lei contempla apenas o aspecto distintivo da justiça, e trata as partes como iguais, perguntando somente se uma das parte cometeu e a outra sofreu a injustiça (...) o juiz tenta igualizar as coisas por meio da penalidade, subtraindo do ofensor o excesso do ganho" (Aristóteles, Ética a Nicômaco Brasília: Universidade de Brasília, 1985, 131b).

decisão da autoridade responsável pela distribuição. Enquanto isso, a *justiça corretiva* se preocupa com o restabelecimento de uma igualdade hipotética anteriormente existente entre duas partes, tomando como base uma determinada posição inicial em que elas se encontravam.[24]

Tradicionalmente, os teóricos da responsabilidade civil, em especial aqueles ligados ao não utilitarismo e ao kantismo, atribuíram à justiça corretiva o caráter de fundamento normativo único da responsabilidade civil, ainda que com variações entre os sentidos arquitetônico e epistêmico que fizemos referência acima. Todavia, os maiores debates atualmente travados nessa área versam justamente sobre se a racionalidade corretiva exclui a racionalidade distributiva na fundamentação da responsabilidade civil ou se, ao contrário, há possibilidade de integração entre elas e quais seriam as implicações de tal integração.[25]

Esses debates levantam diversas e importantes questões para a compreensão da relação entre as regras de responsabilidade civil e as distinções filosóficas dos dois tipos de justiça, corretiva e distributiva. A primeira questão relevante diz respeito à correta compreensão da definição de cada um dos tipos de justiça, ou seja, indaga-se a respeito do conceito de justiça corretiva e distributiva utilizado por cada autor, bem como se há uma definição única ou se cada teórico possui uma interpretação própria dos textos aristotélicos.[26]

Relativamente a essa primeira questão, Englard assevera que não há consenso. Para alguns, como Ernest Weinrib[27] e Richard Posner,[28] a correta leitura das concepções aristotélicas leva ao entendimento das mesmas como categorias puramente formais, ou seja, como categorias estruturantes das relações jurídicas, ou no caso em análise, das relações de responsabilidade civil, que fornecem a estrutura de racionalidade formal necessária à compreensão dessas relações, sem a necessidade de uma definição por seu conteúdo. Todavia, Englard, chamam a atenção para o fato de Richard Epstein atribuir à justiça corretiva o caráter de princípio substantivo.[29]

---

24. Izhak Englard, *The philosophy of tort law*, 1993, p. 11-20.
25. Englard afirma que o primeiro jurista a relacionar as regras positivas de responsabilidade civil às duas tradicionais formas de justiça apresentadas por Aristóteles foi o alemão Josef Esser em trabalho publicado em 1941 (*Gefährdungshaftung*) sobre a natureza da responsabilidade objetiva. Diz Englard que nesse trabalho Esser procurou alargar as funções da responsabilidade civil para além da mera reparação do dano causado à vítima, incluindo a ideia de alocação das perdas sofridas por mero infortúnio, ou seja, por acontecimentos em que não houvesse culpa do agente, mas em que houvesse um dano e, consequentemente, uma vítima, implicando num deslocamento do ônus dessa última para outra pessoa. Esse alargamento levou ao reconhecimento de que a responsabilidade civil poderia envolver considerações de caráter distributivo, iniciando um debate que perdura aceso e inconcluso até os dias atuais. Ver: Izhak Englard, *The philosophy of tort law*, 1993, p. 11.
26. Izhak Englard, *The philosophy of tort law*, 1993, p. 11-14.
27. Ernest Weinrib, *The ideia of private law*, 1995, p. 57.
28. Richard Posner, The concept of corrective justice in recent theories of tort law, *Journal of Legal Studies*, v. 10, n. 1, 1981, p. 190-191.
29. Richard Epstein, Nuisance law: corrective justice and its utilitarian constraint, *Journal of Legal Studies*, v. 8, n. 1, 1979, p. 49-50.

Uma segunda questão se refere ao papel exercido pela justiça distributiva na responsabilidade civil em geral, especialmente com a expansão das hipóteses legais responsabilidade objetiva. Tradicionalmente os juristas consideravam a responsabilidade civil uma expressão da justiça corretiva, ou no entendimento de George Fletcher, a responsabilidade civil seria "um singular repositório de intuições de justiça corretiva".[30]

Esse entendimento tradicional tem sido colocado em xeque desde o final do século XIX, com as sucessivas alterações que a doutrina da responsabilidade civil foi sofrendo. Com isso, muitos filósofos passaram a procurar integrar considerações distributivas e utilitárias às suas teorias, objetivando torná-las mais fiéis ao que acreditam ser as necessidades das sociedades complexas atuais.

Neste sentido, Richard Epstein afirma ser completamente inútil e fadada ao fracasso qualquer tentativa de fundamentar os complexos sistemas jurídicos contemporâneos em um único valor ou princípio, seja esse a liberdade, em alusão às teorias de matriz kantiana, ou a eficiência, como buscam, por exemplo, teorias ligadas à análise econômica do Direito.[31]

Todavia, essa tendência encontra ainda renitentes opositores, como é o caso do citado Ernest Weinrib e seu objetivo de defender que a correta fundamentação normativa da responsabilidade civil está assentada exclusivamente na forma da justiça corretiva. Embora não negue a possibilidade de o direito positivo validamente criar um sistema de indenizações contra danos pessoais a partir de critérios distributivos, Weinrib afirma, amparado no que entendo ser uma teoria tradicional da tripartição de poderes, que, mantida a estrutura institucional bipolar característica do poder judiciário, adequada à racionalidade corretiva, será sempre um erro jurídico a incorporação de regras informadas pela racionalidade da justiça distributiva ao direito privado e à responsabilidade civil.[32]

Por fim, chegamos ao terceiro par de noções dicotômicas apresentado por Englard: *culpa e responsabilidade objetiva*. Diferentemente dos dois pares anteriores, que possuem natureza estrutural e formal, o último par é de natureza substantiva. Tratam-se de conceitos com conteúdo jurídico próprio, posto que são doutrinas rela-

---

30. "Discussed less and less are precisely those questions that make tort law a unique repository of intuitions of corrective justice." (George Fletcher, Fairness and utility in tort law, *Harvard Law Review*, v. 85, n. 3, 1972, p. 537-538).
31. "It is unwise, indeed futile, to attempt to account for the complete structure of a complicated legal system by reference to any single value or principle – be it liberty or efficiency. It is far better to try to capture and systematize the dominant sentiments of the common law and where possible to remove from that law ambiguity, error, and inconsistency." (Richard Epstein, Causation and corrective justice: a reply to two critics, *Journal of Legal Studies*, v. 8, n. 3, 1979, p. 504).
32. Nesse sentido, ver: Ernest Weinrib, *The idea of private law*, 1995, p. 210-212. Um exemplo de sistema de indenizações baseado em critérios distributivos e em fundo público e não no processo judicial e na adjudicação é o sistema neozelandês. A esse respeito, ver [http://www.acc.co.nz/], acesso em 18/07/2017, às 16h07.

tivas a regras jurídicas efetivamente existentes na responsabilidade civil no *Common Law* e *Civil Law*.[33]

Para Englard, essas duas noções funcionam como extremos dentro de um espectro contínuo. Nele, cada regra substantiva criada poderia ser uma combinação única entre elementos estruturais (relativos aos dois pares de noções anteriormente apresentados) e substantivos.[34] Há duas doutrinas jurídicas dominantes, cada uma ocupando larga parte desse espectro havendo, contudo, diversas áreas de intersecção – por exemplo, presunções de culpa, atenuação dos critérios de imputação de responsabilidade subjetiva etc. – até que ocorra uma efetiva transição de uma para outra. Esta variação entre extremos pode ser observada na maioria dos sistemas jurídicos nacionais atuais.

Englard sugere que o par de conceitos culpa-responsabilidade objetiva serve de ponto de partida para uma compreensão geral do debate contemporâneo. O maior desafio das teorias atuais é conseguir explicar como a culpa e a responsabilidade objetiva – e também os arranjos intermediários advindos das soluções encontradas em normas jurídicas específicas – se articulam com as posições tomadas acerca dos pares anteriores.[35]

4. COMENTÁRIO FINAL

Apesar da possível objeção de que as divisões esquemáticas apresentadas por Izhak Englard e William Lucy são simplificadoras, considera-as um bom ponto de partida para a compreensão das diferentes abordagens dentro da filosofia da responsabilidade civil.

Ao analisar como cada teoria organiza e conceitua cada item dos três pares de conceitos apresentados por Englard, podemos ver também com quem concordam ou discordam e a qual corrente filosófica a teoria em tela se alinha, bem como, conforme o exposto por Lucy, qual conjunto de questões pretende enfrentar.

---

33. Izhak Englard, *The philosophy of tort law*, 1993, p. 21-27. Embora Englard busque estas duas doutrinas na tradição da *Common Law*, noções idênticas ou muito próximas podem ser encontradas na tradição de *Civil Law* (e assim igualmente no direito brasileiro). A esse respeito, ver: André Tunc, *La responsabilité civile*, Paris: Economica, 1989:11-18.
34. Sobre a relação entre culpa e responsabilidade objetiva, diz: "The relationship between fault and strict liability is more of a bipolar nature which signifies a continuum, a gradual transition from one extreme to the other. At each stage in the intermediate area a different blend of structural and substantive elements is possible." (Izhak Englard, *The philosophy of tort law*, 1993, p. 21).
35. zhak Englard, *The philosophy of tort law*, 1993, p. 22). Por exemplo, o já citado Weinrib enfrentará essa questão a partir da fundamentação do direito em uma teoria formalista. Sem fugir à controvérsia, Weinrib fundamenta uma defesa da doutrina da responsabilidade subjetiva baseada na culpa (negligence law) alicerçada em sua coerência com a forma (racionalidade formal) da justiça corretiva e uma crítica à doutrina da responsabilidade objetiva (strict liability) nessas mesmas bases. Ver: Ernest Weinrib, *The idea of private law*, 1995.

Da tradição que colocaria responsabilidade moral (não utilitarismo) ao lado de justiça corretiva e do conceito de culpa em oposição à ideia de utilidade social (utilitarismo), justiça distributiva e responsabilidade objetiva, chegamos a um ponto em que observamos várias tentativas de harmonização e conjugação de objetivos tidos como oponíveis e contraditórios.

Como vimos, Richard Posner, representante da Análise Econômica do Direito, que busca alinhavar o seu utilitarismo com o conceito de *negligence*[36] e a ideia de justiça corretiva, amalgamando elementos que tradicionalmente seriam vistos como incompatíveis[37].

Outros, como Richard Epstein e George Fletcher, cada um ao seu modo, se aferram ao não-utilitarismo e ao conceito de justiça corretiva. O primeiro o faz a partir de uma defesa da responsabilidade objetiva (que segundo ele seria mais consistente com o fundamento da responsabilidade civil), enquanto o segundo busca nos paradigmas da reciprocidade e da razoabilidade a base para a responsabilidade civil.[38]

Por fim, um dos precursores desse debate, Ernest Weinrib, possui a peculiaridade de, no que tange à responsabilidade civil, manter-se alinhado aos primeiros elementos de cada par de noções dicotômicas. Sem se intimidar pelo risco de ser chamado de anacrônico e desconectado da realidade concreta, esse autor faz uma defesa do direito privado e da responsabilidade civil como um arranjo social reativo ao argumento moral kantiano, sendo radical defensor de uma teoria que explica e justifica a autonomia e coerência interna do direito privado. Por conseguinte, defende uma compreensão não utilitarista do campo, endossando uma concepção formal de justiça corretiva como elemento estruturante da responsabilidade civil. Em termos normativos, isso impõe a exclusão de elementos distributivos, o que o leva a mostrar como algumas doutrinas substantivas existentes na tradição anglo-americana, como a da responsabilidade com culpa (*negligence law*), expressam coerentemente essa forma da justiça corretiva, enquanto outra, como a de danos punitivos (*punitive damages*) ou *deep pockets* (ideia de que o risco de uma atividade deve ser suportado pela empresa ou indivíduo que esteja em uma posição financeira relativamente boa) não.[39]

A partir das exposições das principais questões e problemas do debate contemporâneo em filosofia da responsabilidade civil e uma incursão, ainda que breve e algo livre, a alguns teóricos que ilustram esse movimento, esperamos ter apresentado um mapa para um primeiro acesso a este fértil terreno para a pesquisa.

---

36. *Negligence law* – Doutrina que requer a presença da culpa para a qualificação do ofensor. Por essa razão, embora não seja uma sinonímia perfeita, utilizo a expressão "responsabilidade com culpa" nos casos de *negligence law*.
37. Izhak Englard, *The philosophy of tort law*, p. 1993:12-13 e 24.
38. Izhak Englard, The system builders: a critical appraisal of modern American tort theory, *Journal of Legal Studies*, v. 9, n. 1, 1980, p. 59 e 63.
39. Ernest Weinrib, Legal Formalism: on the imanente rationality of law, 1988 e Ernest Weinrib, *The ideia of private law*, 1995.

5. REFERÊNCIAS

ARISTÓTELES, *Ética a Nicômaco*, Brasília: Universidade de Brasília, 1985.

CALABRESI, Guido. Some Thoughts on Risk Distribution and the Law of Torts, *Yale Law Journal*, v. 70, 1961.

Coase, Ronald. The Problem of Social Cost, *Journal of Law and Economics*, v. 3, 1960.

Englard, Izhak. *The philosophy of tort law*, Cambridge: Darthmouth, 1993.

_____, The system builders: a critical appraisal of modern American tort theory, *Journal of Legal Studies*, v. 9, n. 1, 1980.

Epstein, Richard. Causation and corrective justice: a reply to two critics, *Journal of Legal Studies*, v. 8, n. 3, 1979.

_____, Nuisance law: corrective justice and its utilitarian constraint, *Journal of Legal Studies*, v. 8, n. 1, 1979.

Fiss, Owen. The Death of Law?, *Cornell Law Review*, v. 72, n. 1, 1986.

Fletcher George, Fairness and utility in tort law, *Harvard Law Review*, v. 85, n. 3, 1972.

Lucy, William. *Philosophy of Private Law*, Oxford: Oxford University Press, 2007.

Owen, David G, *Foreword: Why Philosophy Matters to Tort Law*, In: Philosophical Foundations of Tort Law, Oxford: Oxford University Press, 1995.

Posner, Richard. The concept of corrective justice in recent theories of tort law, *Journal of Legal Studies*, v. 10, n. 1, 1981.

Tunc, André, *La responsabilité civile*, Paris: Économica, 1989.

Weinrib, Ernest. *The ideia of private law*, Cambridge: Harvard University Press, 1995.

_____. Legal Formalism: on the immanent rationality of law, *Yale Law Review*, v. 97, n. 6, 1988.

RESPONSABILIDADE CIVIL: QUESTÕES ATUAIS

Daniel Ustárroz

Professor Adjunto da PUCRS. Doutor em Direito Civil pela UFRGS. Advogado e Parecerista.

Sumário: 1. Introdução – 2. O individualismo na análise da responsabilidade civil – 3. Por uma leitura mais ampla (e contemporânea) do princípio da reparação integral do dano – 4. Conclusão – 5. Referências.

1. INTRODUÇÃO

Muito embora, à luz da letra fria da lei, estejam prescritos três clássicos requisitos do dever de indenizar (ato ilícito, nexo de causalidade e dano), na prática a aferição da presença desses filtros não se mostra tranquila.[1] Ao contrário, em um grupo relevante de casos, observa-se, não raro, a sua mitigação, seja a partir da redução do módulo probatório, seja pela sua efetiva preterição.[2] Ou seja, discutir a responsabilidade de uma pessoa não é uma tarefa simples.

A este respeito, sublinhava Guido Alpa, ao meditar sobre as normas de responsabilidade civil, que, no sistema de *civil law*, o texto codificado é muito mais um ponto de partida do que um ponto de chegada do percurso hermenêutico. O trabalho das fontes é extremamente rico, nesse ramo da ciência jurídica.[3] E essa característica permite a oxigenação do sistema, sem a necessidade de permanente reforma legislativa.

Nesse passo, a doutrina reconhece a existência de variados fundamentos do dever de indenizar. Em que pese uma longa formação histórica tenha valorizado o critério subjetivo da culpa, dito critério não possui pretensão de universalidade.

Com efeito, há décadas, André Tunc, ao elaborar clássica obra sobre o estado da arte da responsabilidade civil europeia, já anotava a insuficiência da culpa como

---

1. A ideia de erosão dos filtros tradicionais é muito bem trabalhada na obra de Anderson Schreiber: *Novos paradigmas da responsabilidade civil*. 3. ed. São Paulo: Atlas, 2011. O autor alude à "farsa da responsabilidade civil", pois "a prática judicial encontra-se a milhas de distância do recorrente ensinamento segundo o qual não há dever de reparar sem que se demonstre a culpa, o nexo causal e o dano". (Op. cit. p. 6).
2. Uma obra relevante na temática da redução do módulo probatório é de Gerhardt Walter "*Libre apreciacion de la prueba: Investigacion acerca del significado, las condiciones y limites del libre convencimiento judicial*". Bogotá: Temis, 1985. A sua perspectiva, no sentido de que a exigência de prova robusta/plena/estreme de dúvidas pode inviabilizar o reconhecimento dos direitos, conserva atualidade.
3. ALPA, Guido. Tratatto di Diritto Privato, IV, *Responsabilità Civile*, p. 84. Milano: Giuffrè, 1999.

critério determinante do dever de indenizar, chegando a afirmar que a ideia de responsabilidade por culpa poderia ser considerada um mito, naquela quadra histórica, pois as áreas que dispensavam os princípios que regulavam a sua aplicação eram certamente mais numerosas do que aquelas em que a teoria era ainda respeitada.[4] Embora, naturalmente, ainda pudesse ser relevante a culpa para a resolução de questões surgidas em áreas específicas (exemplo da concorrência desleal), já estava evidente que "ele não é mais do que um dos fundamentos possíveis da responsabilidade civil, no meio de tantos outros", podendo ser inclusive considerado como secundário.[5] Outros autores destacaram, no século passado, o elevado custo social da responsabilidade por culpa, além da incerteza das reparações, circunstâncias que igualmente devem ser consideradas.[6]

Outras críticas poderiam ser direcionadas ao sistema de responsabilidade civil fundado no risco, que foi paulatinamente idealizado para superar a crise da responsabilidade civil de perfil subjetivo. A perspectiva da responsabilidade civil objetiva, por certo útil para a atuação em determinadas áreas, tampouco tende a universalidade. Ao contrário, mais parece que o ideal seja conjugar variadas fontes, em busca de um sistema equilibrado, que consiga enfocar o ângulo das pessoas envolvidas, inclusive aquelas que reflexamente suportarão os efeitos da solução do problema concreto.

Nessa linha, é possível aventar inclusive uma série de casos interessantes, em que se evidencia o surgimento do dever de indenizar a partir da prática de um ato lícito, como a aplicação regular de uma vacina que lesione a vítima em razão de suas condições pessoais.[7] É que, como bem pondera Eugenio Facchini Neto, "dificilmente haverá no direito civil matéria mais vasta, mais confusa e de mais difícil sistematização do que a responsabilidade civil".[8]

---

4. La *Responsabilité Civile*, p. 107. 2.ed. Paris: Economica, 1989. Miguel Reale, nos textos em que discutiu o Código Civil, igualmente reconhecida a insuficiência da culpa para atender a ideia de socialidade: "é claro que, no quadro de uma compreensão ético-social do Direito, não se concebe mais a teoria da responsabilidade civil, com base apenas no elemento subjetivo da culpa, sendo aquela considerada devida, objetivamente, quando a natureza mesma da atividade desenvolvida pelo autor do dano já implica grandes riscos para quem dela participa". *Espírito da nova Lei Civil*, p. 37.
5. Op. cit. p. 107.
6. A esse respeito, Guido Alpa e Mario Bessone destacam que a teoria da responsabilidade civil fundada na culpa possui um custo social elevado, além de ser considerado "irrazionale" pelo fato do ressarcimento ser incerto: "un dato comune a tutte è però costituito dal fatto che il sistema di responsabilità fondato sulla colpa "non funziona adeguatamentee presenta un costo "sociale" troppo alto per esser sopportato da "società a capitalismo maturo". Inoltre, tale sistema risulta spesso irrazionale, perché non garantisce alle vittime un risarcimento sicuro, in quanto affida a complicati procedimenti di accertamento della colpa l'esito del giudizio di responsabilità, e, ancora, tende, il linea di massima, a porre l'onere della prova a carico della vittima, interponendo perciò consistenti ostacoli alla possibilità che questa riesca (a dimostrare la negligenza dell'agente e quindi) ad ottenere il risarcimento". *La Responsabilità Civile*, p. 523. Milano: Giuffrè, 2001. Este problema é acentuado no Brasil, pela manifesta crise do processo judicial, cujo resultado muitas vezes é aleatório.
7. TRF4, AC 5000086-13.2010.404.7104, 3ª T., Rel. Des. Carlos Eduardo Thompson Flores Lenz, j. 16/01/2013.
8. Da responsabilidade civil no novo Código Civil, p. 174. In *O novo Código Civil e a Constituição*. Coord. Ingo Wolfgang Sarlet. 2. ed. Porto Alegre: Livraria do Advogado, 2006.

Dentro dessas coordenadas, o presente ensaio busca destacar dois aspectos relevantes do fenômeno da responsabilidade civil, quais sejam: o individualismo reinante na abordagem dos casos e a leitura excessivamente patrimonialista do "princípio da reparação integral do dano".

2. O INDIVIDUALISMO NA ANÁLISE DA RESPONSABILIDADE CIVIL

O sistema de reparação de danos, no Brasil, é extremamente individualista. Basicamente, escolhe-se entre a vítima e o suposto "autor" para suportar o prejuízo. Mesmo nas tragédias que afetam mais de perto à sociedade, observa-se grande comoção em um primeiro momento. Logo após, a mesma sociedade fecha os olhos para a "resolução" do caso, deixando órfã a vítima e a o indigitado causador do dano.[9]

Deveríamos atentar para duas linhas evolutivas, quais sejam a democratização do contrato de seguro e a necessária socialização de alguns danos, inclusive com apelo às chamadas indenizações automáticas,[10] a serem criadas para resolver grupos específicos de casos, justificadas pela solidariedade social.[11]

Quanto a essa última perspectiva – de difícil implantação em nosso país em face da incapacidade gerencial das pessoas, do Estado e do risco concreto de corrupção – um exemplo isolado encontra-se na Lei 12.663/2012, que regulou a "Copa das Confederações", como uma preparação para a Copa do Mundo de 2014. No seu art. 23, constou que a União Federal deveria reparar danos derivados de "incidentes ou acidentes de segurança" aos representantes legais, empregados ou consultores da

---

9. Como pondera Anderson Schreiber, "a implementação de uma genuína *responsabilidade social* requer que o resultado das ações de responsabilização passe a ser repartido pela coletividade de agentes potencialmente lesivos ou até, em algumas hipóteses, pela sociedade como um todo. Em lugar de transferir de um indivíduo a outro o ônus reparatório (*loss shifting*), a responsabilidade civil deve assumir a tarefa de diluir o peso da reparação (*loss spreading*), tornando mais efetivo e menos litigioso o amparo à vítima. Tal diluição já vem se operando por meio de iniciativas legislativas pontuais e criações espontâneas da autonomia privada – como o seguro de responsabilidade por danos –, mas convida a reflexões mais abrangentes que conformem o inteiro ramo da responsabilidade civil à sua nova função, que consiste não mais em identificar o culpado, mas em gerir os danos que, inevitavelmente, decorrem da convivência social". *Novos paradigmas da responsabilidade civil*, p. 7-8. 3. Ed. São Paulo: Atlas, 2011.
10. Geneviève Viney anota que, em França, o sistema de indenização automática foi inaugurado pela Lei Badinter 1985: "depois dos acidentes do trabalho e dos de circulação, foram os acidentes médicos não culpáveis que suscitaram atenção. Eles são hoje cobertos na França, assim como as infecções hospitalares, por um sistema de indenização automática financiada principalmente pelo seguro-saúde. Da mesma forma, as vítimas de doenças causadas pelo amianto, pessoas acometidas por Aids em consequência de transfusão e as vítimas de delinquência podem obter indenização não fundada em regras de responsabilidade, que, antes disso, repousa sobre a solidariedade nacional, por intermédio de um fundo de indenização ou de garantia". As tendências atuais do direito da responsabilidade civil, p. 47. In *Direito civil contemporâneo*. Org. Gustavo Tepedino. São Paulo: Atlas, 2008.
11. Por ilustração, Patrice Jourdain apresenta os Fundos criados pelo Estado francês para garantir a reparação de danos ocasionados pela guerra, acidentes de carros, de caça, atos de terrorismo, contaminação pelo uso de amianto, contaminação pelas transfusões de sangue e acidentes médicos graves. *Les Principes de La Responsabilité Civile*, p. 15. 7 ed. Paris: Dalloz, 2007.

FIFA.[12] Mensagem semelhante fora antes transmitida com a Lei 10.744/2003, a qual dispôs sobre "a assunção, pela União, de responsabilidades civis perante terceiros no caso de atentados terroristas, atos de guerra ou eventos correlatos, contra aeronaves de matrícula brasileira operadas por empresas brasileiras de transporte aéreo público, excluídas as empresas de táxi aéreo". Em que pese limitado o seu âmbito de aplicação ("atentados terroristas, atos de guerra ou eventos correlatos, contra aeronaves de matrícula brasileira") serve este texto de símbolo de um novo modelo a ser pensado, que reduz (ou elimina) o papel do causador direto na reparação de dano anormal e grave.

Já em relação ao mercado securitário, a despeito dos nítidos avanços nos últimos anos, com a criação de novos produtos (seguro para celulares, seguro para evitar consequências do eventual desemprego, seguros prestamistas etc.), a situação ainda está longe da ideal. Por ilustração, acredita-se que menos de 1/3 da frota de automóveis no Brasil possuam seguro. Dados do Sindicato das Empresas de Seguro, Resseguro e Capitalização apontam para a redução no percentual da frota segurada entre 2006 a 2013.[13] A consequência dessa realidade, conjugada a carnificina nas estradas (23 mortes/ano para cada 100.000 habitantes;[14] em 2015, segundo o Ministério da Saúde, foram registrados 37.306 óbitos e 204 mil pessoas ficaram feridas.[15]) é um espetáculo trágico: pessoas traumatizadas, famílias dizimadas... Isso sem contar o custo colateral social, que respinga no orçamento da Seguridade Social, movimentação do Poder Judiciário etc. A pretexto de ser democrático (todos têm direito a dirigir, logo – a exceção do DPVAT – o seguro é facultativo), negligencia-se a tutela das vítimas. Coroa-se uma visão egoísta do fenômeno jurídico, ao se desconsiderar a projeção social do ato banal de manobrar um veículo.

Contudo, em que pese o nítido interesse social nesse e em tantos outros campos, o debate judicial restringe-se à discussão quanto à legalidade e à conveniência de se imputar ao réu (ou ao autor) a responsabilidade de reparar todo o dano gerado pela sua atuação (descontado o DPVAT...). Nessa e em outras situações, sob o pretexto de se facilitar a reparação da vítima, joga-se todo o custo ao suposto causador do

---

12. Conforme o art. 23: "A União assumirá os efeitos da responsabilidade civil perante a FIFA, seus representantes legais, empregados ou consultores por todo e qualquer dano resultante ou que tenha surgido em função de qualquer incidente ou acidente de segurança relacionado aos Eventos, exceto se e na medida em que a FIFA ou a vítima houver concorrido para a ocorrência do dano. Parágrafo único. A União ficará sub-rogada em todos os direitos decorrentes dos pagamentos efetuados contra aqueles que, por ato ou omissão, tenham causado os danos ou tenham para eles concorrido, devendo o beneficiário fornecer os meios necessários ao exercício desses direitos".
13. Segundo o seu site: "se pegarmos os dados do segundo semestre de 2006, para cada três veículos em circulação, um deles tinha seguro. Se observarmos o primeiro semestre de 2013, para cada 3,6 veículos nas ruas, apenas um possuía seguro. Isto é, temos mais veículos nas ruas sem seguro do que há uns anos". Disponível em: [http://www.sindsegsp.org.br/site/noticia-texto.aspx?id=16648]. Acesso em 22/07/2017.
14. [http://www1.folha.uol.com.br/cotidiano/2016/05/1772858-brasil-e-o-quarto-pais-com-mais-mortes-no-transito-na-america-diz-oms.shtml]. Acesso em: 22/07/2017.
15. [https://www.metrojornal.com.br/foco/2017/05/01/brasil-e-o-quinto-pais-mundo-em-mortes-no-transito-segundo-oms.html]. Acesso em 22.07.2017.

dano.[16] O fenômeno jurídico, também aqui, é marcado pela aleatoriedade, o que gera insegurança para todas as pessoas.[17]

Essas e outras razões apontam para a conveniência de imaginarmos meios mais amplos de proteção das pessoas, que envolvam a participação da sociedade na administração dos danos que fatalmente serão gerados pelo convívio das pessoas.

3. POR UMA LEITURA MAIS AMPLA (E CONTEMPORÂNEA) DO PRINCÍPIO DA REPARAÇÃO INTEGRAL DO DANO

Outro dado complicado na realidade brasileira deste início de século XXI é a patrimonialização excessiva do direito civil e da responsabilidade civil. O convívio social gerará danos (isto é, uma certeza) e nem todos esses danos serão passíveis de indenização, na medida em que o Direito seleciona os danos indenizáveis, a fim de proteger a liberdade das pessoas e atividades socialmente úteis.[18]

---

16. Nesse sentido, é percuciente a observação de Anderson Schreiber, quando afirma que "o problema está em que tal *solidarização da responsabilidade civil* ocorre apenas pela metade. No afã de proteger a vítima, o Poder Judiciário dispensa, com facilidade, a prova da culpa e do nexo causal, mostrando-se interessado não em quem gerou o dano, mas em quem pode suportá-lo. A *erosão dos filtros da reparação* corresponde, portanto, não a um endêmico despreparo dos juízes com relação a uma disciplina secular – como desejam os cultores da responsabilidade civil –, mas uma revolução gradual, silenciosa, marginal até, inspirada pelo elevado propósito de atribuir efetividade ao projeto constitucional, solidário por essência, a exigir o reconhecimento de que os danos não se produzem por acaso ou fatalidade, mas consistem em um efeito colateral da própria convivência em sociedade. A revolução, contudo, é falha, porque meramente parcial. Os tribunais desconsideram a culpa (*todos somos culpados*) e a causa (*todos somos causadores*) dos danos, mas concluem o processo judicial de responsabilização lançando o ônus indenizatório sobre um único – e, muitas vezes, randômico – responsável. Há solidarismo no que diz respeito às condições para a deflagração do dever de reparar, enquanto a atribuição do dever em si continua arraigada ao individualismo mais visceral. O ônus de auxiliar as vítimas pertence a todos, mas vem atribuído a cada réu, aleatória e isoladamente, o que acaba por resultar em injustiça, a rigor, tão grave quanto manter o dano sobre a vítima". *Novos paradigmas da responsabilidade civil*, p. 7. 3. ed. São Paulo: Atlas, 2011.
17. Como pontua André Tunc, todas as pessoas cometem diuturnamente erros e, felizmente, a maior parte deles não gera danos: "tout homme commet quotidiannement des erreurs. La plupart d'entre elles, même quand il se livre à une activité dangereuse, telle la conduite d'un véhicule, ne causent aucun dommage. Cepedant, un fâcheux concours de circonstances peut entraînner un accident, donc un dommage dont la gravité est à nouveau une question de hasard. De même, une maîtresse de maison ou un fumeur peuvent, par un geste qu'ils ont accompli des milliers de fois auparavant, causer une explosion ou un incendie dont le coût, en vies humaines et en domages matériels, sont une fois de plus une question de hasard. Alors qu'un conducteur très prudent peut causer un accident, celui qui conduit en état d'ivresse ou dans la plus grande insouciance peut avoir la chance d'arriver à bon port sans difficulté". *La Responsabilité Civile*, p. 113. 2. ed. Paris: Economica, 1989.
18. Bem anota Mario Bessone que "lungi da pretendere il risarcimento di ogni danno, la tendenza che si è identificata nell'evolvere della responsabilità civile mira piuttosto ad un ampliamento dell'area del danno, ma sempre entro "confini ragionevoli". È certo che i criteri di valutazione dei danni "non possono esaurirsi in una troppo angusta prospettiva", ma "debbono tener conto anche dei... vari e sempre nuovi interessi ai quali l'ordinamento in considerazione del loro emergere come valori socialmente rilevanti accorda la sua protezione". Ma un sistema troppo "liberale"– incline ad "offrire protezione giuridica a danni di scarsa consistenza e quasi impalpabili"– può divenire strumento di domande di risarcimento per danni inesistenti o immaginari". *Casi e questioni di diritto privato*, p. 57.

Reza o art. 944, *caput,* do Código Civil, que "a indenização mede-se pela extensão do dano". Historicamente, da análise da vida real, observa-se que a quase totalidade das demandas de responsabilidade civil almejam a condenação do réu ao pagamento de uma determinada quantia (supostamente equivalente ao prejuízo). Nesse contexto, a sentença tem o valor prático próximo ao de um cheque, uma vez que a resposta jurídica é apenas patrimonial.

Já em 1897, René Demogue destacava a insuficiência dos meios de proteção oferecidos pelo Direito à vítima de dano. Postulava que a sociedade oferecesse aos seus membros "modos de reparação tão variados e numerosos quanto os meios empregados pelos delinquentes". Lamentava, naquele momento histórico, que as formas de reparar o mal fossem tão reduzidas, em comparação com as inumeráveis maneiras de ocasionar danos.[19] A sua lição – infelizmente – conserva atualidade, por variadas razões. Uma delas é a interpretação majoritária, entre a doutrina processual, do "princípio da adstrição ao pedido", o qual exigiria que o juiz "reparasse" o dano apenas e tão somente pelo acolhimento ou desacolhimento do meio sugerido pelo autor da ação. Essa ideia é coerente com um sistema individualista. E gera, naturalmente, uma série de danos sociais, caso aplicada sem a necessária moderação.

Deveria a doutrina (e naturalmente a jurisprudência) meditar sobre meios alternativos de reparação. Veja-se, por ilustração, o fenômeno do desagravo, do direito de resposta, da publicização da sentença, cartas personalizadas às vítimas e outras medidas que podem ser úteis para reparar ou ao menos compensar o dano sofrido. Dois exemplos banais: (a) diante de uma tragédia, que gera comoção social, seria adequada a idealização e a construção de memoriais, museus, obras de arte para que as gerações futuras não se esquecessem das vítimas e do evento, minimizando assim a chance de sua repetição; (b) diante de uma calúnia, a resposta pública do Poder Judiciário, reconhecendo o ilícito perpetrado, pode ser mais útil às vítimas do que um mero valor arbitrado etc.

Outros sistemas meditam quanto a esta realidade. É o caso da *Legge Pinto*, que preconiza na Italia, em seu art. 2: "il danno non patrimoniale è riparato, oltre che con il pagamento di una somma di denaro, anche attraverso adeguate forme di pubblicita' della dichiarazione dell'avvenuta violazione". Usualmente aplicada diante da violação à garantia da duração razoável dos processos, serve igualmente de amparo para a idealização de formas alternativas (e efetivas) de compensação/reparação dos danos.

Espera-se, diante dos apelos da doutrina, que os Tribunais passem a reconhecer que a resposta jurisdicional, nas demandas de responsabilidade civil, não pode ser limitada a um valor pecuniário, sob pena de se frustrar o ideal de plena reparação do dano gerado.

---

19. *De La Réparation Civile des Délits*, p. 44-45. Paris: Elibron Classics, 1897 (ré-impresion 2006).

4. CONCLUSÃO

À luz do exposto, nesse momento de afirmação dos direitos das pessoas (e de meditação acerca de seus correlatos deveres), parece extremamente oportuno pensar o fenômeno da responsabilidade civil sob um enfoque mais amplo, que permita a consideração do ângulo das pessoas que, embora não estejam diretamente envolvidas no caso concreto analisado, certamente serão impactadas pela sua resolução. De outra banda, a meditação acerca do real alcance do "princípio da reparação integral do dano", para além de uma mera quantificação econômica, poderá contribuir por harmonizar a pretensão das vítimas e o dever dos causadores atenuarem ou eliminarem as consequências danosas de um evento que lhes é imputável.

5. REFERÊNCIAS

ALPA, Guido. *La responsabilità civile*. 4. ed. Milano: Giuffrè Editore, 1999;

_____; BESSONE, Mario. *La responsabilità civile*. Milano: Giuffrè Editore, 2001.

DEMOGUE, René. *De La Réparation Civile des Délits*. Paris: Elibron Classics, 1897 (ré-impresion 2006).

FACCHINI NETO, Eugênio. Da Responsabilidade civil no novo Código. In: *O novo Código Civil e a Constituição* (Org. Ingo Sarlet). Porto Alegre: Livraria do Advogado, 2003.

JOURDAIN, Patrice. *Les principes de la responsabilité civile*. 7 ed. Paris: Dalloz, 2007.

LE TOURNEAU, Philippe. *La responsabilité civile*. Paris: Presses Universitaires de France, 2003.

RADE, Christophe. *L'Impossible divorce de la faute et de la responsabilité civile*. Chroniques, p. 301. Recueil Dalloz, 1998.

SANSEVERINO, Paulo de Tarso Vieira. *Princípio da reparação integral: indenização no Código Civil*. São Paulo: Saraiva, 2010.

SCHREIBER, Anderson. *Novos paradigmas da responsabilidade Civil:* da erosão dos filtros da reparação à diluição dos danos. 3 ed. São Paulo: Atlas, 2011.

TUNC, André. *La Responsabilité Civile*. 2 ed. Paris: Economica, 1989.

VINEY, Geneviève. As tendências atuais do direito da responsabilidade civil. In: *Direito Civil Contemporâneo*. Org. Gustavo Tepedino. São Paulo: Atlas, 2008.

HONESTE VIVIRE: PRINCÍPIO INSPIRADOR DA RESPONSABILIDADE CIVIL

Fernanda Ivo Pires

Doutora e mestre em Direito Civil pela PUC-SP. Professora de Direito Civil da FSBA, Unijorge e dos cursos de pós-graduação da UCSAL e UNIFACS. Advogada.

Sumário: 1. Introdução – 2. A Responsabilidade civil no ordenamento jurídico brasileiro: responsabilidade subjetiva e responsabilidade objetiva – 3. A Pena privada e seus fundamentos – 4. Atividade abusiva do Direito – 5. Considerações finais – 6. Referências.

1. INTRODUÇÃO

Historicamente, a responsabilidade civil passa por momentos em que está mais direcionada a um dos polos da relação jurídica, quer seja com os olhos voltados à conduta do agressor – responsabilidade subjetiva; ou tendo como objeto principal a própria vítima, onde seja possível o seu ressarcimento por quem esteja mais próximo do fato lesivo – responsabilidade objetiva. Tal polaridade, contudo, por vezes a engessa, não permitindo que alcance a sua devida função social.

A responsabilidade civil, como componente do direito obrigacional, deve ser vista como um todo, como um processo que visa alcançar a sua finalidade que é não apenas ressarcimento do prejuízo sofrido, mas também o bem-estar social.

Quando há uma responsabilização objetiva, como se sabe, não há que se perquirir o elemento culpa, o que pode possibilitar um locupletamento indevido pelo agente causador do dano. Assim, o que inicialmente seria uma desvantagem para o responsável para a reparação do dano, posto que não tem a condição de provar que inexistiu culpa, acaba por se transformar em enorme benefício, na medida em que não é dada a oportunidade à vítima discutir a gravidade da conduta da outra parte, mas tão somente o dano abstratamente considerado em sua própria esfera.

Neste sentido, haveria uma discrepância entre a responsabilidade objetiva e a pena privada? Qual seria o ponto de equilíbrio entre estes dois institutos, com o fito de atingir a amplitude do efeito preventivo da responsabilidade civil?

Ao examinar tal perspectiva, propõe-se que seja observado não só o clássico princípio inspirador da responsabilidade civil, o *neminem laedere* (não lesar outrem), mas concomitantemente o *honeste vivire*.

2. A RESPONSABILIDADE CIVIL NO ORDENAMENTO JURÍDICO BRASILEIRO: RESPONSABILIDADE SUBJETIVA E RESPONSABILIDADE OBJETIVA

Após largo período de responsabilidade essencialmente subjetiva, o atual ordenamento jurídico brasileiro traz em seu bojo, além dessa modalidade, também aquelas que independem da comprovação de culpa, as quais são largamente denominadas de objetivas.[1]

A responsabilidade civil objetiva refere-se, em regra, a uma relação jurídica em que há uma desigualdade material entre as partes, o que ocasiona à vítima uma grande dificuldade na instrução probatória quanto ao seu verdadeiro agressor e à intensidade de sua culpa. Dessa forma, sob o fundamento dos princípios da equidade e da solidariedade, haverá, nesse caso, uma preocupação maior com o dano sofrido pela vítima, ainda que não haja verdadeiramente um culpado. Em outras palavras, responderá quem "se encontra na posição mais adequada a conduzir a análise custo-benefício", assumindo, inclusive, a possibilidade de evitar o dano.[2]

Complementarmente ao fundamento acima apontado, nessa modalidade de responsabilidade, há a ideia de reparar danos compatibilizando-a com o desenvolvimento econômico empresarial, sem que haja uma inibição do mencionado incremento. É o que se depreende do parágrafo único do art. 927 do CC: "Haverá obrigação de reparar o dano, independentemente de culpa, nos casos especificados em lei, ou quando a atividade normalmente desenvolvida pelo autor do dano implicar, por sua natureza, risco para os direitos de outrem".

Em contradição aos mencionados ideais, contudo, é comum empresas contumazes na prática de condutas lesivas se beneficiarem do manto da responsabilidade objetiva para se esquivar da majoração do montante reparatório.

Muito embora a jurisprudência admita a possibilidade de um aspecto punitivo para a hipótese de responsabilidade civil objetiva, notadamente quando se refere a uma reparação por danos morais, a qual tem na sua essência um caráter aflitivo de punição; tais condenações ainda ocorrem de maneira bastante tímida.[3]

Dessa forma, não se pode permitir que a responsabilidade objetiva seja traída ao revés dos seus princípios inspiradores, impedindo a concreção da justiça pela afastabilidade da verificação da culpa.

---

1. Tecnicamente defende-se que a responsabilidade puramente objetiva é aquela que independe de culpa, fundamentada, inicialmente, na ideia do risco e nas estatísticas de acidentes na atividade; não se confundindo, contudo com as hipóteses de culpa presumida. Cf. PIRES, Fernanda Ivo. *Responsabilidade civil e o caráter punitivo da reparação*. Curitiba: Juruá, 2014. p. 73 e ss.
2. CASTRONOVO, Carlo. *La nuova responsabilità civile*. Seconda edizione. Milano: Giuffrè, 1997, p. 65.
3. Cf. Recurso Especial 1056871/RS, Julg. 17/06/2010. BRASIL. Superior Tribunal de Justiça. Disponível em: <http://www.stj.jus.br/SCON/jurisprudencia/toc.jsp?tipo_visualizacao=null&livre=responsabilidade +adj3+objetiva+e+dano+adj2+moral&b=ACOR>. Acesso em: 10/072017. ED REsp 1036485 / SC. Julg.: 12/05/2009. BRASIL. Superior Tribunal de Justiça. Disponível em: <http://www.stj.jus.br/SCON/jurisprudencia/toc.jsp?tipo_visualizacao=null&livre=responsabilidade +adj3+objetiva+e+dano+adj2+moral+e+-culpa&&b=ACOR&p=true&t=&l=10&i=11>. Acesso em: 10/07/2017.

De maneira mais clara, a adoção da responsabilidade que independe de culpa tem como pressuposto o desenvolvimento social e uma preocupação com a dignidade da vítima, o que obviamente não afasta a possibilidade de aplicação de uma penalidade para aquele que agiu incorretamente. A concepção de tal responsabilidade deve ser interpretada como aquela que garante um mínimo reparatório à vítima, mas não como limitadora da reparação.[4]

Não é demais lembrar que a quantificação da reparação por dano moral enseja a apreciação, dentre outros fatores, da gravidade da conduta do agressor. Por gravidade da conduta, entenda-se verificação da extensão de culpa, haja vista que, observando a lesão perpetrada contra a vítima, não restam dúvidas de que quando a mesma sofre uma lesão que adveio de uma simples displicência, o sofrimento causado é infinitamente menor comparativamente ao dano causado com culpa grave ou até mesmo dolo.

Segundo João de Matos Antunes Varela,[5] a responsabilidade objetiva ocorre nos casos em que não houver culpa grave ou dolo, e tem como fundamento o risco e a prática de fatos lícitos que, aproveitando a determinadas pessoas, prejudicam outras. Sendo que tem como objetivo estimular os seguros sociais, para promover a reparação de atos não culposos e de circunstâncias fortuitas ou força maior, ou no caso em que o autor do fato ilícito seja desconhecido ou careça de meios para promover a reparação.

É bem verdade que um sistema baseado apenas na culpa tem como um dos efeitos colaterais transmitir às pessoas a ideia de que elas apenas se devem preocupar quando incorrem em culpa, o que é reprovável moralmente.[6] O posicionamento mais razoável, portanto, é aquele em que se pode harmonizar a responsabilidade civil baseada na culpa com a responsabilidade civil objetiva.[7]

3. A PENA PRIVADA E SEUS FUNDAMENTOS

A pena privada[8] é uma sanção punitiva imposta ao particular em razão da sua conduta lesiva quando a simples reparação não for suficiente para remediar o mal realizado. Sendo que, tal punição refere-se a uma quantia em dinheiro a ser entregue à vítima, fixada pela lei,[9] por um negócio jurídico, ou por um magistrado. Dessa for-

---

4. Segundo Boris Starck, Uma das duras críticas enfrentadas pela pena privada é que seria a condenação da objetivação da responsabilidade civil. (*Essai d'une théorie générale de la responsabilité civile*: considerée en sa double fonction de garantie et de peine privée. Paris: L. Rodstein, 1947, p. 371).
5. VARELA, João de Matos Antunes. *Das Obrigações em geral*. v. I, Coimbra: Almedina, 2005, p. 523.
6. VILLEY, Michel. Esboço histórico sobre o termo responsável. Trad. André Rodrigues Corrêa. *Revista Direito GV*. São Paulo: v. 1, n. 1, p. 135-148, maio/2005, p. 145.
7. Nesse sentido, JOSSERAND, Louis. *Cours de droit civil positif français*. v. II. 3. ed. Paris: Recueil Sirey, 1933, p. 217
8. Não confundir com pena civil. Neste sentido, conferir ROSENVALD, ROSENVALD, Nelson. *As funções da responsabilidade civil*: a reparação e a pena civil. 3. ed. São Paulo: Saraiva, 2017, p. 74 e ss.
9. Exemplificativamente tem-se: revogação de doação por ingratidão (art. 555); indignidade e deserdação (arts. 1.814, 1.962); condômino com conduta antissocial (art. 1.337) etc.

ma, a pena privada tem a função de reunir a típica sanção pública aos instrumentos próprios do Direito Civil,[10] com o intuito primordial preventivo e dissuasório.[11]

Embora não seja novidade o pagamento de uma quantia em dinheiro em favor da vítima,[12] a sua redescoberta em diversos países vem ocorrendo em razão da ascensão do direito de personalidade e da crescente tendência a despenalizar a tutela da honra e da reputação.[13]

Por outro lado, como bem lembrado por Rogério Donnini,[14] falar em punição no Brasil é tarefa inglória, "pois se para crimes graves a punição tem sido branda ou inexistente, em uma sociedade que convive com índices alarmantes de violência, como estabelecer uma punição, no âmbito da responsabilidade civil, que propicie proteção à sociedade, em atenção a uma vida digna?"

A opção da punição na responsabilidade civil não é necessariamente um traslado das normas aplicáveis nos Estados Unidos e na Inglaterra para a realidade brasileira, posto que o instituto dos *punitive damages* é apenas uma das formas existentes de repressão.[15] Pelo contrário, a aplicabilidade da pena privada no Brasil se mostra viável por princípios e cláusulas gerais próprios trazidos em artigos específicos da Constituição Federal e do Código Civil.

Considerável doutrina[16] entende que a reparação por danos morais prevista no artigo 186 do Código Civil e artigo 5°, V e X da Constituição Federal nada mais é do que uma penalidade que se impõe ao responsável pelo fato lesivo. Nas palavras de Moreira Alves:[17]

> penso nada mais ser um dano moral que uma pena privada, com uma circunstância ainda mais intensa que a pena privada conhecida, pois se transmite aos herdeiros; na realidade, está-se satisfazendo o desejo íntimo de vingança ao punir o cidadão causador do dano. [...] tanto isso é verdade que, quando se diz que foi atropelado o neto de um Rockfeller, por exemplo, o ressarcimento pode ser de milhões e milhões de dólares, embora, para a família, nada valha, pois o seu desejo é o neto; esse ressarcimento não trará satisfação alguma, para dizer-se que é uma compensação em relação à dor.

---

10. BARATELLA. Maria Grazia. *Le pene private*. Milano: Giuffrè, 2006, p. 213.
11. Nelson Rosenvald ressalta que, sob pena de perder a coerência, a sanção punitiva não há de se referir a toda e qualquer violação de uma norma civil. (Op. cit., p. 55)
12. VOCI, Pasquale. *Risarcimento e pena privata nel diritto romano classico*. Milano: Giuffrè, 1939, p. 8. Cf. ainda STARCK, Boris. Op. cit., p. 359.
13. Cf. GALLO, Paolo. *Pene private e responsabilità civile*. Milano: Giuffrè, 1996, p. 57; CARVAL, Suzanne. *La responsabilité civile dans sa fonction de peine privée*. Paris: L.G.D.J, 1995, p. 26-28.
14. DONNINI, Rogério. *Responsabilidade civil na pós-modernidade*: felicidade, proteção, enriquecimento com causa e tempo perdido. Porto Alegre: Sérgio Antônio Fabris, 2015, p. 46-47.
15. Cf. PIRES, Fernanda Ivo. Op. cit., p.163e ss. ROSENVALD, Nelson. Op. cit., p. 70 e ss.
16. Ver referências em PIRES, Fernanda Ivo. Op. cit., p. 207
17. Conferência Inaugural da I Jornada de Direito Civil. (Organização Ministro Ruy Rosado de Aguiar Jr.). Brasília: CJF, 2003, p. 28. Cf. também LALOU, Henri. *Traité pratique de la responsabilité civile*. 4. ed. Paris: Libraire Dalloz, 1949, p. 103. FRANZONI, Massimo. *Il danno alla persona*. Milano: Giuffrè, 1995, p. 527; GALLO, Paolo. Op. cit., p. 8-10. RIPERT, Georges. *A regra moral nas obrigações civis*. Trad. Osório de Oliveira. São Paulo: Saraiva, 1937, p. 352.

Em uma análise superficial *caput* do art. 944, *caput*, do Código Civil, não seria possível a aplicação da pena privada, posto que o mesmo determina que a indenização seja mensurada pela extensão do dano. Mas tal dispositivo, além de não ser aplicável à reparação por danos morais,[18] deve ser interpretado sistematicamente com o seu parágrafo único que possibilita a aplicabilidade da equidade na fixação do *quantum* indenizatório, bem como com os princípios que inspiram o Direito Civil e a Responsabilidade Civil, como a socialidade e a ideia de viver honestamente.

Segundo o citado parágrafo, "se houver excessiva desproporção entre a gravidade da culpa e o dano, poderá o juiz reduzir, equitativamente, a indenização". Por se tratar de uma cláusula geral e em razão do próprio princípio da equidade, o juiz poderá observar a graduação da culpa do causador do dano, majorando o montante reparatório à título de penalidade. [19-20]

No enunciado número 379 da IV Jornada de Direito Civil, chegou-se a seguinte conclusão: "O art. 944, *caput*, do Código Civil não afasta a possibilidade de se reconhecer a função punitiva ou pedagógica da responsabilidade civil".[21]

Relativamente à Constituição Federal, importa transcrever o inciso V do artigo 5°: "é assegurado o direito de resposta, *proporcional ao agravo*, além da indenização por dano material, moral ou à imagem". É indubitável, portanto, que na aferição do *quantum debeatur* a gravidade da conduta lesiva deve ser considerada.

A jurisprudência é farta ao admitir a valoração da culpa, seja para majorar ou diminuir o montante fixado a título de danos morais, possuindo como critérios para a quantificação: a condição econômica do agressor, a extensão do dano, o caráter educativo / punitivo. No entanto, mais uma vez, intimida-se quanto à majoração dos valores, na maior parte das vezes com receio de ocasionar um enriquecimento sem causa da vítima,

Não é demais ressaltar que, na concepção atual da responsabilidade civil, há de se compreender que a mesma, tal qual os demais institutos de Direito Civil, também tem uma função social a cumprir. Obviamente que o prejuízo imposto ao particular

---

18. Nesse sentido ver ANDRADE, André Gustavo Corrêa de. *Dano moral e indenização punitiva*. 2. ed. Rio de Janeiro: Lumen Juris, 2009, p. 264.
19. Em situação semelhante, observa-se o emblemático artigo 1621 do Código Civil de Quebec: "Lorsque la loi prévoit l'attribution de dommages-intérêts punitifs, ceux-ci ne peuvent excéder, en valeur, ce qui est suffisant pour assurer leur fonction préventive. Ils s'apprécient en tenant compte de toutes les circonstances appropriées, notamment de la gravité de la faute du débiteur, de sa situation patrimoniale ou de l'étendue de la réparation à laquelle il est déjà tenu envers le créancier, ainsi que, le cas échéant, du fait que la prise en charge du paiement réparateur est, en tout ou en partie, assumée par un tiers".
20. Acerca do art. 944, José de Aguiar Dias lembra que "pequenas faltas podem produzir grandes danos, como mostra a fábula da guerra perdida em consequência da ferradura que se soltou do cavalo do guerreiro". (Da responsabilidade civil, p. 37).
21. AGUIAR JÚNIOR, Ruy Rosado de (coord.). IV Jornada de direito civil. Brasília: Conselho da Justiça Federal, 2007. v. 1 e 2. Disponível em: <http://www.jf.jus.br/cjf/cej-publ/jornadas-dedireito-civil-enunciados-aprovados?searchterm=jornada>. Acesso em: 08/02/2010.

afeta não apenas a sua própria esfera, como também o equilíbrio social,[22] o que justifica que a pena privada seja aplicada e tenha o seu consequente efeito dissuasório.

Para Caio Mário da Silva Pereira,[23] da responsabilidade civil sobressaem um "sentimento social" e um "sentimento humano". O primeiro significa que "a ordem jurídica não se compadece com o fato de que uma pessoa possa causar mal a outra pessoa". Enquanto que o segundo compreende a repugnância de que "o agente reste incólume em face do prejuízo individual". Assim, conclui o autor que "[n]a responsabilidade civil estará presente uma finalidade punitiva ao infrator aliada a uma necessidade que eu designo como pedagógica, a que não é estranha a ideia de garantia para a vítima, e de solidariedade que a sociedade humana deve-lhe prestar".

4. ATIVIDADE ABUSIVA DO DIREITO

Uma das mais expressivas cláusulas gerais adotadas pelo Código Civil, talvez a maior delas, é a trazida no artigo 187: "Também comete ato ilícito o titular de um direito que, ao exercê-lo, excede manifestamente os limites impostos pelo seu fim econômico ou social, pela boa-fé ou pelos bons costumes".

Dessa maneira, pode-se observar que a mesma sociedade que reconhece um direito ao indivíduo, impõe a este a responsabilidade no seu exercício, de maneira que se coadune com o que socialmente se espera.

Cumpre destacar que, sendo o artigo 187 uma cláusula geral, o seu alcance se refere não apenas a atos isolados, como também a uma atividade, como um conjunto sistemático e sucessivo de atos.

Veja-se o exemplo de uma determinada empresa que pratique o ato ilícito clássico, previsto pelo artigo 186, e que seja obrigada a reparar o prejuízo sofrido pela vítima; após este fato, encontra-se dentro dos padrões de legalidade. Se a mesma empresa, entretanto, tem como prática, na sua atividade, lesionar e reparar, sem que adote uma postura preventiva, certamente está a manter uma atividade que ultrapassa a fronteira da licitude por representar uma afronta à sociedade. Resta-lhe, dessa forma, não apenas responder pelo prejuízo causado, como também estar impedida de praticar novos abusos.

Um exemplo semelhante foi o exposto por José Carlos Barbosa Moreira:[24]

> A legislação do inquilinato, tradicionalmente, concedia ao locatário, quando o locador pretendia fazer despejá-lo por falta de pagamento do aluguel, o direito de purgar a mora, isto é, de satisfazer em juízo o que fosse devido, com o que evitava a decretação do despejo. Sucedia que, às vezes, o locatário se valia reiteradamente dessa possibilidade. Atrasava o pagamento de modo por assim

---

22. DIAS, José de Aguiar. *Da responsabilidade civil*. v. I, 3. ed.; v. II, 4. ed. Rio de Janeiro: Revista Forense, 1954, p. 12.-13
23. PEREIRA, Caio Mário da Silva. *Responsabilidade civil*. 2. ed. Rio de Janeiro: Forense, 1991, p. 15-16.
24. MOREIRA, José Carlos Barbosa. Título: Abuso do direito. Publicado em dezembro de 2003. Disponível em: <http://www.iobonlinejuridico.com.br>. Acesso em: 26/02/2010, p. 6-7.

dizer sistemático e, quando demandado, exercia o direito à purgação da mora. Inquilinos havia que só pagavam em juízo, para desespero dos locadores, forçados a propor ações em sequência ininterrupta. Suscitou-se ao propósito a tese do abuso do direito, e algumas decisões judiciais vieram a acolhê-la, recusando o benefício a quem fosse contumaz na mora. Todavia, a jurisprudência não se pacificou, e foi necessário que o legislador interviesse. A L. 6.649, de 16.05.1979, estabeleceu no art. 36, § 2º: 'Não se admitirá a purgação da mora se o locatário já se houver beneficiado desta faculdade, por duas vezes, nos doze meses imediatamente anteriores à propositura da ação, e se o débito, na data do ajuizamento da petição inicial, for superior a dois meses de aluguel'. Posteriormente, a L. 8.245, de 18.10.1991, eliminou a última cláusula, tornando inadmissível a purgação da mora pela simples circunstância de haver o locatário exercido o direito por duas vezes, nos doze meses imediatamente anteriores à propositura da ação de despejo. De qualquer sorte, estamos diante de hipótese em que a lei agasalhou em termos inequívocos a teoria do abuso do direito.

Será que pessoas que ajam reiteradas vezes na prática de ilícito, sem se preocupar com a função social dos seus atos, pode ser entendido como dentro de um padrão de honestidade, onde a cada um é dado o papel de fazer a sua parte, princípio entendido como uma das premissas do Direito?

Com fundamento na suposta fonte de enriquecimento sem causa da vítima e no suposto engessamento da atividade econômica das empresas, as pessoas contrárias à pena privada na responsabilidade civil costumam afirmar que esta sanção pode ocasionar uma "indústria do dano moral". Contudo, o que se observa hoje, no Brasil, é exatamente o oposto, uma "indústria das lesões",[25] onde pessoas que desenvolvem atividades lesivas se valem de uma responsabilidade que não pondera a extensão da sua culpa e matematicamente chegam à conclusão que ainda é mais rentável manter-se na atividade lesiva a evitar danos.

Ou ainda, como obtempera Nelson Rosenvald[26] ao afirmar que é muito cômodo ao causador do ilícito saber que o valor a ser reparado ficará limitado ao montante dos prejuízos causados e nada mais. Dessa forma, "o ordenamento jurídico não oferece razões suficientes para que alguém se abstenha a ponto de não incidir em inadimplemento ou se converter em adente de um ilícito".

Assim, o argumento de que uma quantia alta fixada a título punitivo poderia ocasionar um enriquecimento sem causa da vítima é insubsistente. Ora, a causa existe, qual seja, o ato ilícito praticado pela outra parte.

Mais do que isso, quando a lesão for de ordem moral, qual seria o critério matemático para chegar à conclusão de que a quantia em dinheiro fixada estaria ultrapassando o limite da dor sofrida?

Ad argumentandum tantum, importa salientar que o tratamento hoje empregado ao enriquecimento sem causa pelo Código Civil demonstra que o empobrecimento não é imprescindível. Assim, nos termos do artigo 884 "Aquele que, sem justa causa,

---

25. DONNINI, Rogério. Prevenção de danos e a extensão do princípio neminem laedere. In: *Responsabilidade civil*: estudos em homenagem ao professor Rui Geraldo Camargo Viana. São Paulo: Revista dos Tribunais, 2009, p. 499.
26. Op. cit., p. 47.

se enriquecer à custa de outrem, *será obrigado a restituir o indevidamente auferido*, feita a atualização dos valores monetários", independente do necessário correlato empobrecimento,[27] o que, certamente, não deixa de ser uma punição.

Agostinho Alvim[28] salienta que, na maioria dos casos, há inseparabilidade entre o enriquecimento e o empobrecimento. Contudo, admitida a falta do empobrecimento, surge uma dificuldade para a explicação do nexo. A solução encontrada para tal óbice é situar a correlação entre o enriquecimento e um fato que se ligue à outra parte. É a teoria chamada de *indivisibilidade de origem*.

Ademais, a ação de enriquecimento não está limitada à concepção real do enriquecimento, devendo se averiguar toda a extensão do enriquecimento mais do que a concepção patrimonial; ou seja, "o benefício auferido pelo enriquecido em decorrência da vantagem obtida pelo locupletamento".[29]

A equidade não pode ser entendida como igualdade. Equidade significa equilíbrio. Daí que ao contabilizar uma reparação de danos não há que se perquirir uma fórmula matemática que traduza tão somente proporcionalidade com o dano sofrido.[30]

Outro óbice que se poderia imaginar quanto à punição daquele que exerce uma atividade abusiva é que, no caso de empresas que estejam submetidas à responsabilidade objetiva, não haveria de se analisar a culpa. Mas o juiz pode perfeitamente fazer o exame do dolo ou da culpa. Aliás, a responsabilidade subjetiva "pode ser cumulada como causa de indenização nos casos de responsabilidade objetiva".[31] Conforme dito anteriormente, a responsabilidade civil objetiva deve ser utilizada em socorro à vítima, servindo-lhe como garantia de mínima reparatória e não como obstáculo.[32]

Paolo Gallo[33] entende que talvez seja inoportuna a cominação penal em matéria de responsabilidade objetiva, pois poderia inibir as empresas quanto ao seu desenvolvimento. Porém, completa tal autor, que é necessário analisar a situação em específico. É diferente, por exemplo, uma determinada empresa que tem um comportamento

---

27. Nesse sentido cf. NANNI, Giovanni Ettore. *Enriquecimento sem causa: de acordo com o novo código civil*. São Paulo: Saraiva, 2004, p. 206
28. Do enriquecimento sem causa. *Revista dos Tribunais*, v. 259. São Paulo: Revista dos Tribunais, v. 259, p. 3-37, maio/1957., p. 22-23.
29. NANNI, Giovanni Ettore. Op. cit., p. 286.
30. Nesse sentido tem-se o enunciado 359 da IV Jornada de Direito Civil: "A redação do art. 413 do Código Civil não impõe que a redução da penalidade seja proporcionalmente idêntica ao percentual adimplido". Ver ainda STJ – REsp 1186789 RJ 2010/0055990-5. Disponível em <https://stj.jusbrasil.com.br/jurisprudencia/25079532/recurso-especial-resp-1186789-rj-2010-0055990-5-stj/inteiro-teor-25079533?ref=juris-tabs>. Acesso em 15/07/2017.
31. AZEVEDO, Antônio Junqueira de. Por uma nova categoria de dano na responsabilidade civil: o dano social. In: Filomeno, José Geraldo Brito et al (Coord.). *O Código Civil e sua interdisciplinaridade*. Belo Horizonte: Del Rey, 2004, p. 374.
32. O entendimento do Superior Tribunal de Justiça é que, mesmo nos casos de responsabilidade civil objetiva, a culpa é considerada para o caso de ocorrência de danos morais. Vide o Recurso Especial 1056871 / RS. Julg: 17/06/2010 (BRASIL. Superior Tribunal de Justiça. Disponível em: <http://www.stj.jus.br/SCON/jurisprudencia/toc.jsp?tipo_visualizacao=null&livre=responsabilidade +adj3+objetiva+e+dano+adj2+-moral&b=ACOR>. Acesso em: 16/07/2017).
33. Pene private e responsabilità civile, p. 64.

gerador de danos mas que é socialmente útil, de uma outra que provoca danos, sem que tais atos comportem qualquer utilidade social. No primeiro caso deve haver o ressarcimento do dano, e no segundo, o remédio adequado é a tutela inibitória *ex ante* ou danos punitivos *ex post*. "A existência desta função ressarcitória e sancionatória da responsabilidade civil permite, por outro lado, conciliar a presença das penas privadas em regimes caracterizados pela responsabilidade objetiva".[34]

5. CONSIDERAÇÕES FINAIS

A culpa sempre exerceu papel de fundamental importância e não pode ser renegada em razão de uma desvirtuada objetivação da responsabilidade civil, onde recordistas em causar danos se escondem atrás da responsabilidade objetiva, mesmo quando estejam praticando uma ilicitude (artigos 186 e 187 do Código Civil).

Em uma visão equivocada, poder-se-ia pensar que a pena privada poderia engessar a responsabilidade civil objetiva. Mas na contramão desse raciocínio, o que se observa é que o critério da responsabilidade objetiva mal utilizada pode propiciar uma nefasta paralização dos anseios da vítima e da sociedade.

Assim, não se procura estabelecer como foco principal da responsabilidade civil apenas o dano como pretendem alguns (Direito de Danos) ou culpa, como classicamente se pretendeu, mas harmonizar dano e culpa; ou seja, harmonizar a figura do responsável com a vítima, tendo como pano de fundo a sociedade como um todo.

6. REFERÊNCIAS

AGUIAR JÚNIOR, Ruy Rosado de (coord.). IV Jornada de direito civil. Brasília: Conselho da Justiça Federal, 2007. v. 1 e 2. Disponível em: <http://www.jf.jus.br/cjf/cej-publ/jornadas-dedireito-civil-enunciados-aprovados?searchterm=jornada>. Acesso em: 08/02/2010.

_____ (coord.). Enunciados aprovados na Jornada de Direito Civil. *Revista da Escola Paulista da Magistratura*. São Paulo, ano 4, n. 1, p. 177-203, jan./jun. 2003.

ALVIM, Agostinho Neves de Arruda. Do enriquecimento sem causa. *Revista dos Tribunais*, v. 259. São Paulo: Revista dos Tribunais, v. 259, p. 3-37, maio/1957.

ANDRADE, André Gustavo Corrêa de. *Dano moral e indenização punitiva*. 2. ed. Rio de Janeiro: Lumen Juris, 2009.

AZEVEDO, Antônio Junqueira de. Por uma nova categoria de dano na responsabilidade civil: o dano social. In: Filomeno, José Geraldo Brito et al (Coord.). *O Código Civil e sua interdisciplinaridade*. Belo Horizonte: Del Rey, 2004.

BARATELLA. Maria Grazia. *Le pene private*. Milano: Giuffrè, 2006.

CARVAL, Suzanne. *La responsabilité civile dans sa fonction de peine privée*. Paris: L.G.D.J, 1995.

---

34. Tradução livre de L'esistenza di questa funzione risarcitoria e sanzionatoria della responsabilià civile, ci permette altresi di conciliare la presenza delle pene private in regimi caratterizzati dalla responsabilità oggetiva. (GALLO, Paolo. Op. cit., p. 184-185).

CASTRONOVO, Carlo. *La nuova responsabilità civile*. Seconda edizione. Milano: Giuffrè, 1997.

DIAS, José de Aguiar. *Da responsabilidade civil*. v. I, 3. ed.; v. II, 4. ed. Rio de Janeiro: Revista Forense, 1954.

DONNINI, Rogério. *Responsabilidade civil na pós-modernidade*: felicidade, proteção, enriquecimento com causa e tempo perdido. Porto Alegre: Sérgio Antônio Fabris, 2015.

_____ (coord.). Prevenção de danos e a extensão do princípio neminem laedere. In: *Responsabilidade civil*: estudos em homenagem ao professor Rui Geraldo Camargo Viana. São Paulo: Revista dos Tribunais, 2009, p. 483-503.

FRANZONI, Massimo. *Il danno alla persona*. Milano: Giuffrè, 1995.

GALLO, Paolo. *Pene private e responsabilità civile*. Milano: Giuffrè, 1996.

JOSSERAND, Louis. *Cours de droit civil positif français*. v. II. 3. ed. Paris: Recueil Sirey, 1933.

LALOU, Henri. *Traité pratique de la responsabilité civile*. 4. ed. Paris: Libraire Dalloz, 1949.

MOREIRA, José Carlos Barbosa. Título: Abuso do direito. Publicado em dezembro de 2003. Disponível em: <http://www.iobonlinejuridico.com.br>. Acesso em: 26/02/2010.

NANNI, Giovanni Ettore. *Enriquecimento sem causa: de acordo com o novo código civil*. São Paulo: Saraiva, 2004.

PEREIRA, Caio Mário da Silva. *Responsabilidade civil*. 2. ed. Rio de Janeiro: Forense, 1991.

PRÉVÔT, Juan M. La polivalente función del daño y sus concomitancias con la relación de causalidad. Publicado em 2008. Disponível em: <http://www.astrea.com.ar/frames.php?what=/files/articles/doctrina0233.pdf>. Acesso em: 10/01/2010.

PIRES, Fernanda Ivo. *Responsabilidade civil e o caráter punitivo da reparação*. Curitiba: Juruá, 2014.

RIPERT, Georges. *A regra moral nas obrigações civis*. Trad. Osório de Oliveira. São Paulo: Saraiva, 1937.

ROSENVALD, Nelson. *As funções da responsabilidade civil*: a reparação e a pena civil. 3. ed. São Paulo: Saraiva, 2017.

STARCK, Boris. *Essai d'une théorie générale de la responsabilité civile*: considerée en sa double fonction de garantie et de peine privée. Paris: L. Rodstein, 1947.

THEODORO JÚNIOR, Humberto. *Comentários ao novo código civil*: dos atos jurídicos lícitos. Dos atos ilícitos. Da prescrição e da Decadência. Da prova. v. III, t. II (arts. 185-232). 4.ed. Rio de Janeiro: Forense, 2008.

VARELA, João de Matos Antunes. *Das Obrigações em geral*. v. I, Coimbra: Almedina, 2005.

VILLEY, Michel. Esboço histórico sobre o termo responsável. Trad. André Rodrigues Corrêa. *Revista Direito GV*. São Paulo: v. 1, n. 1, p. 135-148, maio/2005.

VOCI, Pasquale. *Risarcimento e pena privata nel diritto romano classico*. Milano: Giuffrè, 1939.

APONTAMENTOS PARA UMA TEORIA GERAL DA RESPONSABILIDADE CIVIL NO BRASIL[1]

Marcos Ehrhardt Júnior

Doutor pela Universidade Federal de Pernambuco (UFPE). Mestre pela Universidade Federal de Alagoas (UFAL). Professor de Direito Civil da graduação e do Mestrado da UFAL. Professor de Direito Civil e Direito do Consumidor do Centro Universitário Cesmac. Coordenador da Revista Fórum de Direito Civil (RFDC). Líder do grupo de Pesquisa Direito Privado e Contemporaneidade (FDA/UFAL/CNPq). Membro do Instituto Brasileiro de Direito Civil (IBDCIVIL). Advogado.

Sumário: 1. Introdução – 2. Fundamento e funções da responsabilidade civil – 3. Os âmbitos da responsabilidade civil: da diversidade à unidade – 4. Responsabilidade na contemporaneidade: qual caminho a ser trilhado? – 5. A construção de uma nova perspectiva através da ressignificação doutrinária dos precedentes judiciais – 6. Conclusão – 7. Referências.

1. INTRODUÇÃO

O campo da responsabilidade civil é um dos mais controvertidos para os operadores jurídicos em face da imensa variedade de situações fáticas que tornam sempre difícil e casuística a aplicação das normas que regem a matéria. Na experiência contemporânea surge como desafio ponderar se ainda se justifica a distinção entre o regime da responsabilidade contratual (relativa) e o da responsabilidade extracontratual, delitual ou aquiliana (absoluta), apesar da grande coincidência em relação aos seus pressupostos.

Ainda não se encontra bem assentada na doutrina e jurisprudência pátrias a extensão dos contornos da responsabilidade objetiva diante da utilização de cláusulas gerais; tampouco existe entendimento pacífico no estudo das consequências e limites da ampliação do âmbito subjetivo de proteção do contrato (tradicionalmente restrito às partes, por força do princípio da relatividade), a terceiros não integrantes da relação negocial, em face dos deveres gerais de conduta, inspirados nos princípios constitucionais da dignidade humana e solidariedade, que impõem às partes um dever de cooperação que não se limita à fase negocial, visto que se inicia durante as tratativas e perdura mesmo após a extinção da obrigação.

O objeto do presente trabalho, é a análise da responsabilidade civil a partir da nova teoria dos contratos civis, cujo processo de sistematização se intensificou com o advento da Constituição Federal de 1988. Pretende-se avaliar as novas perspectivas

---

1. Artigo construído a partir da pesquisa para tese de doutoramento que resultou na publicação do livro *Responsabilidade civil pelo inadimplemento da boa-fé,* publicado pela Editora Fórum em 2014.

do inadimplemento obrigacional nas relações privadas da sociedade pós-industrial, a partir da compreensão de que no direito contemporâneo os deveres supramencionados derivam de princípios normativos, impondo-se tanto ao devedor quanto ao credor, porquanto não se originam da relação jurídica obrigacional, uma vez que se situam acima desta para conformá-la e dirigir o conteúdo do contrato (através do estabelecimento de limites à atuação dos seus figurantes), apesar de não se confundirem com ele.

O presente artigo buscará avaliar em casos concretos a necessidade de aproximação do tratamento dispensado no Código Civil à responsabilidade extranegocial ao comumente relacionado à responsabilidade civil negocial, num contexto no qual salta aos olhos a importância da nova hermenêutica constitucional e ganha revelo o papel do magistrado e os limites de sua atuação na fixação dos contornos da reparação pretendida pelo credor, em atenção ao princípio da conservação dos negócios jurídicos e à possibilidade de revisão judicial do avençado entre as partes.

2. FUNDAMENTO E FUNÇÕES DA RESPONSABILIDADE CIVIL

Em que situações pessoas lesadas podem exigir de outrem a reparação dos danos em sua esfera jurídica? Fernando Noronha lembra que se *res perit domino,* então *casum sentit dominus,* ou seja, se a coisa perece para o dono, ele próprio deve suportar o risco, ou, como diriam os ingleses, *the loss lies where it falls.*[2]

Ao longo dos anos, diversos argumentos foram empregados para fundamentar a pretensão reparatória da vítima. Para os partidários da *culpa,* só se poderia atribuir a obrigação de reparar os prejuízos se a vítima demonstrasse que ao pretenso ofensor era exigível um comportamento diverso. A inobservância de tal dever de cuidado justificava a obrigação de indenizar.

Mais adiante, passou-se a sustentar a tese de que os danos deveriam ser suportados por seu causador, ainda que sem nenhuma culpa, se os prejuízos tivessem conexão com as atividades por ele desenvolvidas. Tem-se aqui os partidários da *Teoria do Risco,* que, *grosso modo,* sustentavam a ideia de que *primum non nocere,* ou seja, "em primeiro lugar não causar dano", por entenderem que cada um de nós tem direito de não ser afetado pela atuação de outros sujeitos, razão pela qual os riscos de cada atividade devem ser suportados pela pessoa que a realiza.

Costuma-se ressaltar as vantagens do risco, enquanto fundamento do dever de indenizar, sustentando que ele seria mais adequado às necessidades de segurança jurídica de uma sociedade marcada pelo desenvolvimento tecnológico que necessita de estabilidade nas relações econômicas entre os indivíduos. No entanto, a história do pensamento jurídico ocidental é marcada por uma tradicional dicotomia entre

---

2. NORONHA, Fernando. *Direito das obrigações,* 3. ed. São Paulo: Saraiva, 2010, p. 456.

os partidários dos dois principais fundamentos. Na experiência brasileira, mesmo no Código Civil de 1916, a doutrina discutia em que situações seria necessária a adoção da teoria do risco.

Além disso, a discussão não se limitava aos extremos culpa vs. risco. Entre cada um dos argumentos desenvolviam-se teorias sobre objetivação da culpa e inversão do ônus probatório, criando-se casos de culpa presumida como resposta às críticas ao sistema que erigia a culpa como o principal fundamento do dever de indenizar.

É lícito afirmar que cada um tem uma expectativa de não ser lesado em sua esfera jurídica, ou seja, de que o sistema jurídico tutele seus interesses preservando, sempre que possível, o *status quo* (situação atual). Aqui se faz referência à *função reparatória (ou indenizatória) da responsabilidade civil*, através da qual se procura eliminar o prejuízo econômico sofrido pela vítima (tornando indene o dano patrimonial infligido a sua esfera jurídica) ou compensar o sofrimento infligido por um dano extrapatrimonial que repercuta negativamente na integridade física, psíquica ou moral do ofendido.[3]

Dentro de uma perspectiva histórica é possível verificar que o ordenamento jurídico brasileiro desenvolveu seu próprio sistema de indenização para os danos, mesmo sendo iniludível a influência das experiências francesa (*Code Civil*) e alemã (*BGB*).[4] Inicialmente, antes mesmo da edição do Código Civil de 1916, a jurisprudência da época valia-se do disposto no art. 22 do Código Criminal de 1830[5] para fixar as parcelas indenizáveis "em todas as suas partes e consequências" de modo que a satisfação da vítima pelos prejuízos experimentados fosse a mais completa possível.

Com a edição do Código Beviláqua, o legislador brasileiro optou pela tipificação das principais situações que ensejavam indenização nos arts. 1.537 a 1.539, mas estabeleceu no art. 159 uma cláusula geral de responsabilidade civil nos moldes do Código Napoleônico. Tal marco legislativo perdurou até o advento da Constituição de 1988, que ao dispor de modo amplo e irrestrito sobre a possibilidade de indenização por danos extrapatrimoniais, especificamente nos incisos V[6] e X[7] do seu artigo

---

3. Importante destacar ainda que a natureza predominantemente indenizatória da responsabilidade civil não impede que o magistrado, no caso concreto, possa reduzir equitativamente o valor da indenização nos casos em que julgar existir excessiva desproporção entre a gravidade da culpa e o dano, conforme dispõe o parágrafo único do art. 944 do Código Civil.
4. Cf. SANSEVERINO, Paulo de Tarso Vieira. *Princípio da reparação integral*. São Paulo: Saraiva, 2010, p. 26-9.
5. Eis o teor do referido artigo: "A satisfação será sempre a mais completa que for possível, sendo no caso de dúvida a favor do ofendido. Para este fim, o mal que resultar à pessoa e bens do ofendido será avaliado em todas as suas partes e consequências".
6. "É assegurado o direito de resposta, proporcional ao agravo, além da indenização por dano material, moral ou à imagem."
7. "São invioláveis a intimidade, a vida privada, a honra e a imagem das pessoas, assegurado o direito a indenização pelo dano material ou moral decorrente de sua violação."

5º, marcou a superação de todos os obstáculos jurisprudenciais e doutrinários que permeavam o debate desse período.[8]

A evolução de nosso modelo de responsabilidade civil continuou com a edição do Código Civil de 2002, no qual fica ainda mais evidente a abertura de nosso sistema à atividade jurisprudencial criativa. Ao lado das cláusulas gerais tipificadas nos arts. 186, 187 e no parágrafo único do art. 927, introduziu-se na codificação vigente, na parte final dos enunciados normativos do art. 948 e do art. 949, respectivamente as expressões "sem excluir outras reparações", em relação ao dano-morte e "algum outro prejuízo que o ofendido prova haver sofrido" para os casos de violação à integridade física, o que amplia consideravelmente o rol de parcelas indenizáveis que podem ser reconhecidas pelo Poder Judiciário, demonstrando que o CC/2002 é apenas um ponto de partida, apresentando um rol de situações que ensejam reparação que é meramente exemplificativo.

Pode-se então afirmar que desde a consolidação do modelo de responsabilidade civil dentro de uma perspectiva civil-constitucional, inaugurado pela Carta Política de 1988, o princípio norteador da matéria é o *princípio da reparação integral*, através do qual se procura reparar o dano injustamente causado sob a inspiração de uma justiça distributiva, comprometida em restituir à vítima, o mais exatamente possível, o *status quo ante*. A ideia de justiça exige que cada pessoa suporte as consequências adversas de seus comportamentos, perseguindo-se o restabelecimento do equilíbrio violado pela infração a dever, a todos imposto pelo sistema jurídico.

Entretanto, como bem anota Carlos Alberto Ghersi, "não existe um verdadeiro restabelecimento ao estado anterior ao fato ou ato em forma integral ou absoluta; é somente uma aproximação possível".[9]

Anote-se que as referências à possibilidade de reparação natural acima formulada não se limitam aos danos patrimoniais. É possível vislumbrar a possibilidade de reparação *in natura* nos casos de danos extrapatrimoniais, como ocorre, por exemplo, na violação da integridade moral de alguém, que é reparada através de uma retratação pública do ofensor na presença do ofendido.

Muito embora a reparação do dano *in natura* seja inegavelmente o modo ideal de ressarcimento, são raras as situações em que o magistrado consegue conceder ao prejudicado a mesma situação econômica de que desfrutaria se não houvesse ocorrido o evento danoso, quer pela recomposição da mesma coisa, quer pela sua simples substituição por outra detentora da mesma função. São diversos os obstáculos para a efetivação da reparação natural, desde a impossibilidade material (*v. g.*, morte da vítima), ao próprio desinteresse do ofendido, que faz opção pela reparação pecuniária.[10]

---

8. SANSEVERINO, Paulo de Tarso Vieira. *Princípio da reparação integral*. São Paulo: Saraiva, 2010, p. 26-7.
9. GHERSI, Carlos Alberto. *Valor de la vida humana*. Buenos Aires: Astrea, 2002, p. 23. Sobre o tema ver também Pontes de Miranda tratando do princípio da primazia da reparação *in natura* (*In Tratado de Direito Privado*, t. 53, § 5510, p. 251).
10. SANSEVERINO, Paulo de Tarso Vieira. *Princípio da reparação integral*. São Paulo: Saraiva, 2010, p. 38-46.

Em nossos dias, o equivalente pecuniário tornou-se a forma preferencial de reparação por danos, o que não impede a coexistência entre os dois modelos, inclusive com a combinação entre eles para atender às especificidades de casos concretos. Compete ao lesado, isto é, ao credor da obrigação de indenizar, a opção pela reparação natural ou pela indenização pecuniária, estando a escolha sujeita aos limites gerais do ordenamento jurídico, como qualquer outro ato de exercício da autonomia privada, que não pode desconsiderar as exigências de boa-fé e a vedação ao enriquecimento sem causa, previstas na legislação vigente.[11]

É importante não perder de vista o conteúdo do princípio da reparação integral. Diferentemente do que ocorre na responsabilidade penal, busca-se a reparação de toda a extensão dos danos sofridos pela vítima (art. 944, CC/2002), não devendo o magistrado pautar-se no grau de culpa do ofensor no momento da fixação da indenização, mas sim nas repercussões do dano na esfera jurídica do ofendido. Segundo observa Marcos Catalan

> por meio dessa leitura, não se promove um juízo de aprovação (ou não) do comportamento do devedor, mas busca-se aferir se houve (ou não) a satisfação dos legítimos interesses do credor. É imperioso perceber que essa forma de compreender a questão deixa de lado a preocupação com a sanção do causador do dano. O direito civil é um direito de acessos. O papel de punir não lhe foi atribuído. Os holofotes são deslocados para a reparação do lesado. Tutela-se, assim, a vítima de um dano injusto. Tutela-se, por consequência, toda a sociedade.[12]

Enfim, avalia-se a *extensão do dano*, não se distinguindo graus de culpa; afinal, busca-se reestabelecer o equilíbrio ameaçado pelo dano injusto, tornando-se célebre a frase de Geneviève Viney "tout le dommage, mais rien que le dommage"[13] (todo o dano, mas não mais que o dano), que serve de ponto de partida para as seguintes conclusões de Paulo de Tarso Vieira Sanseverino:

> A plena reparação do dano deve corresponder à totalidade dos prejuízos efetivamente sofridos pela vítima do evento danoso (função compensatória), não se podendo, entretanto, ultrapassá-los para evitar que a responsabilidade civil seja causa para o enriquecimento injustificado do preju-

---

11. Ao contrário de outras codificações, não existe no Código Civil um dispositivo específico que discipline a forma de reparação dos prejuízos sofridos pela vítima. O Código Civil Português (art. 566, n. 1) determina que a indenização seja fixada em dinheiro, quando "a reconstituição natural não seja possível, não repare integralmente os danos ou seja excessivamente onerosa para o devedor", sendo evidente a influência do Código Alemão no dispositivo (vide a segunda parte do §251 do BGB). Disposição semelhante pode ser encontrada no Código Italiano (art. 2.058), que determina ressarcimento apenas no equivalente pecuniário nos casos de onerosidade excessiva do devedor (o texto da norma, no original é o seguinte: "Art. 2.058. Il danneggiato può chiedere la reintegrazione in forma specifica, qualora sia in tutto o in parte possibile. Tuttavia il giudice può disporre che il risarcimento avvenga solo per equivalente, se la reintegrazione in forma specifica risulta eccessivamente onerosa per il debitore"). Sustenta-se que as mesmas soluções encontradas nos diplomas estrangeiros podem ser aplicáveis ao ordenamento pátrio mediante uma interpretação sistêmica do CC/2002 levando-se em consideração, sobretudo, a cláusula geral da boa-fé.
12. CATALAN, Marcos. *A morte da culpa na responsabilidade contratual*. São Paulo: FDUSP, 2011. 347f. Tese de Doutorado em Direito, Faculdade de Direito da Universidade de São Paulo, 2011, p. 68.
13. VINEY, Geneviève. *Les Obligations: la responsabilité, effets*. Paris: LGDJ, 1988 (Traitè de droit civil), p. 81.

dicado (função indenitária), devendo-se estabelecer uma relação de efetiva equivalência entre a indenização e os prejuízos efetivos derivados dos danos com avaliação em concreto pelo juiz (função concretizadora do prejuízo real).[14]

Ocorre que, para além dessa função *estática*, que busca restabelecer o equilíbrio social rompido pelo dano[15] e que representa sua característica primordial, é possível vislumbrar outras funções igualmente importantes no campo da responsabilidade civil.

O quotidiano forense demonstra que objetivos até bem pouco tempo restritos às demandas criminais passaram a integrar o conteúdo de decisões cíveis, uma vez que, não raro, a compensação do dano e sua reparação muitas vezes ficam aquém do prejuízo sofrido pelas vítimas, além de não evitarem a reiteração do ilícito.[16] Surgem novas palavras de ordem no campo da responsabilidade civil: *punir* e *prevenir*.

Há quem sustente ser possível impor ao ofensor uma pena, ou seja, castigo proporcional ao dano infligido à vítima, o que permitiria dissuadir outras pessoas da prática de atos semelhantes, como também desestimular o próprio agente da prática de novos danos. Fala-se então de uma função sancionatória (ou punitiva) da responsabilidade civil, que atualmente vem sendo aceita pela jurisprudência, com grande variação na intensidade e de modo bem mitigado. Como bem explica Fernando Noronha:

> (...) não se deve exagerar na ideia de punição através da responsabilidade civil: a função dissuasora desta tem sempre um papel acessório; em princípio, a responsabilidade civil visa apenas reparar danos. Um sancionamento do ofensor só terá justificação quando haja dolo ou culpa; unicamente nestes casos a reparação civil do dano pode passar a ser também uma *pena privada*. Mas mesmo nestas situações, parece que o agravamento da indenização só se justifica na medida em que a ideia de punição do responsável (através da imposição da obrigação de pagar uma quantia) constitua ainda uma forma de satisfação proporcionada aos lesados, para de certo modo lhes "aplacar" a ira.[17]

---

14. SANSEVERINO, Paulo de Tarso Vieira. *Princípio da reparação integral*. São Paulo: Saraiva, 2010, p. 58. Para construir a afirmação acima transcrita, o autor parte do pensamento de Yvone Lambert-Faivre, na obra "Droit du dommage corporel: sytèmes d´indemnisation", que sintetiza os princípios orientadores do sistema de reparação dos danos na seguinte máxima "todo o prejuízo, nada mais que o prejuízo, o prejuízo real". Tem-se então, dentro do pensamento de Sanseverino, três funções que devem ser observadas para a correta aplicação do princípio da reparação integral: função compensatória, indenitária e concretizadora. Tais funções apresentam alcance diferente a depender do sistema jurídico. Enquanto na experiência do *Common Law* a função compensatória (*compensatory rule*) perde importância em casos de incidência dos *punitive damages*, na experiência francesa enfatiza-se a compensação nas hipóteses de danos patrimoniais, destacando-se que nos casos de prejuízos extrapatrimoniais deve prevalecer a natureza satisfatória da reparação. Anote-se ainda que por força do disposto no *caput* do art. 994 c/c art. 884, ambos do CC/2002, a extensão dos danos constitui o limite máximo da indenização.
15. SANSEVERINO, Paulo de Tarso Vieira. *Princípio da reparação integral*. São Paulo: Saraiva, 2010, p. 34.
16. VAZ, Caroline. *Funções da responsabilidade civil – Da reparação à punição e dissuasão*. Porto Alegre: Livraria do Advogado, 2009, p. 75.
17. NORONHA, Fernando. *Direito das obrigações*, 3. ed. São Paulo: Saraiva, 2010, p. 462.

O tratamento às prestações punitivas na experiência brasileira não vem merecendo a atenção e o aprofundamento necessário para uma melhor apreciação das consequências que sua adoção irrestrita traria ao nosso sistema jurídico. Deve-se analisar a questão a partir da (im)possibilidade de condenação do ofensor em valor excedente àquele que concerne aos danos extrapatrimoniais e patrimoniais, não se assemelhando a ou subsumindo em quaisquer destes.[18]

José Jairo Gomes considerada a solidariedade e a cooperação os princípios que fundamentariam a função preventivo-pedagógica da indenização punitiva, que teria por finalidade imediata a educação do autor do dano para a vida social, além de intimidar as demais pessoas para que se abstenham de realizar ações lesivas.[19]

Maria Celina Bodin de Morais admite excepcionalmente tal função:

> É de admitir-se, pois, como exceção, uma figura semelhante à do dano punitivo, em sua função de exemplaridade, quando for imperioso dar uma resposta à sociedade, isto é, à consciência social, tratando-se, por exemplo, de conduta particularmente ultrajante, ou insultuosa, em relação à consciência coletiva, ou, ainda, quando se der o caso, não incomum, de prática danosa reiterada. Requer a manifestação do legislador tanto para delinear as estremas do instituto, quanto para estabelecer as garantias processuais respectivas, necessárias sempre que se trate de juízo de punição.[20]

Ainda é possível se identificar uma função preventiva (ou dissuasora) da responsabilidade civil, que nos dias de hoje costuma sempre ser destacada em casos de danos transindividuais, com o objetivo de se evitar a ocorrência de tais danos – por atingirem interesses da generalidade de pessoas que integram uma comunidade,[21] como ocorre, por exemplo, nos casos de danos ambientais. A função de matiz dissuasório vem sendo debatida na doutrina e na jurisprudência sob várias denominações e frequentemente vem associada à denominada "teoria do valor do desestímulo".[22]

---

18. VAZ, Caroline. *Funções da responsabilidade civil* – Da reparação à punição e dissuasão. Porto Alegre: Livraria do Advogado, 2009, p. 75.
19. GOMES, José Jairo. *Responsabilidade civil e eticidade*. Belo Horizonte: Del Rey, 2005, p. 297.
20. MORAES, Maria Celina Bodin de. *Danos à pessoa humana: uma leitura civil-constitucional dos danos morais*. Rio de Janeiro: Renovar, 2003, p. 110-2.
21. NORONHA, Fernando. *Direito das Obrigações*, 3. ed. São Paulo: Saraiva, 2010, p. 463.
22. Cf. BITTAR, Carlos Alberto. *Reparação Civil por danos morais*. 3. ed. São Paulo: Revista dos Tribunais, 1999, p. 232 e seguintes. Caroline Vaz apresenta uma síntese dos principais argumentos comumente levantados para refutar a aplicação da "Teoria do desestímulo" no direito pátrio, a saber: "1) os danos punitivos são verdadeiras sanções penais, contrapondo-se ao instituto da responsabilidade civil, que visa ao ressarcimento/compensação do dano efetivamente sofrido; 2) Admitir o uso dos "danos punitivos" seria ensejar o enriquecimento sem causa, pois a reparação pecuniária extrapolaria o prejuízo sofrido; 3) Esses danos representam a mercantilização da justiça e das relações existenciais, transformando o acesso à tutela jurisdicional em loteria, cujo prêmio máximo seriam 'absurdas indenizações milionárias' (*tort lottery* ou *overcompensation*); 4) Seriam um *bis in idem*, já que em hipóteses de condenação por lesões corporais, p. ex., além da pena privativa de liberdade ou restritiva de direitos, o autor seria punido novamente ao reparar os danos; 5) A Constituição Federal de 1988, ao utilizar a expressão 'indenização' no artigo 5º, inciso X, afasta qualquer possibilidade de fixação de valor a título de danos morais que seja superior ao prejuízo causado". Apesar das objeções acima apresentadas, conclui a autora pela compatibilidade dos *punitives damages* com o sistema jurídico brasileiro (In *Funções da responsabilidade civil* – Da reparação à punição e dissuasão. Porto Alegre: Livraria do Advogado, 2009, p. 83).

Nada obstante, deve-se atentar para a diferença entre a função dissuasória e a função punitiva atribuídas à responsabilidade civil. Segundo Eugênio Facchini Neto:

> (...) a função dissuasória se diferencia da punitiva por levar em consideração não uma conduta passada, mas ao contrário, por buscar dissuadir condutas futuras. Ressalta que as funções reparatória e punitiva possuem uma função dissuasória individual e geral. Mas no caso da responsabilidade Civil com função dissuasória, porém, o objetivo de prevenção geral de dissuasão ou de orientação sobre condutas a adotar passa a ser o fim principal. O meio para alcançá-la, contudo, passa a ser a condenação do responsável à reparação/compensação dos danos individuais.[23]

Há ainda quem denomine tal função de *educativa*. Será que com a condenação no pagamento de uma indenização está-se realmente buscando educar o ofensor ou apenas coibir comportamentos danosos?

No campo da responsabilidade negocial, não é raro verificar a aproximação entre a função indenizatória e a função punitiva, quando o magistrado se vale da imposição de multas cominatórias para coagir a vontade do devedor e desse modo garantir a reparação do dano causado.[24] Ocorre que nessas hipóteses a multa não tem caráter indenizatório, embora seja inegável que mediante a coerção do devedor, indiretamente se evita o agravamento da situação danosa pela resistência do responsável.[25]

Anote-se que tais funções não se excluem. Ao contrário, devem ser consideradas em conjunto, de modo a atender às necessidades do caso concreto, competindo ao magistrado decidir sobre a intensidade de sua utilização e a melhor forma de sua combinação para atender aos fins de nossa Carta Política.

3. OS ÂMBITOS DA RESPONSABILIDADE CIVIL: DA DIVERSIDADE À UNIDADE

O entendimento pacificado na doutrina pátria quanto ao modelo de responsabilidade adotado em nosso país subdivide a responsabilidade civil em

---

23. FACCHINI NETO, Eugênio. Da responsabilidade civil no novo Código Civil. In SARLET, Ingo Wolgang (org.). *O novo Código Civil e a Constituição*. Porto Alegre: Livraria do Advogado, 2003, p. 164.
24. Segundo o disposto no art. 461 do CPC/1973 (com redação dada pela Lei 8.952, de 13.12.1994), na ação que tenha por objeto o cumprimento de obrigação de fazer ou não fazer, poderá o juiz conceder a tutela específica da obrigação ou, na hipótese de julgar procedente o pedido, determinará providências que assegurem o resultado prático equivalente ao do adimplemento. O dispositivo prevê expressamente que nessas hipóteses a indenização por perdas e danos dar-se-á sem prejuízo da multa (§ 2º), que poderá ser imposta pelo magistrado independentemente de pedido do autor, desde que seja fixado prazo razoável para o cumprimento do preceito (§ 4º). Anote-se que a multa não é a única alternativa de coerção de que dispõe o julgador, sendo o rol das opções disponíveis (§ 5o) meramente exemplificativo (é possível que seja determinada busca e apreensão, remoção de pessoas e coisas, desfazimento de obras e impedimento de atividade nociva, se necessário com requisição de força policial). A característica comum a todas as medidas disponíveis ao juiz é justamente dissuadir o ofensor a manter a conduta ilícita que ocasionou o dano. Deve-se anotar ainda que idêntico tratamento é conferido às obrigações que tenham por objeto a entrega de coisa, após a introdução pela Lei 10.444/2002 do art. 461-A no Código de Processo Civil. Além disso, em qualquer dos casos, o valor ou a periodicidade da multa pode ser modificado de ofício, caso o magistrado verifique que se tornou insuficiente ou excessiva.
25. NORONHA, Fernando. *Direito das Obrigações*, 3. ed. São Paulo: Saraiva, 2010, p. 464.

contratual e *extracontratual*, também denominada *aquiliana*.²⁶ Tem-se a primeira quando resulta de *ilícito contratual*, vale dizer, nas hipóteses de não cumprimento (ou cumprimento defeituoso) da obrigação. Já a segunda cuida da violação de deveres gerais de abstenção pertinentes aos direitos absolutos, isto é, de *ilícito extracontratual*.²⁷

Em outras palavras, poder-se-ia dizer que "a responsabilidade contratual decorre da infração de um *dever especial*, enquanto a extracontratual, de um *dever geral*. A primeira resulta, geralmente, de ato negativo (omissão); e a segunda, de ato positivo (ação)".²⁸

Anelise Becker afirma que a origem da separação formal entre a responsabilidade civil contratual e a responsabilidade civil extracontratual tem raízes no Direito Romano, baseando-se no aspecto penal da reparação, uma vez que naquele período identificava-se na responsabilidade extracontratual "o resultado de uma reprovação semelhante à que decorre do delito no âmbito penal".²⁹

Se num primeiro momento a similitude entre o juízo de reprovabilidade civil e penal justificava a dicotomia contratual x extracontratual, durante os séculos XVIII e XIX foi o *dogma da vontade* que passou à posição de protagonista de tal distinção.

O estudo da responsabilidade contratual, dentro da perspectiva acima destacada, é apresentado como mero *efeito* da obrigação primitiva que surge a partir do contrato. Trata-se, por conseguinte, de afastar qualquer tipo de autonomia para o tema, considerado *mera consequência* do inadimplemento (ou cumprimento defeituoso), que, sob essa óptica, *não é classificado como fonte* de uma relação obrigacional. Para Paulo Luiz Netto Lôbo:

> Na Responsabilidade civil extranegocial, a relação jurídica obrigacional instaura-se desde a ocorrência do dano imputável, por força de lei. A relação é entre o imputável pela reparação (devedor) e o ofendido ou vítima do dano (credor). Nesse caso, dá-se instantaneamente a conversão do direito do credor em pretensão e da dívida em obrigação, pois esta é imediatamente exigível a partir do momento do dano.³⁰

---

26. A divisão entre responsabilidade contratual e extracontratual também pode ser encontrada no Código Civil Italiano de 1942, que em seu livro IV regula a responsabilidade civil extracontratual entre os arts. 2.043 e 2.059. Na experiência italiana, a responsabilidade contratual é disciplinada do art. 1.218 ao art. 1.229. A dicotomia também persiste no Código Civil Português de 1966 (os arts. 483 a 510 tratam da responsabilidade extracontratual e os arts. 790 a 836 da responsabilidade contratual), muito embora este diploma legislativo apresente uma tentativa de aproximação entre os dois sistemas ao regular de maneira única as consequências da responsabilidade entre os arts. 562 e 572, que tratam da chamada *obrigação de indemnização*.
27. FRANÇA, Rubens Limongi (coord.). *Enciclopédia Saraiva do Direito*. Tomo 65. São Paulo: Saraiva, 1977, p. 349.
28. ANDRADE, Manoel Domingues. Teoria geral da relação, Coimbra, 1974, v. 1, p. 127. Apud FRANÇA, Rubens Limongi (coord.). *Enciclopédia saraiva do direito*. Tomo 65. São Paulo: Saraiva, 1977, p. 349.
29. BECKER, Anelise. Elementos para uma teoria unitária da responsabilidade civil, p. 353, In NERY JUNIOR, Nelson. NERY, Rosa Maria de Andrade (org.). *Responsabilidade civil*. Doutrinas Essenciais, Teoria Geral, v. I. São Paulo: Editora Revista dos Tribunais, 2010, p. 353-372.
30. LÔBO, Paulo Luiz Netto. Direito Civil; *Obrigações*. São Paulo: Saraiva, 2011, p. 51.

Dito de outro modo, a responsabilidade contratual seria oriunda de relação obrigacional preexistente (origem num ato lícito, o acordo de vontades que originou o negócio jurídico), enquanto na responsabilidade extracontratual a relação obrigacional apenas surgiria ao verificar-se o dano (origem num ato ilícito, descrito em lei). Por conseguinte, enquanto naquela a prestação indenizatória é simples mudança do objeto na relação obrigacional, nesta o dever de ressarcir é originário,[31] donde ser possível apontar alguns elementos distintivos, para além da natureza da obrigação violada, relativos aos fatores de imputação, carga da prova, definição da autoridade competente para apreciar eventuais demandas, prazos de prescrição, dentre outros, consoante se verá a seguir.

Basta verificar que o tratamento dispensado à *solidariedade* em nosso sistema jurídico depende do modelo de responsabilidade adotado. Enquanto na responsabilidade contratual a solidariedade depende de prévio acordo (art. 265, CC/2002[32]), na responsabilidade aquiliana a previsão de solidariedade é legal, ou seja, necessária, pois independe da vontade dos ofensores, conforme preconiza o art. 942 do CC/2002.[33]

Escolhendo como critério a culpa, podem-se distinguir os dois regimes de responsabilidade em dois planos distintos: tanto em relação ao ônus da prova quanto em relação à relevância dos graus de culpa para a imputação do dever de indenizar.[34]

Quanto ao *ônus da prova*, na responsabilidade contratual o devedor é que tem de provar, em face do inadimplemento, a inexistência de culpa ou qualquer excludente do dever de indenizar,[35] sendo possível ainda a inclusão de cláusula convencional, para reduzir ou excluir a indenização, desde que não se contrarie a ordem pública e os bons costumes. Na aquiliana, cabe à vítima o ônus de provar a culpa do agente.[36]

Ressalte-se, entretanto, que a presunção de culpa não depende exclusivamente do fato de o dever jurídico violado ter sua fonte em um contrato. O fator decisivo será o *tipo de obrigação assumida* no contrato (obrigação de meio ou de resultado). Ao tratar do assunto, Paulo Luiz Netto Lôbo anota que não há no direito brasileiro

---

31. FRANÇA, Rubens Limongi (coord.). *Enciclopédia Saraiva do Direito*. Tomo 65. São Paulo: Saraiva, 1977, p. 350.
32. Art. 265, CC/2002: "A solidariedade não se presume; resulta da lei ou da vontade das partes".
33. Art. 942, CC/2002: "Os bens do responsável pela ofensa ou violação do direito de outrem ficam sujeitos à reparação do dano causado; e, se a ofensa tiver mais de um autor, todos responderão solidariamente pela reparação".
34. SILVA, Jorge Cesa Ferreira da. *Inadimplemento das obrigações*. São Paulo: Revista dos Tribunais, 2006, p. 61.
35. Conforme lição de Sérgio Cavalieri Filho: "Na responsabilidade contratual, a culpa, de regra, é presumida; inverte-se então o ônus da prova, cabendo ao credor demonstrar, apenas, que a obrigação não foi cumprida; o devedor terá que provar que não agiu com culpa, ou, então, que ocorreu alguma causa excludente do próprio nexo causal" (In *Programa de Responsabilidade Civil*. 9. ed. São Paulo: Atlas, 2010, p. 291).
36. FRANÇA, Rubens Limongi (coord.). *Enciclopédia Saraiva do Direito*. Tomo 65. São Paulo: Saraiva, 1977, p. 350-1.

nenhuma norma que positive tal dicotomia, que apesar disso é amplamente disseminada na doutrina pátria.

As *obrigações de meio* (ou de diligência) são aquelas que teriam como objetivo final a atividade em si, que demandariam um agir diligente com os preceitos da técnica e da ciência pertinentes ao caso concreto, independentemente do resultado obtido. Deslocando o foco da própria atividade e do modo como ela será executa em direção ao resultado esperado, considerando nesta hipótese a atividade empregada como *simples meio necessário para alcançá-lo*,[37] ter-se-ia a obrigação de resultado.

Considerando a evolução da responsabilidade civil em nosso sistema jurídico, Paulo Luiz Netto Lôbo não vislumbra possível a manutenção da utilização de tal dicotomia como instrumento decisivo na atribuição do ônus da prova em ações de responsabilidade civil, e apresenta fortes argumentos para corroborar sua tese:

> Tal distinção das obrigações não mais se sustenta, pois contradiz um dos principais fatores de transformação da responsabilidade civil, ou seja, a primazia do interesse da vítima. Por outro lado, estabelece uma inaceitável desigualdade na distribuição da carga da prova entre as duas espécies: na obrigação de meio, a vítima não apenas tem de provar os requisitos da responsabilidade civil para a reparação (dano, fato causador, nexo de causalidade, imputabilidade), mas que o meio empregado foi tecnicamente inadequado ou sem a diligência requerida, o que envolve informações especializadas, que o autor do dano dispõe e ela não; na obrigação de resultado, basta a prova dos requisitos. O tratamento desigual para danos reais, em virtude da qualificação do conteúdo da obrigação como de meio ou de resultado, conflita com o princípio constitucional da igualdade, que é uma das conquistas modernas da responsabilidade civil (...) Afinal, é da natureza de qualquer obrigação negocial a finalidade, o fim a que se destina, que nada mais é que o resultado pretendido. O resultado é o interesse do credor. Quem procura um profissional liberal não quer a excelência dos meios por este empregados, quer o resultado, no grau mais elevado de probabilidade. Quanto mais renomado o profissional, mais provável o resultado pretendido, no senso comum do cliente.[38]

No que concerne aos graus da culpa, pode-se afirmar que no campo da responsabilidade contratual, em algumas hipóteses, é possível determinar a pré-exclusão da responsabilidade, dependendo da falta de cuidado do agente, como v.g., ocorre nos contratos benéficos, nos quais a parte que beneficia a outra só responde se tiver agido com dolo (art. 392, CC/2002).

Por outro lado, no campo da responsabilidade extracontratual, a gradação em culpa leve ou grave não exerce nenhuma influência para determinar a imputação em si – ou seja, se o agente deve ou não indenizar o prejuízo causado à vítima –, embora possa determinar, em face das circunstâncias do caso, a redução proporcional do

---

37. LÔBO, Paulo Luiz Netto. Direito Civil; *Obrigações*. São Paulo: Saraiva, 2011, p. 37. Ver também CALIXTO, Marcelo Junqueira. *A culpa na responsabilidade civil*; Estrutura e função. Rio de Janeiro: Renovar, 2008, p. 77-8.
38. LÔBO, Paulo Luiz Netto. Direito Civil; *Obrigações*. São Paulo: Saraiva, 2011, p. 38.

valor indenizatório (parágrafo único do art. 944) mediante juízo de equidade do magistrado.[39]

Além disso, retomando as diferenças entre o regime da responsabilidade extracontratual e da responsabilidade aquiliana, deve-se anotar que as cláusulas restritivas (*v.g.*, cláusula penal, arras penitenciais) ou exonerativas de obrigações (*v.g.*, cláusulas de não indenizar) só teriam lugar na responsabilidade contratual, uma vez que que configurariam uma inadmissível derrogação convencional de regras de ordem pública na seara da responsabilidade extracontratual.

Desse modo, no caso de inadimplemento contratual, compete à vítima apenas demonstrar a celebração do negócio jurídico e a existência de prestações não cumpridas, ao contrário do que ocorre no âmbito extracontratual, no qual se exige a prova de autoria, imputabilidade, antijuridicidade, dano e relação de causalidade.

Existem ainda diferenças em relação à capacidade das partes. Fundando-se em um negócio jurídico, a responsabilidade contratual pressupõe capacidade de exercício dos figurantes da relação jurídica obrigacional (ou o suprimento desta mediante representação ou assistência), sob pena de restar configurada a invalidade do negócio. Por sua vez, na responsabilidade extracontratual, ainda que de forma mitigada e subsidiária (art. 928, CC/2002), a capacidade de praticar danos injustos também abrange os incapazes.[40]

O principal argumento utilizado para justificar a coexistência de dois regimes distintos de responsabilidade civil repousa no reconhecimento de funções diversas para cada tipo de responsabilidade. O campo contratual, nessa perspectiva, serviria para proteger as partes em face de um risco específico de dano criado pela particular relação jurídica instaurada entre os sujeitos; no campo extranegocial a proteção seria dirigida ao interesse de convivência pacífica.[41]

No entanto, é inegável o paralelismo entre os dois âmbitos de responsabilidade, que se desenvolveram num mesmo substrato econômico e social. Estudar a evolução da Responsabilidade Civil em nosso sistema jurídico implica avaliar a ascensão e o declínio do papel da vontade individual que comumente integra o elemento subjetivo que serve de fonte ao direito obrigacional, pois, o "*do*gma da vontade no contrato e o primado da culpa no delito são espécies de um único gênero. "[42]

Caso se adote outra perspectiva, é possível posicionar a responsabilidade contratual como fonte do direito obrigacional, sustentando que *é a partir do inadimplemento que nasce o dever de indenizar*. Tal entendimento permite uma *aproximação*

---

39. SILVA, Jorge Cesa Ferreira da. *Inadimplemento das obrigações*. São Paulo: Revista dos Tribunais, 2006, p. 62.
40. SILVA, Jorge Cesa Ferreira da. *Inadimplemento das obrigações*. São Paulo: Revista dos Tribunais, 2006, p. 63.
41. CRUZ, Gaston Fernandez. *Los supuestos dogmáticos de la responsabilidad contratual: la división de sistemas y la previsibilidade*. In Revista de Direito Privado, n. 19, p. 294.
42. BECKER, Anelise. Elementos para uma teoria unitária da responsabilidade civil, p. 354, In NERY JUNIOR, Nelson. NERY, Rosa Maria de Andrade (org.). *Responsabilidade civil*. Doutrinas Essenciais, Teoria Geral, v. I. São Paulo: Editora Revista dos Tribunais, 2010, p. 353 a 372.

dos regimes de responsabilidade civil contratual e extracontratual, na direção do que se convencionou denominar "responsabilidade por danos" ou "direito de danos", produto da unificação dos dois regimes anteriormente citados.[43]

Unificar os regimes, dentro da perspectiva da operabilidade, um dos princípios gerais que serviram de base para a elaboração do Código Civil vigente, significaria uma *simplificação do tratamento* atualmente conferido à matéria, facilitando sua compreensão na medida em que "a ilicitude, a imputação, o prejuízo e a relação de causalidade são elementos comuns, perseguem um mesmo fim e cumprem a mesma função".[44]

Tal dicotomia tem como inconveniente a constatação de que a um mesmo fato danoso podem-se aplicar regimes de responsabilidade distintos, com cobertura de danos não coincidentes, o que ressaltaria a importância de se buscar um nexo funcional unitário[45] para o tema. A unificação permitiria idêntico tratamento em relação à mora e suas consequências, bem como a uniformização do entendimento em relação às causas limitadoras do dever de indenizar.

Ponto importante a destacar é se as pretensões que surgem do inadimplemento alteram substancialmente as pretensões que se constituem a partir dos contratos. Um exemplo ajudará a elucidar a questão.

Determinado fotógrafo contratado para registrar uma cerimônia de casamento deixa de comparecer no dia e hora contratados, razão pela qual os noivos ficaram sem um registro profissional da celebração. Trata-se de hipótese de inadimplemento absoluto, uma vez que a prestação originalmente contratada não mais pode satisfazer os interesses dos noivos (credores), resolvendo-se em indenização pelas perdas e danos, a ser suportada pelo fotógrafo (devedor).

Seria a pretensão indenizatória uma nova pretensão, que surgiria a partir do inadimplemento, ou apenas uma mera faceta da pretensão ao cumprimento, com origem no contrato celebrado entre as partes?

Dentro da perspectiva tradicional, na responsabilidade contratual, ocorre simples mudança objetiva na relação jurídica, "substituindo-se a prestação pelo *id quod*

---

43. No mesmo sentido, Rodrigo Xavier Leonardo sustenta que "se antes o elemento primordial da responsabilidade (expressão que traz consigo a ideia de reprimenda, de desvalor moral) era a culpa, hoje o elemento basilar ao dever de indenizar é o dano. Nesse sentido, a própria expressão 'responsabilidade civil' tem um significado limitado, vez que nem sempre a imputação do dever de indenizar recai sobre o responsável pelo dano. Melhor referir-se a essa disciplina, hoje, como um direito de danos" (LEONARDO, Rodrigo Xavier. Responsabilidade civil contratual e extracontratual: primeiras anotações em face do Novo Código Civil Brasileiro, p. 396-7. In NERY JUNIOR, Nelson. NERY, Rosa Maria de Andrade (org.). *Responsabilidade civil*. Doutrinas Essenciais, Teoria Geral, v. I. São Paulo: Editora Revista dos Tribunais, 2010, p. 391 a 401).
44. ITURRASPE, Jorge Mosset. PIEDECASAS, Miguel A. *Responsabilidad Contractual*. Buenos Aires: Rubinzal-Culzoni Editores, 2007, p. 12. Eis a citação no idioma original: "La ilicitud, la imputación, el perjuicio, y la relación de causalidad, son elementos comunes, persiguen un mismo fin y cumplen la misma función".
45. CRUZ, Gaston Fernandez. *Los supuestos dogmáticos de la responsabilidad contractual: la división de sistemas y la previsibilidad*. In Revista de Direito Privado, n. 19, p. 295.

interest (ressarcimento)".⁴⁶ No entanto, na violação do dever genérico, que serve de fundamento da responsabilidade extracontratual (art. 186, CC/2002⁴⁷), o dever de indenizar surge como uma *nova obrigação* e não como decorrência de uma obrigação preexistente.

Dito de outro modo: quando ocorre a inexecução de um contrato, a obrigação de executar a prestação prometida é substituída pela obrigação de o devedor reparar o prejuízo sofrido. Ainda que se afirme que se trata de obrigações sucessivas e que a obrigação de reparar o não cumprimento não exista sem a obrigação primária de executar a prestação prometida, deve-se atentar para o fato de que enquanto a primeira obrigação nasce da vontade das partes, a segunda obrigação existe fora dela, razão pela qual Anelise Becker conclui que a responsabilidade contratual, assim como ocorre nas hipóteses de responsabilidade aquiliana, também é originária de ato ilícito, pois, em ambos os casos, a responsabilidade nasce da inexecução de uma obrigação preexistente.⁴⁸

Analisando o tema, Sérgio Cavalieri Filho assim se manifesta:

> A responsabilidade contratual não está no contrato, como equivocadamente alguns a definem. O que está no contrato é o dever jurídico preexistente, a obrigação originária voluntariamente assumida pelas partes contratantes. A responsabilidade contratual surge quando uma delas (ou ambas) descumpre esse dever, gerando o dever de indenizar. (...) Há, portanto, na responsabilidade contratual tudo que há na responsabilidade extracontratual (...) Tão mínima é a diferença que, a rigor, não há distinção substancial entre a responsabilidade contratual e a extracontratual. Na essência, ambas decorrem da violação de dever jurídico preexistente. A distinção é tão insignificante que até já existe movimento no sentido de unificação da responsabilidade.⁴⁹

Em suma, o fundamento teórico para os defensores do inadimplemento como fonte do dever de indenizar repousa na constatação de que, nas hipóteses de não cumprimento do contrato, aquilo que se realiza no patrimônio do credor não é a prestação originalmente devida, tampouco seu equivalente econômico, mas sim um objeto diverso, vale dizer, o "equivalente econômico do dano produzido pelo inadimplemento",⁵⁰ ou seja, uma *dívida de valor* oriunda da obrigação ressarcitória. Para corroborar este entendimento, vale transcrever lição de Aguiar Dias:

> "Por outro lado, não se pode encarar a responsabilidade contratual como simples problema de efeito das obrigações. Se o contrato é uma fonte de obrigações, a sua inexecução também o é. Quando ocorre a inexecução, não é a obrigação contratual que movimenta o mundo da respon-

---

46. FRANÇA, Rubens Limongi (coord.). *Enciclopédia saraiva do direito*. Tomo 65. São Paulo: Saraiva, 1977, p. 350-1.
47. Art. 186, CC/2002: "Aquele que, por ação ou omissão voluntária, negligência ou imprudência, violar direito e causar dano a outrem, ainda que exclusivamente moral, comete ato ilícito".
48. BECKER, Anelise. Elementos para uma teoria unitária da responsabilidade civil, p. 358, In NERY JUNIOR, Nelson. NERY, Rosa Maria de Andrade (org.). *Responsabilidade civil*. Doutrinas Essenciais, Teoria Geral, v. I. São Paulo: Editora Revista dos Tribunais, 2010, p. 353 a 372.
49. CAVALIERI FILHO, Sérgio. *Programa de responsabilidade civil*. 9. ed. São Paulo: Atlas, 2010, p. 288.
50. ITURRASPE, Jorge Mosset. PIEDECASAS, Miguel A. *Responsabilidad contractual*. Buenos Aires: Rubinzal-Culzoni Editores, 2007, nota 30, p. 16.

sabilidade. O que se estabelece é uma obrigação nova que se substitui à obrigação preexistente no todo ou em parte: a obrigação de reparar o prejuízo consequente à inexecução da obrigação assumida. Essa verdade se afirmará com mais vigor se observarmos que a primeira obrigação (contratual) tem origem na vontade comum das partes, ao passo que a obrigação que a substitui por efeito de inexecução, isto é, a obrigação de reparar o prejuízo, advém, muito ao contrário, contra a vontade do devedor: este não quis a obrigação nova, estabelecida com a inexecução da obrigação que contratualmente consentira. Em suma: a obrigação nascida do contrato é diferente da que nasce de sua inexecução. Assim sendo, a responsabilidade contratual é também fonte de obrigações, como a responsabilidade delitual."[51]

Ao tratar do tema da possibilidade de unificação dos dois regimes de responsabilidade civil em nosso sistema jurídico, Paulo Luiz Netto Lôbo anota que:

Sob a ótica do contratante devedor, radica na equivalência um dos sinais destacados pela doutrina da unificação, pois é idêntica na responsabilidade extracontratual e na contratual. Nesta, o interesse do credor, prejudicado pelo inadimplemento, vê-se somente satisfeito mediante a reparação ou o pagamento de uma indenização compensatória, o que produz uma transformação da relação obrigacional, pois o devedor deve realizar uma conduta distinta da inicialmente devida, que afeta seu patrimônio em valor equivalente ao valor estimado do dano sofrido pelo credor. Por seu turno, na responsabilidade extracontratual a originária conduta devida, consistente na obrigação de não fazer (não lesar o outro), de cunho não patrimonial, transforma-se em outra obrigação, a de reparar, com seu patrimônio, o dano sofrido pela vítima. Em ambas há, com efeito, conversão das condutas devidas.[52]

No entanto, a opinião do citado autor em relação ao tema pode ser facilmente observada quando afirma que "*a* pretensão à reparação das perdas e danos e demais consequências pelo inadimplemento da obrigação negocial (ilícito relativo) é a mesma da obrigação de prestar; não há duas pretensões, uma para a prestação devida e outra para a substituição desta".[53]

No mesmo sentido, sustenta Pontes de Miranda que

Quem culposamente impossibilitou a prestação deixa de adimplir. O crédito do credor persiste o mesmo (bem assim o direito de garantia, se há); há apenas mudança do conteúdo. A pretensão à indenização, às perdas e danos, é, aí, a mesma, posto que varie, para o que é possível prestar-se, a prestação primária. É de repelir-se a concepção que vê em tais circunstâncias duas pretensões, uma, à prestação prometida, e outra, ao sucedâneo. Não há: a) Pretensão ao objeto prometido; b) Pretensão a perdas e danos. Mas sim: pretensão ao objeto prometido (ou a perdas e danos). É certo que a indenização das perdas e danos resulta de ilícito relativo, mas o ilícito relativo não é criador de outro dever, nem de outro crédito. Aí, a grande diferença em relação ao ilícito absoluto.[54]

---

51. DIAS, José Aguiar. *Da responsabilidade civil*. 11. ed. Rio de Janeiro: Renovar, 2006, p. 157. Sobre o tema ver também ITURRASPE, Jorge Mosset; PIEDECASAS, Miguel. *Responsabilidad contractual*. Santa Fé: Rubinzal-Culzoni, 2007. p. 21 e RUGGIERO, Roberto de. *Instituições de direito civil*: direito das obrigações, direito hereditário. Trad. Paolo Capitanio. Campinas: Bookseller, 1999, v. 3. p. 158-159.
52. LÔBO, Paulo Luiz Netto. Direito Civil; *Contratos*. São Paulo: Saraiva, 2011, p. 27.
53. LÔBO, Paulo Luiz Netto. Direito Civil; *Obrigações*. São Paulo: Saraiva, 2011, p. 232. No mesmo sentido: "Como se vê, na responsabilidade contratual a indenização funciona como substitutivo da prestação contratada" (CAVALIERI FILHO, Sérgio. *Programa de responsabilidade civil*. 9. ed. São Paulo: Atlas, 2010, p. 293).
54. PONTES DE MIRANDA, Francisco Cavalcanti. *Tratado de direito privado*. T. XXVI. São Paulo: Revista dos Tribunais, 1984, § 3.103, p. 12.

A vantagem de se considerar o inadimplemento como fonte do dever de indenizar parece ir ao encontro das perspectivas mais atuais do pensamento jurídico pátrio, que constantemente pugna pelo avanço de fatores objetivos de atribuição de responsabilidade sobre os fatores subjetivos. Nesse sentido, Anelise Becker sustenta que:

> A crise do papel da vontade, efeito da despersonalização e objetivação do processo produtivo, modificou o conteúdo e a extensão da autonomia privada, que se encaminha cada vez mais em direção a uma dimensão objetiva, em correspondência à debilitação do papel do próprio elemento subjetivo, também objetivado, na medida em que também as hipóteses de responsabilidade com culpa recebam já um conceito de culpa sempre mais despersonalizado e objetivo (tendência à avaliação da culpa mediante *standards* objetivos).[55]

Situar a questão sob esse prisma significa em última instância uma tentativa de separar o não cumprimento da obrigação da noção de culpa, colocando o *inadimplemento* na posição de *protagonista* e não de mero sucedâneo da obrigação originária nascida do contrato.

A análise da conveniência (ou não) de se manter a dualidade de regimes de responsabilidade exige a observação de diversos aspectos do dever de reparar o prejuízo causado a outrem. Enquanto a intencionalidade, vale dizer, a presença do elemento culpa como fator de imputação, assume papel fundamental no campo do inadimplemento contratual, porquanto o devedor, vale dizer, o réu na pretensão indenizatória, pode valer-se de uma excludente na busca de um caminho de liberação de tal ônus, deve-se anotar que no campo extracontratual o dever de indenizar surge do ato ilícito, não sendo necessária a constituição em mora, o que somente ocorre no campo contratual.

De tal constatação pode-se extrair a constatação de que, em princípio, a violação de um contrato não é tão grave quanto a violação a texto expresso de lei, pois o interesse público no âmbito negocial surge de modo indireto, uma vez que o inadimplemento contratual encerra interesses predominantemente particulares.

Dessa forma, não raro, indeniza-se com mais amplitude no âmbito da responsabilidade aquiliana do que no âmbito da responsabilidade contratual, havendo previsão expressa nesta hipótese de redução (ou até mesmo exoneração) do montante indenizatório mediante livre e consciente manifestação de vontade dos próprios contratantes.

A dualidade aumenta a complexidade do estudo da matéria, dificultando a aplicação do direito, já que os operadores jurídicos têm de lidar com diferentes regras de fixação de competência jurisdicional, pois, no campo da responsabilidade contratual, salvo disposição legal ou convencional expressa noutro sentido, define-se o

---

55. BECKER, Anelise. Elementos para uma teoria unitária da responsabilidade civil, p. 355, In NERY JUNIOR, Nelson. NERY, Rosa Maria de Andrade (org.). *Responsabilidade civil*. Doutrinas Essenciais, Teoria Geral, v. I. São Paulo: Editora Revista dos Tribunais, 2010, p. 353 a 372.

juiz competente pelo lugar de cumprimento da obrigação; enquanto no campo da responsabilidade aquiliana, o lugar do fato ou o domicílio do demandado definem a competência para decidir a demanda.

Gustavo Tepedino alerta quanto ao perigo de se conceber o sistema jurídico mediante modelos binários. Embora a observação não tenha sido dirigida especificamente à dicotomia entre responsabilidade extracontratual e responsabilidade contratual, o argumento contribui para o debate:

> considerando-se o ordenamento como um conjunto de normas jurídicas apartadas da realidade e de sua aplicação jurisdicional, idealizando-se, dessa forma, dois sistemas distintos: aquele concebido pelo legislador e outro resultante dos fatos, nos quais incidirão em concreto as normas jurídicas. Este modelo binário de interpretação espraia-se em classificações falaciosas, ora segundo os destinatários das normas jurídicas – legislador e sujeitos de direito –; ora de acordo com os campos de conhecimento – direito público e direito privado; ora conforme os diversos setores de produção normativa – os microssistemas; e assim por diante. O Professor Pietro Perlingieri insurge-se contra essa concepção, demonstrando que somente se afigura possível falar em ordenamento jurídico se este for concebido em sua unidade: ou bem o ordenamento é uno ou não é ordenamento.[56]

O que dificulta bastante as conclusões sobre o tema é a multiplicidade de situações a que os pressupostos acima mencionados devem ser aplicados. Além do inadimplemento contratual clássico, é possível divisar situações em que o ilícito em análise não foi causado a um dos contratantes, mas a um terceiro. Em sentido oposto, um terceiro pode ter praticado conduta ilícita em detrimento de um ou de todos os contratantes. Trata-se da denominada *tutela externa do crédito*, ou seja, da extensão dos efeitos da relação jurídica obrigacional a terceiros.

Em suma, existem zonas cinza, que não correspondem claramente a nenhum dos dois regimes. Imagine, por exemplo, uma situação danosa a um dos contratantes, que na condição de vítima demonstra a existência de dano, mas não aponta a violação de nenhum dever contratual específico, calcando sua pretensão indenizatória na violação da cláusula geral da boa-fé objetiva, da qual irradiam diversos deveres, consoante demonstrado anteriormente.

4. RESPONSABILIDADE NA CONTEMPORANEIDADE: QUAL CAMINHO A SER TRILHADO?

Tradicionalmente a resposta para a indagação formulada no título deste item exacerba a dicotomia e aponta para a ampliação de um de seus polos. Resolver-se-ia a questão ampliando o alcance da responsabilidade contratual ou alargando o âmbito da responsabilidade aquiliana?

---

56. TEPEDINO, Gustavo. O direito civil-constitucional e suas perspectivas atuais, p. 361. In TEPEDINO, Gustavo (org.). *Direito civil contemporâneo*; Novos problemas à luz da legalidade constitucional (Anais do Congresso Internacional de Direito Civil-Constitucional da cidade do Rio de Janeiro). São Paulo: Atlas, 2008, p. 356-371.

A posição majoritária da doutrina nacional está bem cristalizada na seguinte afirmação de Pontes de Miranda:

> A responsabilidade pelo ilícito já é negocial antes de se concluir o negócio jurídico. O hoteleiro é responsável pelos danos causados às malas do futuro hóspede, mesmo se, ao chegar ao escritório ou balcão, ou portaria, o hoteleiro verifica que não tem apartamento que sirva ao freguês. Dá-se o mesmo se já foi paga a conta, entregues as chaves e o dano é causado pelo empregado do hotel, ou pelo automóvel do hotel.[57]

A segunda opção, entretanto, parece ser a melhor resposta: os deveres gerais apontam para um momento histórico em que predominam postulados da responsabilidade extracontratual (dominante), ficando o âmbito contratual para o que for específico.

Outra alternativa viável seria dirigir os estudos para as coincidências entre os regimes, deixando as divergências em segundo plano, como vem ocorrendo na experiência de outros países. Neste ponto, vale registrar que o Código Civil Português em seu art. 483 consagra um princípio geral aplicável a ambos os regimes de responsabilidade, ao prescrever que "aquele que, com dolo ou mera culpa, violar ilicitamente o direito de outrem ou qualquer disposição legal destinada a proteger interesses alheios fica obrigado a indemnizar o lesado pelos danos resultantes da violação".

Na mesma linha de raciocínio, é possível – partindo-se do pressuposto de que os dois sistemas teriam fundamento no contato social e que desenvolvem suas características a partir do mesmo conceito de ilicitude – anotar que o tratamento dispensado aos danos emergentes e lucros cessantes no modelo brasileiro não faz distinção se a responsabilidade a ser apurada decorre de violação contratual ou extracontratual.[58]

O mesmo se verifica entre os arts. 944 a 954 do Código Civil Brasileiro, de cuja interpretação pode-se extrair uma disciplina única para ambos os regimes de responsabilidade, como se verá, em breve síntese, e apenas a título exemplificativo:

---

57. PONTES DE MIRANDA, Francisco Cavalcanti. *Tratado de direito privado*, t. 26, § 5.501, p. 109.
58. Para ilustrar tal afirmação, interessante transcrever trecho de decisão do STJ: "2. A imputação de responsabilidade civil – contratual ou extracontratual, objetiva ou subjetiva – supõe a presença de dois elementos de fato (a conduta do agente e o resultado danoso) e um elemento lógico-normativo, o nexo causal (que é lógico, porque consiste num elo referencial, numa relação de pertencialidade, entre os elementos de fato; e é normativo, porque tem contornos e limites impostos pelo sistema de direito). 3. Relativamente ao elemento normativo do nexo causal em matéria de responsabilidade civil, vigora, no direito brasileiro, o princípio de causalidade adequada (ou do dano direto e imediato), cujo enunciado pode ser decomposto em duas partes: a primeira (que decorre, a *contrario sensu*, do art. 159 do CC/2016 e do art. 927 do CC/2002, que fixa a indispensabilidade do nexo causal), segundo a qual ninguém pode ser responsabilizado por aquilo a que não tiver dado causa; e a outra (que decorre do art. 1.060 do CC/1916 e do art.403 do CC/2002, que fixa o conteúdo e os limites do nexo causal) segundo a qual somente se considera causa o evento que produziu direta e concretamente o resultado danoso. 4. No caso, o evento danoso não decorreu direta e imediatamente do registro de imóvel inexistente, e, sim, do comportamento da contratante, que não cumpriu o que foi acordado com a demandante. 5. Recurso especial parcialmente conhecido e, nesta parte, desprovido" (REsp 1198829/MS, Rel. Ministro Teori Albino Zavascki, 1ª Turma, julgado em 05/10/2010, DJe 25/11/2010).

a) Embora a indenização deva ser aferida levando-se em consideração a extensão do dano, é possível a redução equitativa de tal valor, pelo juiz, se constatar a existência de excessiva desproporção entre a gravidade da culpa e o dano (parágrafo único, art. 944);

b) Admite-se ainda a redução do montante indenizatório se a própria vítima tiver concorrido culposamente para o evento danoso (art. 945);

c) Se a obrigação for indeterminada, e não houver na lei ou no contrato disposição fixando a indenização devida pelo inadimplente, apurar-se-á o valor das perdas e danos na forma que a lei processual determinar (art. 946);

d) Diante da impossibilidade de o devedor cumprir a prestação na espécie ajustada, substituir-se-á pelo seu valor, em moeda corrente (art. 947);

e) No caso de homicídio, a indenização consiste, sem excluir outras reparações, no pagamento das despesas com o tratamento da vítima, seu funeral e o luto da família, bem como na prestação de alimentos às pessoas a quem o morto os devia, levando-se em conta a duração provável da vida da vítima (art. 948).

Pelo exposto verifica-se que as bases para a unificação de tratamento entre os regimes já se encontram positivadas em nosso sistema. O que sequer se constituiria em inovação da matéria. Deve-se citar o Código de Defesa do Consumidor, que ao tratar da responsabilidade civil do fornecedor de produtos e serviços o faz sem utilizar a clássica dicotomia responsabilidade extracontratual e contratual, e disciplina a responsabilidade pelo *fato* do produto e do serviço (arts. 12 a 17) ao lado da responsabilidade pelo *vício* do produto e do serviço (arts. 18 a 25).

Extrai-se ainda do CDC (art. 17), no que concerne à responsabilidade pelo fato do produto e do serviço, a equiparação aos consumidores de todas as vítimas do evento (*bystanders*), sendo idêntica providência adotada em relação às práticas comerciais, uma vez que o diploma consumerista dispõe em seu art. 29 que se equiparam aos consumidores todas as pessoas determináveis ou não, expostas às práticas nele previstas.[59]

Desse modo, as dificuldades e imprecisões atinentes ao regime dual adotado pelo Código Civil encontram-se resolvidas no CDC, que ao optar por outro caminho, oferece as bases para se demonstrar a necessidade de superação da dicotomia responsabilidade extracontratual *vs.* responsabilidade contratual, sendo importante ressaltar a importância do diálogo sistemático de complementariedade entre as referidas fontes normativas.

---

59. Para Claudia Lima Marques, a interpretação conjunta do disposto nos arts. 17 e 29 do CDC permite concluir que uma grande contribuição do Código de Defesa do Consumidor ao direito civil atual residiria na sua bem lograda superação do conceito de sujeito individual da relação contratual, uma vez que o sujeito da relação jurídica obrigacional de consumo pode ser individual, coletivo, difuso e até mesmo – para além do contratante e da vítima contratante – também o *bystanders* ou aquele que apenas tem participação indireta na relação de consumo (In *Contratos no Código de Defesa do Consumidor*; o novo regime das relações contratuais. 5. ed. São Paulo: Revista dos Tribunais, 2005).

De um modo geral, ampliam-se cada vez mais as hipóteses de responsabilidade civil contratual objetiva, diante do permissivo descrito art. 927 do CC/2002: "haverá obrigação de reparar o dano, independentemente de culpa, nos casos especificados em lei, ou quando a atividade normalmente desenvolvida pelo autor do dano implicar, por sua natureza, risco para os direitos de outrem".

Ponto importante a anotar sobre essa reflexão é que a vinculação contratual não absorve ou permite qualificar como contratuais todos os danos que nesse lapso ou em ocasião do negócio possam causar uma parte à outra.[60]

Vale transcrever um exemplo para ilustrar a afirmação acima:

> Processual civil. Responsabilidade civil. Danos morais. Juros moratórios. Responsabilidade extracontratual. 1. Com relação ao termo inicial dos juros moratórios, verifica-se que, conquanto exista uma relação contratual, o dano moral não sobreveio pelo descumprimento de suas cláusulas. Não há, na espécie, portanto, responsabilidade civil de ordem contratual, e sim extracontratual. De rigor a aplicação, por conseguinte, da Súmula 54/STJ, segundo a qual os juros moratórios fluem a partir do evento danoso, em caso de responsabilidade extracontratual 2. Agravo regimental a que se nega provimento. (AgRg no Ag 536.709/RJ, Rel. Ministro Carlos Fernando Mathias (Juiz Federal Convocado do TRF 1ª Região), 4ª Turma, julgado em 05/08/2008, DJe 25/8/2008).

No caso apresentado, apesar da existência de relação contratual entre as partes, os prejuízos que motivaram a propositura da ação reparatória tiveram origem externa à prestação contratual principal, razão decisiva para a fixação do regime de juros a ser aplicável à espécie.

Na mesma linha de raciocínio, vale transcrever decisão que ilustra hipótese bastante comum em nosso cotidiano forense, ligada à indevida inscrição de um nome em cadastro de inadimplentes:

> Direito civil. Ação de indenização por danos morais decorrentes da inscrição indevida do nome do autor em cadastros de inadimplência. Pedido julgado procedente. Execução do julgado. Discussão a respeito do *dies a quo* para a fixação dos juros. Hipótese de ato ilícito, e não de ilícito contratual. *A indevida inscrição de um nome em cadastros de inadimplência consubstancia ato ilícito, e não um inadimplemento contratual, ainda que a obrigação cujo alegado descumprimento deu origem à inscrição tenha natureza contratual.* O ilícito contratual somente se configura quando há o descumprimento, por uma das partes, de obrigação regulada no instrumento. A inscrição nos órgãos de inadimplência não representa o exercício de um direito contratual. Quando indevida, equipara-se a um ato de difamação. Tratando-se de ato ilícito, os juros devem incidir na forma da Súmula 54/STJ, ou seja, a partir da prática do ato. Na hipótese dos autos, todavia, não há recurso do consumidor visando à integral aplicação do disposto da Súmula 54/STJ, de modo que, para evitar a ocorrência de *reformatio in pejus*, mantém-se o acórdão, que havia fixado o início do cômputo dos juros na data da citação para o processo de conhecimento. Recurso parcialmente conhecido e, nessa parte, provido (REsp 660.459/RS, Rel. Ministro Carlos Alberto Menezes Direito, Rel. p/ Acórdão Ministra Nancy Andrighi, 3ª Turma, julgado em 24/4/2007, DJ 20/8/2007, p. 269).

---

60. ITURRASPE, Jorge Mosset. PIEDECASAS, Miguel A. *Responsabilidad contractual.* Buenos Aires: Rubinzal-Culzoni Editores, 2007, nota 26, p. 15.

O que os dois exemplos acima transcritos demonstram corrobora a distinção quanto à existência de atos ilícitos absolutos e atos ilícitos relativos e a necessidade de precisão de tais conceitos no momento da definição do regime de responsabilidade a ser aplicável. Num cenário em que é cada vez mais tênue a linha divisória entre os modelos de responsabilidade, facilitaria a tutela dos interesses da vítima na direção da reparação dos danos sofridos, pois existem muitas variáveis a considerar.

Caso se opte por exacerbar as diferenças entre os regimes, como, aliás, escolheu a doutrina tradicional, sobretudo durante a vigência do CC/2016, deve-se levar em consideração que a jurisprudência aponta cada vez mais num modelo misto, que começou a se desenvolver a partir de casos em que se permitiu a cumulação, numa mesma demanda, de pretensões indenizatórias com fundamentos extracontratual e contratual distintos.

Na verdade, o que se constata é que estão se consolidando no plano jurisprudencial as bases para uma teoria geral do inadimplemento, a ser complementada pelo tratamento específico e particular em alguns pontos, conforme demonstrado acima, em relação à fixação da competência e regime de juros a ser aplicável ao caso concreto. Como isso não está previsto em lei e vem sendo construído doutrinária e jurisprudencialmente, surge uma importante indagação: *pode-se escolher a que regime se quer submeter?* Pode o magistrado realizar uma escolha motivada, afastando regras próprias de um regime para aplicação do outro, valendo-se de uma interpretação fundada em princípios?

5. A CONSTRUÇÃO DE UMA NOVA PERSPECTIVA ATRAVÉS DA RESSIGNIFICAÇÃO DOUTRINÁRIA DOS PRECEDENTES JUDICIAIS

A análise de um caso concreto fornecerá mais subsídios para o debate apresentado no item anterior. Em 2005, o Superior Tribunal de Justiça apreciou um caso de acidente de trânsito,[61] no qual a empresa transportadora fora condenada a indenizar os prejuízos sofridos por um dos passageiros do ônibus. Os ministros fundamentaram seu entendimento na responsabilidade contratual objetiva, razão por que a incidência dos juros moratórios foi determinada apenas a partir da citação, nos termos do consolidado entendimento daquela Corte, cristalizado na Súmula 54 do STJ.

Imagine-se situação diversa, envolvendo empresa transportadora de cargas contratada por uma empresa de engenharia para transportar equipamentos para um

---

61. Civil responsabilidade civil. Acidente de transito. Empresa transportadora, prestadora de serviço público. Ação de indenização. Danos morais e materiais. Cabimento. Danos estéticos. Inocorrência. *Quantum*. Redução. Juros moratórios. Responsabilidade contratual. Sucumbência recíproca. Art. 20 e 21 do CPC. (...) 3. *Cuida-se, na hipótese, de passageiro de ônibus, havendo portanto responsabilidade objetiva e contratual da empresa de transportes. A orientação desta Corte é no sentido de que em tal circunstância os juros moratórios correm a partir da citação. Inaplicável, in casu, a Súmula 54/STJ, por não se tratar de responsabilidade extracontratual.* (Precedentes: REsp. 327.382/RJ; REsp. 131.376/RJ;(...) (REsp 726.939/RJ, Rel. Ministro Jorge Scartezzini, 4ª Turma, julgado em 24/05/2005, DJ 01/07/2005, p. 559).

novo canteiro de obras. Um dos funcionários da empresa contratante fora designado para acompanhar todo o transporte (e tal atividade constava do contrato celebrado entre as partes) e acabou lesionado por conta de um acidente de trânsito durante o transporte.

Aplicando-se o mesmo entendimento do STJ no julgamento do caso acima referido, estar-se-ia diante de responsabilidade contratual da transportadora, com fluência de juros a partir da citação.

No entanto, caso no mesmo acidente também tenha sido lesionada outra pessoa, que estava passeando pela calçada no momento do acidente e que, igualmente, tenha sofrido danos materiais e morais provocados pelo veículo da empresa transportadora, a solução seria diferente. Analisando a pretensão indenizatória pela perspectiva do Código Civil, estar-se-ia diante de responsabilidade extracontratual da transportadora, que por isso arcaria com o pagamento de juros moratórios desde a ocorrência do ato ilícito, ou seja, do acidente.

Desse modo, no que concerne à incidência dos juros moratórios, seria possível concluir ser mais benéfico o tratamento no campo extracontratual do que no campo contratual, ocorrendo evidente vantagem para o terceiro em relação ao passageiro, considerando-se que no caso hipotético em análise não incidiriam as normas do Código de Defesa do Consumidor.

Uma vez detectada tal contradição, seria possível buscar uma interpretação que prestigiasse os objetivos constitucionais de proteção da pessoa humana em direção a uma reparação integral, sustentando-se, em relação a ambos os casos, que os danos experimentados pelas vítimas atingiram bens extrapatrimoniais, merecendo idêntico tratamento independentemente do regime de responsabilidade a ser adotado?

A resposta é afirmativa. O contrato seria considerado um elemento totalmente contingente, incapaz de alterar o regime aplicável.[62] O que se pretende afirmar com tal assertiva é que o modelo constitucional vigente impõe uma interpretação que seja mais favorável à vítima do dano, sendo o magistrado o fiel depositário dessa missão constitucional, a ser desempenhada com uma interpretação do texto legal que busque a máxima funcionalização dos institutos, em atenção às exigências de solidariedade e justiça social, previstas na Carta Magna.

Dessa forma, é possível concluir que de acordo com o atual estágio do sistema jurídico pátrio, a melhor alternativa aponta para a autonomia do dever de reparar, sob a perspectiva de que cada lesão concretamente produzida não recai apenas sobre aquele que a suportou, mas, de modo mais ou menos intenso, sobre toda a coletividade.[63]

---

62. SILVA, Jorge Cesa Ferreira da. *Inadimplemento das obrigações*. São Paulo: Revista dos Tribunais, 2006, p. 60. No mesmo sentido o entendimento de Fernando Noronha: "a solução ficará mais clara se admitirmos que a responsabilidade do transportador, no caso de danos corpóreos, nunca poderá ser considerada contratual, por estarem em causa bens indisponíveis" (In *Direito das obrigações*, 3. ed. São Paulo: Saraiva, 2010, p. 528).
63. CATALAN, Marcos. *A morte da culpa na responsabilidade contratual*. São Paulo: FDUSP, 2011. 347f. Tese de Doutorado em Direito, Faculdade de Direito da Universidade de São Paulo, 2011, p. 95.

Razão pela qual existem recursos teóricos suficientes para caminhar no sentido da aproximação entre os regimes de responsabilidade extranegocial e responsabilidade negocial até a sua unificação, o que facilitará a configuração do dever de indenizar pela violação de deveres não prestacionais, independentemente de existir qualquer patologia ligada ao adimplemento prometido ou desempenhado.[64]

6. CONCLUSÃO

Atualmente pode-se definir o estudo da responsabilidade civil pelas incertezas, instabilidade e mutabilidade cada vez mais comuns, apresentando, frequentemente, soluções díspares para casos idênticos, transformando a responsabilidade civil contemporânea quase numa loteria. A ideia de reparação da vítima do dano permanece submergida em uma abundância esquizofrênica de fins e objetivos que impedem conhecer a explosão da responsabilidade civil a uma motivação unitária e, portanto, a unitários princípios operativos.

A responsabilidade constitui categoria central do sistema social e jurídico e serve como parâmetro de imputação dos atos individuais. Por perpassar a multiplicidade dos atos humanos, pode ser analisada sob diversas perspectivas. Os juízos de responsabilidade não apresentam um único propósito: dependendo do contexto e da área normatizada concreta, podem se encaminhar a objetivos de naturezas distintas, regrando condutas direta ou indiretamente para prevenir a ocorrência de fatos ilícitos ou disciplinando a compensação econômica pelos danos sofridos.

Na responsabilidade civil, não se busca primordialmente a punição da conduta que causa dano a uma pessoa específica. O que se persegue é a reparação do infortúnio, vale dizer, uma justiça compensatória. Na composição do conceito jurídico da responsabilidade, observam-se com construções doutrinárias que misturam o conceito de ilicitude civil com as noções de *culpa*, *dano* e o *dever de indenizar*, numa perigosa simplificação que não atende às necessidades de um sistema jurídico em constante evolução.

No entanto, importante destacar que ao menos no nível de desenvolvimento das categorias jurídicas aqui trabalhadas, não parece haver espaço para manutenção do atual modelo regulatório, pois o papel do direito de danos não se limita apenas à reparação dos prejuízos, mas se estende à prevenção de resultados socialmente indesejados. Uma conformação sistemática da responsabilidade civil exige inicialmente o estabelecimento de consenso sobre as suas funções e os critérios de imputação que deverão ser adotados. É preciso perceber que as necessidades da sociedade contemporânea exigem uma tutela diferenciada das situações patrimoniais e existenciais, uma vez que fundadas em lógicas diversas.

---

64. CATALAN, Marcos. *A morte da culpa na responsabilidade contratual.* São Paulo: FDUSP, 2011. 347f. Tese de Doutorado em Direito, Faculdade de Direito da Universidade de São Paulo, 2011, p. 96.

Não parece conveniente deixar exclusivamente a cargo da jurisprudência a delimitação dos novos danos, pois juntamente com as novas modalidades de prejuízo que vêm sendo reconhecidas pelo Poder Judiciário modificam-se as escalas indenizatórias. O movimento é dinâmico, pois as respostas normativas do sistema não são suficientes, exigindo do intérprete soluções aptas ao enfrentamento das mudanças sociais.

Não é fácil encontrar critérios racionalmente sustentáveis para lidar com o problema, o que, não raro, faz com que a porosidade do sistema comprometa de algum modo à expectativa de segurança, característica do ordenamento jurídico. Como efeitos colaterais perceptíveis podem-se citar a litigiosidade e a vitimização da convivência social dentro de uma realidade marcada pela insuficiência das políticas públicas na administração e reparação dos danos.

A proteção da pessoa humana e a busca da justiça social, através da solidariedade, servem de sustentação à metodologia do direito civil constitucional, aqui refletida pela necessidade de construção das bases de uma perspectiva constitucional da responsabilidade civil. A Constituição torna-se verdadeira parte geral do ordenamento jurídico, deixando de ser o estatuto do poder público para se converter na ordem jurídica fundamental da comunidade.

Se mudam o contexto social e o objeto de preocupação dos operadores, logicamente os parâmetros tradicionais que serviam de pressupostos de configuração do dever de indenizar precisam ser repensados. O que o cotidiano forense mostra é uma explosão de danos ressarcíveis, novas categorias sendo reconhecidas e indenizações concedidas, muitas vezes sem nenhum critério. Tal contexto pode colocar em risco todas as conquistas recentes no que concerne à proteção aos direitos fundamentais no campo da responsabilidade civil.

O estudo dos pressupostos da responsabilidade, antes centrado no sujeito responsável, volta-se agora para a vítima e a reparação do dano por ela sofrido, pois o foco de preocupação deixa de ser o dos danos causados para o dos danos sofridos, e as atenções do julgador voltam-se para quem pode suportar o pagamento da indenização e não mais para o seu causador. Só assim serão enfrentadas as novas demandas sociais, com forte influência econômica das leis do mercado, promovendo a pessoa humana independentemente do tamanho do Estado e de seu papel na sociedade contemporânea.

Tradicionalmente, a relação jurídica obrigacional sempre foi concebida como uma estrutura unitária que se limitava a disciplinar o direito do credor ao cumprimento da prestação, contraposto ao dever do cumprimento da prestação imposto ao devedor. O conceito clássico de relação obrigacional se revelou inadequado e insuficiente para tutelar todas as vicissitudes inerentes à visão solidarista da relação obrigacional, que não mais se limita ao resultado da soma de débito e crédito, devendo abandonar tal posição estática para que o vínculo obrigacional seja visto como um processo de cooperação voltado para determinado fim.

O principal argumento utilizado para justificar a coexistência de dois regimes distintos de responsabilidade civil repousa no reconhecimento de funções diversas para cada tipo de responsabilidade. O campo negocial, nessa perspectiva, serviria para proteger as partes em face de um risco específico de dano criado pela particular relação jurídica instaurada entre os sujeitos; no campo extranegocial a proteção seria dirigida ao interesse de convivência pacífica. No entanto, é inegável o paralelismo entre os dois âmbitos de responsabilidade, que se desenvolveram num mesmo substrato econômico e social.

Se se adota outra perspectiva, é possível posicionar a responsabilidade negocial como fonte do direito obrigacional, sustentando que *é a partir do inadimplemento que nasce o dever de indenizar*. Tal entendimento permite uma *aproximação* dos dois regimes de responsabilidade civil, na direção do que se convencionou denominar "responsabilidade por danos" ou "direito de danos".

Um mesmo fato danoso pode, em situações particulares, ser qualificado como não cumprimento do contrato e, ao mesmo tempo, como fato ilícito extranegocial. Há uma zona comum entre os dois campos. Não se trata propriamente uma cumulação de responsabilidades, mas de uma faculdade que para alguns ensejaria uma possibilidade de escolha.

Unificar os regimes, dentro da perspectiva da operabilidade, significaria uma *simplificação do tratamento* atualmente conferido à matéria. Situar a questão sob esse prisma significa, em última instância, uma tentativa de separar o não cumprimento da obrigação da noção de culpa, colocando o *inadimplemento* na posição de *protagonista* e não de mero sucedâneo da obrigação originária nascida do contrato.

A superação dos modelos dicotômicos responsabilidade civil extranegocial *versus* negocial, inadimplemento absoluto *versus* mora, na direção da consolidação de um regime plural, baseado na violação de um dever, independentemente de sua natureza prestacional ou de proteção, permite ampliar as possibilidades de regulamentação à disposição dos operadores jurídicos, num caminho mais consentâneo com as exigências da contemporaneidade.

Desse modo, o problema da responsabilidade não se resolve com proposições simplistas, mas pela contribuição de fatores múltiplos que lhe exacerbam a complexidade. Não é mais possível pensar a responsabilidade civil a partir de uma estrutura individualista e eminentemente patrimonial. O ponto de partida está na funcionalização das situações patrimoniais às existenciais, para a construção de uma nova dogmática.

Já não é mais de responsabilidade civil que se trata; o problema transbordou desses limites. A responsabilidade, enquanto instrumento para proteção de direitos fundamentais, num contexto de pluralidade de fontes normativas, não pode se limitar ao binômio dano-reparação.

Se antes a regra era a irresponsabilidade, e a responsabilidade, a exceção, porque o grande contingente de atos danosos estava protegido pelo manto da culpa, daqui para frente a regra será a responsabilidade por exigência da solidariedade social e da proteção do cidadão, do consumidor e usuários de serviços públicos e privados.

Não é tarefa fácil substituir uma aparelhagem jurídica tradicional. A solução, assim como os problemas aqui retratados, sem se perder de vista a perspectiva histórica e social da evolução da responsabilidade, não apresenta apenas uma única via. O debate em torno da utilidade e oportunidade da readequação das categorias objeto desse trabalho deve prosseguir mediante ponderação de princípios e valores nas relações entre particulares, buscando eficiência funcional a um sistema plural e complexo, em prol da coerência, da complementariedade e da coordenação funcional das categorias.

7. REFERÊNCIAS

BECKER, Anelise. Elementos para uma teoria unitária da responsabilidade civil, p. 353, In NERY JUNIOR, Nelson. NERY, Rosa Maria de Andrade (org.). *Responsabilidade civil*. Doutrinas Essenciais, Teoria Geral, v. I. São Paulo: Editora Revista dos Tribunais, 2010.

BITTAR, Carlos Alberto. *Reparação civil por danos morais*. 3. ed. São Paulo: Revista dos Tribunais, 1999.

CALIXTO, Marcelo Junqueira. *A culpa na responsabilidade civil*; Estrutura e função. Rio de Janeiro: Renovar, 2008.

CATALAN, Marcos. *A morte da culpa na responsabilidade contratual*. São Paulo: FDUSP, 2011. 347f. Tese de Doutorado em Direito, Faculdade de Direito da Universidade de São Paulo, 2011.

CAVALIERI FILHO, Sérgio. *Programa de responsabilidade civil*. 9. ed. São Paulo: Atlas, 2010, p. 288.

CRUZ, Gaston Fernandez. *Los supoestos dogmáticos de la responsabilidade contractual: la división de sistemas y la previsibilidade*. In Revista de Direito Privado, n. 19.

DIAS, José Aguiar. *Da responsabilidade civil*. 11. ed. Rio de Janeiro: Renovar, 2006.

FACCHINI NETO, Eugênio. Da responsabilidade civil no novo Código Civil. In SARLET, Ingo Wolgang (org.). *O novo Código Civil e a Constituição*. Porto Alegre: Livraria do Advogado, 2003.

FRANÇA, Rubens Limongi (coord.). *Enciclopédia Saraiva do Direito*. Tomo 65. São Paulo: Saraiva, 1977.

GHERSI, Carlos Alberto. *Valor de la vida humana*. Buenos Aires: Astrea, 2002.

GOMES, José Jairo. *Responsabilidade civil e eticidade*. Belo Horizonte: Del Rey, 2005.

ITURRASPE, Jorge Mosset. PIEDECASAS, Miguel A. *Responsabilidad contractual*. Buenos Aires: Rubinzal-Culzoni Editores, 2007.

LEONARDO, Rodrigo Xavier. Responsabilidade civil contratual e extracontratual: primeiras anotações em face do Novo Código Civil Brasileiro, p. 396-7. In NERY JUNIOR, Nelson. NERY, Rosa Maria de Andrade (org.). *Responsabilidade Civil*. Doutrinas Essenciais, Teoria Geral, v. I. São Paulo: Editora Revista dos Tribunais, 2010.

LÔBO, Paulo Luiz Netto. Direito civil; *Contratos*. São Paulo: Saraiva, 2011.

_____. Direito civil; *Obrigações*. São Paulo: Saraiva, 2011.

MARQUES, Claudia Lima. *Contratos no Código de Defesa do Consumidor;* o novo regime das relações contratuais. 5. ed. São Paulo: Revista dos Tribunais, 2005.

MORAES, Maria Celina Bodin de. *Danos à pessoa humana: uma leitura civil-constitucional dos danos morais.* Rio de Janeiro: Renovar, 2003.

NORONHA, Fernando. *Direito das Obrigações,* 3. ed. São Paulo: Saraiva, 2010.

PONTES DE MIRANDA, Francisco Cavalcanti. *Tratado de direito privado.* T. XXVI. São Paulo: Revista dos tribunais, 1984, § 3.103.

SANSEVERINO, Paulo de Tarso Vieira. *Princípio da reparação integral.* São Paulo: Saraiva, 2010.

SILVA, Jorge Cesa Ferreira da. *Inadimplemento das obrigações.* São Paulo: Revista dos Tribunais, 2006.

TEPEDINO, Gustavo (org.). *Direito civil contemporâneo;* Novos problemas à luz da legalidade constitucional (Anais do Congresso Internacional de Direito Civil-Constitucional da cidade do Rio de Janeiro). São Paulo: Atlas, 2008.

VAZ, Caroline. *Funções da responsabilidade civil* – Da reparação à punição e dissuasão. Porto Alegre: Livraria do Advogado, 2009.

VINEY, Geneviève. *Les obligations: la responsabilité, effets.* Paris: LGDJ, 1988.

BREVES NOTAS SOBRE A ANÁLISE ECONÔMICA DA RESPONSABILIDADE CIVIL

Thaís G. Pascoaloto Venturi

Pós-doutoramento na Fordham University – The School of Law em Nova York. Mediadora pela Universidade da Califórnia – Berkeley Law School. Doutora e mestre em Direito das Relações Sociais pela Universidade Federal do Paraná (UFPR). Coordenadora executiva do curso de graduação em Direito da Universidade Positivo. Coordenadora executiva do curso de graduação em Relações Internacionais da Universidade Positivo. Professora em cursos de Pós-graduação em Direito Civil. Professora das Faculdades de Direito da Universidade Tuiuti do Paraná (UTP) e da Universidade Positivo (UP). Professora e pesquisadora do Centro de Pesquisa Jurídica e Social (CPJUS) da Universidade Positivo. Estágio de doutoramento – pesquisadora Capes – na Faculdade de Direito da Universidade de Lisboa/Portugal. Membro do Virada de Copérnico grupo interinstitucional de pesquisa e estudo de Direito Civil. Membro do Instituto Brasileiro de Direito Civil – IBDCivil. Membro do Conselho Editorial da Revista Jurídica Luso-Brasileira. Advogada. thaisgpv@uol.com.br

Sumário: 1. Noções introdutórias – 2. Análise econômica da responsabilidade civil: a prevenção dos danos – 3. Referências.

1. NOÇÕES INTRODUTÓRIAS

Em grande parte, a aproximação entre o Direito e a Economia historicamente foi moldada justamente tendo como substrato o tema da responsabilidade civil.[1]

Assim, a premissa fundamental lançada pelo referido movimento nesse campo do Direito ressalta que *a primeira função das regras de responsabilidade é a de influenciar no comportamento futuro, tanto dos potenciais agressores como das eventuais vítimas.*[2]

---

1. Segundo relato histórico empreendido por Eugênio BATTESINI e Giácomo BALBINOTTO é possível constatar a estreita ligação do movimento da *law and economics* com o direito da responsabilidade civil. Citam, para tanto, as obras de: Victor Mataja (*A Lei de Compensações sob o Ponto de Vista Econômico* – 1888); Arthur Pigou (*The Economics of Welfare* – 1920); Ronald Coase (*The Problem of Social Cost* - 1960); Guido Calabresi (*Some Thoughts on Risk-Distribution and the Law of Torts* – 1961 e *The Cost of Accidents, a Legal na Economic Analysis* – 1970); Pietro Trimarchi (*Rischio e Responsabilità Oggettiva* - 1961 e *The Logic of Law* – 1971); Richard Posner (*A Theory of Negligence* – 1972, *Strict Liability: a Comment* - 1973 e *Economic Analysis of Law* - 1973); John Brown (*Toward an Economic Theory of Liability* - 1973); Steven Shavell (*Strict Liability versus Negligence* – 1980); Mitchell Polinsky (*Strict Liability vs. Negligence in a Market Setting* – 1980); William Landes e Richard Posner (*The Positive Theory of Tort Law* – 1981); Mark Grady (*A New Positive Economic Theory of Negligence* – 1983); Steven Shavell (*Economic Analysis of Accident Law* – 1987) e; William Landes e Richard Posner *Economic Structure of Tort Law* – 1987). BATTESINI, Eugênio e BALBINOTTO, Giácomo. *História do pensamento em direito e economia revisitada: conexões com o estudo da responsabilidade civil no Brasil*, 2010. Disponível em: [http://escholarship.org/uc/item/7cj6p5hg], p. 62-64. Acesso em: 10.07.2017. Todas as referidas obras, com enfoques obviamente bem distintos, têm em comum o fato de intentar a construção de teorias em torno da responsabilidade civil sob o ponto de vista da racionalidade econômica.
2. Conforme Klaus MATHIS, "Economic analysis is an ex ante analysis, whereas the legal perspective is an ex post analysis. When they assess na instance of damages, economists are not primarily interested in the

Conforme assinala GAROUPA,

> Numa perspectiva económica, uma regra de responsabilidade civil é eficiente se os benefícios sociais superam os custos de determinação dessa mesma responsabilidade e da indemnização. O beneficio social de impor uma determinada regra de responsabilidade não é a compensação das vitimas, uma vez que existem formas mais eficientes (e.g., seguro privado num contexto de uma economia de mercado eficientemente regulada) de indemnizar a vitima do que o sistema legal, mas evitar ou dissuadir comportamentos que possam causar acidentes. Desta forma uma regra de responsabilidade é eficiente se tem uma influência assinalável na diminuição da taxa de acidentes.[3]

Entre os vários aspectos abordados pela análise econômica no campo da responsabilidade civil, podem-se enumerar, dentre outros, a escolha entre as regras de responsabilidade subjetiva e de responsabilidade objetiva, a solução para o problema das externalidades negativas,[4] os instrumentos para evitar o dano social mais grave, a estruturação do sistema jurídico de forma a propiciar aumento da eficiência alocativa na economia,[5] a análise da eficiente alocação dos custos dos acidentes,[6] a análise do custo/benefício para evidenciar o conteúdo econômico da negligência e a análise econômica positiva do nexo causal, do nexo de imputação e do dano.

Dessa forma, exemplificativamente, a Análise Econômica do Direito suscita a responsabilidade pela prevenção dos danos tanto por via do sistema de imputação da responsabilidade subjetiva como por via do sistema de imputação objetiva.

Na primeira hipótese, que pressupõe a determinação da culpa do ofensor, a partir da "Regra de Hand" é possível avaliar-se a ocorrência ou não da negligência[7] (e, por-

---

incident that has already occurred, but in those that might arise in the future. They are concerned with the precedent effect of the law". Tradução livre: "Análise econômica é uma análise *ex ante*, enquanto a perspectiva jurídica é uma análise *ex post*. Quando eles avaliam o exemplo dos danos, economistas não estão interessados primariamente no incidente que já ocorreu, mas naqueles que podem surgir no futuro. Eles estão preocupados com o efeito precedente do direito". Efficiency instead of justice? Searching for the Philosophical Foundations of the Economic Analysis of Law. Law and Philosophy Library, v. 84. New York: Springer, 2009, p. 69.

3. GAROUPA, Nuno. *Combinar a Economia e o Direito. A análise econômica do direito*. Disponível em: [http://cepejus.libertar.org/index.php/systemas/article/view/11/0]. Acesso em: 10/07/2017.
4. DAHLMAN, Carl J. The problem of Externality. *The Journal of Law and Economics*. V. 22, p. 141-162, 1979. E, ainda, segundo RIBEIRO e GALESKI Jr.: "(...) em regra, as partes que realizam intercâmbios voluntários assumem todos os custos e aproveitam todos os benefícios. Todavia, há determinados comportamentos que afetam a determinados sujeitos, piorando sua situação sem que sejam compensados mediante indenização dos prejuízos. Essas situações em que as atividades econômicas desenvolvidas por um ou mais indivíduos produzem efeitos sobre outro ou outros são marcadas por externalidades". RIBEIRO, Márcia Carla Pereira e GALESKI Jr., Irineu. *Teoria geral dos contratos: contratos empresariais e análise econômica*. Rio de Janeiro: Elsevier, 2009, p. 100.
5. CALABRESI, Guido. Transaction costs, Resource allocation and Liability Rules – A comment. *The Journal of Law and Economics*. V. 11, p. 67-73, 1968.
6. LANDES, Elisabeth M. Insurance, Liability, and accidentes: a theoretical and empirical insvestigation of the effects of no-fault accidents. *The Journal of Law and Economics*. V. 25, 1982, p. 25-65.
7. "Negligence is one of fundamental concepts of tort law. Its basic meaning is the failure to take appropriate measures to avoid accidents. Hence a negligence rule contains a legal standard of care to which everyone must comply in a given situation in order to avoid liability. However, like most legal notions, its precise meaning of care and interpretation varies from country to conuntry because the meaning of care is actually quite vague. Care can refer to 'due level of care', the 'care of a reasonable man', or the 'ordinary care owed

tanto, da culpabilidade) a partir da análise do cumprimento ou não dos deveres de conduta razoavelmente exigíveis para se evitar a produção do dano a menores custos.[8] Por outro lado, a adoção de um regime de imputação objetiva da responsabilidade é capaz de produzir um aumento da precaução social, com vistas a evitar os acidentes.

O que parece certo, contudo, é o fato de que todos os referidos assuntos relacionados com o Direito da responsabilidade civil são enfrentados pela doutrina da *Law and Economics* a partir de uma premissa lógica e racional segundo a qual a prevenção dos danos deve ocupar o lugar central de qualquer sistema de direitos.

2. ANÁLISE ECONÔMICA DA RESPONSABILIDADE CIVIL: A PREVENÇÃO DOS DANOS

Segundo a análise econômica, *o benefício social representado pela aplicação das regras de responsabilidade civil não é o de compensar a vítima, mas sim, o de evitar ou dissuadir condutas que possam causar acidentes.*[9]

---

to some other person'. What is important, however, is that from an economic point of view, the liability for negligence should provide efficient incetives to the victim and to the injurer to avoid the damage in the first place. This means that the standards of care used in negligence rules should conform to the marginal Learned Hand Criterion". Tradução livre: "Negligência é um dos conceitos fundamentais da responsabilidade civil. Seu significado básico é a falha para tomar medidas adequadas para evitar acidentes. Assim, uma regra de negligência contém um *standard* de cuidado a que todos devem obedecer, em uma dada situação, a fim de evitar a responsabilidade. No entanto, como noções legais, o significado preciso de cuidado e interpretação varia de país para país porque o significado de cuidado é realmente muito vago. Cuidados podem se referir a 'devido nível de cuidado', o 'cuidado de um homem razoável', ou o 'cuidado ordinário devido a alguma outra pessoa'. O que é importante, porém, é que a partir de um ponto de vista econômico, a responsabilidade por negligência deve fornecer incentivos eficientes para a vítima e para o agressor evitar o dano em primeiro lugar. Isso significa que os padrões de cuidado utilizados nas regras de negligência devem estar de acordo com critério marginal da Learned Hand." SCHAFER, Hans-Bernd and OTT, Claus. *The economic analysis of civil law.* Northampton: Edward Elgar, 2004, p. 137.

8. "Foi a partir do caso *United States v. Carroll Towing Company* em que, na baía de New York, um pequeno barco transportador, denominado *Anna C*, de propriedade da empresa *Conners Company*, carregado com farinha de trigo, comprada pelo Governo dos Estados Unidos, afundou, com perdas totais do barco e do carregamento, após soltar-se do cais no qual se encontrava amarrado, juntamente com outros barcos da mesma espécie, vindo a colidir com um cargueiro cuja hélice provocou danos em sua estrutura, danos esses que redundaram no seu afundamento. Apurou-se que, não obstante o *Anna C* estivesse adequadamente amarrado ao píer, soltou-se em razão de bruscos movimentos feitos por um rebocador denominado *Carroll*, e pertencente à companhia *Carroll Towing Company*, que tentava rebocar um barco transportador contíguo. A empresa proprietária do *Anna C*, assim como o Governo dos Estados Unidos, processaram a companhia proprietária do rebocador, responsabilizando-a pelo afundamento. Ao julgar a causa, o Juiz Learned Hand responsabilizou a *Carroll Towing Company* pelas despesas resultantes do desprendimento do *Anna C*, mas não por todas as despesas do afundamento, que foram repartidas, isto porque considerou também culpada a *Conners Company*, pelo fato de não ter mantido ao menos um tripulante no *Anna C*, o que certamente teria evitado o acidente". Citado por: EPSTEIN, Richard A. *Cases and Materials on Torts*, p. 175-176 (*Circuit Court of Appeals, Second Circuit*, 1947. 159 F. 2.ed. 169), apud BATTESINI, Eugenio. *Direito e Economia: novos horizontes no estudo da responsabilidade civil no Brasil*, p. 207. Consultar, ainda, SCHAFER, Hans-Bernd and OTT, Claus. *The economic analysis of civil law.* Northampton: Edward Elgar, 2004, p. 135.
9. GAROUPA, Nuno. *Combinar a Economia e o Direito. A análise econômica do direito.* Disponível em: [http://cepejus.libertar.org/index.php/systemas/article/view/11/0]. Acesso em: 10/07/2017.

O deslocamento da função reparatória para a função preventiva, aliás, vem sendo destacada pela doutrina da *Law and Economics* como uma realidade inegável, visto que "se o sistema da responsabilidade civil possui um verdadeiro propósito atualmente, deve estar ligado à criação de incentivos para a redução dos riscos", com o que se consegue alcançar o benefício social esperado do instituto.[10]

Fundado na racionalidade econômica preventiva, voltada à averiguação de quem poderia evitar os danos a um menor custo, CALABRESI, um dos maiores responsáveis pelo prestígio que a Análise Econômica do Direito adquiriu a partir da década de sessenta, ao analisar a responsabilidade civil sob a óptica dos "custos dos acidentes", criticou o sistema de responsabilidade fundado na culpa, preconizando a adoção de regras simples e diretas, concebidas a partir da ideia de menor custo de prevenção (princípio do *cheapest cost avoider*), ou seja, recaindo a responsabilidade sobre o sujeito que poderia ter evitado o acidente a custos menores, pois poderia tê-lo feito e não o fez.

Assim sendo, considerando que as normas de responsabilidade civil atuam como sistema de incentivos à adoção de condutas preventivas pelas partes envolvidas em situação de risco, CALABRESI já apontava a existência de ao menos cinco fundamentos para validar o *emprego de meios de prevenção em um sistema de responsabilidade civil*, concernentes: *i)* à ignorância dos particulares a respeito do que mais lhes convém; *ii)* aos custos de acidentes não reduzíveis a dinheiro; *iii)* aos juízos morais envolvidos; *iv)* às limitações intrínsecas à teoria da repartição dos recursos e *v)* à necessidade de a prevenção influenciar, eficazmente, sobre certas atividades e atos.[11]

Constata-se, a partir disso, que na perspectiva da Análise Econômica do Direito a grande vantagem social da responsabilidade civil é a de prevenir danos, pois para CALABRESI, "A teoria econômica pode sugerir um método de adotar decisões: o mercado, por exemplo. Não obstante, as alternativas nas quais se enfrentam vidas humanas e razões monetárias ou de conveniência nunca podem reduzir-se a termos pecuniários, e por isso nunca usamos o mercado como método único".[12]

A prevenção, portanto, sempre esteve na base do pensamento da Law and Economics.

Nesse sentido, já a partir da célebre obra de CALABRESI e MELAMED, é possível inferir-se a noção de prevenção contra a ocorrência de acidentes. Segundo referidos autores, o Direito seria protegido por três tipos de regras, quais sejam, regras de

---

10. "If the liability system has a real purpose today, it must lie in the creation of incentives to reduce risk". Tradução livre. SHAVELL, Steven. *Foundations of economic analysis of law*. Cambridge: Harvard University Press, 2004, p. 268.
11. CALABRESI, Guido. *El coste de los accidentes*: Análisis económic y jurídico de la responsabilidad civil. Barcelona: Editorial Ariel, 1984, pp. 107-118.
12. Tradução livre. "La teoría económica puede sugerir un método de adoptar decisiones: el mercado, por ejemplo. No obstante, las alternativas en las que se enfrentan vidas humanas y razones monetarias o de conveniencia nunca pueden reducirse a términos pecuniarios, y por ello nunca usamos el mercado como método único.". CALABRESI, Guido. *El coste de los accidentes*: Análisis económic y jurídico de la responsabilidad civil. Barcelona: Editorial Ariel, 1984, p. 36.

propriedade,[13] de responsabilidade[14] e de inalienabilidade,[15] sendo que o problema essencial inerente ao exercício de tais regras seria aquele concernente à sua titularidade e legitimidade, pois cada vez que o Estado-juiz enfrenta um conflito de interesses deve decidir qual das partes favorecer.[16]

---

13. "An entitlement is protected by a property rule to the extent that someone who wishes to remove the entitlement from its holder must buy it from him in a voluntary transaction in which the value of the entitlement is agreed upon by the seller. It is the form of entitlement which gives rise to the least amount of state intervention: once the original entitlement is decides upon, the state does not try to decide its value. It lets each of the parties say how much the entitlement is woeth to him, and give the seller a veto if the buyer does not offer enough. Property rules involve a collective decision as to who is to be given na initial entitlement bus not as to the value of the entitlement". Tradução livre: "Um direito é protegido por uma regra de propriedade na medida em que alguém que deseja remover o direito de seu titular deve comprá-lo em uma transação voluntária em que o valor do direito for acordado com o vendedor. Esta é uma forma de titularidade que dá origem a um mínimo de intervenção estatal: uma vez decidida a titularidade original do direito, o Estado não intenta decidir seu valor. Ele permite que cada uma das partes manifeste quanto vale o direito para si mesma, e outorga ao vendedor um veto se o comprador não oferece o suficiente. As regras de propriedade implicam uma decisão coletiva a respeito de a quem deve ser dado o direito inicial, mas não quanto ao valor desse direito." CALABRESI, Guido and MELAMED, Douglas A. Property Rules, Liability Rules and Inalienability: one view of the cathedral. *Harvard Law Review*. V. 85, n. 6, 1972, p. 1092.
14. "Whenever someone may destroy the initial entitlement if he is willing to pay an objectively determined value for it, an entitlement is protected by a liability rule. This value may be what it is thought the original holder of the entitlement would have sold it for. But the holder's complaint that he would have demanded more will not avail him once the objectively determine value is set. Obviously, liability rules envolve an additional stage intervention: not only are entitlements protected, but their transfer or destruction is allowed on the basis of a value determined by some organ of the state rather than by the parties themselves." Tradução livre: "Sempre que alguém pode destruir um direito inicial, se está disposto a pagar por um valor objetivamente determinado, tal direito está protegido por uma regra de responsabilidade. Esse valor pode ser aquele estimado pelo titular original do direito para sua venda. Mas a reclamação do titular de que ele deveria ter exigido mais não o ajudará, uma vez que o valor objetivamente determinado está fixado. Obviamente, as regras de responsabilidade implicam um passo adicional de intervenção estatal: não apenas se protegem os direitos, mas a sua transferência ou destruição é permitida com base em um valor determinado por algum organismo do Estado ao invés das próprias partes." CALABRESI, Guido and MELAMED, Douglas A. Property Rules, Liability Rules and Inalienability: one view of the cathedral. *Harvard Law Review*. v. 85, n. 6, 1972, p. 1092.
15. "An entitlement is inalienable to the extent that its transfer is not permitted between a willing buyer and a willing seller. Tha state intervenes not only to determine who is initially entitled and to determine the compensation that must be paid if the entitlement is taken or destroyed, but also to forbid its sale under some or all circurnstances. Inalienability rules are thus quite different from property and liability rules. Unlike those rules, rules of inalienability not only 'protect' the entitlement; they may also be viewed as limiting or regulating the grant of the entitlement itself." Tradução livre: "Um direito é inalienável na medida em que sua transferência está proibida entre um comprador e um vendedor interessados. O Estado intervém não apenas para determinar quem possui inicialmente um direito e a compensação que deverá ser paga se o direito for tomado ou destruído, mas também para proibir sua venda em algumas ou todas as circunstâncias. As regras de inalienabilidade são, portanto, bastante distintas das regras de propriedade e das de responsabilidade. Ao contrário dessas regras, as regras de inalienabilidade não apenas protegem o direito: pois elas também podem ser consideradas como limitadoras ou reguladoras da concessão do direito em si." CALABRESI, Guido and MELAMED, Douglas A. Property Rules, Liability Rules and Inalienability: one view of the cathedral. *Harvard Law Review*. v. 85, n. 6, 1972, p. 1092-1093.
16. "The first issue which must be faced by any legal system is one we call the problem of 'entitlement'. Whenever a state is presented with the conflicting interests of two or more groups of people, it must decide which side to favor. Absent such a decision, access to goods, services, and life itself will be decided on the basis of 'might makes right'- whoever is stronger or shrewder will win. Hence the fundamental thing that law does is to decide which of the conflicting parties will be entitled to prevail. The entitlement to make noise versus the entitlement to have silence, the entitlement to pollute versus the entitlement to breathe

A discussão em torno da proteção dos direitos por meio de regras de propriedade ou de responsabilidade civil envolve uma análise acerca da (re)formulação e do aprofundamento dos direitos subjetivos, pois um dos grandes problemas acerca dos altos custos de transação advém do fato da ausência de legitimidade ou titularidade dos direitos (o que é de todos não é de ninguém), na medida em que se não houver uma titularidade suficientemente forte para as pessoas reivindicarem as perdas e os ganhos como seus, perdem-se os incentivos para resolverem os problemas diretamente.

Nesse sentido, explicam CALABRESI e MELAMED que, com exceção das regras de inalienabilidade (casos em que o mercado não pode ser admitido como critério de proteção dos direitos inalienáveis, uma vez que não podem ser compreendidos em termos de eficiência e de distribuição), o Direito seria protegido por regras de propriedade e de responsabilidade.

Conforme as primeiras regras, o Direito confiaria os interesses sociais relevantes às próprias partes envolvidas, cabendo a elas uma forma de autoproteção, uma vez definida a titularidade original, sendo necessária uma mínima intervenção estatal. Somente quando as pessoas não conseguissem tutelar os seus próprios interesses, em razão dos altos custos de transação, tais interesses circulariam à margem da negociação, o que suscitaria a aplicação de uma regra de responsabilidade.[17]

Por outro lado, na fixação das regras de responsabilidade deveria haver uma maior intervenção estatal na medida em que, ao violar um direito, o agressor deveria pagar um valor objetivamente determinado. Nesse sentido, a reparação funcionaria como a reconstituição de um acordo hipotético, por motivos de eficiência econômica e promovendo fins distributivos. No entanto, sempre que fosse possível determinar

---

clean air, the entitlement do have children versus the entitlement to forbid them – these are the first order of legal decisions." Tradução livre: O primeiro assunto que qualquer sistema jurídico deve encarar é aquele que chamamos de problema da 'titularidade dos direitos'. Cada vez que o Estado enfrenta um conflito de interesses entre duas ou mais pessoas, ou entre dois ou mais grupos de pessoas, deve decidir qual das partes favorecer. Na ausência dessa decisão, o acesso aos bens, serviços e a vida mesma será decidido sob a base de que 'o poder faz o direito', de modo que quem seja mais forte ou mais hábil ganhará. Por isso, a questão fundamental do Direito é decidir qual das partes em conflito terá o direito de prevalecer. O direito de fazer barulho contra o direito de ter silêncio, o direito de poluir *versus* o direito de respirar ar puro, o direito de ter filhos *versus* o direito de proibi-los; isso constitui a primeira ordem das decisões judiciais". CALABRESI, Guido and MELAMED, Douglas A. Property Rules, Liability Rules and Inalienability: one view of the cathedral. *Harvard Law Review*. v. 85, n. 6, 1972, p. 1090.

17. "It is enough for our purposes to note that a very common reason, perhaps the most common one, for employing a liability rule rather than a property rule to protect an entitlement is that market valuation of the entitlement is deemed inefficient, that is, it is either unavainable or too expensive compared to a collective valuation". Tradução livre: "É suficiente para os nossos propósitos notar que a razão atual, talvez a mais comum, para usar uma regra da responsabilidade mais do que uma regra de propriedade para proteger um direito, é a de que a avaliação do mercado sobre o direito é considerada ineficiente, ou seja, ou indisponível ou demasiada dispendiosa em comparação com uma avaliação coletiva". CALABRESI, Guido and MELAMED, Douglas A. Property Rules, Liability Rules and Inalienability: one view of the cathedral. *Harvard Law Review*. v. 85, n. 6, 1972, p. 1110.

a titularidade dos direitos, a prevenção poderia ser negociada pelos próprios particulares, com baixos custos de transação, buscando evitar a ocorrência do dano.[18]

Como visto, a responsabilidade civil, por via de um sistema de incentivos para a prática ou omissão de comportamentos, fundamenta-se, sobretudo, na medida em que, ao lado da regulação estatal, induz a adoção de cautelas quando do exercício de atividades que gerem riscos, conforme explica ARAÚJO:

> As soluções de responsabilidade civil são avaliadas pela análise econômica como se se tratasse de um puro sistema de incentivos, visando-se basicamente que através dele se proceda à internalização "óptima" dos custos sociais de cada actividade econômica, repercutindo-se dinamicamente no plano dos incentivos, nos incentivos que respeitam à assunção de riscos e à adopção de um certo nível de actividade arriscada, nos incentivos à adopção de cautelas (suscitando-se por isso a questão da sua complementariedade com a prevenção que se alcança através da regulação). Nesta perspectiva, a eficiência básica de uma regra de indemnização mais não é do que a sua susceptibilidade de internalizar custos sociais advindos de actividades arriscadas, potencialmente danosas, embora a montante desse plano deva colocar-se a fasquia preventiva, que é uma forma de incentivo prévia a qualquer dano e obviamente independente dele, já que é da sua subsistência a níveis elevados que pode resultar o abaixamento estatístico dos danos – sendo também que, por outro prisma, a fasquia deve colocar-se num nível que confie na interdependência ou "contágio" das condutas (nem mesmo na "exemplaridade" das sanções), devendo pois incentivar em pleno cada potencial lesante, individualmente, sem presumir que a cautela dele interferirá na probabilidade de danos causados por outrem.[19]

Se o paradigma tradicional da responsabilidade civil diz respeito à compensação de danos, a análise econômica adota o paradigma da eficiência social, vale dizer, verifica a prestabilidade do respectivo sistema para induzir adequados incentivos tanto para o agressor como para a vítima, no objetivo de evitar danos, ou, acaso ocorridos, internalizá-los da maneira mais eficiente do ponto de vista econômico e social.[20]

Segundo anota SZTAJN, a prevenção dos danos pode ser vista, inclusive, como mecanismo de internalização de externalidades: "Os danos ambiental e pessoal são evitados quando o legislador impõe ao exercente da atividade o custo de prevenir danos que recaem sobre terceiros, com o que a externalidade desaparece transformando-se em internalidade. É essa uma forma de promover a internalização da externalidade, em que se procura causar menos danos a terceiros". [21]

A partir dessa racionalidade, *sustenta-se que a internalização do princípio da prevenção no Direito da responsabilidade civil deve ser compreendida como natural e necessária para atender aos reclamos de adequada e efetiva tutela dos direitos.* No Estado Social, garantidor da inviolabilidade dos direitos fundamentais, na verdade muito

---

18. CALABRESI, Guido and MELAMED, Douglas A. Property Rules, Liability Rules and Inalienability: one view of the cathedral. *Harvard Law Review*. v. 85, n. 6, 1972, p. 1109-1110.
19. ARAÚJO, Fernando. *Teoria econômica do contrato*, Coimbra, Almedina, 2007, p. 832-833.
20. MATHIS, Klaus. *Efficiency instead of justice? Searching for the Philosophical Foundations of the Economic Analysis of Law*. Law and Philosophy Library, v. 84. New Yrok: Springer, 2009, p. 78.
21. SZTAJN. Rachel. Externalidades e custos de transação: a redistribuição de direitos no novo código civil. *Revista de direito privado*, v. 22, abr/2005, p. 250.

pouco ou de nada adianta verificar todas as possibilidades de ressarcimento, diante da lesão a direitos essenciais e extrapatrimoniais.

Assim, um sistema de responsabilidade civil que se deseje congruente com os ideais constitucionais deve ser construído a partir de critérios que priorizem, por todas as formas possíveis, a prevenção à reparação dos danos.

A lógica da predileção da prevenção, aliás, há muito inspira e justifica o estudo da responsabilidade civil por parte do movimento da Análise Econômica do Direito, como observa Geneviève VINEY:

> A ideia de prevenção sempre esteve presente no direito da responsabilidade civil. Todavia, um novo impulso lhe foi dado após o fim dos anos 90 por força do grande sucesso da doutrina da análise econômica do direito e por aquela do princípio da precaução. Com efeito, os teóricos da análise econômica do direito atribuem à prevenção um lugar eminente dentre as finalidades da responsabilidade civil. "A impulsão primeira do sistema de responsabilidade civil", escreveu um autor se reportando à essa tendência, "reside em sua constante busca de uma minimização de danos causados a outrem, quer dizer, de uma prevenção de fatos lesivos. É assim em função da aptidão do direito positivo ao favorecimento da prevenção que se julga, segundo essa doutrina, a qualidade desse direito. Todas as reformas ou modificações propostas são apreciadas sob o ângulo de suas aptidões para realizar "o caráter ótimo da prevenção".[22]

A internalização da prevenção no Direito da responsabilidade civil, nesse contexto, a par de justificada pela racionalidade econômica, acaba por se revelar também verdadeiro mecanismo de legitimação constitucional do instituto, na medida em que viabiliza a funcionalização do Direito privado no sentido da proteção dos direitos fundamentais.[23]

A funcionalização do Direito da responsabilidade civil, possivelmente operacionalizada pela internalização da prevenção, contudo, não leva em consideração

---

22. "L'idée de prévention a toujours été présente dans le droit de la responsabilité civile. Toutefois une impulsion nouvelle lui a été donnée depuis la fin des années 1990 à la fois par le succès grandissant de la doctrine de "l'annalyse économique du droit" e par celui du "principe de précaution". En effet, les théoriciens de l'analyse économique du droit atttribuent à la prévention une place éminente parmi les finalités de la responsabilité civile. "L'impulsion première du système de responsabilité civil", a écrit um auteur se rattachant à cette tendence, "résíde dans sa constante recherche d'une minimisation des dommages causés à autrui, c'est-à-dire d'une prévention des faits dommageables". C'est donc en fonction de l'aptitude du droit positif à favoriser la prévention que se juge, d'après cette doctrine, la qualité de ce droit. Toutes les réformes ou modifications proposées sont ainsi appréciées à l'aune de leur aptitude à réaliser "le caractere optimal de la prévention"". Tradução livre. VINEY, Geneviéve. Traité de Droit Civil: *Introduction à la responsabilité*. 3 ed. Paris: L.G.D.J., 2007, p. 155.
23. No mesmo sentido, indaga oportunamente BATTESINI: "sob a égide do Novo Código Civil, a responsabilidade civil desempenha função social? E, em desempenhando, se a função social da responsabilidade civil está conectada à prevenção e à minimização dos custos dos acidentes? Ao que tudo indica, as respostas são positivas, conforme será evidenciado na subsequente análise econômica de algumas das inovações normativas do Código Civil de 2002, que se caracterizam por criar incentivos à prevenção de acidentes, tais como: o princípio da gravidade da culpa concorrente da vítima, cristalizado no art. 945; a cláusula geral de responsabilidade objetiva pelo risco da atividade, prevista no parágrafo único do art. 927; e a cláusula geral da responsabilidade objetiva pelos danos causados pelos produtos postos em circulação, prevista no art. 931", BATTESINI, Eugênio. *Direito e economia: novos horizontes no estudo da responsabilidade civil no Brasil*. São Paulo: LTr, 2011, p. 108-109.

tão somente padrões econômicos ligados à eficiência. A imprescindibilidade da preservação de certos direitos considerados fundamentais, "custe o que custar", por exemplo, afastaria de imediato qualquer ponderação a respeito de custos-benefícios existentes entre a economia da prevenção *versus* a economia da reparação.

Nesse sentido, comumente se afirma a imprestabilidade da racionalidade da Análise Econômica do Direito para incidir no campo dos direitos fundamentais, de natureza extrapatrimonial, tal como os relativos à personalidade, ao meio ambiente e à saúde. A missão do Estado Social em protegê-los não se compatibilizaria com uma visão estritamente econômica.

Todavia, mesmo nesses temas, as críticas voltadas contra a viabilidade da aplicação da análise econômica merecem ser melhor ponderadas ou relativizadas, na exata medida da necessidade de verificação das possibilidades e dos limites de integração entre as próprias ciências sociais.

Com efeito, se a *Law and Economics* parece não definir adequadamente formas para a compensação de danos corporais ou aos direitos de personalidade (até porque se trata de danos irreparáveis sob o ponto de vista filosófico), *ela auxilia precisamente no campo da prevenção dos danos.*

Como observa POLINSKY, ainda que a Análise Econômica do Direito não seja hábil para lidar com situações envolvendo danos à vida ou danos corporais (até porque nesse campo qualquer procedimento utilizado para valorá-los revela-se naturalmente arbitrário), não há motivo para que a referida doutrina não seja empregada para a evolução das regras pertinentes aos riscos dos acidentes pessoais, a partir de indagações a respeito do quanto as pessoas estariam dispostas a gastar para evitar os riscos de acidentes ou de quanto as pessoas estariam dispostas a receber pelo agravamento dos riscos do sofrimento de danos corporais.[24]

Nunca se pode olvidar, contudo, que a eficiência econômica, em que pese constituir objetivo racional e pragmático irrecusável a qualquer sistema de justiça, deve ser considerada como apenas mais um dentre os diversos objetivos buscados pela regulação implementada pelo Direito, como ressalta ALPA, criticando Posner:

> Elevada a uma verdadeira e própria teoria, a análise econômica do direito (que também pode conduzir a resultados valiosos no âmbito da pesquisa sobre o significado e o propósito atual da responsabilidade civil) que Posner elabora, parte de premissas ou, mais corretamente, de postulados que não parecem ser aceitáveis. A realização da "eficiência econômica" pode, se muito, constituir um dos escopos perseguidos na elaboração de programas de normatização dos interesses privados, mas certamente não o único objetivo que o jurista se deve por, nem, tampouco, pode ser a única diretriz (emergente das relações de mercado) que se deva seguir na revisão ou na refundamentação da regra jurídica.[25]

---
24. POLINSKY, A. Mitchell. *An introduction to law and economics*, 3 ed. New York, Aspen, 2003, p. 165-166.
25. ALPA, Guido. Colpa e responsabilità nell'analisi economica del diritto. *Analisi economica del diritto privato*. Milano: Giuffrè Editore, 1998, p. 241. Tradução livre. "Elevata a vera e propri teoria, l'analisi economica del diritto (che pure può condurre a risultati preziosi nell'ambito delle indagini sul significato e gli scopi attuali della responsabilità civile) che Posner elabora muove da premesse o, più correttamente, da postulati che non sembrano accettabili. La realizzazione della "efficienza economica" può, se mai, essere uno degli

Como se percebe, a leitura econômica muito tem a auxiliar na compreensão e no aprimoramento dos institutos jurídicos, prestando-se, sobretudo, a demonstrar de que formas a responsabilidade civil pode e deve ser analisada sob uma perspectiva notoriamente preventiva.

Todavia, isso não quer dizer que o objetivo de prevenção, dentro da perspectiva do Direito da responsabilidade civil, se esgote ou se resuma à viabilização da melhor ou maior eficiência econômica, correlacionando-se tão somente com os custos/benefícios inferidos a partir de uma análise objetiva e calculista a respeito dos deveres de cuidado e dos eventuais danos experimentados no seio social.

Muito antes e para muito além disso, *a refundamentação preventiva da responsabilidade civil ora preconizada assenta-se em valores éticos e morais que extrapolam, necessariamente, qualquer racionalidade utilitarista a respeito das possíveis justificativas para se evitar a violação dos direitos e a consequente provocação dos danos.*

3. REFERÊNCIAS

ALPA, Guido. Colpa e responsabilità nell'analisi economica del diritto. *Analisi economica del direito privato*. Milano: Giuffrè Editore, 1998.

ARAÚJO, Fernando. *Teoria econômica do contrato*, Coimbra, Almedina, 2007.

BATTESINI, Eugenio. *Direito e Economia: novos horizontes no estudo da responsabilidade civil no Brasil*. São Paulo: LTr, 2011.

_____ e BALBINOTTO, Giácomo. *História do pensamento em direito e economia revisitada: conexões com o estudo da responsabilidade civil no Brasil*, 2010. Disponível em http://escholarship.org/uc/item/7cj6p5hg, p. 62-64. Acesso em 10/07/2017.

CALABRESI, Guido. *El coste de los accidentes*: Análisis económic y jurídico de la responsabilidad civil. Barcelona: Editorial Ariel, 1984.

_____. Transaction costs, Resource allocation and Liability Rules – A comment. *The Journal of Law and Economics*. V. 11, p. 67-73, 1968.

_____ and MELAMED, Douglas A. Property Rules, Liability Rules and Inalienability: one view of the cathedral. *Harvard Law Review*. V. 85, n. 6, 1972.

DAHLMAN, Carl J. The problem of Externality. *The Journal of Law and Economics*. V. 22, p. 141-162, 1979.

ESPÍNOLA, Eduardo. *Sistema do Direito Civil brasileiro*. Rio de Janeiro: Rio, 1977.

GAROUPA, Nuno. *Combinar a Economia e o Direito. A análise econômica do direito*. Disponível em: [http://cepejus.libertar.org/index.php/systemas/article/view/11/0]. Acesso em: 10/07/2017.

GOLDBERG, John C. P. The Constitutional Status of Tort Law: Due Process and the Right to a Law for the Redress of Wrongs. *The Yale law journal* n. 115, 2005.

ITURRASPE, Jorge Mosset. *Cómo contratar en una economía de mercado*. Buenos Aires: Rubinzal-Culzoni, 2005.

---

scopi perseguiti nel progettare programmi di normazione degli interessi privati, ma certamente non l'único obiettivo che il giurista si deve porre, né, tanto meno, può costituire l'única direttrice (emergente daí rapporti di mercato) che si debba seguire nella revisione o nella rifondazione della regole giuridiche".

LANDES, Elisabeth M. Insurance, Liability, and accidentes: a theoretical and empirical insvestigation of the effects of no-fault accidents. *The Journal of Law and Economics*. V. 25, 1982, p. 25-65.

LORENZETTI, Ricardo Luis. *Teoria da decisão judicial: fundamentos de direito*. Trad. Bruno Miragem. São Paulo: Revista dos Tribunais, 2009.

MATHIS, Klaus. *Efficiency instead of justice? Searching for the Philosophical Foundations of the Economic Analysis of Law*. Law and Philosophy Library, v. 84. New York: Springer, 2009.

NUNES, Luiz Antonio Rizzato. *Manual de introdução ao estudo do Direito*. 3 ed. São Paulo: Saraiva, 2000.

PERLINGIERI, PIETRO. *Perfis do direito civil*. 2 ed. Rio de Janeiro: Renovar, 2002.

POLINSKY, A. Mitchell. *An introduction to law and economics*, 3 ed. New York, Aspen, 2003.

RIBEIRO, Márcia Carla Pereira e GALESKI Jr., Irineu. *Teoria geral dos contratos: contratos empresariais e análise econômica*. Rio de Janeiro: Elsevier, 2009.

SCHÄFER, Hans-Bernd e OTT, Claus. *The economic analysis of civil law*. Northampton, Massachusetts: Edward Elgar, 2004.

SHAVELL, Steven. *Economic Analysis of Accident Law*. Cambridge, Mass.: Harvard University Press, 1987.

_____, Steven. *Foundations os economic analysis of law*. Cambridge: Harvard University Press, 2004.

SZTAJN. Rachel. Externalidades e custos de transação: a redistribuição de direitos no novo código civil. *Revista de direito privado*, v. 22, abr/2005.

VINEY, Geneviéve. Traité de Droit Civil: *Introduction à la responsabilité*. 3 ed. Paris: L.G.D.J., 2007.

Pressupostos e Modalidades
de RESPONSABILIDADE Civil

DANOS MORAIS E O NOVO CPC: PROPOSTA DE INVERSÃO DAS ETAPAS DO MÉTODO BIFÁSICO DE ARBITRAMENTO DA INDENIZAÇÃO

Adisson Leal

Mestre e doutorando em Direito Civil pela Universidade de Lisboa. Pesquisador visitante da *Ludwig-Maximilians-Universität München* (Alemanha). Professor do Instituto Brasiliense de Direito Público – IDP.

Sumário: 1. Os novos ares processuais da responsabilidade civil por danos morais – 2. O sistema de arbitramento da indenização por danos morais e o método bifásico – 3. Proposta de inversão das etapas do método bifásico – 4. Referências.

1. OS NOVOS ARES PROCESSUAIS DA RESPONSABILIDADE CIVIL POR DANOS MORAIS

A aclamada Lei 13.105, de 16 de março de 2015, que instituiu o Novo Código de Processo Civil (NCPC) representa uma grande aposta em um novo modelo de litigância. O processo civil passou, desde o seu advento, a valorizar, dentre outros aspectos, a cooperação entre os sujeitos da relação jurídica processual, a solução adequada de conflitos – não necessariamente centrada na autoridade judiciária – e a efetividade do processo, que assume, definitivamente, o seu papel de instrumento, pondo fim a não raros devaneios doutrinários que reconheciam o processo, ainda que veladamente, como uma realidade autônoma com um fim em si mesmo. O primeiro grande contributo do novo diploma é, portanto, a clareza dessa mensagem: o processo vive pela e para a matéria.

Na esteira dessa mudança de filosofia, a responsabilidade civil recebeu uma alteração significativa, trazida pelo art. 292 do NCPC, que assevera que o valor da causa na ação indenizatória, inclusive a fundada em dano moral, será o valor pretendido. O sutil enunciado esconde uma verdadeira revolução, que se presta a superar um modelo falido de litigância sem limites, de liberdade sem responsabilidade, que abria as portas para o exercício abusivo do direito de ação.

Na sistemática do Código de Processo Civil de 1973 (CPC/1973), o valor da causa nas ações indenizatórias não encontrava guarida no rol do art. 259, mas na regra geral do art. 258, que dispunha: "a toda causa será atribuído um valor certo, ainda que não tenha conteúdo econômico imediato". Tal abertura não representava, *a priori*, grandes problemas práticos, na medida em que o valor da causa refletiria o valor pretendido a título de indenização. Contudo, as particularidades da pretensão de indenização por danos morais, notadamente a sua extrapatrimonialidade, levaram a *práxis* à seguinte orientação: não sendo aferível o conteúdo econômico do dano, pelo menos imediatamente, em razão da sua natureza, realizava-se um pedido genérico de condenação e de quantificação da indenização por arbitramento, consagrando-se a clássica expressão: "requer-se a condenação do promovido em valor a ser arbitrado por Vossa Excelência", constante dos pedidos nos processos que passaram a se amontoar nos tribunais. Somem-se a isso os pedidos de concessão dos benefícios da justiça gratuita, regra que reduzia o risco da litigância a zero para o autor, e teremos o mais convidativo ambiente para a litigância desenfreada. Aliás, esse gargalo da gratuidade não mudou com o NCPC.

A discussão em torno da "indústria do dano moral" marcou as últimas duas décadas, quando restaram claras as fragilidades do diploma processual anterior. Isso ensejou, inclusive, uma atuação mais enfática do Superior Tribunal de Justiça (STJ): por exemplo, o Ministro Sálvio de Figueiredo Teixeira, em seu relatório no REsp 504.639/PB, consignou a preocupação daquele Tribunal com a contenção da litigância por danos morais. Na ementa consta: "a indenização por dano moral não deve ser deferida por qualquer contrariedade, não se devendo estimular o enriquecimento indevido nem a chamada 'indústria do dano moral'". Mais tarde, a Terceira Turma do STJ chegaria ao extremo de declarar o caráter secundário da técnica em prol da referida contenção:

> Esta Corte, cuja missão é uniformizar a interpretação do direito federal, há alguns anos começou a afastar o rigor da técnica do recurso especial para controlar o montante arbitrado pela instância ordinária a título de dano moral, com o objetivo de impedir o estabelecimento de uma 'indústria do dano moral'.[1]

No âmbito do CPC/1973, a formulação genérica do pedido de condenação por danos morais encontrava guarida no art. 286, II, que excepcionava a exigência de certeza e determinação do pedido quando não fosse "possível determinar, de modo definitivo, as consequências do ato ou do fato ilícito". Neste ponto, o NCPC é mais sistemático. Primeiro, retira todas as dúvidas por ventura deixadas pela péssima redação do art. 286 do CPC/1973, cujo *caput* exigia que o pedido fosse certo *ou* determinado, quando, na verdade, os requisitos da certeza e da determinação devem ser cumulativos, não alternativos. Essa orientação, de cumulatividade dos requisitos, já havia se consolidado na doutrina e na jurisprudência, mas o NCPC andou bem ao arrematar a questão também no plano legislativo. Segundo, ao tratar sobre tais características em artigos separados (certeza no art. 322 e determinação no art. 324), o novo Código permitiu que se desenvolvesse uma visão mais precisa quanto aos seus respectivos significados, que se avizinham mas não se confundem. Como aduzem Luiz Rodrigues Wambier e Eduardo Talamini, "a certeza diz respeito à clareza

---

1. AgRg no Ag 617931/RJ, 3ªTurma, Relator Ministro Paulo Furtado (Desembargador Convocado do TJ/BA), Julgado em 15/09/2009.

do pedido. Ele deve ser inequívoco, inteligível. (...) Já a determinação refere-se aos limites daquilo que o autor pretende, demonstrando sua extensão".[2]

Dito isso, o que mais nos importa é que permaneceu intacta a possibilidade de formular pedido genérico "quando não for possível determinar, desde logo, as consequências do ato ou do fato" (art. 324, §1º, II do NCPC). Sendo assim, não fosse a alteração quanto à definição do valor da causa, empreendida pelo referido art. 292 do NCPC, a questão teria permanecido bastante fluida, permitindo-se que os promoventes mantivessem a mesma postura de litigância sem ônus viabilizada pelo diploma anterior.

Contextualizando-se os dispositivos que tratam da certeza e da determinação do pedido e aquele que trata da definição do valor da causa, é de se concluir que o pedido de condenação em danos morais não mais se enquadra na ideia do pedido genérico.

Obviamente, isso traz o inconveniente prático de ter o autor que mensurar, na formulação do pedido, um dano que encontra na abstração econômica a sua característica mais marcante. Por outro lado, a medida resolve, além da proposta de um sistema mais fechado a pretensões aventureiras, um outro inconveniente, qual seja, a definição objetiva da sucumbência. Um dos gargalos do sistema anterior era a possibilidade de se reconhecer a sucumbência do autor que via o seu pedido julgado procedente, sob a alegação de que o valor da condenação era inferior ao que considerava adequado. A sucumbência assumia, assim, um temerário viés subjetivo para o autor, que, mesmo vitorioso, mantinha interesse recursal.

No âmbito dos Tribunais de Justiça dos estados, o interesse recursal do autor que pretendia ver majorado o valor da condenação a título de danos morais era plenamente reconhecido.[3] Por seu turno, o Superior Tribunal de Justiça (STJ) assim se pronunciava sobre a questão: "é pacífico o entendimento desta Corte Superior de que, em ação indenizatória por danos morais em que o valor é arbitrado pelo magistrado, existe interesse recursal do autor objetivando a majoração do *quantum* indenizatório".[4] No entanto, o STJ, a fim de impor mais um filtro ao interesse recursal no âmbito do recurso especial, consolidou o entendimento no sentido de que a atuação daquele Tribunal Superior quanto à definição do *quantum* indenizatório restringia-se aos casos em que se identificassem valores ínfimos ou exagerados.

Some-se a isso o teor da Súmula 7, que impede o manejo de recurso especial para simples revisão de provas, muitas vezes aplicada seletivamente pelo STJ, e temos uma considerável barreira à atuação do STJ em matéria de quantificação da indenização por danos morais.

---

2. Luiz Rodrigues Wambier e Eduardo Talamini. *Curso Avançado de Processo Civil*: cognição jurisdicional. v. 2. 16 ed. São Paulo: Revista dos Tribunais, 2016. p. 88-89.
3. Apenas a título exemplificativo: "o pedido genérico de indenização por dano moral não exclui a possibilidade do autor recorrer da decisão que julga procedente a demanda, com o objetivo de obter a majoração do *quantum* indenizatório" (TJRS, Apelação Cível 70040223794).
4. AgRg no REsp 605255/RJ, 1ª Turma, Relatora Ministra Denise Arruda, Julgado em 15/12/2006.

Com a exigência de definição da quantia pretendida a título de danos morais no pedido e no valor da causa, a sucumbência retomou a sua devida feição objetiva. "Só" por esses dois aspectos – a mudança de filosofia de litigância e a reobjetivação da sucumbência –, os ares trazidos pelo NCPC em matéria de responsabilidade civil por danos morais representam avanço que não se deve ofuscar em razão da dificuldade prática de mensurar, *ab initio*, a extensão econômica da pretensão indenizatória.

Resumimos esse panorama ao seguinte: i) o sistema concebido pelo CPC/1973 possibilitava a formulação de pedido genérico de condenação em danos morais, minimizando os ônus da litigância para o autor da demanda; ii) isso despertou uma explosão de litigiosidade em matéria de danos morais que exigiu uma atuação enérgica do NCPC, que buscou devolver o risco do litígio para o autor; iii) o novo sistema resolve, além da litigância sem limites, o problema da subjetivação da sucumbência.

Passemos ao sistema de arbitramento da indenização por danos morais, com foco no desenvolvimento do chamado *método bifásico*.

2. O SISTEMA DE ARBITRAMENTO DA INDENIZAÇÃO POR DANOS MORAIS E O MÉTODO BIFÁSICO

A reconhecida abstração econômica dos danos morais, ou, como preferem alguns autores, a sua *extrapatrimonialidade*, certamente coloca desafios aos litigantes e ao julgador. O principal deles é a ausência de parâmetros de quantificação, tanto para a formulação do pedido, quanto para a definição do *quantum* indenizatório na decisão condenatória, por parte do juiz.

O art. 944 do Código Civil diz-nos que "a indenização mede-se pela extensão do dano". Ou seja, na verdade, parâmetro há, mas ele pouco nos diz quando o assunto é dano moral. Assim, quando se trata de dano material a quantificação resolve-se matematicamente: todo o prejuízo demonstrado pelo autor será somado e resultará no *quantum* indenizatório. Mas a natureza do dano moral é incompatível com essa solução, e não há outra positivada que possamos utilizar.

É assim que se consagra o arbitramento judicial como mecanismo de quantificação do dano. O magistrado é responsável pela concretização econômica do dano moral, definindo a sua extensão. Segundo Carlos Alberto Bittar, que tem importante papel na histórica discussão em torno das funções da responsabilidade civil e dos critérios de arbitramento, aduz que se deve confiar "à sensibilidade do magistrado a determinação da quantia devida", e completa: "o contato com a realidade processual e com a realidade fática permite-lhe aferir o valor adequado à situação concreta".[5]

O problema da ausência – ou pelo menos insuficiência – de parâmetros permanece. Assim, indaga-se: quais são os critérios de quantificação a serem utilizados pelo juiz?

---

5. Carlos Alberto Bittar, *Reparação civil por danos morais*, p. 284.

De início, convém destacar que a Lei 5.250, de 9 de fevereiro de 1967, ou, simplesmente, Lei de Imprensa, estabelecia critérios de arbitramento da indenização por danos morais. Em seu art. 53, dispunha:

> Art. 53. No arbitramento da indenização em reparação do dano moral, o juiz terá em conta, notadamente:
>
> I – a intensidade do sofrimento do ofendido, a gravidade, a natureza e repercussão da ofensa e a posição social e política do ofendido;
>
> II – a intensidade do dolo ou o grau da culpa do responsável, sua situação econômica e sua condenação anterior em ação criminal ou cível fundada em abuso no exercício da liberdade de manifestação do pensamento e informação;
>
> III – a retratação espontânea e cabal, antes da propositura da ação penal ou cível, a publicação ou transmissão da resposta ou pedido de retificação, nos prazos previstos na lei e independentemente de intervenção judicial, e a extensão da reparação por esse meio obtida pelo ofendido.

Em 2009, ao julgar a Arguição de Descumprimento de Preceito Fundamental (ADPF) 130, o Supremo Tribunal Federal (STF) declarou a incompatibilidade da Lei de Imprensa com a nova ordem constitucional instaurada em 1988. Aliás, mesmo antes disso, a jurisprudência brasileira havia se posicionado no sentido da não recepção de outros dispositivos do mesmo diploma que diziam respeito à indenização por danos morais: os arts. 51 e 52, que limitavam o valor da indenização, foram afastados pelo STF[6] e pelo STJ, que chegou a editar a Súmula 281, reconhecendo que "a indenização por dano moral não está sujeita à tarifação prevista na Lei de Imprensa"; e o art. 56, que impunha prazo de três meses para o exercício da pretensão indenizatória por dano moral,[7] foi também afastado pelo STF.[8]

Mesmo com a derrogação da Lei de Imprensa, o debate em torno dos critérios de arbitramento e da possibilidade de tarifação permaneceu vivo na cultura jurídica brasileira, entrando sempre em causa a chamada *teoria do valor do desestímulo*. A propósito, no mais recente episódio legislativo sobre o tema da tarifação, a reforma trabalhista reavivou o debate, ao incluir na Consolidação das Leis do Trabalho o art. 223-G, que em seu § 1º limita o valor da indenização por *danos extrapatrimoniais*, na expressão adotada pelo diploma, classificando as ofensas em quatro categorias: leves, médias, graves ou gravíssimas. Apesar de louvável a tentativa de construir solução para a ausência de critérios de arbitramento, o dispositivo nos parece fadado à inconstitucionalidade, pelas mesmas razões que vitimaram a tarifação prevista na Lei de Imprensa.

De todo modo, no contexto atual, a resposta acerca dos critérios de quantificação passa necessariamente por uma análise das funções da responsabilidade civil,

---

6. Cfr., entre outros, o Recurso Extraordinário 412.654, 2ª Turma, Relator Ministro Carlos Velloso, Julgado em 16/03/2004.
7. Prazo, aliás, de natureza prescricional, ao contrário do teor do dispositivo, que o considerava decadencial.
8. Cfr., entre outros, o Recurso Extraordinário 396.386, 2ª Turma, Relator Ministro Carlos Velloso, Julgado em 29/06/2004.

nomeadamente em sede de danos morais. Sem dúvidas, a função reparatória é o ponto de partida, mas, no contexto moderno, a sua hegemonia tem sido colocada em xeque. Nelson Rosenvald assevera que "a superação da função meramente reparatória da responsabilidade civil em favor de uma segunda função que também acentue aquela de desestímulo, isto é, de prevenção de danos, é tema de grande atualidade".[9] Podemos inserir na ideia de *desestímulo* as funções preventiva e punitiva.[10]

Carlos Alberto Bittar destaca que "a tendência manifestada, a propósito, pela jurisprudência pátria, é a da fixação de valor de desestímulo como fator de inibição a novas práticas lesivas".[11]

Sobre o tema, o STJ consolidou o seguinte entendimento:

> A indenização por danos morais possui tríplice função, a compensatória, para mitigar os danos sofridos pela vítima; a punitiva, para condenar o autor da prática do ato ilícito lesivo, e a preventiva, para dissuadir o cometimento de novos atos ilícitos. Ainda, o valor da indenização deverá ser fixado de forma compatível com a gravidade e a lesividade do ato ilícito e as circunstâncias pessoais dos envolvidos.

Concordamos que o dogma da exclusiva função reparatória da responsabilidade civil possa – e talvez até mereça – ser superado em razão das vicissitudes modernas, que levam o instituto da responsabilidade civil a um patamar de complexidade sem precedentes. No entanto, para que se possa cogitar de um sistema plurifuncional, o ponto de partida deve ser a reforma legislativa, na medida em que o atual sistema veda a extensão da condenação para além da extensão do dano, mantendo-se firme no sistema matemático a que aludimos há pouco. Ademais, não se pode, aproveitando da abstração econômica do dano moral, empreender um sistema teórico e de quantificação completamente diverso daquele que se aplica ao dano material. Em última análise, moral ou material, é do dano que se trata. Um distanciamento entre as suas modalidades também teria que advir da lei. Por isso mesmo, recusamos, no atual sistema brasileiro de responsabilidade civil, a possibilidade de utilização de ideias como *punitive damages* e *responsabilidade civil sem dano*. De qualquer forma, essa discussão extrapola os breves limites do presente estudo.

A maior parte da doutrina e da jurisprudência orienta no sentido plurifuncional da indenização por danos morais, que deve nortear o arbitramento. Na esteira dessa discussão em torno de critérios e funções, Paulo de Tarso Vieira Sanseverino concebeu, em sua tese de doutorado, o chamado *método bifásico* de valoração da indenização por danos morais. O autor explica o método nos seguintes termos:

---

9. Nelson Rosenvald, *As funções da responsabilidade civil*, p. 128.
10. O STJ se refere a uma *função pedagógico-punitiva*. Cfr., por exemplo, o AgRg no AREsp 595676/MG. 4ª Turma, Relator Ministro Marco Buzzi, Julgado em 09/06/2015.
11. Carlos Alberto Bittar, *Reparação civil por danos morais*, p. 283.

Na *primeira fase*, arbitra-se o valor básico ou inicial da indenização, considerando-se o interesse jurídico atingido, em conformidade com os precedentes jurisprudenciais acerca da matéria (grupo de casos).

(...)

Na *segunda fase*, procede-se à fixação definitiva da indenização, ajustando-se o seu montante às peculiaridades do caso com base nas suas circunstâncias. Partindo-se, assim, da indenização básica, eleva-se ou reduz-se esse valor de acordo com as circunstâncias particulares do caso (gravidade do fato em si, culpabilidade do agente, culpa concorrente da vítima, condição econômica das partes) até se alcançar o montante definitivo.[12]

O método, que se presta a viabilizar o arbitramento equitativo difundiu-se na jurisprudência brasileira, tendo inclusive se consolidado nas turmas da Seção de Direito Privado do STJ.[13]

Trata-se de um método que parte da jurisprudência para o caso concreto, o que se justifica em razão da falta de parâmetro econômico advindo do pedido genérico. Porém, há algumas dificuldades práticas em aplicá-lo, como por exemplo, a impossibilidade de se comparar valores absolutos fixados em datas diferentes. Ademais, como vimos, os novos ares processuais a que aludimos retiram de cena a possibilidade de pedido genérico de condenação em danos morais, exigindo-se que o método seja revisto. É a proposta que segue.

3. PROPOSTA DE INVERSÃO DAS ETAPAS DO MÉTODO BIFÁSICO

Sem embargo das críticas que fazemos à *plurifuncionalização* da responsabilidade civil no nosso atual sistema positivo, é claro que, diante da impossibilidade de se utilizar o método matemático imposto pelo art. 944 do Código Civil, o método bifásico é uma solução razoável para a peculiar realidade do dano moral.

Ocorre que o NCPC trouxe à tona mais um elemento: o pedido certo e determinado. Se, no sistema processual anterior, os pedidos genéricos eram praxe, os tribunais passam agora a lidar com pedidos certos e determinados, o que não pode ser negligenciado. Isso porque a determinação do pedido presta-se justamente a delimitar a atividade jurisdicional, impondo balizas ao resultado da lide. Luiz Rodrigues Wambier e Eduardo Talamini aduzem que "a certeza e a determinação do pedido são necessários não apenas porque a jurisdição não pode atuar sobre meras cogitações hipotéticas ou ilações teóricas, mas também para a exata e precisa fixação do objeto litigioso".[14] Sob esse aspecto, certeza e determinação assumem uma feição de segurança jurídico-processual. E é exatamente por isso que o ponto de partida do provimento jurisdicional deve ser o pedido do autor.

---

12. Paulo de Tarso Vieira Sanseverino, *Princípio da reparação integral: indenização no Código Civil*, p. 288-289.
13. Cfr., por exemplo: REsp. 959780/ES, 3ª Turma, Relator Ministro Paulo de Tarso Sanseverino, Julgado em 26/04/2011; e REsp. 1669680, 3ª Turma, Relatora Ministra Nancy Andrighi, Julgado em 20/06/2017.
14. Luiz Rodrigues Wambier e Eduardo Talamini, *Curso avançado de processo civil*, v. 2, p. 89.

Apesar de ser, para o autor, difícil mensurar a extensão da sua pretensão indenizatória, o que fez com que se rendessem críticas ao novo modelo, a doutrina tem reconhecido que a opção do NCPC foi acertada, principalmente do ponto de vista da política judiciária, que precisava reverter o quadro de litigância desenfreada sobre o qual falamos. Ademais, entre os sujeitos da relação processual, o autor da demanda, na condição de titular do direito da personalidade violado, é aquele que melhores condições tem para mensurar o valor que lhe parece satisfatório.[15]

Como consequência desse novo modelo, temos que a quantificação não pode partir da jurisprudência, mas da pretensão autoral, levando-se a análise de precedentes para um segundo momento. Propomos, assim, uma inversão das etapas do método bifásico.

A primeira etapa passa a ser a análise de compatibilidade entre o valor pleiteado e a violação em si, com todas as suas circunstâncias concretas. Em seguida, o valor base deve ser confrontado com precedentes e, se necessário, reduzido ou majorado – nesse caso, até o limite do pedido –, de modo a obter-se a desejável uniformidade jurisprudencial. De todo modo, a adequação realizada na segunda etapa deve empreender um verdadeiro confronto entre o precedente e o caso concreto, sob pena de carecer a decisão de fundamentação. É dizer: ao reduzir ou majorar a indenização o magistrado deve demonstrar que o caso sob julgamento se ajusta ao precedente invocado, a teor do art. 489, § 1º, V, do NCPC. Da mesma forma, na segunda fase, se o magistrado afastar-se do precedente, mantendo o valor base em razão das peculiaridades do caso *sub judice*, deverá demonstrar a existência de distinção fática ou de superação do entendimento, nos termos do art. 489, § 1º, VI, do NCPC.

Há, ainda, um último aspecto a ser atendido quando da aplicação do método bifásico, considerando a inversão de etapas aqui proposta: nem na fixação do valor base, realizada na primeira etapa, nem na adequação à jurisprudência, realizada na segunda etapa, poderá o magistrado extrapolar o valor pretendido pelo autor.

Temos, assim, algumas possibilidades. Considere-se que o autor pleiteou R$ 10.000,00 a título de danos morais e que o magistrado, na primeira etapa, reconheceu a compatibilidade do valor às circunstâncias do caso sob julgamento, fixando como valor base os R$ 10.000,00 pretendidos. Na segunda etapa, se o magistrado identificar precedente invocável, poderá reduzir o valor, mas não majorá-lo, em respeito ao fundamento *ne ultra petita*, que se impõe justamente pelas razões de segurança jurídico-processual acima delineadas. Sendo assim, de nada adianta identificar pre-

---

15. Nesse sentido, Cristiano Chaves de Farias, Felipe Braga Netto e Nelson Rosenvald: "sendo o dano moral uma violação que alcança a dignidade humana, ninguém melhor do que o próprio ofendido para avaliar a intensidade da lesão à sua subjetividade, sendo um contrassenso relegar essa tarefa a um juiz de direito". (*Novo tratado de responsabilidade civil*, p. 401) e Fredie Didier Júnior: "quem além do próprio autor, poderia quantificar a 'dor moral' que alega ter sofrido? Como um sujeito estranho e por isto mesmo alheio a esta 'dor' poderia aferir a sua existência, mensurar e quantificá-la em pecúnia?" (*Curso de direito processual civil*, v. 1, p. 441).

cedente idêntico ao caso sob julgamento em que se tenha arbitrado o valor de R$ 15.000,00, uma vez que o magistrado estará limitado ao valor do pedido.

Por outro lado, se, na primeira etapa, o magistrado fixar valor base em R$ 5.000,00, identificando precedente invocável, poderá reduzir ou majorar a indenização. Nesse último caso, de majoração, está igualmente limitado pelo valor do pedido, ainda que identifique precedente invocável em que se tenha arbitrado valor superior. Logicamente, se o magistrado não identificar precedente invocável, deverá manter o valor base fixado na primeira etapa do método.

A razão de ser da proposta de inversão de etapas é, por um lado, enfatizar, na primeira etapa, a função do pedido na sistemática da responsabilidade civil por danos morais, bem como a necessidade de que o ponto de partida da quantificação esteja concentrado no caso sob julgamento e não em precedentes invocáveis, obtendo-se ganhos em termos de equidade, no sentido de justiça do caso concreto. Por outro lado, presta-se a garantir, na segunda etapa, a uniformidade jurisprudencial que o sistema de precedentes instaurado pelo NCPC visa atingir. Bem manejado, o método tem potencial para contornar o grande desafio de concretizar economicamente a pretensão a título de danos morais, de que tem se ocupado a comunidade jurídica há bastante tempo.

4. REFERÊNCIAS

BITTAR, Carlos Alberto. *Reparação civil por danos morais*. 4 ed. São Paulo: Saraiva, 2015.

DIDIER JÚNIOR, Fredie. *Curso de direito processual civil*. v. 1. Salvador: Juspodivm, 2013.

FARIAS, Cristiano Chaves de; NETTO, Felipe Braga; ROSENVALD, Nelson. *Novo tratado de responsabilidade civil*. 2 ed. São Paulo: Saraiva Jur, 2017.ROSENVALD, Nelson. *As funções da responsabilidade civil*: a reparação e a pena civil. 3 ed. São Paulo: Saraiva Jur, 2017.

ROSENVALD, *Novo tratado de responsabilidade civil*. 2 ed. São Paulo: Saraiva Jur, 2017.

SANSEVERINO, Paulo de Tarso Vieira. *Princípio da reparação integral*: indenização no Código Civil. São Paulo: Saraiva, 2010.

WAMBIER, Luiz Rodrigues; TALAMINI; Eduardo. *Curso avançado de processo civil*: cognição jurisdicional. v. 2. 16 ed. São Paulo: Revista dos Tribunais, 2016.

ANÁLISE CRÍTICA DA INDENIZAÇÃO PUNITIVA E RESPONSABILIDADE OBJETIVA NO BRASIL À LUZ DA TEORIA DE JULES COLEMAN

Alexandre Bonna

Doutorando e Mestre (UFPA). Professor (Unama e DEVRY-FACI). Advogado.

Sumário: 1. Introdução – 2. A concepção mista da justiça corretiva de Jules Coleman: entre o elemento anulativo e o relacional – 3. Reflexões da teoria de Jules Coleman no direito brasileiro: indenização punitiva e responsabilidade objetiva – 4. Conclusão – 5. Referências.

1. INTRODUÇÃO

Embora desde a década de 1960 os países anglo-saxões tenham experimentado profícua produção acadêmica no campo da filosofia da responsabilidade civil a partir de autores como Herbert Hart, Anthony Honoré, Guido Calabresi, Ronald Coase, Steven Shavell, Louis Kaplow, George Fletcher, John Gardner e Richard Posner (ZAMORA, 2013, p. 25-29) é uníssono que Jules Coleman e Ernest Weinrib desenvolveram as teorias mais completas e robustas acerca da justiça corretiva aplicada à responsabilidade civil (PAPAYANNIS, 2013, p. 386), tanto que artigos e livros de pelo menos um dos referidos autores são referências obrigatórias em pesquisas sobre o tema.

Cabe salientar que o estudo da filosofia da responsabilidade civil pode estar calcado em uma aproximação com a análise econômica do direito e não em teorias morais. Dentro da análise econômica do direito o foco é direcionar a interpretação do direito de danos à tarefa de contribuir para o bem-estar agregado da sociedade e maximizar a eficiência do direito no sentido de desestimular condutas socialmente indesejadas a partir do acréscimo – por meio de indenizações – de custos em determinada atividade. Tal concepção econômica já tive oportunidade de abordar em meu "Punitive Damages (Indenização Punitiva) e os Danos em Massa" (BONNA, 2015), pesquisa na qual aprofundei a teoria econômica de Mitchell Polinsky e Steven Shavell (2001).

Contudo, em que pese o brilhantismo, praticidade e pertinência das teorias econômicas, não se pode solidificá-las sem refletir, oferecer respostas e/ou buscar compatibilizar questões relevantes do ponto de vista das teorias morais ou de justiça, uma vez que a razão de ser da responsabilidade civil se iniciou e desenvolveu tendo como núcleo a concepção de justiça corretiva, de modo que um rompimento abrupto e sem justificativas plausíveis representaria a quebra violenta de uma tradição.

A justificação moral da responsabilidade civil possui seu berço na classificação da justiça de Aristóteles em "Ética a Nicômaco" (1991), na qual acentua que existe uma justiça geral relativa à consecução do bem comum de forma ampla, e, a justiça particular. Dentro da justiça particular, tem-se, de um lado, a justiça distributiva, entendida como o conjunto de exigências de colaboração que intensificam o bem-estar e as oportunidades de florescimento do ser humano a partir da distribuição de recursos, oportunidades, lucros, ônus, vantagens, papéis, responsabilidades e encargos (FINNIS, 2007, p. 165-173), e, de outro, a justiça corretiva, responsável por recompor o equilíbrio nas relações entre particulares, pois, sendo as transações interpessoais uma espécie de igualdade, eventual desigualdade injusta deve ser igualada pelo juiz da seguinte forma: "ele retira a diferença pela qual uma das partes se beneficiou. E quando o todo for igualmente dividido, os litigantes dizem que receberam 'o que lhes pertence' – isto é, receberam o que é igual (ARISTÓTELES, 1991, p. 104-105).

Assim, a justiça corretiva parte do pressuposto de que as pessoas possuem bens patrimoniais e existenciais dignos de inviolabilidade por ato de outrem, e, desse modo, qualquer rompimento desse equilíbrio gera injustiça a partir da implantação de uma desigualdade ilegítima e injustificável. Portanto, o valor da justiça corretiva será realizado na medida em que o equilíbrio e a igualdade anteriormente existentes se reestabeleça, seja por ato voluntário das partes, seja por decisão judicial, momento em que se nota que o direito violado da vítima corresponde a um dever violado pelo ofensor, dever esse que corresponde ao direito da vítima, motivo pelo qual a justiça corretiva está diante de uma injustiça que tem duas faces no cerne de uma relação bilateral e relacional.

Acerca das teorias da justiça corretiva, opta-se pela de Jules Coleman na presente pesquisa, em razão de que a mesma se revela mais consentânea com imbróglios da sociedade atual, encontrando um ponto de equilíbrio entre teorias instrumentalistas (objetivos da responsabilidade civil definem sua estrutura) – como a análise econômica do direito – e formalistas (a estrutura da reponsabilidade civil define os seus objetivos) – como a teoria de Ernest Weinrib – a qual é criticável pelos seguintes motivos: a) não permite que a responsabilidade civil tenha algum objetivo externo à prática; b) é calcada num excesso de formalismo que resumo que o único papel da responsabilidade civil é ser responsabilidade civil; c) leva ao extremo o formalismo kantiano ignorando a responsabilidade civil como um fenômeno complexo; d) dedicação à coerência e unidade do Direito Privado já defasada em face da infiltração de princípios constitucionais; d) ausência de explicações contundentes para a negação à indenização punitiva (*punitive damages*) e à responsabilidade objetiva em face de fenômenos atuais de danos em massa, desigualdade entre as partes, danos reiterados e graves e apatia racional.[1]

---

1. Expressão desenvolvida por Louis Visscher em "Economic analysis of punitive damages" (2009), afirmando a pertinência do valor indenizatório de cunho punitivo de modo a causar um desestímulo ao ofensor, assim como para fazer frente a falta de responsabilização na mesma proporção do dano causado, em especial pela apatia racional relacionada a um certo grau de aceitação do dano e falta de vigor, disposição e tempo para buscar proteção judicial.

Portanto, resta justificado o recorte metodológico da presente pesquisa no tocante a escolha da teoria moral e não análise econômica do direito, assim como da concepção de Jules Coleman e não de Ernest Weinrib. Destarte, o artigo explicita a concepção mista da justiça corretiva de Jules Coleman, percorrendo também o núcleo de sua tese, para em seguida lançar os olhos à experiência jurídica brasileira, a fim de buscar refletir sobre a indenização punitiva e a responsabilidade objetiva.

2. A CONCEPÇÃO MISTA DA JUSTIÇA CORRETIVA DE JULES COLEMAN: ENTRE O ELEMENTO ANULATIVO E O RELACIONAL

Preambularmente, destaca-se que a teoria de Jules Coleman reconhece que o princípio da justiça corretiva, apesar de ser o núcleo estrutural e substantivo do direito de danos, não é o único que explica ou justifica nossas práticas, as quais possuem elementos morais (como a justiça corretiva) e outros econômicos (como a análise econômica do direito) (2010, p. 309), sendo a responsabilidade civil um fenômeno complexo onde deságuam as águas da moralidade e do mercado. Mais que isso, o princípio da justiça corretiva é apenas um dos elementos morais que norteiam o direito de danos (2010, p. 427), não possuindo qualquer prioridade absoluta em relação a outras razões legítimas que o Estado tenha para atuar (2010, p. 394).

Desta forma, não haveria sentido a justiça corretiva neutralizar outras razões que legitimam o Estado a atuar em matéria de direito de danos (tal como ocorre nos *punitive damages* e algumas hipóteses de responsabilidade objetiva), contudo, deve-se ter cautela pois se a medida adotada para reparar/compensar um dano não for condizente com alguma razão de justiça ou moral que o Estado tenha autoridade a se valer, tal conduta viola a justiça corretiva e outros princípios de justiça. Por outro lado, caso o Estado se valha de uma razão moral diversa da justiça corretiva em nome da responsabilidade civil, não fulmina a justiça corretiva, mesmo que não a efetive, o que demonstra que a justiça corretiva não paira como princípio absoluto e prioritário na responsabilidade civil, uma vez que deve ser interpretada em harmonia com outras razões infiltradas nas práticas sociais.

Isto não significa dizer que a justiça corretiva e o direito de danos sejam servos das práticas sociais. Como destaca Jules Coleman, é possível que a própria prática sirva de elemento externo de crítica, no sentido de contenham recursos adequados para avaliar criticamente o que essas práticas requerem. Ou seja, certas práticas possuem uma verdade que ultrapassa a prática, momento em que é possível identificar uma prática periférica e distante do que o seu bem intrínseco requer (1995a, p. 24-25). Tal raciocínio se assemelha com o desenvolvido por Alasdair MacIntyre em "After Virtue", segundo o qual a primeira definição de virtude está relacionada aos conceitos de práticas e bens internos a essas práticas. Ou seja, é preciso compreender as práticas e os seus bens intrínsecos que uma vez alcançados causam impacto positivo a todos que fazem parte da prática, sendo esta concebida como terreno para a concretização das excelências humanas através do exercício das virtudes e as virtudes serão uma qualidade humana cuja posse e exercício prestigie os bens internos da prática (1981, p. 191).

A concepção mista da justiça corretiva é assim chamada porque engloba duas concepções anteriormente construídas pelo próprio Jules Coleman: a concepção anulativa e a relacional. Juntas, estas formam o elemento central de compreensão da justiça corretiva. O elemento anulativo centra sua base na exigência de que a justiça corretiva deve eliminar/anular perdas injustas, de modo a reestabelecer integral ou aproximadamente a situação patrimonial ou existencial anterior à ocorrência da perda injusta, não podendo, à pretexto de anular perdas injustas, criar outras perdas injustas (1992a, p. 430), pois desse modo ocorreria uma contradição interna que desmoronaria o ideal de justiça corretiva, como por exemplo, a prática de impor indenizações de cunho punitivo.

Aquelas corriqueiras justificativas para a imposição de indenização punitiva (*punitive damages*), como por exemplo, para fins educativos, pedagógicos, preventivos, visando a desestimular condutas indesejáveis e impor um custo que seja suficiente para deter uma prática altamente censurável, à luz do elemento anulativo, é uma concepção utilitarista e externa ao fim da justiça corretiva que atropela a significância de direitos. Segundo Jules Coleman, não existe uma teoria utilitária de direitos, pois se as reivindicações calcadas em utilidade pudessem vencer as com base em direitos, não poderíamos dizer que as pessoas realmente tinham direitos; em vez disso, seríamos otimizadores ou maximizadores de utilidade e a qualquer momento um padrão de julgamento que satisfaça mais a utilidade poderá ocasionar a desconsideração de direitos (1992a, p. 431-432).

O foco da justiça corretiva, na concepção anulativa, é a eliminação de perdas injustas e imerecidas, não se imiscuindo no mérito sobre a justiça na distribuição dos bens e riquezas na sociedade. Em outras palavras, o papel da justiça corretiva é reestabelecer a situação anterior à ocorrência da perda injusta, mesmo que a distribuição de bens anterior seja injusta do ponto de vista da justiça distributiva (1992a, p. 429), como por exemplo, o dever de indenizar que um morador de rua teria por ter quebrado a porta de uma mansão.

Cabe destacar que em 1998, no artigo "Second thoughts and other first impressions", Jules Coleman revê sua tese de independência de justiça corretiva em relação à justiça distributiva, defendendo que a distribuição vigente não deve ser muito injusta a ponto de quebrar a estabilidade social e o bem-estar social. Justiça corretiva e justiça distributiva não são totalmente independentes. A justiça corretiva apoia a distribuição correspondente, de modo que não podemos pensar que corresponda à justiça corretiva assegurar uma distribuição fortemente injusta em clara afronta ao bem-estar. A obrigação de reparar requer que a distribuição subjacente satisfaça certas condições mínimas de justiça (1998, p. 309-310).

A princípio, no sistema jurídico brasileiro, tal influência de uma distribuição injusta obstaculizando a justiça corretiva não possui pertinência, visto que o Código de Processo Civil (Lei federal 13.105/2015) em seu artigo 833 traz um rol de bens impenhoráveis, como por exemplo, salário, vestimenta, aposentadoria, imóvel de família e bens que guarnecem a casa, poupança, dentre outros, o que torna irrelevante a condição econômica das partes, basicamente por três motivos: 1) existe um conjunto de regras que protegem o mínimo de dignidade do executado; 2) em um país em que inúmeras profissões que exigem nível superior (professores, médicos, advogados e engenheiros) ganham salários míseros, quando não estão desempregados, o juiz carece de parâmetros para julgar quando tal distribuição de bens é injusta; 3) em razão das regras de prescrição intercorrente, é possível requerer desarquivamento do processo se após um ano arquivado bens do devedor forem localizados, o que significa que alguém de condição econômica pífia pode se soerguer e no futuro arcar com as perdas injustas que causou.

A partir do momento em que Jules Coleman considerou insuficiente a concepção anulativa para explicar e justificar o fenômeno da justiça corretiva na responsabilidade civil, desenvolveu uma concepção complementar, a relacional. Nesse sentido, enquanto algumas obrigações que temos uns com os outros dizem respeito a uma relação perante a comunidade e o Estado (pagar tributos, multas, votar etc.), outros deveres estão envolvidos numa rede de ações que realizamos ou formamos. Assim, não fosse a concepção relacional da justiça corretiva, danos causados por inundações, furacões, dentre outros, por ocasionarem perdas imerecidas, poderiam gerar uma confusão de conceitos no bojo da responsabilidade civil, motivo pelo qual Jules Coleman assevera que para justificar a justiça corretiva não basta primar pela reparação da perda injusta, pois fica a lacuna: quem deve reparar a perda injusta?

Nesse ponto, a concepção relacional oferece uma resposta e justifica moralmente a justiça corretiva a partir da identificação de direitos e responsabilidades correlativos, uma vez que não basta que haja um dano injusto. É preciso que alguém tenha um dever correlativo de não lesar o referido direito, então em segunda ordem o direito de ser indenizado será correlativo ao dever de reparar o dano como forma de garantir que os direitos de primeira ordem (vida, honra, imagem, liberdade etc.) sejam protegidos.

Portanto, a noção complementar entre a teoria anulativa e relacional compõe a concepção mista. Caso só existisse a teoria anulativa, haveria o dever de reparar todo e qualquer dano injusto, inclusive de um raio que caia sob a cabeça de um pedestre;[2] caso a única teoria fosse a relacional, haveria a obrigação de indenizar qualquer perda, como o dano físico que um médico causa ao cortar a barriga de um paciente,

---

2. Registre-se que na opinião de Jules Coleman os danos ocasionados por infortúnios e eventos da natureza podem ser reparados, porém, sob a perspectiva da justiça distributiva e não da corretiva, que necessita de perdas injustas mais um vínculo relacional com outrem.

o dano que uma empresa causa a outra por oferecer produtos melhores e até mesmo o dano que um vizinho causa por construir uma casa que tapa o sol. Assim, a justiça corretiva – na esteira da concepção mista – exige o elemento da perda injusta e o vínculo relacional (2010, p. 327).

Destaca-se que embora se exija um vínculo, a conduta do agente não necessita de nenhum tipo de reprovação moral, afinal, justiça corretiva não é retributiva, bastando uma conexão entre o ofensor e a perda injusta em relação a qual é responsável em virtude de sua atividade (2010, p. 329-330). Nesse mister, mesmo nas hipóteses de responsabilidade com culpa (subjetiva), a culpa não está no agente e sim na conduta que não esteve dentro de um padrão exigido de cuidado (2010, p. 225).

Na esfera da responsabilidade objetiva, propriamente em situações justificáveis como nas atividades ultraperigosas ou marcadas por padrões de qualidade e riscos assumidos contratual ou legalmente, os empreendedores são rigorosamente responsáveis por suas próprias perdas (*strictly liable for his own losses*) (1976, p. 268). Nesse viés, o sistema de responsabilidade civil objetiva foi projetado para que caso nem a vítima nem o ofensor tenham a culpa demonstrada, a vítima não possa suportar o prejuízo e tenha o seu dano reparado. Destarte, a responsabilidade objetiva, para além de permitir a reparação de danos a partir de uma concepção corretiva é uma expressão de justiça de tipo distributivo, que em casos justificáveis (acidentes de consumo e de trabalho, por exemplo) impõe a determinados agentes ônus de suportar os custos com danos imerecidos (1976, p. 286).

3. REFLEXÕES DA TEORIA DE JULES COLEMAN NO DIREITO BRASILEIRO: INDENIZAÇÃO PUNITIVA E RESPONSABILIDADE OBJETIVA

Como visto, a justiça corretiva não é a única lupa que nos permite explicar ou justificar a responsabilidade civil, tanto porque existem outros prismas morais – como a justiça distributiva – quanto porque há outras esferas de justificação – como a análise econômica do direito –, as quais podem ser evocadas pelo judiciário desde que exista fundamento autoritativo nas práticas jurídicas que autorizem o Estado-juiz a adotar determinada postura.

Nesse sentido, se torna possível a prática da indenização punitiva,[3] desde que a mesma seja claramente autorizada na nossa experiência jurídica. Contudo, não há na Carta Magna nem nos códigos previsão expressa do cabimento da indenização punitiva, e, como se não bastasse, o próprio Judiciário não possui consenso sobre o cabimento desse tipo de função da responsabilidade civil, tornando, sob essa perspectiva, distante a possibilidade de justificativa da indenização punitiva.

---

3. A indenização punitiva é o valor indenizatório maior do que o suficiente para reparar ou compensar o prejuízo sofrido com o objetivo de desestimular condutas indesejadas, remover ganhos ilícitos ou impor um padrão de comportamento desejado.

Por outro lado, se a justiça corretiva for considerada o princípio motor que deve promover a eliminação de perdas injustas em face de quem seja relacionalmente responsável pelos referidos danos, surge a possibilidade de a prática da indenização punitiva ser compatível com a experiência jurídica brasileira, tendo em vista que os grandes litigantes, visando a auferir um lucro maior, pautam suas escolhas numa relação de custo-benefício em detrimento do respeito aos direitos. Por isso, muitas vezes decide com precisão cirúrgica lesar as vítimas em pequenas montas e desconfortos, de modo a tornar desvantajosa a busca pela reparação no âmbito do Judiciário, pois em razão do balanceamento entre o valor da indenização e o dispêndio físico, financeiro e temporal (o tempo é irrecuperável, ininterrompível e inestimável) para litigar, as vítimas optam conscientemente em suportar os danos, por apatia racional.

Como exemplos de pequenos danos que geram a apatia das vítimas: a) longas esperas em filas de bancos; b) falha em prestação de serviço de internet; c) desconto de valores em conta-corrente sem que serviço tenha sido contratado; d) atrasos em voos; e) vícios de produtos de pequeno valor; f) não prestação do serviço na forma contratada; g) exigência de valor mínimo para compras no cartão de crédito; h) atrasos em entregas de empreendimentos imobiliários; i) má qualidade na prestação de serviços públicos por concessionárias; j) práticas e cláusulas abusivas em geral.

Considerando que a apatia racional em massa no cenário de perpetradas práticas ilegais reiteradas e lucrativas se tornou uma constante nas relações intersubjetivas no Brasil, a indenização punitiva se torna necessária não por fundamentos econômicos ou de justiça distributiva, mas sim por causa do vetor mais basilar e clássico da justiça corretiva: o reestabelecimento do equilíbrio anterior à ocorrência do dano. É pertinente à justiça corretiva eliminar os ganhos injustos e, ao impor indenização punitiva que tenha por finalidade remover/anular lucros ilícitos, contribui para a diminuição da injustiça corretiva no seio da sociedade.

Contudo, para uma prática de indenização punitiva que não atente contra o valor da justiça corretiva, deve-se observar: a) a destinação da verba punitiva deve obrigatoriamente ser destinada ao Estado (como ocorre em alguns Estados norte-americanos[4]) ou a um fundo a ser escolhido pelo juiz (como o previsto na Lei 7.347/1985), não podendo o valor ser revertido para uma única vítima sob pena de criar um ganho injusto; b) deve existir uma proporção entre o valor da indenização punitiva e a ausência de responsabilização do réu; c) ao fixar o valor da indenização punitiva, deve o juiz destacar a verba compensatória da punitiva, de modo a garantir o direito de ampla defesa e recurso com fundamentos distintos, assim como cumprir o dever de fundamentação das decisões judiciais; d) tendo em vista o valor da segurança jurídica, se possível, regulamentada; e) considerando o valor probatório para aferir a ausência de responsabilização, aconselhável, mas não obrigatório, que a fixação da indenização punitiva se dê no bojo de uma ação coletiva.

---

4. Para maiores detalhes, ler "The nature and impact of tort reform movement", de Patrick Hubbard (2006).

O modelo de aplicação da indenização punitiva na experiência brasileira segue contornos imorais, desconexos e infundados sob a perspectiva da justiça corretiva, visto que: a) possuem uma lógica eminentemente individual, em dissonância com o fenômeno da litigiosidade de massa e da constante transformação dos conflitos individuais em coletivos. Por consequência, inúmeros danos perpetrados em massa sofrem reprimenda apenas em nível individual, em proporção não compatível com a dimensão total dos danos ocasionados;[5] b) em se tratando de danos em massa com apatia racional em massa, uma visão individual afasta a possibilidade de uma proporção razoável entre a punição e o mal causado, por se tratar de demanda onde parcela expressiva das vítimas está ausente; c) há uma intrínseca relação da indenização punitiva com os danos morais. Os magistrados estabelecem valor de indenização dos danos morais e o majoram o suficiente para compensá-los fundamentando na indenização punitiva sem qualquer justificativa, atentando ao comando constitucional que obriga o magistrado a fundamentar sua decisão judicial; d) existe falta de distinção entre valores relativos à compensação do dano moral e os destinados à punição e dissuasão. As decisões judiciais apenas elevam o valor da indenização compensatória aludindo a indenização punitiva, mas não discriminam qual o valor suficiente para fazer frente ao prejuízo e qual se presta para punir e prevenir a conduta. Ou seja, a verba compensatória é incrementada como forma de enxertar a indenização punitiva em seu bojo.

Portanto, apenas sob o fundamento da justiça corretiva que a indenização punitiva não pode ser revertida à vítima nem pode ser fixada em valor maior do que o suficiente para eliminar as perdas injustas. Pois, considerando a teoria explorada no presente artigo, viu-se que não há nenhuma prioridade absoluta da justiça corretiva sobre outros fundamentos que autorizem o Estado-juiz à atuar, motivo pelo qual, caso seja legislado ou objeto de precedente vinculante, torna-se viável uma indenização punitiva em moldes incompatíveis com a justiça corretiva, desde que fundamentos de cunho distributivo ou de eficiência sejam autorizados pelo sistema jurídico e prática vigentes, a exemplo do que ocorre nos Estados Unidos da América, país de tradição *common law* no qual a Suprema Corte já se posicionou a favor dos *punitive damages* em 9 (nove) casos: Browning-Ferris Indus., Inc. v. Kelco Disposal (1989); Pacific Mutual Life Ins. Co. v. Haslip (1991); TXO Production Corp. v. Alliance Resources Corp. (1993); Honda Motor Co. v. Oberg (1994); BMW of North America, Inc. v. Gore (1996); Cooper Industries, Inc. v. Leatherman Tool Group (2001); State Farm Insurance v. Campbell (2003); Philip Morris v. Williams (2007) e Exxon Shipping Co v. Baker (2008).

No tocante à responsabilidade objetiva, a justificativa moral da responsabilidade civil calcada na concepção mista de justiça corretiva revela um núcleo relacional de direitos e responsabilidades de primeira e segunda ordem em relação aos quais, em

---

5. Conforme constatado na pesquisa realizada na obra "*punitive damages* (indenização punitiva) e os danos em massa" (BONNA, 2015).

atividades de risco, perigosas e calcadas em acidentes os idealizadores, realizadores e aproveitadores desses empreendimentos devem suportar todas as perdas imerecidas que causem nas pessoas afetadas, tal como se fosse um preço a pagar para continuar desempenhando determinados papéis. Em outras palavras, o dever de indenizar pode ser aferido preteritamente à ocorrência do dano como correlativo ao direito de não ser lesado em determinados interesses juridicamente protegidos em nossas práticas (bens materiais e existenciais).

Tal fundamento relacional também pode se apoiar na ideia de que na responsabilidade civil objetiva há um desequilíbrio anterior ao dano calcado na produção de um risco pelo ofensor em relação às vítimas que não é recíproco. As vítimas estão expostas a esse risco desproporcional, de modo que caso esse risco se consume e se materialize, quando de fato o ofensor podia e deveria desenvolver medidas adequadas, deve ser obrigado a indenizar de modo a equilibrar uma relação marcada pela injustiça e desequilíbrio em seu nascedouro.

Assim, lançando os olhos para as hipóteses de responsabilidade objetiva no direito brasileiro (acidentes de trabalho e de consumo, concessionárias de serviço público, atividades de risco etc.), cabe salientar que tais empreendedores colocam grupos de pessoas em um risco tão demasiado, desproporcional e não recíproco, que raríssimos devem ser os casos onde a culpa exclusiva da vítima elida o dever de indenizar, especialmente marcados pela profunda intencionalidade e má-fé. Do contrário, todos os trabalhadores e consumidores acidentados, assim como todos os lesados por concessionárias de serviço público devem ser devidamente indenizados a partir da comprovação mínima de causalidade entre a atividade desenvolvida e o referido dano, posto que a responsabilidade objetiva é calcada numa espécie de máxima: seus negócios, suas perdas; seus riscos, seus problemas.

Além do mais, na esteira dessa mesma lógica, é possível pensar também num incremento das hipóteses de responsabilidade objetiva a partir da força expansiva da cláusula geral do parágrafo único do artigo 927 do Código Civil (Lei federal 10.406/2002) sempre que existir uma desproporção de criação de risco não recíproco, mesmo porque há autorização legal. Por exemplo, tal alargamento poderia ocorrer em casos de atropelamento de pedestres por veículos automotores ou contratos de prestação de serviço regulados pelo Código Civil (sem incidência do Código de Defesa do Consumidor), no qual o serviço prestado por uma das partes importa em expor um risco não recíproco ao outro contratante.

4. CONCLUSÃO

A profundidade do pensamento de Jules Coleman, construindo a extensão da justiça corretiva e ao mesmo tempo mostrando-se consciente do papel da justiça distributiva e da análise econômica do direito, estremece as bases da prática da responsabilidade civil no Brasil, na medida em que aponta para inconsistências morais e autoritativas, especialmente no tocante à forma pela qual a indenização punitiva se releva em nossa experiência jurídica.

De outro modo, a ideia de correlatividade impõe a promoção do equilíbrio em atividades marcadas por imposições de riscos não recíprocos, trazendo à baila uma redução cada vez mais forte da excludente de indenizar baseada na culpa exclusiva da vítima. Além disso, por conta da correlatividade de direitos e responsabilidades primárias, tem-se por decorrência lógica que em relação ao direito de inviolabilidade de bens materiais e existenciais existe o correlato dever de prevenção de danos, sendo, além de um dever jurídico, um dever de cunho moral a partir da concepção de justiça corretiva de Jules Coleman.

Embora não imune a críticas, a teoria de Jules Coleman contribui para uma revisitação das categorias da responsabilidade civil, instigando os agentes do direito a pensarem constantemente no aprimoramento do sistema de responsabilidade civil a partir de critérios morais e de justiça sem perder de vista os fins intrínsecos de nossas práticas e os elementos do ordenamento que legitimam o Estado a atuar na responsabilidade civil.

5. REFERÊNCIAS

ARISTÓTELES. *Ética a Nicômaco: Poética/Aristóteles*. Seleção de textos de José Américo Motta Pessanha. Tradutores Leonel Vallandro e Gerd Bornheim da versão inglesa de W.D. Ross. 4. ed. São Paulo: Editora Nova Cultural, 1991.

BONNA, Alexandre Pereira. *Punitive damages (indenização punitiva) e os danos em massa*. Rio de Janeiro: Lumen Juris, 2015.

COLEMAN, Jules L. The morality of strict liability. William and Mary Law Review, vol. 18, 1976.

_____. *The mixed conception of corrective justice*. Iowa Law Review, vol. 77, 1992a.

_____. *The practice of corrective Justice*. Arizona Law Review, vol. 37, 1995a.

_____. *Riesgos y daños*, Barcelona, Marcial Pons, 2010. Trad. de Diego M.

Papayannis. Barcelona: Marcial Pons, 2010.

_____. *Second thoughts and other first impressions*. Analyzing Law, 1998.

FINNIS, John. *Lei natural e direitos naturais*. Trad. Leila Mendes. São Leopoldo: Unisinos, 2007.

HUBBARD, Patrick. *The nature and impacto f the tort reform movement*. Hofstra Law Review, vol. 35, 2006.

MACINTYRE, Alasdair. *After virtue*. 3. ed. University of Notre Dame Press: Notre Dame, 1981.

PAPAYANNIS, Diego M. *Derechos y deberes de indemnidad*. In: In: PULIDO, Carlos Bernal; ZAMORA, Jorge Fabra (editores). La Filosofia de La Responsabilidad Civil: estúdios sobre los fundamentos filosófico-jurídicos de la responsabilidad civil extracontratual. Bogotá: Universidad Externado de Colombia, 2013.

POLINSKY, Mitchell; SHAVELL, Steven. *Punitive damages: an economic analysis*. In: Litigation services handbook: the role of the financial expert. WEIL, Roman L.; WAGNER, Michael J.; FRANK, Peter B. 3. ed. New York: John Wiley e Sons, 2001.

VISSCHER, Louis T. *Economic analysis of punitive damages*. In: KOZIOL, Helmut; WILCOX, Vanessa. Punitive damages: common law and civil law perspectives. Vol. 25. Vienna: Springer, 2009.

ZAMORA, Jorge Fabra. *Estúdio introductorio: estado del arte de la filosofia de la responsabilidad extracontractual*. In: PULIDO, Carlos Bernal; ZAMORA, Jorge Fabra (editores). La Filosofia de La Responsabilidad Civil: estúdios sobre los fundamentos filosófico-jurídicos de la responsabilidad civil extracontratual. Bogotá: Universidad Externado de Colombia, 2013.

RESPONSABILIDADE CIVIL POR ABUSO DO DIREITO: ENSAIO POR UMA COMPREENSÃO CONTEMPORÂNEA DO EXERCÍCIO DISFUNCIONAL DO DIREITO

Alexandre Dartanhan de Mello Guerra[1]

Doutor e Mestre em Direito Civil pela Faculdade de Direito da Pontifícia Universidade Católica de São Paulo. Pós-Doutoramento (em curso) na Faculdade de Direito da Universidade de Lisboa (Ciências histórico-jurídicas). Pós-graduado em Direito Público pela Escola Paulista da Magistratura. Professor, Coordenador Regional e Coordenador dos Cursos de Pós-Graduação em Direito do Consumidor, Direito Civil e Direito Processual Civil do 10º Núcleo Regional da Escola Paulista da Magistratura. Professor de Direito Civil da Faculdade de Direito de Sorocaba. Subchefe do Departamento de Direito Privado e Presidente da Comissão de Pós-Graduação da Faculdade de Direito de Sorocaba. Palestrante nos cursos de Especialização da Escola Paulista da Magistratura, da PUC/COGEAE e da Faculdade de Direito de São Bernardo do Campo/SP. Professor Assistente ao Professor Doutor Renan Lotufo nos Programas de Pós-graduação *stricto sensu* em Direito das Relações Sociais da PUC/SP (2011-2012). Juiz de Direito Titular da Vara da Fazenda Pública de Sorocaba/São Paulo (Entrância Final). Juiz da Terceira Turma Cível do Colégio Recursal da 10ª RAJ/SP. Juiz Instrutor e Formador da EPM. Juiz Colaborador da Escola Nacional de Formação e Aperfeiçoamento de Magistrados (ENFAM). Associado fundador do Instituto de Direito Privado e do Instituto Brasileiro de Estudos de Responsabilidade Civil. Coordenador e autor de obras e artigos jurídicos.

É possível errar de vários meios (...) ao passo que somente é possível acertar de uma maneira (...); é por isso que o excesso e a falta são características da deficiência moral e o meio termo é uma característica da excelência moral, pois a "bondade é uma só, mas a maldade é múltipla (Aristóteles. Ética a Nicômacos).

Sumário: 1. Introdução – 2. O abuso do direito como o exercício disfuncional do direito: por uma nomenclatura contemporânea – 3. A admissibilidade do exercício disfuncional do direito pelo mais fraco na relação jurídica: potência vs. vulnerabilidade – 4. Aplicação concreta do exercício disfuncional do direito na recente orientação do Superior Tribunal de Justiça – 5. Proposições conclusivas – 6. Referências.

1. INTRODUÇÃO

Permita-me leitor iniciar esse breve ensaio com uma confissão. Retornar ao estudo do abuso do direito é retornar às origens. Sempre. Às origens do Direito. E também às origens do pensamento jurídico do autor, admito. O tema é instigante

---

1. Dedico esse modesto ensaio com carinho a Thereza Campos Mello (*in memoriam*), que me ensinou a acreditar, porque tanto acreditou e como ninguém confiou; obrigado, amor, "por nunca ter deixado a peteca cair".

e tormentoso. É árido, fluído e nebuloso. Desafia a inteligência e a percepção dos juristas há séculos. Por ele, confesso, sempre nutri especial interesse. Os avanços e os retrocessos na compreensão do abuso do direito e na sua aplicação concreta permeiam o seu caminho ao longo dos tempos. Juristas de peso negaram a existência do abuso do direito sob o argumento de que "onde há Direito, não há abuso". Seria o abuso, portanto, uma *logomaquia*, isto é, uma *contradictio in terminis*, no dizer de Planiol.[2] Na doutrina, a primeira referência que se faz à expressão abuso do direito é de autoria do jurista belga Laurent. Desde o início dos meus passos na academia, confesso que o abuso do direito sempre esteve lá, à espreita, a observar-me e a desafiar minha compreensão limitada de tão grave fenômeno sociojurídico que ele recobre. A ele, dediquei-me profundamente no hoje já distante início de estudos de pós-graduação, ainda no ano 2003, há mais de uma década, portanto. As reflexões então desenvolvidas serviram como gênese ao que veio a público em obra intitulada *Responsabilidade civil por abuso do direito*: entre o exercício inadmissível de posições jurídicas e o Direito de danos,[3] pela prestigiosa Coleção Professor Agostinho Alvim (Editora Saraiva). O tempo passou. Mudou o autor, decerto. Mudou o abuso, talvez. Esse ensaio é a volta, portanto, a um velho instituto que tanto me seduziu, talvez por ser tão mal compreendido na edificação da Ciência do Direito. Pretendo, de algum modo, fomentar o seu melhor compreender.

Três são os momentos desse ensaio. O primeiro diz respeito à sua nomenclatura. A expressão *abuso do direito* fomenta por si só a incompreensão do instituto pelos juristas. Melhor é (e doravante a ele assim referirei) tratá-lo como *exercício disfuncional do direito*. A proposta sobre a qual me concentro é abandonar a nomenclatura acolhida pela doutrina clássica, uma vez que se mostra cercada por incompreensão por todos os seus lados. Em um segundo ponto, verificarei em quais situações subjetivas (e em quais relações jurídicas) o exercício disfuncional do direito é presente, na tentativa de desfazer a falsa noção de que o abuso do direito se prende necessariamente ao abuso da posição jurídica daquele em posição de superioridade (econômica, informacional, política, econômica, jurídica etc.). O abuso do direito nada tem a ver com o abuso do poder ou com o abuso de uma determinada posição jurídica dominante. Tal perspectiva obtusa não contribui para a compreensão suficiente do abuso do direito pelos juristas no século XXI. Na verdade, o abuso do direito é uma pura *disfuncionalidade* no exercício de uma posição jurídica, seja o exercente aquele que ocupa a posição de (hiper)potência, seja, por outro lado, aquele que se encontra em

---

2. Cfr. PLANIOL, Marcel. *Traité élémentaire de droit civil*, 2. ed., Paris, 1902, v. 2, ns. 870 e ss. *apud* LUNA, Everardo da Cunha. *Abuso de direito*, Rio de Janeiro: Forense, 1959, p. 100.
3. GUERRA, Alexandre. *Responsabilidade civil por abuso do direito*: entre o exercício inadmissível de posições jurídicas e o Direito de danos São Paulo: Saraiva, 2011, Coleção professor Agostinho Alvim. LOTUFO, Renan (coord.). Mais tarde, ao tema retornei em: GUERRA, Alexandre Dartanhan de Mello. Responsabilidade civil por abuso do direito. In: GUERRA, Alexandre Dartanhan de Mello; BENACCHIO, Marcelo (coords.). *Responsabilidade civil*: São Paulo: Escola Paulista da Magistratura, 2015, p. 299-320. Os pontos levantados nesse estudo foram examinados em maior profundidade nas obras em referência. Convém, entretanto, e como acima esclarecido, a eles agora retornar.

polo de vulnerabilidade ou de hipossuficiência (jurídica, técnica, econômica, enfim, pouco importa). A meu ver, como demonstrarei, pode haver exercício disfuncional do direito (abuso do direito) do consumidor, do menor, do incapaz, do devedor, do hipossuficiente, do contribuinte, do trabalhador, do idoso, do enfermo, enfim, de todos aqueles que ocupam as múltiplas posições jurídicas e que, justamente por isso podem exorbitar do núcleo direitos a eles conferido pela ordem jurídica. Num terceiro e final momento, apontarei as recentes manifestações do exercício disfuncional do direito da jurisprudência da Corte Superior em matéria infraconstitucional, o Superior Tribunal de Justiça.

2. O ABUSO DO DIREITO COMO O EXERCÍCIO DISFUNCIONAL DO DIREITO: POR UMA NOMENCLATURA CONTEMPORÂNEA

Os jusprivatistas divergem a respeito das origens do abuso do direito. Sustentam alguns que teve sua gênese em fins do século XIX, isto é, na Idade Contemporânea. Outros, entretanto, afirmam que a teoria do abuso do direito tem a sua raiz no Direito Romano. Certo é que enfrentar essa tormentosa questão histórica é desbordar os lindes desse ensaio.[4] Pontes de Miranda[5] leciona que reinou em Roma o Princípio do absolutismo jurídico, que foi marcado pelo "individualismo teórico". Por exemplo, era o que se podia identificar na situação jurídica do proprietário de um imóvel, que estava autorizado pelo Direito a explorar o solo como melhor lhe aprouvesse, ainda que tal exploração viesse a concretamente causar danos a seu vizinho. Em Roma, somente se reconhecia um limite ao exercício dos direitos subjetivos no dano intencionalmente causado e sem qualquer utilidade para o titular do direito subjetivo. Nada mais. Na Idade Média, surge, então, a referência à *teoria dos atos emulativos*.[6] Considerou-se *emulativo* todo ato praticado no exercício de um próprio direito com

---

4. Martinho Garcez Neto, por exemplo, afirma que a raiz do abuso do direito está no Direito Romano (presente do Período Clássico ao Período Justinianeu). A origem romana do entendimento do que viria a conhecer-se como abuso do direito, diz, pode ser comprovada por duas regras latinas: *nullus videtur dolo facere qui iure suo utitur* [não se pode acusar de dolo a quem faz uso de seu direito] (Gaio, Digesto, L. 50, tit. 17, Lei 55) e *nemo damnum facit nisi quid id facit, quod facere ius non habet* [não causa dano a outrem senão quem faz aquilo a que não tem direito]. (GARCEZ NETO, Martinho. *Responsabilidade civil no direito comparado*, Rio de Janeiro: Renovar, 2000, p. 158). No mesmo sentido, v: MARTINS, Pedro Batista, *O abuso do direito e o ato ilícito*, Rio de Janeiro, 1935, n. 10, p. 15. Decerto, o conceito de direito subjetivo não era claramente entendido pelos romanos, daí o primeiro óbice para que afirme a compreensão do abuso do direito naquele momento. Nesse sentido: BOULOS, Daniel A. *Abuso do direito no novo Código Civil*, São Paulo: Método, 2006; FERRAZ JÚNIOR, Tercio Sampaio. *Introdução à ciência do direito: técnica, decisão, dominação*. São Paulo: Atlas: 1994.
5. MIRANDA, Pontes de. *Tratado de Direito Privado*, Parte Especial, tomo LIII, 2. ed. Rio de Janeiro: Editor Borsoi, 1966, p. 64.
6. GARCEZ NETO, Martinho. *Responsabilidade civil no direito comparado*, cit., p. 164-165. Segundo Fernando Augusto Cunha de Sá, a origem distante da teoria dos atos emulativos realmente deve ser atribuída ao Direito Romano. Justificam-na as máximas latinas *sumum ius, summa iniuria, non omne quod licet honestum est, malitiis non est indulgendum, quod tibi non prodest et alli nocet, prohibetur, in suo enim alii hactenus facere licet, quatenus nihil in alienum immitat* (CUNHA DA SÁ, Fernando Augusto. *Abuso do direito*. Coimbra: Almedina 2005, p. 47 ss.).

o fim de causar prejuízos a outrem e sem tirar para o exercente qualquer proveito. Tal concepção foi especialmente verificada nas relações regidas pelo direito de vizinhança.[7] A utilidade da doutrina dos atos emulativos é reconhecer que há determinadas situações repelidas pelo Direito, mas não vedadas explicitamente pela lei. Certo é que as relações de vizinhança são terreno fértil para o abuso do direito. Basta recordar que o primeiro caso da jurisprudência francesa em que se proclama o abuso do direito diz respeito à situação de fato que envolve o proprietário de um imóvel que erige obstáculos de madeira com extremidades pontiagudas para dificultar o voo de aeronaves no terreno vizinho. Assim agindo, ensina a doutrina, ele pretendia forçar a compra do seu terreno a preço superior ao de mercado pelo vizinho prejudicado: é a célebre decisão do Tribunal de Compiègne, de Clement Bayard:[8] a Corte declarou a ilicitude de tal proceder.

No final do século XVIII, a Revolução Francesa fez com que o Direito passasse a ser visto como uma arma de proteção do indivíduo contra o arbítrio do Estado. O *Code Civil*, de 1804, foi fiel ao ideário burguês.[9] A missão precípua do Direito era salvaguardar a autonomia da vontade e a liberdade das convenções, com a exclusão do Estado de intervenções nas relações jurídicas na maior extensão possível.[10] A liberdade, a igualdade e a fraternidade foram então proclamadas como *direitos absolutos*, em conformidade com o contexto sócio-político reinante com a queda do Regime Monárquico Absolutista. Certo é que a própria ideia de direitos absolutos conflita, de *per si*, com a funcionalidade no exercício das posições jurídicas. Os valores em foco retrataram a legítima aspiração da burguesia em ascensão naquela passagem histórica. Entretanto, é evidente que os titulares dos direitos (se ilimitado fosse o seu exercício) passariam a concretamente abusar de tal liberdade irrestrita. Van Caenegem observa que em uma atmosfera de extrema desconfiança em relação à jurisprudência e à erudição que se vivia naquele momento, que a escola dominante do pensamento foi marcada por uma interpretação literal do *Code*, razão pela qual ficou conhecida como a Escola da Exegese.[11] E assim se fez. A liberdade de autodeterminação ne-

---

7. A respeito dos conflitos no direito de vizinhança, ver: DANTAS, San Tiago. *O conflito de vizinhança e a sua composição*. Rio de Janeiro: Borsoi, 1939.
8. Cfr. COLIN, Ambroise; CAPITANT, Henri. *Cours élémentaire de droit civil français*. Paris: Dalloz, 1934, v. 2, p. 190.
9. "O Direito passava a ser a mais poderosa arma contra o absolutismo do Estado, representado até então pela figura do monarca *divinamente inspirado* e sua tarefa consistia principalmente em salvaguardar a autonomia da vontade e a liberdade das convenções, excluindo o Estado, o tanto quanto possível, de intervenções nas relações dos contratantes." (LEVADA, Cláudio Antonio Soares. *Anotações sobre o abuso do direito, Revista dos Tribunais*, ano 80, v. 667, p. 44, maio 1991).
10. MARTINS, Pedro Baptista. *O abuso do direito e o ato ilícito*, 3. ed., Rio de Janeiro: Forense, 1997, p. 2.
11. VAN CAENAGEM, R.C. *Uma introdução histórica ao direito privado*. Tradução de Carlos Eduardo Lima Machado. São Paulo: Martins Fontes, 2000, 1999, p. 208. "A crítica à escola da exegese avançou muito pouco antes do fim do século XIX. Nessa época a crítica dirigia-se não apenas ao método seguido pela escola e a seu conceito positivista do Direito, mas também a alguns princípios do *Code Civil*: individualismo excessivo, falta de uma regulamentação adequada do emprego, respeito exagerado à liberdade de contrato, direitos absolutos de propriedade, papel do pai de família etc. Todos esses temas cresceram ainda mais em importância durante o século XX" (VAN CAENAGEM, R.C. *Uma introdução histórica ao direito privado*. Tradução de Carlos Eduardo Lima Machado. São Paulo: Martins Fontes, 2000, 1999, p. 211.

gocial individual passa então ser empreendida como um cruel meio de legitimação da exploração dos fracos pelos fortes, agora no particular contexto da Revolução Industrial e dos dias que seguiram no início do século XX. Passa-se então a entender como contrário ao Direito todo ato praticado pelo agente com a finalidade única de causar prejuízos a outrem e em afronta aos fins sociais e econômicos previstos pela norma jurídica (ainda que sejam tais atos aparentemente conformes à lei ou que não sejam por ela vedados expressamente). A boa-fé e os bons costumes surgem nesse panorama sociojurídico para delinear os contornos do que se vem a conhecer como a teoria do abuso do direito.

No Direito codificado, o primeiro Código Civil que expressamente afirma (e repele) o abuso do direito é o alemão (*BGB*), com início de vigência em 1900. O seu § 226º preceitua que o exercício de um direito é inadmissível se tiver unicamente a finalidade de causar dano a outrem. Mais tarde, em 1940, o artigo 281 do Código Civil grego serve como fundamento ao artigo 334º do Código Civil português (de 1966). Os diplomas legislativos grego e português e inspiraram o artigo 187 do Código Civil Brasileiro de 2002 segundo o qual "também comete ato ilícito o titular de um direito que, ao exercê-lo, excede manifestamente os limites impostos pelo seu fim econômico ou social, pela boa-fé ou pelos bons costumes). Certo é, no entanto, que no regime anterior ao Código Civil de 2002, a doutrina já reconhecia o abuso do direito em uma interpretação *a contrario sensu* da regra contida no inciso I do artigo 160 do Código Civil de 1916. O artigo 5º da Lei de Introdução ao Código Civil Brasileiro (atual Lei de Introdução às Normas do Direito Brasileiro) igualmente o justificava, segundo o qual "na aplicação da lei, o juiz atenderá aos fins sociais a que ela se dirige e às exigências do bem comum". *Atender aos fins sociais e ao bem comum é a função da Ciência do Direito*. O artigo 187 do Código Civil brasileiro de 2002 introduz clara e expressamente a figura do abuso do direito no direito positivo brasileiro. Ainda no sistema do revogado Código Civil de 1916, houve a tentativa de inserir o abuso do direito no direito positivo no Anteprojeto de Reforma da Lei de Introdução ao Código Civil Brasileiro apresentado sob a rubrica de "Lei Geral de Aplicação das Normas Jurídicas" de autoria de Haroldo Valladão.[12] Sob a rubrica "Condenação do Abuso do Direito", o artigo 11 de aludido anteprojeto dispunha: "Não será protegido o direito que for ou deixar de ser exercido em prejuízo do próximo ou de modo egoísta, excessivo ou antissocial".

A civilística clássica estabelece uma direta relação entre os conceitos de *abuso do direito* e de *direito subjetivo*.[13] Tal relação é insuficiente para a identificação adequada do abuso do direito, a meu ver. O direito subjetivo é o poder atribuído à vontade do

---

12. A respeito, ver: VALLADÃO, Haroldo. Estudios de derecho civil en honor del Prof. Castan Tobeñas, Pamplona: EUNSA, 1969, p. 641-643.
13. A respeito, ver: VALLADÃO, Haroldo. Estudios de derecho civil en honor del Prof. Castan Tobeñas, Pamplona: EUNSA, 1969, p. 641-643.
    Ricardo Luis. Nuevas fronteras del abuso del derecho, situaciones jurídicas lesivas de liberdades, tutela del mercado y amparo, Revista dos Tribunais, São Paulo, ano 85, v. 723, p. 60, jan. 1996.

sujeito e garantido pelo ordenamento jurídico para obter a satisfação dos interesses próprios na expressão da liberdade individual.[14] É o poder atribuído pela ordem jurídica para que a vontade individual se sacie. Sucede que o próprio conceito de direito subjetivo traz em si a ideia de relatividade dos direitos e do seu exercício. Por certo, a todo direito corresponde uma obrigação: "ius et obligatio sunt correlata". Segundo Miguel Maria de Serpa Lopes,[15] a própria sociedade é a credora dessa obrigação que brota a partir do exercício de um direito e, como tal, exige a moderação do exercente. O direito individual em exercício deve ser conformado pela própria sociedade na medida de garantia do interesse geral. É cristalina a necessidade social de bem equilibrar a equação estabelecida entre os interesses individuais e os interesses da coletividade.[16] Na contemporaneidade, o abuso do direito não mais se deve prender ao conceito de direito subjetivo. O abuso do direito é atrelado ao conceito de *função* no exercício do direito. O abuso do direito é o exercício contrário ou estranho à função própria da situação subjetiva. Daí a sua disfuncionalidade.

Segundo Pietro Perlingieri, há abuso do direito se o comportamento concreto do agente não se justifica pelo interesse que marca a função do direito preestabelecido na relação jurídica. O abuso é uma noção que se relaciona ao cumprimento da função da situação sistêmica da qual o poder jurídico é expresso pela garantia do seu exercício. Significa dizer, há abuso toda vez que um comportamento materialmente revela o seu desvio, ainda que abstratamente coincida com o conteúdo formal do direito estabelecido pelo legislador.[17] Assim, é evidente que o abuso do direito é o exercício disfuncional de uma determinada posição jurídica. Pietro Perlingieri ensina que sob o perfil estrutural, a relação jurídica é a relação que se trava entre situações jurídicas complexas. Essa relação entre as situações jurídicas impõe ao intérprete o dever de valorar (isto é, de avaliar) o comportamento nos momentos estático (de descrição do efeito) e dinâmico (de regulamentação dos interesses em disputa). Renan Lotufo[18] sublinha que diante das divergências doutrinárias quanto aos conceitos de direito subjetivo, de dever jurídico, de obrigação e de relação jurídica, o conceito de *situações jurídicas* assume primazia em razão da análise conjunta que deve ser determinante na visão global desse fenômeno jurídico-social. A situação jurídica é um conjunto de disposições normativas que atribuem determinados direitos e obrigações a um

---

14. Sobre o conceito de direito subjetivo, v. AMARAL, Francisco. Direito Civil, Introdução, cit., p. 188-189; GOMES, Orlando. Introdução ao Direito Civil, cit., p. 97; TELLES JUNIOR, Goffredo. Iniciação na ciência do direito. São Paulo: Saraiva, 2001, p. 253-351; LOPES, Miguel Maria de Serpa, Curso de direito civil, 2. ed., São Paulo: Freitas Bastos, 1957, v. 1, p. 532.
15. SERPA LOPES, Miguel Maria de. *Curso de direito civil*, cit., p. 533. No mesmo sentido: PRATA, Ana. *Vocabulário jurídico*, v. I, 5 ed. Coimbra: Almedina, 2008, p. 14-15.
16. No Brasil, a primeira monografia a respeito do abuso do direito, na sua primeira edição, data de 1935: MARTINS, Pedro Baptista. *O abuso do direito e o ato ilícito*. 3. ed., Rio de Janeiro: Forense, 1997, p. 2.
17. PERLINGIERI, Pietro. *O Direito Civil na legalidade constitucional*. Tradução de Maria Cristina de Cicco. Rio de Janeiro: Renovar, 2008, p. 735.
18. LOTUFO, Renan. *Curso avançado de direito civil*, cit., p. 134-135.

sujeito. Pietro Perlingieri[19] afirma ainda que a relação jurídica é a ligação entre as situações subjetivas que compatibiliza os centros de interesses a partir da interação que se estabelece pela regulamentação de interesses disciplinada pelo ordenamento jurídico. Enfim, as situações jurídicas são os conjuntos de direitos ou de deveres que se atribuem a determinados sujeitos em virtude das circunstâncias em que se encontram ou das atividades que desenvolve, leciona Francisco Amaral.[20]

Postas essas premissas, o abuso do direito nada é senão o exercício disfuncional de um direito (isto é, de uma situação jurídica). É uma disfunção valorativa no processo de exercer um direito. "É o abuso de situações causadas por aquele que manifestamente ultrapassa os limites da boa-fé, dos bons costumes e das próprias finalidades socioeconômicas do direito a ser exercido".[21] "Os direitos *topam* uns com os outros. *Cruzam-se. Molestam-se.* Têm crises de lutas e de hostilidades". O estudo do abuso do direito, diz Pontes de Miranda, "é a pesquisa dos encontros, dos ferimentos, que os direitos se fazem". "Quando se lançam na vida, (os direitos), quando se exercitam, têm de coexistir, têm de conformarem-se uns com os outros".[22] Segundo António Manuel da Rocha e Menezes Cordeiro,[23] o conceito de abuso do direito surge a partir de manifestações laterais (*manifestações periféricas*, no seu dizer) do sistema jurídico, com o objetivo de resolver problemas concretos. Renan Lotufo destaca que o abuso do direito é uma *disfuncionalidade intrassubjetiva*. Utiliza-se o autor da obra de Talcott Parsons (*Social systems and the evolution of action theory*) para ensinar que o sistema social exige a interação de ações de forma ordenada e persistente. "O indivíduo atuante integra-se no sistema à medida que seus comportamentos sejam ações no sentido exposto". Toda ação que se desvia da ordem persistente, ensina, é uma ação disfuncional. A possibilidade de haver desvios (isto é, disfuncionalidades) nos comportamentos dos agentes implica dever de existir mecanismos de controle social impostos pela ordem normativa. A não funcionalidade, alerta Lotufo, é pres-

---

19. PERLINGIERI, Pietro. *Perfis do Direito Civil*. Introdução ao Direito Civil Constitucional. Tradução de Maria Cristina de Cicco. Rio de Janeiro, Renovar, 2002, p. 115-116.
20. AMARAL, Francisco. *Direito Civil,* cit., p. 186.
21. LOTUFO, Renan. *Código Civil comentado:* parte geral (arts. 1º a 232), cit., v. 1, p. 499.
22. Idem, p. 68-69, destacamos. Segundo Rubens Limongi França, o abuso do direito é "um ato jurídico de objeto lícito, mas cujo exercício levado a efeito sem a devida regularidade acarreta um resultado que se considera ilícito" (LIMONGI FRANÇA, Rubens. *Abuso do direito,* Enciclopédia Saraiva de Direito, São Paulo, Saraiva, 1977, v. 1, p. 45). Juan Carlos Molina assim o define: "cuando el titular de una prerrogativa jurídica, de un derecho subjetivo, actúa de modo tal que su conducta concuerda con la norma legal que concede la facultad pero que resulta contraria a la buena fe, la moral, las buenas costumbres, los fines sociales e económicos en virtud de los que ha outorgado la prerrogativa; o bien quando actúa con culpa o dolo, sin utilidad para si y causando daños a terceros, incurre en un acto abusivo, no ejerce sino que abusa de él. En tal caso, el acto carece de eficacia y vincula la responsabilidad del agente por daños causados." (MOLINA, Juan Carlos. *Abuso del derecho: lesión e imprevisión en la reforma del Código Civil,* Buenos Aires: Astrea, 1969, p. 11). De acordo com Jorge Manuel Coutinho de Abreu, se um direito subjetivo é invocado para legitimar um comportamento inadequado à funcionalidade, tal invocação é espúria, pois tal comportamento, naquele contexto, não traduzir as faculdades em que o direito se analisa. (Jorge Manuel Coutinho de Abreu, *Do abuso do direito: ensaio de um critério em direito civil e nas deliberações sociais,* cit., p. 43-45).
23. MENEZES CORDEIRO, António Manuel da Rocha e. *Litigância de má-fé, abuso do direito de acção e culpa 'in agendo',* cit., p. 66.

sionada para o interior do sistema; a disfuncionalidade é combatida pelo sistema sociojurídico.[24]

O abuso do direito, decerto, pode ensejar a responsabilidade civil daquele que incorre na prática do ato ilícito causado pelo exercício disfuncional. Mas o que é a responsabilidade civil que o abuso do direito pode causar? O estudo etimológico da palavra *responsabilidade* leva à raiz *spondeo*.[25] *Spondeo* era a fórmula utilizada no Direito Romano com o objetivo de vincular o devedor solenemente às obrigações por ele assumidas. Na concepção atual da responsabilidade civil, todo aquele que assume uma obrigação responde, no caso de inadimplemento, com tudo o que lhe pertence, salvo aqueles bens que o legislador explicitamente exclui. A responsabilidade patrimonial acompanha a dívida e transmite a ela uma "espécie de gravitação". A execução forçada tem lugar apenas no inadimplemento da obrigação mediante intervenção judicial; "a responsabilidade abrange um *estado de sujeição*, ou seja, o responsável fica sujeito a uma obrigação imposta pelo ordenamento, portanto, a uma intervenção forçada em sua esfera privada, podendo atingir o seu patrimônio".[26] José Carlos Moreira Alves leciona que a *stipulatio* é um contrato verbal e abstrato, acessível apenas ao cidadão romano. É celebrado por meio de perguntas e de respostas em termos orais e solenes entre aqueles que assumirão as condições de credor (*stipulator*, *stipulans*, *reus stipulandi*) e devedor (*promissor*; *reus promittendi*). A pergunta (do credor) e a resposta (do devedor) eram feitas na forma da *sponsio*. *Sponsio* era, assim, o ato solene e necessariamente oral em que se emprega o verbo *spondere*: "*Centum mihi dari spondes?* (Promete dar-me cem?) – *Spondeo* (Prometo)".[27]

Fernando Noronha[28] salienta que a responsabilidade civil é a obrigação de reparar danos causados à pessoa, ao patrimônio de outrem ou a interesses coletivos. Na acepção ampla, a responsabilidade civil é a obrigação de reparar quaisquer danos antijuridicamente causados a outrem, isto é, danos causados em contradição com o ordenamento jurídico. Como regra, tais danos são resultado de ações humanas reprovadas pelo direito, mas também poderão ser consequência de acontecimentos naturais. Em casos especiais, diz o autor, tais danos podem ser resultantes de atos justificados, isto é, atos praticados em situações em que seria inexigível outro comportamento, e, por isso, são atos lícitos. Daí poder haver a responsabilidade civil também em atos lícitos, o que desafia estudo profundo em outra oportunidade. No sentido restrito, a responsabilidade civil é a obrigação de reparar os danos antijurídicos que sejam resultantes da ilícita violação (ainda que muitas vezes não culposa, e, portanto, *não ilícita*) do dever geral de não lesar a outrem (*neminem laedere, alterum non laedere*).

---

24. LOTUFO, Renan. *Código Civil comentado*: parte geral (arts. 1º a 232), cit., v. 1, p. 506-507.
25. LOTUFO, Renan. *Curso Avançado de Direito Civil. Parte Geral*. v. 1. 2 ed. São Paulo: Revista dos Tribunais, 2003, p. 290.
26. LOTUFO, Renan. *Curso Avançado de Direito Civil*. Parte Geral. v. 1. 2 ed. São Paulo: Revista dos Tribunais, 2003, p. 295.
27. MOREIRA ALVES, José Carlos. *Direito Romano*. 14. ed. Rio de Janeiro: Forense, 2008.
28. NORONHA, Fernando. *Direito das Obrigações*. Fundamentos do direito das obrigações: introdução à responsabilidade civil, São Paulo: Saraiva, 2003, v. 1, p. 429.

A responsabilidade civil visa a tutelar o interesse de cada pessoa na preservação da sua esfera jurídica por meio da reparação dos danos causados por outrem.

É importante acentuar que divergem os juristas que sustentam as concepções subjetivista e objetivista do abuso do direito. Decerto, tais concepções surtem efeitos diretos no elemento anímico importante para a verificação da responsabilidade civil. A meu ver, a razão está ao lado dos objetivistas. Fernando Noronha[29] pondera que a concepção subjetivista do abuso do direito prega haver o abuso somente quando se age com o propósito de prejudicar outrem. Os sectários da concepção objetivista (aos quais me filio), de outro lado, assumem posição finalista (teleológica ou social): para que o comportamento seja considerado abusivo, basta que o titular realize objetivos diversos daqueles para os quais o direito foi criado. Estabelece-se uma relação necessária com a finalidade do direito. A orientação objetivista alicerça-se na compreensão adotada de abuso de posições jurídicas. Significa dizer, para as teorias subjetivas do abuso do direito, é preciso identificar a intenção de prejudicar na atitude do agente.[30] Nas teorias objetivas, de seu turno, não há examinar a existência de culpa propriamente dita ou de dolo no desvio de finalidade no exercício do direito. Não se exige a efetiva prova da real intenção de causar danos a outrem para que somente assim haja abuso do direito. O abuso do direito é o exercício anormal (isto é, disfuncional) de um direito (isto é, de uma posição jurídica) independentemente dos elementos subjetivos que levam o agente a assim proceder. Cláudio Antônio Soares Levada[31] lembra que o principal defensor da teoria objetiva do abuso do direito foi Saleilles: é abusivo o ato, diz, quando deixa de atender à finalidade e à função para a qual o direito fora criado. O abuso, diz Saleilles, é um ato sem conteúdo jurídico, economicamente prejudicial e reprovado pela consciência pública. A corrente objetivo-finalista materializa a finalidade social do Direito no seu conteúdo ético e moral e o abuso do direito é marcado pela ilicitude estabelecida na relação de contrariedade entre a conduta do agente e o fim pretendido pela ordem jurídica.

3. A ADMISSIBILIDADE DO EXERCÍCIO DISFUNCIONAL DO DIREITO PELO MAIS FRACO NA RELAÇÃO JURÍDICA: POTÊNCIA VS. VULNERABILIDADE

Como demonstrei, o abuso do direito nada é senão a disfuncionalidade no agir a partir de uma determinada posição jurídica. Não se cuida do desvirtuamento no exercício de um direito subjetivo. Note bem: o exercício disfuncional do direito não se prende a uma imposição ilícita que parte daquele que ocupa o polo de superioridade econômica ou jurídica. Tal ponto merece ser especialmente vincado. É preciso repelir

---

29. NORONHA, Fernando. *Direito das obrigações: fundamentos do direito das obrigações: introdução à responsabilidade civil*, São Paulo: Saraiva, 2003, v. 1, p. 370
30. Sobre as teorias objetivas e subjetivas, v: AZI, Camila Lemos. *A lesão como forma de abuso de direito*, Revista dos Tribunais, São Paulo, ano 93, v. 826, p. 42, ago. 2004; AMARAL, Francisco. *Os atos ilícitos*. O novo Código Civil. Estudos em homenagem ao professor Miguel Reale. (Coord) NETTO, Domingos Franciulli. MENDES, Gilmar Ferreira; MARTINS FILHO, Ives Gandra da Silva. São Paulo: LTr, 2003, p. 161.
31. LEVADA, Cláudio Antonio Soares Levada. *Anotações sobre o abuso do direito*, cit., p. 38.

as inconsistências do abuso do direito geradas por uma inadequada compreensão do instituto, as quais geram a aplicação concreta incorreta. O abuso do direito é a cristalina materialização legislativa do Princípio da eticidade no Código Civil de 2002. No atual regime civil brasileiro, há dois conceitos não coincidentes (mas complementares) de ato ilícito. O primeiro conceito de ato ilícito é o estabelecido no artigo 186 do Código Civil. Revela ele o que a doutrina refere ser uma ilicitude material.[32] O artigo 186 veicula uma ilicitude material (formal) com autonomia científica, que marca a fragmentação contemporânea do conceito de ilicitude. De outra banda, há a ilicitude decorrente do abuso do direito retratada no artigo 187 do Código Civil. O abuso do direito (exercício disfuncional do direito) marca o descumprimento do sentido axiológico de uma determinada norma jurídica. Nelson Rosenvald recorre a Josserand para lecionar que o abuso do direito é o desvio do espírito do direito, o desvio da razão que justifica o direito, o desvio da finalidade ou da função social ínsita a todo direito, diz, em conformidade com um conteúdo valorativo preestabelecido pela própria ordem jurídica. É exatamente isso, a meu ver. "Todos os direitos subjetivos devem permanecer no plano da função a que correspondem, sob pena do abuso do direito. A concretização do critério se daria pela aferição do motivo legítimo do ato, confrontando a sua motivação individual com a missão do direito exercido".[33] Assim, nada é o abuso senão o descompasso entre o exercício formal de um direito e o conteúdo axiológico que justifica o seu reconhecimento num determinado ordenamento jurídico. Note que o abuso do direito não se confunde com o abuso do poder, com o desvio de poder ou com a fraude à lei.[34] O refinamento da compreensão do abuso do direito pelo intérprete é vital para a sua sobrevivência. Os ilícitos típicos são aqueles que se caracterizam pela frontal contrariedade a uma regra de conduta. Nos ilícitos atípicos (dentre os quais se insere o abuso do direito), as condutas humanas não ferem as regras, mas ferem os princípios. Neles, a regra jurídica realmente autoriza, em tese, o exercício do direito, mas a disfuncionalidade do exercício da posição jurídica fica ao final marcada pela violação dos limites (axiológicos) estabelecidos no artigo 187: a boa-fé, os bons costumes, o fim social do direito e o fim econômico do direito.

O exercício disfuncional do direito independe do reconhecimento pelo intérprete de que o exercente encontra-se em situação de superioridade em relação àquele diante de quem o direito é reconhecido. Na relação de ordem tributária, por exemplo, o contribuinte pode perfeitamente abusar do direito, conquanto seja a Fazenda Pública, obviamente, aquele que ocupa posição jurídica de supremacia. O consumidor pode perfeitamente exercer de modo disfuncional (abusiva) a proteção que lhe dispensa o mandamento constitucional e a norma jurídica protetiva do consumidor em uma

---

32. A respeito, ver: ROSENVALD, Nelson. *Dignidade humana e boa-fé no Código Civil*. São Paulo: Saraiva, 2005. Coleção Agostinho Alvim. _____. BRAGA NETTO, Felipe Peixoto; FARIAS, Cristiano Chaves de. *Novo tratado de responsabilidade civil*. São Paulo: Atlas, 2015.
33. ROSENVALD, Nelson; BRAGA NETTO, Felipe Peixoto; FARIAS, Cristiano Chaves de. *Novo tratado de responsabilidade civil*. São Paulo: Atlas, 2015, p. 197.
34. ATIENZA, Manuel; MANERO, Juan Ruiz. *Ilícitos atípicos*. Sobre o abuso do direito, fraude à lei e desvio de poder. Trad. de Janaina Roland Matida. São Paulo: Marcial Pons, 2014, p. 8.

dada relação jurídica que trava com o fornecedor, conquanto seja, de regra, o fornecedor aquele que ocupa situação de inferioridade. Não há incongruência alguma em tal assertiva. O menor também pode conduzir-se de modo disfuncional (e como tal receberá repulsa da ordem jurídica). É o que inspira a regra contida no artigo 180 do Código Civil, segundo a qual "o menor, entre dezesseis e dezoito anos, não pode, para eximir-se de uma obrigação, invocar a sua idade se dolosamente a ocultou quando inquirido pela outra parte, ou se, no ato de obrigar-se declarou-se maior". Por óbvio, o Direito reiteradamente protege o incapaz. Todo o sistema legal de incapacidade é um sistema protetivo (e não um sistema repressivo, óbvio). No entanto, se o menor age de modo disfuncional, subvertendo a axiologia da norma jurídica que o tutela, o Direito deixa de lhe dispensar proteção. O ordenamento jurídico veda o comportamento daquele que pretende beneficiar-se da própria torpeza, seja ele quem for, forte ou fraco, vulnerável ou hiperpotente. No artigo 180 do Código Civil, o Direito protege claramente aquele que se comporta de boa-fé, note bem, em detrimento do menor que age de maneira disfuncional. O imoral e o ilícito jamais podem ser legais. Apenas formalmente serão, mas substancialmente jamais. "Uma conduta formalmente adequada a uma regra, mas que se revele substancialmente te ofensiva a um princípio em razão do exercício de um direito de modo desproporcional será ilícito".[35] Por certo, a existência do abuso do direito independe da concreta aferição de dano. Significa dizer, pode haver o exercício disfuncional do direito ainda que o dano concreto jamais exista. Os comandos normativos estabelecidos nos artigos 927 e 944, *caput*, do Código Civil, são suficientemente claros: exigem o dano como condição à responsabilidade civil (ao dever de *indenizar*), e não à identificação do ato ilícito. Significa dizer, para a fixação do dever de indenizar (como é da função primacial da responsabilidade civil), o dano mostra-se imprescindível. Para a identificação do abuso do direito, contudo, o elemento dano revela-se inútil.

O exercício disfuncional do direito, portanto, pode estar em qualquer lugar. Abusa do direito aquele que pretende a gratuidade processual sem que a tanto faça jus ou aquele que reiteradamente maneja recursos com o propósito de obstar o cumprimento de uma ordem judicial. Aliás, a meu ver, todas as formas de ato atentatório à dignidade da Justiça estabelecidas na lei processual civil são claras manifestações do abuso do direito no processo. Abusa do direito todo aquele que exerce a sua atividade profissional exorbitando nas expressões e no comportamento processual. Abusa do direito quando se é negligente no dever de guarda e de educação dos descendentes, atendendo apenas o que a legislação civil estabelece a respeito do dever alimentar (o abandono afetivo, decerto, é nítida manifestação do abuso do direito). Abusa do direito o menor que se comporta de modo desleal na vida negocial, consoante estabelece o artigo 180 do Código Civil, como acima referi. Abusa do direito aquele que não se porta adequadamente na execução do contrato de trabalho, seja

---

35. ROSENVALD, Nelson; BRAGA NETTO, Felipe Peixoto; FARIAS, Cristiano Chaves de. *Novo tratado de responsabilidade civil*. São Paulo: Atlas, 2015, p. 199.

empregador, seja empregado. Abusa do direito aquele que incorre em hiperexposição nas redes sociais, ambiente no qual os excessos são frequentemente verificados no exercício do direito de expressão e opinião. Entretanto, é igualmente abuso do direito tolher desmesuradamente a liberdade de expressão. Abusa do direito aquele que oferta e permite que a contraparte incorra em erro. Abusa do direito aquele que enseja a violação positiva do contrato, nas suas mais diversas manifestações. Abusa do direito aquele que concentra sobre coisa de qualidade superior à qualidade média, em se tratando de obrigação de coisa incerta, se as partes ou se dos termos do negócio jurídico não se extrai essa possibilidade. Abusa do direito quem pretende resilir o contrato sem que a contraparte tenha tempo suficiente para ressarcir-se das despesas incorridas (como, aliás, é explícito o legislador ao tratar da limitação à denúncia do contrato de comodato, a teor do que estabelece o artigo 581 do Código Civil). Abusa do direito o que desatende ao dever de informação cabal, deixando de antecipar-se a prestar informações que a contraparte, por falta de conhecimentos técnicos a respeito, sequer cogita dever indagar ("caveat venditor"). Abusa do direito o agente público que ostensivamente invoca a proteção jurídica que lhe dispensa a lei penal para furtar-se de cumprir os seus deveres funcionais. Vestir-se e portar-se inapropriadamente é abuso do direito. Deixar de manter a via pública em condições de trânsito é abuso. Emitir ruído em excesso e em horário de repouso é abuso do direito. *Bullyng* é abuso; deixar o paciente horas a aguardar atendimento médico é abuso; aplicar a literalidade das regras jurídicas sem importar-se com o substrato social, princípiológico e axiológico na qual elas se inserem é abuso; deixar de ser pontual na vida social e negocial é abuso; omitir-se o Poder Público no seu dever de regulação administrativa e de prestação eficiente de serviços é abuso; explorar a inexperiência ou ignorância da contraparte é abuso etc. Todos os casos apontados rendem ensejo à responsabilidade civil, por certo, se dano houver. Enfim, são infinitas as manifestações concretas do exercício disfuncional do direito, todas reconhecidas independentemente da necessidade de aferir-se o poderio ou a vulnerabilidade de quem está a perpetrá-lo na relação sociojurídica.

    Decerto, parte das situações acima retratadas encontram-se em um ponto limítrofe entre o abuso do direito (Código Civil, art. 187) e o ato ilícito propriamente dito (Código Civil, art. 186). O fato é que a visão útil para desvendar o exercício disfuncional de um direito é aquela de que se vale do pensamento aristotélico, particularmente retratado em *Ética a Nicômacos* (Livro II). Aristóteles ensina que o homem deve buscar a excelência moral e intelectual. A sabedoria, a inteligência e o discernimento, diz, são formas de excelência moral. A liberdade e a moderação são formas de excelência moral. Tornamo-nos homens justos, alerta, praticando atos justos; tornamo-nos moderados (o que é a essência do exercício funcional da posição jurídica), diz, praticando atos moderados. "As coisas que temos que aprender antes de fazer, aprendemo-las fazendo".[36] A potencialidade nos é dada, ensina Aristóteles, mas somente mais tarde a exibimos por meio da atividade que escolhemos. A prudência e a moderação na escolha do agir individual marcam o exercício regular de todo direito. O "agir de acordo com a reta razão" constrói a excelência moral. A excelência moral constrói-se pela moderação e destrói-se pela deficiência e pelo excesso "tal como vemos acontecer com o vigor ou com a saúde".[37] Nada mais cristalino. Nada mais útil. A excelência moral do homem "também será a disposição que faz um homem bom e o leva a desempenhar bem a sua função". Nada há mais perfeito a ser perseguido: abuso do direito certamente está no desvio do "meio-termo". A chave para desvendar-se o exercício disfuncional do direito reside exatamente aqui.[38]

4. APLICAÇÃO CONCRETA DO EXERCÍCIO DISFUNCIONAL DO DIREITO NA RECENTE ORIENTAÇÃO DO SUPERIOR TRIBUNAL DE JUSTIÇA

Ao jurista, não é permitido ignorar que o Direito é uma Ciência. Mas é um ramo da Ciência que exige a realidade da vida para realizar-se. O objeto da Ciência do Direito (e a razão final da preocupação dos juristas, por óbvio) não se prende (melhor, não se circunscreve) à formulação de juízos hipotéticos sem preocupação em concretamente prescrever comportamentos humanos ou em surtir concretos efeitos na realidade na qual ele se insere.[39] À vida, portanto. Chega o momento de verificar como o Superior Tribunal de Justiça (Corte maior em matéria infraconstitucional) tem examinado o exercício disfuncional do direito. Mais de uma década após o seu julgamento, continua a ser paradigmático o acórdão do STJ no qual reconhece a Corte que, conquanto seja formalmente lícita a suspensão de fornecimento de serviço de energia elétrica por inadimplemento das obrigações da concessionária (a teor do que prescreve o artigo 6º da Lei Federal 8.987/1995), *"ao suspender o fornecimento de energia elétrica em razão de um débito de R$ 0,85 não age no exercício regular de direito, e sim com flagrante abuso de direito"*. A hipótese invocada é exemplar em termos cien-

---

36. ARISTÓTELES. *Ética a Nicômacos*. Trad. de Mario da Gama Kury. 4. ed. Brasília: Editora Universidade de Brasília. 2001, p. 35.
37. ARISTÓTELES. *Ética a Nicômacos*. Trad. de Mario da Gama Kury. 4. ed. Brasília: Editora Universidade de Brasília. 2001, p. 37.
38. Por "meio-termo", ensina Aristóteles, "quero significar tudo aquilo que é equidistante em relação a cada um dos extremos, e que é único e o mesmo em relação a todos os homens; por meio termo em relação a nós quero significar aquilo que nem é demais e nem muito pouco, e isto não é único e nem o mesmo para todos. (....). Então a excelência deve ter a qualidade que se aproxima de atingir o alvo do meio-termo" (ARISTÓTELES. *Ética a Nicômacos*. Trad. de Mario da Gama Kury. 4. ed. Brasília: Editora Universidade de Brasília. 2001, p. 42). "A excelência moral, então, é uma disposição da alma relacionada com a escolha de ações e emoções, disposição essa consistente num único meio-termo (o meio-termo relativo a nós) determinado pela razão (a razão graças à qual um homem dotado de discernimento o determinaria). Trata-se de um estado intermediário, porque nas várias formas de deficiência moral há falta ou excesso do que é conveniente tanto nas emoções quanto nas ações, enquanto a excelência moral encontra e prefere o meio-termo. Logo, a respeito do que ela é, ou seja, a definição que expressa a sua essência, a excelência moral é um meio-termo, mas com referência ao que é melhor e conforme o bem ela é um extremo" (ARISTÓTELES. *Ética a Nicômacos*. Trad. de Mario da Gama Kury. 4. ed. Brasília: Editora Universidade de Brasília. 2001, p. 42).
39. A respeito, ver: AMARAL, Francisco. *Direito Civil*. Introdução. 3. ed. Rio de Janeiro: Renovar, 2000.

tíficos. A aplicação concreta dos princípios da razoabilidade e da proporcionalidade deixa cristalino o desvio da finalidade do Direito pela interrupção de serviço público essencial por força de débito de valor ínfimo.[40] O julgado afirma a tese cientificamente correta: deve prevalecer a concepção objetiva do abuso do direito. Significa dizer, para que haja exercício disfuncional do direito, não é necessária a consciência de que se excedem os limites impostos pela boa-fé, pelos bons costumes ou pelo fim social ou econômico do direito. O legislador contenta-se com o excesso de tais limites. Nada mais reclama. "A responsabilidade civil decorrente do abuso do direito independe de culpa, e fundamenta-se somente no critério objetivo-finalístico".[41]

A invocação do abuso do direito no STJ prende-se, designadamente, ao abuso do direito de ação[42] (em especial ao abuso do direito de recorrer) e ao abuso do direito de informação (exercício disfuncional de liberdade de imprensa), no qual estabelece um confronto entre a liberdade de informação e expressão e os direitos da personalidade de garantia de honra e imagem.[43] A recente jurisprudência do Superior Tribunal de Justiça enfrenta o abuso do direito em três temas repetitivos. No entanto, deixa de delinear em tais oportunidades a conformação jurídica adequada do abuso do direito (isto é, como exercício disfuncional do direito). A Corte limita-se a invocar o abuso do direito como pressuposto para as consequências jurídicas que pretende ver prevalecer. Nada mais. Perde o desenvolvimento da doutrina com tal proceder restritivo. O primeiro caso diz respeito à insurgência de consorciados excluídos de um grupo. A controvérsia foi submetida ao rito dos recursos repetitivos e se firma o seguinte entendimento: "a aplicação da sanção civil do pagamento em dobro por cobrança judicial de dívida já adimplida (...) pode ser postulada pelo réu na própria defesa (...) sendo imprescindível a demonstração de má-fé do credor." Sem a demonstração de má-fé, a jurisprudência do STJ segue a linha cristalizada na Súmula 159 do STF e diz que não há lugar para aplicação da sanção civil, de modo que se orienta no sentido da concepção subjetiva do abuso do direito.[44] É nítido retrocesso referir à concepção

---

40. STJ, RESP 811.690/RR, 2006/0013155-4, Rel. Min. Denise Arruda, j. 18/05/2006.
41. Enunciado 37 da Jornada de Direito Civil promovida pelo Centro de Estudos do Conselho da Justiça Federal.
42. Por todos, ver: STJ, AgInt no RMS 52.089/AM, Rel. Ministro Mauro Campbell Marques, Segunda Turma, julgado em 06/06/2017, DJe 12/06/2017; EDcl nos EREsp 772.233/RS, Rel. Ministro Mauro Campbell Marques, Primeira Seção, julgado em 10/05/2017, DJe 17/05/2017; EDcl no AgInt no AREsp 974.848/SP, Rel. Ministro Mauro Campbell Marques, Segunda Turma, julgado em 09/05/2017, DJe 12/05/2017; EDcl nos EDcl no AgRg no RE no AgRg no AREsp 734.165/MG, Rel. Ministro Humberto Martins, Corte Especial, julgado em 05/04/2017, DJe 11/04/2017; ARE nos EDcl no AgInt no RE no AgRg nos EDcl no REsp 1529450/RS, Rel. Ministro Humberto Martins, Corte Especial, julgado em 29/03/2017, DJe 05/04/2017; EDcl no AgInt no REsp 1630945/RS, Rel. Ministro Luis Felipe Salomão, Quarta Turma, julgado em 09/03/2017, DJe 17/03/2017, dentre outros.
43. Dentre muitos outros, ver: STJ, AgInt no AREsp 745.351/PA, Rel. Ministro Raul Araújo, Quarta Turma, julgado em 20/06/2017, DJe 29/06/2017; AgInt no AREsp 874.819/SP, Rel. Ministro Napoleão Nunes Maia Filho, Primeira Turma, julgado em 20/04/2017, DJe 03/05/2017; REsp 1624388/DF, Rel. Ministro Marco Aurélio Bellizze, Terceira Turma, julgado em 07/03/2017, DJe 21/03/2017; AgInt no AREsp 999.524/SC, Rel. Ministro Antonio Carlos Ferreira, Quarta Turma, julgado em 13/12/2016, DJe 19/12/2016; AgInt no AREsp 925.229/SP, Rel. Ministro Marco Aurélio Bellizze, Terceira Turma, julgado em 18/10/2016, DJe 28/10/2016, dentre outros.
44. STJ, REsp 1111270/PR, Rel. Ministro Marco Buzzi, Segunda Seção, j. 25/11/2015, DJe 16/02/2016.

subjetiva do abuso do direito a essa altura do desenvolvimento da Ciência do Direito. O segundo caso apreciado pelo STJ que analisa o abuso do direito sob o prisma do julgamento dos recursos repetitivos trata do abuso do direito de ação: "(...) após o oferecimento da resposta, é defeso ao autor desistir da ação sem o consentimento do réu. (...). Entretanto, a discordância da parte ré quanto à desistência postulada deverá ser fundamentada, visto que a mera oposição sem qualquer justificativa plausível importa inaceitável abuso de direito".[45] A terceira hipótese tem caráter preceptivo e didático: "o titular do direito subjetivo que se desvia do sentido teleológico (finalidade ou função social) da norma que lhe ampara (excedendo aos limites do razoável) e, após ter produzido em outrem uma determinada expectativa, contradiz seu próprio comportamento, incorre em abuso de direito encartado na máxima *nemo potest venire contra factum proprium*".[46]

Merece destaque o recente julgado do STJ que enfrenta o problema do abuso do direito (melhor, do exercício disfuncional do direito) no plano do Direito contratual.[47] A hipótese versa a respeito do abuso do direito de resilição contratual. Diz respeito à denúncia imotivada do contrato, conquanto tenham sido realizados pela contraparte vultosos investimentos à realização da atividade empresarial ajustada por ambos. Reconheceu o STJ que a resilição do contrato nessas circunstâncias enseja dano injusto e corporifica violação à boa-fé objetiva, aos fins social e econômico, bem assim aos bons costumes. O valor científico do julgado está no fato de que não há referência a qual dos contratantes ocupa posição de primazia (superioridade) na relação jurídica. A interpretação por ele proposta é no sentido de que a regra contida no art. 473, parágrafo único, do Código Civil deve ser entendida em consonância com as diretrizes estabelecidas no artigo 187 do Código Civil.[48] Nele reconhece a Corte

---

45. STJ, REsp 1267995/PB, Rel. Ministro Mauro Campbell Marques, Primeira Seção, j. 27/06/2012, DJe 03/08/2012
46. STJ, REsp 1143216/RS, Rel. Ministro Luiz Fux, Primeira Seção, julgado em 24/03/2010, DJe 09/04/2010.
47. A respeito, ver: GUERRA, Alexandre. *Princípio da conservação dos negócios jurídicos*: a primazia da eficácia jurídico-social como critério de superação das invalidades negociais. Coleção Teses. São Paulo: Almedina, 2016.
48. Tira-se do aresto a seguinte lição de nítida importância, razão pela qual é necessária a sua transcrição parcial: "(...) é das mais importantes tendências da responsabilidade civil o deslocamento do fato ilícito, como ponto central, para cada vez mais se aproximar da reparação do dano injusto. Ainda que determinado ato tenha sido praticado no exercício de um direito reconhecido, haverá ilicitude se o for em manifesto abuso, contrário à boa-fé, à finalidade social ou econômica do direito, ou, ainda, se praticado com ofensa aos bons costumes. Tendo uma das partes agido em flagrante comportamento contraditório, ao exigir por um lado investimentos necessários à prestação dos serviços condizentes com a envergadura da empresa que a outra parte representaria, e, por outro, após apenas 11 (onze) meses, sem qualquer justificativa juridicamente relevante, a rescisão unilateral do contrato configura-se abalada a boa-fé objetiva, a reclamar a proteção do dano causado injustamente. 3. Se na análise do caso concreto, percebe-se a inexistência de qualquer conduta desabonadora de uma das partes, seja na conclusão ou na execução do contrato, somada à legítima impressão de que a avença perduraria por tempo razoável, a resilição unilateral imotivada deve ser considerada comportamento contraditório e antijurídico, que se agrava pela recusa na concessão de prazo razoável para a reestruturação econômica da contratada. 4. A existência de cláusula contratual que prevê a possibilidade de rescisão desmotivada por qualquer dos contratantes não é capaz, por si só, de afastar e justificar o ilícito de se rescindir unilateralmente e imotivadamente um contrato que esteja sendo cumprindo a contento, com resultados acima dos esperados, alcançados pela contratada, principalmente quando a parte que não deseja

com acerto a responsabilidade civil contratual decorrente do exercício disfuncional de posição jurídica. Ainda, o STJ recentemente afirma o disfuncional exercício do direito em julgado no qual se discute se é devida, ou não, a indenização securitária decorrente de contrato de seguro de automóvel quando o causador do sinistro foi preposto da empresa segurada em estado de embriaguez. Incide ao caso o artigo 768 do Código Civil. A orientação que firma a Corte é no sentido de que "o seguro de automóvel não pode servir de estímulo para a assunção de riscos imoderados que, muitas vezes, beiram o abuso de direito, a exemplo da embriaguez ao volante". "A função social desse tipo contratual torna-o instrumento de valorização da segurança viária (...)".[49] Daí ser indevida a indenização securitária, ensina a Corte, por exercício disfuncional do direito.

5. PROPOSIÇÕES CONCLUSIVAS

É preciso abandonar a visão da civilística tradicional para uma melhor compreensão do abuso do direito e da responsabilidade civil que dele decorre. O jurista deve avançar; jamais estagnar. O *exercício disfuncional do direito* é uma expressão clara o suficiente (e útil o bastante) para cumprir o papel de permanente oxigenação desse relevante instituto. Ela permite ao intérprete afirmar que o abuso do direito pode,

---

a resilição realizou consideráveis investimentos para executar suas obrigações contratuais. 5. Efetivamente, a possibilidade de denúncia "por qualquer das partes" gera uma falsa simetria entre os contratantes, um sinalagma cuja distribuição obrigacional é apenas aparente. Para se verificar a equidade derivada da cláusula, na verdade, devem ser investigadas as consequências da rescisão desmotivada do contrato, e, assim, descortina-se a falácia de se afirmar que a resilição unilateral era garantia recíproca na avença. 6. O mandamento constante no parágrafo único do art. 473 do diploma material civil brasileiro se legitima e se justifica no princípio do equilíbrio econômico. Com efeito, deve-se considerar que, muito embora a celebração de um contrato seja, em regra, livre, o distrato é um ônus, que pode, por vezes, configurar abuso de direito. 7. *Estando claro nos autos que o comportamento das recorridas consistente na exigência de investimentos certos e determinados como condição para a realização da avença, somado ao excelente desempenho das obrigações pelas recorrentes, gerou legítima expectativa de que a cláusula contratual que permitia a qualquer dos contratantes a resilição imotivada do contrato, mediante denúncia, não seria acionada naquele momento, configurado está o abuso do direito e a necessidade de recomposição de perdas e danos* (...)" (STJ, REsp 1555202/SP, Rel. Ministro Luis Felipe Salomão, Quarta Turma, julgado em 13/12/2016, DJe 16/03/2017, destaquei).

49. "O segurado deve se portar como se não houvesse seguro em relação ao interesse segurado (princípio do absenteísmo), isto é, deve abster-se de tudo que possa incrementar, de forma desarrazoada, o risco contratual, sobretudo se confiar o automóvel a outrem, sob pena de haver, no Direito Securitário, salvo-conduto para terceiros que queiram dirigir embriagados, o que feriria a função social do contrato de seguro, por estimular comportamentos danosos à sociedade. (...) Sob o prisma da boa-fé, é possível concluir que o segurado, quando ingere bebida alcoólica e assume a direção do veículo ou empresta-o a alguém desidioso, que irá, por exemplo, embriagar-se (culpa *in eligendo* ou *in vigilando*), frustra a justa expectativa das partes contratantes na execução do seguro, pois rompe-se com os deveres anexos do contrato, como os de fidelidade e de cooperação. 8. Constatado que o condutor do veículo estava sob influência do álcool (causa direta ou indireta) quando se envolveu em acidente de trânsito – fato esse que compete à seguradora comprovar –, há presunção relativa de que o risco da sinistralidade foi agravado, a ensejar a aplicação da pena do art. 768 do CC. Por outro lado, a indenização securitária deverá ser paga se o segurado demonstrar que o infortúnio ocorreria independentemente do estado de embriaguez (como culpa do outro motorista, falha do próprio automóvel, imperfeições na pista, animal na estrada, entre outros). (...) (STJ, REsp 1485717/SP, Rel. Ministro Ricardo Villas Bôas Cueva, Terceira Turma, j. 22/11/2016, DJe 14/12/2016).

afinal, encontrar-se em todos os lugares e em todas as situações jurídicas, independentemente de dever examinar-se a tibiez ou o poderio dos envolvidos.

O Direito é uma criação da inteligência humana, que se destina a ser observado pela sociedade em prol de uma pacífica convivência, pois a própria ordem social exige que os comportamentos dos titulares das múltiplas situações jurídicas estejam em conformidade com os padrões estabelecidos pelo ordenamento. A desconformidade de um comportamento ao que preceitua o Direito é lesiva a toda a sociedade e acarreta a imposição de uma sanção estabelecida por lei ao infrator. Ora, se o exercício disfuncional de um direito causa dano juridicamente relevante a outrem, tal lesão deve ser reparada. A gênese do exercício disfuncional do direito deve residir, então, em uma sensação de defesa daquilo que pertence a cada sujeito de direito enquanto membro de uma coletividade.[50] O que a sociedade convenciona denominar Direito, como disse em obra monográfica,[51] tem um limite claro na sua aplicação concreta, ainda que numa perspectiva de cariz axiológico. O exercício disfuncional do direito é, assim, a perda do sentido de proporcionalidade e de moderação que são próprios de qualquer comportamento humano, o que se mostra nocivo para toda ordem sociojurídica. Enfim, *em todas as coisas, a observância do meio-termo é louvável e os extremos não são nem louváveis nem corretos, mas reprováveis* (Aristóteles. *Ética a Nicômacos*).

6. REFERÊNCIAS

ABREU, Jorge Manuel Coutinho de. *Do abuso do direito: ensaio de um critério em direito civil e nas deliberações sociais*. Coimbra: Almedina, 1999.

AMARAL, Francisco. *Direito Civil*. Introdução. 3. ed. Rio de Janeiro: Renovar, 2000.

_____. Os atos ilícitos. *O novo Código Civil. Estudos em homenagem ao professor Miguel Reale*. (Coord) NETTO, Domingos Franciulli. MENDES, Gilmar Ferreira; MARTINS FILHO, Ives Gandra da Silva. São Paulo: LTr, 2003.

ARISTÓTELES: *Ética a Nicômacos*. Tradução de Mario da Gama Kury. 4. ed. Brasília: Editora Universidade de Brasília. 2001.

ATIENZA, Manuel; MANERO, Juan Ruiz. *Ilícitos atípicos*. Sobre o abuso do direito, fraude à lei e desvio de poder. Trad. de Janaina Roland Matida. São Paulo: Marcial Pons, 2014.

AZI, Camila Lemos. *A lesão como forma de abuso de direito*. Revista dos Tribunais, São Paulo, ano 93, v. 826, p. 42, ago. 2004.

---

50. Segundo Francesco Busnelli, é preciso observar um sempre presente dever de correção nos comportamentos humanos. Tal dever relaciona-se diretamente com o princípio geral da proibição do abuso do direito e com a função valorativa dos perfis da racionalidade. O Direito atribui relevância aos interesses de caráter constitucional e ao exame de merecimento ("meritevolezza") das formas do exercício na relação intersubjetiva (BUSNELLI, Francesco. Las fronteiras europeas de la responsabilidad civil. (Coord.) LOS MOZOS, José Luis de; COAGUILA, Carlos A. Soto. *Responsabilidad civil. Derecho de daños. Teoria general de La responsabilidad civil*. Madri: Editora Jurídica. p. 24).
51. GUERRA, Alexandre. *Responsabilidade civil por abuso do direito*: entre o exercício inadmissível de posições jurídicas e o Direito de danos São Paulo: Saraiva, 2011, Coleção professor Agostinho Alvim. LOTUFO, Renan (coord.).

BOULOS, Daniel A. *Abuso do direito no novo Código Civil*, São Paulo: Método, 2006.

BUSNELLI, Francesco. Las fronteiras europeas de la responsabilidad civil. (Coord.) LOS MOZOS, José Luis de; COAGUILA, Carlos A. Soto. *Responsabilidad civil. Derecho de daños*. Teoria general de La responsabilidad civil. Madri: Editora Jurídica.

CARVALHO NETO, Inácio de. Responsabilidade civil decorrente do abuso do direito. In: DELGADO, Mário Luiz; ALVES, Jonas Figueiredo (coords.). *Novo Código Civil. Questões controvertidas*. Responsabilidade civil. São Paulo: Método, 2006.

COLIN, Ambroise; CAPITANT, Henri. *Cours élémentaire de droit civil français*. Paris: Dalloz, 1934, v. 2.

CUNHA DA SÁ, Fernando Augusto. *Abuso do direito*. Coimbra: Almedina 2005.

DANTAS, San Tiago. *O conflito de vizinhança e a sua composição*. Rio de Janeiro: Borsoi, 1939.

DÍEZ-PICAZO, Luis; GULLÓN, Antonio. *Sistema de derecho civil*. El contrato em general. La relación obligatoria. 10. ed. v. II, t. 1. Madri: Tecnos, 2012.

DUGUIT, Leon. *Lecciones de Derecho publico general*. Impartidas de la facultad de Derecho de da Universidad egípcia durante los meses de enero, febrero y marzo de 1926. Trad. Javier García Fernández. Madri: Marcial Pons, 2011.

FERRAZ JÚNIOR, Tercio Sampaio. *Introdução à ciência do direito:* técnica, decisão, dominação. São Paulo: Atlas: 1994.

GARCEZ NETO, Martinho. *Responsabilidade civil no direito comparado,* Rio de Janeiro: Renovar, 2000.

GOMES, Orlando. *Introdução ao Direito Civil*. 15. ed. Rio de Janeiro: Forense, 2007.

GUERRA, Alexandre. *Responsabilidade civil por abuso do direito:* entre o exercício inadmissível de posições jurídicas e o Direito de danos São Paulo: Saraiva, 2011, Coleção professor Agostinho Alvim. LOTUFO, Renan (coord.).

_____. Responsabilidade civil por abuso do direito. In: GUERRA, Alexandre Dartanhan de Mello; BENACCHIO, Marcelo (coords.). *Responsabilidade civil:* São Paulo: Escola Paulista da Magistratura, 2015.

_____. *Princípio da conservação dos negócios jurídicos:* a primazia da eficácia jurídico-social como critério de superação das invalidades negociais. Coleção Teses. São Paulo: Almedina, 2016.

JOSSERAND, Louis. *El espiritu de los derechos y su relatividade*. Teleología jurídica. Granada: Editorial Comares, 2012.

LEVADA, Cláudio Antonio Soares. *Anotações sobre o abuso do direito*. Revista dos Tribunais, ano 80, v. 667, maio 1991.

LIMONGI FRANÇA, Rubens. *Abuso do direito,* Enciclopédia Saraiva de Direito, São Paulo, Saraiva, 1977, v. 1.

LOTUFO, Renan. *Código Civil comentado*. Parte geral (arts. 1º a 232). São Paulo: Saraiva, 2002. v. 1.

_____. *Curso avançado de Direito Civil*. Parte geral. 2. ed. São Paulo: Revista dos Tribunais, 2003, v. 1.

LORENZETTI, Ricardo Luis. *Nuevas fronteras del abuso del derecho, situaciones jurídicas lesivas de liberdades, tutela del mercado y amparo*. Revista dos Tribunais, São Paulo, ano 85, v. 723, p. 60, jan. 1996.

LUNA, Everardo da Cunha. *Abuso de direito*. Rio de Janeiro: Forense, 1959.

MARTINS, Pedro Batista. *O abuso do direito e o ato ilícito*. Rio de Janeiro, 1935, n. 10.

MARTINS, Ricardo Marcondes. *Abuso do direito e a constitucionalização do Direito Privado*. São Paulo: Malheiros, 2010.

MENEZES CORDEIRO, António Manuel da Rocha e. *Da boa fé no direito civil*. Coleção teses. Almedina: Coimbra, 2001.

_____. *Litigância de má-fé, abuso do direito de acção e culpa 'in agendo'*. Coimbra: Almedina, 2005.

MIRANDA, Pontes de. *Tratado de Direito Privado,* Parte Especial, tomo LIII, 2 ed. Rio de Janeiro: Editor Borsoi, 1966.

MOLINA, Juan Carlos. *Abuso del derecho: lesión e imprevisión en la reforma del Código Civil,* Buenos Aires: Astrea, 1969.

MOREIRA ALVES, José Carlos. *Direito Romano*. 14. ed. Rio de Janeiro: Forense, 2008.

NORONHA, Fernando. *Direito das Obrigações*. Fundamentos do direito das obrigações: introdução à responsabilidade civil, São Paulo: Saraiva, 2003, v. 1.

PERLINGIERI, Pietro. *O Direito Civil na legalidade constitucional*. Tradução de Maria Cristina de Cicco. Rio de Janeiro: Renovar, 2008.

_____. *Perfis do Direito Civil. Introdução ao Direito Civil Constitucional*. Tradução de Maria Cristina de Cicco. Rio de Janeiro, Renovar, 2002.

PRATA, Ana. *Vocabulário jurídico*. v. I, 5 ed. Coimbra: Almedina, 2008.

ROSENVALD, Nelson. *Dignidade humana e boa-fé no Código Civil*. São Paulo: Saraiva, 2005. Coleção Agostinho Alvim.

_____. BRAGA NETTO, Felipe Peixoto; FARIAS, Cristiano Chaves de. *Novo tratado de responsabilidade civil*. São Paulo: Atlas, 2015.

SERPA LOPES, Miguel Maria de. *Curso de direito civil*. 2. ed., São Paulo: Freitas Bastos, 1957, v. 1.

TELLES JUNIOR, Goffredo. *Iniciação na ciência do direito*. São Paulo: Saraiva, 2001.

VALLADÃO, Haroldo. *Estudios de derecho civil en honor del Prof. Castan Tobeñas*. Pamplona: EUNSA, 1969.

VAN CAENAGEM, R.C. *Uma introdução histórica ao direito privado*. Tradução de Carlos Eduardo Lima Machado. São Paulo: Martins Fontes, 2000, 1999.

TODO DANO É DANO INDENIZÁVEL?

Bruno Leonardo Câmara Carrá

Doutor em Direito Civil pela Universidade de São Paulo. Mestre em Direito pela Universidade Federal do Ceará. Estágio pós-doutoral pela Scuola di Giurisprudenza della Università degli Studi di Bologna. Juiz Federal (SJ/CE) e Professor Universitário (UNI7).

Sumário: 1. Introdução: O advento da cláusula geral do dano – 2. Cláusula geral mas Praxis restritiva – 3. Novos danos e o céu como limite – 4. *De Minimis non curat Praetor* – 5. Conclusão – 6. Referências.

1. INTRODUÇÃO: O ADVENTO DA CLÁUSULA GERAL DO DANO

Somente com o racionalismo jurídico é que se passa a divisar um conceito abstrato e uniforme de dano. Era o começo do fim do modelo fragmentário, que dominou o Direito Romano e – teoricamente – aqueles sistemas jurídicos que ainda o espelham em sua fase clássica, como o é, sob esse aspecto, a *Common Law*.[1] Surge a ideia de dano, como explica Adriano de Cupis, *tipicidade abstrata*.[2] *De Iure Belli ac Pacis*, de Hugo Grotius, foi um dos primeiros trabalhos a predicar a veiculação dos danos não por tipos específicos. Constituiria o dano numa categoria única e geral representativa da supressão indevida (*dammun forte a demendo dictum*) de todo e qualquer direito que correspondesse ao homem pela natureza ou por algum fato civil.[3]

Tal concepção foi finalmente aperfeiçoada por Jean Louis Domat, destacando-se então o mérito da novel acepção em poder permitir o adequado ressarcimento toda e qualquer perda causada em razão de um fato humano.[4] A mudança vinha acompanhada, ademais, de uma importante salvaguarda: a culpa.[5] Desse modo, a amplitude ou a largueza da cláusula geral era compensada pela exigência de um grau mínimo de culpa (*levíssima*) como requisito necessário para a fixação do dever de indenizar.[6] Vale dizer, se bem por um lado se estivesse a falar de que toda e qualquer

---

1. Nada obstante aceitar-se que, a partir do reconhecimento do com o delito (*tort*) de *negligence*, alguma evolução veio a ocorrer no sentido de uma maior abstração das hipóteses de dano. Cf: WHITE, G. Edward. *Tort law in America*: an intellectual history. New York: Oxford Press, 2003, p. 107.
2. DE CUPIS, Adriano. *Il danno*: teoria generale della reponsabilità civile. Milano: Giuffrè, 1946. p. 5.
3. GROTIUS, Hugo. *Del derecho de la guerra y de la paz*. Tradução de Jaime Torrubiano Ripoll. Madrid: Editorial Reus, 1925, t. 3. Capítulos XVII – XXVI del libro segundo y los I – III del libro terceiro. p. 9).
4. DOMAT, Jean Louis. *Les loix civiles dans leur ordre naturel*. E-book. La Haye: Adrian Moetjens, 1773, p. 196 e ss.
5. SAMUEL, Geoffrey. *The law of obligations*. Cheltenham: E. Elgar, 2010, p. 20.
6. Todo o raciocínio, em última análise, resultou de uma secular tradição, existente desde o período Pós-clássico, que interpretava a *Lex Aquilia* como modelo de tipo abstrato do dano tendo em vista a falência dos demais tipos do Direito Romano Clássico em acompanhar as imensas e intensas mudanças por que passaram. Logo, o padrão sistêmico aberto, quanto à tipificação, e mais rigoroso, quanto à culpa, foi o que

forma de prejuízo contaria com previsão legal para seu ressarcimento, por outro, ao se estabelecer a imperatividade da demonstração da culpa do ofensor, equilibrava-se o sistema, dando alguma igualdade de armas a ofendido e ofensor.

E foi desse modo que a redação do Código Civil dos franceses de 1804 limitou-se a enunciar de modo genérico que todo e qualquer fato humano que causasse um *dano* a outro obrigava aquele pela culpa de quem ele foi ocasionado a repará-lo (art. 1.382), desde que, claro, verificada a culpa do réu. Através desse *singelo* expediente, o *Code* alterou a lógica até então prevalente de vincular um dano específico pela violação de um interesse jurídico também especialmente tipificado, nunca é demais repetir, desde que presente a negligência, a imprudência, a imperícia e, obviamente, o dolo

O ponto que, nada obstante, não se costuma chamar atenção é o de que, a partir de então, tudo seria indenizável: não se necessitava mais malabarismos interpretativos para estender o alcance de tipos fechados. O histórico discurso de Jean Dominique Léonard Tarrible, em 19 Pluvioso de 1803, o diria com ênfase que todo e qualquer interesse jurídico estaria contemplado na regra do art. 1.382: "Do homicídio até a mais leve ferida, do incêndio em um edifício até à quebra do mais desprezível (bem) móvel, tudo está submetido à mesma lei". [7]

O mais desprezível bem móvel deteriorado...o mínimo prejuízo já seria passível se ensejar a demanda de responsabilidade civil. Chegava-se, assim, a um ponto na evolução do Direito Privado, onde todo e qualquer fato era capaz de gerar uma *deminutio* sobre o patrimônio de alguém. Os danos eram finalmente concebidos como "eventos de extensão ilimitada", como diz Álvaro Villaça Azevedo.[8] A cláusula geral do dano tornava possível um giro copernicano dentro da Responsabilidade Civil, que até então não admitia "tudo" como indenizável. Essa mudança, todavia, demoraria ainda muito tempo para se fazer sentir!

2. CLÁUSULA GERAL MAS PRAXIS RESTRITIVA

Com a Cláusula Geral do Dano, o problema da definição dos danos parecia haver sido superado. A exuberância da retórica do discurso de Tarrible, indicava que por meio de uma acepção puramente linguística, seria possível obter a noção jurídica de dano. A partir da ideia de *demere*, a significar literalmente, tolher, privar, ou diminuir, poder-se-ia inferir em evento de natureza danosa. Assim, qualquer alteração de consequências negativas (*in peius*) que alguém viesse a sofrer ensejaria a consequente indenização. A *praxis* que deveria lhe corresponder, contudo, não foi bem assim.

---

      passou a imperar: "*Lex Aquila et culpa levíssima venit*". Sobre o tema, cf. VALDITARA, Giuseppe. *Damnun iniuria datum*. Turim: G. Giappichelli, 2005.
7. ROSSETTI, Marco. *Il danno ala salute*. Padova: Cedam, 2009. p. 23-24.
8. AZEVEDO, Álvaro Villaça. *Teoria geral das obrigações*: responsabilidade civil. 12. ed. São Paulo: Atlas, 2011, p. 193.

Nunca o "tudo aquilo" que fenomenologicamente pudesse vir a ser considerado como danoso veio a ser de fato albergado pelo Direito. Essa, por sinal, constitui a própria raiz da distinção, não tão frequente entre nós, mas que se encontra na base de ordenamentos como o francês, entre dano (*dommage*) e prejuízo (*préjudice*), sendo a indenização cabível apenas quanto aos últimos, igualmente chamados, por isso mesmo, de *dommages-intérêts*. Assim, nem todos os danos eram considerados como juridicamente relevantes. Mais do que um problema de técnica jurídica, a questão assume contornos de orem ideológica e clara conotação econômica.

A nova dinâmica adotada pelo do *Code*, curiosamente, embora gestada dentro da mesma ambiência racionalista do liberalismo, possivelmente terminou indo além das perspectivas do mercado. Era imperativo limitá-la, pena de se infligir pesadas consequências econômicas a ele próprio (mercado). Assim, por meio desse controle, os danos passaram a ser associados apenas aos valores mais importantes daquela sociedade, que basicamente eram os de natureza patrimonial. É o que explicam Guido Alpa e Mario Bessone: o *laissez faire* implicava liberdade de operação econômica, contrapondo-se logicamente, portanto, à ideia de que todo dano pudesse ser ressarcido já que isso poderia desestimular a exploração de inúmeras atividades empresariais.[9]

Havia, por certo, uma razão ideológica, prosseguem os tratadistas peninsulares, que era as exigências das economias de *laissez faire*. Firmava-se o princípio de que nem todos os danos poderiam ser ressarcidos, senão que apenas os resultantes de lesões a interesses de maior relevância para o Direito, ou seja, de um interesse elevado à dignidade de *direito subjetivo absoluto*, expressão particularmente utilizada na Itália como designativa de agressões da alta relevância para o ordenamento.[10] Assim, a despeito da inovadora fórmula contida no art. 1.382 do Código Francês, durante décadas de construção jurídica imperou uma interpretação restritiva pela qual seria necessário, para fins ressarcitórios, acoplar o dado fenomênico do dano ao valor que o ordenamento lhe atribuía.

Veja-se a questão dos danos morais, por exemplo. Só por exceção aceitava-se a tutela de direitos imateriais, razão pela qual eles se circunscreviam apenas à defesa direta da vida, sua liberdade, integridade e honra em seus aspectos mais sensíveis. A França, ou melhor a jurisprudência francesa, mercê da natural influência da doutrina do *Code* foi a única grande exceção, como informa Patrice Joudan.[11] Fora de sua ambiência, na Itália o *Codice Civile* de 1942 o art. 2.059, em contraste com o 2.043 que reproduz em linhas gerais o texto francês sobre o dano, diz que em matéria extrapatrimonial só é ressarcido quando autorizado pela lei.

No Brasil, até a Constituição de 1988, debatiam-se fortemente doutrina e jurisprudência sobre a possibilidade de sua aplicação. O desconforto do desconforto do legislador em admitir compensações em caráter extrapatrimonial era tamanha que

---

9. ALPA, Guido; BESSONE, Mario. *La responsabilità civile*. 3. ed. Milano: Giuffrè, 2001. p. 5.
10. *Idem, ibidem*.
11. JOURDAN, Patrice. *Les principes de la responsabilité civile*. 6. ed. Paris: Dalloz, 2003.

hipóteses próprias de danos morais eram "ressarcidas" na forma de penalidades. Era o caso dos arts. 1.538 e 1.547 do Código Civil de 1916 que falam em pagamento de multa para os casos de ofensas à saúde e à integridade corporal, bem como no caso de agressões à honra.

Para conter a largueza da ideia inicial dos jurisconsultos do *Code* a dogmática que lhe seguiu fazia incorporar ao conceito de dano o adjetivo *ressarcível* de modo que apenas o dano com repercussão econômica fosse juridicamente qualificado e, portanto, passível de indenização. É dizer, para que fosse dano sob o aspecto jurídico, a violação deveria ser ressarcível sob o ponto de vista econômico.[12] A partir daí, desenvolveu-se toda uma construção que restringia a incidência do conceito de dano apenas para eventos definidos e certos, afastando os de cunho hipotético, prognosticável, ou sem uma repercussão fenomênica visível.[13]

Desse modo, a um elemento fenomênico, expresso pela noção de diminuição, acrescer-se-ia de modo necessário o elemento jurídico. Apenas quando presentes ambos, um dano pode ser considerado como ressarcível. Em resumo, seriam necessários um elemento material e outro formal. O primeiro tem conteúdo fático, mas não necessariamente físico. O segundo advém da qualificação jurídica que lhe é superposta e, dessa maneira, lhe permite o ingresso na cidadela do Direito. Vale dizer, a perda ou prejuízo, o dano no sentido naturalístico apresenta-se como noção extrajurídica, não sendo, por si somente, suficiente ainda para explicar em quais casos a perda ou o prejuízo passa a ser considerado juridicamente relevante.[14]

Limitada pelo mercado, ou pela ideologia de mercado, a partir da segunda metade do Século XX a balança claramente se inverte e se começa a viver um momento de ampla expansão horizontal com o reconhecimento dos assim chamados novos danos. Finalmente, a afirmação de Tarrible tornava-se real. O vetor que a consagrou foi a tutela dos direitos da personalidade, ou seja, a franca admissão dos danos extrapatrimoniais. Tal proteção, contudo, também produziu efeitos contrários, levando certos autores, com indisfarçável pessimismo, a proclamar que a Responsabilidade Civil estaria vivenciando não propriamente um renascimento, senão que um estado de crise em razão dos, muitas vezes, irrefletida admissão de um fato como danoso em termos jurídicos.[15]

3. NOVOS DANOS E O CÉU COMO LIMITE

A profundidade dos impactos sobre a vida humana gerados pela Revolução Industrial, os quais resultaram ainda mais aprofundados pela Revolução Tecnológica

---

12. ALVIM, Agostinho. *Da inexecução das obrigações e suas consequências*. 4. ed. São Paulo: Saraiva, 1972, p. 172.
13. Nesse sentido: GOMES, Luiz Roldão de Freitas. *Elementos de responsabilidade civil*. Rio de Janeiro: Renovar, 2000, p. 79; PEREIRA, Caio Mário da Silva. *Responsabilidade civil*. 9. ed. Rio de Janeiro: Forense, 2002, p. 45; VENOSA, Sílvio de Salvo. *Direito civil*: teoria geral das obrigações e teoria geral dos contratos. 6. ed. São Paulo: Atlas, 2006. v. 2. p. 34.
14. CHRISTANDL, Gregor. *La risarcibilità del danno esistenziale*. Milano: Giuffrè, 2007. p. 47.
15. TUNC, André. *La responsabilité civile*. 2. ed. Paris: Economica, p. 76.

que lhe seguiu, terminou pondo em debacle a lógica liberal que impunha freios à cláusula geral do dano. Reconheceu-se, mercê dos efeitos deletérios das máquinas, instrumentos tecnológicos, ou mais recentemente informáticos, que as possibilidades lesivas agora irradiavam efeitos sob os mais diversos aspectos da existência humana ou mesmo sobre o patrimônio das pessoas. Assim surgiram os "novos danos", denominados desse modo para destacar a dimensão contemporânea da noção de dano, cada vez mais fluida, dinâmica e espraiada.

Anderson Schreiber fala do afrouxamento progressivo dos pressupostos necessários para configuração do dever de indenizar, tal como definido ao longo dos séculos XIX e XX. Esse abrandamento é chamado pelo autor fluminense de *erosão dos filtros da Responsabilidade Civil*.[16] A desconstrução sistemática do modelo subjetivo, com a consequente incorporação da teoria do risco, abriu as portas para a reconstrução do conceito de dano na medida em que fez a Responsabilidade Civil voltar suas atenções para seu impacto sobre a vítima e não mais sobre a pessoa do ofensor.

A partir daí, foi possível o reconhecimento de "novos interesses" passíveis de proteção jurídica e, assim, civilmente reparáveis. Particularmente os de natureza imaterial, enfocando valores de cunho existencial tanto individuais como até coletivos. Eles passam a ser considerados pelos ordenamentos jurídicos, sobretudo por meio jurisprudencial, como merecedores de tutela.[17] A vocação da Responsabilidade Civil de nossa era, por muitos designada de pós-moderna, consistiria, assim, no reconhecimento nunca antes observado pela História do Direito de novas formas de lesão ao ser humano e sua consequente admissão à "reparabilidade".

Então, típico do movimento pendular que caracteriza as idas e vindas do Direito, de um modelo conceitual restritivo, a doutrina – e não raro os tribunais – começa a caminhar no sentido oposto, ou seja, ver realmente até nas mínimas agressões um ambiente favorável as indenizações. Não é o caso aqui de fazer uma análise mais aprofundada do fenômeno da expansão dos danos, que, atualmente, permite que situações como até mesmo a perspectiva de um dano possa ser indenizável; ou ainda que a coletividade inteirasse predique a existência de um patrimônio imaterial também sujeito à reparação. Vale dizer, os danos por perda de chance e os morais coletivos, os quais, no caso brasileiro, já foram tranquilamente sufragados pela jurisprudência do Superior Tribunal de Justiça.

O dilema, agora, passa a ser o contrário: não exagerar no reconhecimento dos danos. Para lembrar o excesso que muitas vezes se estaria a cometer dentro da nova perspectiva. Já se falou em "propagação irracional dos danos", "inflação dos danos", "indústria das indenizações", todas expressões que denotam a nova realidade na qual nos encontramos. Para exemplificar o excesso traz-se à colação comumente o quase macabro *Arrêt Perruche,* onde se reparou civilmente os pais de um nascituro que

---

16. SCHREIBER, Anderson. *Novos paradigmas da responsabilidade civil*: da erosão dos filtros da reparação à diluição dos danos. 3. ed. São Paulo: Atlas, 2011, p. 5.
17. Idem, p. 85.

era portador de rubéola, por erro médico consubstanciado na ausência de informação. Como o casal Perruche manifestou desejo de interromper a gravidez diante de eventual doença congênita da criança, entendeu a Corte de Cassação francesa que a indenização era devida já que não puderam evitar o nascimento da criança.

O exagero, inegável em muitos casos, não pode servir, entretanto, de argumento para sustentar qualquer postura ideológica que defenda uma estagnação, ou mesmo o retrocesso, da reconfiguração da Responsabilidade Civil em vista a uma mais eficaz e plena defesa das vítimas. O problema deve ser resolvido de forma desapaixonada. Há de se encontrar um meio termo que permita efetuar a compensação adequada para aqueles eventos lesivos que comprometam de modo reprovável o patrimônio jurídico da pessoa, seja ele material ou imaterial, seja ela física ou jurídica. Dessa maneira, evitam-se as aleivosias que maculam o programa de expansão, digamos, saudável dos danos.

Uma vez mais, ensinam Guildo Alpa e Mario Bessone que mais do que nunca é importante identificar critérios de seleção para os interesses efetivamente merecedores de tutela e, por decorrência, da circunscrição da área do dano ressarcível para impedir sua propagação irracional da tutela de ressarcimento de toda e qualquer forma de lesão. Em resumo, é forçoso realizar um confronto entre o interesse juridicamente atingido em consideração ao tamanho da lesão fenomenologicamente verificada.[18] Desse modo, é forçoso concluir que, sim, nem todo dano (em seu sentido natural) deve ser indenizado.

Sob essa perspectiva, O Direito Civil Alemão merece uma análise particular. O *Bürgerliches Gesetzbuch (BGB)*, em seu conhecido parágrafo 823, 1o., limita o ressarcimento aos danos decorrentes de uma lesão a um direito ou norma jurídica preexistente: "a pessoa que intencionalmente, ou negligentemente, lesionar injustamente a vida, o corpo, a saúde, a liberdade, a propriedade, ou outro direito, é responsável por realizar à vítima a compensação pelos danos daí surgidos".[19] Note-se, entretanto, que a relação de interesses/direitos lesados no BGB não é propriamente em números fechados. Ela reconhece a existência de outros direitos reconhecido (pelo ordenamento): *sonstiges Recht*.

O modelo alemão ora é destacado é classificado muitas vezes como eclético, pois reúne aspectos tanto do francês como da *Common Law*. Começando pela definição prévia de interesses jurídicos tutelados, termina por abrir suas portas para situações outras não expressamente previstas. Contudo, como ressalta, por exemplo, Erik Jayme que se bem este *sonstiges Recht* constitua a porta de entrada para uma *Rechtsfortbildung*, ou seja, a evolução da noção de ilícito civil mediante precedentes jurisprudenciais, a norma legal põe um nítido balizamento para isso. Os "outros

---

18. ALPA, Guido; BESSONE, Mario. Op. cit., p. 5.
19. No original: "Wer vorsätzlich oder fahrlässig das Leben, den Körper, die Gesundheit, die Freiheit, das Eigentum oder ein sonstiges Recht eines anderen widerrechtlich verletzt, ist dem anderen zum Ersatz des daraus entstehenden Schadens verpflichtet".

direitos" devem, assim, ser qualificados como direitos absolutos, em igual paridade com aqueles previamente enumerados.[20]

Vale dizer, se bem se permita a entrada de outros valores como passíveis de serem reconhecidos pelo Direito e, portanto, objeto de ressarcimento por ele também, não é toda e qualquer situação que o admitirá. Tudo isso somado significa apenas uma coisa: nunca houve na história ordenamento jurídico que desse vazão a esse ideário, algo platônico de que todo dano pudesse ser ressarcido. Apenas certas formas de dano, com efeito, é que se permite sejam passíveis de ressarcimento tendo em vista a magnitude da lesão, não fenomênica, e sim jurídica.[21]

4. *DE MINIMIS NON CURAT PRAETOR*

Então tomamos como elemento de inferência o que acima referimos: nem todo dano é indenizado e supõe-se não indenizáveis justamente aqueles que, por serem de pouca monta ou graduação, não impactam o patrimônio jurídico da pessoa. Essa regra pode ser substituída por uma bem mais antiga e conhecida de todos nós: *de minimis non curat Praetor*. Não cuida, por definição o Judiciário de causas inexpressivas. Explicam Georges Ripert e Jean Boulanger que, não se encontrando redigida em lugar algum, sua aplicação faz-se através da prática judiciária corrente, principalmente no âmbito da Corte de Cassação. [22]

Não apenas em França, mas também no Direito brasileiro, a parêmia vem sendo ultimamente louvada como forma de contenção de excessos de litigiosidade. Além disso, embora constitua uma formulação voltada para os Tribunais, dentro de seu poder discricionário de apreciação da relevância da lide, é possível examinar casos onde a retirada da relevância da repercussão do prejuízo decorreu de uma posição apriorística do próprio legislador.

Constituem situações onde o prejuízo não ensejará a consequente compensação financeira, como no caso da presunção legal de considerar-se como *ad corpus* a venda *ad mensura*, nos termos do art. 500, § 1º, do Código Civil: "quando a diferença encontrada não exceder de um vigésimo da área total enunciada", ressalvado, entretanto, ao comprador, o direito de provar que, em tais circunstâncias, não teria realizado o

---

20. JAYME, Erik. Precedente e Rechtsfortbildung nel sistema tedesco dell'illecito civile. L'influenza del diritto comparato. *Il Foro Italiano*: v. 111, p. 366-372, 1988, p. 366-367. Conferir, ainda: ALPA, Guido. Le frontiere attuali della responsabilità da illecitto nel diritto comparato. In: VACCA, Letizia. (Coord.). La responsabilità civile da atto illecito nella prospettiva storico-comparatistica: *I Congresso Internazionale ARISTEC*, Madrid, 7-10 ottobre 1993. Torino: G, Giappichelli, 1995, p. 312-319.
21. A frase é uma adaptação de uma antiga lição de Adriano de Cupis: "Quel che è certo, è che in nessun tempo e in nessun paese il diritto ha inteso l'opportunità di reagire a qualsiasi danno; si è costantemente avvertita l'esigenza di stabilire un criterio di discriminazione, atto a distinguere il danno come fato giuridico da danno inteso semplicemente come fenomeno dell'ordine fisico: quello si è sempre configurato come una specie di questo" (DE CUPIS, Adriano. *Il Danno Op. Cit.* p. 6-7).
22. RIPERT, Georges; BOULANGER, Jean. *Tratado de derecho civil*: según el tratado de Planiol. Tradução de Delia Garcia Daireaux. Buenos Aires: La Ley, 2002. t. 2, p. 85.

negócio. A regra, apesar de destinada a essa específica situação, serve de lembrança para todos nós de que a própria lei não desconhece que questões desprezíveis são, por isso mesmo, desprezadas pelo Direito.

É certo, todavia, que a insurgência de danos pulverizados, outra característica da sociedade de massa, impõe uma flexibilização da noção de interesse mínimo ofendido. Embora diminuto em relação ao autor da demanda, o montante final pode ser amplo se se vier a somar, um a um, esses fragmentos atomizados. De conseguinte, naquelas situações típicas de relações de consumo, sobretudo no Direito Bancário, onde a instituição financeira vem a locupletar-se indevidamente pela cobrança de tarifas que não representem um valor expressivo para o correntista, parece não ser justo objetar à vítima o direito de buscar a reparação de tais créditos.

Todavia, não parece ser igualmente interessante que se mova o aparelho Judicial para analisar questões repercussão mínima. Em determinado caso, por exemplo, uma pessoa moveu demanda de reparação civil ante o fato de ter adquirido junto ao sítio de compras um suporte e carregador dual USB isqueiro para Iphone GPS móvel pelo valor unitário de US$ 9,84, que nunca recebeu. Pela compra não cumprida, cobrava indenização de ordem material e moral. Como esse, inúmeros são os exemplos que se podem colher da prática forense revelando certo excesso levado e efeito com base na cláusula geral do dano por si só.

Outros tantos podem ser mencionados relativamente aos danos morais. Aqui, *de minimis non curat Pretor*, significa impedir que pequenos aborrecimentos, por trazerem consternação tão somente momentânea, possam configurar danos de cunho moral. Os danos agridem um interesse jurídico concreto e não apenas abstrato.[23] Mesmo os danos morais, portanto, necessitam ter um caráter duradouro que os distingam dos simples inconvenientes do dia a dia. A jurisprudência firmada por nossos tribunais não vacila em relação ao tema, impondo como pressuposto para a reparação a título moral um mínimo de seriedade da lesão.

Assim, um tempo maior de espera em fila de banco,[24] ou o simples travamento da porta giratória[25] não os configuram por importar em simples desconforto passageiro. Em outro caso no mínimo peculiar, considerou-se que também não geraria qualquer lesão de índole moral o fato de o árbitro não haver marcado pênalti em favor do time de futebol por que o autor torcia.[26] No mesmo rumo, a remansosa orientação no sentido de que, salvo quando envolver diretamente direitos da personalidade, o simples inadimplemento contratual não gera igualmente ofensa

---

23. SCHREIBER, Anderson. Op. cit., p. 187-188.
24. Superior Tribunal de Justiça. Agravo Regimental no Agravo 1422960/SC, da 4ª Turma, Relatora Ministra Maria Isabel Gallotti, julgado em 27/03/2012, *DJe* 09/04/2012.
25. Superior Tribunal de Justiça. Recurso Especial 983.016/SP, da 4ª Turma, Relator Ministro Luís Felipe Salomão, julgado em 11/10/2011, *DJe* 22/11/2011.
26. Superior Tribunal de Justiça. REsp 1296944/RJ, da 4ª Turma, Relator Ministro Luís Felipe Salomão, julgado em 07/05/2013, *DJe* 1º/07/2013.

extrapatrimonial.[27] Ou seja, a jurisprudência nacional parece concordar que nem todo dano é indenizável: exige-se que o dano sofrido apresente um mínimo de gravidade, de modo que o prejuízo insignificante não caracteriza descumprimento de dever por parte do agente.

Com efeito, embora a lei não afirme expressamente, dessume-se que o prejuízo, para ser reparável, tenha de apresentar um mínimo de gravidade ou valor, mas tal conclusão é imposta pelo bom-senso e até pelo princípio da boa-fé. A exigência da reparação desses prejuízos mínimos só poderia explicar-se pelo propósito de vexar o lesante e, como tal, não mereceria a tutela do direito.[28]

5. CONCLUSÃO

Parece suficientemente demonstrado que há, sim, casos onde o Poder Judiciário não deve reconhecer certos danos diante da inexpressiva lesão que acarretam um efetivo *demere* para a vítima. Se o crédito a ser tutelado é de tão pequena monta que apenas risque seu patrimônio jurídico, de que lhe adianta a utilização da cara e pesada máquina judicial? Os custos da demanda aliados ao entrave de mais um processo para ser julgado na longa fila dos que, envolvendo questões realmente necessárias, esperam por uma decisão, parecem ser argumentos de ordem pública suficientes para aconselhar sua exclusão. Nesse sentido, é de se sugerir a jurisprudência tentativamente firme tabelas, a exemplo da famosa milanesa, na tentativa de prefixar valores tendo em vista a natureza da relação jurídica em discussão.

Isso no caso dos danos materiais, no que se refere aos danos extrapatrimoniais, salvo situações onde previamente se observe não passar a demanda de uma clara "bobagem", até se justifica seu processamento, mas ao final deve o juiz ficar atento para não dar guarida a pretensões igualmente desarrazoadas ou inventivas. Nada obstante tudo isso, a ideia de um *de minimis non curat Pretor* necessita ser flexibilizada para evitar que grasse um inconveniente desvio de equidade, um Robin Hood às avessas que tira do pobre para dar ao rico. Ou seja, aqueles casos onde, por meio de "danos atômicos" tira-se muito pouco do indivíduo considerado isoladamente, mas ganha-se montanhas de dinheiro quando visto sob a perspectiva de massa.

Parece que, sob esse aspecto, a solução não pode ser outra senão a de intensificar as demandas coletivas, bem como a legitimação de cada vez mais organismos para seu ingresso. De conseguinte, pode-se legislativamente pensar em um sistema onde lesões de pequena monta sejam passíveis de ajuizamento apenas em demandas de natureza coletiva, inclusive no relativo ao ressarcimento.[29] Ou seja, até mesmo

---

27. Superior Tribunal de Justiça. REsp 1658692/MA, da 3ª Turma, Rel. Ministra Nancy Andrighi, julgado em 06/06/2017, *DJe* 12/06/2017.
28. Nesse sentido: SCHREIBER, Anderson. Op. cit., p. 193.
29. Sobre a atual prevalência das *class actions* relativamente aos vários cenários que surgiram após a sociedade de risco *Risikogesellschaft* diz Nelson Rosenvald: "Do ponto de vista do estudo do processo é de particular interesse a evolução da disciplina das ações coletivas. Não apenas por se tratar de um método de superação

o ressarcimento não seria feito em execuções individuas, senão coletivas, para não pulverizar o montante da condenação. Outro caminho poderia ser o de exigir, como ocorre em vários estatutos na *Common Law*, que a demanda seja precedida de uma audiência privada de conciliação, com a possibilidade de se fixar uma multa, no nosso caso poderia ser a própria litigância de má-fé, para aquele que, podendo resolvê-la deixa de o fazer.

Enfim, opção pela vedação do ingresso da demanda individual propriamente dita não inviabilizaria outras opções que garantissem ao atingido, nessas situações de massa, uma forma de obter uma justa compensação, a qual, entretanto, pode ser feita por mecanismos diversos, inclusive esses *in natura* agora em evidência como o pagamento de publicidade, pelo ofensor, dizendo que errou e pedindo desculpas aos consumidores ou comunidade atingida. O que não se pode permitir é que, a pretexto de um ideário quase romântico de Justiça se esqueça que ela é a primeira a demandar ponderação.

6. REFERÊNCIAS

ALPA, Guido. Le frontiere attuali della responsabilità da illecitto nel diritto comparato. In: VACCA, Letizia. (Coord.). La responsabilità civile da atto illecito nella prospettiva storico-comparatistica: *I Congresso Internazionale ARISTEC*, Madrid, 7-10 ottobre 1993. Torino: G, Giappichelli, 1995, p. 312-319.

_____; BESSONE, Mario. *La responsabilità civile*. 3. ed. Milano: Giuffrè, 2001.

AZEVEDO, Álvaro Villaça. *Teoria geral das obrigações*: responsabilidade civil. 12. ed. São Paulo: Atlas, 2011.

CHRISTANDL, Gregor. *La risarcibilità del danno esistenziale*. Milano: Giuffrè, 2007.

DE CUPIS, Adriano. *Il danno*: teoria generale della reponsabilità civile. Milano: Giuffrè, 1946.

DE LORENZO, Miguel Federico. *El daño injusto en la responsabilidad civil*: alterum non laedere. Buenos Aires: Abeledo Perrot, 1997.

DOMAT, Jean Louis. *Les loix civiles dans leur ordre naturel*. E-book. La Haye: Adrian Moetjens, 1773.

GOMES, Luiz Roldão de Freitas. *Elementos de responsabilidade civil*. Rio de Janeiro: Renovar, 2000.

GROTIUS, Hugo. *Del derecho de la guerra y de la paz*. Tradução de Jaime Torrubiano Ripoll. Madrid: Editorial Reus, 1925, t. 3. Capítulos XVII – XXVI del libro segundo y los I – III del libro tercero.

JAYME, Erik. Precedente e Rechtsfortbildung nel sistema tedesco dell'illecito civile. L'influenza del diritto comparato. *Il Foro Italiano*: v. 111, p. 366-372, 1988.

JOURDAN, Patrice. *Les principes de la responsabilité civile*. 6. ed. Paris: Dalloz, 2003.

PEREIRA, Caio Mário da Silva. *Responsabilidade civil*. 9. ed. Rio de Janeiro: Forense, 2002.

RIPERT, Georges; BOULANGER, Jean. *Tratado de derecho civil*: según el tratado de Planiol. Tradução de Delia Garcia Daireaux. Buenos Aires: La Ley, 2002. t. 2.

---

de obstáculos fáticos de acesso à justiça – assegurando economia de escala na gestão do contencioso civil –, mas principalmente por sua função preventiva dissuasória de condutas ilícitas." (ROSENVALD, Nelson. *As Funções da responsabilidade civil*. A reparação e a pena civil. 3 ed. São Paulo: Saraiva, 2017, p. 143).

ROSENVALD, Nelson. *As Funções da responsabilidade civil*. a reparação e a pena civil. 3 ed. São Paulo: Saraiva, 2017.

ROSSETTI, Marco. *Il danno ala salute*. Padova: Cedam, 2009.

SAMUEL, Geoffrey. *The law of obligations*. Cheltenham: E. Elgar, 2010.

SCHREIBER, Anderson. *Novos paradigmas da responsabilidade civil*: da erosão dos filtros da reparação à diluição dos danos. 3. ed. São Paulo: Atlas, 2011.

TUNC, André. *La responsabilité civile*. 2. ed. Paris: Economica, 1989.

VENOSA, Sílvio de Salvo. *Direito civil*: teoria geral das obrigações e teoria geral dos contratos. 6. ed. São Paulo: Atlas, 2006. v. 2.

WHITE, G. Edward. *Tort law in America*: an intellectual history. New York: Oxford Press, 2003.

O CHAMADO "DUTY TO MITIGATE" NA RESPONSABILIDADE CIVIL EXTRACONTRATUAL

Christian Sahb Batista Lopes

Professor Adjunto na Faculdade de Direito da Universidade Federal de Minas Gerais. Doutor e Mestre pela mesma instituição. Mestre em Direito (LL.M.) pela Columbia University. Cocoordenador do GACI – Grupo de Estudos em Arbitragem e Contratos Internacionais da Faculdade de Direito da Universidade Federal de Minas Gerais. Vice-Presidente da CAMARB – Câmara de Arbitragem Empresarial Brasil.

Sumário: 1. Introdução – 2. O abuso do direito – 3. O fundamento da mitigação no abuso do direito – 4. Conclusão – 5. Referências.

1. INTRODUÇÃO

No presente trabalho, abordamos a questão de se a vítima teria, à luz do direito brasileiro, ônus de mitigar[1] o próprio dano decorrente de um ilícito extracontratual. Em outros termos, teria a vítima que empregar esforços razoáveis para evitar a causação de um dano ou para impedir o aumento de seu prejuízo, sob pena de não poder obter a indenização pela parte que poderia ter sido evitada?

Um interessante caso julgado pelo Tribunal de Justiça de Minas Gerais[2] ilustra o problema aqui tratado. Autores e réu se envolveram em acidente automobilístico, causando danos físicos e estéticos aos autores e prejuízos ao veículo deles. Na ação, foi requerida indenização por danos materiais (danos ao veículo, despesas odontológicas e com internação), danos estéticos e danos morais. Houve condenação parcial em primeira instância, seguindo-se apelação de autores e réu.

Apurou o Magistrado de primeira instância que o valor gasto nos reparos do veículo, com compra de peças e mão de obra, ultrapassava o seu próprio valor de mercado. Assim, limitou a indenização em tal valor. Igualmente, não considerou devida indenização pelos valores gastos pelos autores para que, quando de sua internação para tratar dos danos físicos decorrentes do acidente, pudessem ficar em

---

1. Apesar de geralmente referido como "duty to mitigate" ou dever de mitigar, o instituto melhor se configura como ônus. De fato, não há uma conduta exigível do credor ou da vítima de agir para mitigar o dano, mas apenas uma conduta prescrita que, caso não observada, implicará para o lesado a vedação a ser ressarcido da parte evitável do prejuízo.
2. BRASIL. Tribunal de Justiça do Estado de Minas Gerais, 16ª Câmara Cível. Apelação cível 1.0701.07.183692-1/001. 1ºs Apelantes: Julio Ferreira dos Santos e outro. 2º Apelante: Felipe Raffaelli Ramos. Apelados: os mesmos. Rel. Des. Wagner Wilson, votação unânime, j. 11/03/2009.

apartamento ao invés de ambulatório, que seria a acomodação paga pelo plano de saúde. A sentença foi confirmada pelo Tribunal de Justiça.

Em outro trabalho[3] abordamos o ônus de mitigar na responsabilidade contratual, concluindo por sua aplicação no direito brasileiro, com base na boa-fé objetiva prevista no art. 422 do Código Civil e na compreensão da relação contratual como orientada à cooperação.[4]-[5] Em artigo que inaugurou a discussão do tema no Brasil, Véra Maria Jacob de Fradera tratou também da mitigação nas relações contratuais.[6] Gustavo dos Santos Kulesza também abordou a matéria em seu aspecto contratual.[7]

Entretanto, conforme ilustrado pelo julgado acima mencionado, a questão também se coloca para as obrigações decorrentes de ilícito extracontratual. Conforme destacado por José Carlos Brandão Proença:

> Mesmo sem se saber se a "colaboração creditória" assenta, como parece, num dever (pelo menos lateral) ou num mero ónus, a doutrina que sufraga esse fundamento reclama do lesado uma dupla atitude (omissiva ou de não agravamento e ativa ou de redução) e limita "seu" critério com o próprio conteúdo decorrente desse princípio objetivo. Não se pode esquecer, contudo, como ponto não despiciendo, que essa invocação é feita, essencialmente, perante a existência prévia de uma relação contratual (...)".[8]

Tendo em vista o direito positivo brasileiro, deve-se considerar adicionalmente que o referido art. 422 encontra-se situado topologicamente no Código Civil no Título V, "Dos Contratos em Geral", não poderia ele ser utilizado como fundamento positivo para aplicação do ônus de mitigar à responsabilidade civil extracontratual no direito brasileiro. Pode-se aventar a hipótese de que a regra da mitigação seja reconduzida à proibição do abuso do direito que, de acordo com parte da doutrina, foi incorporada em nosso direito pelo art. 187 do Código Civil. Poder-se-ia dizer que constitui exercício abusivo do direito à indenização pretender reparação quanto à parcela dos prejuízos que o credor poderia ter evitado com o emprego de esforços razoáveis. Ser indenizado pelos danos inevitáveis constituiria exercício regular e legítimo do direito, enquanto obter reparação por danos evitáveis seria exercício irregular ou abusivo do direito que, desta forma, não poderia ser reconhecido pela ordem jurídica.

Essa é a hipótese explorada a seguir.

---

3. Cf. LOPES, Christian Sahb Batista. *Mitigação dos prejuízos no Direito Contratual*. São Paulo: Saraiva, 2013. Este livro foi resultado da Tese de Doutorado do autor na Faculdade de Direito da Universidade Federal de Minas Gerais.
4. Cf. COUTO E SILVA, Clóvis V. *A obrigação como processo*. Rio de Janeiro: Editora FGV, 2006. p. 19.
5. Cf. BETTI, Emilio. *Teoria Generale delle Obbligazioni*. v. 1. Milão: Giuffrè, 1953.
6. Cf. FRADERA, Véra Maria Jacob de. Pode o credor ser instado a diminuir o próprio prejuízo? *Revista trimestral de direito civil*, Rio de Janeiro, v. 19, p. 109-119, jul./set. 2004.
7. Cf. KULESZA, Gustavo Santos. *Princípio da mitigação de danos*: evolução no Direito Contratual. Curitiba: Juruá, 2015.
8. PROENÇA, José Carlos Brandão. *A conduta do lesado como pressuposto e critério de imputação do dano extracontratual*. Coimbra: Almedina, 2007. p. 660-661.

2. O ABUSO DO DIREITO

A teoria do abuso do direito surgiu por obra da jurisprudência francesa em meados do século XIX, com feição eminentemente subjetivista, tendo por fim evitar atos emulativos e chicana. Era considerado abusivo o exercício do direito por seu titular com o objetivo de lesar o direito subjetivo de outrem. Com aplicação inicial no exercício do direito de propriedade e nas relações de vizinhança, o exercício abusivo do direito tinha como efeito a responsabilidade civil do agente pelos danos causados a outrem pelo exercício irregular de seu direito. Introduziu no contexto individualista e jusracionalista francês do século XIX a ideia de que os direitos subjetivos não tinham caráter absoluto, mas tinham limites decorrentes de sua função.[9] A funcionalização do direito, contudo, encontrava fundamento na proteção do direito subjetivo de outros indivíduos. Por isso, Menezes Cordeiro assinala que não houve uma ruptura na concepção oitocentista do direito privado, mas um desenvolvimento que se ateve ao mesmo esquema de pensamento então vigente. Não houve, inicialmente, conexão com a boa-fé.[10]

A ideia de abuso do direito ingressou o espaço jurídico alemão, mas de forma diferenciada, tendo inicialmente sido prevista como proibição da chicana, pelo § 226 do Código Civil daquele país. Esse dispositivo proibia o exercício do direito se tivesse como único propósito causar danos a outrem. Em razão de sua redação restritiva (causar danos deveria ser o *único propósito*), tal previsão legal teve escassa aplicação. Diante do fracasso da proibição da chicana, a teoria do abuso do direito passou a sustentar-se no § 826, que previa que aquele que causasse dolosamente danos a outrem, de forma que atentasse aos bons costumes, ficava obrigado a repará-lo. Essa norma, entretanto, era excessivamente restritiva, pois exigia a demonstração de dolo e preconizava a obrigação de indenizar como única solução ao abuso.[11] Assim, a teoria do abuso do direito passou a ser desenvolvida jurisprudencial e doutrinariamente a partir da boa-fé, prevista no § 242 do Código Civil alemão, adotando feição objetiva:

> Nas insuficiências do § 826, houve que buscar uma disposição portadora de um princípio geral do Direito, suficientemente vasto para controlar o exercício de quaisquer direitos privados, positivo no sentido de prescrever condutas e não, apenas, na sua falta, indemnizações, e objectivo, por ignorar elementos atinentes ao agente, como o dolo ou a negligência. A disposição em causa, que deveria, também, estar em plena expansão científica, foi encontrada no § 242 BGB (...).[12]

A partir dessas duas matrizes, a doutrina busca a consolidação do instituto do abuso do direito, da qual importa, para a presente análise, destacar dois grandes

---

9. Cf. ASCENSÃO, José de Oliveira. A desconstrução do abuso do direito. *In*: DELGADO, Mário Luiz, ALVES, Jones Figeirêdo. *Questões controvertidas no direito das obrigações e dos contratos*. Série Grandes Temas de Direito Privado, v. 4. São Paulo: Método, 2005. p. 35.
10. Cf. MENEZES CORDEIRO, António Manuel da Rocha e. *Da boa fé no Direito civil*. v. 1. Lisboa: Almedina, 1984. p. 670-671; 679-684.
11. Cf. MENEZES CORDEIRO. Da boa-fé... op. cit. p. 685-693.
12. MENEZES CORDEIRO. Da boa-fé... op. cit. p. 694.

problemas na abordagem do tema: o primeiro quanto à configuração do abuso do direito – se de caráter subjetivo ou objetivo –, o segundo quanto aos seus efeitos – se apenas de gerar responsabilidade civil ou de poder atuar como cláusula geral, em que poderia ser adotada a medida mais adequada para evitar o abuso.[13]

3. O FUNDAMENTO DA MITIGAÇÃO NO ABUSO DO DIREITO

A concepção subjetiva centrará nas finalidades, exclusivas ou não, do agente,[14] filiando-se às origens francesas do instituto. Segundo Caio Mário da Silva Pereira, de acordo com essa concepção, "abusa, pois, de seu direito o titular que dele se utiliza levando um malefício a outrem, inspirado na intenção de fazer o mal, e sem proveito próprio".[15] Centra-se a análise na intenção do agente, sendo necessária a presença do *animus nocendi* para que se configure o abuso do direito.[16]

O fundamento da mitigação dos danos não pode ser encontrado na concepção subjetiva do abuso do direito, salvo em situações excepcionais. Com efeito, na maioria dos casos, o lesado não pretende exercer seu direito à indenização com a finalidade exclusiva ou preponderante de causar prejuízo ao devedor. O objetivo da vítima, ao exercer seu direito, é obter a reparação por danos que efetivamente sofreu em seu patrimônio. Ora, os prejuízos foram realmente causados ao lesado em decorrência de um ato ilícito do agente. Portanto, a finalidade daquele é restaurar seu patrimônio.

Em casos limite, pode-se vislumbrar que a vítima intencionalmente aumente os danos que ela próprio sofra a fim de obter alguma vantagem indevida do devedor sob a ameaça de uma indenização substancial, atuando de maneira oportunística. Seu objetivo seria, então, causar prejuízo ao devedor, podendo-se dizer que agiu em abuso do direito, mesmo se o encarar sob o ponto de vista subjetivo. Todavia, esses casos são excepcionais. Na maioria das hipóteses, o lesado apenas não se preocupa em mitigar os danos porque sabe que esses têm como causa o ato ilícito do agente que, portanto, deverá indenizá-los. Ao exercer o direito à reparação, portanto, não abusa, mas age no exercício regular do direito de ter seu patrimônio restaurado. Assim, não servindo a teoria do abuso do direito, no seu aspecto subjetivo, para explicar a generalidade dos casos em que se exige a conduta de minimização dos prejuízos por parte do lesado, não poderá ser adotada como fundamento da norma de mitigação.

Na concepção objetiva, "o que interessa averiguar não é a intenção do agente, mas apenas os dados de facto, o alcance objetivo do seu comportamento, de acordo

---

13. Cf. NANNI, Giovanni Ettore. Abuso do direito. *In*: LOTUFO, Renan, NANNI, Giovanni Ettore. *Teoria geral do direito civil*. São Paulo: Atlas, 2008. p. 729-730. p. 750; 758-760
14. Cf. ASCENSÃO. A desconstrução... op. cit. p. 37.
15. PEREIRA, Caio Mário da Silva. *Instituições de direito civil*. v. 1. 21. ed. rev. atual. Maria Celina Bodin de Moraes. Rio de Janeiro: Forense, 2005. p. 673.
16. Cf. COSTA, Mário Júlio de Almeira. *Direito das obrigações*. 9. ed. rev. aum. Coimbra: Almedina, 2006. p. 72. THEODORO JÚNIOR. *Comentários ao novo Código Civil*. v. 3, t. 2. 2. ed. Rio de Janeiro: Forense, 2003. p. 118-119. *Apud* GOMES, Elena de Carvalho. *Entre o actus e o factum*: os comportamentos contraditórios no direito privado. Belo Horizonte: Del Rey, 2009. p. 76.

com o critério da consciência pública".[17] Segundo Ascensão, há duas facetas de encarar tal concepção:

– a funcional, em que se procurará determinar se um tipo de exercício satisfaz ou não a função dum direito (...)

– a racional-descritiva, que pretenderá limitar-se à demarcação, por interpretação, do conteúdo dos direitos.[18]

A doutrina, em geral, identifica que a teoria do abuso do direito foi prevista normativamente pelo artigo 187 do Código Civil brasileiro[19], *in verbis*:

Art. 187. Também comete ato ilícito o titular de um direito que, ao exercê-lo, excede manifestamente os limites impostos pelo seu fim econômico ou social, pela boa-fé ou pelos bons costumes.

Há opiniões doutrinárias que reconhecem, nesse artigo 187, a concepção subjetiva do abuso do direito, por se relacionar à definição de ato ilícito realizada pelo artigo 186, para o qual se exige culpa *lato sensu*.[20] Entretanto, a maioria dos autores enxerga nesse dispositivo a adoção da concepção objetiva do abuso do direito, sendo dispensável a demonstração de culpa daquele que agiu em abuso.[21]

O artigo 187 prevê, então, três hipóteses de exercício irregular ou abusivo, conforme o agente exceda manifestamente os limites impostos pelo (1) fim econômico ou social, (2) boa-fé ou (3) bons costumes.

De acordo com Ascensão, a primeira hipótese constitui um caso em que se percebe a faceta de funcionalização do direito.[22] Ao exigir que o direito seja exercido nos limites de seu fim econômico ou social, o ordenamento jurídico explicita que o direito tem finalidades que transcendem a mera satisfação de interesses de seu titular.

Não se pode considerar que a norma de mitigação esteja assentada na violação manifesta de limites impostos pelo fim econômico ou social do direito. Como se asseverou acima, o lesado pretenderá exercer seu direito à indenização por um dano que, efetivamente, sofreu em seu patrimônio e que foi causado pelo ato ilícito do agente. Portanto, o direito à indenização será exercido em conformidade com

---

17. COSTA. Direito... op. cit. 72.
18. ASCENSÃO. A desconstrução... op. cit. p. 37.
19. Cf. PEREIRA. Instituições... op. cit. v. 1. p. 675. GOMES. Entre... op. cit. p. 74. NANNI. Abuso... op. cit. p. 750. TEPEDINO, Gustavo, BARBOZA, Heloisa Helena, MORAES, Maria Celina Bodin de. *Código Civil interpretado*: conforme a Constituição da República. v. 1. 2. ed. rev. atual. Rio de Janeiro: Renovar, 2007. p. 345. José de Oliveira Ascensão, no entanto, considera que o artigo 187 trata de três hipóteses de limitação ao exercício dos direitos, que não são conciliáveis a um núcleo comum e não podem ser tidas como pertencentes da teoria do abuso do direito. Cf. ASCENSÃO. A desconstrução... op. cit. p. 51-52. Judith Martins Costa também considera que o artigo 187 não trata da teoria do abuso do direito, mas do exercício inadmissível de direito. Cf. MARTINS-COSTA, Judith. A ilicitude derivada do exercício contraditório de um direito: o renascer do *venire contra factum proprium*. In: REALE, Miguel et al. *Experiências do Direito*. Campinas: Millenium, 2004. p. 49. *Apud* GOMES. Entre... op. cit. p. 74.
20. Cf. GOMES. Entre... op. cit. p. 76. NANNI. Abuso... op. cit. p. 751.
21. Cf. NANNI. Abuso... op. cit. p. 750. TEPEDINO, BARBOZA, MORAES. Código... op. cit. v. 1. p. 346.
22. Cf. ASCENSÃO. A desconstrução... op. cit. p. 42.

o próprio fim econômico e social de tal direito, que é promover a restauração do patrimônio da vítima.

Os limites impostos pela boa-fé e pelos bons costumes não dizem respeito à funcionalização do direito. Não está em jogo sua função, mas seu conteúdo[23] Dessa forma, o abuso do direito impõe limites internos ao exercício do direito que serão traçados a partir das matrizes axiológicas da boa-fé e dos bons costumes.[24]

Na busca pela fundamentação da norma de mitigação, os limites dados pelos bons costumes não estão colocados em causa. De acordo com Mário Júlio de Almeida Costa:

> Por bons costumes há-de entender-se um conjunto de regras de convivência, de práticas de vida, que, num dado ambiente e em certo momento, as pessoas honestas e correctas aceitam comummente. Logo, o exercício de um direito apresenta-se contrário aos bons costumes quanto tiver conotações de imoralidade ou de violação das normas elementares impostas pelo decoro social.[25]

Portanto, o conceito indeterminado de bons costumes traz limites impostos pelas ideias de moralidade e decoro social.[26] Não são, portanto, noções úteis para explicar a norma de mitigação.

A boa-fé, por outro lado, traz em sua vagueza semântica as ideias de honestidade, lealdade e retidão na condução dos negócios, à maneira do padrão socialmente aceito de homem probo, conforme destacado por Judith Martins-Costa:

> [...] ao conceito de boa-fé objetiva estão subjacentes as ideias e ideais que animaram a boa-fé germânica: a boa-fé como regra de conduta fundada na honestidade, na retidão, na lealdade e, principalmente, na consideração para com os interesses do "alter", visto como um membro do conjunto social que é juridicamente tutelado. Aí se insere a consideração para com as expectativas legitimamente geradas, pela própria conduta, nos demais membros da comunidade, especialmente no outro polo da relação obrigacional. A boa-fé objetiva qualifica, pois, uma norma de comportamento leal.[27]

Diante da prática de um ato que viole o dever geral de *neminem laedere*, a boa-fé impõe que a vítima tenha em vista seus próprios interesses, aqueles do "alter" (o agente) e da própria sociedade, de forma evitar o desperdício de recursos econômica e socialmente relevantes. Havendo possibilidade de evitar o prejuízo por meio de esforços razoáveis, a conduta socialmente esperada do homem probo é que aja de forma a que tais danos não ocorram.[28] Se, no entanto, o lesado viola tal norma imposta pela boa-fé e posteriormente pretende obter reparação pelos danos sofridos,

---

23. Cf. ASCENSÃO. A desconstrução... op. cit. p. 43.
24. TEPEDINO, BARBOZA, MORAES. Código... op. cit. v. 1. p. 345.
25. COSTA. Direito... op. cit. p. 78.
26. Cf. COUTO E SILVA. A obrigação... op. cit. p. 35.
27. MARTINS-COSTA, Judith. *A boa-fé no direito privado*. São Paulo: Revista dos Tribunais, 1999. p. 411-412.
28. Cf. PROENÇA. A conduta... op. cit. p. 664. Segundo o autor, o contrário seria "uma visão demasiado *individualista* do problema, descurando totalmente a sua componente social e os interesses do lesante de não ser confrontado com uma situação particularmente agravada, resultante de condutas *dolosas* do lesado ou da projecção de um *descuido manifestamente irrazoável* com os seus bens" (itálicos no original).

o exercício ao seu direito à indenização é abusivo, pois excede manifestamente os limites traçados pela boa-fé.

Dessa forma, conclui-se que a teoria do abuso do direito, desde que tomada em seu aspecto objetivo e tendo sido desenvolvida a partir da boa-fé, é fundamento para a configuração, no direito brasileiro, do ônus de mitigar os prejuízos na responsabilidade extracontratual. Cumpre reconhecer haver uma zona de interseção entre as figuras da boa-fé e do abuso de direito nesse caso, como fez Elena de Carvalho Gomes ao analisar a vedação de *venire contra factum proprium*:

> Existe, de fato, uma zona de interseção entre os planos atinentes a cada uma das figuras [boa-fé e abuso do direito]. Conquanto tenham sido estruturadas para enfrentar conjunturas diversas, vieram a sobrepor-se, passando, assim, a dialogar.[29]

Na situação ora em análise – a mitigação na responsabilidade aquiliana – a boa-fé é convocada a partir da vedação ao abuso direito, na forma em que esse foi previsto em nosso Código Civil.

Assim como a teoria do abuso do direito, em sua concepção objetiva desenvolvida a partir do § 242 do Código Civil alemão, assenta-se na boa-fé, também a mitigação a tem por fundamento. Do ponto de vista doutrinário e lógico, para fundamentar a norma de mitigação não é necessário recorrer à teoria do abuso do direito, que por sua vez conecta-se com a boa-fé, se é possível justificar a *evitabilidade* diretamente na boa-fé objetiva. No entanto, para efeitos do direito positivo brasileiro, faz-se necessário evocar o tratamento dado para o abuso do direito pelo art. 187 do Código Civil, para que esse traga à baila a boa-fé esperada do lesado na responsabilidade extracontratual.

Por fim, cabe destacar haver duas posições quanto aos efeitos do exercício abusivo de um direito. De acordo com a tradicional concepção francesa da teoria, o titular que exerceu seu direito de forma abusiva ficará obrigado a indenizar os danos causados à pessoa prejudicada, que seria o único efeito da caracterização do abuso do direito em um caso concreto.[30] Esse posicionamento poderia ser sustentado à luz do artigo 187 do Código Civil Brasileiro, que caracterizou o abuso do direito como ato ilícito que, de acordo com o artigo 927, gera para o agente a obrigação de indenizar.

No entanto, é correntemente aceito que o ato abusivo pode ser reprimido não apenas pela responsabilidade civil do agente mas pela forma que for mais adequada diante do caso em análise.[31] Tal solução é possível a partir da construção do abuso do direito pela doutrina germânica que, como visto, assentou-se na cláusula geral prevista no § 242, a qual confere discricionariedade ao Juiz para, dentre as sanções previstas no ordenamento jurídico, adotar aquela que melhor assegure a observância da boa-fé em cada situação concreta. Da mesma forma, o artigo 187 do Código

---

29. GOMES. Entre... op. cit. p. 29.
30. Cf. NANNI. Abuso... op. cit. p. 758.
31. Cf. ASCENSÃO. A desconstrução... op. cit. p. 51.

Civil brasileiro é visto como norma contendo cláusula geral, uma vez que não prevê expressamente qual sanção deverá ser aplicada ao caso. Sobre o artigo 334º do Código Civil português, que tem redação semelhante ao artigo 187 do Código Civil brasileiro,[32] Mário Júlio de Almeida Costa assim se pronunciou:

> E passemos às consequências do abuso do direito. O legislador não as indica. Somente declara ilegítimo, no art. 334º, o comportamento qualificado como tal. Verificar-se-ão, em decorrência, os efeitos de qualquer acto dessa natureza.
>
> Conclui-se, sintetizando, que pertence ao juiz determinar, caso por caso, segundo os referidos critérios, não apenas se existe um acto abusivo, mas ainda as consequências sancionatórias que dele derivam. Algumas vezes, haverá lugar a restauração natural, nomeadamente através da remoção do que se fez com abuso do direito; ao passo que, outras vezes, ocorrerá tão só indemnização pecuniária dos danos. Além desta responsabilidade civil, poderão verificar-se sanções de vária ordem, visando impedir que o autor do acto abusivo obtenha ou conserve as respectivas vantagens.[33]

Esse é o entendimento que tem prevalecido na doutrina brasileira, sendo de se entender a caracterização de ilícito que o artigo 187 dá ao ato abusivo de maneira ampla, com o significado de contrário ao direito.[34]

No que concerne à mitigação, insta observar que a vedação do abuso do direito apenas poderá lhe servir de fundamento se seus efeitos não se restringirem ao caráter indenizatório. A norma de mitigação introduz a impossibilidade de que o lesado obtenha reparação pelos danos que poderia ter evitado e não a sua responsabilidade civil por algum prejuízo. Assim, vistos os efeitos da caracterização do abuso do direito de forma restritiva, não poderá esse instituto servir à *evitabilidade*. Por outro lado, se for visto como cláusula geral, poderá o juiz atribuir a sanção que é própria da norma de mitigação, ou seja, limitar a indenização a que faz jus a vítima aos danos inevitáveis.

4. CONCLUSÃO

A norma de mitigação é aplicável tanto à responsabilidade contratual como à extracontratual. Em ambos os casos, encontra seu fundamento na boa-fé objetiva que impõe ao credor da obrigação contratual inadimplida ou à vítima de ato ilícito o ônus de não aumentar artificialmente seus prejuízos e de empregar esforços razoáveis para impedir a causação do dano ou seu incremento. Com efeito, a boa-fé impõe ao lesado que aja com retidão, lealdade e probidade, levando em consideração seus próprios interesses (em não ter seu prejuízo aumentado), aqueles do agente ou devedor (em não ter aumentada a indenização que terá que pagar) e os da própria sociedade (em evitar a perda desnecessária de um recurso econômica e socialmente relevante).

---

32. O artigo 334 do Código Civil português caracteriza o ato de "ilegítimo", enquanto o brasileiro do rotula de "ilícito".
33. COSTA. Direito... op. cit. p. 78.
34. Cf. NANNI. Abuso... op. cit. p. 759-760.

Na responsabilidade extracontratual, a conduta do lesado que deixa ocorrer um dano tido como evitável com esforços razoáveis e, posteriormente, pleiteia a indenização por tal prejuízo evitável é considerado exercício abusivo de direito, pois "excede manifestamente os limites impostos (...) pela boa-fé", na dicção do art. 187 do Código Civil. Para aplicação da norma de mitigação à responsabilidade civil, o referido dispositivo legal deve ser interpretado como portador de cláusula geral, permitindo ao juiz atribuir a sanção adequada, ou seja, limitar a indenização a que faz jus a vítima aos danos inevitáveis.

5. REFERÊNCIAS

ASCENSÃO, José de Oliveira. A desconstrução do abuso do direito. *In*: DELGADO, Mário Luiz, ALVES, Jones Figeirêdo. *Questões controvertidas no direito das obrigações e dos contratos*. Série Grandes Temas de Direito Privado, v. 4. São Paulo: Método, 2005.

BETTI, Emilio. *Teoria Generale delle Obbligazioni*. v. 1. Milão: Giuffrè, 1953.

BRASIL. Tribunal de Justiça do Estado de Minas Gerais, 16ª Câmara Cível. Apelação cível 1.0701.07.183692-1/001. 1ºs Apelantes: Julio Ferreira dos Santos e outro. 2º Apelante: Felipe Raffaelli Ramos. Apelados: os mesmos. Rel. Des. Wagner Wilson, votação unânime, j. 11.03.2009.

COSTA, Mário Júlio de Almeira. *Direito das obrigações*. 9. ed. rev. aum. Coimbra: Almedina, 2006.

COUTO E SILVA, Clóvis V. *A obrigação como processo*. Rio de Janeiro: Editora FGV, 2006.

FRADERA, Véra Maria Jacob de. Pode o credor ser instado a diminuir o próprio prejuízo? *Revista trimestral de direito civil*, Rio de Janeiro, v. 19, p. 109-119, jul./set. 2004.

GOMES, Elena de Carvalho. *Entre o actus e o factum*: os comportamentos contraditórios no direito privado. Belo Horizonte: Del Rey, 2009.

KULESZA, Gustavo Santos. *Princípio da mitigação de danos*: evolução no Direito Contratual. Curitiba: Juruá, 2015.

LOPES, Christian Sahb Batista. *Mitigação dos prejuízos no direito contratual*. São Paulo: Saraiva, 2013. Este livro foi resultado da Tese de Doutorado do autor na Faculdade de Direito da Universidade Federal de Minas Gerais.

MARTINS-COSTA, Judith. *A boa-fé no direito privado*. São Paulo: Revista dos Tribunais, 1999.

MENEZES CORDEIRO, António Manuel da Rocha e. *Da boa-fé no Direito civil*. v. 1. Lisboa: Almedina, 1984.

NANNI, Giovanni Ettore. Abuso do direito. *In:* LOTUFO, Renan, NANNI, Giovanni Ettore. *Teoria geral do direito civil*. São Paulo: Atlas, 2008. p. 729-730.

PEREIRA, Caio Mário da Silva. *Instituições de direito civil*. v. 1. 21. ed. rev. atual. Maria Celina Bodin de Moraes. Rio de Janeiro: Forense, 2005.

PROENÇA, José Carlos Brandão. *A conduta do lesado como pressuposto e critério de imputação do dano extracontratual*. Coimbra: Almedina, 2007.

TEPEDINO, Gustavo, BARBOZA, Heloisa Helena, MORAES, Maria Celina Bodin de. *Código Civil interpretado*: conforme a Constituição da República. v. 1. 2. ed. rev. atual. Rio de Janeiro: Renovar, 2007.

CONSIDERAÇÕES SOBRE A BOA-FÉ NA RESPONSABILIDADE CIVIL EXTRACONTRATUAL

Diogo Leonardo Machado de Melo

Pós-doutor em Ciências Jurídico-Civis pela Faculdade de Direito da Universidade de Lisboa. Doutor em Direito Civil pela PUC-SP. Mestre em Direito Civil pela PUC-SP. Diretor Executivo do Instituto de Direito Privado (IDip). Diretor Cultural do Instituto dos Advogados de São Paulo (triênios 2013-2015 e 2016-2018). Professor da Faculdade de Direito da Universidade Presbiteriana Mackenzie. Advogado.

Sumário: 1. Premissas – 2. Mas boa-fé objetiva no âmbito da responsabilidade civil extracontratual? – 3. A Boa-fé objetiva na interpretação das condutas do lesante e do lesado. Pontos de partida para reflexão – 4. Referências.

1. PREMISSAS

Esse brevíssimo estudo tem como finalidade trazer aos leitores algumas reflexões sobre o papel da boa-fé objetiva na aplicação da teoria da responsabilidade civil extracontratual.

Antes, importante lembrar que o artigo 186 do Código Civil inaugura o título envolvendo o *ato ilícito* que, resumidamente, pode ser entendido como *contrariedade ao direito,* não mais necessariamente ligado, todavia, ao conceito de *culpa* ou de *dano,* especialmente se considerarmos agora o artigo 187 do mesmo Título. O antigo 159 do Código Civil de 1916, por seu enunciado e por sua posição estrutural, sempre ensejou a construção da ideia de *ilicitude civil* a partir da sua mais corriqueira *consequência patrimonial,* a saber, o nascimento do *dever de indenizar.* Todavia, como tem sido desenvolvido pela doutrina,[1] não mais se aplica essa ideia.

A identificação entre *ilícito* e *dano* sempre deixaram obscuras outras formas de *sanção civil do ilícito,* visão tipicamente *liberal, oitocentista,* amarrada (apenas) na tutela ressarcitória e o *custo econômico da lesão.* Nesse sentido, a doutrina tem prestigiado a tutela diferenciada que atenda aos novos bens dotados de relevância jurídica (concorrência, meio ambiente, personalidade etc.), que não se fundam, apenas, no dogma do tudo pode ser *compensado em pecúnia.*

A percepção segundo a qual por vezes é mais importante prevenir ou eliminar o ilícito do que reparar o dano permitiu que fosse reconstruída, conceitualmente, a

---

1. Dentre os autores que promovem a reavaliação do ilícito e, consequentemente, da responsabilidade civil, v. ROSENVALD, Nelson. *As funções da responsabilidade civil.* 3. ed. São Paulo: Saraiva, 2017, p. 21.

categoria de ilicitude civil, ensejando tutela processual contra os atos contrários ao direito e não mais, necessariamente, os atos danosos.

Para se viabilizar uma adequada tutela à pessoa humana e aos direitos da personalidade, aos direitos difusos, coletivos e às obrigações duradouras, o Código acaba por separar as noções de *ilicitude* e *dever de indenizar*, não aludindo diretamente nem ao elemento subjetivo (culpa), nem ao *dano*, nem à responsabilidade civil, abrindo maior inserção no campo do direito da Personalidade, possibilitando visualizar novas formas de tutela não restritas a obrigação de indenizar (ex. tutela preventiva, inibitória, específica etc.).

A estrutura do Código sugere, portanto, que a *obrigação de indenizar*, situada no capítulo próprio, acaba por permitir a reconstrução do *conceito de ilicitude*, por forma a abranger também a ilicitude derivada do exercício jurídico de que não resulte (necessariamente) consequência indenizatória, mas outras formas de tutela, inclusive processuais. Fala-se em ilicitude não apenas na hipótese de contrariedade às regras do ordenamento (considerando-se, aqui, todas as fontes legal, jurisprudencial, consuetudinária e jurisprudencial) mas também a *ilicitude* considerada depois de constituído um particular *contexto situacional*, tramado pela conexão entre elementos fáticos (ex. uma situação de confiança legítima, quando alguém pratica ou deixa de praticar algo porque acredita na regularidade de certa conduta alheia) e jurídicos. E essa contrariedade não precisa ser culposa, basta que seja imputável, isto é, atribuível a alguém, segundo a ordem jurídica. Imputar, em suma, significa determinase alguém deverá arcar com as consequências de ato ou fato, e quem deverá arcar, e em que medida. O ato ilícito sempre foi ligado à ideia da quebra de um dever preexistente por um determinado agente. E aquele que o viola, merece a imputação da responsabilidade.

2. MAS *BOA-FÉ OBJETIVA* NO ÂMBITO DA RESPONSABILIDADE CIVIL EXTRACONTRATUAL?

Feita essa observação introdutória, temos destacado[2] que mesmo que não seja algo *explícito* nos arts. 185 e 186 do Código Civil, a *boa-fé objetiva* não pode ser ignorada no estudo da responsabilidade civil extracontratual, especialmente para aferição do comportamento devido, diligente, em dada situação concreta.

Hoje não se questiona a relevância da boa-fé objetiva no âmbito do direito civil, notadamente nas relações obrigacionais, e, ainda especificadamente, no âmbito dos *contratos*. Ainda que sua incidência não fosse negada pela doutrina especializada, certo que sua positivação representou verdadeiro estímulo a sua invocação e o aumento geométrico na construção *tópica* jurisprudencial e doutrinária sobre os parâmetros (*standards*) de comportamento que passaram a ser exigidos no tráfego social.

---

2. MELO, Diogo L. Machado de. *Culpa extracontratual*. São Paulo: Saraiva, 2013.

Sabe-se hoje que a *boa-fé objetiva* dá concretude e efeitos práticos à *eticidade* e à *socialidade*,[3] valores que permeiam os princípios constitucionais e o direito privado da atualidade, especialmente o Código Civil.

O personalismo ético, que eleva o respeito pela dignidade pessoal de cada ser humano à categoria de imperativo moral supremo, não seria suficiente para fundamentar uma ordem jurídica (ou as relações privadas) se não interviesse também um elemento ético-social: e esse elemento indispensável é a *boa-fé*. Uma sociedade na qual cada indivíduo desconfiasse do próximo seria semelhante a um estado de guerra latente e, em vez da paz, dominaria a discórdia.

Ao lado da *dignidade da pessoa humana*, como comenta Karl Larenz, a boa-fé também representa um elemento indispensável nas relações privadas.[4] Segundo Renan Lotufo,[5] no âmbito do direito contemporâneo, a *boa-fé* deve sempre estar presente. Não só toda a interpretação jurídica deve ser pautada pela boa-fé (objetiva), representando, para o Professor de Direito Civil da PUC/SP, requisito de validade do próprio negócio jurídico.

No âmbito dos contratos, ficou evidente que a boa-fé é a *objetiva*, um *standard*, um dever imposto às partes para agirem de acordo com determinados padrões (de correção, lisura, honestidade etc.) socialmente recomendados.

É denominada "boa-fé lealdade" ou "boa-fé confiança",[6] adjetivos que realçam o escopo desse princípio: a tutela das legítimas expectativas da contraparte, para a garantia da estabilidade e da segurança das transações.

Adverte Menezes Cordeiro[7] que a remissão genérica de *boa-fé* como sinônimo (por exemplo) de *ética* deve ser afastada. Segundo o mestre português: "a simples presença de toda uma prática jurisprudencial, activa na solução real de problemas concretos, demonstraria estar em jogo uma temática jurídica e não um fenômeno da consciência. Semelhante saída, excessiva, não satisfaz: quando se pretenda ver, na boa-fé, um apelo a dados *éticos* tem-se, por isso mesmo, em vista algo de mais substancial do que limbos da moralidade individual". Para o ilustre professor da Faculdade de Direito da Universidade de Lisboa, boa-fé objetiva tem conceito mais *amplo* do que *culpa* ou *diligência*. E para manutenção do *refinamento* da linguagem jurídica, importante que se mantenham "designações próprias para temas bem delineados".[8] São conceitos com funções próprias, regimes diversos e consequências autônomas.

---

3. REALE, Miguel. *História do novo Código Civil*. São Paulo: Revista dos Tribunais, 2005, p. 38.
4. LARENZ, Karl. *Derecho civil*: parte general. Tradução de Miguel Izquierdo e Macías-Picavea. Madrid: Ed. Revista de Derecho Privado, 1978, p. 56.
5. LOTUFO, Renan. *Código Civil comentado*. São Paulo: Saraiva, 2003, v. 1, p. 307.
6. NORONHA, Fernando. *O direito dos contratos e seus princípios fundamentais*. São Paulo: Saraiva, 1994, p. 136.
7. MENEZES CORDEIRO, António Manuel da Rocha e. *Da boa-fé no direito civil*. 3. reimpr. Coimbra: Almedina, 2007, p. 1160.
8. MENEZES CORDEIRO, António Manuel da Rocha e. *Da boa-fé no direito civil*. 3. reimpr. Coimbra: Almedina, 2007, p. 1230.

De acordo ainda com o autor português: "(...) o dever de cuidado *ex bona fide* constitui uma obrigação legal específica, no contexto que o veja nascer; o dever de cuidado face a danos involuntários prevenidos por normas, surge como obrigação genérica, comandada pela remissão para o padrão jurídico do bom pai de família[9] (...). Nesses casos "a *culpa* visa tornar possível a imputação delitual de um prejuízo, de modo a desencadear os esquemas da responsabilidade civil destinada à reparação de danos; a boa/má-fé pretende seja a protecção da confiança, seja a das situações materiais afectadas pelo sujeito, mas sem recorrer, em si, ao esquema típico do dever de indemnizar (...). Fica claro, contudo, que diligência e boa-fé são noções destinadas, muitas vezes, a *agir lado a lado*".[10]

Sobre a diferenciação da *culpa* e *boa-fé*, Alberto de Sá e Mello[11] comenta também que "dificilmente se conceberá, à primeira vista, para a generalidade dos sujeitos a consagração de um dever geral de cuidado no respeito pelos direitos alheios ou interesses legalmente protegidos, cuja violação determinasse, só por si, a existência de uma conduta culposa: ora, não se demonstra que sejam duas faces da mesma realidade, não sendo verdade que a violação do princípio da boa-fé resulte sempre em incumprimento culposo. O conceito de boa-fé não é imediatamente utilizável para a determinação da culpa no comportamento danoso".

Ancorado na afirmação de Menezes Cordeiro, muitas vezes, os conceitos de *boa-fé* e *culpa* caminharão lado a lado, como ocorre com outros temas do direito privado e, sem dúvida alguma, acabará influenciando na interpretação da *culpa* da responsabilidade civil.

Sobre a boa-fé (e, especialmente, sobre *a confiança*[12]) no âmbito do ato ilícito, comenta Carneiro da Frada que tais princípios não se limitam ao âmbito contratual, ou, mais amplamente, a teoria da *confiança* não está circunscrita ao âmbito dos negócios.[13] Foi no domínio das *obrigações contratuais* que a norma do comportamento de boa-fé germinou e encontrou a sua guarida mais segura. Mas o âmbito de sua incidência não está a ele limitado.[14]

Aliás, à luz da configuração tradicional da responsabilidade *aquiliana*, é compreensível, segundo o Autor, que a tutela da *boa-fé* e da *confiança* seja desvalorizada,

---

9. MENEZES CORDEIRO, António Manuel da Rocha e. *Da boa-fé no direito civil*. 3. reimpr. Coimbra: Almedina, 2007, p. 1226.
10. MENEZES CORDEIRO, António Manuel da Rocha e. *Da boa-fé no direito civil*. 3. reimpr. Coimbra: Almedina, 2007, p. 1229.
11. MELLO, Alberto de Sá. Critérios de apreciação da culpa na responsabilidade civil. *Revista da Ordem dos Advogados*, Lisboa, ano 49, n. 2, p. 519 e s., 1989.
12. Vale observar, apenas como refinamento do discurso, que doutrina portuguesa (baseada na alemã) difere os termos "confiança" da "boa-fé: enquanto o primeiro tutela a *expectativa*, a boa-fé refere-se a *regras de comportamento*.
13. CARNEIRO DA FRADA, Manuel António de Castro Portugal. *Teoria da confiança e responsabilidade civil*. Coimbra: Almedina, 2004, p. 67.
14. CARNEIRO DA FRADA, Manuel António de Castro Portugal. *Teoria da confiança e responsabilidade civil*. Coimbra: Almedina, 2004, p. 431.

sob a justificativa singela de que as partes não estão *em relação negocial,* em que as expectativas (e comportamentos) estejam formalizadas em um *texto.*

Todavia, é possível sim que em algumas situações, a legitimação da pretensão indenizatória esteja calcada na não observância da boa-fé, na quebra das expectativas, da confiança, orientadora de um comportamento em uma situação jurídica.[15]

Cita, como exemplo, a hipótese de responsabilização de uma administradora de um ginásio esportivo, por ferimento de um atleta olímpico que ali treinava. Considerou-se que a *boa-fé* impunha que a entidade exploradora desse ginásio deveria proceder a correta fixação de certo aparelho de exercícios ao solo e, em todo o caso, alertasse para que só deveria ser utilizado para a prática dos exercícios desenhados no "autocolante explicativo". Violados esses *deveres de proteção,* deverá ser responsabilizado pelos prejuízos causados.[16]

3. A BOA-FÉ OBJETIVA NA INTERPRETAÇÃO DAS CONDUTAS DO LESANTE E DO LESADO. PONTOS DE PARTIDA PARA REFLEXÃO

A regra da conduta de boa-fé não tem conteúdo *metafísico.* Apesar de conteúdo diversificado, aberto, impondo ora proporcionalidade no exercício de posições relativas, ora coerência de comportamento, *antes* da ocorrência do dano como também depois, sendo dever de lesado e lesante atuar, em conjunto, na *mitigação de eventuais prejuízos,* seja para mitigação da extensão do dano, seja, enfim, para admissão da indenização na correta extensão do prejuízo causado.[17]

O que propomos nesse estudo, sempre como ponto de partida para maiores reflexões, é que não há como ignorar que a boa-fé (especialmente a objetiva), na qualidade de *cláusula geral* que é, influenciará a interpretação e tipificação de situações *extracontratuais,* exercendo, em nosso sentir, influência decisiva na interpretação da conduta *culposa* da responsabilidade civil, concretizando (e expandindo) noções que nem mesmo as acepções atuais acerca da *culpa objetiva* estarão aptas a fazê-lo.[18]

Dessa forma, apesar do processo evolutivo da doutrina ter consolidado a importância da boa-fé objetiva nas relações contratuais, não negamos a presença desse importante princípio, calcado também na tutela da confiança, para situações *fora do contrato.* De certa forma, continuará tendo como norte de raciocínio a tutela da confiança e cooperação exigidas entre os atores sociais, ainda que não pré-vinculados a um negócio jurídico bilateral.

---

15. CARNEIRO DA FRADA, Manuel António de Castro Portugal. *Teoria da confiança e responsabilidade civil.* Coimbra: Almedina, 2004, p. 80.
16. CARNEIRO DA FRADA, Manuel António de Castro Portugal. *Teoria da confiança e responsabilidade civil.* Coimbra: Almedina, 2004, p. 442.
17. CARNEIRO DA FRADA, Manuel António de Castro Portugal. *Teoria da confiança e responsabilidade civil.* Coimbra: Almedina, 2004, p. 442.
18. VINEY, Geneviève; JOURDAIN, Patrice. *Les conditions de la responsabilité.* 3. ed. Paris: LGDJ, 2006, p. 414.

Cite-se, por exemplo, que a boa-fé objetiva tem-se prestado como referência em importantes temas do direito privado, como o direito de família,[19] como em questões envolvendo quebra de promessa de casamento futuro, para interpretação de uniões estáveis paralelas, dentre outros temas, que exigirão, inevitavelmente, um confronto de comportamentos com *standards* sociais esperados dos atores nas relações familiares.

Temos ainda em vigor alusões à boa-fé na questão da posse (CC, art. 1.201, por exemplo) e no âmbito dos direitos reais (CC, art. 1.408, por exemplo), envolvendo, em muitos casos, o abuso do direito de propriedade e o direito de vizinhança (CC, art. 1.277).

Cite-se, ainda, a repercussão da boa-fé no exercício dos direitos da personalidade, conforme sintetizado no Enunciado 139 da III Jornada do Conselho da Justiça Federal:[20] "Os direitos da personalidade podem sofrer limitações, ainda que não especificamente previstas em lei, não podendo ser exercidos com abuso de direito de seu titular, contrariamente à boa-fé objetiva e aos bons costumes".

E não é só. Apesar da discussão sobre a natureza da ilicitude (ou licitude) da figura,[21] lembremos que cometerá *abuso do direito* (CC, art. 187) "o titular do direito que, ao exercê-lo, excede manifestamente os limites impostos pelo seu fim econômico ou social, pela *boa-fé* ou pelos bons costumes". Haverá hipóteses de comportamento

---

19. AMARAL GURGEL, Fernanda Pessanha do. *Direito de família e o princípio da boa-fé objetiva*. Curitiba: Juruá, 2009.
20. Enunciados da III Jornada de Direito Civil, promovido pelo Conselho da Justiça Federal (v. [http://daleth.cjf.jus.br/revista/enunciados/IIIJornada.pdf], acesso em: 26/03/2011).
21. Nesse ponto, explica Giovanni Ettore Nanni: "O abuso do direito é identificado como um ato ilícito no Código Civil brasileiro. Com esta inclusão, a figura ganhou a conotação de um conceito jurídico positivado, apesar de existirem várias teorias a respeito da questão. De qualquer forma, há acesa discussão doutrinária se o abuso do direito pode ser inserido no conceito de ato ilícito, especialmente na França, cuja digressão não encontra espaço nesse estudo. No Brasil, como sustenta Fernando Noronha, a inserção do abuso do direito entre os atos ilícitos não é feliz, haja vista que nos casos ditos de abuso do direito nem sempre haverá verdadeira ilicitude. Segundo o autor, a ilicitude tem dois elementos: a antijuridicidade (contrariedade ao direito) e a culpabilidade, sendo que só o primeiro está sempre presente no abuso do direito. Assim, aduz que quem age contra o direito, age sem direito: os casos ditos de abuso do direito são, na realidade, hipóteses de atuação contrária ao direito, atuação antijurídica, mas não necessariamente ilícita. Porém, vários autores entendem que o abuso do direito configura ato ilícito, como, por exemplo, Everardo da Cunha Luna, Daniel M. Boulos e Milton Flávio de Almeida Camargo Lautenschläger, dentre outros. O abuso do direito não cuida especificamente da violação de um direito de outrem ou da ofensa a uma norma tuteladora de um interesse alheio, mas do exercício anormal do direito próprio. O exercício do direito em termos reprovados pela lei, ou seja, respeitando a *estrutura formal* do direito, mas violando a sua *afetação substancial, funcional* ou *teleológica*, é considerado como *ilegítimo*, na expressão adotada pelo Código Civil português. (...) E, dessa forma, não há como dissociá-lo da estrutura formal de ilicitude – que é assim estabelecida pelo Código Civil –, ainda que, como a seguir exposto, distinta da ilicitude tradicional, pois não mais subsiste apenas o conceito único do tema oriundo do clássico ato ilícito extracontratual. (...) que ocorre, efetivamente, é a existência de um conceito de ato ilícito extracontratual clássico, previsto no artigo 186 do Código Civil, e outro de abuso do direito, como prescreve o artigo 187 da Lei Civil, ambos contemplando a ilicitude, ainda que em patamares diversos" (NANNI, Giovanni Ettore. Abuso do direito. In: LOTUFO, Renan; NANNI, Giovanni Ettore (Org.). *Teoria geral do direito civil*. São Paulo: Atlas, 2008, p. 746-747).

(*omissivo* ou *comissivo*) em que a *boa-fé objetiva* será avaliada não estando as partes, necessariamente, vinculadas a uma relação contratual.

Da *boa-fé* se extrai, por exemplo, (padrões de) comportamentos vedados pelo sistema, reconhecendo situações em que o direito já reconhece como não proibido, ou, até mesmo indiretamente, incentivando comportamentos corretos e probos.

Segundo Giovanni Ettore Nanni,[22] em interessante trecho sobre *boa-fé e abuso*, "A *boa-fé* exprime os valores basilares da ordem jurídica. É um princípio indissociável do direito, permeando todas as relações jurídicas como um padrão de comportamento que faz parte da autonomia privada. Pode-se dizer que a boa-fé é dotada de um valor axiológico, sendo um preceito exigido nas relações jurídicas: a boa-fé como padrão de comportamento universal, objetivamente considerada, em respeito à dignidade da pessoa humana, dentro da prescrição de uma sociedade em busca da liberdade, da justiça e da solidariedade. (...) a boa-fé é *mais ampla* que o abuso do direito porque não apenas impede o exercício do direito que lhe seja contrário, mas *também* impõe comportamentos e serve de critério hermenêutico-interpretativo nas relações negociais. É possível, portanto, concluir, ao menos à luz do direito positivo brasileiro, que boa-fé objetiva e abuso do direito são conceitos autônomos, figuras distintas, mas não mutuamente excludentes, círculos secantes que se combinam naquele campo dos comportamentos tornados inadmissíveis (abusivos) por violação ao critério da boa-fé. Entre nós, portanto, é possível falar em abuso do direito por violação à boa-fé, sem que aí se esgotem todas as espécies de abuso, ou todas as funções da boa-fé".

Vale citar, ainda, que o *dever de mitigar o dano* constitui uma derivação necessária também desse princípio da boa-fé[23] (que, de certa forma, também proíbe comportamentos contraditórios) e opera tanto no âmbito da responsabilidade contratual como na extracontratual e, caso não seja respeitado, poderá gerar uma *eximente* de responsabilidade ("culpa exclusiva da vítima") ou afetar a extensão do prejuízo ("culpa concorrente").

Nesse ponto, temos defendido que a boa-fé, tanto de *lesante e de lesado* em cada caso concreto, será de vital importância para interpretação do artigo 945 do Código Civil. Considerando, todavia, que a perspectiva do lesante é agir segundo uma conduta que não leve um *dano a outrem* e, por sua vez, que a do *lesado* é agir *para que não lhe provoque* (*ou majore*) *autolesão, autorresponsabilidade*, o agravamento de seus prejuízos, ainda que ambos tenham de agir segundo a conduta *abstratamente*

---

22. NANNI, Giovanni Ettore. Abuso do direito. In: LOTUFO, Renan; NANNI, Giovanni Ettore. *Teoria geral do direito civil*. São Paulo: Atlas, 2008, p. 746-747.
23. Nesse sentido e referindo-se genericamente à "Conduta ou atividade do lesado", estabelece os *Princípios de Direito Europeu da Responsabilidade Civil* (art. 8: 101) que "quaisquer outras circunstâncias que seriam relevantes para estabelecer ou reduzir a responsabilidade do lesado na produção do dano se fosse ele o lesante".

considerada, o padrão ótimo de comportamento em cada situação, à luz da *boa-fé objetiva,* não pode ser desprezado.

Apenas anote-se que isso não quer dizer que o *lesado* não estará sujeito a critérios que envolvam a boa-fé, partindo-se, todavia, de um critério *flexível* de interpretação de sua conduta. Não usaremos o mesmo critério para interpretação da conduta do *lesante,* considerando que o *lesado* está em posição de *vulnerabilidade frente ao dano*: jovens, idosos ou portadores de anomalias físicas, na medida em que a conduta do cego, do surdo ou do deficiente (que se desloca numa cadeira de rodas ou que caminha com bengala) deverá ser apreciada por confronto com o cuidado e a diligência normais que teria tido uma pessoa com as mesmas debilidades. As peculiaridades da figura do lesado, sua atuação à frente da eventual ruptura do nexo – ou até mesmo na atenuação do *quantum indenizatório* –, importará numa consideração flexível, que impede uma consideração *abstrata* (e simétrica) pura, a considerar um questionamento de um padrão monolítico de interpretação da culpa, segundo a boa-fé objetiva.

Sobre o princípio da *mitigação do prejuízo,* como derivação da boa-fé, comenta Juan Carlos Venini[24] que "puede adelantarse que quien ha experimentado detrimento de resultas del actuar antijurídico del dañador tiene la obligación de tratar por todos los medios a su alcance de amortiguar el impacto perjudicial que ha provocado el accionar del sujeto activo del nocimiento (…) Poner a cargo del causante el costo de la consecuencia dañosa que habría podido ser evitada por el acreedor daminificado configura una solución antieconómica que sugieren valorar comparativamente los intereses en conflicto y colocar correctamente los recursos y los costos de los daños. En la órbita aquiliana como sucede en la contractual el damnificado *debe proceder de buena fe,* es decidir, no debe provocar un agravamiento cualitativo o cuantitativo del daño; se trata de una derivación lógica del principio según el cual el responsable sólo debe resarcir el daño por el causado, no uno menor pero tampoco uno mayor (…) La víctima, que ha agravado su daño y por ese exceso no puede reclamar indemnización, porque, de última, sería tanto como invocar su própria torpeza, violentar los principios básicos de *buena fe, lealtad,* atentar contra la necesidad de asegurar la preservación de bienes y cosas que por lastimadas que estén ya no autorizan a inferirles nuevos detrimentos por conductas desaprensivas o negligentes, fomentando así que las víctimas abandonen todo deseo de cuidar o preservar la situación de los bienes dañados, pensando que como en definitiva los ha de pagar el responsable no cabe ya ninguna obligación de conservación".

Logo, mesmo em situações extracontratuais, a boa-fé impõe comportamentos, servindo de importante critério de interpretação e integração.

---

24. VENINI, Juan Carlos. El deber de la víctima de mitigar el daño. *Revista de Derecho de Daños:* la prevención del daño. Buenos Aires: Rubinzal-Culzoni, 2008, p. 81-98.

Tem-se, portanto, que a *boa-fé objetiva,* ao lado dos outros princípios civil-constitucionais, não será ignorada na formação do juízo sobre a *culpa*.[25] Anote-se que a evolução da boa-fé objetiva contrapõe-se ao paradigma positivista, cientificista e liberal de um modelo único e excessivamente abstrato de conduta esperada, sendo muito mais *tópica* do que generalizante.[26]

Segundo Francesco Busnelli,[27] a boa-fé também atua na interpretação da injustiça do *daño*: "La referencia al principio de la buena fe (o mejor, de la regla de la correción) en el examen de la injusticia del daño constituye un significativo vacío en la vía de un derecho europeo de la responsabilidad civil que se confíe a un 'sistema elástico' fundado en 'valores de base' establecidos legislativamente".

Não há como negar, portanto, que se a boa-fé informará o comportamento das partes – públicas ou privadas –, comportamento este observável diante de um *standard* de comportamento em *dada situação jurídica* (contratual ou não), incluindo, aí, a averiguação da *culpa,* especialmente a "culpa" *exclusiva da vítima* que, se configurada, romperá o nexo de causalidade em determinada situação.

Segundo Anderson Schreiber,[28] "se é certo que a culpa e *boa-fé objetiva* podem – e para muitos devem – ser compreendidas de forma sistemática, exercendo esta última o papel de fonte criadora de deveres de conduta leal cuja violação implica, em sentido técnico, *culpa* (desnível de comportamento) para fins de verificação de *responsabilidade subjetiva,* não é menos verdadeiro que, em um tal sistema, a *culpa* por desempenhar um papel meramente formal como categoria de enquadramento de atos que atingem valores impostos substancialmente por outra cláusula geral. Com isso acaba ganhando força a sugestão de que a culpa consiste, a rigor, em apenas um dos possíveis critérios de imputação da responsabilidade, sem que outros deixem de ser igualmente úteis. De um modo ou de outro, o incontestável é que aquilo que tradicionalmente se entende por culpa acaba deixando espaço, na prática judiciária, a discussões centradas em outros conceitos, de mais recente evolução".

Dentro das premissas fixadas através de critérios informados pela *dignidade da pessoa humana,* pela *solidariedade* e, concretamente, pela *boa-fé (objetiva),* entendemos ser possível (e desejável) a adequação de comportamentos (e omissões) de acordo com *standards* esperados (e exigidos) pela própria sociedade, incentivando, nesse caso, uma noção de *culpa* adaptada à realidade civil-constitucional e que, integralmente, está em coerência com a atual noção de *direito de danos*.

---

25. Sobre a incidência da boa-fé (objetiva) também na configuração da culpa extracontratual, v. RUFFOLO, Ugo. Colpa e responsabilità. In: LIPARI, Nicolò; RESCIGNO, Pietro (Coord.). *La responsabilità e il dano:* atuazione e tutela dei diritti. Milano: Giuffrè, 2009, v. 4, t. 3, p. 67.
26. MARTINS-COSTA, Judith. *A boa fé no direito privado:* sistema e tópica no processo obrigacional. São Paulo: Revista dos Tribunais, 1999, p. 45 e s.
27. BUSNELLI, Francesco D. Las fronteras europeas de la responsabilidad civil. In: LOS MOZOS, José Luis de; COAGUILA, Carlos A. Soto. *Responsabilidad civil:* derecho de daños. Lima: Grijley, 2006, v. 4, p. 23.
28. SCHREIBER, Anderson. *Novos paradigmas da responsabilidade civil*. São Paulo: Atlas, 2007, p. 46.

A *boa-fé objetiva*, no âmbito da responsabilidade extracontratual – especialmente no tocante à avaliação da *culpa* –, representará muitas vezes a concretização de conceitos como o da *solidariedade social* e *cooperação* (CF, art. 3º, I) e, porque não dizer, de princípios como o da *atividade*, que, na posição de Renan Lotufo, exige dos atores sociais uma atuação não como meros expectadores, detentores de *status*, mas, efetivamente, na conquista e na preservação de direitos, inseridos, repita-se, dentro da sociedade.

É possível reconduzir o princípio da *boa-fé* ao ditame constitucional que determina como objetivo fundamental da República a construção de uma sociedade *solidária*, na qual o respeito pelo próximo seja um elemento essencial de toda e qualquer relação jurídica,[29] permitindo, de certa forma, o *balanceamento* das atuais concepções de direito de danos, exigindo, mesmo na responsabilidade *subjetiva*, agentes mais probos, mais integrados com as exigências civil-constitucionais, e porque não dizer também das próprias vítimas, que deverão contribuir com a mitigação do prejuízo.

4. REFERÊNCIAS

AMARAL GURGEL, Fernanda Pessanha do. *Direito de família e o princípio da boa-fé objetiva*. Curitiba: Juruá, 2009.

BUSNELLI, Francesco D. Las fronteras europeas de la responsabilidad civil. In: LOS MOZOS, José Luis de; COAGUILA, Carlos A. Soto. *Responsabilidad civil: derecho de daños*. Lima: Grijley, 2006, v. 4, p. 23-40.

CARNEIRO DA FRADA, Manuel António de Castro Portugal. *Teoria da confiança e responsabilidade civil*. Coimbra: Almedina, 2004.

LARENZ, Karl. *Derecho civil*: parte general. Tradução de Miguel Izquierdo e Macías-Picavea. Madrid: Ed. Revista de Derecho Privado, 1978.

LOTUFO, Renan. *Código Civil comentado*. v.1. São Paulo: Saraiva, 2003.

MARTINS-COSTA, Judith. *A boa fé no direito privado:* sistema e tópica no processo obrigacional. São Paulo: Revista dos Tribunais, 1999.

MELLO, Alberto de Sá. Critérios de apreciação da culpa na responsabilidade civil. *Revista da Ordem dos Advogados*, Lisboa, ano 49, n. 2, p. 519 e s., 1989.

MELO, Diogo L. Machado de. *Culpa extracontratual*. São Paulo: Saraiva, 2013.

MENEZES CORDEIRO, António Manuel da Rocha e. *Da boa-fé no direito civil*. 3. reimpr. Coimbra: Almedina, 2007, p. 1160.

NANNI, Giovanni Ettore. Abuso do direito. In: LOTUFO, Renan; NANNI, Giovanni Ettore (Org.). *Teoria geral do direito civil*. São Paulo: Atlas, 2008, p. 746-747.

NEGREIROS, Teresa. *Teoria do contrato:* novos paradigmas. Rio de Janeiro: Renovar, 2002.

NORONHA, Fernando. *O direito dos contratos e seus princípios fundamentais*. São Paulo: Saraiva, 1994.

---

29. Sobre o paradigma da essencialidade nos contratos e no direito privado como um todo, v. NEGREIROS, Teresa. *Teoria do contrato:* novos paradigmas. Rio de Janeiro: Renovar, 2002, p. 117.

REALE, Miguel. *História do novo Código Civil*. São Paulo: Revista dos Tribunais, 2005.

ROSENVALD, Nelson. *As funções da responsabilidade civil*. 3. ed. São Paulo: Saraiva, 2017.

RUFFOLO, Ugo. Colpa e responsabilità. In: LIPARI, Nicolò; RESCIGNO, Pietro (Coord.). *La responsabilità e il dano*: atuazione e tutela dei diritti. Milano: Giuffrè, 2009, v. 4, t. 3, p. 67-80.

SCHREIBER, Anderson. *Novos paradigmas da responsabilidade civil*. São Paulo: Atlas, 2007.

VENINI, Juan Carlos. El deber de la víctima de mitigar el daño. *Revista de Derecho de Daños*: la prevención del daño. Buenos Aires: Rubinzal-Culzoni, 2008, p. 81-98.

VINEY, Geneviève; JOURDAIN, Patrice. *Les conditions de la responsabilité*. 3. ed. Paris: LGDJ, 2006.

RESPONSABILIDADE CIVIL AGRAVADA PELO RISCO/PERIGO DA ATIVIDADE: UM DIÁLOGO ENTRE OS SISTEMAS JURÍDICOS ITALIANO E BRASILEIRO

Felipe Teixeira Neto

Doutorando em Direito Privado Comparado pela *Univertià degli Studi di Salerno* (Itália). Doutorando e Mestre em Direito Civil pela Universidade de Lisboa (Portugal). Promotor de Justiça do Ministério Público do Rio Grande do Sul. Professor de Direito Civil na Fundação Escola Superior do Ministério Público do Rio Grande do Sul.

Sumário: 1. Introdução – 2. O paradigma italiano – 3. A *criação* brasileira – 4. Convergências e divergências em perspectiva comparatista – 5. Conclusões – 6. Referências.

1. INTRODUÇÃO

A temática relacionada à objetivação da responsabilidade civil ganhou viva atenção no curso de todo o século XX, o que somente se acentuou nas suas últimas décadas; tanto que, nos dias atuais, é apontada como um dos problemas teóricos mais importantes nos ordenamentos jurídicos de tradição continental.[1] E tudo isso se deve ao fato de que, vencido o absolutismo do regime da culpa, com a sua superação enquanto dogma intransponível ao surgimento de um dever de indenizar, a demarcação dos contornos e dos limites das *fattispecie* de responsabilidade objetiva apresenta-se, ainda, como uma tarefa a ser vencida.

Nessa perspectiva, vários têm sido os nexos de imputação empregados pelos mais diversos sistemas jurídicos para permitir o nascimento de um vínculo obrigacional indenizatório desassociado da prática de um ato ilícito, o que sempre contribuiu para uma notória fragmentariedade do instituto. É de se reconhecer, contudo, que o risco – assim entendido em termos gerais como a possibilidade da ocorrência de danos – sempre ocupou posição central nessa tarefa, já que associado às suas primeiras manifestações.[2]

Tanto que, não raro, em grande parte dos ordenamentos a responsabilidade civil objetiva é lida como sinônimo de responsabilidade pelo risco,[3] sem prejuízo de que

---

1. CASTRONOVO, Carlo. *La nuova responsabilità civile*. 3 ed. Milano: Giuffrè, 2006, p. 275.
2. Assim, JOSSERAND, Louis. *Evolução da responsabilidade civil*. Trad. Raul Lima. Revista Forense, Rio de Janeiro, a. 38, fasc. 456, jun. 1941, p. 52 e ss.
3. COSTA, Mário Júlio de Almeida. *Direito das obrigações*. 11 ed. Coimbra: Almedina, 2008, p. 612; LEITÃO, Luís Menezes. *Direito das obrigações*. 6 ed. Coimbra: Almedina, 2007, v. I, p. 363-364; dentre outros.

tal assertiva seja parcialmente correta, tendo em vista a existência de outros regimes de igual natureza[4] que, nem por isso, tomam por base uma especial potencialidade lesiva de uma ação ou atividade como nexo de imputação.[5]

A importância do risco *lato senso*, por isso, sempre motivou reflexões acerca da oportunidade uma cláusula geral de responsabilidade objetiva, mesmo que com "alcance limitado ou circunscrito", até mesmo para fins de se evitar um "inconveniente excesso de responsabilização".[6] Dita norma estaria inserida, por assim dizer, no âmbito daquelas atividades que, não obstante lícitas e socialmente úteis, justificariam, pelo seu potencial lesivo, uma intervenção no sentido de, por intermédio da responsabilidade civil, promover uma socialização dos riscos e dos prejuízos.[7] O exame das alternativas de concretização desse intento, pois, no âmbito comparativo proposto, bem serve a subsidiar uma reflexão acerca do melhor caminho a seguir.

2. O PARADIGMA ITALIANO

O Código Civil italiano de 1942 foi o primeiro diploma europeu a, reconhecendo a oportunidade de expandir as hipóteses de agravamento da responsabilidade associada a atividades com destacado potencial para causar danos, prever uma autêntica cláusula geral neste sentido.[8] Trata-se do artigo 2050 do aludido Diploma, nos termos do qual "[q]ualquer um que cause dano a outrem no desenvolvimento de uma atividade perigosa, pela sua natureza ou pela natureza dos meios usados, é obrigado ao ressarcimento, se não provar haver adotado todas as medidas idôneas a evitar o dano".[9]

As possíveis leituras da letra do dispositivo, especialmente tendo em conta a possibilidade de exclusão da responsabilidade contida na sua parte final, permitiu um acalorado debate na doutrina e na jurisprudência acerca da natureza da impu-

---

4. A esse respeito, assinalando a insuficiência do risco enquanto fundamento exclusivo da responsabilidade objetiva, SCHREIBER, Anderson. *Novos paradigmas da responsabilidade civil*. Da erosão dos filtros da reparação à diluição dos danos. 3 ed. São Paulo: Atlas, 2011, p. 29.
5. Sobre o tema, por exemplo, a responsabilidade civil do comitente tem sido reconhecida como uma das hipótese em que não obstante o seu regime não tenha natureza subjetiva, não se trata, de igual modo, de uma típica hipótese assente no risco. Neste norte, MARTINEZ, Pedro Romano. *Direito das obrigações*. Apontamentos. 2 ed. Lisboa: AAFDL, 2004, p. 121.
6. FRADA, Manuel A. Carneiro da. *Direito civil*. Responsabilidade Civil. O método do caso. Coimbra: Almedina, 2006.
7. SCONAMIGLIO, Renato. *Responsabilità civile e danno*. Torino: Giappichelli, 2010, p. 69-70.
8. BUSNELLI, Francesco Donato. L'illecito civile nella stagione europea delle reforme del diritto delle obbligazioni. *Rivista di Diritto Civile,* Padova, a. 52, n. 6, nov./dic. 2006, p. 454.
9. O referido preceito teve destacada importância no cenário jurídico europeu de tradição continental, influenciando diversos outros sistemas a adotarem normas semelhantes. É inegavelmente fruto da sua influência, por exemplo, o artigo 493, n. 2, do Código Civil português de 1966, que contém regra com redação muito próxima (para não dizer idêntica), dispondo nos seguintes termos: "[q]uem causar danos a outrem no exercício de uma atividade, perigosa por sua própria natureza ou pela natureza dos meios utilizados, é obrigado a repará-los, exceto se mostrar que empregou todas as providências exigidas pelas circunstâncias com o fim de os prevenir".

tação por ele estabelecida. Isso porque ao passo em que não previa expressamente a culpa do agente causador do dano como pressuposto ao surgimento do vínculo obrigacional, o que poderia induzir tratar-se de uma situação de responsabilidade objetiva, facultava a sua exoneração nas hipóteses em que o lesante pudesse provar ter adotado as medidas suficientes e necessárias a impedir a causação do prejuízo.

A tendência inicial foi no sentido de entender o preceito como uma simples regra de inversão do ônus da prova, pois não obstante a obrigação de indenizar permanecesse amparada na culpa,[10] caberia ao lesante demonstrar que o dano não poderia ser evitado, mesmo a vista da adoção de todas as medidas idôneas a este fim.[11] Tanto que tal possibilidade levou parte da doutrina a reconhecer a hipótese como uma regra de amplitude limitada e de impostação não revolucionária, relativamente à qual foi exercida toda a sorte de esforço interpretativo tendente a restringir ao máximo a sua aplicação,[12] circunstâncias que permitiram afirmar tratar-se de uma das situações que, não obstante inovativa, encontrava-se dentre as mais decepcionantes do Código de 1942.[13]

Ocorre que, ao longo das várias décadas de aplicação do *Codice,* foi possível uma paulatina reconstrução desse cenário, com o reconhecimento de que, em verdade, o artigo 2050 manifestava um intento do legislador italiano de romper com a supremacia de um sistema baseado somente na culpa. Passou-se, para tanto, a desenvolver uma tendência de objetivação que se concretiza por meio de uma diminuição das possibilidades de elisão do dever de indenizar, aproximando-o muito de um regime de imputação objetiva.[14]

---

10. Nesse sentido, sob a invocação de um agravamento do dever de diligência imposto ao sujeito que desenvolve uma atividade dita perigosa, DE CUPIS, Adriano. *Il Danno*. Teoria Generale della Responsabilità Civile. 3 ed. Milano: Giuffrè, 1979, p. 184-185, nota 219.
11. A este respeito, adverte VISINTINI, Giovanna. *Cos'è la responsabilità civile*. 2 ed. Napoli: Edizione Schientifiche Italiane, 2014, p. 205, que, nos trabalhos preparatórios ao Código de 1942, era consensual que o preceito em causa estava fundado na culpa, adotando-se apenas a inversão do ônus da prova; tanto que a justificativa para o agravamento da imputação residia no intento de ampliar o conteúdo do dever de diligência, tratando-se a previsibilidade do dano como *in re ipsa*, tudo a lastrear uma nítida situação de responsabilidade subjetiva. Segundo COMPORTI, Marco. *Esposizione al pericolo e responsabilità civile*. Napoli: Edizione Scientifiche Italiane, 2014, ristampa, p. 256, este cenário já permitia, na prática, situar o preceito em comento, na sua utilidade prática, como uma solução intermediária entre a responsabilidade objetiva e a responsabilidade subjetiva.
12. COMPORTI, Marco. *Responsabilità per esercizio di attività pericolose*. In: BUONOCORE, Vincenzo; MAJELLO, Ugo. Fondamento e funzione della responsabilità civile. Napoli: Cooperativa Editrice Economica e Commercio, 1975, p. 77.
13. CASTRONOVO, Carlo. *Responsabilità Oggettiva*. II – Disciplina privatistica. Diritto comparato e straniero. In. AAVV. Enciclopedia Giuridica Treccani. Roma: Istituto della Enciclopedia Italiana, 1991, v. XXX, p. 04.
14. Fala-se, por isso, em uma situação de responsabilidade agravada, com margem de exclusão bastante reduzida, mas ainda assim existente (por isso não absoluta). Neste norte, GALLO, Paolo. *Introduzione alla responsabilità civile*. Torino: Giappichelli, 2000, p. 122; SALVI, Cesare. *La responsabilità civile*. 2 ed. Milano: Giuffrè, 2005, p. 174-175; dentre outros. Não se pode deixar de destacar, contudo, existir parcela da doutrina que reconhece no artigo 2050 uma típica regra de responsabilidade objetiva; assim, *v.g.*, TRIMARCHI, Pietro. *Rischio...*, cit., p. 48-49; ALPA, Guido. *Diritto della responsabilità civile*. Roma/Bari: Laterza, 2003, p. 172.

Por isso que a interpretação hoje predominante aponta no sentido de que o lesado não precisa provar a culpa do agente para fins de surgimento do vínculo obrigacional, sendo que a prova liberatória (na qual residiria a invocação transversa da culpa) vai além da mera inversão do ônus. Em outras palavras, não basta a demonstração de se ter observado a medida razoável imposta pela diligência, sendo imperioso comprovar ter adotado toda a medida de segurança disponível pela técnica e idônea a evitar o dano, independente da sua razoabilidade (fática ou econômica).

Essa interpretação foi possível a partir da invocação da presença da locução "todas as medidas" contida no dispositivo em análise, entendendo-a, assim, como alusão a algo muito próximo da ruptura do nexo causal (caso fortuito, força maior e fato exclusivo da vítima ou de terceiro),[15] única hipótese, aliás, de autêntica exclusão da responsabilidade objetiva propriamente dita. Fala-se, portanto, em uma situação de responsabilidade em relação a qualquer dano objetivamente evitável conforme o estado atual da técnica,[16] o que é muito diverso da mera prova da falta de culpa.[17]

Configurada a natureza da imputação – que se não pode ser propriamente dita objetiva, ao menos em muito dela aproxima pela redução das possibilidades de exclusão às hipóteses de ruptura do nexo causal –, cumpre demarcar o seu campo de operatividade, que vem pautado pela teoria da exposição ao perigo. Pressupõe, portanto, uma atividade exercida e controlada pelo homem que traz em si uma periculosidade, seja pela sua própria natureza, seja pelos meios empregados, o que se materializa em um vínculo dinâmico, na medida em que guarda relação com uma ação humana que guia um processo.[18]

Como é consabido, o perigo pode ser reconduzido ao conceito alargado de risco, que se entende como a especial potencialidade de um determinado agir causar prejuízos não consentidos. Dita potencialidade, contudo, pode ser abstrata ou concreta[19], de modo que o diferencial do conceito normativo de perigo reside no fato de que traz em si a noção de um risco elevado que se materializa por meio de uma notável probabilidade de provocar danos a terceiros.[20]

É consensual, igualmente, que a periculosidade que justifica a imputação, não obstante tenha a sua concretização reenviada ao intérprete,[21] é concebida em um senso absolutamente objetivo, pois inerente à própria natureza da atividade ou dos

---

15. VISINTINI, Giovanna. *Cos'è...*, cit., p. 209; GALLO, Paolo. *Introduzione...*, cit., p. 122; ALPA, Guido. *Diritto della responsabilità civile*, cit., p. 172; SICA, Salvatore. *Il sistema della responsabilità civile*. In: STANZIONE, Pasquale (dir.). Diritto Privato. Lineamenti istituzionali. Torino: Giappichelli, 2003, p. 270.
16. TRIMARCHI, Pietro. *Istituzioni di Diritto Privato*. 7 ed. Milano: Giuffrè, 1986, p. 160.
17. SCONAMIGLIO, Renato. *Responsabilità civile...*, cit., p. 131.
18. COMPORTI, Marco. *Responsabilità per esercizio...*, cit., p. 77-78.
19. Como adverte GALLO, Paolo. *Introduzione...*, cit., p. 122-123, qualquer atividade é abstratamente apta a causar danos, de modo que a caraterização do perigo pressupõe o notável aumento do risco médio.
20. ALPA, Guido. *Diritto della responsabilità civile*, cit., p. 172.
21. SICA, Salvatore. *Il sistema...*, cit., p. 270.

meios por ela empregados, sem prejuízo de que venha a variar a partir da evolução da técnica e da sua influência na normal previsibilidade dos danos.[22]

Nesses termos é que, não obstante lance mão de um preceito aberto, a sua concretização se dá em termos razoavelmente seguros (sem perder de vista, por evidente, que se trata de uma cláusula geral), já que toma por base apenas uma parcela da noção jurídica de risco, que bem se delimita na demarcação do conteúdo do conceito de perigo, de modo a restringir o seu espectro de incidência, legitimando o agravamento da imputação.[23]

3. A *CRIAÇÃO* BRASILEIRA

O vigente Código Civil brasileiro, até mesmo tendo em vista o período em que editado e considerando a crescente atenção que o fenômeno da objetivação da responsabilidade civil passou a receber no campo legislativo, optou por incluir dentre os seus preceitos assim ditos inovadores em relação à tradição anterior uma típica cláusula geral de responsabilidade pelo risco.[24] E o fez por meio do preceito contido no parágrafo único do seu artigo 927, o qual dispõe que "[h]averá obrigação de reparar o dano, independentemente de culpa, nos casos especificados em lei, ou quando a atividade normalmente desenvolvida pelo autor do dano implicar, por sua natureza, risco para os direitos de outrem".

É de se registrar que a redação final (e hoje vigente) do aludido dispositivo, não obstante o interesse de regular o tema fosse já uma preocupação viva da comissão elaboradora dos trabalhos preparatórios,[25] foi fruto do processo legislativo pelo qual passou a proposta inicialmente apresentada.[26] Assim é que mesmo tendo havido uma

---

22. COMPORTI, Marco. *Esposizione al pericolo...*, cit., p. 291.
23. É possível recolher da jurisprudência a aplicação da cláusula geral do artigo 2050, por exemplo, à navegação aérea, à organização de atividades esportivas, à construção edilícia, ao desenvolvimento da atividade de distribuição de energia elétrica e de gás, ao transporte de petróleo bruto por meio de oleoduto, dentre outras. Sobre o tema, com um aprofundado levantamento lastreado em diversos precedentes da Corte de Cassação, ALPA, Guido. *La responsabilità civile*. Principi. Torino: Utet, 2015, p. 397-398.
24. É consenso na doutrina tratar-se de uma autêntica cláusula geral cuja concretização, como é típico deste tipo de normas, dá-se por meio da sua aplicação ao caso concreto. Neste sentido, SANSEVERINO, Paulo de Tarso Vieira. *Cláusula geral de risco e a jurisprudência dos Tribunais Superiores*. In: BRASIL. Superior Tribunal de Justiça. Doutrina: edição comemorativa, 25 anos. Brasília, Superior Tribunal de Justiça, 2014, p. 357; SCHREIBER, Anderson. *Novos paradigmas...* cit., p. 23; GODOY, Claudio Luiz Bueno de. *Responsabilidade civil pelo risco da atividade*. 2 ed. São Paulo: Saraiva, 2010, p. 66; TARTUCE, Flávio. A cláusula geral de responsabilidade objetiva nos dez anos do Código Civil de 2002. *Revista Jurídica Luso-Brasileira*, a. 1, n. 3, 2015, p. 586; dentre outros.
25. Tal se infere, dentre tantas outras fontes, da defesa a respeito formulada pelo próprio presidente da comissão acerca da natureza da responsabilidade em causa. Assim, REALE, Miguel. *Emendas absurdas ao Código Civil*. Disponível em: [http://www.miguelreale.com.br/artigos/absncc.htm]. Acesso em: 12/06/2017.
26. O artigo 963 do Projeto de 1975 falava em *perigo* e não em *risco*, bem como permitia, na sua parte final, a prova liberatória consubstanciada na demonstração de que o agente havia empregado "medidas preventivas tecnicamente adequadas" a evitar o dano. Seguia, aliás, o que já havia sido preconizado pelo artigo 872 do Projeto de Código das Obrigações de 1965, segundo o qual "[a]quele que, em razão da sua atividade ou profissão, criar um perigo, está sujeito à reparação do dano que causar, salvo prova de haver adotado todas

alteração dos pressupostos normativos inicialmente pensados, o preceito que entrou em vigor permitiu estabelecer algumas premissas de grande relevância à estruturação da disciplina por ele introduzida, premissas estas que merecem ser analisadas para que se compreenda o fim e o alcance da norma em causa.

A primeira delas diz respeito à natureza da responsabilidade que se estabelece a partir da causação do dano. Ao contrário da redação original do projeto (aparentemente centrada na presunção de culpa), o preceito é de clareza incontestável nesse particular, estabelecendo, de modo expresso, que a constituição do vínculo obrigacional dar-se-á independente da concorrência culposa do agente.[27]

Trata-se, aliás, de uma tendência seguida de modo amplo pelo legislador codicista, na medida em que não apenas suprimiu a possibilidade da produção de uma prova liberatória da cláusula geral (como havia sido pensado na origem dos trabalhos preparatórios), como também substituiu todas as demais presunções de culpa então contidas no Código de 1916 por genuínas regras de responsabilidade objetiva.[28] E, especificamente no que tange à norma do parágrafo único do artigo 927, fê-lo com absoluta propriedade, uma vez que o seu suporte fático contempla autêntica hipótese de responsabilidade por risco (em sentido lato), na qual, por isso, justifica-se a imposição de um regime mais gravoso de imputação, que decorre do especial recrudescimento do potencial lesivo da atividade desenvolvida.[29]

Estando clara a questão relativa à natureza do regime de responsabilidade, a segunda premissa está associada ao nexo de imputação utilizado para o agravamento imposto, havendo algumas dúvidas no que tange à sua concretização. Isso porque é inegável reconhecer a amplitude do preceito, quanto mais considerando que "qualquer atividade humana importa, em alguma proporção, risco aos direitos alheios".[30]

Diante das diversas teorias estruturadas acerca da relevância do risco na responsabilidade civil e considerando os termos do preceito em causa, parece ser consenso na doutrina a adoção da ideia de risco-criado,[31] já que não se extrai dos seus termos a necessidade de demonstração de uma vantagem ou de um benefício para o sujeito

---

as medidas idôneas a evitá-lo". Sobre o tema, GODOY, Claudio Luiz Bueno de. *Responsabilidade civil pelo risco da atividade e o nexo de imputação da obrigação de indenizar*: reflexões para um colóquio Brasil-Portugal. Revista Jurídica Luso-Brasileira, Lisboa, a. 1, n. 1, 2015, p. 32.

27. SANSEVERINO, Paulo de Tarso Vieira. *Cláusula geral de risco...*, cit., p. 360.
28. Assim, por exemplo, as hipóteses de responsabilidade indireta previstas nos incisos do artigo 932 do Código Civil que, sendo reguladas no diploma anterior por meio de presunções de culpa, foram transformadas em imputação objetiva pela regra contida no artigo 933. Sobre o tema, AGUIAR, Roger Silva. *Responsabilidade civil objetiva*. Do risco à solidariedade. São Paulo: Altas, 2007, p. 37-38.
29. O que pode não suceder, por exemplo, na totalidade das situações elencadas no antes citado artigo 932, cujo fundamento não está propriamente num risco, mas no fato de deter uma posição que traz ao agente um dever de garantia em relação ao agir de terceiros. Sobre o tema, TEPEDINO, Gustavo; BARBOZA, Heloisa Helena; MORAES, Maria Celina Bodin de. *Código Civil interpretado conforme a Constituição da República*. Rio de Janeiro: Renovar, 2006, v, II, p. 932.
30. SCHREIBER, Anderson. *Novos paradigmas...*, cit., p. 23.
31. CAVALIERI FILHO, Sergio. *Programa de Responsabilidade Civil*. 6 ed. São Paulo: Malheiros, 2006, p. 181.

que exerce a atividade lesiva,[32] bastando que a desenvolva com normalidade.[33] De igual sorte, também tende a se cristalizar interpretação no sentido da prescindibilidade da existência de um defeito nesse exercício, já que a imputação reside no simples desenvolvimento e nos riscos dele decorrentes, não se cogitando, por isso, da existência de uma intercorrência no processo correspondente.[34]

Os elementos centrais do suporte fático da norma vêm alicerçados, pois, nos conceitos de *atividade*, assim considerada como "um conjunto de atos coordenados entre si e voltados a um fim, a um objetivo último",[35] e de *risco*,[36] assim compreendido em termos alargados como a especial condição para acarretar a ocorrência de danos.[37] E a fonte desse risco deverá decorrer, na dicção do próprio preceito legal, da natureza da atividade abstratamente considerada, ou seja, não do modo como é exercida, mas da sua essência.[38]

Em linhas gerais, ao que se infere do exame do preceito legal em causa, trata-se de uma regra arrojada do ponto de vista da amplitude da sua aplicação, com potencial, por isso mesmo, para promover uma crescente objetivação da responsabilidade advinda das relações privadas. O receio de abusos ou excessos confessado por alguns

---

32. Segundo SANSEVERINO, Paulo de Tarso Vieira. *Cláusula geral de risco...*, cit., p. 359-360, a expressão "normalmente" que foi associada à atividade pode ser interpretada extensiva ou restritivamente: naquele sentido, de modo a "incluir toda e qualquer atividade normalmente desenvolvida por uma pessoa que possa ser considerada de risco"; neste, para o fim de condicionar à incidência da regra àquelas situações exercidas com habitualidade e, mais do que isso, "com a finalidade de obter vantagem econômica". Deve-se assinalar que o dispositivo, em verdade, não faz qualquer restrição, sendo intuitivo, portanto, o acolhimento da interpretação extensiva, sob pena de conflitar com a, em tese, opção pelo acolhimento da teoria do risco criado, já que o lucro ou a profissionalidade inclinar-se-iam às teorias do risco proveito (de empresa ou profissional). Segundo o autor, contudo, tem prevalecido a interpretação restritiva, o que se justificaria no fato de que "[n]ão se tem, no entanto, no momento atual, maturidade para uma exegese tão abrangente". Não obstante o sentimento seja verdadeiro, porquanto, com efeito, a ampliação excessiva do dispositivo pode conduzir a uma inconveniente hiper-responsabilidade, a razão parece estar com TARTUCE, Flávio. *A cláusula geral de responsabilidade...*, cit., p. 601, quando fala da necessidade de se conjugar ao conceito de risco criado com a noção de excepcionalidade, para o fim de abranger apenas o que estiver "acima da situação corriqueira de normalidade".
33. TARTUCE, Flávio. *A cláusula geral de responsabilidade...*, cit., p. 598.
34. SCHREIBER, Anderson. *Novos paradigmas...*, cit., p. 25; GODOY, Claudio Luiz Bueno de. *Responsabilidade civil pelo risco da atividade e o nexo de imputação...*, cit., p. 35; TARTUCE, Flávio. *A cláusula geral de responsabilidade...*, cit., p. 602; dentre outros.
35. GODOY, Claudio Luiz Bueno de. *Responsabilidade civil pelo risco da atividade e o nexo de imputação...*, cit., p. 30. E complementa o autor, referindo que não se trata de "um ato ou um negócio qualquer", mas de uma atuação complexa e coordenada, que vem complementada pelo requisito da normalidade estabelecido no próprio dispositivo.
36. TARTUCE, Flávio. *A cláusula geral de responsabilidade...*, cit., p. 586.
37. O referido conceito, como se terá oportunidade de tratar em momento posterior, não se confunde com o de perigo, consoante expressamente reconhecido pelo Enunciado 448 da V Jornada de Direito Civil, promovida pelo Conselho da Justiça Federal e pelo Superior Tribunal de Justiça, que se encontra posto nos seguintes termos: "A regra do art. 927, parágrafo único, segunda parte, do CC aplica-se sempre que a atividade normalmente desenvolvida, mesmo sem defeito e não essencialmente perigosa, induza, por sua natureza, risco especial e diferenciado aos direitos de outrem. São critérios de avaliação desse risco, entre outros, a estatística, a prova técnica e as máximas de experiência".
38. HIRONAKA, Giselda Maria Fernandes Novaes. *Responsabilidade pressuposta*. Belo Horizonte: Del Rey, 2005, p. 297.

quando da sua entrada em vigor, contudo, justamente em razão desta abertura, não se concretizou nesses quinze anos de aplicação, podendo-se dizer até tímidas as suas manifestações na jurisprudência.[39]

4. CONVERGÊNCIAS E DIVERGÊNCIAS EM PERSPECTIVA COMPARATISTA

O cotejo entre o paradigma italiano – assim considerado pelo seu pioneirismo no tratamento codificado do tema – e a aqui denominada "criação" brasileira – diante da inovação em alguns dos elementos da *fatispecie* – permite, do ponto de vista comparatista, algumas reflexões, as quais podem ser úteis na condução de uma interpretação sistematizada de cada um dos preceitos ou mesmo de possíveis reformas. E, antes de mais, cumpre reconhecer a nítida inspiração do artigo 927, parágrafo único, do Código Civil brasileiro na regra do artigo 2050 do *Codice Civile*,[40] possuindo, ambos, algum grau de inovação nos ordenamentos jurídicos em que se situam.

A primeira das reflexões a parir do cotejo entre ambos diz respeito à natureza da imputação. Não há dúvidas de que, na origem, a regra do artigo 2050 do *Codice* tinha o seu fundamento na culpa, operando-se apenas uma inversão do ônus probatório acerca da não observância dos deveres de cuidado e de segurança inerentes ao exercício de atividades com agravado potencial de causar danos. A interpretação extensiva dos seus termos pela jurisprudência italiana, contudo, aproximou-o de uma autêntica regra de imputação objetiva, na medida em que se passou a permitir a exclusão da responsabilidade por meio da prova liberatória apenas nas situações equivalentes à ruptura do nexo causal.[41]

Nesse particular, as longas décadas de aplicação do preceito contido no Código de 1942 e os rumos tomados na sua aplicação hodierna permitem concluir no sentido do acerto operado pelo legislador brasileiro em contemplar um dispositivo alicerçado em autêntica responsabilidade objetiva, corrigindo, ao longo da tramitação do projeto, uma redação que poderia ter implicado no acolhimento de um modelo de culpa presumida. Trata-se, como já se observou em doutrina comparatista, de "importante nota de modernidade"[42] promovida pelo legislador brasileiro, que evi-

---

39. Tal se extrai do levantamento acerca do âmbito de aplicação, pelos Tribunais Superiores, da regra do artigo 927, parágrafo único, contido em SANSEVERINO, Paulo de Tarso Vieira. *Cláusula geral de risco...*, cit., p. 361 e ss., no qual se observa que esteve basicamente relacionado aos acidentes do trabalho, já que os demais casos citados (responsabilidade civil no âmbito das relações de consumo ou por danos ambientais, por exemplo) possuem regras próprias acerca da natureza objetiva da imputação. Tanto que o autor observa, p. 370, que esta aplicação tem-se dado "com parcimônia".
40. GODOY, Claudio Luiz Bueno. *Responsabilidade civil pelo risco da atividade*, cit., p. 59.
41. Refira-se uma vez mais que essa evolução é mérito da jurisprudência italiana. Em Portugal, onde o vigente Código Civil entrou em vigor mais de vinte anos após o *Codice* e contemplou, como dito, uma regra com idêntica redação àquela do artigo 2050, prevalece até os dias atuais uma aplicação tradicional pautada em um juízo de culpa presumida.
42. MONTEIRO, Jorge Sinde. *Responsabilidade Civil*: o novo Código Civil do Brasil face ao direito português, às reformas recentes e às actuais discussões de reforma na Europa. In: CALDERALE, Alfredo (a cura di). Il nuovo Codice Civile brasiliano. Milano: Giuffrè, 2003, p. 313.

tou um desnecessário esforço interpretativo para adaptar a regra que se encontrava em vias de entrar em vigor às necessidades atuais que, justificadas no princípio da solidariedade, demandam uma efetiva objetivação nesses casos.

No que tange ao fundamento do agravamento da imputação, não obstante haja uma referência geral ao risco em sentido lato, deve-se reconhecer que foram empregados nexos de imputação diversos.

Em doutrina, costuma-se afirmar que enquanto o risco encerrara conotação subjetiva estreitamente ligada a uma valoração de índole econômica interna do sujeito, de modo a induzir o ressarcimento de certos danos como ônus de uma atividade organizada (não obrigatoriamente lucrativa, para abranger as várias nuances da teoria), o perigo traz em si conotação objetiva relacionada a uma relevante potencialidade de produzir dano em decorrência de um agir.[43] Daí porque o reconhecimento de uma maior amplitude do risco em relação ao perigo,[44] pois ao passo em que aquele está associado a uma eventualidade de dano decorrente do exercício de uma atividade, esse (o perigo) guarda relação com o notável estado de ameaça de dano a terceiros em decorrência de uma atividade.[45]

Ocorre que não obstante a diferenciação antes posta – que se recolhe, em grande parte, da doutrina italiana –, a interpretação que tem predominado na doutrina brasileira em muito se aproxima da autêntica noção de perigo. Isso porque o nexo de imputação do artigo 927, parágrafo único, do Código Civil, mesmo denominado como risco, tem sido concretizados a partir de um potencial danoso que decorre da forma como a atividade é exercida e, por isso, aferido *ex ante*, o que se faz sob o argumento de que a lei cuidou do *risco da atividade* e não da *atividade de risco*.[46]

Nessa linha, o que poderia se apresentar como divergência resta, ao cabo, por se caracterizar como uma autêntica convergência – mesmo que um tanto atécnica –, bem demonstrando que o que releva para o agravamento da responsabilidade é o risco/perigo que decorre da essência da atividade em si mesmo considerada (ou seja, em abstrato e *ex ante*).

---

43. COMPORTI, Marco. *Esposizione al pericolo...*, cit., p. 171-72. A partir destas premissas é que o perigo apresentaria um perfil essencialmente jurídico e, por isso, mais efetivo à consecução do objetivo último da responsabilidade civil (satisfação de uma necessidade de defesa do indivíduo) a partir da imposição de uma disciplina mais rígida de imputação nos casos em que se apresenta um maior perigo aos sujeitos.
44. GODOY, Claudio Luiz Bueno de. *Responsabilidade civil pelo risco da atividade e o nexo de imputação...*, cit., p. 34.
45. COMPORTI, Marco. *Esposizione al pericolo...*, cit., p. 169-171.
46. GODOY, Claudio Luiz Bueno de. *Responsabilidade civil pelo risco da atividade e o nexo de imputação...*, cit., p. 34. Não é de se desconsiderar que tal associação decorra muito mais do fato da mera alteração da expressão *perigo* por *risco* no curso do processo legislativo, preservando-se, quiçá, o nexo de imputação original, ao menos no seu conteúdo, tendo em vista a nítida e reconhecida inspiração italiana.

5. CONCLUSÕES

O conhecimento da origem de um dado preceito legal bem serve a contextualizar a sua aplicação. Isso é o que se insere do confronto entre as experiências jurídicas italiana e brasileira em matéria de regulação, por meio de uma cláusula geral, de um regime agravado de responsabilidade civil em decorrência do risco/perigo da atividade.

Nessa linha, é possível inferir que a opção clara por uma imputação de natureza objetiva, em detrimento de soluções intermediárias (como a culpa presumida ou a inversão do ônus probatório), apresenta-se como a solução mais acertada do ponto de vista dos interesses que se visa a tutelar. Tanto que a jurisprudência italiana tem tratado de atualizar o preceito do artigo 2050, reconduzindo-o a algo muito próximo de uma autêntica responsabilidade objetiva.

Quanto ao nexo de imputação, teria se apresentado mais adequado – até pela forma como tem sido interpretada a regra nos dias atuais – a preservação do perigo como fator de legitimidade do agravamento da responsabilidade. Nessa seara, contudo, mais uma vez a precisão interpretativa da doutrina e da jurisprudência tem tratado de corrigir alguma imperfeição da técnica legislativa, nos termos em que verificado por meio do entendimento de que o risco do artigo 927, parágrafo único, do Código Civil brasileiro em muito se aproxima do perigo do artigo 2050 do congênere italiano.

Bem compreender essas necessidades apenas reforça a importância do estudo do direito comparado para fins não apenas de transposição adequada de uma regra originária de outro sistema jurídico – tal qual feito com a cláusula geral italiana –, como também para bem aplicá-la, como se tem feito no que tange à interpretação e à aplicação do conceito de risco (próximo ao perigo) na experiência jurídica brasileira.

6. REFERÊNCIAS

AGUIAR, Roger Silva. *Responsabilidade civil objetiva*. Do risco à solidariedade. São Paulo: Altas, 2007.

ALPA, Guido. *Diritto della responsabilità civile*. Roma/Bari: Laterza, 2003.

_____. *La responsabilità civile*. Principi. Torino: Utet, 2015.

BUSNELLI, Francesco Donato. L'illecito civile nella stagione europea delle reforme del diritto delle obbligazioni. *Rivista di Diritto Civile*, Padova, a. 52, n. 6, p. 439-457, nov./dic. 2006.

CASTRONOVO, Carlo. Responsabilità Oggettiva. II – Disciplina privatistica. Diritto comparato e straniero. In. AAVV. *Enciclopedia Giuridica Treccani*. Roma: Istituto della Enciclopedia Italiana, 1991, v. XXX.

_____. *La nuova responsabilità civile*. 3 ed. Milano: Giuffrè, 2006.

CAVALIERI FILHO, Sergio. *Programa de Responsabilidade Civil*. 6 ed. São Paulo: Malheiros, 2006.

COMPORTI, Marco. *Esposizione al pericolo e responsabilità civile*. Napoli: Edizione Scientifiche Italiane, 2014, ristampa.

_____. Responsabilità per esercizio di attività pericolose. In: BUONOCORE, Vincenzo; MAJELLO, Ugo. *Fondamento e funzione della responsabilità civile*. Napoli: Cooperativa Editrice Economica e Commercio, 1975.

COSTA, Mário Júlio de Almeida. *Direito das obrigações*. 11 ed. Coimbra: Almedina, 2008.

DE CUPIS, Adriano. *Il Danno*. Teoria Generale della Responsabilità Civile. 3 ed. Milano: Giuffrè, 1979.

FRADA, Manuel A. Carneiro da. *Direito civil*. Responsabilidade civil. O método do caso. Coimbra: Almedina, 2006.

GALLO, Paolo. *Introduzione alla responsabilità civile*. Torino: Giappichelli, 2000.

GODOY, Claudio Luiz Bueno de. *Responsabilidade civil pelo risco da atividade*. 2 ed. São Paulo: Saraiva, 2010.

_____. Responsabilidade civil pelo risco da atividade e o nexo de imputação da obrigação de indenizar: reflexões para um colóquio Brasil-Portugal. *Revista Jurídica Luso-Brasileira*, Lisboa, a. 1, n. 1, p. 21-43, 2015.

HIRONAKA, Giselda Maria Fernandes Novaes. *Responsabilidade pressuposta*. Belo Horizonte: Del Rey, 2005.

JOSSERAND, Louis. Evolução da responsabilidade civil. Trad. Raul Lima. *Revista Forense*, Rio de Janeiro, a. 38, fasc. 456, p. 52-63, ju. 1941.

LEITÃO, Luís Menezes. *Direito das obrigações*. 6 ed. Coimbra: Almedina, 2007, v. I.

MARTINEZ, Pedro Romano. *Direito das Obrigações*. Apontamentos. 2 ed. Lisboa: AAFDL, 2004.

MONTEIRO, Jorge Sinde. *Responsabilidade Civil*: o novo Código Civil do Brasil face ao direito português, às reformas recentes e às actuais discussões de reforma na Europa. In: CALDERALE, Alfredo (a cura di). Il nuovo Codice Civile brasiliano. Milano: Giuffrè, 2003.

REALE, Miguel. *Emendas absurdas ao Código Civil*. Disponível em: [http://http://www.miguelreale.com.br/artigos/absncc.htm]. Acesso em: 12/06/2017.

SALVI, Cesare. *La responsabilità civile*. 2 ed. Milano: Giuffrè, 2005.

SANSEVERINO, Paulo de Tarso Vieira. *Cláusula geral de risco e a jurisprudência dos Tribunais Superiores*. In: BRASIL. Superior Tribunal de Justiça. Doutrina: edição comemorativa, 25 anos. Brasília, Superior Tribunal de Justiça, 2014.

SCHREIBER, Anderson. *Novos paradigmas da responsabilidade civil*. Da erosão dos filtros da reparação à diluição dos danos. 3 ed. São Paulo: Atlas, 2011.

SCONAMIGLIO, Renato. *Responsabilità civile e danno*. Torino: Giappichelli, 2010.

SICA, Salvatore. *Il sistema della responsabilità civile*. In: STANZIONE, Pasquale (dir.). Diritto Privato. Lineamenti istituzionali. Torino: Giappichelli, 2003.

TARTUCE, Flávio. A cláusula geral de responsabilidade objetiva nos dez anos do Código Civil de 2002. *Revista Jurídica Luso-Brasileira*, a. 1, n. 3, p. 583-638, 2015.

TEPEDINO, Gustavo; BARBOZA, Heloisa Helena; MORAES, Maria Celina Bodin de. *Código Civil interpretado conforme a Constituição da República*. Rio de Janeiro: Renovar, 2006, v. II.

TRIMARCHI, Pietro. *Istituzioni di Diritto Privato*. 7 ed. Milano: Giuffrè, 1986.

VISINTINI, Giovanna. *Cos'è la responsabilità civile*. 2 ed. Napoli: Edizione Schientifiche Italiane, 2014.

A RESPONSABILIDADE PRÉ-CONTRATUAL POR RUPTURA INJUSTIFICADA DAS NEGOCIAÇÕES

Karina Nunes Fritz

Doutora em Direito Privado na Humboldt Universität (Berlim). LL.M na Friedrich-Alexander Universität Erlangen-Nürnberg (Alemanha). Mestre em Direito (PUCSP). Assistente para América Latina do Prof. Dr. Dr. Stefan Grundmann (Humboldt Universidade). Secretária-Geral da Deutsch-Lusitanische Juristenvereinigung (Associação Luso-alemã de Juristas). Bolsista do Max-Planck Institut (Hamburg). Pesquisadora visitante no Bundesverfassungsgericht (Tribunal Constitucional Alemão). Professora. Advogada e parecerista. nunesfritzdoutorado@live.de

Sumário: 1. Introdução – 2. Delimitação da figura – 3. Requisitos da responsabilidade por ruptura injustificada das negociações – 4. Conclusões – 5. Bibliografia.

1. INTRODUÇÃO

Há décadas os tribunais brasileiros vêm reconhecendo a necessidade de tutela da proteção da confiança e da lealdade na fase de preparação dos contratos, o que se dá sobretudo pela imposição de uma gama de deveres laterais de conduta na fase pré-contratual e pelo reconhecimento da responsabilidade decorrente de sua violação. Essa responsabilidade, conhecida no mundo latino como responsabilidade pré-contratual, surgiu na Alemanha sob a denominação de culpa *in contrahendo*, a partir do famoso ensaio de Rudolf von Jhering, de 1861.[1] Jhering defendeu na época a ressarcibilidade dos danos oriundos da celebração de um contrato nulo/anulável, surgido em decorrência da violação culposa de um dever pré-contratual de diligência, mais intenso que a diligência ordinária presente na vida em sociedade, ou seja, no contato social, o qual impõe às partes o dever de verificar e afastar todos os óbices, materiais e jurídicos, à validade do negócio.

Sua teoria, contudo, foi apenas o pontapé inicial para o aprofundamento dogmático, ocorrido ao longo do século 20 no círculo jurídico alemão, de uma figura importantíssima que provocaria profundas alterações no Direito das Obrigações alemão e irradiaria seus efeitos sobre vários ordenamentos jurídicos europeus e latino-americanos: a culpa *in contrahendo*. Tão amplo foi o desenvolvimento dado à

---

1. Confira-se: JHERING, Rudolf von. *Culpa in contrahendo ou indemnização em contratos nulos ou não chegados à perfeição*. Tradução: Paulo Mota Pinto. Coimbra: Almedina, 2008. Para uma análise comparada acerca do tema no direito alemão e brasileiro, permita-se referir a NUNES FRITZ, Karina. *Culpa in contrahendo – Ein konsistentes Vorvertragsregime für das brasilianische Recht auf der Grundlage der deutschen Schuldrechtsdogmatik*, tese de doutorado apresentada na Humboldt Universidade de Berlim, em 2017.

figura que a responsabilidade *in contrahendo* pela celebração de contratos inválidos consiste hoje apenas em uma das hipóteses da ampla figura da responsabilidade pré-contratual, que engloba, dentre outros, os casos de responsabilidade pela violação de deveres de proteção *strictu sensu*, rompimento injustificado das tratativas e pela celebração de contratos desvantajosos/indesejáveis em decorrência de falhas informacionais antes da conclusão do contrato, além dos casos de responsabilidade pré-contratual de terceiros.[2]

De fato, a responsabilidade pré-contratual é figura bem mais ampla, que surge sempre que, durante a fase de preparação do negócio jurídico, uma das partes causa dano à outra em função da violação de um dever decorrente da boa-fé objetiva, princípio consagrado no art. 422 do CC/2002, do qual resultam os denominados deveres de conduta (*Verhaltenspflichten*) ou deveres de consideração (*Rücksichtnahmepflichten*), conforme terminologia adotada pelo BGB após a Reforma de Modernização do Direito das Obrigações, realizada em 2001.

Pode-se definir a responsabilidade pré-contratual como a decorrente da violação dos deveres de consideração, oriundos da boa-fé objetiva, durante o amplo período de preparação do negócio jurídico. Essa afirmação é importante, pois põe em relevo o fundamento teórico da responsabilidade (boa-fé objetiva, correspondente à *Treu und Glauben* do direito alemão) e desfaz o engano, ainda corrente em parte da doutrina e jurisprudência nacional, de tomar a responsabilidade *in contrahendo* como decorrente do descumprimento do pré-contrato. Além disso, corrige o erro conceitual de compreender a responsabilidade pré-contratual como sinônimo de rompimento abusivo das negociações.

O Código Civil brasileiro positivou a linha geral do instituto no art. 422 do CC/2002, afirmando que os contratantes são obrigados a observar a boa-fé na formação do contrato. Apesar da clara disposição legal, uma corrente minoritária ainda insiste em negar a recepção do instituto, preferindo deduzi-la da limitada figura do abuso do direito do art. 187 CC/2002. O tema, apesar de estar na ordem do dia, não tem merecido a atenção devida da doutrina e jurisprudência, o que se comprova pelas poucas monografias sobre o assunto e pelo frágil reconhecimento da figura nos tribunais, amparado sob os mais diversos – e inconsistentes – fundamentos.

O presente artigo tem por objetivo explanar sinteticamente os requisitos da responsabilidade por ruptura injustificada das negociações, caso mais frequente admitido pela doutrina e jurisprudência brasileiras, a qual surge quando uma das partes desperta na outra a certeza de que o negócio será concluído e posteriormente, sem motivo justo, abandona as conversações, comportamento considerado desleal, isto é, contrário ao dever de agir com lealdade e consideração pelos interesses do outro.

---

2. Para um panorama geral da culpa *in contrahendo* no direito alemão, permita-se remeter a NUNES FRITZ, Karina. *Culpa in contrahendo – Ein konsistentes Vorvertragsregime für das brasilianische Recht auf der Grundlage der deutschen Schuldrechtsdogmatik* e *A culpa in contrahendo no direito alemão* (no prelo). Confira-se ainda a monumental obra de MENEZES CORDEIRO. *Da boa fé no direito civil*, p. 527-585.

A análise será feita comparatisticamente, tomando por base o direito alemão, berço do instituto, sem prejuízo do contributo de outros autores nacionais e europeus.

2. DELIMITAÇÃO DA FIGURA

Inicialmente, imprescindível fazer uma delimitação do problema: a responsabilidade pré-contratual não surge em decorrência da violação de um contrato preliminar ou pré-contrato, como uma semelhança terminológica poderia sugerir. O pré-contrato – consagrado no art. 462 do CC/2002, cujo objeto consiste no dever de celebrar o contrato principal – é verdadeiro negócio jurídico, cujo descumprimento dá ensejo a uma típica responsabilidade contratual por inobservância do dever de prestação (obrigação), enquanto a responsabilidade pré-contratual decorre da violação de dever oriundo da boa-fé objetiva (e não do negócio jurídico!), durante a fase negocial.

Da mesma forma, importante distinguir negociações e proposta: as tratativas não têm o caráter da obrigatoriedade da proposta, que, nos termos do art. 427 do CC/2002, vincula o proponente se o contrário não resultar de seus termos, da natureza do negócio ou das circunstâncias do caso concreto, sendo vedado ao proponente modificá-la fora dos casos previstos no citado dispositivo. Isso não significa, contudo, que as negociações sejam destituídas de "força obrigatória", consistindo na "fase da não obrigatoriedade", como (ainda) repetido incessantemente entre nós.[3] A fase pré-contratual é dotada de vinculabilidade, pois nela incide o princípio da boa-fé objetiva, criando uma gama de *deveres específicos de conduta* a fim de conferir eticidade ao contrato negocial e evitar lesões a bens, direitos e interesses dos envolvidos.[4] Esses deveres têm caráter imperativo, conferindo normatividade ao momento anterior ao contrato e justificando a imposição da responsabilidade pré-contratual em caso de lesão a tais deveres.

3. REQUISITOS DA RESPONSABILIDADE POR RUPTURA INJUSTIFICADA DAS NEGOCIAÇÕES

A responsabilidade pré-contratual é, como visto, uma figura ampla e compreensiva de qualquer dano resultante da ofensa à boa-fé objetiva na fase de preparação do negócio jurídico. A hipótese aqui analisada, de responsabilidade por rompimento injustificado das negociações, requer, para sua configuração, certos pressupostos específicos: é necessário a existência de negociações, a certeza na celebração do contrato e o rompimento injustificado (violação do dever de lealdade), além dos requisitos genéricos de imputabilidade, dano e nexo de causalidade.[5]

---

3. Nesse sentido: SERPA LOPES, Miguel Maria. *Contratos*, vol. 1, p. 69; DINIZ, Maria Helena. *Curso*, vol. 3, p. 42 e GONÇALVES, Carlos Alberto. *Contratos*, p. 49.
4. Nesse sentido: MEDICUS, Dieter. *PWW-BGB*, § 311, Rn. 49, p. 549.
5. Não se olvide que a responsabilidade pré-contratual em situações jurídicas de consumo dispensa culpa, sendo qualificada como uma responsabilidade objetiva em razão da regra geral de imputabilidade por risco, estatuída pela Lei de Proteção e Defesa do Consumidor.

a) Negociações

O primeiro pressuposto para a configuração da modalidade de responsabilidade aqui analisada é que tenha havido entre as partes conversações relativas a determinado negócio jurídico, que elas pretendiam – ainda que vagamente – celebrar. As negociações preliminares são a fase do contato negocial na qual os interessados debatem e discutem o conteúdo do futuro contrato com a finalidade de formar o juízo de conveniência do negócio, ou seja, concluir se vale à pena para ambos celebrar o contrato ou não, quando, então, põem fim às conversações.

Importante observar que as partes, durante as tratativas, não são necessariamente movidas por uma vontade de contratar, mas por uma vontade de discutir. Nada obstante, trata-se de um processo teleológico, direcionado a determinada finalidade, como bem observa Larenz, que pode ou não desaguar na celebração de um contrato.[6] Por isso, condena-se aquele que desde o início não tem qualquer intenção de contratar e, inobstante, envolve o outro em conversações inúteis e dispendiosas, em comportamento flagrantemente desleal – quando não doloso.

Em contratos complexos ou de significativo valor econômico, é comum surgirem na fase negocial atos de diversas naturezas jurídicas, de caráter negocial ou não. Os primeiros constituem verdadeiros negócios jurídicos na fase pré-contratual como o contrato preliminar, por meio do qual as partes se comprometem a celebrar posteriormente o contrato principal. Os segundos são todos os instrumentos destinados a documentar as negociações como as minutas, punctações e as cartas de intenção. Os atos não negociais têm grande relevância em tema de culpa *in contrahendo*, pois o descumprimento de negócios jurídicos como o contrato preliminar, pactos de exclusividade ou de sigilo, celebrados na fase negocial, configura típica responsabilidade contratual, pois tem-se nesses casos o incumprimento de um dever de prestação (obrigação *stricto sensu*) e não de deveres pré-contratuais de conduta.

Os instrumentos utilizados pelas partes para documentar as negociações e fixar os pontos já acordados, embora não gerem um dever de celebrar o contrato, adquirem relevância prática na medida em que contribuem para a formação da confiança legítima na celebração. Eles provam a existência das negociações e, em certas circunstâncias, que a confiança despertada na contraparte acerca da celebração do contrato foi legítima, pois amparada em dados objetivos e perfeitamente apuráveis, de forma que qualquer pessoa naquela situação também confiaria que o negócio seria celebrado.

Embora direcionadas a eventual conclusão do negócio, as negociações não implicam necessariamente na celebração do contrato, pois, ainda quando finalizadas com êxito, o resultado positivo não passa de um desenho ou projeto de contrato, carecendo do acordo para se transformar em negócio jurídico perfeito e acabado. A grande questão aqui debatida é se das negociações pode surgir o dever de contratar,

---

6. *Allgemeiner Teil*, p. 595. No mesmo sentido: MENEZES CORDEIRO, Antonio. *Da boa fé*, p. 538.

especialmente quando uma parte coloca para a outra, expressa ou concludentemente, como certa a conclusão do negócio.

Sobre o assunto reina grande divergência entre os autores.[7] Entretanto, o entendimento flagrantemente majoritário, tanto no Brasil, como na Alemanha, é contrário à admissão de uma obrigação de contratar (*Kontrahierungszwang*).[8] Parece claro que a tutela da boa-fé objetiva e da confiança *não pode impor uma obrigação de celebrar o contrato*, pois isso constituiria, em última análise, a anulação da própria autonomia privada e da liberdade contratual negativa, que assegura aos envolvidos o poder de só se vincularem de acordo com sua livre vontade, ressalvadas eventuais hipóteses de imposição legal de contratar.

Além disso, tal obrigação excluiria a própria responsabilidade pré-contratual,[9] sem falar que, aceitar a existência de um dever de contratar seria admitir a impossibilidade de ruptura das negociações. Não se descuide ainda que a obrigatoriedade de contratação provocaria graves entraves no mercado, pois seus atores se sentiriam inseguros e temerosos em estabelecer negociações, vez que poderiam ser obrigados a celebrar um contrato inconveniente ou indesejado contra a própria vontade. Mais razoável, portanto, é que o direito sancione por meio de indenização o comportamento desleal daquele que rompe sem motivo justo as tratativas, quando já deu como certa a contratação, levando o outro a realizar despesas inúteis ou a perder oportunidades negociais com terceiros.

b) A certeza na celebração do contrato

Outro elemento essencial para a configuração da responsabilidade é a confiança legítima na conclusão do contrato, a qual deve ser objetivamente apurável, de acordo com dados e circunstâncias concretas, suscetíveis de comprovação, que permitam supor que qualquer um, naquela situação, também confiaria que o contrato seria celebrado.[10] Se a análise das circunstâncias permitir concluir que um homem reto e honesto também daria como certa a conclusão do contrato, tem-se aqui a presença inequívoca de uma situação de confiança ou, melhor dizendo, do *suporte fático da confiança* (*Vertrauenstatbestand*).

---

7. No Brasil, Popp defende que surgindo entre as partes a confiança legítima de que o contrato será celebrado, estágio no qual as negociações já se encontram em fase avançada e havendo rompimento, nasceria para a contraparte um direito à celebração do contrato, o qual já integraria a esfera jurídica do lesado. *Responsabilidade civil pré-negocial*, p. 232. Na Alemanha, uma corrente flagrantemente minoritária entende que se a parte comprovar que, sem o rompimento abusivo (violação do dever de lealdade), o contrato planejado teria sido celebrado, surgiria um dever de concluir o negócio e o lesado poderia, alternativamente, pedir o ressarcimento dos danos com base no interesse positivo. Nesse sentido, HARKE, Jan Dirk. *Soergel-BGB*, § 311, Rn. 114, p. 71.
8. Confira-se, dentre muitos, MEDICUS, Dieter. Op. cit., § 311 Rn. 49, p. 549.
9. MASSIMO BIANCA. *Il contrato*, p. 171.
10. Como coloca Fichtner Pereira, "não se trata, portanto, de se verificar se o contraente subjetivamente confiou na celebração do contrato, mas sim de verificar se ele tinha fortes razões objetivas para confiar que o negócio jurídico que vinha sendo projetado iria se estabelecer". *A responsabilidade civil pré-contratual*, p. 331.

O ponto central do problema é identificar o momento em que surge ou pode surgir uma situação de confiança apta a gerar na contraparte a certeza na celebração do contrato, o que só pode ser apurado caso a caso pelo intérprete. Doutrina e jurisprudência alemãs têm fornecido alguns parâmetros úteis na apuração da legitimidade da confiança despertada na contraparte como a experiência das partes, o grau de informação de ambas, a duração, complexidade, o estágio ou progresso das negociações, que avançam na medida em que as partes vão decidindo acerca dos pontos essenciais do contrato planejado.[11] Também devem ser analisados fatores como a natureza, o objeto e valor do contrato a ser celebrado. Mas não há dúvidas de que a confiança encontra limite na imprudência, razão pela qual não se indeniza o contraente que precipitadamente faz gastos vultuosos visando à celebração do contrato.[12]

c) Ruptura injustificada: violação da boa-fé objetiva

Um terceiro elemento configurador da responsabilidade é a ausência de motivo legítimo para o abandono das negociações. Em princípio, pode-se dizer que as partes são livres para iniciar e abandonar as negociações *sem precisar apresentar qualquer motivo* – o qual, muitas vezes, nem será conveniente revelar, seja para preservação de interesse próprio ou alheio.[13] Entretanto, a partir do momento em que uma parte pode legitimamente confiar na celebração do contrato, quem pretende romper as negociações deve apresentar um *motivo justificável*, pois essa é a conduta leal exigida pela boa-fé objetiva e esperada no comércio jurídico.[14] Afinal, o contraente tem o interesse legitimo em não ser envolvido em negociações inúteis e dispendiosas.

Fonte de controvérsia é o que vem a ser motivo justo, apto a eximir o agente do dever de indenizar. Entende-se como tal aquele em harmonia com a boa-fé objetiva e, em tese, apto a justificar o abandono das negociações, ainda quando a certeza de que o contrato seria concluído surgiu para uma das partes que, em função disso,

---

11. Em BGH NJW 2001, vol. 6, p. 382, julgado em 07.12.2000, o *Bundesgerichtshof* (BGH) – corte equivalente ao STJ – denegou pleito ressarcitório ao argumento de que em nenhum momento os deram à autora motivos para confiar que o contrato seria certamente celebrado. Confira-se ainda: TJRS, Apelação Cível 70012118220, 9ª. Câmara Cível, rel. Marilene Bernardi, j. 24.08.2005, DJ 13.09.2005, onde o Tribunal concluiu que o encerramento das negociações deu-se pela falta de consenso acerca de servidão de passagem em imóvel vizinho, condição para o fechamento do negócio entre as partes, denegando o pedido ressarcitório, com base em rompimento injustificado das tratativas, das despesas que a autora precipitadamente dispendeu.
12. Reinhard Singer dá como exemplo o caso em que uma das partes vende precipitadamente sua coleção de ducados em ouro para financiar a compra do objeto, antes mesmo de acertar com o vendedor o preço da venda. Confira-se: *Fehler beim Kauf*, p. 140 s. No mesmo sentido a recente decisão do Tribunal de Brandenburg, onde uma empresa operadora de telefonia móvel, antes de acertar as condições da operação, transferiu a outra mais de cem mil endereços, cujo valor foi solicitado após o encerramento das negociações por falta de consenso acerca de pontos cruciais da planejada operação de cooperação empresarial. Veja-se: OLG Brandenburg 6 U 38/09, in: NJOZ 2010, p. 768, julgado em 02.02.2010.
13. Pense-se, por exemplo, na hipótese em que alguém inicia e em seguida rompe as negociações por se encontrar em dificuldades financeiras impeditivas da assunção de obrigações ou ainda a situação na qual a parte desiste das tratativas por descobrir aspectos pessoais da contraparte que abalaram a confiança nela depositada e que, se revelados, podem lhe causar danos, ainda que exclusivamente moral. Seria extremamente constrangedor e prejudicial se a parte fosse obrigada a divulgar tal situação pelo simples fato de ter iniciado conversações.
14. EMMERICH, Volker. *Münchener Kommentar BGB*, § 311 Rn.162, p. 1639.

realizou despesas buscando a concretização do negócio.[15] Os alemães ensinam que a legitimidade do motivo só pode ser apurada caso a caso, devendo o intérprete observar dois critérios básicos: primeiro, o motivo em si alegado e, segundo, a adequação do comportamento do autor da ruptura aos padrões de lealdade e honestidade exigidos pela boa-fé objetiva.

Doutrina e jurisprudência fornecem exemplos do que pode ser considerado motivo justo para o abandono das negociações: a *falta de acordo acerca de pontos do futuro contrato* sobre os quais as partes manifestaram a intenção de livremente decidir; a *modificação superveniente das circunstâncias das negociações*, ou seja, a alteração da base negocial em tal medida que torne a continuação das conversações um ônus excessivo para uma das partes; *suspeita de corrupção*;[16] a violação de deveres de conduta pela contraparte e o *recebimento de melhor proposta por terceiro*. O dever de lealdade, decorrente da boa-fé objetiva, não impede que negociações paralelas sejam travadas acerca de um mesmo objeto, desde que à contraparte seja dado conhecimento desse fato ou a parte atue com a máxima cautela, informando suas incertezas em relação à conclusão do contrato a fim de evitar que a outra crie falsas expectativas e realize despesas que de outra forma não faria, o que legitimaria o ressarcimento.

Se entre as partes já foi acordada a celebração do contrato e uma delas recebe proposta mais vantajosa, deve comunicar tal fato imediatamente à contraparte para que esta decida se aceita contratar nas condições apresentadas pelo concorrente ou não.[17] Em não aceitando, legítimo configura-se o abandono das negociações, a menos que entre as partes exista pacto de exclusividade, que constitui verdadeiro contrato no âmbito pré-contratual, brotando daí uma responsabilidade pela violação de dever de prestação primário. Nessa hipótese, percebe-se claramente a importância de se analisar não apenas o motivo em si alegado (melhor proposta), mas também a conduta do agente à luz do mandamento da boa-fé objetiva, pois se a parte não informa a outra acerca da negociação paralela com terceiro ou não expõe com clareza suas reais incertezas quanto às chances de concluir o contrato, permitindo que se crie ou se fortaleça na outra a confiança na celebração, não poderá posteriormente, para

---

15. "O problema da legitimidade da ruptura não se reconduz, com efeito, à indagação sobre se o seu motivo determinante é ou não justificado do ponto de vista da parte que o efectuou, mas, antes, importa averiguar se, independentemente dessa valoração pessoal, ele pode assumir uma relevância objectiva e de per si prevalente sobre a parte contrária", leciona ALMEIDA COSTA. *Responsabilidade civil*, p. 62. Sem razão, portanto, Carvalho Santos, quando prega a desnecessidade de apresentação de motivo justo para o abandono das tratativas ao argumento de que "o que a uma das partes parece arbitrário pode à outra parecer legítimo". *Código civil brasileiro interpretado*, p. 56. Esse raciocínio, contudo, parte de uma ótica voluntarista do agente que põe fim às conversações, o que não tem mais espaço no atual estágio da ciência jurídica, principalmente quando se trata de apurar a violação dos deveres decorrentes da boa-fé objetiva.
16. Confira-se caso expresso julgado pelo Tribunal da cidade de Rostock, na Alemanha, em OLG-NL 4/2003, j. 30.01.2002, apud: NUNES FRITZ, Karina. *Boa-fé objetiva na fase pré-contratual*, p. 302.
17. Nesse sentido, dentre outros: ALMEIDA COSTA. *Responsabilidade civil*, p. 63.

eximir-se de responsabilidade, alegar como justo motivo o recebimento de oferta negocial mais vantajosa, embora isso justifique, em tese, o abandono das negociações.[18]

Os motivos elencados acima são meros exemplos. Importante fixar que nenhuma razão alegada para justificar o abandono das negociações pode ser analisada isoladamente pelo juiz, sendo fundamental examinar ainda o comportamento do agente para verificar se o mesmo se adequa aos padrões de conduta exigidos pela boa-fé objetiva. Nisso inclui ainda verificar se a parte comunicou imediatamente à outra as razões da ruptura para evitar que a mesma, confiando legitimamente na celebração, continuasse trabalhando para isso e realizando gastos desnecessários.

d) O dano pré-contratual

Como, em geral, na responsabilidade civil, a responsabilidade pré-contratual pressupõe dano. A questão controvertida aqui gira em torno de definir quais os danos efetivamente ressarcíveis e se existem limites para esse ressarcimento. Tradicionalmente se diz que em sede de culpa *in contrahendo* por ruptura injustificada das negociações é cabível apenas a indenização do *interesse negativo*, vale dizer, do interesse da parte em não ser envolvida em negociações inúteis e desleais, sem abranger o *interesse positivo*, correspondente às vantagens que a parte auferiria com a conclusão e execução do contrato.[19]

Ponto controvertido diz respeito à ressarcibilidade exclusiva do interesse negativo em sede de responsabilidade *in contrahendo*. No Brasil e em Portugal, uma corrente minoritária defende que a boa-fé objetiva poderia justificar a imposição de um dever de contratar, quando as negociações alcançarem um estágio avançado, o que equivaleria admitir o ressarcimento do interesse positivo. Sua correspondente na Alemanha sustenta, contudo, que isso só seria possível se o lesado comprovasse que o contrato teria sido celebrado, não fosse a violação do dever de lealdade (rompimento imotivado) pela contraparte.[20] Ou seja, não é o princípio da boa-fé objetiva que justificaria o ressarcimento, mas a demonstração completa do nexo causal.

---

18. O motivo apresentado, nessa situação, não pode ser interpretado isoladamente, o que conduziria à justificação do rompimento, mas deve ser analisado conjuntamente com a conduta assumida pelo agente, pois motivo legítimo é, sobretudo, aquele em harmonia com a boa-fé objetiva.
19. O conceito de interesse positivo e negativo é praticamente estranho ao direito brasileiro, como, de modo geral, ao latino. Doutrina e jurisprudência não apresentam uma noção uniforme e equivalente ao conceito europeu, cuja origem histórica remonta a Jhering. A distinção entre interesse positivo e negativo tem como parâmetro o contrato e só faz sentido quando o dano sofrido tiver alguma relação, ainda que indireta, com o negócio. Assim, por exemplo, o ressarcimento de lesões corporais ou à honra, por ocasião das negociações, é calculado sem qualquer referência ao interesse negativo ou positivo, pois a tutela de bens jurídicos absolutos ocorre independentemente do contrato ou do desfecho do contato negocial. Nesse sentido: HARKE, Jan Dirk. Op. Cit., § 311 Rn. 104, p. 66. Os demais deveres pré-contratuais (informação/esclarecimento, conselho, diligência, colaboração) encontram-se todos em íntima relação com o contrato planejado, pois todos são, em maior ou menor medida, funcionalizados à preparação do negócio. Isso justifica a apuração do dano, decorrente de sua violação, por meio dos critérios do interesse negativo ou positivo.
20. Nesse sentido, HARKE, Jan Dirk. Op. cit., § 311 Rn. 104-105, p. 66 s. Em Portugal, confira-se, dentre outros: PINTO OLIVEIRA, Nuno Manuel. *Princípios de direito dos contratos*, p. 219 ss.

O primeiro grande obstáculo a essa pretensão é que o interesse positivo requer uma base contratual para sua concessão: ninguém pode pretender exigir de outrem os ganhos de um contrato que ambos nem chegaram a celebrar.[21] Isso equivaleria admitir a conclusão forçada do contrato, o que deve-se afastar em prol da autonomia privada e da proteção do comércio jurídico. Além disso, a doutrina majoritária na Alemanha aponta com razão que não se pode mais aplicar a regra da causalidade pura para se determinar o dano ressarcível, mas deve-se analisar ainda se o dano a ser reparado está contido no âmbito de proteção da norma violada, aqui o dever de lealdade.[22]

Ora, o dever de lealdade tem por fim tutelar exclusivamente a conduta das partes durante o contato negocial, exigindo que ambas atuem com retidão e lealdade recíprocas, tendo consideração pelos interesses do parceiro. Se as partes, agindo honestamente, chegarão ou não a concluir o contrato, é irrelevante para o mandamento da lealdade. A norma do dever de lealdade, portanto, não tutela a celebração e/ou execução do contrato, de forma que os danos decorrentes da não celebração e/ou (in)execução do negócio não fazem parte do âmbito de proteção da norma, sendo descabido seu ressarcimento.

Deve-se, dessa forma, indenizar, nos casos de rompimento abusivo, apenas o interesse negativo ou interesse de confiança (*Vertrauensinteresse*), ou seja, os gastos que o lesado efetuou por ter confiado que a parte se comportaria corretamente, não rompendo imotivadamente as negociações.[23] Nos danos decorrentes da frustração imotivada da confiança incluem-se tanto o dano patrimonial, como o moral.[24] No que

---

21. Diferente é a situação em que a parte deixa comprovadamente de celebrar um contrato, com o mesmo objeto, com terceiro. Nesse caso, está-se a falar não das vantagens que seriam obtidas com o contrato celebrado com a futura contraparte, mas de um outro contrato que teria certamente sido fechado com terceiro, não tivesse o lesado confiado na situação de confiança das negociações. Por isso, esse dano, que só surgiu porque o lesado confiou na situação negocial estabelecida com o lesante, qualifica-se como dano da confiança e, portanto, como parte do interesse negativo, pois ele não teria surgido se o lesado não tivesse confiado legitimamente no comportamento do lesante, que sem motivo justificável abandonou as negociações quando as partes já podiam contar com a conclusão do negócio.
22. Nesse sentido, preciosas as lições de Fernando Noronha, ao dizer que: "Se a causalidade adequada parece a teoria que melhor atende aos interesses e valores em jogo na matéria, não se pense, porém, que ela seja panaceia capaz de conduzir à solução justa de todos os casos. Nenhuma solução jurídica pode fundamentar-se apenas em relações causais cegas, antes deve partir de juízos de valor, daqueles juízos que estejam subjacentes às normas. A determinação de um nexo causal apenas nos permite dizer quais são os danos que é possível considerar como sendo consequência adequada do fato acontecido; saber, todavia, se todos esses danos serão ressarcíveis depende de outras considerações, estritamente jurídicas.". *Direito das obrigações*, p. 615.
23. Em casos excepcionais, quando surge um contrato válido entre as partes, doutrina e jurisprudência alemãs admitem o ressarcimento do interesse no cumprimento (Erfüllungsinteresse) quando o lesado demonstra cabalmente que, sem a violação do dever de informação/esclarecimento, ele teria celebrado com a contraparte um contrato em condições mais vantajosas. Nesse caso específico, admite-se excepcionalmente que ele possa exigir o ressarcimento das vantagens que obteria com o negócio, já que aqui há uma base contratual que justifica a indenização do interesse positivo. Disso se conclui que o ressarcimento do interesse positivo só é cabível no grupo de casos de culpa *in contrahendo*, pela celebração de contratos desvantajosos/indesejados.
24. Nesse sentido, dentre outros: LARENZ, Karl. *Allgemeiner Teil*, p. 606; STIGLITZ/STIGLITZ. *Responsabilidad precontratual*, p. 40; POPP. Op. Cit., p. 284 s.; FICHTNER PEREIRA, Regis. Responsabilidade civil pré-contratual, p. 391 e BASSO, Maristela. Contratos internacionais, p. 160.

toca à reparação do dano moral, deve-se observar que, embora em tese plenamente reconhecida, é na prática de difícil caracterização, pois meras frustrações ou aborrecimentos pelo fracasso das tratativas fazem parte do risco assumido pelo contraente ao iniciar um processo negocial, não configurando, portanto, dor moral compensável.[25]

O dano patrimonial decompõe-se em dano emergente e lucro cessante, nos termos do art. 402 do CC/2002. Enquanto o dano emergente consiste na efetiva perda patrimonial sofrida pelo lesado, o lucro cessante traduz-se naquilo que se deixou de ganhar em decorrência do evento lesivo. Em sede de responsabilidade por ruptura das conversações, o dano emergente consiste naquilo que a parte gastou na preparação do contrato, enquanto o lucro cessante é geralmente entendido como a perda concreta de oportunidade negocial com terceiros, em função do envolvimento nas conversações.[26]

Para ser ressarcível, o lucro cessante deve fundar-se na *perda concreta* de um negócio e não em meras conjecturas, como destaca Almeida Costa.[27] A maioria dos autores entende que a prova de mera probabilidade de realização de um negócio, ainda que razoável, é insuficiente para justificar o ressarcimento – ao contrário do que sustenta Basso, amparada no direito francês, onde a simples probabilidade razoável é indenizada como *perte d'una chance*.[28]

Quanto aos danos emergentes, importante observar que nem todas as despesas realizadas desde o início das negociações são ressarcíveis, mas somente aquelas efetuadas a partir do momento em que a parte pôde legitimamente confiar na conclusão do contrato.[29] Como regra geral pode-se dizer que quem, logo após o início

---

25. Por isso, diz Popp que "não basta a mera ocorrência de aborrecimentos e preocupações decorrentes do ilícito praticado. É indispensável que isto fuja ao âmbito comum, ou seja, que haja um dano efetivo... No âmbito das negociações preliminares inúmeras situações podem gerar dano extrapatrimonial, inclusive difamações ou calúnias impostas por uma parte à outra como decorrência de desentendimentos entre elas ocorrido". Op. cit., p. 284 s. Necessário se revela que a ofensa moral seja significativa, atingindo direitos da integridade moral do indivíduo como honra, imagem ou nome. Cabe à parte demonstrar exatamente em que consiste o dano moral, sua gravidade e a relação de causa e efeito com o rompimento ilegítimo das negociações para ser ressarcida da dor sofrida.
26. Alguns doutrinadores clássicos defendiam a exclusão dos lucros cessantes da indenização por falta de causalidade direta com o abandono das negociações, mas isso obviamente improcede. Aquele que deixa de celebrar o contrato com terceiro – embora pudesse legitimamente fazê-lo – assim procede por confiar que a contraparte também se portará com lealdade e retidão, em harmonia com os padrões comportamentais exigidos pela boa-fé objetiva. Negar indenização nesses casos equivaleria a penalizar aquele que confiou que o outro agiria com hombridade e retidão, apresentando pelo menos um motivo justificável para desistir de celebrar o contrato já dado como certo.
27. ALMEIDA COSTA, Mario Julio. Responsabilidade civil, p. 80. GARCIA RUBIO ensina que o lucro cessante indenizável "concretiza-se substancialmente na perda de outras oportunidades de contratar com um terceiro, assim como as vantagens que delas derivariam, o que requer demonstrar a existência efetiva, e não sustentada por meras conjecturas, dessas outras oportunidades negociais, prova sempre dificultosa". La responsabilidad precontractual, p. 234, tradução livre.
28. Contratos internacionais, p. 160 s.
29. "O dever de indenização surge apenas quando uma parte interrompe as negociações sem motivo justo, depois de ter despertado na contraparte, de modo a si imputável, a confiança na realização do contrato (...); ela se restringe aos gastos realizados depois do surgimento do fato da confiança". Confira-se HEINRICHS, Helmut. *Palandt BGB*, p. 198. Esse entendimento vem respaldado por diversas decisões do BGH, dentre

das negociações – quando ainda não está certo se o negócio será celebrado – realiza despesas consideráveis, o faz por sua própria conta e risco, devendo arcar com as mesmas caso as negociações fracassem.

Esses gastos destinam-se por vezes a convencer a contraparte acerca da oportunidade do negócio e não são realizados em razão da certeza dada na celebração, quando então são imputados ao comportamento desleal da parte que rompe imotivadamente as tratativas. Pode-se concluir com Fichtner Pereira que não se trata, assim, de se indenizar os custos com toda a negociação, mas as despesas decorrentes da conduta desleal assumida pela parte, qual seja, a de, após incutir na parte contrária a confiança na celebração do contrato, violar o seu dever de lealdade, rompendo imotivadamente as negociações.

Outro ponto polêmico relativo à questão do dano pré-contratual diz respeito à eventual limitação do dano indenizável, ou seja, à possibilidade de limitar a indenização tomando como parâmetro o interesse positivo, ou seja, o valor pecuniário que seria alcançado com a execução do contrato. Essa discussão surgiu a partir da interpretação dos §§ 122 I e 179 II do BGB, os quais contemplam casos de expressa limitação do valor do dano indenizável. A partir daí questionou-se se tais dispositivos refletiriam um princípio geral aplicável a todos os casos de culpa *in contrahendo* ou se seriam exceções à regra da reparação integral dos danos (*Totalreparation*), estampada no § 249 do BGB.

Na Alemanha, o entendimento majoritário sempre foi no sentido de que tais dispositivos consistiam em exceção à regra da reparação total, só se aplicando aos casos expressamente previstos.[30] No entanto, o debate se espalhou e parte da doutrina latina começou a defender a limitação da indenização, apesar de seus respectivos

---

as quais um julgado de 22.02.1989, no qual reformou-se parcialmente decisão do Tribunal de Justiça de Munique, determinando a exclusão do *quantum* indenizatório de alguns gastos realizados pelo autor da ação sob o fundamento de terem sido os mesmos efetuados quando ainda não havia entre as partes a certeza de que o contrato seria concluído. Dentre esses gastos incluíam-se, por exemplo, honorários advocatícios para elaboração de minuta do contrato de compra e venda, que nem chegou a ser discutida pelas partes; custos com contratação de secretária e renovação do escritório do autor da ação, que se sentiu prejudicado com o encerramento das negociações. Veja-se: ZIP 8/89, p. 514-517. Por isso, diz Basedow que enquanto as partes ainda negociam, "em princípio, cada uma age por seu próprio risco, quando, não obstante, já agora efetua despesas em confiança à esperada conclusão do contrato. Por esses gastos não pode, consequentemente, exigir indenização quando a outra parte interrompe as negociações posteriormente, ainda que inesperadamente e sem motivo evidente". *Münchener Kommentar BGB*, p. 1529.

30. Na Alemanha, como dito, referidos dispositivos sempre foram entendidos pela corrente majoritária como exceções pontuais à regra da indenizabilidade total dos danos. Larenz afirma taxativamente que "o dano da confiança não é em sua extensão, ao contrário dos §§ 122 e 179, limitado através do interesse de cumprimento.". Op. cit., p. 600. Schwab observa ainda que o § 280 I do BGB/2002, base legal para o ressarcimento decorrente de violação de deveres obrigacionais, não fornece parâmetros para se determinar a extensão da indenização, que deve variar segundo o tipo do dever violado. O parâmetro para a fixação da quantia indenizatória não deve ser, portanto, o contrato projetado pelas partes, mas os danos efetivamente sofridos por quem confiou – e podia confiar – legitimamente na conclusão do negócio jurídico, ainda quando esses danos superem, em determinados casos concretos, o próprio valor do contrato planejado e não firmado. *Einführung*, p. 443.

ordenamentos jurídicos não possuírem dispositivos semelhantes ao BGB.[31] Argumentava-se que a parte prejudicada pelo rompimento não poderia ser colocada em situação melhor que a que se encontraria se o contrato tivesse sido celebrado.

O argumento não convence: a um, porque não há norma expressa nesse sentido no CC/2002; a dois, porque, em se admitindo a hipótese, tem-se necessariamente que o lesado arcaria, ainda que parcialmente, pelo comportamento desleal do parceiro, o que não seria justo e razoável. A norma do art. 944 CC/2002 é clara nesse sentido: a indenização mede-se pela extensão do dano. Devem ser indenizados todos os danos que estejam em relação de causalidade adequada com o fato gerador da responsabilidade, considerando o escopo de proteção da norma, ou seja, com o abandono injustificado das negociações, não havendo motivos para limitá-los pelo contrato fracassado.

4. CONCLUSÕES

Finalizando essa breve análise, conclui-se que a responsabilidade pré-contratual ou culpa *in contrahendo* não se limita aos casos de rompimento imotivado das negociações (violação do dever de lealdade), mas abrange qualquer ofensa aos deveres de consideração, decorrentes da boa-fé objetiva, na ampla fase de preparação do negócio.

Quanto aos casos de responsabilidade por rompimento abusivo, pode-se dizer que, em princípio, as partes são livres para iniciar e abandonar as negociações sem motivo especial, arcando cada uma com as despesas efetuadas nesse período. Essa regra cede, contudo, quando uma delas dá como certa a celebração do contrato, criando – ou permitindo que se fortaleça – na outra a confiança legítima de que o contrato será celebrado, quando, então, precisa apresentar um motivo legítimo para o rompimento para eximir-se de responsabilidade.

São, portanto, requisitos específicos da responsabilidade por abandono injustificado das conversações: a existência de negociações, o surgimento de uma situação de confiança legítima e a posterior violação do dever de lealdade por meio do rompimento ilegítimo. Além desses, acrescentam-se os requisitos genéricos da responsabilidade civil: dano, culpa e nexo causal.

A confiança legítima, protegida em sede de responsabilidade *in contrahendo*, deve-se basear em dados objetivos, aptos a revelar que qualquer pessoa leal e honesta, em igual situação, confiaria na celebração do contrato, assim como a vítima do rompimento. O abandono injustificado se revela através da análise do comportamento de quem rompe as negociações: não apenas o motivo em si deve ser considerado, mas, sobretudo, o comportamento da parte diante desse motivo.

---

31. Confira-se, dentre outros, MESSINEO, Francesco. *Il contrato*, p. 304 s.; PONTES DE MIRANDA. Tratado, vol. 38, p. 319 e CHAVES, Antônio. Responsabilidade pré-contratual, p. 217 s.

Dano indenizável corresponde a tudo aquilo que a parte gastou (dano emergente), bem como às oportunidades perdidas (lucro cessante) a partir do momento em que surgiu a confiança legítima na conclusão do contrato, pois as despesas anteriormente realizadas, despendidas no intuito de convencer o outro a celebrar o contrato, devem ser assumidas por cada uma das partes.

5. BIBLIOGRAFIA

ALMEIDA COSTA, Mário Júlio de. *Responsabilidade civil pela ruptura das negociações preparatórias de um contrato*. Coimbra: Coimbra, 1984.

BASEDOW, Jürgen. *Münchener Kommentar*: §§ 241-432, v. 2, München: C. H. Beck, 2003.

BASSO, Maristela. *Contratos internacionais do comércio*. 2. ed. Porto Alegre: Livraria do Advogado, 1998.

CHAVES, Antônio. *Responsabilidade pré-contratual*. Rio de Janeiro: Forense, 1959.

FICHTNER PEREIRA, Régis. *A responsabilidade civil pré-contratual*. Rio de Janeiro: Renovar, 2001.

GARCIA RUBIO, Maria Paz. *La responsabilidad precontractual en el derecho español*. Madrid: Tecnos, 1991.

GONÇALVES, Carlos Roberto. *Direito civil brasileiro*: contratos e atos unilaterais. 3. ed. São Paulo: Saraiva, 2007.

HEINRICHS, Helmut. *Palandt*: Bürgerliches Gesetzbuch. München: C. H. Beck, 2002.

JHERING, Rudolf von. *Culpa in contrahendo ou indemnização em contratos nulos ou não chegados à perfeição*. Tradução e introdução: Paulo Mota Pinto. Coimbra: Almedina, 2008.

LARENZ, Karl. *Allgemeiner Teil des Bürgerlichen Rechts*. Atualizado por Manfred Wolf. München: C. H. Beck, 2004.

MASSIMO BIANCA, C. *Il contrato*. Milano: Dott. A. Giuffrè, 1998.

MEDICUS, Dieter. *PWW-BGB*. Prütting/Wegen/Weinreich (Org.). Köln: Luchterhand, 2009.

MENEZES CORDEIRO, António. *Da boa fé no direito civil*. Coimbra: Almedina, 2001.

MESSINEO, Francesco. *Il contrato in genere*. Milano: Dott. A. Giuffrè, 1973. t. 1.

NUNES FRITZ, Karina. *A boa-fé objetiva na fase negocial:* a responsabilidade pré-contratual por ruptura das negociações. Curitiba: Juruá, 2008.

_____.*Culpa in contrahendo*: Ein consistentes Vorvertragsregime für das brasilianische Recht auf der Grundlage der deutschen Schuldrechtsdogmatik. Tese de doutorado. Humboldt Universidade de Berlim (Alemanha), 2017 (no prelo).

_____. *A culpa in contrahendo no direito alemão* (artigo no prelo).

PONTES DE MIRANDA, Francisco. *Tratado de direito privado*. Rio de Janeiro: Borsoi, 1962. t. 38.

POPP, Carlyle. *Responsabilidade civil pré-negocial*: o rompimento das tratativas. Curitiba: Juruá, 2001.

SCHWAB, Dieter. *Einführung in das Zivilrecht*. Heidelberg: C. F. Müller, 2004.

SERPA LOPES, Miguel Maria de. *Curso de direito civil*: dos contratos em geral. Rio de Janeiro: Freitas Bastos, 1954. v. 3. parte I.

STIGLITZ, Ruben S.; STIGLITZ, Gabriel A. *Responsabilidad precontratual*. Buenos Aires: Abeledo-Perrot, 1992.

BREVES NOTAS SOBRE A (DES)PATRIMONIALIZAÇÃO DA RESPONSABILIDADE CIVIL: AINDA A FUNDAMENTALIDADE DO DANO

Marcelo de Oliveira Milagres
Professor Adjunto de Direito Civil na Faculdade de Direito da UFMG.

Sumário: 1. Introdução – 2. Dano e prejuízo – 3. Patrimônio – 4. Síntese – 5. Referências.

1. INTRODUÇÃO

Em tempos de intensa e dinâmica complexidade, de um hipercapitalismo em que tudo parece ser objeto de consumo, em que os avanços da técnica surpreendem todos quantos acreditem que o futuro já se realizou, parece absurdo falar em consequências não econômicas pelos mais diversos e prejudiciais comportamentos da vida.

É comum que referência ao polissêmico termo "responsabilidade" seja associada à ideia de pecúnia, como se o dinheiro pudesse comprar tudo[1] e, igualmente, como se fôssemos responsáveis por tudo e por todos.

Em tempos de riscos previsíveis ou não, concretos ou potenciais, naturais ou provocados, tecnológicos ou prosaicos, de uma multiplicidade de danos, o prejuízo é uma realidade a ser enfrentada e discutida. Responsabilidade e prejuízo imbricam-se, percorrem caminhos cada vez mais sinuosos, difíceis. Aponta-se, inclusive, a possibilidade de responsabilidade *independente* de dano.[2] Isso seria possível? Segundo Álvaro Villaça Azevedo, suprimir-se o dano da responsabilidade civil seria como retirar-se o crime do Direito Penal.[3]

Já se foi a época em que o estudo da responsabilidade civil se limitava ao prejuízo de ordem material ou à função reparatória/compensatória.

Também não exaurem o temário as mais variadas teorias sobre o patrimônio da pessoa humana. Hoje, fala-se em uma multiplicidade de prejuízos tal que ultrapassa

---

1. Cf. SANDEL, Michael J. *O que o dinheiro não compra*. Tradução de Clóvis Marques. 5. ed. Rio de Janeiro: Civilização brasileira, 2013.
2. Cf. BRAGA NETTO, Felipe; FARIAS, Cristiano Chaves de; ROSENVALD, Nelson. *Novo tratado de responsabilidade civil*. 2. ed. São Paulo: Saraiva, 2017. p. 79.
3. In. CARRÁ, Bruno Leonardo Câmara. *Responsabilidade civil sem dano:* uma análise crítica. Limites epistêmicos a uma responsabilidade civil preventiva ou por simples conduta. São Paulo: Atlas, 2015 (prefácio).

a acesa dicotomia entre responsabilidade civil subjetiva e objetiva. Entretanto, a busca continua a mesma: a mais ampla proteção da pessoa em face da violência física, psíquica e – por que não – tecnológica.

A possibilidade de consequências não econômicas pelos mais diversos ilícitos, superando a ideia do equivalente em pecúnia pelos prejuízos suportados, parece sugerir a tese da *despatrimonialização* da responsabilidade civil.

Nada mais equivocado.

A presente e modesta reflexão busca problematizar o difícil termo *patrimônio*, bem como apontar possível distinção entre dano e prejuízo, reconhecendo a possibilidade de tutela ou ressarcimento não pecuniário no âmbito da responsabilidade civil sem, contudo, desconsiderar-se a fundamentalidade do dano.

2. DANO E PREJUÍZO

Dano seria a ofensa ao patrimônio do sujeito de direito. Em regra, esse resultado lesivo decorre do comportamento humano. Segundo Yvonne Lambert Faivre e Stéphanie Porchy-Simon, os prejuízos materiais conjugam-se com o verbo *ter*, e aqueles de ordem moral conjugam-se com o verbo *ser*.[4]

Philippe Brun faz uma distinção entre dano e prejuízo. Para o autor, *dano* seria a ofensa à integridade de uma pessoa ou de uma coisa, e *prejuízo*, as consequências dessa ofensa.[5]

Para Massimo Bianca,[6] o conceito de dano alcança três acepções: como evento lesivo, como efeito econômico negativo, como liquidação pecuniária do efeito econômico negativo.

José de Aguiar Dias, adotando a noção de Hans Albrecht Fischer, anota que *dano* é o prejuízo que alguém sofre, na sua alma, no seu corpo ou em seus bens, em consequência de fato alheio.[7] *Dano* – que se classifica em material e moral – é o requisito da obrigação de indenizar.

Wilson Melo da Silva já dizia que *danos morais* são lesões sofridas pela pessoa natural "em seu patrimônio ideal, entendendo-se por patrimônio ideal, em contraposição ao patrimônio material, o conjunto de tudo aquilo que não seja suscetível de valor econômico".[8]

---

4. FAIVRE, Yvonne Lambert; SIMON, Stéphanie Porchy. *Droit du dommage corporel:* systèmes d'indemnisation. 6. éd. Paris: Dalloz, 2009. p. 221.
5. BRUN, Philippe. *Responsabilité civile extracontractuelle.* 2. éd. Paris: Litec, 2009. p. 114.
6. BIANCA, Massimo. *Diritto civile:* la responsabilità. 2. ed. Milano: Giuffrè editore, 2012. p.123: "Il significato del danno si specifica in ter distinte nozioni: come evento lesivo, come effeto economico negativo, come liquidazione pecuniária dell'effetto economico negativo".
7. DIAS, José de Aguiar. *Da responsabilidade civil.* 9. ed. Rio de Janeiro: Forense, 1994, v. II. p. 715.
8. SILVA, Wilson Melo da. *O dano moral e sua reparação.* 3. ed. Rio de Janeiro: Forense, 1999. p. 1.

Para Menezes Cordeiro, há sinonímia entre dano e prejuízo. Para o autor, "o dano ou prejuízo traduz-se na supressão ou diminuição duma situação favorável que estava protegida pelo ordenamento".[9]

Em verdade, melhor seria defender a ideia de dano como ofensa ao bem ou à coisa. O prejuízo seria a consequência dessas mais diversas e variadas ofensas.

Nesse sentido, talvez merecesse melhor redação o disposto no art. 944 do Código Civil brasileiro, segundo o qual a indenização se mede pela extensão do dano.

A indenização se mede pela extensão dos prejuízos. Nem toda ofensa (dano) proporciona prejuízos (consequências) e nem todo prejuízo é indenizável, mas somente aquele decorrente do dano injusto, da ofensa injustificada. E nem todo dano injusto, que proporciona prejuízo, é suscetível de sanção econômica. A ausência de reparação monetária, contudo, não ensejaria uma despatrimonialização da responsabilidade civil. Em verdade, é preciso melhor conceituar *patrimônio*.

3. PATRIMÔNIO

O Código Civil brasileiro de 2002, assim como o seu antecedente, não disciplina o patrimônio em geral. Subsistem, porém, disposições diversas.

O art. 91 dispõe que "constitui universalidade de direito o complexo de relações jurídicas, de uma pessoa, dotadas de valor econômico".

O art. 57 do Código Civil de 1916 dispunha que "o patrimônio e a herança constituem coisas universais, ou universalidade, e como tais subsistem, embora não constem de objetos materiais".

Poder-se-ia defender o patrimônio como a universalidade de relações jurídicas dotadas de economicidade, alcançando, pois, créditos, bens e coisas.

No mesmo sentido, aponta Paola Iamiceli[10] que a noção largamente difundida é que patrimônio é um complexo de direitos suscetíveis de avaliação econômica.

Para Trimarchi,[11] reconhecendo a possibilidade do patrimônio geral e do patrimônio separado, *patrimônio* é um conjunto de relações jurídicas ativas e passivas de conteúdo econômico.

Menezes Cordeiro aponta a dificuldade de uma teoria unitária de patrimônio, asseverando que este, fundamentalmente, consiste num conjunto de direitos e deveres.[12]

---

9. MENEZES CORDEIRO, António. *Tratado de direito civil português:* parte geral. Tomo I. 3. ed. Coimbra: Almedina, 2007. p. 417.
10. IAMICELI, Paola. *Unità e separazione dei patrimoni*. Padova: Cedam, 2003. p. 2.
11. TRIMARCHI, Pietro. *Istituzioni di diritto privato*. 20. ed. Milano: Giuffrè Editore, 2014. p. 102.
12. MENEZES CORDEIRO, António. *Tratado de direito civil português:* parte geral. Tomo II. 2. ed. Coimbra: Almedina, 2002. p. 183.

O caráter patrimonial do direito civil contribuiu para a necessária despersonalização da responsabilidade obrigacional. A responsabilidade deixou de ser corporal, física, e alcançou o patrimônio do devedor. Nesse sentido, dispõe o art. 391 do Código Civil que, "pelo inadimplemento das obrigações respondem todos os bens do devedor". Porém, seriam mesmo todos, sem exceção? Com a necessária ressalva, dispõe o art. 789 do Código de Processo Civil: "o devedor responde com todos os seus bens presentes e futuros para o cumprimento de suas obrigações, salvo as restrições estabelecidas em lei".

A partir dessa funcionalidade de garantia da obrigação, pode-se reconhecer a natureza objetiva do patrimônio, indo além da perspectiva personalista. A massa de bens e de coisas não se confunde com a capacidade patrimonial. O patrimônio não se confunde com a pessoa. As relações jurídicas são intersubjetivas – não se pode falar em relação entre pessoa, coisas e bens; esses últimos são objeto das relações, são extrínsecos à realidade humana. Entender o patrimônio como emanação da personalidade é contrariar a realidade de sua transmissibilidade, inclusive *causa mortis*.

O patrimônio também não é uno e indivisível. Vivenciamos a era da pluralidade, de intensos desafios e de múltiplas interseções. O próprio Código Civil brasileiro, ao disciplinar, no âmbito do Direito de Família, o direito patrimonial, reconhece a figura do patrimônio separado ou de afetação. Consolidado, entre nós, o instituto do bem de família, seja ele legal ou mesmo convencional. Aponte-se ainda a limitação da responsabilidade societária como mecanismo de patrimônio por afetação.

Nos dias atuais, fala-se em mínimo existencial,[13] aquele acervo patrimonial essencial à subsistência da pessoa. Para Ricardo Lobo Torres,[14] o mínimo existencial não tem conteúdo específico: "Abrange qualquer direito, ainda que originariamente não fundamental (direito à saúde, à alimentação etc.), considerado em sua dimensão essencial, inalienável e existencial". Luiz Edson Fachin[15] intitula de patrimônio mínimo o conteúdo de necessidades básicas ou essenciais da pessoa humana: "obter a guarida do patrimônio mínimo em favor dos valores fundamentais da pessoa é uma maneira de instituir um novo lugar jurídico, espaço de luta constante entre interesses e pretensões".

Ao sujeito de direito se reconhecem diversas massas patrimoniais, que não se limitam a bens corpóreos, mas vão além, alcançando realidades intangíveis, imateriais. Nesses tempos de Instagram, Facebook, marcas, patentes, inventos, obras eletrônicas, segredos empresariais e ideias as mais diversas, coexistem o corpóreo e o incorpóreo.

Em verdade, o patrimônio é uma universalidade que compreende direitos obrigacionais, direitos reais, coisas, bens, o corpóreo e o incorpóreo. Assim, a con-

---

13. Cf. GAUDU, François. Les droits sociaux. In.: CABRILLAC, Rémy; FRISON-ROCHE, Marie-Anne; REVET, Thierry (Coord.) *Libertés et droits fondamentaux*. 14. éd. Paris: Dalloz, 2008. p. 743-758.
14. TORRES, Ricardo Lobo. *O direito ao mínimo existencial*. Rio de Janeiro: Renovar, 2009. p. 13.
15. FACHIN, Luiz Edson. *Estatuto jurídico do patrimônio mínimo*. 2. ed. Rio de Janeiro: Renovar, 2006. p. 220.

sequência não econômica pelo dano injusto não significa a despatrimonialização da responsabilidade civil.

O Código de Processo Civil amplia a possibilidade de tutela específica, reconhecendo, no art. 497, parágrafo único, a tutela inibitória independentemente da demonstração da ocorrência de dano ou da existência de culpa ou dolo. Enfatiza-se a função preventiva – o que não significa uma responsabilidade sem dano: havendo o abalo ou a possibilidade de abalo ao bem jurídico, a despeito das consequências materiais ou imateriais, assegura-se a tutela processual específica, o que não significa uma resposta extrapatrimonial, pois, no âmbito da obrigação de fazer ou de não fazer, há que se reconhecer a patrimonialidade mediata da prestação.

Essa possibilidade de ressarcimento pela forma específica não é estranha, por exemplo, ao direito italiano, como muito bem reconhece Francesco Galgano.[16]

Ressarcimento não se limita à compensação pecuniária do prejuízo, mas também alcança a sua remoção.[17]

Havendo o abalo ou a possibilidade de abalo ao bem jurídico, está justificada uma resposta diversa do equivalente econômico. Nessa perspectiva, pode-se afirmar a existência do dano como ofensa ou lesão a qualquer bem jurídico. Há responsabilidade civil, e não meramente a incidência do sistema processual.

Irretocável a assertiva de Bruno Leonardo Câmara Carrá,[18] segundo a qual é inexistente qualquer forma de responsabilidade civil decorrente da mera ilicitude ou antijuridicidade, afastando-se, inadvertidamente, o dano como elemento fundamental.

Reconhece-se a incidência do sistema da responsabilidade civil no âmbito da universalidade patrimonial, alcançando, pois, as mais diversas modalidades de obrigações. A prestação não é necessariamente de pagar quantia certa, embora possa ser avaliada economicamente, pois, como acentua Jean Carbonnier, "Quid it patrimonial dit pécuniaire, c'est-à-dire monétaire".[19]

Nessa perspectiva, se o dano é o abalo ou lesão a qualquer bem jurídico, e o prejuízo, a sua consequência, ouso contrapor-me à ideia de responsabilidade sem dano.

Responsabilidade está necessariamente ligada à noção de patrimônio, às mais diversas formas de tutela da universalidade de direitos e valores que o integram. A

---

16. GALGANO, Francesco. *Diritto privato*. 17. ed. Vicenza: Cedam, 2017. p. 395: " In luogo del risarcimento in danaro si può ottenere, se è possibile, una reintegrazione in forma specifica (art. 2058), ossia il ripristino dela situazione preexistente, come la demolizione di una construzione; oppure la consigna di un nuovo bene in sostituzione di quello distrutto dal danneggiante (...)".
17. Cf. BIANCA, Massimo. *Diritto civile*: la responsabilità. 2. ed. Milano: Giuffrè editore, 2012, p. 121: "Il risarcimento è la compensazione pecuniária del danno (risarcimento per equivalente) o la sua rimozione direta (risarcimento in forma specifica)".
18. CARRÁ, Bruno Leonardo Câmara. *Responsabilidade civil sem dano*: uma análise crítica. Limites epistêmicos a uma responsabilidade civil preventiva ou por simples conduta. São Paulo: Atlas, 2015, p. 3.
19. CARBONNIER, Jean. *Droit civil: les biens*. 19. Éd. Paris: PUF, 2000, p. 15.

própria violação do valor confiança, indispensável às relações da vida, pode ser fundamento autônomo da responsabilidade civil, ainda que não se vislumbre uma imediata ou primária consequência de natureza econômica. Como bem destaca Carneiro da Frada, "a infracção de deveres de comportamento constitui a área 'primogénita' da responsabilidade civil; por muito prementes que sejam as razões que levam hoje também à consagração alargada de uma responsabilidade objectiva (...)".[20]

Mais à frente, assim destaca o autor:

(...) a responsabilidade pela confiança gera tipicamente um dano primariamente patrimonial; mas, uma vez que a simples interferência na esfera jurídica alheia pode produzir igualmente esse género de prejuízo, importa sublinhar a impossibilidade de reconduzir a problemática dos "pure economic losses" a uma solução dogmática unitária e homogénea. Na realidade, eles *entrecruzam-se com as várias formas de responsabilidade*.[21]

A ideia do ressarcimento limitado e exclusivo ao equivalente econômico pode ser justificada pela forma tradicional como a responsabilidade civil é lecionada entre nós. Trata-se de associar a responsabilidade ao ilícito com consequências economicamente identificáveis, limitando-se esse conteúdo obrigacional à satisfação econômica dos prejuízos e enfatizando-se a função reparatória/compensatória da responsabilidade civil. Com muita pertinência, defende-se que atualmente ocorre o seguinte:

(...) desloca-se o objeto da responsabilidade para o cuidado com outrem, vulnerável e frágil, sendo possível responsabilizar alguém como sujeito capaz de se designar por seus próprios atos – portanto, agente moral apto a aceitar regras –, substituindo a ideia de reparação (como corolário lógico da responsabilidade) pela de precaução, na qual o sujeito será responsabilizado pelo apelo à virtude da prudência. Em vez da culpa e da coerção, a responsabilidade encontra novo fundamento moral na circunspecção – e por que não, no cuidado –, reformulando, portanto, a sua velha acepção, levando-se para longe do singelo conceito inicial de obrigação de reparar ou de sofrer a pena. A responsabilidade mantém a sua vocação retrospectiva – em razão da qual somos responsáveis pelo que fizemos –, acrescida de uma orientação prospectiva, imputando-nos a escolha moral pela virtude, sob pena de nos responsabilizarmos para o futuro.[22]

É preciso ir além. É preciso pensar e problematizar o tema responsabilidade civil além de uma perspectiva linear do direito das obrigações, questionando, pois, seus pressupostos, requisitos, elementos, funções e alcance. Responsabilidade civil não se confunde com responsabilidade obrigacional. Como bem adverte Carneiro da Frada:

A verdade, porém, é que as condicionantes de cultura, as próprias concepções ou insinuações da lei, e as conveniências didácticas que as reflectem ou se lhes moldam, não tolherão o reconhecimento de que a responsabilidade civil se articula de uma forma particular, não linear, com o Direito das Obrigações. Cremos mesmo que, em virtude da matéria, se pode bem sustentar que o

---

20. CARNEIRO DA FRADA, Manuel A. *Teoria da confiança e responsabilidade civil*. Coimbra: Almedina, 2007, p. 384.
21. CARNEIRO DA FRADA, Manuel A. *Teoria da confiança e responsabilidade civil*. Coimbra: Almedina, 2007, p. 649-650.
22. BRAGA NETTO, Felipe; FARIAS, Cristiano Chaves de; ROSENVALD, Nelson. *Novo tratado de responsabilidade civil*. 2. ed. São Paulo: Saraiva, 2017. p. 79.

seu local sistemático próprio, quando considerada na sua globalidade, reside na Teoria Geral do Direito Civil. Pelo menos tomando-se na devida conta a intenção desta disciplina.[23]

No âmbito dessa Teoria Geral do Direito Civil, não há dúvida da importância do estudo do patrimônio, das mais diversas posições ou situações jurídicas e das mais diversas formas de tutela dessas mesmas situações.

4. SÍNTESE

Prejuízos integram a vida de relação, são inevitáveis. A missão do Direito é resguardar a integridade da pessoa humana em face da ofensa a bens dignos de tutela. À ordem jurídica já não mais interessa tanto a análise do ânimo que orientou a conduta do ofensor, mas o resultado causado ou suportado pelo ofendido.

O art. 2.043 do Código Civil italiano[24] destaca que qualquer fato doloso ou culposo que cause a outros um dano injusto obriga quem deu causa ao fato a ressarcir o dano. Nesse sentido, o que mais nos interessa é o prejuízo injusto.

Segundo Maria Celina Bodin de Moraes, "o dano será injusto quando, ainda que decorrente de conduta lícita, afetando aspecto fundamental da dignidade humana, não for razoável, ponderados os interesses contrapostos, que a vítima dele permaneça irressarcida".[25]

Porém, nem toda resposta é de natureza imediatamente pecuniária. A monetarização da vida tem limites de ordem moral e prática.

Em algumas situações, afasta-se o abalo ou a possibilidade de abalo aos bens jurídicos mediante tutela específica. A responsabilidade civil não é o único ou exclusivo sistema para gestão dos danos e seus riscos.

No âmbito do direito patrimonial, reconhecem-se as mais diversas modalidades de obrigações, alcançando-se, inclusive, aquelas envolvendo prestações de fazer e de não fazer, hábeis a recompor ou a garantir o patrimônio da vítima.

Se a perspectiva contemporânea de responsabilidade civil não mais se limita ao ilícito culposo e reparável, já não se pode falar em responsabilidade civil como sinônimo de imediato prejuízo monetário ou de exclusiva sanção econômica pelo prejuízo consumado – o que não significa, por si só, *despatrimonialização* da responsabilidade civil ou mesmo responsabilidade sem dano.

---

23. CARNEIRO DA FRADA, Manuel A. *Direito civil*. Responsabilidade civil: o método do caso. Coimbra: Almedina, 2006. p. 17.
24. Art. 2043. Qualunque fatto doloso o colposo, che cagiona ad altri um danno ingiusto, obbliga colui che há commesso il fatto a risarcire il danno.
25. MORAES, Maria Celina Bodin de. *Danos à pessoa humana*: uma leitura civil-constitucional dos danos morais. Rio de Janeiro: Renovar, 2009. p. 179.

5. REFERÊNCIAS

BIANCA, Massimo. *Diritto civile:* la responsabilità. 2. ed. Milano: Giuffrè editore, 2012.

BRAGA NETTO, Felipe; FARIAS, Cristiano Chaves de; ROSENVALD, Nelson. *Novo tratado de responsabilidade civil.* 2. ed. São Paulo: Saraiva, 2017.

BRUN, Philippe. *Responsabilité civile extracontractuelle.* 2. éd. Paris: Litec, 2009.

CABRILLAC, Rémy; FRISON-ROCHE, Marie-Anne; REVET, Thierry (Coord.) *Libertés et droits fondamentaux.* 14. éd. Paris: Dalloz, 2008.

CARBONNIER, Jean. *Droit civil:* les biens. 19. éd. Paris: PUF, 2000.

CARNEIRO DA FRADA, Manuel A. *Teoria da confiança e responsabilidade civil.* Coimbra: Almedina, 2007.

_____. *Direito civil.* Responsabilidade civil: o método do caso. Coimbra: Almedina, 2006.

CARRÁ, Bruno Leonardo Câmara. *Responsabilidade civil sem dano:* uma análise crítica. Limites epistêmicos a uma responsabilidade civil preventiva ou por simples conduta. São Paulo: Atlas, 2015.

DIAS, José de Aguiar. *Da responsabilidade civil.* 9. ed. Rio de Janeiro: Forense, 1994.v. II.

FACHIN, Luiz Edson. *Estatuto jurídico do patrimônio mínimo.* 2. ed. Rio de Janeiro: Renovar, 2006.

FAIVRE, Yvonne Lambert; SIMON, Stéphanie Porchy. *Droit du dommage corporel:* systèmes d'indemnisation. 6. éd. Paris: Dalloz, 2009.

GALGANO, Francesco. *Diritto privato.* 17. ed. Vicenza: Cedam, 2017.

IAMICELI, Paola. *Unità e separazione dei patrimoni.* Padova: Cedam, 2003.

MENEZES CORDEIRO, António. *Tratado de direito civil português:* parte geral. Tomo I. 3. ed. Coimbra: Almedina, 2007.

_____. _____. Tomo II. 2. ed. Coimbra: Almedina, 2002.

MORAES, Maria Celina Bodin de. *Danos à pessoa humana:* uma leitura civil-constitucional dos danos morais. Rio de Janeiro: Renovar, 2009.

SANDEL, Michael J. *O que o dinheiro não compra.* Tradução de Clóvis Marques. 5. ed. Rio de Janeiro: Civilização brasileira, 2013.

SILVA, Wilson Melo da. *O dano moral e sua reparação.* 3. ed. Rio de Janeiro: Forense, 1999.

TORRES, Ricardo Lobo. *O direito ao mínimo existencial.* Rio de Janeiro: Renovar, 2009.

TRIMARCHI, Pietro. *Istituzioni di diritto privato.* 20. ed. Milano: Giuffrè Editore, 2014.

UM ENSAIO INCONCLUSIVO A PARTIR DE FRAGMENTOS DE UMA DECISÃO JUDICIAL: ENTRE CHANCES PERDIDAS, REALIDADES NÃO VIVIDAS E A GÊNESE (OU NÃO) DO DEVER DE REPARAR[1]

Marcos Catalan

Pós-doutor pela *Facultat de Dret de la Universitat* de Barcelona. Doutor *summa cum laude* em Direito pela Faculdade do Largo do São Francisco, Universidade de São Paulo. Mestre em Direito pela Universidade Estadual de Londrina. Coordenador adjunto e professor no Mestrado em Direito e Sociedade do Unilasalle. Professor no curso de Direito da Unisinos. *Visitor Research* no *Istituto Universitario di Architettura di Venezia*. Professor visitante na *Facultad de Derecho de la Universidad de la República*, Uruguai. Advogado parecerista.

A *Sociedade de Consumo* é marcada pelo advento de incomensuráveis pseudonecessidades[2] para as quais a única solução capaz de amainar, mesmo que temporariamente, a *angústia cronicamente entranhada* – embora, com duração e intensidades distintas – *no vazio dos estômagos*[3] de cada um dos bilhões de consumidores espalhados sobre a Terra pressupõe o consumo dos produtos e serviços ofertados pelo *Mercado* – exclusivamente – àqueles que de alguma forma tenham como pagar por eles.[4]

Bilhões de seres humanos seduzidos, *diuturnamente*, e isso, no mais das vezes, sem percebê-lo. Mulheres e homens, crianças e adolescentes, adultos e idosos, brancos, pardos e negros, indígenas, cafuzos, mamelucos e mulatos, gordos e magros, heterossexuais, homossexuais, transexuais e todas as demais personagens envoltas nas questões de gênero, ricos e pobres.

Alguém foi esquecido?

Para o Mercado, nada disso importa.

Importa, apenas, que possam pagar pelo que consomem.

Uma miríade de pessoas bombardeadas por mensagens difundidas por meio das mais variadas formas – *Internet*, televisão, rádio, jornais, malas diretas, revistas,

---

1. Esse ensaio foi construído no desvelar do projeto de pesquisa intitulado *A fragmentação dos danos na sociedade do espetáculo* financiado pelo Conselho Nacional de Desenvolvimento Científico e Tecnológico – CNPq.
2. BAUDRILLARD, Jean. *A sociedade de consumo*. Trad. Artur Morão. Lisboa: 70, 2011. p. 23-38.
3. LIPOVETISKY, Gilles. *A sociedade da decepção*. Trad. Armando Braio Ara. São Paulo: Manole, 2007. p. 05. "Desejo e decepção caminham juntos. A dicotomia entre a expectativa e o real, princípio de prazer e princípio de realidade, criam um vazio que muito dificilmente pode ser preenchido".
4. BAUMAN, Zygmunt. *Vida líquida*. Trad. Carlos Alberto Medeiros. Rio de Janeiro: Zahar, 2007. p. 37.

filipetas, *outdoors*, *outbuses* e, em hipóteses extremas, tatuadas na pele humana[5] – e que visam a promover a letargia dos sentidos.

Discursos de sedução construídos com o intuito de *obnubilar* a razão e que se propagam em velocidade assustadora graças ao uso de técnicas publicitárias extremamente sofisticadas e, é factível supor, cada vez mais exitosas na padronização – ainda, que, fragmentada[6] – dos desejos humanos.[7]

E, aparentemente, é imperioso notar, não há escolha a ser feita.

É impossível resistir às tentações do *Mercado*.

O desespero capturado na imagem do que viria a ser ficar fora da orgia consumista,[8] torna opacas as lentes, através das quais, deveria emergir a racionalidade humana.[9] Instantes que passam despercebidos, no mais das vezes e, que ante a fuga das palavras adequadas para narrá-los, talvez possam ser compreendidos na crueza contida na tela *Criança Morta* de Cândido Portinari.

Isso, mesmo quando os sonhos de consumo exsurgem em cenários de ficção científica.[10]

---

5. SANDEL, Michael. *O que o dinheiro não compra*: os limites morais do mercado. Trad. Clóvis Marques. Rio de Janeiro: Civilização brasileira, 2012. p. 184. "O caso mais radical que envolvia a ideia de *outdoor* corporal foi o de uma mulher de Utah, de 30 anos, que leiloou o acesso comercial à própria testa. [...] Num leilão *online* feito em 2005, ela se oferecia para tatuar um anúncio permanente na testa para qualquer patrocinador comercial que se dispusesse a pagar US$ 10.000. Um cassino *on-line* aceitou pagar o preço. Embora o tatuador tentasse dissuadi-la [Kari Smith] persistiu e teve o endereço eletrônico do cassino tatuado na testa".
6. LIPOVETISKY, Gilles. *A era do vazio*. Trad. Therezinha Deutsch. São Paulo: Manole, 2005. p. XXIII.
7. PASQUALOTTO, Adalberto. *Os efeitos obrigacionais da publicidade no código de defesa do consumidor*. São Paulo: RT, 1997. p. 31-35.
8. LIPOVETSKY, Gilles. *A sociedade da decepção*. Trad. Armando Braio Ara. Barueri: Manole, 2007. p. 12-13. "O sentido atual de pobreza não corresponde àquilo que se pensava antigamente. Durante muito tempo, os miseráveis eram assim considerados quase que por nascença. Hoje não é mais assim. Todos (ou quase isso) estão sendo formados num contexto de apelos publicitários que dizem respeito às necessidades e ao bem-estar; todo mundo aspira a se integrar ao mundo do consumo, dos lazeres e das grifes famosas. Ao menos enquanto intenção, todos se incorporaram ao rol dos hiperconsumistas. Mas o que pensar dos indivíduos educados numa atmosfera consumista à qual, entretanto, não podem ter acesso? Sem dúvida, amargam um sentimento de frustração, de desqualificação interior e de insucesso pessoal. Solicitar auxílio a terceiros, ficar na contingência de cortar gastos essenciais, privando-se de muita coisa básica, viver na constante ansiedade de buscar um equilíbrio (jamais alcançado) no orçamento ... No caso aqui figurado, a decepção é certamente mais penosa, porque vem conjugada com o inevitável rebaixamento de si e com a marca infame do descrédito. A civilização do bem-estar de massa levou ao desaparecimento da miséria absoluta, mas acrescentou ao estigma da miséria interior a sensação de subexistência para aqueles que não participam da 'festa' consumista prometida a todos."
9. BARBER, Benjamin. *Consumido*: como o mercado corrompe crianças, infantiliza adultos e engole cidadãos. Trad. Bruno Casotti. Rio de Janeiro: Record, 2009. p. 66. "Os consumidores são os macacos enganados do capitalismo; teoricamente estão livres para comprar ou não, mas com o *ethos* infantilista fomentando seus desejos, uma vez dentro da armadilha [...] não conseguem sair".
10. O site do Centro de Criogenia Brasil ([http://www.ccb.med.br/ccb/noticias/2833-preservar-cordao-umbilical], acesso em: 18/11/2014) informa que "temos a confirmação que o tecido do cordão umbilical é uma fonte riquíssima em células-tronco [...] as quais podem dar origem a uma infinidade de tipos de células, como por exemplo, células musculares, ósseas, tendíneas, neurais e cartilaginosas e podem *futuramente* serem aplicadas para o tratamento de diversas patologias como, por exemplo, para diabetes, cirrose, infarto do miocárdio, doença de Alzheimer, doença de Parkinson, lúpus, esclerose múltipla e lesões esportivas.

Descrito o ambiente – ainda que grotescamente – no qual as reflexões adiante alinhavadas encontram inspiração e contexto, é possível descrever, agora, que os fragmentos unidos às linhas que compõem esse singelo ensaio emergem da colisão havida entre (a) raciocínios lastreados em um direito construído visando à solução de problemas existentes em um tempo que, paradoxalmente, embora tenha se esgotado, teima em sobreviver,[11] (b) a eleição de moldura dogmática *aparentemente* inadequada à solução do conflito que clamou pela atenção do Direito e, enfim, (c) a complexidade *indelevelmente* fundida ao Contemporâneo.[12]

Um ensaio que se propõe a explorar – *sem a pretensão de ser conclusivo* – o mosaico construído por decisão do Superior Tribunal de Justiça[13] versando acerca das consequências da *violação de dever contratual*[14] caracterizado no não comparecimento da *Cryopraxis Criobiolgia*, em tempo hábil, à promoção da coleta de células-tronco embrionárias de infante recém-nascido, células as quais se obrigara, expressamente, algum tempo antes, a recolher e, adequadamente, *crioconservar*. Uma decisão que – sem poder analisar se os pais do recém-nascido teriam (ou não) direito aos *danos morais*[15] deferidos em seu favor[16] – optou por condenar a *Cryopraxis* a restituir valor equivalente ao recebido[17] e, ainda, a reparar as chances *de tratamento* (!?) que a criança teria preservadas se o dever de prestação fosse fielmente adimplido.

É preciso apontar, aqui, aspecto deveras positivo no acórdão eleito para fins de análise e reflexão epistêmica. Aspecto que consiste no reconhecimento da legitimidade de bebês enquanto destinatários de tutela jurídica dos seus direitos de personalidade.

É extremamente importante perceber que as maravilhas apresentadas à *Dorothy* pelo *Mágico de Oz*, raramente, são compartilhadas pelos moradores do *Kansas*.[18] É por isso que a inspiração gestada na opção axiológica havida em 1988 e capturada

---

Vale ressaltar, que *todo este potencial*, confirmado por diversas pesquisas científicas, *ainda não está disponível para a aplicação imediata nos pacientes*, pois ainda são estudos que carecem de confirmação em humanos. A coleta do tecido é realizada após a retirada do sangue do cordão [...] para ser processado, analisado e posteriormente criopreservado em nitrogênio líquido a -196°C por tempo indeterminado." Os grifos são nossos.

11. Alusão feita ao projeto inacabado da Modernidade.
12. MORIN, Edgar. *A cabeça bem-feita*: repensar a reforma, reformar o pensamento. Trad. Eloá Jacobina. 8. ed. Rio de Janeiro: Bertrand Brasil, 2003. p. 93.
13. STJ, REsp 1.291.247/RJ, Rel. Min. Paulo de Tarso Sanseverino, DJe 01/10/2014.
14. CATALAN, Marcos. *A morte da culpa na responsabilidade contratual*. São Paulo: RT, 2013.
15. A expressão dano extrapatrimonial nos parece mais adequada.
16. Registre-se que os pais do *infante* tiveram o pedido à reparação de dano julgado procedente. Não recorreram. A *Cryopraxis Criobiolgia* também não. Nos termos da sentença proferida no Estado do Rio de Janeiro, fazem jus aos danos morais em razão da *tensão e angústia presumivelmente sofridas no momento do parto*. O Tribunal fluminense optou por sustentar a condenação na frustração da *expectativa dos pais em prover medida preventiva, em favor do filho, que lhe asseguraria o tratamento futuro de várias doenças*. Haveria, aqui, um exemplo de dano existencial? O TJRJ aparentemente não respondeu essa indagação. Também não há dados que permitam entender os porquês contidos no valor fixado a título de danos extrapatrimoniais.
17. O julgado não informa o valor e não aponta, com clareza, se esse havia sido (ou não) restituído.
18. Mapas e territórios incoincidentes. Teoria e práxis precisam dialogar mais. Dependem, uma da outra, reciprocamente. As teorias precisam ser levadas a sério pelos Tribunais. Os teóricos, devem se preocupar com problemas concretos e incorporarem o empírico, sempre que possível, as suas análises.

na intertextualidade do acórdão aqui explorado, quiçá, possa auxiliar a distanciar do *senso comum imaginário dos juristas* a dimensão subjetiva *equivocadamente* elevada a pressuposto teórico do dano extrapatrimonial.

No mais, entretanto, a solução construída, por maioria, não parece a mais acertada.[19]

O recurso à teoria da perda de uma chance – isso, ao menos, em sua vertente clássica – pressupõe que a lesão não possa ser evitada.[20] Em tal moldura, a possibilidade de o fato *projetado no futuro*, vir a ocorrer deve ter, definitivamente, desaparecido: eis a(s) chance(s) perdida(s). E, é por isso que as chances que interessam ao Direito devem estar fundidas, indelevelmente, a determinado evento *que não irá ocorrer* no *futuro socialmente expectado* em razão de uma conduta *antijurídica* havida *em um tempo passado* relevante na construção da relação de causalidade *fundamental* no processo de imputação (ou não) do dever de reparar.

A conduta da *Cryopraxis* não interrompeu o curso da História[21] à qual o infante está, inexoravelmente, atado.[22] Alterou-o, apenas, promovendo, talvez – e, apenas, talvez[23] –, a redução da probabilidade de vir a ser tratado com suas células-tronco embrionárias. Ou não![24] Aliás, se o infante adoecesse nesse exato instante, não haveria chance perdida,[25] e isso, é bastante fácil perceber, afasta a incidência dos suportes fáticos contidos na sofisticada matriz teórica esboçada no interior da moldura de um *direito de danos* ainda em construção.

Ora, se o inadimplemento do dever de prestação revela-se incontroverso, eis que, a *Cryopraxis* não promoveu a coleta das células-tronco embrionárias que se

---

19. Permita o leitor à abertura de algum espaço para uma dimensão de subjetividade que não tem como estar contida no texto, em razão do rigor metodológico que orienta seu alinhavar. Um espaço usado para salientar o demasiadamente humano presente em todos nós. Mas, usado também, especialmente, para reconhecer o admirável trabalho que o Ministro relator do voto analisado tem realizado no Superior Tribunal de Justiça e que permite apontá-lo como uma das mentes mais lúcidas na atual composição do aludido Tribunal.
20. KFOURI NETO, Miguel. *Culpa médica e ônus da prova*. São Paulo: RT, 2002. p. 111.
21. SILVA, Rafael Peteffi da. *Responsabilidade civil pela perda de uma chance*. 3. ed. São Paulo: Atlas, 2013. p. 257. "A conduta do réu, geradora de risco, não se caracteriza como *conditio sine qua non*, mas apenas como uma causa possível para o também possível aparecimento de um dano futuro. A propósito considerou-se que as hipóteses abrangidas pela segunda categoria não deveriam ser indenizadas, pois encerram grande quantidade de álea, contrariando o caráter de certeza exigido pela [...] da responsabilidade civil".
22. Id. p. 256. "Nesses casos, o processo aleatório foi até o seu momento derradeiro e a ciência estatística utilizada apenas para medir em que grau a conduta do réu contribuiu para [...] o dano final, fazendo com que as chances perdidas não passem de causas parciais para a perda da vantagem esperada pela vítima".
23. MALHEIROS, Pablo. *Responsabilidade por danos*: imputação e nexo de causalidade. Curitiba: Juruá, 2014. p. 30. "A formação da circunstância danosa abrange, na perspectiva da causalidade, a inserção dos elementos incerteza, complexidade e probabilidade, com a imputação da responsabilidade sendo verificada por meio dos fatores: (i) subjetivo [...]; (ii) objetivo [...]; (iii) sacrifício [...], assim como pelo (iv) domínio ou poder fático, econômico, social, jurídico, entre outros, da atividade [...] desenvolvida pelo agente responsável, inclusive no que concerne a algumas externalidades correlatas e coligadas à atividade, que não ensejarão a interrupção da causalidade e (ou) a ausência [do] dever de reparar".
24. HEISENBERG, Werner. *Física e filosofia*. Trad. Jorge Leal Ferreira. Brasília: UNB, 1981.
25. Disponível em: [http://veja.abril.com.br/noticia/ciencia/mayana-zatz-tira-duvidas-sobre-as-celulas-tronco], acesso em: 21/11/2014.

comprometera a colher e armazenar, isso não conduz, necessariamente, a gênese do dever de reparar danos ainda não havidos.

Sem percebê-lo, certamente, o voto vencedor transitou pelos corredores de um labirinto interminável, sem levar consigo um novelo de lã, ignorando a experiência vivida por Teseu. Ora, se como frisado, a certeza do dano é o elemento mais importante na conformação do dever de reparar – a lesão ao interesse lesado há de ser real e efetiva, sem deixar dúvida acerca da sua existência[26] – como não percebe que dano não há. Ademais, ao afirmar que haverá *outras oportunidades, em uma medicina avançada,* de *colher tais células [...] via medula óssea, dentes de leite,*[27] que razão legitima a condenação da *Cryopraxis Criobiolgia* em razão da chance perdida.

Perdeu-se, na pior das situações, a chance de ter uma chance!

E nesse processo que remete a sonhos dentro de sonhos,[28] quantos sonhos mais serão possíveis? O que ocorrerá se a criança morrer antes do surgimento da necessidade de tratamento? Como pensar a questão se o infante deixar de existir antes que se comprove a eficácia – e, no Brasil, depois disso, permita-se o uso – de células-tronco para o mal que, eventualmente, o aflija? E se viver intensamente cada instante dos 15 anos[29] no desvelar dos quais suas células-tronco embrionárias deteriorar-se-ão, mui lentamente, armazenadas nos porões de uma *Sibéria hightech*?

É possível questionar, ainda, o que ocorreria se os males que venha a sofrer não puderem ser tratados com o uso de células-tronco que, hodiernamente, não passam de vã promessa? E se as mutações do estado da arte mostrarem que as projeções contemporâneas não passam de elucubrações gestadas na tentativa de enganar a morte? Quantas questões mais poderiam ser aqui formuladas?

Como o Direito reagirá a essas provocações? Manterá os efeitos da decisão em homenagem à coisa julgada ou o valor recebido pelo infante deverá vir a ser repetido frente ao desaparecimento da *causa da atribuição patrimonial*? Eis algumas das questões para as quais parece não haver resposta.

A análise da decisão aqui explorada permite formular ao menos, outras três observações.[30]

A primeira diz respeito à ausência de alusão aos critérios para a aferição da chance perdida. A leitura minudente de cada um dos 60 parágrafos, tecidos ao lon-

---

26. STJ, REsp 1.291.247/RJ, Rel. Min. Paulo de Tarso Sanseverino, DJe 01/10/2014. p. 07.
27. STJ, REsp 1.291.247/RJ, Rel. Min. Paulo de Tarso Sanseverino, DJe 01/10/2014. p. 24.
28. Construção inspirada no filme a Origem protagonizado por Leonardo DiCaprio e Ellen Page.
29. Disponível em: [http://www.criogenesis.com.br/celulas-tronco/faq#], aceso em 18/11/2014. "Quanto tempo o Sangue de Cordão Umbilical pode ficar estocado a -150°C? O transplante de Célula-Tronco do Sangue de Cordão Umbilical é um procedimento relativamente novo, por isso as células do Cordão Umbilical estocadas ainda estão sendo avaliadas para demonstrar o limite temporal de estocagem. Até o momento, as células-tronco estocadas a temperatura igual ou inferior a 150° C negativos estão viáveis após 15 anos de estoque".
30. As questões, por absoluta ausência de espaço, serão apenas pontuadas, quiçá, exploradas noutra oportunidade.

go das 18 laudas do voto condutor do julgamento, não permite identificar[31] qual o critério – abstrato e (ou) empírico – utilizado na identificação da probabilidade de que as chances *supostamente* perdidas viriam a ocorrer. E isso é deveras relevante, pois, apenas assim, seria possível alocá-las (ou não) na moldura teórica construída pela dogmática francesa.

A segunda, diz respeito aos elementos eleitos para a quantificação da condenação.[32] Aqui, há pelo menos outros dois problemas: (a) o caso do *show do milhão*[33] não permite o recurso à moldura dogmática que informa a teoria da perda de uma chance. Houve, antes da perda de uma chance *incorretamente* projetada no senso comum imaginário, desistência por parte daquele que concorria ao prêmio de R$ 1.000.000,00.[34] Hipótese manifesta de *venire contra factum proprium*,[35] que não pode ser albergada sob o manto formal da coisa julgada. O Tribunal errou e repete o erro toda vez que utiliza o caso do *show do milhão* como exemplo – *leading case* ou precedente – albergado pela apontada teoria. Ademais, afastada a possibilidade de incidência do cálculo estatístico, (b) o valor da condenação parece exsurgir do nada.[36]

A última nota tangencia a forma com que se tenta trabalhar – sem êxito, ao que parece – com os precedentes. Ela dirige-se aos julgados *aleatoriamente* citados ao longo de *cansativas e desnecessárias* 08 laudas que ignoram qualquer tentativa interlocução entre a hipótese dos autos e cada um dos 09 julgados eleitos exclusivamente por conterem a expressão perda *de uma chance*.[37] Análise *fugaz* que não aponta os

---

31. A única referência acerca do assunto exclui o recurso à estatística (STJ,. REsp 1.291.247/RJ, Rel. Min. Paulo de Tarso Sanseverino, DJe 01/10/2014. p. 22).
32. SILVA, Rafael Peteffi da. *Responsabilidade civil pela perda de uma chance*. 3. ed. São Paulo: Atlas, 2013. p. 252. "Outro fator aumenta a preocupação em relação à aplicação da perda de uma chance no ordenamento nacional, ou seja, a maneira "original" como foi efetuada a quantificação das chances perdidas em diversos tribunais brasileiros demonstra uma forte propensão a escolher o método de aplicação mais "fácil", mesmo que menos preciso. Se essa tendência se verificar na utilização da noção de causalidade parcial, haverá graves prejuízos sistemáticos".
33. STJ, REsp 788.459/BA, Rel. Min. Fernando Gonçalves, DJ 13/03/2006. p. 34.
34. Talvez seja necessário resgatar na memória do leitor a sistemática do Show do Milhão. O candidato que acertasse as quinze perguntas – 03 blocos com 05 questões – teria direito a responder a pergunta para a qual resposta acertada garantia o prêmio de R$ 1.000.000,00. Ocorre que, antes que pudesse ter acesso a essa questão, deveria concordar em respondê-la, ciente de que se não a acertasse, perderia os R$ 500.000,00 e receberia *apenas* R$ 300,00.
35. No vernáculo, proibição de comportamento contraditório.
36. STRECK, Lenio Luiz. *O que é isto*: decido conforme minha consciência? Porto Alegre: LAEL, 2010.
37. O primeiro julgado propõe-se a resolver dilema surgido em programa de perguntas e respostas (STJ, REsp 1.383.437/SP, Rel. Min. Sidnei Beneti, DJe 06/09/2013). Outro versa acerca do sorteio de prêmios prometidos a clientes de uma rede de supermercados (STJ, EDcl. no AgR no Ag 1.196.957/DF, Rel. Min. Maria Isabel Gallotti, DJe 18/04/2012). Um terceiro julgamento transita pela busca de provimento (ou não) em cargo público (STJ, REsp 1.308.719/MG, Rel. Min. Mauro Campbell, DJe 01/07/2013). Há decisão em situação na qual se persegue a reparação de dano nascido no ajuizamento tardio de demanda (STJ, EDcl no REsp 1.312.606/MS, Rel. Min. Antônio Carlos Ferreira, DJe 08/05/2013) e outra em hipótese semelhante, na qual não houve interposição de recurso no prazo hábil (STJ, REsp 1.079.185/MG, Rel. Min. Nancy Andrighi, DJe 04/08/2009). A recusa de atendimento de paciente em hospital também se inclui entre as hipóteses aqui catalogadas (STJ, REsp 1.335.622/DF, Rel. Min. Ricardo Villas Bôas Cueva, DJe 27/02/2013). Fato que impediu a participação em processo licitatório (STJ, REsp 614.266/MG, Rel. Min. Ricardo Villas Bôas Cueva, DJe 02/08/2013) também foi envolvido na discussão. Há uma decisão transitando pela não percepção de

elos que aproximam – e que, assim, justificariam a argumentação inspirada na trilha *utópica* e *normativamente* projetadas pelo princípio da isonomia – ou que afastariam a solução havida no julgado analisado dos *supostos* precedentes outrora pontuados.

Enfim, tais reflexões não afastam e muito menos impedem reflexões tangenciando a possibilidade de reparação de danos, caso alguma lesão – atada causalmente[38] à violação de dever que exsurge sob a forma de inadimplemento contratual – ocorra em um futuro[39] que apenas tornar-se-á conhecido ao revelar-se na instantaneidade do presente. E será neste momento – e, apenas, se ele vier a existir – que pretensão haverá.

---

câncer, quando da realização de exames médicos, o que redundou na impossibilidade de tratamento eficaz da patologia (STJ, REsp 1.254.141/PR, Rel. Min. Nancy Andrighi, DJe 20/02/2013). E, enfim, o último julgado citado no voto diz respeito à veiculação de falsa notícia que teria impedido a eleição de candidato a vereador em uma pequenina cidade mineira (STJ, REsp 821.004/MG, Rel. Min. Sidnei Beneti, DJe 24/09/2010).

38. MALHEIROS, Pablo. *Responsabilidade por danos*: imputação e nexo de causalidade. Curitiba: Juruá, 2014.
39. E, assim, nada impede também, que na dimensão cautelar, criem-se mecanismos que garantam efetividade a reparação do dano contido, apenas em potência, no porvir.

O "MÍNIMO COMPENSATÓRIO" PENAL: UMA INOVAÇÃO BRASILEIRA

Nelson Rosenvald

Pós-Doutor em Direito Civil na Università Roma TRE. Doutor e Mestre em Direito Civil pela PUC/SP. Professor Visitante na Oxford University. Professor Pesquisador na Universidade de Coimbra. Procurador de Justiça do Ministério Público de Minas Gerais.

Sumário: 1. Introdução – 2. A inovação brasileira – O "Mínimo Indenizatório": 2.1. O sentido da disposição legal; 2.2. Critérios para a fixação do mínimo reparatório – 3. A vítima como parte civil – 4. O projeto do novo CPP – 5. Conclusão – 6. Referências.

1. INTRODUÇÃO

Na teoria da responsabilidade jurídica distinguem-se dois tipos de responsabilidade, já referidos por Aristóteles: uma que ocorre na relação entre indivíduos e que serve como critério resolutório de litígios ou nas questões indenizatórias; outra é a responsabilidade penal, quando o ato do indivíduo se confronta com as normas de toda a sociedade, surgindo a obrigação de receber a punição prevista legalmente em virtude de atos delituosos.

Como qualquer outro sistema jurídico, o direito brasileiro reage de forma bifurcada quando uma conduta humana ofende outra pessoa, seja intencionalmente ou por mera negligência. Oferecemos especificidades quanto aos limites teóricos e práticos que separam a repressão de comportamentos antijurídicos que ofendem a ordem social e o direito a uma compensação por parte das vítimas e adotamos um sistema híbrido, que não se encontra nos extremos do isolamento das responsabilidades, ou do apagamento entre as fronteiras das responsabilidades civil e penal. Todavia, criou-se um regramento que se distancia da solução jurídica adotada em outras jurisdições. Trata-se de um sistema singular, que permite ao magistrado estipular um valor mínimo de reparação de danos ao final de um processo criminal. Seguindo a metáfora que bifurca os *tortious apples* e *criminal oranges*,[1] diferentemente, o Brasil optou por uma "Jabuticaba": muitos dizem que o nosso país possui o monopólio da saborosa fruta redonda, roxa escura, com polpa esbranquiçada doce.

A expansão do uso de regras de direito civil dentro de um procedimento criminal corresponde a uma percepção do aumento do significado do papel da vítima para o

---
1. Em dois volumes, Matthew Dyson coordenou um projeto com o objetivo de promover estudos sobre responsabilidade civil e penal. O primeiro, *unravelling Tort and Crime*, uma coleção de ensaios sobre a lei inglesa, foi publicado pela Editora Cambridge University em 2014. O segundo, *Comparing Tort and Crime* é dedicado a comparação de ambas as áreas do direito em uma perspectiva comparatista.

direito penal. Daí a importância do diálogo entre 'civilistas' e 'criminalistas' brasileiros para que o sistema possa atuar com coerência e harmonia. Infelizmente, é próprio da cultura legal do Brasil que o estudo das duas disciplinas ocorra sem qualquer contato durante o curso superior e que após a graduação o profissional tenha que escolher por uma especialização em direito privado ou público, ampliando o fosso que separa essas áreas do conhecimento jurídico. Essa tradição de mútuo desprezo pode ser novamente avaliada após a reforma da legislação processual criminal em 2008 que criou o instituto do 'mínimo compensatório'. Encontramos vários artigos sobre o assunto produzidos por estudiosos do processo penal ou do direito criminal. De um modo geral, os trabalhos são superficiais e pecam por não explorar os variados impactos que o inédito modelo jurídico acarreta na forma de se pensar a interação entre os dois ramos do direito. Talvez isso se dê pelo reduzido conhecimento do direito civil, ou pelo descaso perante o tradicional 'rival'. Curiosamente, os especialistas em direito civil simplesmente não se manifestaram sobre o assunto, talvez pelo simples fato de pensarem que foge de seu interesse elaborar comentários sobre a alteração de normas que se encontram fora da legislação civil. Isso é compreensível por força da tradição, mas lamentável em termos de uma visão unitária do ordenamento jurídico presidido pelos direitos fundamentais que se encontram na Constituição de 1988.

2. A INOVAÇÃO BRASILEIRA – O "MÍNIMO INDENIZATÓRIO"

2.1. O sentido da disposição legal

A legislação penal brasileira sempre incentivou o ressarcimento à vítima. Essa conclusão pode ser extraída da observação de algumas regras do CP: a) art. 91, I: a obrigação de reparar o dano é um efeito da condenação; b) art. 16: configura causa de diminuição da pena o agente reparar o dano ou restituir a coisa ao ofendido; c) art. 65, III, *b*: a reparação do dano configura atenuante genérica etc. Porém, apesar de incentivar o ressarcimento da vítima, a regra em nosso sistema judiciário era a separação de jurisdição, em que a ação penal destinava-se à condenação do agente pela prática da infração penal, enquanto a ação civil tinha por objetivo a reparação do dano. A obrigação de reparar o dano era e ainda é um efeito genérico e automático da sentença penal condenatória, sobre a qual o juiz criminal não se manifesta, tratando-se de efeito acessório e reflexo da aferição positiva quanto ao fato e autoria do crime (artigo 91, CP).[2]

---

2. O antecedente legislativo mais próximo a ideia do art. 387 do CPP é o Art. 297 da Lei 9.503/1997, no contexto específico das infrações cometidas mediante a condução de veículo automotor. Ela introduziu pioneiramente no âmbito do direito processual penal brasileiro a possibilidade de se buscar a reparação civil na esfera penal. Com base nesse dispositivo, o juiz pode impor o pagamento do que se intitulou "multa reparatória" ao réu, desde que tenha ocorrido prejuízo material à vítima, sendo certo que esse valor será revertido à vítima e não poderá ser superior ao prejuízo demonstrado no processo. Com fundamento nessa norma, o magistrado pode aplicar uma condenação ao pagamento de "multa reparatória" ao acusado pelo crime cometido no trânsito. A condenação pecuniária será direcionada exclusivamente para a vítima do delito, proporcionando-lhe o ressarcimento dos prejuízos que lhes foram causados, sendo que se houver

Aplicando-se o inciso IV, do art. 387 do CPP, o juiz que profere uma sentença condenatória determinará um valor mínimo para a indenização do dano sofrido pela vítima, tornando o título líquido, ao menos em parte, ao determinar um valor "mínimo" para a reparação dos danos. A partir do trânsito em julgado dessa decisão, a vítima executará no juízo cível o valor mínimo prefixado pelo juiz criminal. A reforma do CPP ampliou o âmbito da jurisdição criminal para abranger, embora de forma limitada, a jurisdição cível.

Isso significa que o valor mínimo indenizatório não será um mero efeito genérico e automático da sentença condenatória, pois o magistrado terá que expressamente se manifestar sobre a sua pertinência e fundamentar a sua avaliação. A decisão criminal que sobre ele se manifestar será objetivamente complexa e contará com dois capítulos sucessivos: o primeiro dedicado a verificação dos pressupostos da sanção penal e o segundo, deliberando sobre os pressupostos da sanção civil reparatória. A determinação do mínimo indenizatório necessariamente requer que o capítulo anterior tenha como desfecho a aplicação de uma sentença penal condenatória.

De fato, se houver recurso apenas contra a parte da sentença que fixou a compensação mínima, a execução criminal prosseguirá normalmente. Porém, a recíproca não é válida. Caso haja recurso somente contra o capítulo penal, será suspensa a execução do valor mínimo na justiça cível até que se decida a questão em definitivo, pois esse capítulo da sentença é dependente da condenação penal.

Fica evidente que a reforma processual acabou por aproximar as jurisdições cível e criminal: até 2008 a lei não permitia que o juiz criminal se manifestasse sobre o dano e sua compensação, havendo uma separação absoluta do conteúdo material das duas sentenças, diante de um único e mesmo fato. Com a alteração do art. 387 do CPP, houve uma mitigação nessa autonomia, pois ao fixar uma compensação mínima de danos o juiz criminal simultaneamente se pronunciará sobre questões penais e civis.

Em complemento, o parágrafo único do art. 63 do CPP (também modificado pela reforma de 2008), agora dispõe que, transitada em julgado a sentença condenatória, a execução poderá ser efetuada pelo valor fixado nos termos do inciso IV do *caput* do art. 387, sem prejuízo da liquidação para a apuração do dano efetivamente sofrido. A partir de então, ampliam-se as possibilidades de execução no juízo cível: ou ela será subsequente à condenação em uma ação civil *ex delicto* na justiça cível, ou então a execução cível será aberta imediatamente após a obtenção de uma decisão

---

uma posterior ação cível, a lei expressamente assegura uma proteção ao condenado, no sentido de que o valor da multa obtida no juízo criminal será abatido do total da condenação fixada pelo juiz cível. Art. 297, Lei 9.503/1997: "A penalidade de multa reparatória consiste no pagamento, mediante depósito judicial em favor da vítima, ou seus sucessores, de quantia calculada com base no disposto no § 1º do art. 49 do Código Penal, sempre que houver prejuízo material resultante do crime. § 1º A multa reparatória não poderá ser superior ao valor do prejuízo demonstrado no processo. § 2º Aplica-se à multa reparatória o disposto nos arts. 50 a 52 do Código Penal. § 3º Na indenização civil do dano, o valor da multa reparatória será descontado".

condenatória que apure a parcela mínima reparatória, sem prejuízo da liquidação dos valores que ultrapassem o valor mínimo fixado pelo juiz criminal.

Essa alteração no panorama legislativo está em plena conformidade com a tendência internacional de direitos humanos de valorização da vítima, aliada, no âmbito interno, a uma preocupação com a efetiva compensação do dano em um país marcado por graves desigualdades sociais e ainda difícil e custoso acesso à justiça cível, agravado por uma percepção generalizada de que o sistema processual brasileiro oferece muitas oportunidades de recurso contra as decisões proferidas pelos magistrados, o que contribui decisivamente para a demora na prestação jurisdicional.

Antes da reforma do CPP, mesmo sendo reconhecida a obrigação de se indenizar a vítima pelo art. 91 do CP ("*an debeatur*"),[3] a sentença criminal condenatória não poderia estipular o valor da compensação de danos ("*quantum debeatur*"). Ela era um título executório incompleto, que apenas servia como base para uma ação de liquidação, momento em que se discutiriam fatos novos incompatíveis com o objeto do processo penal, tais como a capacidade econômica do ofensor e a extensão dos danos sofridos pela vítima. A tradição do sistema brasileiro é a de atribuir ao lesado a ação civil *ex delicto* para a obtenção de indenização, ainda na pendência da ação penal (art. 64 do Código de Processo Penal), ou a execução da sentença penal condenatória. Mesmo após a reforma do CPP, se o juiz criminal não fixar a reparação civil mínima, prevalecerá a necessidade de avaliação dos danos no juízo cível.[4]

Contudo, ao fixar o Juiz Criminal a reparação civil mínima dos danos sofridos na sentença, dispensado está o ofendido de realizar a liquidação dessa parcela específica, em razão da formação de título executivo judicial, imediatamente executável no âmbito cível, caso o condenado não a pague voluntariamente. O título executivo será executado (quanto ao mínimo) e liquidado (quanto ao excedente) ao mesmo tempo. De acordo com o parágrafo único do art. 63 do CPP, transitada em julgado a sentença condenatória, a execução poderá ser efetuada pelo valor fixado nos termos do art. 387 do CPP, sem prejuízo da liquidação civil para a estimação do montante do dano efetivamente sofrido. Exemplificando, se o juiz criminal entender que "A" sofreu danos que giram em torno de 100, fixará um valor mínimo que será executado no juízo cível. O restante, que corresponderá à *restitutium in integrum*, será determinado pelo juízo cível em um processo de liquidação, como fase intermediária entre a decisão criminal e a execução civil (art. 515, VI, CPC/2015).

Nesse contexto tipicamente brasileiro, a antecipação pelo juiz criminal de uma parcela reparatória dinamiza a compensação dos danos experimentados pelo ato ilícito, pois, delimitado o patamar mínimo, quanto a essa parcela, ficará o autor

---

3. "Art. 91. São efeitos da condenação: I – tornar certa a obrigação de indenizar o dano causado pelo crime".
4. "Art. 509 CPC/2015. Quando a sentença condenar ao pagamento de quantia ilíquida, proceder-se-á à sua liquidação, a requerimento do credor ou do devedor: I – por arbitramento, quando determinado pela sentença, convencionado pelas partes ou exigido pela natureza do objeto da liquidação; II – pelo procedimento comum, quando houver necessidade de alegar e provar fato novo."

dispensado de fazer uso do processo civil de liquidação de danos. Valorizam-se os princípios da economia e celeridade processual, simplificando-se e aperfeiçoando-se a possibilidade de a vítima do crime receber compensação financeira, evitando-se que o alto custo e a lentidão da justiça levem a vítima a desistir de pleitear a indenização civil. A reparação será paga pelo condenado ao invés do demandado no cível.

Ao não permitir que a execução do mínimo indenizatório se realize na própria justiça criminal, o legislador perdeu uma boa chance de dar efetividade a antecipação da compensação de danos, impedindo que a vítima transfira ao Estado os riscos da execução. A imposição de uma sentença de compensação na justiça criminal geraria um título executivo, *ex officio*, a ser executado pelo Ministério Público, garantido por poderes judiciais e policiais, através de uma ordem de pagamento de uma compensação em benefício de da vítima do crime. Porém, preservando-se a execução na justiça cível, tal como se optou no Brasil, a vítima terá a iniciativa de iniciar o procedimento, sujeitando-se ao maior risco da insolvência, pois não existem mecanismos coercitivos, como uma ordem de custódia substitutiva em caso de inadimplemento, que não eliminaria a obrigação civil de satisfazer a compensação ordenada. Outra vantagem da execução na própria justiça criminal, é que ela pode determinar o retorno da propriedade subtraída, assim como estabelecer medidas protetivas, capazes de prevenir o réu de defraudar os seus ativos na tentativa de evitar o pagamento à vítima

Portanto, além de substancialmente materializar direitos fundamentais da vítima, a reforma do CPP também possui natureza processual, permitindo a antecipação do momento de fixação da reparação, seja ela um ressarcimento pelo dano patrimonial ou uma compensação pelo dano moral, conjunta ou separadamente. A sentença condenatória contará com dois capítulos: o primeiro de natureza penal e o segundo de índole cível. Portanto, o valor mínimo da reparação não se converte em uma sanção penal: trata-se de sanção civil compensatória, substancialmente submetida aos parâmetros do direito privado.

Essa sistemática não significa[5] uma adesão da legislação brasileira ao sistema da solidariedade (no qual há cumulação obrigatória de ações distintas perante o juízo penal, resolvidas em conjunto, no mesmo processo). Nem tampouco houve adesão ao "sistema da confusão" pelo qual as pretensões condenatória e indenizatória estariam veiculadas numa mesma demanda. Ou seja, não se adotou a união de instâncias, como se vê em vários países europeus, a exemplo de Portugal, Espanha, Itália e Alemanha, pois será necessária uma complementação do valor da indenização pela jurisdição cível. No sistema de união de instâncias, ao contrário, o ajuizamento da ação penal determina a unidade do juízo inclusive para a apreciação da matéria cível, com a previsão, em alguns casos, de intervenção e participação de terceiros no processo penal.

---

5. LIMA, Renato Brasileiro de. *Curso de Processo Penal*, p. 278.

Mas a realidade processual brasileira mudou. Há uma aproximação maior entre as esferas cível e criminal no momento em que o juiz criminal fixa um valor mínimo a título de indenização, pois a reparação de danos deixa de ser um efeito acessório e genérico da condenação criminal, a medida em que a lei possibilita, de forma inédita, que uma sanção penal e uma sanção civil sejam cumuladas em uma só sentença. O Brasil se insere em um modelo de separação mitigada de instancias.[6]

Em sentido contrário, na legislação brasileira o estado não será responsável pela antecipação de um mínimo reparatório, devendo a vítima executar por si a decisão condenatória contra o próprio condenado. A única possibilidade das vítimas, familiares e parentes receberem uma pequena importância antecipada e, independentemente de uma decisão contra o ofensor, ocorre nas hipóteses legais de seguro obrigatório de acidente de veículos, em que a indenização será paga pelo segurador diretamente *to the aggrieved party* (art. 788, CC).

Ao incluir a compensação no âmbito da justiça criminal, a lei realizou um *trade-off* mantendo a execução pela via cível. Junto com a sentença penal, haverá uma sentença cível líquida, e mesmo que limitada, estará apta a ser executada. O legislador delegou um comando de natureza civil para a justiça criminal, mas manteve reconhecimento da natureza cível da verba mínima para a condenação criminal, deixando com a vítima o peso de realizar toda a atividade executória.

O art. 387, do CPP, é norma híbrida, de conteúdo processual e substancial, o que promove várias mudanças na relação entre responsabilidade civil e criminal. O fato é que não apenas um acadêmico estrangeiro tem curiosidade em conhecer melhor essa "inusitada" regra, porém, o próprio doutrinador brasileiro e os tribunais, colocam-se diante do desafio de responder várias perguntas, mesmo porque não há referências como essa no direito comparado. Seriam indagações, dentre algumas, como: a) quais os critérios que o juiz criminal utilizará para alcançar o mínimo condenatório; b) será ele obrigado a determinar expressamente o valor total dos danos que o magistrado cível terá como base para liquidar o restante da reparação?; c) quem teria legitimidade para formular esse pedido na justiça criminal? d) por qual razão a execução do mínimo compensatório não ocorre no âmbito da própria justiça criminal?; e) quais são as salvaguardas do condenado para evitar abusos na interpretação da norma?

---

6. Há um paralelo com uma antiga regra do Dutch Code of Criminal Procedure, de 1838, pela qual a vítima de certos crimes tinha a possibilidade de optar por procedimentos criminais se o pedido de reparação fosse inferior a 68 euros (valor que foi reajustado em 1978 para 680 Euros). Essa regra foi removida em 1995, com a entrada em vigor de um ato introduzindo um critério qualitativo em substituição. Porém, recentemente a lei garantiu a vítima que recebesse uma compensação através da justiça criminal o direito de receber um pagamento antecipado do estado, se o autor do ilícito não o fizesse em até 8 meses da condenação. Em 2016 esse limite de antecipação estatal foi mantido até um teto de 5.000 Euros. O Estado terá o direito de regresso contra o condenado. Ivo Giensen, Francois Kristen and Renée Kool, 'The Dutch crush on compensation crime victims' (Cambridge: Cambridge University Press, 2015), 351.

2.2. Critérios para a fixação do mínimo reparatório

Inicialmente, a sentença criminal só será bifásica, determinando o mínimo reparatório, nas hipóteses em que o sujeito passivo for determinado – pessoa ou Estado –, pois não raramente o ofendido será a coletividade. Assim, é necessário que o delito tenha gerado, de fato, um dano passível de indenização à vítima.

O art. 387, IV, do Código de Processo Penal, não forneceu parâmetros expressos que o Juiz deva seguir para aplicação do mínimo de indenização para reparação dos danos causados à vítima. Não poderia mesmo fazê-lo, pois invadiria conceitos de natureza civil e criaria dificuldades para a posterior execução da decisão na justiça cível. A tarefa de harmonização entre as diferentes jurisdições é paulatinamente exercida aos tribunais brasileiros.

Em princípio, o conceito jurídico indeterminado "valor mínimo" não pode ser compreendido como um valor "ínfimo" ou "irrisório", nem tampouco corresponderá a um valor aproximado a integralidade dos danos do ofendido. Por uma singela razão: apesar da lei ter feito explicito uso de um termo que remete a um conceito quantitativo, na verdade a expressão 'valor mínimo', deve ser compreendida em um viés qualitativo, como um 'valor sumário' a ser deferido de forma célere em comparação a tradicional via da ação civil *ex delicto*, no intuito de propiciar um atalho para a vítima rumo à execução. Esse valor serve como um adiantamento, cabendo a vítima prosseguir com o procedimento civil para buscar o valor restante. A vítima postula a antecipação de uma certa quantia para evitar os percalços da justiça cível, portanto se a justiça criminal estipula uma quantia mínima meramente simbólica, a vítima será duplamente onerada, pois terá o trabalho de executar diretamente o quantitativo módico, aliado a necessidade de demonstrar a quase totalidade na liquidação dos danos.

Na sentença o juiz criminal demonstrará como chegou ao valor do total de danos, como forma de justificar que o mínimo concedido se encontra em relação de proporcionalidade com o "máximo" de danos. Porém, se o valor mínimo é vinculativo para o juiz cível que executará a decisão criminal, não se diga o mesmo com relação ao total de danos sugeridos pelo juiz criminal, ao tempo de sua liquidação na esfera cível. Isso se dá pelo fato de que o juiz criminal não se preocupará em encontrar um valor exato e definitivo para os danos sofridos pela vítima, pois o princípio da reparação integral não se aplica ao processo penal. Se o juiz criminal alcançar uma soma aproximada, não haverá prejuízo para a vítima, pois a reparação integral será obtida a partir da liquidação civil.

Esse critério qualitativo também se mostra implícito no fato do legislador não ter criado um limite fixo na quantia paga, a ser complementado posteriormente na justiça civil. Sempre haverá uma relação de proporcionalidade entre o valor total dos danos e a quantia que efetivamente será estipulada no juízo criminal, conforme as peculiaridades de cada processo. Essa proporcionalidade não se vinculará a um critério matemático, porém, da natureza dos danos que sejam submetidos ao juiz criminal.

Uma primeira dificuldade para a estipulação de critérios de fixação do mínimo reparatório diz respeito aos diferentes fundamentos da justiça criminal e civil. Em tese, a avaliação do valor total de danos da justiça criminal terá que seguir os mesmos critérios do que aqueles que seriam utilizados se não houvesse um crime e a avaliação dos danos fosse realizada no cível. Contudo, pela própria essência de um processo criminal, o espaço para discussão do dano será muito mais reduzido que no âmbito de uma lide de responsabilidade civil. De fato, o juiz criminal centra a sua investigação na conduta do ofensor e tenderá a examinar a sua capacidade econômica. Ocorre que no cível, a capacidade econômica do réu não é considerada, pois a compensação será atrelada aos danos sofridos pela vítima. Essa divergência de diretrizes causa um abalo na aplicação do art. 387, IV, do CPP pois o juiz criminal raramente terá meios de avançar na complexa pesquisa sobre as perdas financeiras e pessoais da vítima.

Há um segundo critério qualitativo, que servirá como pressuposto para que se avalie se uma determinada ação criminal merecerá ou não uma fixação de danos mínimos: a sua complexidade. A resposta será aferida em cada julgamento criminal, com base em uma avaliação se a discussão da responsabilidade civil causará um peso indevido e desproporcional ao processo, procrastinando o momento da decisão. Nesses casos, mesmo havendo a condenação, se qualquer discussão sobre danos fugir ao ordinário e não possa ser gerida com simplicidade, caberá ao julgador penal declarar o pleito reparatório inadmissível, restando ao demandante a iniciativa de propor uma ação de liquidação do processo para que se calcule com exatidão o valor dos danos, sejam eles financeiros ou extrapatrimoniais.

Um bom exemplo da dificuldade de se avaliar se a questão civil é ou não complexa a ponto de ser abandonada pelo juiz criminal é a adoção na Holanda da "ten-minute rule": Se o juiz entender que lidar com a pretensão civil demandará mais do que dez minutos, ela será considerada inadmissível. Esse critério qualitativo serve como barreira para que a reparação de danos seja manejada pela justiça criminal.[7] Assim, suponhamos que uma pessoa seja agredida fisicamente e tenha o seu carro levado pelo criminoso, sendo o automóvel destruído em uma colisão, quando da tentativa de fuga. Provavelmente, a reparação mínima envolverá os danos à propriedade, pois o juiz excluirá a complexa avaliação dos lucros cessantes derivados da inabilitação para o trabalho, além da compensação pelos danos morais. Será o caso de uma parcial inadmissibilidade da matéria cível, sem qualquer prejuízo para que o interessado ajuíze a sua pretensão na esfera cível.

Diante de tais dificuldades concretas, a prática do judiciário brasileiro comprova a impossibilidade de fixação na sentença penal condenatória de valor mínimo para reparação dos danos na hipótese em que o processo careça de elementos concretos

---

7. O *ten-minute rule* não é um critério legal, porém introduzido pelo judiciário. Na prática, nada além do ordinário é visto como um fator complicador, assim, só apenas o vulgar (habitual) em termos de reparação é transmitido para a justiça criminal, por exemplo, quando há evidência suficiente que o réu causou o dano relativo aos prejuízos requeridos". Ivo Giensen, Francois Kristen and Renée Kool, 'The Dutch crush on compensation crime victims' (Cambridge: Cambridge University Press, 2015), 351.

para tanto. Com base no princípio da ampla defesa, há um ônus da acusação ou da própria parte interessada de instruir o pedido de indenização, de forma a ensejar ao réu a contestação do mesmo. Lembre-se que, apesar da introdução de uma discussão de natureza civil, o processo se mantém essencialmente penal, o que requer grande diligência para que não haja prejuízo ao andamento do processo penal em razão de grande ênfase que se dê à indenização em detrimento da matéria criminal. Portanto, se a complexidade do caso, demandar tempo, esforços e um grande *expertise* da corte, será recusada aplicação ao artigo 387, IV, do CPP. Certamente, o magistrado fundamentará essa recusa à estipulação de um mínimo indenizatório para que a sentença não seja omissa e passível de ser atacada por recurso. Nas situações em que a ordem de compensação for rejeitada, o demandante terá que liquidar todos os danos em uma ação civil subsequente.

Unindo os mencionados critérios qualitativos podemos ilustrar três formas de se alcançar um mínimo compensatório, que oscilarão conforme a vítima pleiteie simultaneamente danos patrimoniais e morais; exclusivamente danos patrimoniais ou, exclusivamente danos morais. Já vimos como será possível alcançar uma avaliação razoável no primeiro caso.

Todavia, quando o pedido se restringir a um mínimo de danos pecuniários, a tarefa do juiz criminal será facilitada. Ilustrativamente, em um furto de um objeto, basta que se calcule um valor aproximado do bem jurídico como mínimo compensatório. Talvez essa condenação já seja suficiente para a recomposição do equilíbrio patrimonial do ofendido, exceto se queira buscar outros pequenos valores na justiça cível (*v. g.*, eventuais lucros cessantes decorrentes da privação do bem jurídico ou a demonstração da *loss of* chance em razão do crime).

Mais problemática será a fixação de uma reparação mínima pelo dano moral. Se a avaliação de um dano extrapatrimonial já é uma missão árdua na esfera da justiça cível, torna-se ainda mais complicada quando realizada por um juiz criminal. A imaterialidade de bens jurídicos como a intimidade, honra, liberdade e integridade psicofísica do ofendido podem conduzir o magistrado à estipulação de valores que superem até mesmo o máximo reparatório, o que ensejará um recurso de apelação da sentença penal, no qual, paradoxalmente só se discuta matéria de direito privado. O melhor a ser feito pelo juiz é a estipulação discricionária de um valor razoável, evidentemente inferior ao total dos danos não patrimoniais, mas suficientes para mitigar a ofensa à dignidade da vítima.

Nessa linha, alguns doutrinadores[8] entendem que o dano moral, por se tratar de questão de extrema complexidade, não deveria ser abordado pelo juízo criminal, sob o argumento de que quantificar o tamanho da dor da vítima, para conseguir determinar o valor da indenização por dano moral, extrapolaria a intenção da lei, pois

---

8. SANTOS, Leandro Galluzzi dos. Procedimentos Lei 11.719, de 20/06/2008. In: MOURA, Maria Thereza de Assis (Coord.). As Reformas no Processo Penal – As novas Leis de 2008 e os Projetos de Reforma. São Paulo: Revista dos Tribunais, 2008, p. 300-301.

para verificar a abrangência desse dano, não seria o juiz penal a melhor pessoa, mas sim o juiz cível, mais familiarizado com essas questões. Sob esse ponto de vista, a reforma do CPP permitiria somente a rápida aferição do dano patrimonial Questões mais controversas, como as que envolvem o dano moral, não seriam alcançadas pela norma legal.

Contudo, acreditamos que a controvérsia deva ser examinada por outro ângulo. Em nenhum momento o art. 387 do CPP delimita o objeto reparatório da sentença condenatória ou traça alguma distinção entre o dano moral e o patrimonial. Não o fez, pois, eventual restrição ao exame do dano moral pelo juiz criminal seria contrário a própria motivação da reforma processual de tutelar os direitos da vítima com maior eficiência e celeridade. Some-se a isso o fato de que em algumas situações o valor do dano moral será sensivelmente superior ao montante das perdas financeiras e em outras, sequer existirão danos patrimoniais comprovados, pois o peso da ofensa se dirigiu exclusivamente a esfera existencial da vítima. Por último, muitas hipóteses (v.g. encarceramento indevido, agressões físicas, difamações) o dano moral será presumido (*in re ipsa*) quanto à sua existência, sendo necessário que o devido processo legal no processo criminal seja respeitado com relação a averiguação da extensão desse dano segundo as peculiaridades desse caso. Por conseguinte, é aconselhável que o juiz realmente se contenha e delimite apenas um valor mínimo indenizatório, que seja fruto de um contraditório em torno de sua comprovação e razoabilidade da sua extensão.[9]

Desta forma, o juízo criminal atenderá ao pedido que deve partir da vítima ou do Ministério Público, cabendo a estes, indicar valores e provas referentes ao prejuízo obtido, suficientes a sustentá-los. Neste momento, será concedido ao réu o direito de se defender e produzir a contraprova, sustentando, caso deseje, valor diverso do preterido pela vítima ou demonstrando a inexistência de danos patrimoniais ou morais a serem reparados.[10] Caso não tenha pedido formal e instrução específica para apurar o valor mínimo do dano a ser fixado, será proibido ao juízo criminal aplicar qualquer valor que seja, pois, estaria violando o princípio da ampla defesa. Na falta de um procedimento dialético, com contraditório e debate. Então, para evitar surpresas ao acusado, se a questão cível for tão ou mais complexa que a criminal, a ponto de

---

9. Nesse mesmo sentido, o Superior Tribunal de Justiça (STJ) considerou que "a norma não limitou e nem regulamentou como será quantificado o valor mínimo para a indenização e considerando que a legislação penal sempre priorizou o ressarcimento da vítima em relação aos prejuízos sofridos, o juiz que se sentir apto, diante de um caso concreto, a quantificar, ao menos o mínimo, o valor do dano moral sofrido pela vítima, não poderá ser impedido de fazê-lo" (REsp 1585684 /Min. Maria Thereza Assis Moura, 6.T DJe 24/08/2016).
10. José Paulo Baltazar Junior entende que na fixação do valor mínimo pode o Juízo Criminal utilizar os parâmetros do art.948 e seguintes do Código Civil, que dispõem sobre critérios para quantificação do dano em casos de homicídio, ofensas a saúde, ou que diminuam a capacidade de trabalho, ofensas a honra, prisão ilegal, esbulho, cárcere privado, dentre outros. (BALTAZAR JR., José Paulo. "A sentença penal de acordo com as leis de reforma", *Op. cit.* ,p. 287). (*Revista da EMERJ, v. 13, nº 49, 2010*).

tumultuar a evolução do procedimento, deve o magistrado criminal remeter à esfera cível, para que nesta, possa debater de forma exauriente a questão indenizatória.[11]

Concluindo, acreditamos que se em algum processo o juiz criminal não puder mensurar uma mínima compensação civil de danos, isso não se dará pelo fato de que *a priori* e abstratamente a lei tenha limitado a sua atuação, mas pelo fato de que, naquele processo, concretamente, as provas obtidas não lhe permitiram alcançar um juízo de valor sobre a real existência dos danos ou, então, a alta complexidade do caso colocaria em risco a própria celeridade e desfecho do processo criminal, sendo mais razoável transferir a liquidação dos danos para o juízo cível. Ilustrativamente, isso ocorreu no julgamento do célebre caso do 'mensalão' no STF, no qual o pedido do Ministério Público de fixação de um montante mínimo de danos foi negado em virtude de que o alto número de acusados e a complexidade dos fatos envolvendo graves crimes contra a administração pública e o sistema financeiro inviabilizariam a estipulação de uma compensação mínima nos limites da justiça criminal, remetendo-se essa discussão para a esfera cível.[12]

3. A VÍTIMA COMO PARTE CIVIL

Uma outra polêmica no direito brasileiro concerne em saber se o juiz criminal pode aplicar *ex officio* o mínimo indenizatório, ou será necessária provocação, seja por parte da vítima ou do Ministério Público.

Alguns acadêmicos defendem que o juízo criminal possa definir *ex officio* um valor mínimo de indenização por danos sofridos pela vítima. Dispensar-se-ia o pedido explícito na denúncia, pois a imposição de um mínimo reparatório seria um efeito automático da condenação. Todavia, esses mesmos doutrinadores reconhecem a vantagem de a vítima se habilitar como assistente de acusação, pois o Ministério Público estará obviamente mais preocupado em demonstrar o fato delituoso, autoria, nexo causal e elemento subjetivo. Caberá ao ofendido oferecer ao magistrado os elementos necessários à fixação de um valor mínimo que conceda pronto ingresso a uma execução cível.[13]

Em sentido diverso, outros doutrinadores sustentam que o juiz não pode *ex officio* fixar o valor mínimo da indenização, porque estaria violando o princípio da inércia judicial, julgando *extra petita*, a medida em que a compensação dos prejuízos não seria um efeito automático da decisão criminal. De fato, apesar de se tratar de uma sanção civil, a compensação de danos não pode ser aplicada em desprezo as garantias constitucionais do réu, especialmente o contraditório e o devido processo legal. Se na ação civil *ex delicto,* ao réu é assegurado o princípio da ampla defesa, é

---

11. Nucci, Guilherme de Souza. Código de Processo Penal Comentado. 15. ed. Editora Forense. Rio de Janeiro/RJ, 2016. p. 659.
12. STF, AP 470/MG, 17/12/2012.
13. LIMA, Renato Brasileiro de. *Curso de Processo Penal*, p. 288.

lógico que quando transposta a decisão da matéria civil para o processo criminal essas garantias devem ser preservadas, para que o réu não tenha a sua defesa cerceada e possa trazer as provas necessárias para desqualificar o pedido de reparação, inclusive ingressando com recursos adequados.

Nos tribunais superiores, a posição prevalecente é pela obrigatoriedade da provocação do pedido do mínimo indenizatório. De acordo com o STJ, é necessário pedido expresso do ofendido ou do Ministério Público e a concessão de oportunidade de exercício do contraditório pelo réu.[14] No mesmo sentido se posiciona o STF. A Corte Constitucional, já decidiu ser indevida a estipulação de valor mínimo prevista no art. 387, IV, do Código de Processo Penal, quando não há contraditório a respeito.[15] Para que a defesa possa produzir contraprovas e o juiz não ofenda o princípio acusatório, faz-se necessária a indicação dos valores pela acusação, com lastro nas provas constantes dos autos.

Aqui surge uma nova divergência: parcela dos estudiosos que postulam a necessidade de pedido formal para que se apure o montante civilmente devido, consideram que esse requerimento deve partir do ofendido, por seu advogado, ou do Ministério Público.[16] Em contrapartida, outros acadêmicos acreditam que o Ministério Público não teria legitimidade para requerer a indenização em favor da vítima, pois estaria impossibilitado pela CF de pleitear direitos individuais disponíveis.[17]

Por uma questão de coerência, tende a prevalecer a impossibilidade do Ministério Público requerer perante o juiz a estipulação do mínimo compensatório. Era da tradição do direito brasileiro que, caso evidenciada a pobreza do titular do direito à reparação, o Ministério Público promoveria a execução civil ou a ação civil *ex delicto*, como substituto processual da pessoa miserável (art. 68, CPP). Todavia, a partir da Constituição de 1988 (art. 134, CF) a Defensoria Pública assumiu a função de orientação jurídica e defesa das pessoas necessitadas, o que evidentemente afastou a legitimação extraordinária do Ministério Público, reservando-se a esse órgão a relevante atuação na defesa de interesses coletivos, afastando-se da tutela de interesses individuais disponíveis. Assim, se fosse permitido a um promotor de justiça requerer a fixação do mínimo indenizatório haveria violação ao artigo 127 CF que reserva ao Ministério Público a exclusiva atuação na defesa da ordem jurídica, do regime democrático e dos interesses sociais e indisponíveis, mas não lhe faculta a defesa de interesses patrimoniais da vítima de um crime.

Some-se a isso uma crítica quanto a uma dispersão de esforços por parte do Ministério Público. Em um País com altas taxas de criminalidade e um considerável índice de retenção de processos criminais a espera de julgamento definitivo, trazer

---

14. Superior Tribunal de Justiça, AgRg no Resp. 1483846/DF, Min. Rel. Reynaldo Soares da Fonseca, 5ª T, julgado em 23/02/2016.
15. RvC 5437, Relator(a): Min. Teori Zavascy, DJe de 18/03/2015.
16. NUCCI, Guilherme de Souza. op. cit. p. 659.
17. TÁVORA, Nestor; ALENCAR, Rosmar 2016, Curso de Direito Processual Penal, p.419-420.

para o promotor de justiça o encargo de abrir a ação de reparação conjugada com a ação criminal, representaria uma indevida monetarização da atividade essencialmente pública, desviando a justiça criminal de sua natural função de regulação de comportamentos e retirando da vítima o controle sob o procedimento cível. Se a questão civil ficasse sob o controle do promotor, caso ele não quantificasse e provasse os danos corretamente e o juiz fixasse um valor inferior ao mínimo planejado pelo ofendido, ele não teria possibilidade de reverter o resultado negativo.

A única exceção será quando não existir Defensoria Pública instalada no local em que a vítima pobre tenha residência. Excepcionalmente, conforme reiteradas decisões do STF, o Ministério Público atuará em prol da pessoa necessitada suprindo a omissão estatal e efetivando o acesso à justiça por parte do cidadão vulnerável.[18]

No Brasil não se aplica a peculiaridade do procedimento criminal espanhol, pelo qual o Ministério Público ajuíza a ação civil em prol da pessoa que sofre danos derivados do crime, mesmo que a vítima não solicite essa providência formalmente.[19]

Claro que existem situações em que seria mais aconselhável a condução da compensação civil no procedimento criminal pelo Ministério Público. Hipóteses em que um só ilícito causa danos a várias vítimas e, em larga escala, como um produto defeituoso, um crime no mercado financeiro ou uma infração ambiental. Quanto a esses danos múltiplos, não há nenhuma norma que impeça qualquer das vítimas de postular o mínimo compensatório. Mas as regras do processo penal são incompatíveis com esses macrocasos. O Ministério Público é a instituição vocacionada pela Constituição de 1988 para agir na defesa de interesse coletivos, difusos e individuais indisponíveis. Já há um procedimento com *status constitucional* pelo qual a proteção desses interesses é realizada, trata-se da *Ação civil pública*, criada pela Lei 7.347/1985. A grande vantagem dessa *class action* de caráter civil é a de abrir acesso a jurisdição a milhares de pessoas lesadas, sem que tenham que discutir danos em milhares de processos individuais, com custos de advogados e despesas processuais, além de risco de decisões contraditórias.

Com exceção da situação acima descrita, caberá ao ofendido a iniciativa de postular pelo mínimo indenizatório, em alternativa ao ajuizamento da ação civil *ex delicto*. Essa faculdade da vítima de optar entre dois caminhos para alcançar a reparação de danos é inédita e abre portas para uma reconciliação entre a responsabilidade civil e a criminal no direito brasileiro.

Alguns poderiam sustentar que impedir a iniciativa do Ministério Público e monopolizar a iniciativa da compensação de danos na pessoa da vítima seria uma forma de obrigá-la a integrar o processo como assistente de acusação e assim, sub-

---
18. STF, RE 341.717-SP.
19. See L. Bachmaier; C. Gómez-Jara and A. Ruda, '*Blurred borders in spanish tort and crime*', in M. Dyson, *Comparing tort and crime* (Cambridge: Cambridge University Press, 2015) 223-270.

metê-la contra a sua vontade a dividir as responsabilidades por toda a ação penal com o promotor de justiça.

Todavia, quando o ofendido não quiser integrar o processo criminal como assistente de acusação, nada impede que se torne sujeito do processo, como *parte civil*, que permite a vítima participar ativamente no procedimento, com poderes e faculdades processuais, notadamente a liberdade de formular pedido autônomo de mínimo indenizatório e colaborar na produção da prova exclusivamente para aquilo que lhe interesse. Inclusive, o art. 159 do CPP permite ao ofendido a formulação de quesitos e indicação de assistente técnico, mesmo não sendo assistente.

A figura da *parte civil* não foi regulamentada na reforma de 2008, porém, a ideia de um personagem que não se identifique propriamente com a noção de vítima, mas que seja o responsável por ativar o pedido do mínimo compensatório na corte criminal, permite que, além da própria vítima, outras pessoas se tornem partes civis (representantes de menores, parentes da vítima etc.). A vítima poderá constituir a si própria como *parte civil*, não propriamente por ter sido ofendida pelo crime, mas por ter sido a vítima do dano.

O pedido de fixação de valor mínimo para a reparação dos danos deve ser apresentado a qualquer momento no curso da instrução processual. Ou seja, o pedido não precisa ser formulado na denúncia, visto que se permite a produção de contraprovas pelo réu ao longo da fase instrutória. Ao manifestar a sua adesão civil ao processo, a vítima ficará excluída de qualquer participação na questão penal, sendo-lhe vedado, por exemplo, ampliar o objeto da ação penal ou recorrer da sentença condenatória para pleitear o aumento da pena do réu.

Por outro lado, nada impede que, intimada a vítima para se formular o pedido de indenização, delibere por renunciar ao exercício da pretensão civil, optando por direcionar essa pretensão para a ação civil *ex delicto*, ou mesmo abdicar de seu exercício em ambas as jurisdições, por se tratar de um direito disponível.

Como resultado, teremos duas possibilidades: a) o ofendido (ou os seus sucessores) postula o mínimo indenizatório como *parte civil*. Se a sentença penal for condenatória, o juiz fixará um valor a ser imediatamente executado na justiça cível, exceto se a discussão civil não seja de alta complexidade a ponto de prejudicar o andamento da questão penal principal; b) o ofendido não exerce o direito de requerer a parcela mínima – se o juiz criminal condenar o réu, prevalece a eficácia genérica e acessória da sentença de tornar certa a obrigação de indenizar, deferindo-se a vítima a faculdade de liquidar os danos na justiça cível.

De qualquer forma, não se trata de um concurso de ações nos moldes tradicionais pela qual a vítima ficará obrigada pela sua escolha (*electa una via*). Uma escolha procedimental é oferecida à vítima, mas ao optar por se tornar *parte civil* e submeter o procedimento a corte criminal, isso não lhe suprime o retorno a um procedimento civil para complementar o valor da indenização ou mesmo discutir a totalidade da indenização se esse tema foi rejeitado pela corte criminal como de alta complexidade.

A recíproca não é válida. Caso a vítima delibere por ajuizar a ação civil *ex delicto*, a decisão do procedimento civil estabilizará a questão da compensação de danos, sem possibilidade de rediscussão na corte criminal. Em acréscimo, a absolvição criminal nem sempre impedirá que a compensação seja discutida em uma ação civil *ex delicto*, pois tudo dependerá do fundamento que impediu a condenação criminal. Ilustrativamente, uma absolvição por falta de provas suficientes quanto a culpa do réu impedirá que o pedido da parte civil seja analisado na corte criminal, mas manterá aberta a possibilidade de ingresso de uma 'ação de conhecimento', com base no mesmo fato ilícito, pois o juiz civil pode, todavia, subsequentemente fixar uma reparação, pois a culpa civil possui um escopo mais amplo que a culpabilidade criminal.

Assim, a competência por adesão da corte criminal para decidir a pretensão civil é concedida *secundum eventus litis*: isto é, o juiz será competente para decidir sobre questões cíveis apenas se houver uma condenação criminal. Isso não exclui a responsabilidade civil, porém, a existência e extensão da indenização serão decididas na jurisdição civil.

Evidentemente, a vítima continuará restrita a atuar perante o juízo cível nos casos em que a reparação de danos se relacione a hipóteses de responsabilidade objetiva ou quando o ilícito foi causado por negligência, nos casos em que a lei criminal exija intenção por parte do ofensor para que o comportamento seja punível. Outrossim, a via cível será a única possível quando o ofendido deseja alcançar diretamente o segurador do ofensor, pois não há previsão legal para que esse garante possa integrar o processo criminal ao lado do segurado. A obrigação do segurador de compensar por danos surge do contrato e não de um ilícito, assim, o seguro não intervém no processo criminal. Por fim, também encontramos dificuldades em admitir que as cortes criminais possam admitir o ingresso como partes civis de membros da família da vítima por 'danos por ricochete', ou seja, danos pessoais que refletem na esfera alheia, indiretamente causados a outras pessoas, mesmo aqueles sofridos quando a vítima permanece viva.

Contudo, excluídas essas questões e havendo identidade entre o ilícito civil e o criminal, a forma mais correta de concretizar a liberdade da parte de selecionar o procedimento de compensação de danos é a de permitir que possa aditar a sua ação civil ao um procedimento criminal que já foi ajuizado pelo Ministério Público (como uma forma de adesão a um procedimento em andamento). Inclusive, para respeitar a separação entre as funções do Ministério Público e do ofendido, admite-se que a vítima possa oferecer recurso de forma autônoma contra a decisão que estabeleceu a sanção criminal, mas estabeleceu um valor aquém de suas expectativas ou considerou prejudicado o pedido de reparação ao fundamento de sua alta complexidade.

A vítima também poderia apresentar o seu pedido diretamente a um juiz criminal, mesmo que o Ministério Público não tivesse ainda oferecido a peça de acusação? Em uma perspectiva política, seria interessante reforçar a posição da vítima a ponto de participar das investigações preliminares, pleitear medidas preventivas para evitar a dilapidação do patrimônio do ofensor e, principalmente, despertar o promotor para o exercício de suas atribuições. Contudo, a omissão do legislador em tratar do assunto de forma precisa, dificulta o exercício de uma opção que na prática faria com que o ofendido forçasse o Ministério Público a iniciar procedimentos criminais, além dos limites legais permitidos para o ajuizamento da *ação privada subsidiária da pública*.

Quando bem orientadas, vítimas de crimes cujos danos são evidentes e de fácil constatação, tenderão a optar por aderir a ações penais em andamento pelas diferenças práticas na forma pela qual as demandas compensatórias são conduzidas perante um juiz criminal. A liberdade probatória permite a obtenção de uma série mais ampla de evidências. Outra diferença é quanto ao ônus da prova. As precisar regras de evidência no juízo criminal e cível são incertas, mas de um modo geral é sabido que no procedimento civil incumbe a vítima trazer a prova de que o ato ilícito da vítima lhe causou um dano, enquanto no processo criminal o promotor de justiça que terá que provar os elementos do crime que servirão para que a vítima possa sustentar o seu pedido de compensação de danos. Por outro lado, a carga probatória é mais alta na justiça criminal, o que pode levar o processo à ruína, consequentemente encerrando o pleito reparatório que nele se insere.

No tocante à prescrição, o fato de gerar a extinção da punibilidade e extinguir também a condenação ao mínimo compensatório fixada pelo juiz criminal não retira a opção da vítima de ajuizar ação condenatória *ex delicto* em face do ofensor. Dispõe o artigo 67, inciso II, do CPP: "*Art. 67. Não impedirão igualmente a propositura da ação civil: (...) II – a decisão que julgar extinta a punibilidade*". Afinal, independentemente da prescrição, não se pode ignorar que o Poder Judiciário reconheceu a existência de fato típico, antijurídico e culpável, e isso é quanto basta para que, na esfera cível, imponha-se o dever de indenizar.

Sublinhe-se que o processo penal não é um espaço reservado unicamente a discussão de uma reparação por danos patrimoniais ou morais, havendo legitimidade do interessado pedir a restituição do bem subtraído ou indevidamente apropriado. Apesar de se tratar de medida própria do juízo cível, o artigo 118 do CPP permite que na justiça criminal haja um 'incidente de restituição de coisas apreendidas', na hipótese de já ter sido apreendido o bem objeto de ilícito penal e de inexistência de dúvida em relação à sua propriedade.

4. O PROJETO DO NOVO CPP

No projeto de um novo CPP,[20] a posição da vítima no processo penal modifica-se inteiramente, tendo como premissa a *justiça restaurativa*, que prioriza a reparação do dano e não só a punição do culpado. A maneira do que já ocorre em vários países europeus, admite-se a adesão civil da vítima ao objeto da ação penal. A vítima, en-

---

20. PL.8.045/2010. O integral conteúdo do projeto se encontra no site [http://camara.gov.br/proposicoesWeb/fichadetramitacao?idProposicao=490263].

quanto *parte civil*, poderá ingressar nos autos, não só como assistente da acusação, mas também, ou apenas, se assim decidir, como parte processual a ser contemplada na sentença penal condenatória. A sentença penal condenatória poderá arbitrar indenização pelo dano moral causado pela infração penal, sem prejuízo da ação civil, contra o acusado e o eventual responsável civil, pelos danos patrimoniais existentes. A opção pelos danos morais se apresentou como a mais adequada, para o fim de preservar a celeridade da instrução criminal, impedindo o emperramento do processo, inevitável a partir de possíveis demandas probatórias de natureza civil. Nesse ponto, o projeto vai além do modelo trazido pela Lei 11.719/2008, que permitiu a condenação do réu ao pagamento apenas de parcela mínima dos danos causados pela infração, considerando os prejuízos efetivamente comprovados.[21]

De acordo com o projeto do CPP (arts. 75/82), a intervenção civil no processo criminal poderá se concretizar de duas formas: a) assistência – a vítima, como assistente do Ministério Público poderá intervir em todos os termos da ação pública; b) parte civil – a vítima, sem ampliar a matéria de fato constante da denúncia, poderá requer a recomposição civil do dano moral causado pela infração, nos termos definidos pela acusação penal (art. 79).

Portanto, se aprovado o projeto pelo parlamento brasileiro, os conceitos de 'parte civil' e de 'adesão civil' – que por enquanto são sugestões doutrinárias para a concretização do modelo do mínimo compensatório – convertem-se em regras jurídicas e oficializam a aproximação entre as responsabilidades dentro do processo criminal. Ademais, o conceito indeterminado do 'mínimo reparatório' passa a ser entendido como a restrita abertura do procedimento criminal para a compensação do dano moral, ficando claro que todo o dano patrimonial será avaliado no procedimento civil.

Seria essa solução normativa superior a atual? Sob o ângulo da segurança jurídica a resposta é positiva, pois as decisões criminais seriam homogêneas quanto ao objeto e limite de interseção com a responsabilidade civil. O sistema ganha em coerência. Contudo, ao eleger o dano moral como única lesão a ser aferida pelo juiz criminal, provavelmente a lei entendeu que as cortes criminais teriam mais facilidade para alcançar o *quantum* dos danos a honra, intimidade e integridade psíquica, pois o critério decisivo será o da discricionariedade dos juízes, ao contrário dos danos econômicos, que demandam uma demonstração clara dos prejuízos financeiros ou da privação de ganhos futuros decorrentes das lesões causadas à parte civil e serão bem examinados no procedimento cível. Além disso, em muitas situações o dano moral é *in re ipsa*, ou seja, a sua existência é constatada pela simples demonstração da veracidade dos fatos, sem que seja necessária a prova de fatos ou circunstancias não contidas na peça acusatória.

Todavia, o projeto do CPP não excluiu do juízo cível a apreciação do dano moral. Se a ação for proposta no juízo cível contra o acusado, incluindo pedido de repara-

---

21. Texto retirado da exposição de motivos do Projeto do novo CPP, formulado por uma comissão de juristas.

ção de dano moral, estará prejudicada a adesão na ação penal. Além disso, quando a comprovação do dano moral causar transtornos ao regular desenvolvimento do processo penal, o projeto do CPP determina que a questão deverá ser remetida ao juízo cível (parágrafo único, art. 80).

O projeto também esclarece que a adesão da parte civil a peça acusatória se restringe a pessoa que praticou o crime, não alcançando outras pessoas cuja responsabilidade civil por danos morais seja resultante de imposição de lei ou de contrato. Assim, se o ofendido quer exercer pretensão de reparação por danos extrapatrimoniais contra o empregador ou o segurador do ofensor terá que propor a ação civil *ex delicto* (art. 81).

Em acréscimo, o projeto dispõe que a absolvição do réu na justiça criminal por atipicidade ou ausência de provas não impedirá a propositura da ação civil. Daí se extraem algumas conclusões: a) só haverá deliberação quanto à parte civil, se a sentença penal for condenatória. A absolvição prejudica o julgamento da reparação do dano moral; b) a absolvição penal faz *res judicata* quanto à reparação de quaisquer danos no processo civil, exceto se a causa da absolvição for a atipicidade ou a ausência de provas quanto ao fato, autoria ou culpa do ofensor, justificativas que não impedem que o ofendido prossiga na responsabilidade civil.

O interessante é que se esse projeto se converter em lei, na comparação entre laranjas e maçãs, o Brasil continuará a ostentar o privilégio de ser a rara *jabuticaba*, pois a solução legislativa do recorte entre os limites procedimentais da responsabilidade civil e penal pela via da dicotomia entre dano moral e dano patrimonial não possui precedentes no direito comparado.

5. CONCLUSÃO

A reforma do Código de Processo Penal brasileiro ocorrida no ano de 2008, mais especificamente quanto às alterações e inovações trazidas pelas Leis 11.719/2008 e 11.689/2008, consagra uma revalorização da vítima, em conformidade à tendência internacional. Naquilo que nos interessa, possibilitou que a ação penal possa ser cumulada com uma pretensão indenizatória. O pêndulo oscila. A vítima surge ativamente no processo penal, saindo do *ostracismo* no qual se encontrou por muitos anos, deixando de ser mero sujeito passivo do crime. Por sua vez, a figura do ofensor reaparece no direito civil, relativizando o monopólio do ofendido.

Curiosamente, o direito penal que apenas se preocupava com a repressão ao autor do crime encontra um novo perfil, que como acentua, reside na valoração dos interesses da vítima do ilícito penal, ou seja, do outro hemisfério (ao lado do réu) que completa o quadro do ilícito penal. O tema é versado na vitimologia: se o autor do crime é titular de direitos (*v. g.*, garantias e direito de defesa), igualmente a vítima do crime é um sujeito necessitado e merecedor de tutela equivalente. Com isso, o

Estado de Direito se converte em Estado Social de Direito. Assim, há uma expansão do conceito de "dano ressarcível", alcançando os "direitos" da vítima do crime.[22]

De fato, as extremas se flexibilizam. O direito civil eventualmente aplicará sanções punitivas e o direito penal acolhe em seus domínios a reparação do dano. Da mesma forma que uma sanção punitiva civil não perde a sua essência de "pena" pelo fato de ser inserida no contexto do direito privado, jamais uma condenação a uma obrigação de indenizar como consequência de uma decisão do juiz criminal ou da autoridade administrativa poderá ser considerada uma "pena ressarcitória". De "penal" apenas haverá o procedimento mediante o qual se realiza a sanção, que substancialmente preserva a natureza de sanção de natureza civil.

Felizmente, no direito civil, vemos que o pluralismo se instala pela constatação de que os binômios clássicos já não respondem a todas as situações merecedoras de tutela. O par ilícito-reparação poderá eventualmente gerar as variantes: (a) lícito-reparação (responsabilidade objetiva); (b) ilícito-pena (sanções civis punitivas). Já no direito penal, o binômio *crime-pena* poderá ser suplantado pelo par *crime-reparação*. Diante de um prévio juízo de adequação e eficiência, no direito penal contemporâneo, a aplicação de uma sanção não mais será consequência necessária da previsão legislativa de preceitos que ameacem a imposição de penas.

Não há sobreposição de figuras entre as reparações civil e penal. O direito privado ancora a compensação na medida dos danos sofridos pelo seu titular. Nada obstante, no direito penal a vítima pode não coincidir com a pessoa que sofreu o dano. Uma coisa é a pessoa ofendida pelo dano, outra é o sujeito efetivamente lesado em seu patrimônio. O sujeito passivo (ofendido) é o titular do interesse que constitui o objeto jurídico do crime. Já o lesado é quem sofre o dano ressarcível, sendo titular do direito à restituição ou ao ressarcimento. Pensemos no trivial exemplo do empregado de uma loja furtado no instante em que portava valores pertencentes ao empregador.

Some-se a isso que a "ofensa" de um bem jurídico no direito penal é mais ampla que no direito privado. O civilista requer o dano para cogitar da reparação. Em sentido oposto, o penalista aproxima a ofensa à noção do "evento", dispensando a materialização do dano em virtude do referido acontecimento. Assim, existem os "crimes de perigo", em que não há o dano efetivo ao bem protegido, mas apenas o dano potencial, pela probabilidade de sua verificação. A ameaça ao bem é presumida pelo legislador em face da presença de uma determinada conduta. A reparação dos danos na esfera penal servirá propriamente a uma finalidade inibitória de "danos sociais", nas situações em que o sistema se abstém em conferir relevância penal a certos fatos, porém preserva a relevância sancionatória em termos pecuniários, por serem típicos, antijurídicos e culpáveis. Somente em um sistema que combine diversos

---

22. FONDAROLI, Désirée. *Illecito Penale e Riparazione del Danno*, p. 4. Esclarece a autora que esse movimento acarreta alterações no processo penal, pois aquele que para a criminologia era uma "vítima" converte-se em "pessoa ofendida", passando a ostentar algumas prerrogativas processuais.

tipos de sanções será possível conciliar um efetivo controle social com a preservação do máximo grau de liberdade dos cidadãos.[23]

A reparação do dano se insere como uma terceira via do direito penal, que, ao lado das penas e medidas de segurança, pode constituir adequada forma de reação penal ao delito. Em respeito à autonomia entre medidas ressarcitórias e penas, propugna pela valorização daquelas em caráter subsidiário, com a função de auxiliar as penas ao alcance de seus fins. A reparação como terceira via é interessante alternativa ao sistema tradicional de combate penal ao delito, simultaneamente hábil a mitigar as contradições internas do sistema e a violência do sistema punitivo.[24]

Vê-se que a flexibilidade do sistema jurídico projeta camadas tradicionalmente dominadas por um setor jurídico a outro. Nada mais natural para um ordenamento jurídico qualificado pela "unitariedade" do que aceitar a técnica da compensação de danos como um terceiro modelo de sanção penal (além da pena criminal e da medida de segurança), enquanto o direito civil se apropria da pena como alternativa à técnica ressarcitória.

6. REFERÊNCIAS

BACHMAIER L; GOMEZ-JARA C.; RUDA, A. *'Blurred borders in spanish tort and crime'*, in DYSON, M. *Comparing tort and crime*. Cambridge: Cambridge University Press, 2015.

BALTAZAR JR., José Paulo. A sentença penal de acordo com as leis de reforma, *Revista da EMERJ*, v. 13, n. 49, 2010.

DYSON, M. *Comparing tort and crime*. Cambridge: Cambridge University Press, 2015.

FONDAROLI, Désirée. *Illecito penale e riparazione del danno*. Milano: Giuffrè, 1999.

GIENSEN, Ivo; KRISTEN, Francois; KOOL, Renée. *The Dutch crush on compensation crime victims*. Cambridge: Cambridge University Press.

LIMA, Renato Brasileiro. *Curso de Processo Penal*. Salvador: JusPodium, 2016.

NAPPI, Antonio. *La crisi del sistema dele sanzioni penale*. Napoli: Edizioni Scientifiche Italiane, 2010.

NUCCI, Guilherme de Souza. *Código de Processo Penal comentado*. 15. ed. Editora Forense. Rio de Janeiro/RJ, 2016.

ROXIN, Claus. Risarcimento del danno e fini della pena. Trad. Ital. L. Eusebi. *Rivista Italiana Diritto Proc. Penale*, 1987.

SANTOS, Leandro Galluzzi dos. Procedimentos Lei 11.719, de 20/06/2008. In: MOURA, Maria Thereza de Assis (Coord.). *As reformas no processo penal – As novas Leis de 2008 e os Projetos de Reforma*. São Paulo: Revista dos Tribunais, 2008.

TÁVORA, Nestor; ALENCAR, Rosmar. *Curso de Direito Processual Penal*. Salvador: JusPodivm, 2016.

---

23. NAPPI, Antonio. *La Crisi del Sistema delle Sanzioni Penali*, p. 27.
24. ROXIN, *Claus. Risarcimento del Danno e Fini della Pena*, p. 3.

RESPONSABILIDADE POR DANOS E A SUPERAÇÃO DA IDEIA DA RESPONSABILIDADE CIVIL: REFLEXÕES

Pablo Malheiros da Cunha Frota

Doutor em Direito pela Universidade Federal do Paraná. Professor Adjunto de Direito Civil e de Processo Ci-vil da Graduação e Colaborador no Mestrado em Direito Agrário na Universidade Federal de Goiás (UFG). Pro-fessor de Direito Civil e do Consumidor na Universidade de Vila Velha (UVV). Diretor do IBDFAM/DF. Lí-der do Grupo de Pesquisa Realizando o Direito Privado na UFG. Membro do Brasilcon. Membro do Ibdcivil. Pesquisador do Grupo Virada de Copérnico (UFPR). Advogado (DF). CV Lattes: http://lattes.cnpq.br/0988099328056133.

Sumário: 1. Introdução – 2. Fundamentos basais da responsabilidade civil e consumerista no direito continental – 3. Conclusão: A responsabilidade por danos como perspectiva de recuperação da tutela do consumidor no Brasil – 4. Referências.

1. INTRODUÇÃO

A reflexão a ser efetuada nesse texto visa atualizar e apresentar as premissas e os fundamentos da ideia de responsabilidade por danos, cuja primeira reflexão ocorreu no livro *Responsabilidade por danos: nexo de causalidade e imputação*, versão comercial de minha tese de doutorado defendida no Programa de Pós-Graduação em Direito da Universidade Federal do Paraná no ano de 2013, sob orientação do Prof. Dr. Luiz Edson Fachin.[1]

O *problema* enfrentado é: os pressupostos da responsabilidade civil estão superados, a tornar indispensável a travessia para a ideia de responsabilidade por danos? A *hipótese* que se afirma é: a responsabilidade por danos efetiva os princípios[2] da

---

1. FROTA, Pablo Malheiros da Cunha. *Responsabilidade por danos: nexo de causalidade e imputação*. Curitiba: Juruá, 2014; Publicação em espanhol: FROTA, Pablo Malheiros da Cunha. *Responsabilidad por daños: imputación y nexo de causalidad*. Curitiba: Juruá, 2015.
2. Princípios tidos como padrão de comportamento de uma determinada comunidade (alteridade) em um dado momento histórico, que respeita e problematiza a tradição institucional daquela comunidade de forma íntegra e coerente, não se tornando os princípios cláusulas abertas ou de fechamento de lacuna do sistema, mas sim um prático "fechamento hermenêutico, isto é, não vinculam nem autorizam o intérprete desde fora, mas justificam a decisão no interior da prática interpretativa que define e constitui o direito". Em toda regra contém um princípio, muitas vezes o da igualdade. A aplicação de um princípio jurídico "deve vir acompanhada de uma detalhada justificação, *ligando-se a uma cadeia significativa*, de onde se possa retirar a generalização principiológica minimamente necessária para a continuidade decisória, sob pena de cair em decisionismo, em que cada juiz tem o seu próprio conceito (...) a aplicação do princípio para justificar determinada exceção não quer dizer que, em uma próxima aplicação, somente se poderá fazê-lo a partir de uma absoluta similitude fática. Isso seria congelar as aplicações. O que é importante em uma aplicação

primazia da vítima, da reparação integral e da solidariedade social, pilares da responsabilidade por danos.

Na análise das premissas e dos fundamentos apontados utilizar-se-á literatura jurídica brasileira sobre a temática que repercute no Direito Privado, já que a discussão ocorre no âmbito da responsabilização por danos, na ambiência negocial e extranegocial.

O método escolhido para esse problema é o fenomenológico, com o explica Streck:

"o método fenomenológico, pelo qual se reconstrói o problema jurídico a partir de sua história institucional, para, ao final, permitir que ele apareça na sua verdadeira face. O Direito é um fenômeno que se mostra na sua concretude, mas sua compreensão somente se dá linguisticamente. Por isso, compreender o fenômeno jurídico significa compreendê-lo a partir de sua reconstrução. Não existem várias realidades; o que existe são diferentes visões sobre a realidade. Isto quer dizer que não existem apenas relatos ou narrativas sobre o Direito. Existem, sim, amplas possibilidades de dizê-lo de forma coerente e consistente.

Assim, cada caso jurídico concreto pode ter diferentes interpretações. Mas isso não quer dizer que dele e sobre ele se possam fazer quaisquer interpretações. Fosse isso verdadeiro poder-se-ia dizer que Nietzsche tinha razão quando afirmou que "fatos não existem; o que existe são apenas interpretações". Contrariamente a isso, pode-se contrapor que, na verdade, somente porque há fatos é que existem interpretações. E estes fatos que compõem a concretude do caso podem – e devem – ser devidamente definidos e explicita-dos".[3]

Explicitado o método, esclarece-se sobre a metodologia de procedimento e a de abordagem. A primeira utilizará o procedimento monográfico, com a análise da literatura jurídica, assim como dos julgados sobre cada tema pesquisado. A segunda se baseará em uma linha crítico-metodológica, lastreada em uma teoria crítica[4] da

---

desse quilate é *exatamente o princípio que dele se extrai,* porque é por ele que se estenderá/generalizará a possibilidade para outros casos, em que as circunstâncias fáticas demonstram a necessidade da aplicação do princípio para justificar uma nova exceção. Tudo isso formará uma cadeia significativa, forjando uma tradição, de onde se extrai a integridade e a coerência do sistema jurídico. Esse talvez seja o segredo da aplicação principiológica". A distinção regra e princípio não pode ser estrutural, como faz Alexy – regra como mandado de definição e princípio como mandado de otimização – pois, no viés hermenêutico, a distinção estrutural não resolve o problema da concretização, porque os princípios somente se apresentam se a subsunção das regras ao caso não resolverem a questão. "Para que um princípio tenha obrigatoriedade, ele não pode se desvencilhar da democracia, que se dá por enunciados jurídicos concebidos como regras". STRECK, Lenio Luiz. *Verdade e Consenso.* 5. ed. São Paulo: Saraiva, 2014, p. 549, 556, 557, 565 e 566. Veja também sobre o assunto, as páginas 567-574.

3. STRECK, Lênio. Parecer. Disponível em: https://www.conjur.com.br/dl/manifestacao-politica-juizes-nao-punida.pdf Acesso em 02.11.2017.
4. O sentido de crítica, positiva ou negativa, para esta reflexão não está necessariamente vinculado a uma específica linha teórica da Escola de Frankfurt, em seus vários vieses, embora deles se possam apreender ensinamentos deveras importantes, mas sim a uma perspectiva de testabilidade do sentido atribuído aos institutos jurídicos pelos intérpretes, operadores do direito e (ou) juristas, por meio das instituições (ou não)

realidade que compreende o Direito como problema e como uma "rede complexa de linguagens e de significados".[5]

Trazida para o contexto específico da pesquisa jurídica, pode-se pensar a temática apresentada para a análise numa vertente jurídico-teórica, não se descurando do desenvolvimento de sua repercussão prática, como se exige de qualquer investigação no campo das disciplinas sociais aplicadas. Por sua vez, o raciocínio empreendido será de natureza hermenêutico[6]-dialógica,[7] buscando densificar[8] os sentidos e os significados[9] principiológicos, dogmáticos e sociais emanados das variadas formas de expressão do Direito e que fundam os institutos jurídicos, densificados ao longo do texto, a partir dos imperativos da historicidade não linear.

Para tanto, o artigo será dividido em dois tópicos, além da introdução, da conclusão e das referências, da seguinte maneira: (i) pressupostos da responsabilidade civil no Direito Civil e Consumerista brasileiro; (ii) os pressupostos teóricos da responsabilidade por danos.

2. FUNDAMENTOS BASAIS DA RESPONSABILIDADE CIVIL E CONSUMERISTA NO DIREITO CONTINENTAL

Principia-se a análise atribuindo sentido ao significante responsabilidade civil, a fim de que o diálogo com o leitor seja profícuo e não se tenha dúvida do que se está a tratar. Pode-se entender, com expressiva parcela da literatura jurídica, que existe *responsabilidade* "quando se viola um dever jurídico original, tal como não matar outra pessoa, não tomar para si o que não lhe pertence ou não ofender a integridade

---

e a sua adequabilidade àquilo que se encontra na multiplicidade do real, rejeitando-se dogmas e pensando o Direito como problema. Sobre o assunto, por exemplo, veja: FACHIN, Luiz Edson. *Teoria crítica do direito civil*. 3. ed. Rio de Janeiro: Renovar, 2012; FACHIN, Luiz Edson. *Direito civil: sentidos, transformações e fins*. Rio de Janeiro: Renovar, 2015; STRECK, Lênio. *Verdade e consenso*. 5. ed. São Paulo: Saraiva, 2014; STRECK, Lênio. *Dicionário de Hermenêutica*. São Paulo, Editora Casa do Direito, 2017; STRECK, Lênio. *Hermenêutica e jurisdição. Diálogos com Lênio Streck*. Porto Alegre: Livraria do Advogado, 2017; SANTOS COELHO, Nuno M.M; SILVA, Antônio Sá da (coords.). *Teoria do direito: direito interrogado hoje – o jurisprudencialismo: uma resposta possível?* Salvador: JusPodivm, 2012; SANTOS COELHO, Nuno Manuel Morgadinho. *Direito, filosofia e a humanidade como tarefa*. Curitiba: Juruá, 2012.

5. GUSTIN, Miracy Barbosa de Sousa; DIAS, Maria Tereza. *(Re)pensando a pesquisa jurídica*: teoria e prática. 4. ed. Belo Horizonte: Del Rey, 2013, p. 21.
6. Veja STRECK, Lênio. *Hermenêutica Jurídica e(m) crise: uma exploração hermenêutica da construção do Direito*. 11 ed. Porto Alegre: Livraria do Advogado, 2014.
7. MORIN, Edgar. *O método 5 – a humanidade da humanidade – a identidade humana*. Trad. Juremir Machado da Silva. 4. ed. Porto Alegre: Sulina, 2007, p. 300-301.
8. Sobre o tema: FREITAS FILHO, Roberto. *Intervenção judicial nos contratos e aplicação dos princípios e das cláusulas gerais: o caso do leasing*. Porto Alegre: Sérgio Antônio Fabris Editor, 2009.
9. Significado indica "as potenciais compreensões que se pode obter quando uma palavra é considerada abstratamente, ou o conjunto de sentidos plausíveis de uma palavra; já "sentido" é o uso concreto de um significado. Ou seja, entende-se por "sentido" o significado adicionado do contexto do uso da palavra". SGARBI, Adrian. *Introdução à teoria do direito*. São Paulo: Marcial Pons, 2013, p. 31.

de pessoa alheia". Noutros termos, "é possível impor dever jurídico e assegurar seu cumprimento ou as suas consequências a quem tenha violado um dever".[10]

Dessa maneira, a ideia de responsabilidade pode ser enquadrada como uma consequência jurídica derivada de um enunciado normativo, na qual um dever jurídico originário de não lesar for violado, deflagra-se a consequência jurídica, na modalidade de sanção, imputando responsabilidade àquele que violou o dever ou ao responsável por responder por esta violação.[11]

Diante disso, da responsabilidade civil, entendimento extensível às outras disciplinas jurídicas, como o direito do consumidor, empresarial, administrativo, trabalhista, entre outras, tem por sentido um dever sucessivo de reparação de danos, materiais e (ou) extramateriais, pela violação de um dever negocial ou extranegocial anterior, por fatos jurídicos danosos lícitos e ilícitos, imputáveis, subjetivamente, objetivamente ou pelo sacrifício, a quem seja responsável pela causação e (ou) pela reparação do dano. Busca-se, em regra, com a responsabilidade civil "a restauração de uma igualdade destruída; qualquer que seja o fundamento que se lhe dê – culpa ou risco – é a um resultado igualitário que se objetiva".[12]

Essa perspectiva, no direito continental, pode advir das Institutas de Gaio por meio de uma das fórmulas *alterum non laedere* ("não causar dano a outrem"),[13] todavia se percebe que a máxima retrocitada se refere não somente à reparação, como se extrai do sentido atribuído pela responsabilidade civil, mas não causar dano a outrem se preocupa com a precaução e com a prevenção de danos. Isso demonstra que o foco da responsabilidade civil priorizando a reparação não contempla com intensidade os demais elementos de precaução, de prevenção, de demarcação e de punição, esta se necessária no caso concreto.

Nessa linha, apesar das diferenças, o sistema de *common law*, que se divide o instituto das *torts* em *law of torts* e *law of contracts*,[14] e o sistema de *civil law* exigem a ocorrência de um dano para que o instituto da responsabilidade civil se efetive, sempre sendo necessário interpretar cada sistema de maneira historicamente situada.[15]

A rigor, a responsabilidade civil pode ser apreendida como um juízo valorativo de moralização e de reprovação da conduta do lesante, cuja responsabilidade pode ser dele e (ou) daquele que por ele responde (ex: hipóteses do art. 932 do Código

---

10. Ver por todos: MIRAGEM, Bruno. *Direito civil – responsabilidade civil*. São Paulo: Saraiva, 2015, p. 23.
11. LARRAÑAGA, Pablo. *El concepto de responsabilidade*. Mexico: Fontamara, 2000, p. 198.
12. VILLELA, João Baptista. Para além do lucro e do dano: efeitos sociais benéficos do risco – *Repertório IOB de Jurisprudência*, São Paulo, n. 22/91, 2ª quinz., nov.1991, cad. 3, p. 490-499, p. 490.
13. MIRAGEM, Bruno. *Direito civil – Responsabilidade civil*. São Paulo: Saraiva, 2015, p. 23-24.
14. WINFIELD, Percy Henri; JOLOWICZ, John Antony; ROGERS, W. V. H. *Tort*. London: Thomson/Swet&Maxwell, 2006, p. 19. CARRÁ, Bruno Leonardo Câmara. Evolução dos Torts: do *Trespass* à *Strictliability*. In: Luciana Costa Poli; Cesar Augusto de Castro Fiúza; ElcioNacur Rezende. (Orgs.). *Direito civil*. Florianópolis: FUNJAB, 2014, p. 362-385.
15. MIRAGEM, Bruno. *Direito civil – Responsabilidade civil*. São Paulo: Saraiva, 2015, p. 25. Sobre o assunto veja: DONNINI, Rogério. *Responsabilidade civil na pós-modernidade: felicidade, proteção, enriquecimento com causa e tempo perdido*. Porto Alegre: Sergio Antônio Fabris Editor, 2015.

Civil – CC).[16] Nesse passo, pode-se apresentar algumas características informativas da responsabilidade civil:[17]

a) *foco no comportamento do ofensor ou do responsável pela reparação dos danos*, uma vez que o comportamento do lesante é colocado em uma posição de destaque para fins de análise da causalidade e da mensuração da reparação dos danos praticados pelo responsável, como se verifica com a ideia do fortuito externo. Outro exemplo dessa prevalência da conduta do ofensor é inferido da redação do art. 944, parágrafo único, do CC, em que a reparação da vítima pode ser reduzida equitativamente se houver excessiva desproporção entre o grau de culpa do ofensor[18] e os danos por ela sofridos.

Esse dispositivo legal alça a patamar prioritário não a vítima, mas o lesante, sob o argumento de se evitar possível enriquecimento sem causa à parte lesada. Como reduzir a reparação sem que a vítima tenha concorrido para a ocorrência do dano, independentemente de a responsabilidade ser valorada pelo critério subjetivo, pelo critério objetivo e pelo sacrifício? Essa hipótese é mais uma comprovação de que a vítima não é priorizada por mecanismos constitutivos da responsabilidade civil e consumerista moderna e contemporânea;

b) a *ética da liberdade*, com a liberdade sendo utilizada de maneira utilitarista, a partir de análises comportamentais baseadas no voluntarismo ou no personalismo ético, a viabilizar, por exemplo, a opção pela eficiência econômica em detrimento de outros valores existenciais, como a dignidade da pessoa humana, que deve sempre ser densificada em cada caso concreto.[19] Isso causa diversos efeitos sociais perniciosos.[20]

O emblemático caso do Ford Pinto pode ser destacado. O Ford Pinto foi um veículo utilitário fabricado pela montadora Ford nos Estados Unidos em 1981, porém o automóvel explodia a cada colisão sofrida em sua traseira, pois a montadora não instalou no automóvel um dispositivo de segurança que impedisse tal evento danoso. Isso porque, exercendo a ética da liberdade sob um viés utilitarista, a montadora fez o exercício contábil de avaliar o que é menos oneroso economicamente: instalar o dispositivo de segurança no tanque de combustível de cada automóvel fabricado ao custo unitário de onze dólares (estima-se que a produção foi de doze milhões e meio de veículos fabricados) ou reparar as vítimas que sofram danos decorrentes de cada

---

16. FROTA, Pablo Malheiros da Cunha. *Responsabilidade por danos: nexo de causalidade e imputação*. Curitiba: Juruá, 2014, p. 214.
17. FROTA, Pablo Malheiros da Cunha. *Responsabilidade por danos: nexo de causalidade e imputação*. Curitiba: Juruá, 2014, p. 214-216.
18. BANDEIRA, Paula Greco. Notas sobre o parágrafo único do artigo 944 do Código Civil. *Disponível* em: [civilistica.com]. Ano 1. Número 2. 2012. Acesso em: 10/12/2012.
19. FREITAS FILHO, Roberto. *Intervenção judicial nos contratos e aplicação dos princípios e das cláusulas gerais: o caso do* leasing. Porto Alegre: Sergio Antônio Fabris, 2009.
20. FACHIN, Luiz Edson. *Teoria crítica do direito civil*. 3. ed. Rio de Janeiro: Renovar, 2012, p. 22; PIANOVSKI RUZYK, Carlos Eduardo. A responsabilidade civil por danos produzidos no curso de atividade econômica e a tutela da dignidade da pessoa humana: o critério do dano ineficiente. In: DELGADO, Mário Luiz; ALVES, Jones Figueiredo (Coords). *Questões Controvertidas no NCC*. São Paulo: Método, 2006, v. 5, p. 65-84.

acidente, aquilatando-se um custo de 200 mil dólares em caso de morte e de 97 mil dólares quando não houver acidente mortal. A média anual de acidentes nas duas hipóteses é de 180 mil sinistros.[21]

Obviamente que a escolha foi pela lesão aos consumidores, tendo a fabricante sido condenada em quase três milhões de dólares, inclusive com reparação punitiva.[22] Por que não se condenou a Ford com base no lucro ilícito[23] que ela obteve? Esse comportamento se replica diuturnamente na sociedade atual, sendo, diversas vezes, mais econômico lesar a deixar de lesar, porque, em várias situações, nem condenação ocorre, como se viu, por exemplo, nas hipóteses de assalto a ônibus, em que os tribunais também entendem ser caso de fortuito externo (ex.: STJ – RESP 1.351.784 – roubo de bolsa da vítima em um vagão de trem em São Paulo, na qual não se responsabilizou a CPTM por o assalto ser causa estranha à atividade de transporte). Outro exemplo se extrai da hipótese de a seguradora não querer pagar a diferença do risco contratado ao segurado porque ele retirou o rastreador do veículo, que ele colocou por conta própria, no momento em que iria vender o automóvel, tendo o carro sido roubado por assaltantes antes da tradição do bem ao comprador.

O que dizer então do contumaz comportamento lesivo de fornecedores que, diuturnamente, realizam pedidos de inscrição indevida dos nomes da pessoa humana ou da denominação social da pessoa jurídica em órgãos de restrição ao crédito, entre outros motivos? Essas práticas reiteradas corroboram a mantença da difusão danosa em sociedade, o que é extremamente nocivo, laborando para a permanente invisibilidade do Outro.[24]

c) *relevância da fase patológica*, aquela que acontece após a ocorrência do dano, conferindo-se destaque marginal aos princípios de precaução (risco de dano potencial) e de prevenção (risco de dano iminente), exceção feita ao direito ambiental,[25] haja vista, por exemplo, que não há nenhum dispositivo explícito no CC, no Código de Processo Civil (CPC) e no Código de Defesa do Consumidor (CDC) que trate da precaução, embora o art. 6º, VI, do CDC abarque a prevenção. Isso não obsta, contudo, que se utilizem tutelas inibitórias para tal mister (CDC, art. 84; CPC, art. 497), mas o silêncio legislativo indica muito sobre como não se valorizam, como se

---

21. REPRESAS, Trigo. *Doctrina - Daños Punitivos*. Disponível em: [http://www.taringa.net/posts/apuntes-y-monografias/7348448/Doctrina-Danos-Punitivos-_Trigo-Represas_.html]. Acesso em: 14/12/2012. SANDEL, Michael J. *Justiça: O que é fazer a coisa certa*. Trad. Heloisa Matias e Maria Alice Máximo. Rio de Janeiro: Civilização Brasileira, 2011.
22. REPRESAS, Trigo. *Doctrina - Daños Punitivos*. Disponível em: [http://www.taringa.net/posts/apuntes-y-monografias/7348448/Doctrina-Danos-Punitivos-_Trigo-Represas_.html]. Acesso em: 14/12/2012. SANDEL, Michael J. *Justiça: O que é fazer a coisa certa*. Trad. Heloisa Matias e Maria Alice Máximo. Rio de Janeiro: Civilização Brasileira, 2011.
23. ROSENVALD, Nelson. *As funções punitivas da responsabilidade civil*. 2.ed. São Paulo: Atlas, 2014.
24. FROTA, Pablo Malheiros da Cunha. *Responsabilidade por danos: nexo de causalidade e imputação*. Curitiba: Juruá, 2014, p. 215.
25. MORATO LEITE, José Rubens; AYALA, Patrick de Araújo. *Dano Ambiental: Do individual ao coletivo, extrapatrimonial*. 3 ed. São Paulo: RT, 2010, p. 49.

deveria, situações relacionadas à prevenção e à precaução de danos. Saliente-se que mesmo no direito ambiental, a análise da prevenção e da precaução é retrospectiva e não prospectiva,[26] como defende Dupuy.[27]

d) *causalidade jurídica avaliada pela previsibilidade (teorias do nexo causal) presumida, ou comprovada, ou com probabilidade alta*, com base nas teorias do nexo causal e naquelas que erodem o nexo de causalidade;[28]

e) *responsabilidade somente com dano certo, atual, e às vezes futuro*, sendo excluída a reparabilidade pelo dano hipotético (ex.: STJ – AR 4.294) e pelo dano potencial (ex.: STJ – ARESP 262.239);

f) *responsabilidade valorada pelos critérios subjetivo* (culpa subjetiva, culpa objetiva e dolo), objetivo (risco, equidade, contato[29] e segurança) e pelo *sacrifício* (responsabilidade por fato lícito),[30] sendo certo que sempre se pressupõe voluntariedade das partes envolvidas ou a conduta normativa baseada no personalismo ético.[31] Fomenta-se, destarte, a justiça comutativa e, no máximo, a justiça distributiva,[32] visto que não há por essas características o saneamento das desigualdades concretas em cada caso, papel exercido pela justiça social,[33] que tem assento constitucional no art. 170 da CF/1988.

É possível afirmar que o instituto da responsabilidade civil na contemporaneidade[34] serve à manutenção do *status quo*, a partir da proteção da titularidade proprietária do lesante, por meio de reparações monetariamente irrisórias para danos existen-

---

26. FROTA, Pablo Malheiros da Cunha. *Responsabilidade por danos: nexo de causalidade e imputação*. Curitiba: Juruá, 2014, p. 216.
27. DUPUY, Jean-Pierre. *René Girard – o tempo das catástrofes: quando o impossível é uma certeza*. Trad. Lilia Ledon da Silva. São Paulo: Realizações Editora, 2011.
28. Sobre o assunto: FROTA, Pablo Malheiros da Cunha. *Responsabilidade por danos: nexo de causalidade e imputação*. Curitiba: Juruá, 2014.
29. TUSA, Gabriele. A responsabilidade de contato e os crimes cometidos por meio da internet. In: DELGADO, Mário Luiz e ALVES, Jones Figueiredo (Coords.). *Novo Código Civil: Questões Controvertidas – (Responsabilidade civil)*. São Paulo: Método, 2006, v. 5, p. 167-195.
30. MENEZES CORDEIRO, António. *Tratado de direito civil português: direito das obrigações*. Lisboa: Almedina, 2010, v. 2, t. 3, p. 713-720.
31. Sobre personalismo ético: VITA NETO, José Virgílio. A atribuição da responsabilidade contratual. *Tese de Doutorado* defendida na Faculdade de Direito da Universidade de São Paulo em 2007; AZEVEDO, Antônio Junqueira. Crítica ao personalismo ético da Constituição da República e do Código Civil. Em favor de uma ética biocêntrica. In: AZEVEDO, Antônio Junqueira; TÔRRES, Heleno Taveira; CARBONE, Paolo (Coords.). *Princípios do novo Código Civil brasileiro e outros temas: homenagem a Tulio Ascarelli*. São Paulo: Quartier Latin, 2008, p. 19-31.
32. Pode-se acolher a seguinte ideia de justiça distributiva: "Justiça distributiva é a regra segundo a qual os interesses particulares são articulados para que uma forma de produção de vida com liberdade seja possível. A distribuição, na perspectiva das políticas públicas em que se alocam recursos coletivos, deve ocorrer em relação a coisas comuns (não produzidas por ninguém), coisas produzidas em comum, autoridade e poder e, por fim, incentivos a talentos individuais socialmente relevantes". FREITAS FILHO, Roberto; CASAGRANDE, José Renato. O problema do tempo decisório nas políticas públicas. *Revista de Informação Legislativa*, v. 187, p. 21-34, 2010, p. 22; LOPES, José Reinaldo de Lima. Justiça e Poder Judiciário ou a virtude confronta a instituição. In: LOPES, José Reinaldo de Lima. *Direitos sociais: teoria e prática*. São Paulo: Método, 2006, p. 127.
33. O sentido de justiça social será exposto na conclusão deste artigo.
34. Do final da 1ª Guerra Mundial até os dias atuais.

ciais e ultrajantes. Exemplifica-se com uma decisão do STJ que reduziu o valor da reparação por danos extramateriais de 50 mil reais para 15 mil reais, devido à vítima que, ao doar sangue no banco de sangue, recebeu a notícia do laboratório de que tinha contraído o vírus HIV, o que não era vero, pois o exame estava com o resultado errado, ou seja, a vítima não tinha contraído o vírus HIV (STJ – RESP 1.071.969).

Isso permite afirmar que a construção teórico-prática da responsabilidade civil vai ao encontro da lógica de mercado (ex.: processo de securitização social e privada dos danos como resposta ao problema da difusão de lesões), amparando-se em ideários trazidos por análises econômicas do direito[35] e por outros mecanismos teóricos que imperam e tratam as vítimas como "soberanas", ciosas e informadas, a retomar uma intencional contemplação do acidente como fatalidade (ex: STJ – RESP 1.164.889 – caso da morte de pessoas metralhadas em um cinema de São Paulo e que ficaram sem qualquer reparação sob o fundamento de fortuito externo entre a atividade do cinema e do *shopping* e o evento morte).

Esses motivos possibilitam que se coloque em xeque a base informativa e informativa da vigente responsabilidade civil e consumerista, a ensejar uma possível passagem para a ideia de responsabilidade por danos, que se exporá no tópico seguinte.

3. CONCLUSÃO: A RESPONSABILIDADE POR DANOS COMO PERSPECTIVA DE RECUPERAÇÃO DA TUTELA DO CONSUMIDOR NO BRASIL

Para contrapor essas situações advindas da construção teórico-prática da responsabilidade civil e consumerista vigentes, aponta-se uma recorrente construção lastreada em um discurso constitucional de valorização e de incidência, direta ou indireta, dos direitos fundamentais nas relações privadas,[36] com a fortificação da

---

35. Por exemplo: BATTESINI, Eugênio. *Direito e economia: novos horizontes no estudo da responsabilidade civil no Brasil*. São Paulo: LTr, 2011; MACKAAY, Ejan; ROUSSEAU, Stéphane. *Análise econômica do direito*. Trad. Rachel Sztajn. 2. ed. São Paulo: Atlas, 2015, p. 365-401; PORTO, Antônio José Maristello. Análise econômica da responsabilidade civil. In: TIMM, Luciano Benetti (Org). *Direito e economia no Brasil*. 2.ed. São Paulo: Atlas, 2014, p. 180-200; COOTER, Robert; ULEN, Thomas. *Direito & economia*. 5. ed. Tradução de Luis Marcos Sander e Francisco Araújo da Costa. Porto Alegre: Bookman, 2010 (capítulo da responsabilidade civil).
36. Ver sobre o assunto: FACHIN, Luiz Edson. *Direito civil: sentidos, transformações e fins*. Rio de Janeiro: Renovar, 2015; ITURRASPE, Jorge Mosset. *Derecho civil constitucional*. Santa Fé: Rubinzal- Culzoni editores, 2011; LÔBO, Paulo. Metodologia do direito civil constitucional. *Revista Fórum de Direito Civil - RFDC*, v. 4, p. 249-259; 2013; BODIN de MORAES, Maria Celina. A Constitucionalização do direito civil e seus efeitos sobre a responsabilidade civil. *Direito, Estado e Sociedade*, v. 29, p. 233-258, 2006; TEPEDINO, Gustavo. Premissas metodológicas para a constitucionalização do direito civil. In: TEPEDINO, Gustavo. *Temas de direito civil*. 4.ed. Rio de Janeiro: Renovar, 2008, t.1, p. 1-23; DUQUE, Marcelo Schenk. *Direito privado e Constituição*. São Paulo: RT, 2013; GRUNDMANN, S.; MENDES, Gilmar Ferreira; MARQUES, C. L.; BALDUS, C.; MALHEIROS, M. *Direito privado, Constituição e fronteiras*. 2. ed. São Paulo: Revista dos Tribunais, 2013; SARLET, Ingo Wolfgang (Org.). *Constituição, direitos fundamentais e direito privado*. Porto Alegre: Livraria do Advogado, 2003.

dignidade da pessoa humana[37] (ex.: CF/1988, art. 1º, III),[38] a influenciar a responsabilidade civil, da seguinte maneira: (i) preocupação com a vítima que sofre danos; (ii) ampliação de hipóteses de reconhecimento de danos materiais e extramateriais; (iii) objetivação da imputação do dever de reparar; (iv) revisitação do nexo causal; (v) extensão da responsabilização para além dos causadores do dano; (vi) valorização das funções de reparação, de punição, de precaução e de prevenção da responsabilidade por danos.[39]

Por isso, é que se defende uma passagem da ideia de responsabilidade civil para a de responsabilidade por danos,[40] que elastece o sentido de dano, com o intuito de "objetivar o resultado para a aferição da causalidade jurídica possibilitadora da imputação de responsabilidade pela não precaução, pela não prevenção e pela reparação, sempre analisadas por uma ótica prospectiva".[41]

Nessa perspectiva, o dano pode ser entendido como uma lesão, potencial e (ou) concreta, a situações jurídicas inter-racionais[42] de ordem existencial ou material, social, individual homogênea, coletiva e difusa. Essas situações jurídicas inter-racionais englobam direitos, interesses, poderes, deveres de ordem existencial ou material ligados por relações jurídicas.[43]

Isso porque o dano, os riscos, os perigos e as imprevisibilidades potenciais e concretas impactam situações jurídicas inter-racionais de quem é atingido por tais institutos nas mencionadas situações jurídicas inter-racionais, não apenas no Direito

---

37. Sobre o sentido de dignidade da pessoa humana, direitos fundamentais e a sua eficácia nas relações privadas veja: FACHIN, Melina Girardi; FACHIN, Luiz Edson. Um Ensaio sobre Dignidade da Pessoa Humana nas Relações Jurídicas Interprivadas. In: COSTA, José Augusto Fontoura; ANDRADE, José Maria Arruda de; MATSUO, Alexandra Mery Hansen. (Orgs.). *Direito: teoria e experiência – Estudos em homenagem a Eros Roberto Grau*. São Paulo: Malheiros Editores, 2013, t. 1, p. 684-700. Sobre dignidade da pessoa humana e justiça: SOUZA, Ricardo Timm de. *Justiça em seus termos - Dignidade humana, dignidade do mundo*. Rio de Janeiro: Lumen Juris, 2010.
38. MIRAGEM, Bruno. *Direito civil – Responsabilidade civil*. São Paulo: Saraiva, 2015, p. 25.
39. MIRAGEM, Bruno. *Direito civil – Responsabilidade civil*. São Paulo: Saraiva, 2015, p. 26-42; SCHREIBER, Anderson. *Novos paradigmas da responsabilidade civil*. 6. ed. São Paulo: Atlas, 2015; FROTA, Pablo Malheiros da Cunha. *Responsabilidade por danos: nexo de causalidade e imputação*. Curitiba: Juruá, 2014; SAMPAIO DA CRUZ, Gisela. *O problema do nexo causal na responsabilidade civil*. Rio de Janeiro: Renovar, 2005; MULHOLLAND, Caitlin Sampaio. *A responsabilidade civil por presunção de causalidade*. Rio de Janeiro: GZ, 2009; BARROSO, Lucas Abreu. *A obrigação de indenizar e a determinação da responsabilidade civil por dano ambiental*. Rio de Janeiro: Forense, 2006; BARBOSA, Ana Mafalda Castanheira Neves de Miranda. *Responsabilidade civil extracontratual: novas perspectivas em matéria de nexo de causalidade*. Cascais: Principia, 2014.
40. Sobre a passagem da responsabilidade civil para a responsabilidade pressuposta, o uso do termo direito de danos e a concretização da ideia de responsabilidade por danos Veja: FROTA, Pablo Malheiros da Cunha. *Responsabilidade por danos: nexo de causalidade e imputação*. Curitiba: Juruá, 2014, p. 213-233.
41. FROTA, Pablo Malheiros da Cunha. *Responsabilidade por danos: nexo de causalidade e imputação*. Curitiba: Juruá, 2014, p. 224.
42. Sobre o assunto: SOUZA, Ricardo Timm de. "Fenomenologia e Metafenomenologia: substituição e sentido – Sobre o tema da substituição no pensamento ético de Levinas", In: SOUZA, Ricardo Timm de. – OLIVEIRA, Nythamar Fernandes de. (Orgs.). *Fenomenologia hoje – Existência, ser e sentido no alvorecer do século XXI*. Porto Alegre, EDIPUCRS, 2001, p. 379-414.
43. Sobre o sentido de cada significante veja: AMARAL, Francisco. *Direito civil. Introdução*. 8.ed. Rio de Janeiro: Renovar, 2014, p. 235-268.

Ambiental, mas também no Direito Civil e no Direito do Consumidor, entendimento extensível a outras disciplinas jurídicas. Exemplo disso pode ser extraído do caso em que um proprietário pretende construir a estrutura do seu imóvel com amianto. O projeto de construção executável ou em execução, nos moldes postos pela ideia de responsabilidade por danos aqui construída, autoriza tutela de precaução ou de prevenção de quem vier a sofrer danos potenciais e concretos por tal projeto arquitetônico, a ensejar as tutelas de precaução, de prevenção, prospectivamente, e de reparação pelos danos potencial e (ou) concreto à saúde e ao meio ambiente, respectivamente, advindos de tal projeto arquitetônico.[44]

Por tudo isso, parece que a ideia de responsabilidade por danos pode ser uma importante ruptura com a perspectiva da responsabilidade civil, por se basear em outros pressupostos, quais sejam: (i) foco na vítima; (ii) pressuposto ético na alteridade; (iii) rompimento com a ideia de culpa e de dolo; (iv) substituição do nexo de causalidade pela ideia de formação da circunstância danosa; (v) prioridade na precaução e na prevenção, sempre em um viés prospectivo, e a tutela dos hipervulneráveis, dos vulneráveis e dos hipossuficientes: pela resposta proporcional ao agravo e concretizadora de justiça social; (vi) mitigação das excludentes do dever de reparar.[45]

Desses pressupostos importa a esse estudo a prioridade à precaução (dano potencial) e à prevenção (dano iminente) de danos, sendo relevante apontar que a consecução concreta de todos os pressupostos pode permitir responsabilizar o lesante ou o responsável a partir da comprovação dúctil da formação da circunstância danosa com o dano e com a vítima, ou com o evento danoso ou com o ofensor, a privilegiar, material e processualmente, a precaução e a prevenção, prospectivas, e a qualificar a reparação. Priorizam-se aqui a necessária evitabilidade, o controle, a legitimação e a distribuição dos fatores abstratos ou concretos criados por atividades, no mínimo, potencialmente causadoras de danos (ex.: fabricantes de medicamentos), não podendo as vítimas, em regra, ficar indenes.[46]

As citadas perspectivas acompanham uma ideia apregoada por Edgar Morin[47] de se repensar a reforma e de reformar o pensamento, que trazida para o presente estudo, auxilia o repensar sobre a passagem da responsabilidade civil para a responsabilidade por danos na atual quadra em que vivemos. Torna-se viável indicar tendências e caminhos para adequar as respostas apresentadas às vítimas em razão de danos potenciais e concretos que sofrem diuturnamente e a responsabilidade por danos parece ser um

---

44. FROTA, Pablo Malheiros da Cunha. *Responsabilidade por danos: nexo de causalidade e imputação*. Curitiba: Juruá, 2014, p. 228.
45. FROTA, Pablo Malheiros da Cunha. *Responsabilidade por danos: nexo de causalidade e imputação*. Curitiba: Juruá, 2014, p. 228-229.
46. FROTA, Pablo Malheiros da Cunha. *Responsabilidade por danos: nexo de causalidade e imputação*. Curitiba: Juruá, 2014, p. 229.
47. MORIN, Edgar. *A cabeça bem-feita: repensar a reforma e reformar o pensamento*. 19. ed. Trad. Eloá Jacobina. Rio de Janeiro: Bertrand Brasil, 2011.

adequado caminho. Diante disso, compartilha-se a ideia de prospectividade,[48] na qual se delineiam cenários possíveis de acordo com a perquirição do vigente.

Ressalte-se que a construção de uma responsabilidade por danos não depende, prioritariamente, de novas leis, mas de outra mentalidade do intérprete ao apreciar um caso concreto, com a proposição de uma responsabilidade por danos convivendo dialogicamente com outras áreas do conhecimento para além do Direito, sem permitir "colonizações" e fronteiras epistemológicas.[49]

Entende-se pela proposição de uma responsabilidade por danos, sem que com isso se descarte a construção teórico-prática realizada pelo (e com) o instituto da responsabilidade civil e consumerista, cuja revisitação e reinterpretação parecem não ser suficientes para a adequada proteção e promoção jurídica prioritária da vítima na sociedade contemporânea, marcadamente incerta, de hiperconsumo, de danos, da globalização, da liquidez, da complexidade e da busca de valores – em uma palavra: a sociedade do *desassossego*. O modelo de responsabilidade civil e consumerista atuais parece erodido, porque sua reoxigenação histórica, como se faz com as teorias sociais,[50] não soluciona a questão.

Nesse passo, as seis perspectivas constitutivas da responsabilidade por danos reportam à imprescindível tarefa do jurista atual, ao se debruçar sobre as reflexões que o Direito Civil e o Direito do Consumidor estão adstritos a realizar como fator de transformação social. Para tanto, a perspectiva de uma responsabilidade por danos constitui um de seus alicerces epistemológicos, a realizar situações jurídicas subjetivas das situações jurídicas inter-racionais da vítima, sem desconsiderar que o lesante também possui situações jurídicas inter-racionais.

Destarte, algumas tendências podem ser extraídas da proposição de uma responsabilidade por danos:

a) ampliar o número de vítimas tuteladas, de danos reparáveis e de formas de reparação, por meio da flexibilização dos meios de prova, da diluição da antijuridicidade, da desnaturalização e do abandono da culpa, da formação da circunstância danosa,[51] entre outros fatores;

b) intensificar a responsabilização, concedendo-se reparações pecuniárias, proporcionais ao caso concreto, e também despatrimonializadas, como a retratação

---

48. FACHIN, Luiz Edson. *Teoria crítica do direito civil*. 3. ed. Rio de Janeiro: Renovar, 2012; HALÉVY, Marc. *A era do conhecimento: princípios e reflexões sobre a revolução noética no século XXI*. Trad. Roberto Leal. São Paulo: Unesp, 2010.
49. FROTA, Pablo Malheiros da Cunha. *Responsabilidade por danos: nexo de causalidade e imputação*. Curitiba: Juruá, 2014, p. 229.
50. VERONESE, Alexandre. Os conceitos de sistema jurídico e de Direito "em rede": análise sociológica e da teoria do direito. *Revista da Faculdade de Direito da UFF*, v.5, 2001, p. 131-149, p. 145-148.
51. Sobre o tema veja: FROTA, Pablo Malheiros da Cunha. *Responsabilidade por danos: nexo de causalidade e imputação*. Curitiba: Juruá, 2014, p. 233-274.

pública e as tutelas específicas de dar, fazer e não fazer, ou mesmo *in natura* (ex.: CPC/973, arts. 461 e 461-A; NCPC, art. 497 e seguintes, e CC, arts. 233, 247 e 250);[52]

c) fomentar os princípios da precaução e da prevenção, prospectivamente, diante da crescente socialização dos riscos, das imprevisibilidades, dos perigos e do incremento dos casos de dano, que ensejam uma noção de responsabilidade plural, solidária e difusa – haja vista a repersonalização do direito civil e do consumidor,[53] também lastreada nos princípios da adequada reparação, da prioridade da vítima e da solidariedade;[54]

d) concretizar a responsabilidade por danos potenciais e concretos, nos moldes anteriormente expostos;[55]

e) densificar de maneira real e concreta os direitos e as garantias fundamentais da pessoa humana no que tange à potencialidade de danos a que está submetida em razão da evolução tecnológica dos bens e dos serviços postos para consumo, principalmente os relacionados à saúde, ao consumo e ao meio ambiente;[56]

f) garantir ampla e integral reparação às vítimas, com extensão de igual direito a todos quantos alcançados indiretamente pelo dano ou expostos a ele, mesmo que por circunstâncias fáticas, devendo nesta hipótese o valor da reparação ser destinado a um fundo voltado para o estudo e a pesquisa da antecipação e do equacionamento dos danos, riscos, perigos e imprevisibilidades oriundas de atividades habituais e onerosas, desenvolvidas em sociedade. Essa tutela abraça, inclusive, os casos de riscos do desenvolvimento, visto que a vítima que não contribuiu ou que contribuiu em parte para o dano derivado do bem ou do serviço posto no mercado não pode assumir a integralidade do risco da atividade, como ocorre, atualmente, em alguns casos de doenças advindas do consumo do tabaco, no qual se nega qualquer reparação ao fumante;[57]

g) tornar irrelevante, na maioria dos casos, a concausa, "con el alcance de asignar la totalidad del daño a quien solo aportó una de las causas concurrentes",[58] objetivando diluir as responsabilidades individuais pelo dano, bem como mitigar as excludentes do dever de reparar;[59]

---

52. FROTA, Pablo Malheiros da Cunha. *Responsabilidade por danos: nexo de causalidade e imputação*. Curitiba: Juruá, 2014, p. 230.
53. CARVALHO, Orlando de. *A teoria geral da relação jurídica: seu sentido e limites*. 2. ed. Coimbra: Centelha, 1981, v. 1.
54. FROTA, Pablo Malheiros da Cunha. *Responsabilidade por danos: nexo de causalidade e imputação*. Curitiba: Juruá, 2014, p. 230.
55. FROTA, Pablo Malheiros da Cunha. *Responsabilidade por danos: nexo de causalidade e imputação*. Curitiba: Juruá, 2014, p. 230.
56. FROTA, Pablo Malheiros da Cunha. *Responsabilidade por danos: nexo de causalidade e imputação*. Curitiba: Juruá, 2014, p. 230.
57. FROTA, Pablo Malheiros da Cunha. *Responsabilidade por danos: nexo de causalidade e imputação*. Curitiba: Juruá, 2014, p. 230-231.
58. REPRESAS, Trigo; MESA, Lopez. *Tratado de la responsabilidad civil*. Buenos Aires: La Ley, 2004. t. 1, p. 59.
59. FROTA, Pablo Malheiros da Cunha. *Responsabilidade por danos: nexo de causalidade e imputação*. Curitiba: Juruá, 2014, p. 231.

h) aumentar as espécies de instrumentos de precaução, de prevenção e de reparação, prospectivamente, coordenando-os com os já existentes, tais como: fundos públicos substitutivos da responsabilidade civil e consumerista para os casos mais comuns de danos; pagamento antecipado de tarifas pelo Estado às vítimas, a economizar custos, a reduzir o montante dos danos, o tempo de espera da vítima no recebimento do montante reparatório e os gastos judiciais; promoção de demandas diretas da vítima contra o segurador do responsável pelo dano; pactuação obrigatória de seguro para atividades com alta sinistralidade (ex.: seguro ambiental), eficácia coletiva em demandas individuais, entre outras medidas.[60]

A responsabilidade por danos esteia-se nos princípios do *neminem laedere*, da solidariedade social, da reparação integral e da primazia da vítima.[61] Ela redescreve a linguagem da precaução, da prevenção e da reparação, prospectivamente, com a extensão e a inovação de direitos e de deveres às vítimas, aos lesantes e (ou) responsáveis e à sociedade.[62]

Essa alteração de concepção parece mais adequada à problematicidade relacionada à precaução, à prevenção e à reparação dos danos potenciais e concretos, mormente diante do desafio atual de cada um assumir por si e pelo Outro a responsabilidade pela esperança.[63] Esse repto torna-se premente caso Jean-Pierre Dupuy esteja correto em sua afirmação de que o tempo atual é o "das catástrofes, com o impossível se tornando uma certeza".[64]

A assertiva de Dupuy se conecta com o pensamento de Iturraspe[65] de que os danos podem voltar a ser meras fatalidades, com a preocupação do intérprete deslocando-se para a tutela prioritária das vítimas, que não devem ficar indenes, salvo em específicos casos de concorrência danosa ou de fato exclusivo a elas imputado e de circunscritas hipóteses de caso fortuito e de força maior. Deve haver mecanismos jurídico-sociais para, no mínimo, diminuir a propagação dos efeitos deletérios dos eventos potencial ou concretamente danosos produzidos em sociedade.[66]

A responsabilidade por danos, por conseguinte, altera a perspectiva do intérprete, ao deslocar o âmbito de investigação da conduta do lesante para o dano, já

---

60. FROTA, Pablo Malheiros da Cunha. *Responsabilidade por danos: nexo de causalidade e imputação*. Curitiba: Juruá, 2014, p. 231.
61. LÔBO, Paulo Luiz Netto. *Teoria geral das obrigações*. 2. ed. São Paulo: Saraiva, 2011, p. 23.
62. FROTA, Pablo Malheiros da Cunha. *Responsabilidade por danos: nexo de causalidade e imputação*. Curitiba: Juruá, 2014, p. 231.
63. FROTA, Pablo Malheiros da Cunha. *Responsabilidade por danos: nexo de causalidade e imputação*. Curitiba: Juruá, 2014, p. 231.
64. DUPUY, Jean-Pierre. *René Girard – O tempo das catástrofes: quando o impossível é uma certeza*. Trad. Lilia Ledon da Silva. São Paulo: Realizações Editora, 2011.
65. ITURRASPE, Jorge Mosset. Análisis de la responsabilidad en el proyecto argentino de código civil unificado de 1998. In: FERNANDEZ, Carlos López; CAUMONT, Arturo; CAFFERA, Gerardo (Coord.). *Estudios de derecho civil en homenaje al profesor Jorge Gamarra*. Montevideo: Fundación de Cultura Universitaria, 2001, p. 311-322, p. 311.
66. FROTA, Pablo Malheiros da Cunha. *Responsabilidade por danos: nexo de causalidade e imputação*. Curitiba: Juruá, 2014, p. 232.

que prevalece a máxima *in dubio provitima,* o que tornaria, no mínimo, inadequada a disposição posta no art. 944, parágrafo único, do CC sobre a redução "equitativa" da reparação pela comparação entre o grau de culpa do lesante e o dano arbitrado à vítima.[67] Noutros termos, passa-se da ideia de uma *dívida de responsabilidade para um crédito pelo dano sofrido ou que venha a sofrer,* na construção de Yvonne Lambert-Faivre.[68]

A proposição de uma responsabilidade por danos não será esmaecida pela possibilidade de, em algum caso concreto, haver um resultado idêntico ao conferido pelos pressupostos da responsabilidade civil e consumerista ou por existirem instrumentos disponíveis a elas, como as tutelas inibitórias. Por exemplo, o valor a título de dano material derivado de um acidente de carro pode ser igual tanto quando se utilizam os pressupostos da responsabilidade civil, como os de uma responsabilidade por danos; entretanto, os pressupostos e o fundamento sempre serão diversos, e isso faz toda a diferença, quando se observam a alteridade e a justiça social em cada caso concreto.[69]

Em arremate, a construção da proposição de uma responsabilidade por danos, como a realizada nessa pesquisa, não abandona o passado para se pensar o presente e projetar o futuro, como destaca Fachin: "Não é possível pensar no futuro olvidando-se do presente e apagando o passado. O ser humano, individual e coletivamente, se faz na história de seus caminhos e na vida em sociedade, à luz dos valores que elege, por ação ou omissão, para viver e conviver".[70] Seguindo a lição sobredita e diante dos horizontes extraídos da construção teórica de uma responsabilidade por danos, nos moldes aqui sustentados, que conterá a alteridade[71] como pressuposto ético, e a justiça social como finalidade a ser atingida com a tutela prioritária da vítima.[72]

Essa construção, sempre provisória e possível de refutação e de aprimoramento, parece ser a que possibilita que os acidentes de consumo sejam mais adequadamente tutelados, pois ter-se-á como fundamento ético a alteridade, com um alargar das hipóteses de causalidade e de reparação de danos, com a consequente majoração de responsabilidade da vítima e dos lesantes ou dos responsáveis em reparar, prevenir ou precaver os danos potenciais ou concretos e a consequente diminuição dos casos e fortuito externo.

---

67. FROTA, Pablo Malheiros da Cunha. *Responsabilidade por danos: nexo de causalidade e imputação.* Curitiba: Juruá, 2014, p. 232.
68. REPRESAS, Trigo; MESA, Lopez. *Tratado de la responsabilidad civil.* Buenos Aires: La Ley, 2004. t. 1, p. 58.
69. FROTA, Pablo Malheiros da Cunha. *Responsabilidade por danos: nexo de causalidade e imputação.* Curitiba: Juruá, 2014, p. 232.
70. FACHIN, Luiz Edson. O futuro do Direito e o direito ao futuro. *Revista OABRJ,* v. 24, p. 261-274, 2008, p. 262.
71. Sobre alteridade PEREIRA, Gustavo Oliveira de Lima. *A pátria dos sem pátria: direitos humanos & alteridade.* Porto Alegre: Editora Uniritter, 2011.
72. Sobre ambos os assuntos FROTA, Pablo Malheiros da Cunha. *Responsabilidade por danos: nexo de causalidade e imputação.* Curitiba: Juruá, 2014, p. 233-274.

4. REFERÊNCIAS

AMARAL, Francisco. *Direito civil. Introdução*. 8.ed. Rio de Janeiro: Renovar, 2014.

AZEVEDO, Antônio Junqueira. Crítica ao personalismo ético da Constituição da República e do Código Civil. Em favor de uma ética biocêntrica. In: AZEVEDO, Antônio Junqueira; TÔRRES, Heleno Taveira; CARBONE, Paolo (Coords.). *Princípios do novo Código Civil brasileiro e outros temas: homenagem a Tulio Ascarelli*. São Paulo: Quartier Latin, 2008, p. 19-31.

BANDEIRA, Paula Greco. Notas sobre o parágrafo único do artigo 944 do Código Civil. Disponível em: [civilistica.com]. Ano 1. Número 2. 2012 em: Acesso em: 10/12/2012.

BARBOSA, Ana Mafalda Castanheira Neves de Miranda. *Responsabilidade civil extracontratual: novas perspectivas em matéria de nexo de causalidade*. Cascais: Principia, 2014.

BARROSO, Lucas Abreu. *A obrigação de indenizar e a determinação da responsabilidade civil por dano ambiental*. Rio de Janeiro: Forense, 2006.

BATTESINI, Eugênio. *Direito e economia: novos horizontes no estudo da responsabilidade civil no Brasil*. São Paulo: LTr, 2011.

BODIN de MORAES, Maria Celina. A Constitucionalização do direito civil e seus efeitos sobre a responsabilidade civil. *Direito, Estado e Sociedade*, v. 29, p. 233-258, 2006.

CARRÁ, Bruno Leonardo Câmara. *Responsabilidade civil sem dano*. São Paulo: Atlas, 2015.

CARRÁ, Bruno Leonardo Câmara. Evolução dos Torts: do Trespass à Strictliability. In: Luciana Costa Poli; Cesar Augusto de Castro Fiúza; Elcio Nacur Rezende. (Orgs.). *Direito Civil*. Florianópolis: FUNJAB, 2014, p. 362-385.

CARVALHO, Délton Winter de. *Dano ambiental futuro: a responsabilização civil pelo risco ambiental*. Rio de Janeiro: Forense Universitária, 2008.

CARVALHO, Orlando de. *A teoria geral da relação jurídica: seu sentido e limites*. 2. ed. Coimbra: Centelha, 1981, v.1.

COOTER, Robert; ULEN, Thomas. *Direito & economia*. 5. ed. Tradução de Luis Marcos Sander e Francisco Araújo da Costa. Porto Alegre: Bookman, 2010 (capítulo da responsabilidade civil).

DUQUE, Marcelo Schenk. *Direito privado e Constituição*. São Paulo: RT, 2013.

DONNINI, Rogério. Prevenção de danos e a extensão do princípio do *neminemlaedere*. In: NERY, Rosa Maria de Andrade; _____ (Coord.). *Responsabilidade civil: estudos em homenagem ao professor Rui Geraldo Camargo Viana*. São Paulo: Revista dos Tribunais, 2009. p.483-503.

_____. *Responsabilidade civil na pós-modernidade: felicidade, proteção, enriquecimento com causa e tempo perdido*. Porto Alegre: Sergio Antônio Fabris Editor, 2015.

DUPUY, Jean-Pierre. *René Girard – o tempo das catástrofes: quando o impossível é uma certeza*. Trad. Lilia Ledon da Silva. São Paulo: Realizações Editora, 2011.

FACHIN, Luiz Edson. *Direito civil: sentidos, transformações e fins*. Rio de Janeiro: Renovar, 2015.

_____. O futuro do Direito e o direito ao futuro. *Revista OABRJ*, v. 24, p. 261-274, 2008.

FACHIN, Luiz Edson. *Teoria crítica do direito civil*. 3. ed. Rio de Janeiro: Renovar, 2012.

FACHIN, Melina Girardi; FACHIN, Luiz Edson. Um ensaio sobre dignidade da pessoa humana nas relações jurídicas interprivadas. In: COSTA, José Augusto Fontoura; ANDRADE, José Maria Arruda de; MATSUO, Alexandra Mery Hansen. (Orgs.). *Direito: Teoria e experiência – Estudos em homenagem a Eros Roberto Grau*. São Paulo: Malheiros Editores, 2013, t. 1, p. 684-700.

FARIAS, Cristiano Chaves de; NETTO, Felipe Peixoto Braga Netto; ROSENVALD, Nelson. *Novo tratado de responsabilidade civil*. São Paulo: Atlas, 2015.

FREITAS FILHO, Roberto; CASAGRANDE, José Renato. O Problema do Tempo Decisório nas Políticas Públicas. *Revista de Informação Legislativa*, v. 187, p. 21-34, 2010.

_____. *Intervenção judicial nos contratos e aplicação dos princípios e das cláusulas gerais: o caso do leasing*. Porto Alegre: Sergio Antônio Fabris, 2009.

FROTA, Pablo Malheiros da Cunha. *Responsabilidade por danos: nexo de causalidade e imputação*. Curitiba: Juruá, 2014.

_____. _____. Curitiba: Juruá, 2015.

GALLO, Paollo. *Pene private e responsabilitàcivile*. Milão: Dott. A. Giuffrè, 1996.

GONDIM, Glenda Gonçalves. Responsabilidade civil sem dano: da lógica reparatória à lógica inibitória. *Tese de doutorado* defendida na Universidade Federal do Paraná, 2015.

GRUNDMANN, S.; MENDES, Gilmar Ferreira; MARQUES, C. L.; BALDUS, C.; MALHEIROS, M. *Direito Privado, Constituição e Fronteiras*. 2. ed. São Paulo: Revista dos Tribunais, 2013.

GUSTIN, Miracy Barbosa de Sousa; DIAS, Maria Tereza Fonseca. *(Re)pensando a pesquisa jurídica*. 4. ed. Belo Horizonte: Del Rey, 2013.

HALÉVY, Marc. *A era do conhecimento: princípios e reflexões sobre a revolução noética no século XXI*. Trad. Roberto Leal. São Paulo: Unesp, 2010.

HIRONAKA, Giselda Maria Fernandes Novais. *Responsabilidade pressuposta*. Belo Horizonte: Del Rey, 2005.

ITURRASPE, Jorge Mosset. *Derecho civil constitucional*. Santa Fé: Rubinzal- Culzoni editores, 2011.

_____. Análisis de la responsabilidad en el proyecto argentino de código civil unificado de 1998. In: FERNANDEZ, Carlos López; CAUMONT, Arturo; CAFFERA, Gerardo (Coord.). *Estudios de derecho civil en homenaje al profesor Jorge Gamarra*. Montevideo: Fundación de Cultura Universitaria, 2001, p. 311-322.

LARRAÑAGA, Pablo. *El concepto de responsabilidade*. Mexico: Fontamara, 2000.

LEVY, Daniel de Andrade. *Responsabilidade civil: de um direito de danos a um direito das condutas lesivas*. Atlas: São Paulo, 2012.

LÔBO, Paulo. Metodologia do direito civil constitucional. *Revista Fórum de Direito Civil - RFDC*, v. 4, p. 249-259.

LÔBO, Paulo Luiz Netto. *Teoria geral das obrigações*.2. ed. São Paulo: Saraiva, 2011.

LOPES, José Reinaldo de Lima. Justiça e Poder Judiciário ou a virtude confronta a instituição. In: LOPES, José Reinaldo de Lima. *Direitos sociais: teoria e prática*. São Paulo: Método, 2006.

MACKAAY, Ejan; ROUSSEAU, Stéphane. *Análise econômica do direito*. Trad. Rachel Sztajn. 2. ed. São Paulo: Atlas, 2015.

MENEZES CORDEIRO, António. *Tratado de direito civil português: direito das obrigações*. Lisboa: Almedina, 2010, v. 2, t. 3.

MIRAGEM, Bruno. *Direito civil – Responsabilidade civil*. São Paulo: Saraiva, 2015.

MORATO LEITE, José Rubens; AYALA, Patrick de Araújo. *Dano Ambiental: Do individual ao coletivo, extrapatrimonial*. 3 ed. São Paulo: RT, 2010.

MORIN, Edgar. *A cabeça bem-feita: repensar a reforma e reformar o pensamento*. 19. ed. Trad. Eloá Jacobina. Rio de Janeiro: Bertrand Brasil, 2011.

MULHOLLAND, Caitlin Sampaio. *A responsabilidade civil por presunção de causalidade*. Rio de Janeiro: GZ, 2009.

NORONHA, Fernando. *Direito das obrigações*. 3. ed. São Paulo: Saraiva, 2010.

PEREIRA, Gustavo Oliveira de Lima. *A pátria dos sem pátria: direitos humanos & alteridade*. Porto Alegre: Editora Uniritter, 2011.

PIANOVSKI RUZYK, Carlos Eduardo. A responsabilidade civil por danos produzidos no curso de atividade econômica e a tutela da dignidade da pessoa humana: o critério do dano ineficiente. In: DELGADO, Mário Luiz; ALVES, Jones Figueiredo (Coords). *Questões Controvertidas no NCC*. São Paulo: Método, 2006, v. 5, p. 65-84.

PORTO, Antônio José Maristello. Análise econômica da responsabilidade civil. In: TIMM, Luciano Benetti (Org). *Direito e economia no Brasil*. 2.ed. São Paulo: Atlas, 2014.

REPRESAS, Trigo; MESA, Lopez. *Tratado de la responsabilidad civil*. Buenos Aires: La Ley, 2004. t. 1.

_____. Doctrina. Daños Punitivos. Disponível em: [http://www.taringa.net/posts/apuntes-y-monografias/7348448/Doctrina-Danos-Punitivos-_Trigo-Represas_.html]. Acesso em: 14/12/2012.

ROSENVALD, Nelson. *As funções punitivas da responsabilidade civil*. 2.ed. São Paulo: Atlas, 2014.

SAMPAIO DA CRUZ, Gisela. *O problema do nexo causal na responsabilidade civil*. Rio de Janeiro: Renovar, 2005.

SANDEL, Michael J. *Justiça: O que é fazer a coisa certa*. Trad. Heloisa Matias e Maria Alice Máximo. Rio de Janeiro: Civilização Brasileira, 2011.

SANTOS COELHO, Nuno M.M; SILVA, Antônio Sá da (Coords.). *Teoria do direito: direito interrogado hoje – O jurisprudencialismo: uma resposta possível?* Salvador: JusPodivm, 2012; SANTOS COELHO, Nuno Manuel Morgadinho. *Direito, filosofia e a humanidade como tarefa*. Curitiba: Juruá, 2012.

SARLET, Ingo Wolfgang (Org.). *Constituição, direitos fundamentais e direito privado*. Porto Alegre: Livraria do Advogado, 2003.

SCHREIBER, Anderson. *Novos paradigmas da responsabilidade civil*. 6. ed. São Paulo: Atlas, 2015.

SINDE MONTEIRO, Jorge Ferreira. Sobre uma eventual definição da causalidade nos projetos nacionais europeus de reforma da responsabilidade civil. São Paulo: RT, *Revista de direito do consumidor*, ano 20, p. 161-188, abril-junho 2011.

SOUZA, Ricardo Timm de. "Fenomenologia e Metafenomenologia: substituição e sentido – Sobre o tema da substituição no pensamento ético de Levinas", In: SOUZA, Ricardo Timm de. – OLIVEIRA, Nythamar Fernandes de. (Orgs.). *Fenomenologia hoje – Existência, ser e sentido no alvorecer do século XXI*. Porto Alegre, EDIPUCRS, 2001.

SOUZA, Ricardo Timm de. *Justiça em seus termos – Dignidade humana, dignidade do mundo*. Rio de Janeiro: Lumen Juris, 2010.

STRECK, Lênio. *Verdade e consenso*. 5.ed. São Paulo: Saraiva, 2014; STRECK, Lênio. *Dicionário de hermenêutica*. São Paulo, Editora Casa do Direito, 2017.

STRECK, Lênio. *Hermenêutica e jurisdição. Diálogos com Lênio Streck*. Porto Alegre: Livraria do Advogado, 2017.

STRECK, Lênio. Parecer. Disponível em: https://www.conjur.com.br/dl/manifestacao-politica-juizes-nao-punida.pdf Acesso em 02.11.2017.

TEPEDINO, Gustavo. Premissas metodológicas para a constitucionalização do direito civil. In: TEPEDINO, Gustavo. *Temas de direito civil*. 4.ed. Rio de Janeiro: Renovar, 2008, t.1.

TUSA, Gabriele. A responsabilidade de contato e os crimes cometidos por meio da internet. In: DELGADO, Mário Luiz e ALVES, Jones Figueiredo (Coords.) *Novo Código Civil: Questões Controvertidas – (Responsabilidade civil)*. São Paulo: Método, 2006, v.5, p. 167-195.

VENTURI, Thaís Goveia Pascoaloto. A construção da responsabilidade civil preventiva e possíveis instrumentos de atuação: a autotutela e as despesas preventivas. In: PIANOVSKI RUZYK, Carlos Eduardo; SOUZA, Eduardo Nunes de; MENEZES, Joyceane Bezerra de; EHRHARDT JUNIOR, Marcos. (Orgs.). *Direito civil constitucional a ressignificação da função dos institutos fundamentais do direito civil contemporâneo e suas consequências*. Florianópolis: Conceito, 2014.

_____. *Responsabilidade civil preventiva*: a proteção contra a violação dos direitos e a tutela inibitória material. São Paulo: Malheiros, 2014.

VERONESE, Alexandre. Os conceitos de sistema jurídico e de Direito "em rede": análise sociológica e da teoria do direito. *Revista da Faculdade de Direito da UFF*, v.5, 2001, p. 131-149.

VILLELA, João Baptista. Para além do lucro e do dano: efeitos sociais benéficos do risco – *Repertório IOB de Jurisprudência*, São Paulo, n. 22/91, 2ª quinz., nov.1991, cad. 3, p. 490-499.

VITA NETO, José Virgílio. A atribuição da responsabilidade contratual. *Tese de Doutorado* defendida na Faculdade de Direito da Universidade de São Paulo em 2007.

WINFIELD, Percy Henri; JOLOWICZ, John Antony; ROGERS, W.V.H. *Tort*. London: Thomson/Swet&Maxwell, 2006.

DANO NORMATIVO OU DE CONDUTA PELA VIOLAÇÃO DE NORMAS DE PROTEÇÃO

Pastora do Socorro Teixeira Leal

Doutora em Direito pela Pontifícia Universidade Católica de São Paulo (PUC-SP) e pesquisadora pós-doutora em Relações privadas e direitos fundamentais pela Universidade Carlos III de Madri. Pesquisadora em Responsabilidade Civil. Desembargadora Federal do Trabalho do Tribunal Regional do Trabalho da Oitava Região (Brasil). Professora de pós-graduação (Teoria do Direito) e graduação (Direito Civil) na Universidade Federal do Pará (UFPA) e na Universidade da Amazônia (UNAMA). e-mail: pastoraleal@uol.com.br.

Sumário: 1. A violação dos deveres de proteção e a responsabilidade civil: problematização – 2. A construção do conceito normativo de dano a partir do diálogo entre categorias jurídicas afins: deveres de proteção, interesse jurídico e abuso do direito – 3. Dano normativo ou de conduta pela violação de normas de proteção: um ajuste conceitual – 4. Considerações finais – 5. Referências.

1. A VIOLAÇÃO DOS DEVERES DE PROTEÇÃO E A RESPONSABILIDADE CIVIL: PROBLEMATIZAÇÃO

A construção da responsabilidade civil ocorre a partir do dano. Sem dano, não pode haver responsabilidade. O problema é que, ao conceituar dano, a doutrina tradicional costuma desconsiderar categorias relevantes para a sua compreensão ao afirmar que não há dano nos casos de violação de deveres de proteção, mas mera conduta ilícita não passível de responsabilização civil. Neste sentido, Sérgio Cavalieri Filho[1] afirma que o "dever de reparar pressupõe o dano e sem ele não há indenização devida. Não basta o risco de dano, não basta a conduta ilícita. Sem uma consequência concreta, lesiva ao patrimônio econômico ou moral, não se impõe o dever de reparar".

O referido autor[2] conceitua dano como sendo:

[...] a subtração ou diminuição de um bem jurídico, qualquer que seja a sua natureza, quer se trate de um bem patrimonial, quer se trate de um bem integrante da própria personalidade da vítima, como a sua honra, a imagem, liberdade etc. Em suma, dano é lesão de um bem jurídico, tanto patrimonial como moral, vindo daí a conhecida divisão do dano em patrimonial e moral.

Os trechos acima transcritos revelam que a visão do dano é simplificada porque construída com base apenas na ideia de violação a bem jurídico, o que restringe a concepção do dano apenas ao seu aspecto naturalista, empírico, pensamento infeliz-

---

1. CAVALIEIRI FILHO, Sérgio. *Programa de Responsabilidade Civil*. São Paulo: Atlas, 2012, p. 77.
2. Idem.

mente majoritário na doutrina nacional e que se reflete na jurisprudência. Segundo essa concepção, só haveria dano quando fossem violados deveres prestacionais.

Diante dessa problemática, tratar do conceito de dano pressupõe revolver algumas estruturas simplificadoras da realidade e do Direito e considerar a sua complexidade. Por essa razão, é necessária a implementação de um olhar interdisciplinar que ultrapasse as fronteiras da simplificação, do reducionismo e da fragmentação dos métodos de análise no sentido de viabilizar a coerência na interpretação e na aplicação do Direito, a fim de assegurar a unidade axiológica que caracteriza o sistema jurídico.

No contexto da complexidade, cuja peculiaridade reside na desproporcionalidade da distribuição de poderes (jurídicos, econômicos e sociais) entre os sujeitos da situação ou da relação jurídica, esse desequilíbrio é compensado pela tutela contida em normas que criam deveres de proteção tais como as laborais, de consumo e ambientais, bem como da normatividade presente em setores do direito civil pertinentes ao direito de família e aos direitos da personalidade.

As normas de proteção não precisam estar expressas, mas implícitas no sistema jurídico. Sua identificação pode ocorrer pela via dos princípios como também pelo diálogo de fontes normativas e de categorias jurídicas afins.

O diálogo entre fontes normativas e entre categorias jurídicas propõe-se à aplicação simultânea e coerente de diversas legislações, quer nacionais, quer internacionais, bem como a combinação de categorias jurídicas afins, potencializando a busca da solução mais justa, efetiva e compatível com os vetores axiológicos e teleológicos do ordenamento jurídico.

Os critérios tradicionais (cronológico, hierárquico e da especialidade) não têm sido suficientes e eficientes para restabelecer a coerência, exigência de uma ordem jurídica justa.

Diante dessa constatação, o método do diálogo entre fontes e entre categorias jurídicas reconhece que normas e categorias jurídicas não se excluem por supostamente pertencerem a ramos jurídicos distintos, mas se complementam, principalmente quando possuem campos de aplicação convergentes, quer em face do bem ou do interesse jurídico tutelado, quer em face da relação jurídica travada, a exemplo daquelas onde se verifica a situação de vulnerabilidade de uma das partes e que, por essa razão, potencializa a possibilidade de ocorrência de danos.

Considerar que a violação reiterada de deveres de proteção de situações jurídicas de vulnerabilidade não caracteriza dano jurídico é inviabilizar a respectiva tutela e, por via de consequência, tornar vantajoso lesionar, pois os obstáculos legais (proibições, restrições e garantias) são massivamente violados sem que qualquer reprimenda jurídica ocorra.

O Código Civil reafirma a ideia de sistema jurídico, estabelecendo que a interpretação não deve ser restrita, literal ou isolada, mas ajustada, em especial, à funcionalidade econômica ou social: "Art. 187. Também comete ato ilícito o titular de um direito que, ao exercê-lo, excede manifestamente os limites impostos pelo seu fim econômico ou social, pela boa-fé ou pelos bons costumes."

Neste ponto, observa-se que o Código Civil brasileiro equiparou ao ilícito, para efeitos de responsabilização civil por danos, a categoria jurídica do abuso de direito, considerando como tal o exercício de direito que exceda aos limites impostos pelo fim econômico ou social, pela boa-fé ou pelos bons costumes. Note-se que os limites aos quais se reporta o texto normativo em destaque devem ser buscados nos diplomas legais de proteção, na realidade social e econômica e nas decisões judiciais que ofereçam parâmetros concretos para a caracterização de tais limites.

As chamadas "práticas abusivas", danosas por si mesmas, presentes em relações de vulnerabilidade como as de consumo, de trabalho, de direito ambiental, de direito de família, de direitos da personalidade, conexas ou não, caracterizam manifesto "abuso de direito", passível de reprimenda pelo sistema jurídico.

Antonio Herman Vasconcelos Benjamim, Leonardo Roscoe Bessa e Claudia Lima Marques[3] reportam-se a quatro possibilidades de diálogo das fontes entre o Direito Civil e o Direito do Consumidor: 1) *o diálogo sistemático de coerência,* quando uma lei serve de base conceitual para outra, hipótese esta de aplicação simultânea de ambas as leis; 2) *diálogo de complementariedade,* quando uma norma pode completar a outra de forma direta e coordenada; 3) *diálogo de subsidiariedade,* quando uma norma pode completar a outra de forma indireta; e, 4) *diálogo de coordenação de reciprocidade sistemáticas,* quando os conceitos estruturais de uma determinada lei sofrerem influências de outra lei.

É pela via dos diálogos acima reportados que o conceito estrutural de dano amplia-se a partir da consideração de outras categorias jurídicas afins, como a de interesse jurídico, de abuso do direito, de vulnerabilidade e de deveres de proteção estabelecidos em normas protetivas.

Além das possibilidades de diálogo antes referidas, que operam no plano formal, importa investigar o plano relativo ao aspecto material, pertinente aos "porquês", às razões relativas ao conteúdo das normas relacionadas entre si.

Nesse ponto, importa perquirir as "razões" que justificam a adoção pelo intérprete da comunicação das fontes e dos institutos jurídicos, o que deve ocorrer quando as normas utilizadas tenham conteúdo regulatório semelhante ou equiparável, segundo critérios de identidade, de semelhança ou de equiparação, tais como: bem ou interesse jurídico tutelado, relação ou situação jurídica regulada, sujeitos de direito envolvidos, grau ou intensidade na distribuição da autonomia e dos poderes das partes, dentre outros. Nesse sentido, as normas de proteção presentes no ordenamento jurídico identificam-se por conter semelhanças com base em um ou em alguns desses critérios.

---

3. BENJAMIN, Antonio Herman de Vasconcellos; BESSA, Leonardo Roscoe e MARQUES, Claudia Lima. *Manual de direito do consumidor.* 2. ed. São Paulo: Revista dos Tribunais, 2009, p. 94-95.

Quanto maior a relevância da tutela do bem ou do interesse jurídico, maior a tutela pela via das normas de proteção e maior a necessidade de utilizar o diálogo das fontes e das categorias jurídicas afins, pois um bem de categoria de proteção constitucional, como a saúde, por exemplo, há de ser analisado, em qualquer ramo do direito, mantendo-se essa característica. O mesmo deve ocorrer com os direitos da personalidade, que correspondem aos direitos fundamentais no plano constitucional.

A relação antes reportada muitas vezes não se apresenta de forma evidente. É preciso fazer com que as normas dialoguem em sua razão de ser (fundamento e finalidade de proteção em face da vulnerabilidade).

As normas de proteção costumam estabelecer garantias e deveres de proteção diferenciados em face da relevância ou da fragilidade do bem jurídico, da vulnerabilidade das pessoas no contexto das vinculações jurídicas ou da proporção na distribuição de poderes privados (autonomia) entre elas.

Fazer dialogar os deveres de proteção com a responsabilidade civil viabiliza a manutenção da unidade e da coerência do sistema jurídico quanto à regulação constitucional e legal de mencionados âmbitos da realidade fática, o que se estende também às decisões judiciais paradigmáticas e ao posicionamento doutrinário.

Considerar como dano normativo a violação de deveres de proteção restabelece a ideia de sistema jurídico considerando dois pressupostos: repertório e estrutura.

O repertório (elementos) compreende normas e categorias jurídicas a dialogar, definições, conteúdos semelhantes ou conexos etc. A estrutura (relações entre os elementos) tem a ver com um complexo de regras que determinam as relações entre os elementos segundo critérios, tais como: origem empírica (semelhança ou equiparação factual); lógico (não contradição ou coerência) e valorativo e finalístico (importância axiológica e teleológica). Os diplomas normativos de proteção identificam-se por estabelecer deveres de proteção de pessoas em situação de vulnerabilidade.

A ordem jurídica é um sistema aberto que sofre a influência de valores sociais, econômicos e morais, o que pressupõe a ampliação da matriz regulatória com a complementação das normas, e não a sua exclusão.

Embora tenha havido avanços jurisprudenciais em sede de responsabilidade civil, percebe-se que eles ainda são tímidos. A visão segmentada da realidade inviabiliza que o intérprete considere as interações econômicas, sociais e ambientais presentes em suas formulações. Essa forma de visualizar o ordenamento jurídico é responsável, pelo menos em parte, pelos problemas advindos das contradições entre decisões judiciais sobre matérias semelhantes.

Como exemplo de contradição entre entendimentos jurisprudenciais, confrontam-se as razões de decidir do Tribunal de Justiça do Estado de Santa Catarina (Apelação Cível 2011.080829-7), que reconheceu o dano moral pela presença de corpo estranho em bebida fabricada, calcado no dever de segurança alimentar (norma de proteção – dano normativo), com os fundamentos adotados pelo Superior Tribunal de

Justiça (Recurso Especial 1.395.647/SC) que, julgando o recurso especial, considerou tratar-se de "mero aborrecimento", não passível de responsabilização por danos ante o fato de não ter havido a ingestão da bebida contendo corpo estranho (animal em decomposição), isso porque para haver dano deveria ter havido a ingestão da bebida (dano na perspectiva meramente empírica e não normativa).

Como se pode verificar, o cerne do debate residiu na consideração de que, por não ter havido a ingestão da bebida, o dano não ocorrera, embora a segurança alimentar do consumidor estivesse ameaçada pela exposição ao risco de contaminação e de adoecimento, em face da presença de corpo estranho (animal em decomposição) na bebida comercializada, o que caracteriza prática abusiva consubstanciada no exercício do direito de comercializar alimentos desvirtuado de sua função social e violador de normas de proteção.

A redução do dano à violação de bem jurídico, pela doutrina tradicional,[4] além de vincular a noção de dano ao viés naturalístico, afasta a possibilidade de responsabilização civil em face da conduta violadora de deveres de proteção, a qual, embora caracterizada como criminosa, não é considerada danosa no plano civil. Resultam disto os seguintes pontos para reflexão: a) a restrição do conceito de dano como ofensa a determinado bem jurídico; b) a consideração de que a conduta ofensiva à ordem jurídica (normas de proteção) não caracteriza dano e, portanto, não enseja responsabilidade civil.

Quanto ao primeiro ponto, é necessário considerar que não são apenas os bens jurídicos que podem sofrer gravames. Há inúmeras outras categorias jurídicas que também são objeto de tutela pela ordem jurídica. Dentre elas, destacamos, para efeitos de pensar o conceito de dano, a situação jurídica de pessoas e de grupos vulneráveis tutelados por normas de proteção, o interesse jurídico e o abuso do direito.

Dentre autores que, ao conceituarem dano aportam elementos ampliadores de suas possibilidades, encontram-se Farias, Braga Netto e Rosenvald,[5] que ao conceituarem o dano, inserem a ideia de lesão a interesse concretamente merecedor de tutela, afirmando ainda que, na consideração do dano, é necessário levar em conta que:

> a pessoa realiza a si mesma não mediante um único esquema de situação subjetiva, mas por meio de uma complexidade de situações qualificáveis caso a caso, como poder jurídico, interesse legítimo, direito subjetivo, faculdade e poderes. Há de se reconhecer o dever de não interferência de terceiros, pois a própria pessoa é considerada pelo ordenamento como interesse protegido.

Ainda segundo os autores, tem-se que caberá ao intérprete exercer essa integração do sistema jurídico, em consonância com a tábua axiológica constitucional.

O dano não atinge apenas o bem em si, mas antes a conexão da pessoa com o bem, ou seja, a relação existente entre um sujeito que experimenta uma necessidade e o

---
4. Leia-se em CAVALIEIRI FILHO, op. cit., p. 77 e ss.
5. FARIAS, Cristiano Chaves de; BRAGA NETTO, Felipe Peixoto; ROSENVALD, Nelson. *Novo tratado de responsabilidade civil*. São Paulo: Atlas, 2015, p. 232.

bem apto a fazê-lo. Assim, pode-se definir o dano como sendo a lesão de um interesse juridicamente protegido, relevante ou de qualquer interesse socialmente apreciável ou simplesmente de um interesse humano suscetível de ser tutelado pelo direito. Tem relação com a situação de poder tirar proveito e de satisfação de necessidades.

No que diz respeito ao segundo ponto de reflexão, segundo o qual a conduta ofensiva à ordem jurídica não caracteriza dano e, portanto, não enseja responsabilidade civil, importa enfatizar que condutas ofensivas à ordem jurídica precisam ser vistas na sua sistematicidade. Assim, a partir da noção de que o ordenamento jurídico é um sistema e que é relevante assegurar a sua coerência, é necessário pensá-lo fazendo dialogar as normas que o integram, o que remete à ideia do diálogo entre fontes normativas e entre categorias jurídicas.

Os pontos de reflexão acima destacados demonstram que a restrição feita ao conceito de dano inviabiliza que se tornem concretos os valores e as garantias assegurados pelo sistema jurídico.

Quando alguma perturbação afeta o sistema jurídico, identificam-se alguns meios por meio dos quais este se socorre para restabelecer sua integridade. Dentre esses meios, encontram-se os mecanismos invalidantes (nulidade e anulabilidade), caducificantes e indenizantes. O fato de a ordem jurídica remeter a um desses mecanismos não implica que outro não possa também ser utilizado.

Nessa linha de raciocínio, não há razão para considerar que um ato violador da ordem jurídica, apenas porque não resultou em ofensa específica a um bem jurídico, não deva ser considerado como danoso.

2. A CONSTRUÇÃO DO CONCEITO NORMATIVO DE DANO A PARTIR DO DIÁLOGO ENTRE CATEGORIAS JURÍDICAS AFINS: DEVERES DE PROTEÇÃO, INTERESSE JURÍDICO E ABUSO DO DIREITO

Não são apenas os bens jurídicos que podem sofrer gravames e provocar danos. Há outras categorias jurídicas que contribuem para a construção do conceito de dano. Dentre elas, destacam-se: a situação jurídica garantida pelas normas de proteção a pessoas e a grupos vulneráveis e que geram deveres de proteção, o interesse jurídico e o abuso do direito, dentre outros.

O diálogo entre as mencionadas categorias contribui para aportar fundamentos para o reconhecimento do dano normativo ou de conduta.

A ideia de vulnerabilidade em seus múltiplos aspectos, como já tratado anteriormente, é a base para a compreensão dos deveres de proteção cuja violação caracteriza dano normativo ou de conduta.

Segundo Cordeiro,[6] o nível axiológico do dano pode advir de uma de duas situações: ou a de existir um bem atribuído, em termos permissivos, a uma pessoa, isto

---
6. CORDEIRO, António Menezes. *Tratado de direito civil*. 8. v. Coimbra: Almedina, 2016, p. 511.

é, um direito subjetivo; ou a de vingar, simplesmente uma vantagem garantida pelo Direito, mas que por não corporizar um bem, ou por não assumir a forma de uma permissão específica, surge simplesmente como interesse protegido.

O dano, portanto, não se restringe à violação de bens jurídicos vinculados a direitos subjetivos, mas alcança o gravame aos interesses jurídicos.

O dano normativo pode ser aferido a partir da lesão de interesses juridicamente tutelados pelo direito. Nesse sentido, como refere Paulo Mota Pinto: "O interesse surge como utilidade que, uma vez suprimida, dá azo ao dano".[7]

A visão naturalista restringe a ideia de dano à violação concreta de bem jurídico, deixando de fora a perspectiva de lesão ao interesse decorrente da necessidade de efetivação de garantias contidas em normas de proteção.

As normas "abertas" estão passíveis de múltiplas interpretações conforme a natureza dos interesses jurídicos em jogo.

Nas palavras de Volochinsky,[8] o dano é:

Todo menoscabo que experimente um indivíduo em sua pessoa e seus bens, a perda de um benefício de índole material e moral, de ordem patrimonial ou extrapatrimonial. Não implica, necessariamente, na perda de um direito, senão que basta que a vítima haja sido privada de uma vantagem legítima.

Veja-se que mencionado autor amplia a ideia de dano para além de sua projeção estritamente empírica quando assevera que, para que o dano ocorra, é suficiente a privação de uma *vantagem legítima* decorrente da situação de vulnerabilidade. Portanto, as práticas abusivas em si privam de uma vantagem legítima o sujeito vulnerável tutelado pela norma protetiva violada.

Francesco Carnelutti[9] assevera que o interesse é uma relação, e que as relações são também elementos da situação, isto é, aspectos da realidade; que o interesse coloca-se entre as relações, na categoria das relações de complementariedade, que não são relações perceptíveis pelos sentidos, mas sim deduzíveis pela razão; que o interesse é a utilidade específica de um ente para outro ente. Prossegue referido autor[10] afirmando que a necessidade pode ser presente ou pode ser futura, que os interesses podem ser morais e materiais; que as necessidades do homem não dizem só respeito a sua vida corporal; que a economia abrange todos os interesses, inclusive o moral e que a realidade econômica é considerada do ponto de vista daquelas relações de interesses entre os entes. Assim, o dano caracteriza-se pela eliminação,

---

7. PINTO, Paulo Mota. *Interesse contratual negativo e interesse contratual positivo*. Coimbra: Almedina, 2008, p. 528 e ss.
8. VOLOCHINSKY, Bracey Wilson. *226 preguntas em derecho civil – contratos y responsabilidad extracontractual*. Santiago: La ley, 2002, p. 177.
9. CARNELUTTI, Francesco. *Teoria geral do direito*. Trad. Antônio Carlos Ferreira. São Paulo: Lejus, 1999, p. 88-89.
10. Ibid., p. 90-91.

privação, restrição, limitação ou diminuição de interesses jurídicos protegidos não se restringindo apenas à violação de bens jurídicos.

Para realizar e concretizar sua missão constitucional, o instituto do dano deve dialogar com outras categorias jurídicas de suma importância na sua construção conceitual ampliada. O conceito de dano é dual, bifronte e complexo, não podendo mais estar restrito ao aspecto meramente naturalístico e empírico. Deve avançar para uma concepção normativa.

Dentre as diversas possibilidades de reprimenda às perturbações e às violações da ordem jurídica, tradicionalmente consideradas, encontram-se os mecanismos invalidantes e caducificantes, que não são suficientes para alcançar o desiderato de observância normativa. Os mecanismos inibitórios e os indenizatórios contidos na responsabilidade civil são mais eficientes, especialmente quando a categoria jurídica do dano incorpora a concepção normativa além da naturalística.

Para caracterizar e delimitar o dano, é necessário atentar para as normas jurídicas em jogo. Há determinados tipos de normas jurídicas cuja violação em si pela mera conduta (ato ilícito) caracteriza a ofensa aos deveres de proteção e, portanto, o dano em sentido jurídico. Trata-se de uma ilicitude objetiva que deve ser considerada.

A noção de dano pela violação de dever de proteção, prevista no direito português (art. 483º/1 do Código Civil[11]) e inspirada no direito alemão (§ 823, 2, do BGB – que impõe a obrigação de indenizar àqueles que violam a proteção de outra lei), considera ilícita e, portanto, danosa, a violação de disposição legal destinada a proteger interesses alheios. Embora a lei alemã não tenha feito referência expressa a interesses, a lei portuguesa o fez, dando maior clareza à dicção legal. Assim, a violação de uma lei destinada à proteção de outrem caracteriza, por si só, o dano.

Segundo Menezes Cordeiro,[12] o sentido jurídico do termo dano envolve a noção de "supressão ou diminuição de uma situação favorável, reconhecida ou protegida pelo direito", como positivado pelo Código Civil português no artigo 483/1, já referido. Esse dispositivo remete à obrigação de indenizar quando, em determinada circunstâncias, tenha sido violado "... o direito de outrem ou qualquer disposição legal destinada a proteger interesses alheios...". Essa expressão conecta a noção de dano com a aferição do direito ou da disposição legal em causa. Assim, é a valoração legal que tornará possível identificar e apurar qual ou quais seriam os sujeitos prejudicados pela supressão ou diminuição de determinada "vantagem" apta a realizar interesses jurídicos. Isso se relaciona à investigação da frustração dos fins que, pela atribuição dos interesses, poderiam ser concretizados.

---

11. Artigo 483º (Princípio geral) 1. Aquele que, com dolo ou mera culpa, violar ilicitamente o direito de outrem ou qualquer *disposição legal destinada a proteger interesses alheios* fica obrigado a indemnizar o lesado pelos danos resultantes da violação. (destaquei).
12. CORDEIRO, loc. cit.

Quando o Direito reconhece "posições vantajosas" para determinadas pessoas ou a grupos de pessoas que lhes permitem o específico aproveitamento de certos bens ou a fruição de certos interesses, estaremos diante de "normas de proteção", que ocupam um lugar específico por atribuírem posições axiológicas exclusivas a certas pessoas ou a grupos de pessoas, visando a protegê-las de ameaças ou de perigos, mesmo que abstratos. Dessa natureza, por exemplo, são as normas que tutelam pessoas ou grupos vulneráveis. As normas de proteção têm âmbito jurídico diferente das normas jurídicas de interesse geral.

A violação dos deveres de proteção provoca danos que, embora não atinjam diretamente direitos subjetivos ou bens jurídicos, importam na responsabilização civil. Desta feita, desde que atingido o interesse protegido pela norma violada, caracterizado estará o dano.

O alcance prático da responsabilidade pela violação de deveres de proteção decorre não apenas de leis expressas, mas pode ser construído por elaboração jurídico-científica, especialmente em setores jurídicos nos quais estiverem em jogo interesses de pessoas e de grupos vulneráveis, como ocorre na área dos direitos da personalidade e dos direitos de família, bem como nas relações trabalhistas e consumeristas.

A causalidade decorrente da violação aos deveres de proteção é moldada pelo escopo da norma violada. Assim é que, frustrado o fim econômico e social da norma de proteção, estará caracterizado o dano. A figura jurídica do abuso do direito ilustra com adequação essa hipótese.

O apelo ao escopo das normas violadas, no caso das normas de proteção, é o que vai dirigir a investigação do nexo causal; reitere-se que, aqui, a causalidade e o dano são normativos porque afetado o fim tutelado pela norma infringida consoante os valores assegurados pela norma violada.

A simples configuração do exercício abusivo do direito já é suficiente para caracterizar o dano. Trata-se de ilícito objetivo que prescinde da investigação do elemento culpa. O desvio de finalidade, qual seja, a frustração do critério protetivo da norma, já é suficiente para configurar a conduta danosa porque ameaçadora da tutela jurídica de proteção.

O abuso de direito presta-se a dar conta de uma constelação de possibilidades de tutela de proteção, em especial na repriminda a práticas inaceitáveis e irregulares que coloquem em risco ou lesionem situações jurídicas tuteladas por normas de proteção.

Nessa linha de raciocínio, a violação a princípios protetivos ocasiona danos. O princípio jurídico, quando chamado a resolver casos concretos, estará apto tanto a criar direitos subjetivos como a tutelar interesses específicos. Assim, a violação aos princípios jurídicos enseja dano jurídico.

As normas de proteção são cláusulas gerais de tutela de pessoas e de grupos que, em razão de suas situações jurídicas específicas, devem permanecer incólumes não somente a lesões "concretas" como também à ameaça de lesões, uma vez que, nesse último caso, estão expostas ao risco justamente as garantias jurídicas protetivas. O direito francês, pela via do *mise em danger*, é emblemático quanto a essa questão.

A desconformidade da conduta em face da estatuição normativa de proteção, mesmo que puramente objetiva, é passível de produzir dano. Trata-se de juízo jurídico-axiológico relevante para coibir violações à ordem jurídica. O contrário seria admitir poder ser vantajoso ameaçar e inviabilizar a proteção normativa.

3. DANO NORMATIVO OU DE CONDUTA PELA VIOLAÇÃO DE NORMAS DE PROTEÇÃO: UM AJUSTE CONCEITUAL

A doutrina não tem admitido o reconhecimento de dano civil de ameaça por equiparação ao delito de ameaça. Neste sentido, Sérgio Cavalieri afirma que:

> Pode-se tirar daí, desde logo, uma conclusão lógica: a de que o ato ilícito nunca será aquilo que os penalistas chamam de crime de mera conduta, será sempre um delito material, com resultado dano. Sem dano pode haver responsabilidade penal, mas não há responsabilidade civil.

O Direito Penal reconhece dentre a tipologia dos delitos: o delito material e o delito de conduta. Referidas categorias podem aportar elementos para efeito de configuração de danos materiais e danos de conduta pela via da análise da coincidência da tutela contida em norma de proteção em face da vulnerabilidade verificável em outros ramos do Direito (Civil, Trabalhista, Consumidor).

A configuração do crime de ameaça contenta-se com a mera conduta de quem ameaça, não importando se o conteúdo ou resultado da ameaça aconteceu, tampouco se a pessoa se sentiu constrangida ou ameaçada (efeitos materiais na pessoa ofendida). Referida figura equipara-se àquela da exposição ao risco contida na norma civil.

No *crime de mera conduta*, o resultado naturalístico não precisa ocorrer para a consumação do delito. Ideia que, trasladada para a responsabilidade civil, autoriza a configuração do dano de conduta, o qual, também prescindindo da manifestação empírica convencional, configura-se pela mera prática abusiva que viola dever de proteção, que se equipara ou mesmo supera o potencial ofensivo da ameaça.

O dano normativo ou de conduta é presumido a partir de práticas violadoras de normas protetivas, uma vez que o descumprimento destas implica em menoscabo às garantias de proteção nelas estabelecidas em detrimento de bens e interesses jurídicos que tutelam sujeitos vulneráveis, tais como o trabalhador, o consumidor, as crianças, os adolescentes, os idosos, dentre outros. Em alguns casos há, por assim dizer, uma promiscuidade entre a configuração do nexo causal e do dano, uma vez que ambos estão vinculados à conduta neste caso.

O Código Penal brasileiro elenca crimes contra a organização do trabalho. Na maioria desses tipos penais, verifica-se a tutela do bem jurídico "liberdade de trabalho" e da "organização e do exercício da atividade econômica", sob a rubrica delitual de "frustração de direito assegurado por lei trabalhista": "Art.203. Frustrar, mediante fraude ou violência, direito assegurado pela legislação do trabalho".

A doutrina refere tratar-se de "norma penal em branco", cuja complementação encontra-se na legislação trabalhista. Ora, se frustrar, mediante fraude, direito assegurado pela legislação trabalhista é crime, não há razões para que práticas fraudulentas da legislação trabalhista não possam ser reconhecidas como dano de conduta para efeitos de responsabilização civil. Negar essa possibilidade é negar a unidade axiológica e teleológica do ordenamento jurídico.

A doutrina enumera condutas que se enquadrariam no mencionado tipo penal acima reportado, que se consuma com o impedimento do exercício do direito trabalhista e, portanto, da utilidade viabilizada pelo interesse jurídico tutelado pela norma protetiva.

A criminalização de uma conduta revela a gravidade de seu potencial ofensivo. Como então admitir que, no sistema jurídico, o Direito Penal reconheça o delito de conduta, e no Direito Civil, Trabalhista e do Consumidor, por exemplo, prevaleça o entendimento fragmentado de que apenas os danos "concretos" sejam reconhecidos? Entenda-se por "concretos" aqueles cuja efetividade possa ser medida por padrões cartesianos tradicionais de mensuração da realidade.

Não há razão para considerar que uma ameaça a interesse ou a direito no plano penal seja distinta daquela efetivada no plano civil. Se o intento do sistema jurídico ao positivar normas de proteção é dar maiores garantias em face da vulnerabilidade, não é aceitável que práticas abusivas violadoras de tais garantias somente possam ser reprimidas pela via criminal.

A ideia de sistema jurídico pressupõe que uma conduta gravosa a ponto de ser criminalizada, possa ser igualmente objeto de reprimenda no plano civil. O diálogo entre fontes normativas e entre categorias jurídicas viabiliza a conclusão de que, se um determinado bem ou relação jurídica merece a tutela penal, com mais razão deve merecer a tutela em sede de danos.

Nessa linha de raciocínio, a figura do *mise en danger* ou exposição ao risco, construída na doutrina francesa, é emblemática em revelar que "meras condutas" de exposição de bens, de interesses e de pessoas a risco de dano injusto (aquele que não deve ser suportado pela vítima) é *in re ipsa,* pela própria prática em si, caracterizadora do "dano de conduta" por violação ao dever de proteção, categoria apta a engendrar uma cultura jurídica de contenção, inibição ou de prevenção em face de práticas abusivas, mais ampla que a mera previsão legal de nulidade.

4. CONSIDERAÇÕES FINAIS

Apresentou-se no presente artigo uma série de argumentos para justificar e propor a adoção do método do diálogo entre fontes normativas e entre categorias jurídicas como viabilizador da configuração e do reconhecimento das "práticas abusivas" como "dano de conduta", por equiparação ao delito de conduta reconhecido pelo Direito Penal e à figura civil do abuso do direito, tendo como foco a necessidade de ampliação do alcance da proteção jurídica em face de questões complexas como a da vulnerabilidade.

Juridicamente, a ideia de dano há de ser mais ampla, para dar conta da complexa problemática da violação a direitos e a interesses jurídicos. A configuração do dano normativo por conduta violadora de deveres de proteção, como espécie do gênero dano, reside justamente em reconhecer que a exposição ao risco representa ameaça aos interesses, à integridade da pessoa, de seus bens e de seus direitos, que deve ser inibida, evitada ou reprimida pela via da responsabilização por "práticas abusivas" ou danos de conduta, por criarem vantagem indevida para o ofensor.

Sobre a vantagem indevida, importante registrar que a violação de norma de proteção projeta para o ofensor vantagens indevidas, além de configurar *dumping social*, uma vez que o coloca em posição diferenciada daqueles que cumprem a regra legal de proteção.

No âmbito da relação jurídica (complexa), encontram-se relações de prestação e relações de proteção, fundadas especialmente na boa-fé, bem como decorrentes de comandos específicos de tutela em face da vulnerabilidade.

Impondo deveres de proteção, a lei pretende preservar a integridade das pessoas e dos grupos protegidos.

A controvérsia sobre a extensão do conceito de dano reside numa visão distorcida do sistema jurídico, que coloca a questão da 'atualidade e da certeza' na manifestação do prejuízo como barreira ao reconhecimento civil do dano de conduta, muito embora o Direito Penal já venha contemplando há muito tempo esta figura jurídica, em face da necessidade de melhor tutelar pessoas, bens, interesses, situações e relações jurídicas.

A partir do reconhecimento de que as normas de proteção, que se destinam à garantia de bens, direitos e de interesses jurídicos de pessoas ou de grupos vulneráveis, devem dialogar com a responsabilidade civil, busca-se inserir no conceito de dano os atos e as práticas violadoras das garantias contidas nas normas de proteção.

Estabelecendo-se o diálogo entre as normas e categorias jurídicas afins, pode-se concluir que caracteriza dano normativo ou de conduta a violação de interesse jurídico tutelado por norma protetiva, e que ocorre pela via das práticas abusivas, sustentando-se na definição do abuso do direito (desvio de finalidade: função social e econômica).

5. REFERÊNCIAS

BENJAMIN, Antonio Herman de Vasconcellos; BESSA, Leonardo Roscoe e MARQUES, Claudia Lima. *Manual de direito do consumidor*. 2. ed. São Paulo: Revista dos Tribunais, 2009.

CARNELUTTI, Francesco. *Teoria geral do direito*. Trad. Antônio Carlos Ferreira. São Paulo: Lejus, 1999.

CAVALIERI FILHO, Sergio. *Programa de responsabilidade civil*. 10. ed. São Paulo: Atlas, 2012.

CORDEIRO, António Menezes. *Tratado de direito civil*. 8º vol. Coimbra: Almedina, 2016.

FARIAS, Cristiano Chaves de; BRAGA NETTO, Felipe Peixoto; ROSENVALD, Nelson. *Novo tratado de responsabilidade civil*. São Paulo: Atlas, 2015.

PINTO, Paulo Mota. *Interesse contratual negativo e interesse contratual positivo*. Coimbra: Almedina, 2008.

VOLOCHINSKY, Bracey Wilson. *226 preguntas em derecho civil – Contratos y responsabilidad extracontractual*. Santiago: La ley, 2002.

ANTIJURIDICIDADE NA RESPONSABILIDADE CIVIL EXTRACONTRATUAL: PROBLEMAS TERMINOLÓGICOS E AMPLITUDE CONCEITUAL

Rafael Peteffi da Silva

Mestre em Direito pela Universidade Federal do Rio Grande do Sul (2001) e Doutorado em Direito Civil pela Universidade de São Paulo – USP (2004). Professor adjunto da Universidade Federal de Santa Catarina. Professor da ESMESC.

Sumário: 1. Introdução – 2. Amplitude conceitual e conteúdo da antijuridicidade: 2.1. Ilicitude objetiva e subjetiva – 3. Antijuridicidade formal e antijuridicidade material: o conteúdo do conceito jurídico de antijuridicidade – 4. Conclusão – 5. Referências.

1. INTRODUÇÃO

De uma maneira simplista e até mesmo tautológica, poder-se-ia afirmar que a antijuridicidade representa o ato contrário ao direito. Essa noção básica de antijuridicidade permeia o imaginário nacional e está plasmada na essência das lições doutrinárias sobre o tema. Uma abordagem mais detalhada sobre o assunto, contudo, mostra-se essencial para guiar o estudioso da responsabilidade civil por entre os intrincados problemas atuais que a disciplina aporta.

A responsabilidade civil extracontratual constitui uma modalidade em que, na grande maioria dos casos, o dever obrigacional de indenizar a vítima surge de fatos jurídicos que afrontam diretamente normas jurídicas positivadas, sem a intermediação de um negócio jurídico realizado entre autor e vítima. Em ordenamentos jurídicos como o brasileiro, cujo sistema de responsabilidade civil extracontratual é caracterizado por grandes cláusulas gerais, a identificação de condutas que representem contrariedade ao ordenamento jurídico considerado em sua totalidade é, além de tarefa muitas vezes árdua, importante critério para selecionar condutas aptas a gerar danos indenizáveis.

Porém, difícil negar que a antijuridicidade, não apenas em terras brasileiras, sofre certo desprestígio como requisito da responsabilidade civil. Além de ser ignorada por parte da doutrina nacional, que explora a *faute* francesa sem dar importância ao seu elemento objetivo, a ilicitude acabou sendo confundida com a culpabilidade ou *engolida* por teorias sobre o dano cada vez mais ampliativas, restando como único resquício do seu fator operativo as chamadas causas excludentes, como a legítima defesa e o exercício regular de direito.[1]

Ademais, ainda que a antijuridicidade seja uma noção fundante na esmagadora maioria dos sistemas europeus, as modernas tentativas de harmonização da responsabilidade civil europeia acabam por trabalhar o espírito da antijuridicidade sob a roupagem dos interesses juridicamente protegidos[2] ou dos *legally relevant damage*,[3] muito em função da dificuldade para harmonizar do conceito de antijuridicidade, como será notado no desenvolvimento do trabalho. Por fim, a importação por vezes acrítica da figura italiana do *danno ingiusto*, acaba por dar ares novidadeiros a soluções já solidificadas em nossa tradição jurídica, que se utiliza dos múltiplos desdobramentos da antijuridicidade.

Como resposta a um cenário que poderia ser de crise, além dos trabalhos monográficos que abordam o instituto como seu tema fundante, a antijuridicidade continua a ser prestigiada nos mais modernos códigos civis, como os diplomas português, holandês e o recentíssimo Código Civil argentino, que possui na antijuridicidade um dos pilares do seu sistema de responsabilidade civil. No cenário brasileiro, o Código Civil de 2002 solidificou a tradição nacional de contar com a antijuridicidade ou ilicitude objetiva como elemento da cláusula geral de responsabilidade civil positivada no antigo artigo 159 e nos atuais artigos 186 e 187.

Por ser a antijuridicidade geralmente tratada como sinônimo de ilicitude, um termo que permite variadas interpretações, o caminho inicial para o enfrentamento do tema deve centrar os esforços na construção de acordos semânticos sobre a ilicitude e a antijuridicidade, identificando o contexto em que esses termos são utilizados, de acordo com a estrutura sistemática dos diversos ordenamentos jurídicos estudados. Após o tratamento terminológico da antijuridicidade, a análise das diferenças entre a antijuridicidade formal e material representa a abordagem adequada para descortinar a integralidade do conteúdo do instituto no contexto atual.

---

1. PENA LÓPEZ, José Maria, prólogo à obra de BUSTO LAGO, José Manuel. *La antijuridicidad del daño resarcible en la responsabilidad civil extracontratual*. Madri: Tecnos, 1998, p. 14 e ss.
2. EUROPEAN GROUP ON TORT LAW. *Principles of European Tort Law*. Viena: Springer, 2005, p. 25, comentários por KOZIOL, Helmut. "The idea behind placing the emphasis on 'legally protected interest", is of importance for the understanding of the fundamental concept of the Principles. Underlying the notion of interference with protected interests is one aspect of the concept which the European Group on Tort Law in its discussions has called 'wrongfulness'." Em sentido semelhante, REGLERO CAMPOS, Luis Fernando. REGLERO CAMPOS, Luis Fernando. BUSTO LAGO, José Manuel. (Coord.). *Tratado de Responsabilidad Civil*. Atualizado por PENA LOPEZ, Fernando. Tomo I. 5. ed. Madri: Arandiz, 2014, p. 80 e MOTA PINTO, Paulo. *Interesse contratual negativo e interesse contratual positivo*. Coimbra: Coimbra Editora. v. I, 2008, p. 503, entendendo que, nesse diploma, a noção de interesse protegido não se presta para demarcar os contornos dos prejuízos ou de seu remédio específico, mas para "*delimitar o campo de proteção, com uma função próxima da 'ilicitude'*".
3. VON BAR, Christian; CLIVE, Eric; SCHULTE-NÖLKE, Hans. (Orgs.) *Principles, definitions and model rules of European private law*: Draft Common Frame of Reference (DCFR). Outline Edition. Munique: Sellier, 2009. Em relação a esse estudo, Menezes Cordeiro percebe o "hábil" deslocamento dos questionamentos ínsitos à antijuridicidade para o conceito de dano juridicamente relevante (MENEZES CORDEIRO, António. *Tratado de Direito Civil português*. v. 2. t. 3. Coimbra: Almedina, 2010, p. 352).

Advirta-se, desde logo, que o reconhecimento da importância da antijuridicidade não significa endossar o posicionamento que sustenta a antijuridicidade como requisito inafastável para surgimento do dever de indenizar. Entende-se que a responsabilidade civil convive harmonicamente com danos indenizáveis advindos de atos lícitos, pois em algumas situações, como na regulada pelos artigos 188, 929 e 930 do Código Civil brasileiro, a conduta causadora de dano não constitui ato antijurídico, pois a "previsão hipotética do dano vem inserida em norma permissiva".[4] As inúmeras teorias sobre a antijuridicidade como requisito da responsabilidade civil, contudo, estão além dos limites do presente estudo.

2. AMPLITUDE CONCEITUAL E CONTEÚDO DA ANTIJURIDICIDADE

O termo antijuridicidade é fruto do desenvolvimento observado na dogmática penal alemã.[5] Quando os autores passaram a abandonar o latim e escrever em alemão, vários foram os termos utilizados para expressar o ato contrário ao direito, tais como *Unrecht, Rechtswidrigkeit* ou *Widerrechtlichkeit*.[6]

As primeiras traduções do instituto feitas para algumas línguas latinas, como o espanhol, ocorreram já no século XX. Desde essa época, as complexidades foram notadas, principalmente em relação ao instável relacionamento semântico entre os termos ilicitude e antijuridicidade,[7] muitas vezes tidos por sinônimos e outras tantas

---

4. BAPTISTA, Silvio Neves. *Teoria geral do dano*. São Paulo: Atlas, 2003, p. 25. No mesmo sentido, exemplificativamente, PONTES DE MIRANDA, Francisco Cavalcanti. *Direito das Obrigações: obrigações e suas espécies, fontes e espécies de obrigações*. Coleção Tratado de Direito Privado: parte especial. Tomo XXII. Atualização de Nelson Nery Jr e Rosa Maria de Andrade Nery. São Paulo: Revista dos Tribunais, 2012, p. 266; e MONTENEGRO, Antônio Lindbergh. *Ressarcimento de danos*. 8. ed. Rio de Janeiro: Lumen Juris 2005, p. 10.
5. COSTA, Carlos Calvo. *Daño Resarcible*. Buenos Aires: Hammurabi, 2005, p. 119; e MONTIJANO, Martín García-Ripoll. La antijuridicidad como requisito de la responsabilidad civil. *Anuario de Derecho Civil*. Tomo LXVI. Fascículo IV, Madrid, Boletín Oficial del Estado, p. 1503-1604, 2013, p. 1504.
6. MONTIJANO, Martín Garcia-Ripoll. *Op. cit.*, p. 1513. Texto original: "Cuando los autores del área germánica empezaron a escribir en su lengua materna, tradujeron el término iniuria bien como Unrecht (literalmente, "no Derecho" o "antiderecho"), bien como Rechtswidrigkeit o Widerrechtlichkeit ("antijuridicidad"), aunque probablemente el término más usado hoy día sea Rechtswidrigkeit. Al final de este proceso, el último autor del *Usus Modernus Pandectarum*, Christian F. Glück (1755-1831) escribió que "El daño puede ser causado por una persona cabal mediante la lesión antijurídica (widerrechtlich) en la cosa de un tercero. Tal daño antijurídico (rechtswidrig) es llamado *damnum iniuria datum*".
7. COSTA, Carlos Calvo. *Op. cit.*, p. 119. Complementando, MONTIJANO, Martín Garcia-Ripoll. *Op. cit.*, p. 1514: "Una aclaración sobre la terminología en castellano. El término que, desde el punto de vista etimológico, mejor traduciría "Rechtswidrigkeit" sería "injuria", hasta tal punto que la palabra alemana surgió para traducir el "iniuria" latino. Sin embargo, injuria ha adquirido un significado muy particular en castellano que desaconseja su uso. Las palabras clásicas castellanas para designar estas situaciones han sido siempre "ilícito" e "ilicitud", mientras que "antijuridicidad" es un neologismo doctrinal reciente. En nuestro idioma, tradicionalmente, lo jurídico ha sido lo referido al Derecho, no lo conforme al Derecho (ej., problema jurídico, estudios jurídicos etc.). Además, está compuesta de muchas sílabas, lo que es bastante corriente en alemán, pero no en castellano; por ello, se la ha calificado de "feo trabalenguas" [Jiménez de Asúa, Tratado de Derecho penal, IV, 2. ed., Losada, Buenos Aires (1961)], que propuso luego el término "antijuricidad", que es el que utilizan algunos autores, como Muñoz Conde, Derecho penal. Parte general, 8. ed., Tirant lo Blanch, Valencia (2010), p. 300 y ss.; o Pantaleón, Comentario del Código Civil, Ministerio de Justicia, t. II, Madrid (1993), artículo 1902, p. 1993".

vezes utilizados para marcar diferenças conceituais. Passar-se-á a enfrentar as possibilidades terminológicas que envolvem o instituto aqui estudado, principalmente nos países de língua latina, tentando entender a sua relação com a amplitude conceitual observada nos ordenamentos jurídicos respectivos.

A literatura portuguesa, de grande influência em nosso país, tem na palavra ilicitude a manifestação comum do instituto analisado. A ilicitude possui lugar de destaque em grande parte das obras sobre responsabilidade civil, pois é considerada um dos requisitos fundantes do dever de indenizar. Muitos autores utilizam-na isoladamente,[8] enquanto outros fazem conexão direta com a antijuridicidade, tratando-as como termos equivalentes.[9] Os portugueses, que majoritariamente consideram-se legatários de um sistema germânico de responsabilidade civil extracontratual, sem a presença de uma cláusula geral ao estilo francês,[10] identificam na ilicitude um importante filtro para danos indenizáveis, sendo que o Código de 1967, mais restritivo, descreveria "concretamente as duas variantes fundamentais através das quais se pode revelar o carácter antijurídico ou ilícito do facto".[11]

Menezes Cordeiro situa a ilicitude abordada pela doutrina portuguesa como sendo correlata ao termo *unlawfulness*,[12] utilizado pelos comparatistas europeus, que também têm na palavra *wrongfulness* um dos seus signos linguísticos preferidos.[13] Interessante a advertência feita pelo autor em relação aos trabalhos de harmonização da responsabilidade civil europeia, que se utilizam, majoritariamente, da língua inglesa,

> Passando à responsabilidade civil: vimos a dificuldade de exprimir, em inglês, locuções tão simples como a culpa e a ilicitude. Pode, convencionalmente, usar-se *fault* e *unlawfulness*: mas nessa altura não teremos como as retroverter para o francês. Mas se assim ocorre a nível das três principais línguas da União (inglês, francês e alemão), e com referência a noções basilares, imaginar-se-á o que se poderá suceder com as restantes. A questão, sendo linguística, torna-se dogmática: faltam palavras porque não existem, nos Direitos correspondentes aos idiomas em jogo, os inerentes conceitos. O Direito europeu teria de começar por fixar um léxico. (grifou-se)[14]

---

8. FRADA, Manuel A. Carneiro da. *Responsabilidade civil:* o método do caso. Coimbra: Almedina, 2010, p. 76; MENEZES LEITÃO, Luís Manuel Teles. *Direito das Obrigações*. 9. ed. Coimbra: Almedina, 2010, p. 298.
9. ALMEIDA COSTA, Mário Júlio. *Direito das Obrigações*. 12. ed. Coimbra: Almedina, 2009, p. 561; ANTUNES VARELA, João de Matos. *Das obrigações em geral*. 10. ed. Coimbra: Almedina, 2011, p. 532.
10. MENEZES CORDEIRO, António. *Tratado de Direito Civil português*. v. 2. t. 3. Coimbra: Almedina, 2010, p. 377-378; MENEZES LEITÃO, Adelaide Menezes. *Normas de proteção de danos puramente patrimoniais*. Coimbra: Almedina, 2009, p. 246; SINDE MONTEIRO, Jorge Ferreira. *Responsabilidade por conselhos, recomendações ou informações*. Coimbra: Almedina, 1989, p. 175 e ss., que também chama a atenção para algumas particularidades portuguesas em relação ao sistema alemão. Para uma recente comparação dos sistemas brasileiro e português de responsabilidade civil extracontratual veja-se: PETEFFI DA SILVA, Rafael; RODRIGUES JUNIOR, Otavio Luiz. Daño reflejo o por rebote: pautas para un análisis de derecho comparado. *Revista de Direito Civil Contemporâneo*, vol. 7, ano 3, p. 207-240, abr.-jun. 2016.
11. ANTUNES VARELA, João de Matos. *Op. cit.*, p. 532.
12. MENEZES CORDEIRO, António. *Op. cit.*, p. 349.
13. Utilizando os dois termos como sinônimos veja-se KOZIOL, Helmut. Wrongfull Under Austrian Law. In: KOZIOL, Helmut (Coord.). *Unification of Tort Law:* Wrongfulness. Haia: Kluwer International. 1998, p. 11-23, p. 11.
14. MENEZES CORDEIRO, António. *Op. cit.*, p. 349

A advertência de Menezes Cordeiro é salutar para justificar a pequena utilização dos estudos comparatistas neste item do trabalho, pois escritos majoritariamente em inglês,[15] impedindo uma investigação dos termos utilizados na língua original dos ordenamentos jurídicos analisados. A advertência aludida também sustenta o caminho que se empreenderá neste item, em que, muitas vezes, os termos indicados para designar o instituto jurídico em apreço deverão, necessariamente, estar acompanhados de uma explicação sobre o sistema jurídico em que estão inseridos, ainda que de forma muito breve.

Essas particularidades impostas por um ordenamento jurídico específico são observadas em Itália, onde a identificação da antijuridicidade não é tão clara, devido à enorme discussão que existe a respeito das porosas fronteiras que esse instituto teria com a *"ingiustizia del danno"*. Francesco D. Busnelli e Giovanni Comandé, em estudo de direito comparado, explicam que o Código Italiano oitocentista contava com uma simples cópia da cláusula geral do Código de Napoleão, comportando pouco desenvolvimento do conceito de antijuridicidade (*wrongfulness*). No Código de 1942, a antijuridicidade foi recepcionada por intermédio da *"ingiustizia del danno"*, um dos requisitos contidos na ampla norma positivada no art. 2043. Os autores comentam que, vinte anos depois da promulgação do novo diploma civil, importante parte da doutrina italiana passou a entender que a injustiça não se relacionava com a conduta danosa, mas com o próprio dano,[16] apesar de ainda contarmos com defesas importantes da antijuridicidade situada na conduta do agente.[17] Especificamente em relação ao aspecto terminológico, notam-se autores como Carlo Castronovo utilizando-se dos dois termos, ilicitude e antijuridicidade, mas com preferência para o termo *antigiuridicitá*,[18] enquanto Massimo Bianca expressamente admite a utilização de ilicitude e antijuridicidade como sinônimos: *"L´illiceità può essere igualmente indicata come antigiuricicità. Illiceità e antigiuridicità esprimono infatti la medesima nozione di contrarietà alla norma"*.[19]

Em Espanha, Busto Lago entende que, por influência da doutrina italiana, a civilística espanhola utiliza os termos antijuridicidade e ilicitude como sinônimos.[20] Assevera, ainda, que o termo "antinormatividade" representa fenômeno menor, pois expressaria apenas uma contrariedade a uma norma, mas não um ato contrário ao ordenamento como um todo, como poderia acontecer nos casos de uma conduta que desrespeitasse uma norma, mas que preenchesse, ao mesmo tempo, o suporte fático de uma excludente da antijuridicidade, como o exercício regular do direito. O

---

15. KOZIOL, Helmut (Coord.). *Unification of Tort Law*: Wrongfulness. Haia: Kluwer International, 1998.
16. BUSNELLI, Francesco D.; COMMANDÉ, Giovanni. Wrongfulness in the Italian Legal System. In: KOZIOL, Helmut (Coord.). *Unification of Tort Law*: Wrongfulness. Haia: Kluwer International, 1998, p. 69-86, p. 69 e ss.
17. BIANCA, Massimo. *Diritto Civile*: La Responsabilità. vol. 5. 2. ed. Milão: Giuffrè. 2012, p. 551, nota 22.
18. CASTRONOVO, Carlo. *La Nuova Responsabilità Civile*. 3. ed. Milão: Giuffrè, 2006, p. 17 e ss.
19. BIANCA, Massimo, *Op. cit.*, p. 557.
20. BUSTO LAGO, José Manuel. *La antijuridicidad del daño resarcible en la responsabilidad civil extracontratual*. Madri: Tecnos, 1998, p. 47.

"injusto" igualmente possui significado distinto, pois conteria juízo valorativo moral que o aproximaria do conceito de justiça, enquanto a antijuridicidade representa uma contradição ao ordenamento jurídico sem qualquer relação com aquela valoração.[21]

Para Martín García-Ripoll Montijano,[22] o termo clássico para designar o fenômeno em língua espanhola sempre foi ilicitude, sendo o termo antijuridicidade observado nas obras mais recentes.[23]

A França parece ser o campo de observação ideal para a identificação do alerta suprarreferido, sobre a estreita relação entre a falta de termos específicos para designar a antijuridicidade e a falta do conceito operacional correspondente. O ordenamento jurídico francês, caracterizado pela paradigmática cláusula geral de responsabilidade civil subjetiva positiva no art. 1382 do Código de Napoleão,[24] baseada no conceito de *faute*, possui convívio errático com o conceito de antijuridicidade. Não se pode dizer que a doutrina francesa não se utilize da palavra *illicéité*, mas esta surge como integrante da estrutura da *faute*,[25] sonegando-lhe campo operativo próprio.

Nesse contexto, existe a confusão entre a culpa e a antijuridicidade.[26] A *faute* pode ser alusiva à culpa, à ilicitude e a certos fenômenos que misturam esses dois elementos, sendo o centro de uma ampla cláusula geral que foi exportada com grande intensidade para os países latino-americanos.[27]

---

21. BUSTO LAGO, José Manuel. *Op. cit.*, p. 47.
22. MONTIJANO, Martín Garcia-Ripoll. *Op. cit.*, p. 1514, nota 44.
23. Como exemplo de publicações recentes com a utilização preferencial do termo antijuridicidade tem-se: REGLERO CAMPOS, Luis Fernando. BUSTO LAGO, José Manuel. (Coord.). *Tratado de Responsabilidad Civil*. Atualizado por PEÑA LOPEZ, Fernando. Tomo I. 5. ed. Madri: Arandiz, 2014, p. 76 e ss.; IZQUIERDO TOLSADA, Mariano. *Responsabilidad Civil Extracontractual:* Parte General. Madri: Dykinson, 2015, p. 139 e ss.; DÍEZ-PICAZO, Luiz. *Fundamentos del Derecho Civil Patrimonial*. Madri: Civitas/Thomson Reuters, 2011, p. 296 e ss.
24. VAN DAM, Cees. *European tort law*. 2. ed. Nova Iorque: Oxford University Press, 2013, p. 53. O autor mostra a imensa influência que a sistemática francesa de cláusula geral aberta teve em inúmeros sistemas jurídicos.
25. JOURDAIN, Patrice. *Les principes de la responsabilité civile*. 8. ed. Paris: Dalloz, 2010, p. 46-51. No mesmo sentido, no Direito Brasileiro veja-se: PINHEIRO, Denise. *Liberdade de expressão e o passado: desconstrução da ideia de um direito ao esquecimento*. 2016. 287p. Tese. (Doutorado em Direito) – Universidade Federal de Santa Catarina (PPGD/USFC). Orientação de João dos Passos Martins Neto, Florianópolis, 2016.
26. VINEY, Geneviève. Le "wrongfulness" en Droit Français. In: *Unification of Tort Law: wrongfulness*. KOZIOL, Helmut. (Org.) Haia: Kluwer International, 1998. p. 57-64, p. 57: "*En droit français, l' illicéité n' est pas un élément distinct de la faute: les deux notions sont confondues*". No mesmo sentido, BARBOSA, Mafalda Miranda. *Liberdade v. Responsabilidade: a precaução como fundamento da imputação delitual?* Coimbra: Almedina, 2006, p. 26.
27. MENEZES LEITÃO, Adelaide Menezes. *Op. cit.*, p. 52, assinala: "O modelo napoleônico assenta na *faute*, que a doutrina francesa faz corresponder a diferentes realidades. À culpa, à ilicitude, à ilicitude e culpa e, porventura, a aspectos relacionados com o nexo de causalidade. Esta indefinição conceptual é posteriormente exportada para os Códigos Civis de modelo napoleônico nos quais se assiste à alternativa entre uma referência expressa à culpa ou à ilicitude na formulação das grandes cláusulas gerais de responsabilidade delitual. Para os que fundem a ilicitude e a culpa na *faute*, esta corresponderia ao incumprimento de um dever, que a gente pode conhecer e observar, e comporta um elemento objetivo – o dever violado – e um elemento subjetivo – a imputabilidade ao agente".

A influência francesa em países como Brasil e Argentina, por exemplo, é inegável,[28] causando reflexos profundos na doutrina ali produzida. Como a abordagem terminológica encontrada nos aludidos ordenamentos correlaciona-se com a distinção entre os conceitos de ilicitude objetiva e subjetiva, a sequência da análise dar-se-á no próximo item.

2.1. Ilicitude objetiva e subjetiva

A arquitetura legal que moldou o desenvolvimento das noções de ato ilícito, culpa e antijuridicidade, no Direito Brasileiro, está preponderantemente positivada em alguns artigos, a saber:

> Antigo Código Civil brasileiro: Art. 159. Aquele que, por ação ou omissão voluntária, negligência, ou imprudência, violar direito, ou causar prejuízo a outrem, fica obrigado a reparar o dano.
>
> A verificação da culpa e a avaliação da responsabilidade regulam-se pelo disposto neste Código. Arts 1.518 a 1.532 e 1.537 a 1.553.
>
> Atual Código Civil brasileiro: Art. 186. Aquele que, por ação ou omissão voluntária, negligência, ou imprudência, violar direito, e causar dano a outrem, ainda que exclusivamente moral, comete ato ilícito.
>
> Art. 187. Também comete ato ilícito o titular de um direito que, ao exercê-lo, excede manifestamente os limites impostos pelo seu fim econômico ou social, pela boa-fé ou pelos bons costumes.

Apesar da influência inegável do modelo napoleônico, importante notar que a legislação brasileira confere destaque maior à antijuridicidade, plasmada na locução "violação do direito"[29] e encontrada tanto no Código Beviláqua como no atual Código Civil; ao contrário do que acontece com outros dispositivos legatários do paradigma francês, como o art. 1092 do Código Civil espanhol, que não possui referência direta à antijuridicidade.[30]

José de Aguiar Dias ensina que a ausência da antijuridicidade no modelo francês levou à obrigatoriedade de se afastar a *faute* da noção de culpa clássica, admitindo-se que a *faute* fosse composta por dois elementos diversos: i. o objetivo, que representaria a ideia básica de antijuridicidade, caracterizando o ato contrário ao direito ii. e o subjetivo, vinculado à ideia clássica de culpa, que implicaria apreciação valorativa da conduta do agente.[31]

---

28. AZEVEDO, Antonio Junqueira de. Influência do direito francês sobre o direito brasileiro. *Revista da Faculdade de Direito da Universidade de São Paulo*, São Paulo, vol. 89, p. 184-194, 1994, p. 193: "a teoria da responsabilidade civil no Código Civil brasileiro é totalmente derivada do Código de Napoleão". CAPANEMA DE SOUZA, Sylvio. O Código Napoleão e sua influência no direito brasileiro. *Revista da EMERJ*. Rio de Janeiro, v. 7, n. 26, p. 36-51, 2004.
29. DIAS, José de Aguiar. *Da Responsabilidade Civil*. vol. I. 10. ed. Rio de Janeiro: Forense, 1997, p. 32.
30. PANTALEÓN, Angel Fernando. Comentário al art. 1029 del Código Civil. In: *Comentario del Código Civil*. Tomo III. Madri: Ministério de Justicia, 1991, p. 1993 e ss.; PENA LOPEZ, José Maria de. Prólogo à obra de BUSTO LAGO, José Manuel. *Op. cit.*, p. 17; MONTIJANO, Martín Garcia-Ripoll. *Op. cit.*, p. 1505.
31. DIAS, José de Aguiar. *Op. cit.*, p. 46.

Essa noção de *faute* justifica-se como opção de inúmeros doutrinadores franceses clássicos, pelas particularidades de seu sistema,[32] mas não pode albergar a ideia de que a culpa, entendida dentro da sistemática do Direito Brasileiro, também seria composta pelos dois elementos referidos, como admitido por parcela da doutrina, que realiza uma tradução simplista da palavra *faute*.[33]

No ordenamento brasileiro, os elementos subjetivo e objetivo somente podem estruturar o ato ilícito, que é uma das outras traduções admitidas para a *faute* francesa. Com efeito, por seu "enunciado e por sua posição estrutural na arquitetura codificada"[34], o artigo 159 do Código de Beviláqua naturalmente guiou a melhor doutrina brasileira, que entende que a violação do direito de outrem, somado à ação ou omissão culposa, não são elementos da culpa, mas, ao contrário, compunham o suporte fático do artigo 159 do Código de Beviláqua, que tinha por missão precípua estruturar o conceito operacional de ato ilícito.

Essa realidade deu causa às duas acepções do termo ilicitude aceitas no Direito Brasileiro. Primeiramente, a "ilicitude subjetiva", sustentada por uma das acepções da *faute* e pela possibilidade semântica de se considerar que a consequência jurídica imediata da verificação de todos os requisitos do ato ilícito positivado em nosso ordenamento (art. 159 do CC/1916) geraria *ilicitude*. Com a tradição jurídica alicerçada na norma contida no art. 159 do antigo Código Civil, ilicitude subjetiva estaria, sempre, vinculada ao ato voluntário e culposo do agente que contraria o direito. A chamada ilicitude objetiva, por seu turno, vincular-se-ia à noção de antijuridicidade que vem sendo trabalhada no presente estudo.[35]

Como corolário lógico da dupla acepção da ilicitude temos a dupla acepção do próprio ato ilícito:[36] i. ato ilícito entendido como o conjunto de pressupostos necessários para preencher o suporte fático das normas supra transcritas (arts. 159 do

---

32. Para uma visão da amplitude dogmática atingida pela *faute* no Direito Francês, consulte-se, exemplificativamente, JOURDAIN, Patrice. *Op. cit.*
33. Para uma visão da doutrina brasileira e estrangeira que adota essa noção de culpa (*faute*), veja-se: LIMA, Alvino. *Culpa e Risco*. São Paulo: Revista dos Tribunais, 1999, p. 52. Para uma recensão e crítica de autores que confundem a antijuridicidade com a culpa veja-se PENA LOPEZ, José Maria de. Prólogo à obra de BUSTO LAGO, José Manuel. *Op. cit.*, p. 16-17.
34. MARTINS-COSTA, Judith. Os avatares do abuso do direito e o rumo indicado pela boa-fé. In: *Novo Código Civil*: Questões Controvertidas, Parte Geral do Código Civil. vol. 6. DELGADO, Mário Luiz; ALVES, Jones Figueirêdo, (Coord.). São Paulo: Método. 2007, p.505-544, p. 516.
35. BUERES, Alberto. *Derecho de Daños*. Buenos Aires: Hammurabi, 2001, p. 476-477; CAVALIERI FILHO, Sérgio. *Programa de Responsabilidade Civil*. 9. ed. São Paulo: Atlas. 2010, p. 9-10; e NORONHA, Fernando. *Direito das Obrigações*. 4. ed. São Paulo: Saraiva. 2013, p. 383. Ressalte-se que alguns autores acabam por fazer a distinção entre antijuridicidade objetiva e subjetiva, nesse sentido MONTENEGRO, Antônio Lindbergh. *Op. cit.*, p. 9. MARTINS-COSTA, Judith. *Op. cit.*, p. 520. "Como consequência, admite-se uma complexa dimensão da ilicitude que engloba a chamada ilicitude subjetiva e a objetiva: é subjetiva quando a norma determina seja o nexo de imputação balizado pela culpa, impondo-se a verificação da negligência ou da imprudência ou, ainda no caso do dolo, também da intencionalidade; é objetiva quando não é necessário averiguar se, subjacente ao ato ou conduta, houve ato negligente ou imprudente, pois a ilicitude estará caracterizada pelo desvio ou pela contrariedade à norma de dever-ser imposta pelo Ordenamento".
36. CAVALIERI FILHO, Sérgio. *Op. cit.*, p. 10; NORONHA, Fernando. *Op. Cit.*, p. 383

CC/1916; 186 e 187 do CC/2002) e ii. ato ilícito como conduta antijurídica, ou seja, com o qualificativo *ilícito* sendo polarizado para a *ilicitude objetiva*, restringindo-se a categoria à ação contrária ao Direito. Nesse trabalho, o termo ato ilícito será sempre utilizado na primeira acepção[37].

Apesar da utilização maciça do termo ilicitude na sua feição subjetiva, a melhor doutrina brasileira, todavia, não se furtou a isolar a antijuridicidade ou ilicitude objetiva como o elemento autônomo do ato ilícito. Utilizando-se dos termos antijuridicidade e ilicitude como sinônimos, Pontes de Miranda, identificando os dois elementos que determinam o conteúdo do ato ilícito, assevera que "a contrariedade a direito, o ir contra o conteúdo da regra jurídica, não é elemento da culpa. É elemento da ilicitude do ato: contrariedade a direito mais culpa igual a ilícito. Tal o suporte fático".[38]

O termo antijuridicidade, ao invés de ilicitude, também é prestigiado por outros autores, que o caracterizam com um dos pressupostos mais importantes para o nascimento do dever de indenizar. Alguns, inclusive, expressamente ressaltam a sinonímia existente entre os termos ilicitude e antijuridicidade,[39] o que reforçaria uma visão atual de utilização do termo ilicitude em sua acepção objetiva. Ainda assim, pode-se afirmar que, no Direito Brasileiro, a falta de uma padronização terminológica mais rigorosa constitui um obstáculo substancial para a racionalidade do debate sobre a ilicitude (objetiva) ou antijuridicidade.

Além dos percalços terminológicos, alguns autores condenam a antijuridicidade ao ostracismo, ignorando não apenas o termo, mas o próprio instituto jurídico, tratando apenas a culpa, o nexo de causalidade e o dano como elementos importantes na teoria geral da responsabilidade civil.[40] Acepções menos usuais do termo antijuridicidade também são encontradas.[41]

Os próprios elementos caracterizadores do ato ilícito são, por vezes, alterados, adicionando-se o dano como elemento formador. Mesmo admitindo-se que "não seria de boa lógica introduzir a função no conceito", observam-se posicionamentos que entendem que o ato ilícito sem consequência danosa seria algo inútil juridicamente,

---

37. MONTENEGRO, Antônio Lindbergh. *Op. cit.*, p. 31 e ss. O autor critica fortemente a segunda acepção de ato ilícito, que não será utilizada neste estudo. Em sentido semelhante, considerando o ato ilícito de acordo com a primeira acepção exposta, SCHREIBER, Anderson. *Novos paradigmas da responsabilidade civil*. São Paulo: Atlas, 2007, p. 153
38. PONTES DE MIRANDA, Francisco Cavalcanti. *Op. cit.*, p. 92. Apesar de comungar da mesma opinião, isolando a antijuridicidade com um elemento do ato ilícito, Noronha realiza uma clara distinção entre ilicitude e antijuridicidade, utilizando-se do primeiro termo preferencialmente em sua feição subjetiva, veja-se NORONHA, Fernando. *Op. cit.* p.392
39. MONTENEGRO, Antônio Lindbergh. *Op. cit.,* p. 17.
40. PEREIRA, Caio Mario da Silva. *Responsabilidade Civil*. Rio de Janeiro: Forense, 1993.; GONÇALVES, Carlos Roberto. *Responsabilidade Civil*. 7. ed. São Paulo: Saraiva. 2002. p. 36. Apesar de tratar da violação do dever jurídico, estes autores utilizam basicamente a modelagem da *faute* francesa, designando-a como culpa.
41. GOMES, Orlando. *Responsabilidade Civil*. Texto atualizado, revisado e ampliado por Edvaldo Brito. Rio de Janeiro: Forense. 2011.

pois o nascimento do dever de indenizar não se verificaria.[42] Aqui é fundamental a crítica de Judith Martins-Costa,[43] ao comentar a existência de várias formas de ilicitude sem dano indenizável, as quais, algumas vezes, podem atrair outras formas de tutela que não a indenizatória, como a tutela inibitória ou a possessória.

Se Código Civil de 2002 prestou um grande desserviço ao rigor conceitual dos institutos ínsitos à teoria geral da Responsabilidade Civil incluindo o dano como um pretenso elemento do ato ilícito,[44] no art. 186, também digno de nota é a inserção do art. 187 como uma espécie típica de ato ilícito, que auxilia na sedimentação de uma noção de ilicitude sem a presença da culpa em sentido clássico.[45]

A distinção entre ilicitude objetiva e subjetiva sempre teve grande importância na doutrina argentina, apresentando os mesmos contornos conceituais aqui já abordados pelos doutrinadores brasileiros, inclusive em relação ao conceito de ato ilícito.[46] A corrente majoritária adota a acepção objetiva, utilizando os termos ilicitude e antijuridicidade como sinônimos.[47]

Mesmo o Código Argentino oitocentista já continha um artigo que propiciava um isolamento conceitual da ilicitude, ainda que prescrevesse a voluntariedade do ato com um dos requisitos do ato ilícito positivado no art. 1.066.[48] A esmagadora maioria da doutrina moderna alinhou-se ao conceito objetivo de ilicitude, considerando que a voluntariedade, entendida como capacidade do agente do ato antijurídico, não se colocava como um requisito a ser observado, admitindo-se a antijuridicidade ou ilicitude mesmo quando da violação do ordenamento jurídico por um amental.[49]

---

42. GOMES, Orlando. *Op. cit.*, p. 63: "Não interessa ao Direito Civil a atividade ilícita de que não resulte prejuízo. Por isso, o dano integra-se na própria estrutura do *ilícito civil*. Não é de boa lógica, seguramente, introduzir a função no conceito. Talvez fosse preferível dizer que a produção do dano é, antes, um requisito da responsabilidade do que do ato ilícito. Seria este simplesmente a conduta *contra jus*, numa palavra, a *injúria*. Fosse qual fosse a consequência. Mas, em verdade, o direito perderia seu sentido prático se tivesse de ater-se a conceitos puros. O *ilícito civil* só adquire substantividade se é *fato danoso*. Se alguém infringe intencionalmente regras de trânsito, mas não causa qualquer prejuízo, age contra direito, mas não comete *ilícito civil*. (grifou no original).
43. MARTINS-COSTA, Judith. *Op. cit.*, p. 520-522.
44. PONTES DE MIRANDA, Francisco Cavalcanti. *Direito das Obrigações: fatos ilícitos absolutos...* Coleção Tratado de Direito Privado: parte especial. Tomo LIII. Atualização de Rui Stoco. São Paulo: Revista dos Tribunais, 2012, p. 262. Para as severas críticas à redação do art. 186 do Código Civil veja-se: NORONHA, Fernando. *Op. cit.*, p. 387. Em sentido semelhante, criticando o projeto do novo Código Civil brasileiro, veja-se: DIAS, José de Aguiar. *Op. cit.*, p. 31.
45. MARTINS-COSTA, Judith. *Op. cit.*, p.523-525.
46. COSTA, Carlos Calvo. *Op. cit.*, p. 110 e ss.
47. COSTA. Carlos Calvo. *Op. cit.*, p. 115, enumera, como integrantes dessa corrente, nomes como Bueres, Orgaz, Alterini, López Cabana, Zavala de González, Agoglia, Vásquez Ferreyra, entre outros.
48. Art. 1066. Ningún acto voluntario tendrá el carácter de ilícito, si no fuere expresamente prohibido por las leyes ordinarias, municipales o reglamentos de policía; y a ningún acto ilícito se le podrá aplicar pena o sanción de este Código, si no hubiere una disposición de la ley que la hubiese impuesto.
49. ITURRASPE, Jorge Mosset; PIEDECASAS, Miguel. *Código Civil Comentado*. Buenos Aires: Rubinzal-Culzoni, 2003, p. 13 No mesmo sentido, PRIETO MOLINERO, Ramiro. La cuestión de la antijuridicidad en la responsabilidad civil. *La Ley*, Buenos Aires, 2016.

O tema da antijuridicidade ganhou renovada intensidade na doutrina Argentina com as discussões para a elaboração do projeto do seu novo Código Civil, promulgado em 2014. Nesse sentido, Sebastián Picasso pontua:

> Tal vez en ningún otro sector del derecho de daños se han producido en las últimas décadas cambios tan trascendentes como en la teoría de la antijuridicidad. De la concepción decimonónica, basada en una antijuridicidad formal (necesidad de que haya una prohibición legal en cada caso concreto) y subjetiva (únicamente hay acto ilícito si media culpa o dolo) se pasó, al cabo de una paulatina evolución, a otra totalmente inversa, que la concibe como material y objetiva.[50]

A referida "mudança transcendente" na teoria da antijuridicidade, apesar de intensas manifestações contrárias,[51] fez-se notar nos artigos do novo diploma argentino,[52] que isolou o instituto de qualquer tipo de fator de atribuição, em interessante arquitetura legislativa:

> Art. 1.717. Antijuridicidad. Cualquier acción u omisión que causa un daño a otro es antijurídica si no está justificada.

Interessante notar que o artigo trata de uma "antijuridicidade situada", pois regula o instituto na ambiência exclusiva da responsabilidade civil, por isso a referência ao dano, que, aqui, não é indevida. Ademais, a locução do dispositivo do Código Argentino adota uma claríssima noção de antijuridicidade material, tema do próximo item.

3. ANTIJURIDICIDADE FORMAL E ANTIJURIDICIDADE MATERIAL: O CONTEÚDO DO CONCEITO JURÍDICO DE ANTIJURIDICIDADE

É justa a imputação de tautologia à conceituação de antijuridicidade como "ato contrário ao Direito". São conhecidas as irônicas críticas de alguns autores que afirmam ser tal conceituação algo similar à situação do paciente que relata ao médico que está com dores nas costas e este observa que, na realidade, o paciente está com uma lombalgia. Não se fez nada mais do que traduzir para o grego o que o homem comum diz em linguagem corrente, sem revelar qualquer conteúdo explicativo.[53]

A criminalística alemã do século XIX teve a dura missão de conferir conteúdo material ao termo antijuridicidade, por intermédio do estudo pormenorizado de suas excludentes. Para se verificar a existência da legítima defesa, exigia-se que o ataque realizado contra a pessoa fosse antijurídico, legitimando, a *contrario sensu*, as auto-

---

50. PICASSO, Sebastián. La antijuridicidad en el Proyecto de Código. *La Ley*, Buenos Aires, ano LXXVII, n. 161, p. 01-08, 2013.
51. Ver, por todos, DE LORENZO, Miguel Federico. *El daño injusto em la responsabilidad civil*. Buenos Aires: Abeledo-Perrot, 1996.
52. BUERES, Alberto. *Op. cit.*, p. 479, ainda comentando o artigo do projeto de Código Civil argentino. Já analisando o diploma promulgado, veja-se PRIETO MOLINERO, Ramiro. *Op. cit.*; e PICASSO, Sebastián. *Op. cit.*
53. BUSTO LAGO, José Manuel. *Op. cit.*, p. 45-46

rizadas ações realizadas, por exemplo, por um proprietário ao expulsar um invasor de seus domínios, ainda que este viesse a sofrer alguma sorte de dano. Pelo caminho menos óbvio de suas excludentes, a função básica do juízo de antijuridicidade seria, portanto, indicar uma série de hipóteses que justificassem a ação aparentemente vedada pelo Direito Criminal.[54]

A amplitude da antijuridicidade é muitas vezes exposta mediante a distinção entre antijuridicidade formal e material,[55] mais uma vez inspirando-se em construções advindas da criminalística germânica, especialmente Von Litz.[56] Relaciona-se a modalidade formal com o anseio de segurança jurídica, restringindo a ambiência do ato antijurídico à infração de uma norma, um mandato ou uma proibição, expressamente contidos no ordenamento.[57]

A antijuridicidade material ou substancial, por outro lado, é observada na infração do ordenamento jurídico compreendido em sua totalidade, englobando os princípios jurídicos, normas consuetudinárias e, segundo alguns, normas de Direito Natural.[58] Nesses casos, abdica-se de uma expressa proibição legal para configuração da ilicitude.[59] Situações em que danos advêm de choques entre interesses contrapostos, ambos formalmente lícitos, ou nas quais o exercício do direito é realizado contra o seu conteúdo axiológico, são recepcionadas pelo conceito de antijuridicidade material ou substancial.[60]

---

54. MONTIJANO, Martín García-Ripoll. *Op. cit.*, p. 1515. Para uma paradigmática ilustração desses casos consulte-se o exemplo da enfermeira, contido no item 3.2 deste trabalho.
55. PICASSO, Sebastián. *Op. cit.*; e COSTA, Carlos Calvo. *Op. cit.*, p. 124 e ss.
56. BUSTO LAGO, José Manuel. *Op. cit.*, p.52; COSTA, 2005, p. 125. Os autores apontam a primazia da diferenciação à Von Litz. BUERES, Alberto. *Op. cit.*, p. 522-526. Bueres indica que são múltiplas e variadas as interpretações da obra do professor Berlinense. Alguns autores entendem a modalidade formal como um atentado a todo o ordenamento jurídico, restando para a antijuridicidade material apenas as violações à normas metajurídicas. Ainda assim, pode-se afirmar que as concepções expostas no presente trabalho configuram o entendimento de importante parte da doutrina civilística. BUSTO LAGO, José Manuel. *Op. cit.*, p. 51 e ss., utiliza a divisão entre antijuridicidade formal e material de maneira diversa, entendendo que a primeira modalidade ocorreria quando a violação ao ordenamento não gerasse um dano ou lesão a interesse jurídico tutelado, relativo a determinado sujeito de direito, a antijuridicidade material, ao contrário, dependeria da observância de uma consequência específica, não bastando a simples contradição com o ordenamento.
57. COSTA, Carlos Calvo. *Op. cit.*, p. 125.
58. BUERES, Alberto. *Op. cit.*, p. 522-526; COSTA, Carlos Calvo. *Op. cit.*, p. 125.
59. PICASSO, Sebastián. *Op. cit.*
60. MARTINS-COSTA, Judith. *Op. cit.*, p. 518-519. "A licitude demarca, portanto, o modo de coexistência numa comunidade ordenada pelo Direito, de modo que: (i) há ilicitude quando há contrariedade às regras de dever-ser postas no Ordenamento jurídico compreendido como uma dinâmica e complexa totalidade de regras, princípios e modelos jurídicos derivados das quatro fontes de produção de normatividade, quais sejam as fontes legal, jurisprudencial, consuetudinária e jurisprudencial; (ii) há formas de ilicitude a *priori* detectáveis, porque a conduta contrária ao Direito já vem descrita com suficiente previsão na norma legal; (iii) essa não é, porém, a única forma de ilicitude, pois há "configurações de ilicitude" que se hão de realizar depois de constituído um particular "contexto situacional" tramado pela conexão entre elementos fáticos (por exemplo, uma situação de confiança legítima, quando alguém pratica ou deixa de praticar algo porque acredita na regularidade de certa conduta alheia) e jurídicos (por exemplo, os princípios conducentes à responsabilização pela confiança; ou as regras de exclusão de ilicitude do art. 188 ou ainda as regras de validação de situações possessória, como as resultantes da usucapião etc.).

Com efeito, há diferença, mas não há antinomia entre antijuridicidade formal e material, sendo esta última capaz de albergar a primeira. A lição transcrita inicia por uma abordagem substancial ou material da antijuridicidade, passando a exemplificar que muitas vezes a ilicitude é facilmente detectável pelo intérprete, pois contrária a normas com suporte fático bastante restrito, sem deixar de notar que a antijuridicidade, amiúde, é revelada após labor hermenêutico mais intenso, concretizando cláusulas gerais e interpretando conceitos indeterminados.

No âmbito da responsabilidade civil, essas ínsitas dificuldades em se identificar a antijuridicidade do ato em determinada hipótese específica, já que muitas vezes este não está expressamente proibido por norma jurídica,[61] podem ser melhor visualizadas no entendimento da antijuridicidade em seu aspecto positivo e negativo: (i) observa-se o aspecto positivo com a violação de interesse juridicamente tutelado, representado por essa contrariedade do ordenamento jurídico como totalidade (*contra ius*); (ii) enquanto o aspecto negativo da antijuridicidade evidencia-se pela inexistência de justificação para o ato antijurídico violador de interesse juridicamente tutelado, centrando a análise na teoria das excludentes da antijuridicidade (*sine iure*).[62] Não seria totalmente correto afirmar que a antijuridicidade ocorre pela soma das duas fases apresentadas, mas antes elas representam uma *síntese orgânica* da avaliação da existência da antijuridicidade.[63]

Ainda que a abordagem da antijuridicidade em seu aspecto *contra ius* e *sine iure* possa parecer óbvia, esta sublinha a importância das excludentes da ilicitude como parte integrante para o entendimento do conteúdo da antijuridicidade. A noção de antijuridicidade que importa para a responsabilidade civil depende dessa estreita conexão sistemática com as causas excludentes, pois há hipóteses de violação de interesse jurídico alheio que gerarão danos não indenizáveis exatamente porque a ação ou omissão do agente está albergada por uma das excludentes consagradas pelo ordenamento jurídico.[64]

Outrossim, considera-se insuficiente a identificação da antijuridicidade, na ambiência das demandas indenizatórias, apenas como a ação causadora de danos sem justificação jurídica, pois se poderia respaldar a indenização de prejuízos que não são fruto da lesão de interesses juridicamente protegidos. A negação da fase positiva poderia atrofiar o debate sobre a legitimidade dos interesses violados, segundo os parâmetros de um determinado ordenamento jurídico.[65]

---

61. MONTENEGRO, Antônio Lindbergh. *Op. cit.*, p. 9.
62. COSTA, Carlos Calvo. *Op. cit.*, p. 151; e BUSTO LAGO, José Manuel. *Op. cit.*, p. 65 atesta que a modelagem *contra ius/sine iure* é central da maior parte da doutrina italiana que tenta definir a amplitude do "dano injusto".
63. BUERES, Alberto. *Op. cit.*, p. 497.
64. REGLERO CAMPOS, Luis Fernando. *Op. cit.*, p. 80.
65. COSTA, Carlos Calvo. *Op. cit.*, p. 168. Vejam-se também as críticas de CASTRONOVO, Carlo. *Op. cit.*, p. 23-24; e BIANCA, Massimo. *Op. cit.*, p. 587.

Como a antijuridicidade é fundamental requisito em grande parte das hipóteses de responsabilidade civil, a modelagem de identificação da antijuridicidade suprarreferida coloca-se como importante critério para a identificação dos prejuízos que podem ser considerados danos indenizáveis.[66] O mesmo pode ser dito sobre a legitimação de outras tutelas, como a inibitória. A congruente consideração dos interesses legitimamente tutelados com as causas de exclusão de ilicitude constitui metodologia adequada para guiar o intérprete nesse espinhoso mister.

Mesmo em ordenamentos que não contam com cláusulas gerais de responsabilidade civil extracontratual ao estilo francês, como ocorre em Portugal, o aspecto positivo e negativo da antijuridicidade é útil. O art. 483[67] do Código Português, fortemente inspirado no BGB, prescreve que a responsabilidade se dará quando os direitos ou as normas de proteção sejam desrespeitados *ilicitamente*. A crítica a essa construção legislativa está baseada no entendimento que a lesão aos interesses protegidos ou às normas de proteção, elementos também presentes no dispositivo legal, já seriam suficientes para revelar a ilicitude, sem a necessidade da explícita adjetivação legal, ao menos em sua face positiva (*contra ius*).[68]

Para que o termo "ilicitamente", contido no dispositivo legal luso, não seja considerado supérfluo, sem conteúdo operacional, evidencia-se a sua conexão sistemática com as causas de justificação da antijuridicidade, já que a lesão dos interesses tutelados ou das normas de proteção pode ocorrer, mas ao mesmo tempo estar justificada pelas clássicas hipóteses de exclusão da antijuridicidade. Assim, a lesão a esses interesses jurídicos não seria ilícita, pois justificada, impossibilitando a indenização do prejuízo sofrido pela vítima. A delimitação negativa da antijuridicidade se daria, portanto, pelas causas excludentes.[69]

Além dos conhecidos casos em que a definição da ação antijurídica não é tarefa singela, como costuma acontecer em casos de abuso de direito, Pontes de Miranda alerta para as dificuldades no reconhecimento de algumas hipóteses de antijuridicidade por omissão. Se é verdade que em algumas situações a ilicitude da conduta salta aos olhos, como no caso do professor de natação que não salva o aluno que se está afogando ou nas hipóteses de omissão de socorro,[70] há caso em que existe grande subjetividade na identificação de regras que se fizeram jurídicas pela "opinião geral do tráfico":[71] "quem assistiu o desabamento da ponte

---

66. REGLERO CAMPOS, Luis Fernando. *Op. cit.*, p. 79.
67. Art. 483.1. Aquele que, com dolo ou mera culpa, violar ilicitamente o direito de outrem ou qualquer disposição legal destinada a proteger interesses alheios fica obrigado a indemnizar o lesado pelos danos resultantes da violação. 2. Só existe obrigação de indemnizar independente de culpa nos casos especificados na lei.
68. MENEZES CORDEIRO, António. *Op. cit.*, p. 444.
69. MENEZES CORDEIRO, António. *Op. cit.*, p. 444; e SINDE MONTEIRO, Jorge Ferreira. *Op. cit.*, p. 301.
70. BUSTO LAGO, José Manuel. *Op. cit.*, p. 69.
71. PONTES DE MIRANDA, Francisco Cavalcanti. *Op. cit.*, Tomo XXII, 2012, p. 279. Pontes de Miranda utiliza-se da construção alemã da categoria dos deveres de tráfego, formulando exemplo que, acredita-se, situa-se em uma zona limítrofe que pode flertar com uma limitação abusiva da liberdade do transeunte que assiste ao desabamento da ponte. Para uma análise do desenvolvimento dos deveres do tráfego na Alemanha, principalmente em relação aos casos de responsabilidade por omissão, SINDE MONTEIRO, 1998, p. 307-330.

e, estando na estrada, não adverte o automóvel, ou outro veículo, ou o transeunte que se aproxima, sem poder distinguir o que é e o que era o caminho, comete omissão ilícita".[72]

A antijuridicidade por omissão somente poderia ser observada quando da existência da violação de um dever de ação, isto é, uma conduta devida que não se cumpriu.[73] Ainda que se admita, como tratado acima, que esses deveres de conduta podem não estar previstos expressamente pelas regras jurídicas, é importante, para um mínimo de segurança jurídica, que existam parâmetros para sua definição, impedindo a generalização absoluta de um dever de atuar, pois é impossível admitir que as pessoas estejam a todo o tempo obrigados a evitar qualquer tipo de dano em relação a quem quer que seja.[74] Para que surja esse dever de atuar, De Lorenzo defende, com acerto, um mínimo "contato social" entre as partes, configurando certo dever de segurança por parte do lesante por omissão, capaz de sustentar o sacrifício de sua liberdade de abstenção.[75]

Apesar dessas dificuldades hermenêuticas, que podem ser encontradas em determinados casos específicos, Carlo Castronovo adverte que não se pode concordar com a mui divulgada noção de que a antijuridicidade sempre seria produto de uma ponderação de interesses em jogo, como se o agente estivesse constantemente no exercício de algum tipo de direito e, portanto, estar-se-ia na dependência de uma hermenêutica concretizadora por parte do juiz em todos os casos. Destarte, a resposta para inúmeros casos concretos está expressa em disposições normativas com suporte fático restrito, bastando a verificação da antijuridicidade formal.[76]

4. CONCLUSÃO

O presente estudo demonstrou a necessidade de, seguindo a tradição da melhor doutrina nacional e internacional, empreender acordos semânticos para definir a amplitude conceitual da antijuridicidade e da ilicitude, promovendo a racionalidade do debate sobre a matéria, muitas vezes turvado pela falta de rigor conceitual que sempre caracterizou o tema no Direito Brasileiro.

As precisões terminológicas foram apresentadas, demonstrando-se a tendência majoritária de se considerar a antijuridicidade e a ilicitude (objetiva) como sinôni-

---

72. PONTES DE MIRANDA, Francisco Cavalcanti. *Op. cit.*, p. 279; e PICASSO, Sebastián. *Op. cit.* assevera que a regra do art. 1717 do novo Código Civil argentino aplica-se aos casos de omissão.
73. DE LORENZO, Miguel Federico. *Op. cit.*, p. 89 afirma que toda a doutrina tradicional apenas admitia uma omissão antijurídica se esta estivesse expressamente prevista em alguma norma jurídica. O art. 1704 do antigo Código Civil argentino albergava essa posição.
74. PICASSO, Sebastián. *Op. cit.*; e DE LORENZO, Miguel Federico. *Op. cit.*, p. 91.
75. DE LORENZO, Miguel Federico. *Op. cit.*, p. 91-92. Ainda, PICASSO, Sebastián. *Op. cit.* sustenta que outros autores entendem que o abuso de direito e o princípio da solidariedade poderiam conferir úteis referenciais para se definir os deveres atípicos de ação.
76. CASTRONOVO, Carlo. *Op. cit.*, p. 27-29; BIANCA, Massimo. *Op. cit.*, p. 556-559.

mos. O conteúdo da antijuridicidade, principalmente em sistemas que contam com grandes cláusulas gerais de responsabilidade civil extracontratual, somente pode ser considerado como contrariedade ao ordenamento jurídico visto em sua totalidade, superando em muito o viés formalista que exigia uma proibição expressamente positivada em lei.

5. REFERÊNCIAS

ALMEIDA COSTA, Mário Júlio. *Direito das obrigações*. 12. ed. Coimbra: Almedina, 2009.

ANTUNES VARELA, João de Matos. *Das obrigações em geral*. 10. ed. Coimbra: Almedina, 2011.

AZEVEDO, Antônio Junqueira de. Influência do direito francês sobre o direito brasileiro. *Revista da Faculdade de Direito da Universidade de São Paulo,* São Paulo, v. 89, p. 184-194, 1994.

BAPTISTA, Silvio Neves. *Teoria geral do dano*. São Paulo: Atlas, 2003.

BARBOSA, Mafalda Miranda. *Liberdade v. Responsabilidade: a precaução como fundamento da imputação delitual?* Coimbra: Almedina, 2006.

BIANCA, Massimo. *Diritto Civile*: La Responsabilità. v. 5. 2. ed. Milão: Giuffrè. 2012.

BUERES, Alberto. *Derecho de Daños*. Buenos Aires: Hammurabi, 2001.

BUSNELLI, Francesco D.; COMMANDÉ, Giovanni. Wrongfulness in the Italian Legal System. In: KOZIOL, Helmut (Coord.). *Unification of Tort Law*: Wrongfulness. Haia: Kluwer International, 1998.

BUSTO LAGO, José Manuel. *La antijuridicidad del daño resarcible en la responsabilidad civil extracontratual*. Madri: Tecnos, 1998.

CAPANEMA DE SOUZA, Sylvio. O Código Napoleão e sua influência no direito brasileiro. *Revista da EMERJ*. Rio de Janeiro, v. 7, n. 26, p. 36-51, 2004.

CASTRONOVO, Carlo. *La Nuova Responsabilità Civile*. 3. ed. Milão: Giuffrè, 2006.

CAVALIERI FILHO, Sérgio. *Programa de Responsabilidade Civil*. 9. ed. São Paulo: Atlas. 2010.

COSTA, Carlos Calvo. *Daño Resarcible*. Buenos Aires: Hammurabi, 2005.

DE LORENZO, Miguel Federico. *El daño injusto em la responsabilidade civil*. Buenos Aires: Abeledo-Perrot, 1996.

DIAS, José de Aguiar. *Da Responsabilidade Civil*. v. I. 10. ed. Rio de Janeiro: Forense, 1997.

DÍEZ-PICAZO, Luiz. *Fundamentos del Derecho Civil Patrimonial*. Madri: Civitas/Thomson Reuters, 2011.

EUROPEAN GROUP ON TORT LAW. *Principles of European Tort Law*. Viena: Springer, 2005.

FRADA, Manuel A. Carneiro da. *Responsabilidade civil:* o método do caso. Coimbra: Almedina, 2010.

GOMES, Orlando. *Responsabilidade Civil*. Texto atualizado, revisado e ampliado por Edvaldo Brito. Rio de Janeiro: Forense, 2011.

GONÇALVES, Carlos Roberto. *Responsabilidade Civil*. 7. ed. São Paulo: Saraiva, 2002.

KOZIOL, Helmut. Wrongfull Under Austrian Law. In: KOZIOL, Helmut (Coord.). *Unification of Tort Law:* Wrongfulness. Haia: Kluwer International, 1998.

KOZIOL, Helmut (Coord.). *Unification of Tort Law*: Wrongfulness. Haia: Kluwer International, 1998.

ITURRASPE, Jorge Mosset; PIEDECASAS, Miguel. *Código Civil Comentado*. Buenos Aires: Rubinzal-Culzoni, 2003.

IZQUIERDO TOLSADA, Mariano. *Responsabilidad Civil Extracontratual:* Parte General. Madri: Dykinson, 2015.

JOURDAIN, Patrice. *Les principes de la responsabilité civile*. 8. ed. Paris: Dalloz, 2010.

LIMA, Alvino. *Culpa e Risco*. São Paulo: Revista dos Tribunais, 1999.

MARTINS-COSTA, Judith. Os avatares do abuso do direito e o rumo indicado pela boa-fé. In: *Novo Código Civil:* Questões Controvertidas, Parte Geral do Código Civil. v. 6. DELGADO, Mário Luiz; ALVES, Jones Figueirêdo. (Coord.). São Paulo: Método. 2007.

MENEZES CORDEIRO, António. *Tratado de Direito Civil português*. v. 2. t. 3. Coimbra: Almedina, 2010.

MENEZES LEITÃO, Adelaide Menezes. *Normas de proteção de danos puramente patrimoniais*. Coimbra: Almedina, 2009.

MENEZES LEITÃO, Luís Manuel Teles. *Direito das Obrigações*. 9. ed. Coimbra: Almedina, 2010.

MONTENEGRO, Antônio Lindbergh. *Ressarcimento de danos*. 8. ed. Rio de Janeiro: Lumen Juris, 2005.

MONTIJANO, Martín García-Ripoll. La antijuridicidad como requisito de la responsabilidad civil. *Anuario de Derecho Civil*. Tomo LXVI. Fascículo IV, Madri, Boletín Oficial del Estado, p. 1503-1604, 2013.

MOTA PINTO, Paulo. *Interesse contratual negativo e interesse contratual positivo*. Coimbra: Coimbra Editora. v. I, 2008.

NORONHA, Fernando. *Direito das Obrigações*. 4. ed. São Paulo: Saraiva, 2013.

PANTALEÓN, Angel Fernando. Comentário al art. 1029 del Código Civil. In: *Comentario del Código Civil*. Tomo III. Madri: Ministério de Justicia, 1991.

PEREIRA, Caio Mario da Silva. *Responsabilidade Civil*. Rio de Janeiro: Forense, 1993.

PETEFFI DA SILVA, Rafael; RODRIGUES JUNIOR, Otavio Luiz. Daño reflejo o por rebote: pautas para un análisis de derecho comparado. *Revista de Direito Civil Contemporâneo*, v. 7, ano 3, p. 207-240, abr.-jun. 2016.

PINHEIRO, Denise. *Liberdade de expressão e o passado: desconstrução da ideia de um direito ao esquecimento*. Tese de Doutorado em Direito. Universidade Federal de Santa Catarina (PPGD/USFC). Orientação de João dos Passos Martins Neto, Florianópolis, 2016.

PICASSO, Sebastián. *La antijuridicidad en el Proyecto de Código*. La Ley, Buenos Aires, ano LXXVII, n. 161, p. 01-08, 2013.

PONTES DE MIRANDA, Francisco Cavalcanti. *Direito das Obrigações: fatos ilícitos absolutos...* Coleção Tratado de Direito Privado: parte especial. Tomo LIII. Atualização de Rui Stoco. São Paulo: Revista dos Tribunais, 2012.

_____. *Direito das Obrigações: obrigações e suas espécies, fontes e espécies de obrigações*. Coleção Tratado de Direito Privado: parte especial. Tomo XXII. Atualização de Nelson Nery Jr e Rosa Maria de Andrade Nery. São Paulo: Revista dos Tribunais, 2012.

PRIETO MOLINERO, Ramiro. La cuestión de la antijuridicidad en la responsabilidad civil. *La Ley*, Buenos Aires, 2016.

REGLERO CAMPOS, Luis Fernando. BUSTO LAGO, José Manuel. (Coord.). *Tratado de Responsabilidad Civil*. Atualizado por PENA LOPEZ, Fernando. Tomo I. 5. ed. Madri: Arandiz, 2014.

SCHREIBER, Anderson. *Novos paradigmas da responsabilidade civil*. São Paulo: Atlas, 2007.

SINDE MONTEIRO, Jorge Ferreira. *Responsabilidade por conselhos, recomendações ou informações*. Coimbra: Almedina, 1989.

VAN DAM, Cees. *European tort law*. 2. ed. Nova Iorque: Oxford University Press, 2013.

VINEY, Geneviève. Le "wrongfulness" en Droit Français. In: *Unification of Tort Law: wrongfulness*. KOZIOL, Helmut. (Org.) Haia: Kluwer International, 1998. p. 57-64.

VON BAR, Christian; CLIVE, Eric; SCHULTE-NÖLKE, Hans. (Orgs.) *Principles, definitions and model rules of European private law*: Draft Common Frame of Reference (DCFR). Outline Edition. Munique: Sellier, 2009.

O ASPECTO MULTIFACETÁRIO DA RESPONSABILIDADE OBJETIVA E AS OSCILAÇÕES JURISPRUDENCIAIS NA APLICAÇÃO DO PARÁGRAFO ÚNICO DO ARTIGO 927 DO CÓDIGO CIVIL[1]

Raquel Bellini de Oliveira Salles

Doutora e Mestre em Direito Civil pela UERJ. Especialista em Direito Civil pela Università di Camerino, Itália. Professora Adjunta da Faculdade de Direito da Universidade Federal de Juiz de Fora. Advogada.

Sumário: 1. Introdução – 2. Premissas quanto ao sentido e alcance da cláusula geral de responsabilidade civil objetiva – 3. Âmbito de aplicação da norma, acertos e desacertos da jurisprudência brasileira – 4. Considerações finais – 5. Referências.

1. INTRODUÇÃO

Decorridos mais de quatorze anos da entrada em vigor do código civil, mostra-se ainda imatura e oscilante a aplicação jurisprudencial do parágrafo único de seu artigo 927, que estabelece uma cláusula geral de responsabilidade objetiva por danos decorrentes de atividades de risco.[2] Também pairam controvérsias doutrinárias quanto ao sentido e alcance da norma, que, por valer-se de técnica legislativa aberta, concede maior discricionariedade ao intérprete. Com efeito, conquanto tenham, de um lado, a significativa vantagem de se adaptarem à dinamicidade das relações e das necessidades sociais, cláusulas gerais apresentam, lado outro, a desvantagem de provocar certa incerteza acerca da efetiva dimensão de seus contornos.

Pode-se dizer, todavia, que o dispositivo em comento representou uma das inovações mais relevantes encampadas pelo "novo" código, permitindo à jurisprudência, para além das hipóteses específicas de responsabilidade objetiva previstas em lei, a imputação de obrigação de indenizar independentemente de culpa nos casos em que o dano resultar de atividades consideradas de maior potencial lesivo, já existentes ou que vierem a existir. A pretendida repercussão da norma é, sem dúvida, a amplia-

---

1. O presente artigo revisita algumas reflexões originariamente escritas pela autora no livro *A cláusula geral de responsabilidade civil objetiva*, Rio de Janeiro, Lumen Juris, 2011, fruto de sua dissertação de mestrado.
2. Art. 927. Aquele que, por ato ilícito (arts. 186 e 187), causar dano a outrem, fica obrigado a repará-lo.
Parágrafo único. Haverá obrigação de reparar o dano, independentemente de culpa, nos casos especificados em lei, ou quando a atividade normalmente desenvolvida pelo autor do dano implicar, por sua natureza, risco para os direitos de outrem.

ção do espectro das possibilidades de reparação civil e, por conseguinte, da tutela das vítimas de danos na sociedade de risco,[3] o que guarda coerência com a ordem constitucional e com o princípio fundante do instituto da responsabilidade civil na contemporaneidade, que é o da solidariedade.[4]

Como corolário desse movimento objetivista, sedimentou-se um sistema misto de responsabilidade civil, a qual será subjetiva ou objetiva conforme a natureza do fato antijurídico causador do dano. Especialmente quanto à segunda modalidade, tem-se um conjunto de normas marcadamente multifacetado, pois são várias as regras de imputação, com suas respectivas condicionantes, de modo que não há propriamente um único regime de responsabilidade objetiva, mas diversos. Essa complexidade coloca, à vista da unidade do ordenamento, a necessidade tanto de compreender as razões de cada norma dentro do sistema jurídico como um todo quanto de empreender o diálogo das fontes.[5]

Nessa linha, partindo de algumas premissas interpretativas do parágrafo único do artigo 927 do Código Civil, e atentando para a apontada "multiplicação do nexo de imputação na obrigação objetiva de indenizar",[6] propõe-se um olhar crítico de entendimentos jurisprudenciais que vêm pautando a aplicação da norma. Como bem observou Stefano Rodotà, uma vez superadas as discussões sobre a viabilidade da técnica legislativa consistente em cláusulas gerais, já é tempo de se "questionar o seu real funcionamento e sua efetiva aplicação".[7]

2. PREMISSAS QUANTO AO SENTIDO E ALCANCE DA CLÁUSULA GERAL DE RESPONSABILIDADE CIVIL OBJETIVA

Importa estabelecer algumas premissas fundamentais para balizar a interpretação da norma constante do parágrafo único do artigo 927 do Código Civil e para conferir fundamento teórico às críticas posteriores. Assim, é preciso compreender qual é a concepção de risco adotada pela cláusula geral e o significado das expressões "atividade normalmente desenvolvida", "por sua natureza" e "riscos para os direitos de outrem".

Quanto à concepção de risco adotada, no dizer de Caio Mário da Silva Pereira, mentor do anteprojeto do Código de Obrigações de 1965, o qual inspirou o projeto do Código Civil vigente, ambos acolheram a concepção do *risco criado*,[8] sendo

---

3. BECK, Ulrich, *La sociedad de riesgo*, Buenos Aires, Paidós, 1998.
4. SALLES, Raquel Bellini de Oliveira, A justiça social e a solidariedade como fundamentos ético-jurídicos da responsabilidade civil objetiva, *Revista trimestral de direito civil*, v. 5, n. 18, p. 109–133, abr./jun. 2004.
5. JAYME, Erik, apud MARQUES, Claudia Lima et al, *Comentários ao código de defesa do consumidor*, São Paulo, Revista dos Tribunais, 2004.
6. BRAGA NETTO, Felipe et al, *Novo tratado de responsabilidade civil*, 2. ed. São Paulo, Saraiva, 2017, p. 566.
7. RODOTÀ, Stefano. Il tempo delle clausole generali. *Rivista Critica del Diritto Privato*, dez. 1987, p. 709.
8. PEREIRA, Caio Mário da Silva, *Responsabilidade civil*, 9. ed. Rio de Janeiro, Forense, 2002. Releva notar a versão original do dispositivo no anteprojeto do Código de Obrigações de 1965, de autoria, cujo artigo 855 estabelecia: "aquele que, em razão de sua atividade ou profissão, *cria um perigo*, está sujeito à reparação do dano que causar, salvo prova de haver adotado todas as medidas idôneas a evitá-lo". Apesar de o referido

esse também o entendimento perfilhado por parte expressiva da doutrina.[9] Com efeito, a teoria do risco criado volta-se mais à reparação da pessoa da vítima do que à sanção ao agente causador do dano[10] e propicia uma interpretação da norma mais condizente com a função reparatória[11] da responsabilidade civil na perspectiva civil-constitucional.[12] Mostram-se questionáveis, pois, os entendimentos no sentido de que a atividade deve ter fins econômicos[13] ou de que "maior será o risco da atividade conforme o proveito visado",[14] ou de que o legislador teria em vista as atividades com maior taxa de lucros.[15]

O maior problema que se coloca ao intérprete da cláusula geral é, sem dúvida, o de responder o que é atividade de risco segundo critérios jurídico-racionais e não meramente intuitivos. Assim, ressalvados os posicionamentos em sentido diverso,[16] entende-se que a noção de *atividade de risco* identifica-se com a de *atividade perigosa*, expressão adotada pelos Códigos Civis italiano e português.[17] Assim, o termo risco, na acepção da cláusula, significa perigo,[18] haja vista a sua projeção ao externo, isto é, em direção a terceiros.[19] A periculosidade, pois, conquanto atinente a atividades em geral lícitas, é o aspecto central da obrigação de indenizar prevista na cláusula geral em foco. E o próprio termo "perigo" já indica que não se trata de qualquer atividade, mas apenas daquelas que representem um grau de risco elevado, ou seja, uma significativa potencialidade de lesão, podendo resultar em danos a quaisquer interesses existenciais ou patrimoniais, o que também explica o conteúdo mais genérico da expressão "riscos para os direitos de outrem".

---

anteprojeto não ter tido êxito, inspirou o projeto do Código Civil De 1975 (projeto 634-B), cujo livro referente ao direito das obrigações ficou a cargo de Agostinho Alvim.
9. Neste sentido, entre outros, SCHREIBER, Anderson, *Novos paradigmas da responsabilidade civil*, 6. ed. São Paulo, Atlas, 2015, p. 24; e GIORDANI, José Acir Lessa, *A responsabilidade civil objetiva genérica no Código Civil de 2002*, Rio de Janeiro, Lumen Juris, 2004, p. 90-92.
10. MORAES, Maria Celina Bodin de, Risco, Solidariedade e Responsabilidade Objetiva, *Revista dos Tribunais*, dez. 2006, p. 11-37.
11. Para uma reflexão sobre a multifuncionalidade da responsabilidade civil, remete-se a ROSENVALD, Nelson, *As funções da responsabilidade civil*, 3. ed. São Paulo, Saraiva, 2017.
12. Nessa linha, observa BRAGA NETTO, Felipe *et al*, op. cit., p. 535, que "na comparação entre a teoria do risco proveito e a do risco criado, em termos de eticidade, esta última é superior, pois expande a proteção das situações existenciais da pessoa humana, deferindo a obrigação objetiva de indenizar mesmo que os danos não tenham sido produzidos no exercício de uma atividade empresarial".
13. GAGLIANO, Pablo Stolze *et al*, *Manual de direito civil*, São Paulo, Saraiva, 2017.
14. GONÇALVES, Carlos Roberto, *Responsabilidade civil*, 8. ed. São Paulo, Saraiva, 2003, p. 25.
15. TOLOMEI, Carlos Young, A Noção de ato ilícito de a teoria do risco na perspectiva do novo Código Civil, in TEPEDINO, Gustavo (Coord.), *A Parte geral do novo Código Civil: estudos na perspectiva civil-constitucional*, Rio de Janeiro, Renovar, 2002, p. 355.
16. Em sentido diverso, atribuindo ao termo "perigo" uma acepção mais restrita, abrangido pelo conceito mais amplo de risco, TARTUCE, Flávio, Direito Civil, v. 2, *Direito das obrigações e responsabilidade civil*, 12. ed., Rio de Janeiro, Forense, 2017; BRAGA NETTO, Felipe *et al*, op. cit., p. 539.
17. Na doutrina portuguesa, têm os autores em geral, entre eles SILVA, João Calvão da, *Responsabilidade civil do produtor*, Coimbra, Almedina, 1999, p. 404, destacado que a ratio da responsabilidade por risco, prevista no artigo 493 do Código Civil de 1966, teleologicamente entendida, repousa numa *especial fonte de perigo*.
18. Nesse sentido, para uma mais vasta referência a diversos autores nacionais e estrangeiros, SALLES, Raquel Bellini de Oliveira, *A cláusula geral de responsabilidade civil objetiva*, op. cit., p. 131.
19. COMPORTI, Marco, *Esposiozione al pericolo e responsabilità civile*, Napoli, Morano Editore, 1965, p. 170.

A compreensão da cláusula também deve alcançar o sentido da expressão "atividade normalmente desenvolvida". Segundo Pietro Perlingieri, a disciplina da responsabilidade pelo exercício de atividade perigosa é "struttura aperta", relativa a todas as atividades intrinsecamente perigosas, sejam ou não empresariais, compreendendo até mesmo aquelas desenvolvidas ocasionalmente.[20] Sob esse prisma, a expressão "normalmente desenvolvida" quer significar, apenas e tão somente, o não acolhimento por parte do legislador da antiga e superada teoria dos atos anormais,[21] pois é irrelevante que o agente tenha ou não procedido fora dos usos e costumes do ambiente social, exatamente porque o desenvolvimento normal e lícito de uma atividade não tem o condão de fazê-la perder a periculosidade que lhe é inerente.

Por conseguinte, a cláusula geral em exame abrange toda e qualquer atividade perigosa que não esteja regida por lei especial, não importando se a mesma é exercida pelo autor do dano de forma profissional, empresarial ou habitual, com ou sem fins lucrativos. Releva efetivamente que configure uma série de atos direcionados a um fim, seja este econômico, esportivo ou recreativo, para citar alguns exemplos, e não simplesmente uma conduta perigosa, que nada mais é do que um ato isolado de imprudência. Isso porque o perigo relevante para a configuração da obrigação de indenizar é o perigo típico e objetivamente imanente a uma determinada atividade, e não o perigo acidentalmente proveniente de um comportamento culposo. Daí falar-se em atividade que, "por sua natureza", implica risco para os direitos de outrem, de modo que há inclusive quem prefira, para evitar possível confusão terminológica, o uso da expressão *risco da atividade* em lugar de *atividade de risco*.[22]

A qualificação do risco da atividade, para efeito da imputação objetiva decorrente da cláusula, pode se valer de dados estatísticos, de elementos técnicos e da experiência comum. Todavia, Maria Celina Bodin de Moraes atenta, com razão, para o fato de que o elemento técnico, além das estatísticas, pode contribuir para a correta aplicação da cláusula geral mais do que a "experiência comum", não raro prejudicada pela cognição limitada da realidade.[23] Recomenda-se, assim, o recurso a dois critérios, um de ordem quantitativa e outro de ordem qualitativa, quais sejam: a) a quantidade dos danos habitualmente causados pela atividade em questão; b) a gravidade de tais danos. Esses critérios, via de regra, são considerados de forma concorrente, mas, por vezes, pode ser que a gravidade dos danos provocados, ainda que com menor frequência, seja suficiente.[24]

---

20. PERLINGIERI, Pietro, *Manuale di diritto civile*, Napoli, Edizioni Scientifiche Italiane, 1997, p. 639.
21. PEREIRA, Caio Mário da Silva, op. cit., p. 285.
22. BRAGA NETTO, Felipe *et al*, op. cit., p. 538. Sustentam os autores que a adoção da expressão *atividade de risco* "causa a errônea noção de que o agente poderia ter atuado de forma vigilante e responsável, mas deliberou por converter sua atividade em uma 'atividade de risco'."
23. MORAES, Maria Celina Bodin de, *Risco, Solidariedade e Responsabilidade Objetiva*, op. cit., p. 29.
24. FRANZONI, Massimo, *La Responsabilità oggettiva. Il danno da cose, da esercizio di attività pericolose, da circolazione di veicoli*, Padova, CEDAM, 1995. v. 2, p. 142.

O juízo acerca do potencial de risco não deve se ater ao caso concreto enquanto evento singular que pode não representar o real índice de risco de uma atividade. Conta, ao invés, o risco intrínseco à atividade, verificado *a priori*, segundo os critérios já apontados e outros parâmetros racionais, tais como a existência de previsão legislativa que submeta o desempenho da atividade à autorização do poder público ou à adoção de medidas de precaução, os índices de risco definidos em tabelas de seguro, a existência de taxas de prêmio notadamente superiores à média, os referenciais da legislação previdenciária utilizados no cálculo de contribuições para custeio de benefícios relacionados a acidentes do trabalho, os quais são baseados em três graus de risco,[25] e, ainda, os critérios estabelecidos pela legislação trabalhista para adoção de medidas de segurança e medicina do trabalho[26] e para fixação de adicionais de insalubridade e periculosidade.[27] Tais parâmetros e classificações constantes de leis específicas, contudo, não esgotam e não devem esgotar os campos de aplicação da cláusula geral em tela.

3. ÂMBITO DE APLICAÇÃO DA NORMA, ACERTOS E DESACERTOS DA JURISPRUDÊNCIA BRASILEIRA

Releva atentar para o fato de que a norma em exame não tem a pretensão de abarcar toda e qualquer hipótese de responsabilidade independente de culpa, que, repita-se, encontra-se prevista também em outros dispositivos do código, da legislação especial e da Constituição. A cláusula, pois, tem o seu campo de aplicação demarcado, podendo-se dizer, nesse sentido, que a responsabilidade por danos decorrentes do risco da atividade é, apenas, uma das variadas hipóteses de responsabilidade civil objetiva, a qual pode se configurar por diversos fatores, formas e graus.[28]

Assim sendo, a cláusula geral não se presta a abraçar todos os casos de responsabilidade independente de culpa previstos em lei, tanto é que os ressalvou expressamente. O âmbito de incidência da norma em exame diz respeito a danos oriundos do risco inerente e especial da atividade, quando esta não esteja disciplinada por norma

---

25. Como previsto pela Lei 8.212/1991 e pelo Regulamento da Previdência Social, aprovado pelo Decreto 3.048/1999, segundo a CNAE – Classificação Nacional de Atividades Econômicas, disponível em [www.cnae.ibge.gov.br]. A CNAE trata-se de listagem elaborada sob orientação técnica do IBGE e embasa o anexo V do Regulamento da Previdência Social, alterado pelo Decreto 6.042/2007, que veio a permitir a redução ou aumento das alíquotas correspondentes aos Riscos Ambientais do Trabalho – RAT com base no "desempenho da empresa em relação à sua respectiva atividade", aferido pelo Fator Acidentário de Prevenção – FAP, o qual considera índices de frequência, gravidade e custo dos acidentes ocorridos em cada empresa.
26. O artigo 162 da Consolidação das Leis do Trabalho estabelece a obrigatoriedade de as empresas serem classificadas segundo a natureza do risco de suas atividades. Segundo a Norma Regulamentadora 4, do Ministério do Trabalho, o risco das atividades é classificado em graus de 1 a 4. Já a Norma Regulamentadora 16, também do Ministério do Trabalho, considera perigosas as atividades com explosivos, inflamáveis, radiações ionizantes ou substâncias radioativas, com exposição a roubos ou outras espécies de violência física nas atividades profissionais de segurança pessoal ou patrimonial, com energia elétrica e em motocicleta.
27. Relevantes parâmetros são fornecidos pelos artigos 189 e 193 da Consolidação das Leis do Trabalho.
28. VISINTINI, Giovanna. Responsabilità civile, in: BARCELLONA, M. *et al*, *Lezione di diritto civile*. Napoli, Edizioni Scientifiche Italiane, 1993, p 143.

específica. Revela-se, nesse particular, o atual e necessário "diálogo das fontes", na expressão de Erik Jayme, mantendo-se, com isso, a coerência do sistema e a convivência de plúrimas fontes normativas, observando-se a *ratio*, a finalidade "narrada" ou "comunicada" de cada uma delas.[29]

Nessa linha, verifica-se que no código de defesa do consumidor, a condicionante normativa para a imputação objetiva pelo fato do serviço é o defeito, ressalvando-se que não é sempre que um serviço tido como perigoso, apenas pelo fato de o ser, deva ser considerado defeituoso, pois a noção de defeito pressupõe a frustração da legítima expectativa do consumidor, de modo que, inexistente esta, tampouco inexiste defeito. Por outro lado, segundo a normativa consumerista, a atividade não tem que ser necessariamente perigosa, ou seja, de elevado grau de risco para terceiros, para que configure um serviço defeituoso. O fundamento da responsabilidade do fornecedor "é mais do que atividade de risco (*cujus commodum ejus periculum*), é dever geral de segurança dos serviços prestados",[30] cumprindo lembrar que a garantia de segurança do produto ou do serviço deve ser interpretada à luz do princípio geral do Código do Consumidor de proteção da confiança.

Quanto aos serviços públicos, sabe-se que a responsabilidade civil é fundada na teoria do risco administrativo e, não, no risco intrínseco à atividade devido ao seu especial potencial lesivo. A responsabilidade dos pais, tutores e curadores, por seu turno, tampouco se funda no risco da atividade, sequer propriamente no risco,[31] assim como a responsabilidade objetiva do empregador pelos atos de seus prepostos, que tem como requisito a conduta culposa do empregado que esteja no exercício de sua função ou em razão dela. Frise-se, pois, que cada regra de imputação objetiva tem suas particulares condicionantes.

Não obstante, é possível depreender da jurisprudência brasileira a invocação frequente do parágrafo único do artigo 927, a fundamentar a obrigação de indenizar em qualquer situação, como se a cláusula em exame fosse uma norma geral que tivesse o condão de abranger todo o arcabouço legislativo que autoriza a aplicação da responsabilidade objetiva.[32]

Por certo, há situações em que se pode até admitir uma convergência, ou coincidência, de mais de uma regra de imputação objetiva, justamente porque o fato concreto satisfaz as condicionantes de aplicação de todas as normas invocadas. É o que se verifica, exemplificativamente, nos casos de transporte público,[33] transmissão

---

29. JAYME, Erik, apud MARQUES, Claudia Lima *et al*, op. cit., p. 24. Segundo a autora, "a própria subsidiariedade é um diálogo, um diálogo de complementaridade, pois até para saber qual das leis se aplica prioritariamente já aplicamos as duas leis conjuntamente, a descobrir qual deverá ter aplicação subsidiária".
30. MARQUES, Claudia Lima, op. cit., p. 271.
31. SCHREIBER, Anderson, op. cit., p. 30.
32. Discorda-se, assim, do entendimento de CAVALIERI FILHO, Sérgio, *Programa de responsabilidade civil*, 10. ed. São Paulo, Atlas, 2012, p. 193.
33. TJSP, apelação 00114809720128260084, 25ª Câmara de Direito Privado, Rel. Edgard Rosa, julgamento em 29/05/2014.

de energia elétrica,[34] atividade hospitalar[35] e explosão em posto de combustíveis,[36] hipóteses em que a cláusula geral do parágrafo único do artigo 927 vem recorrentemente fundamentando a imputação objetiva juntamente com o artigo 37, § 6º, da Constituição Federal, e/ou com o Código de Defesa do Consumidor.

Em algumas circunstâncias, é também justificável a aplicação concomitante da cláusula geral até mesmo com a regra de imputação subjetiva, fundada no ilícito, como se verifica no caso de danos a propriedade vizinha oriundos de incêndio em canavial, eis que consideradas de alto risco plantações da espécie, risco esse agravado pela conduta desidiosa do proprietário em preservar aceiros e diligenciar providências de combate ao fogo.[37] Nesse particular, observa-se que, não obstante já fosse suficiente a aplicação da cláusula do parágrafo único do artigo 927 para configurar a obrigação de indenizar, a fundamentação da decisão lançou mão do ato ilícito justamente porque este também se evidenciou nos autos. Tal demonstra que a responsabilidade objetiva, ou seja, independente de culpa, nem sempre se aplica em situações de absoluta ausência de culpa. Sua utilidade reside justamente na possível isenção da vítima do ônus da prova da culpa.

Todavia, cabe criticar, com o intuito de chamar atenção para a necessidade de maior rigor na fundamentação das soluções jurídicas e das decisões judiciais, a invocação da referida cláusula em casos que não preenchem os seus pressupostos específicos de aplicação. Nesse sentido, afigura-se equivocada a imputação de responsabilidade objetiva com base no risco da atividade quando o fato gerador é estritamente o defeito do serviço. Exemplos de desacertos dessa espécie verificam-se aos montes na jurisprudência, tais como: invocação da cláusula geral para afastar negativa abusiva de cobertura de plano de saúde por doença preexistente,[38] para fundamentar a responsabilidade de *site* de intermediação de negócios devido a falha de segurança e a fraude praticada por terceiros,[39] para fundamentar a responsabilidade das instituições financeiras por atos de falsários[40] ou por assaltos,[41] para justificar a

---

34. TJRS, Apelação 70011198389, 9ª Câmara Cível, Rel. Marilene Bonzanini, julgamento em 20/04/2005.
35. Em caso de uso de medicamento contaminado, TJPE, Apelação 0001647-92.2005.8.17.1590, 1ª Câmara Extraordinária Cível, Rel. Fábio Eugênio Dantas de Oliveira Lima, publicação em 23/02/2015. Em caso de infecção hospitalar, TJPE, Apelação 0012032-16.2005.8.17.0001, 1ª Câmara Extraordinária Cível, Rel. Fábio Eugênio Dantas de Oliveira Lima, publicação em 06/02/2015.
36. TJPE, Apelação 0000539-59.2016.8.17.0000, 3ª Câmara Cível, Rel. Itabira de Brito Filho, publicação em 20/12/2016.
37. TJSP, Apelação 90000045520118260079, 7ª Câmara de Direito Privado, Rel. Rômolo Russo, julgamento em 18/08/2015.
38. TJDF, Apelação Cível 20131210021037, 1ª Turma Cível, Rel. Alfeu Machado, julgamento em 30/04/2014.
39. TJRJ, Recurso 00005914220128190064, 2ª Turma Recursal, Rel. José de Arimateia Bezerra Macedo, publicação em 12/09/2012: "Mercado livre. Intermediação de negócio pela internet. Obtenção de lucro. Riscos gerados pela atividade. Fraude. Serviço pouco seguro. Fornecedor. Responsabilidade objetiva. Artigo 927, parágrafo único do Código Civil. Dever de indenizar. (...)"
40. TJSP, Apelação 00032983420128260372, 10ª Câmara de Direito Privado, Rel. J.B. Paula Lima, julgamento em 14/04/2015; TJRJ, Apelação 00204127420108190202, 16ª Câmara Cível, Rel. Mario Robert Mannheimer, julgamento em 26/02/2013; TJPR, Apelação 1273919-2, 15ª Câmara Cível, Rel. Hamilton Mussi Correa, julgamento em 17/12/2014.
41. TJRS, Apelação 70073518524, 9ª Câmara Cível, Rel. Tasso Caubi Soares Delabary, julgamento em 24/05/2017.

responsabilidade de prestador de serviço de telefonia celular por cobrança e negativação indevidas,[42] para atribuir ao Estado obrigação de reparar danos decorrentes de atropelamento em rodovia quando constatada falha de segurança nas condições de travessias e de sinalização para pedestres,[43] para respaldar a obrigação indenizatória de provedores de conteúdo, tais como Google e Youtube, e de redes sociais, como o Facebook, pela divulgação de postagens ofensivas por usuários do serviço, no que, entretanto, o Superior Tribunal de Justiça vem firmando entendimento em sentido contrário, pela não aplicação da cláusula em tais hipóteses.[44]

Apontam-se, ainda, casos em que o parágrafo único do artigo 927 é erroneamente utilizado para justificar a imputação objetiva do empregador pelo ato culposo de empregado, quando mais correto seria a fundamentação com espeque no artigo 932, III, do CÓDIGO CIVIL.[45] É possível também identificar a aplicação equivocada da cláusula em face da prática de ato ilícito por membros de associações que não desempenham atividade que, por sua natureza, possa ser considerada de especial potencial lesivo. É o que se verifica no caso em que se atribuiu a um sindicato responsabilidade objetiva pelo risco da atividade em razão de excessos praticados por seus membros e danos causados a terceiros por ocasião de manifestação pública decorrente do exercício de direito de greve.[46]

É, contudo, na seara trabalhista que a cláusula geral em exame vem tendo mais larga incidência, a demonstrar uma profícua aproximação entre os dois ramos do direito.[47] Foi preciso superar, entretanto, uma resistência inicial à aplicação da nor-

---

42. TJSE, Apelação 201400722227, 1ª Câmara Cível, Rel. Maria Aparecida Santos Gama da Silva, julgamento em 21/10/2014.
43. TJSP, Apelação 00018146920118260355, 30ª Câmara de Direito Privado, Rel. Lino Machado, julgamento em 02/09/2015.
44. STJ, Recurso Especial 1193764, 3ª Turma, Rel. Min. Nancy Andrighi, julgamento em 14/12/2010.
45. TJSE, Apelação 201300202728, 1ª Câmara Cível, Rel. Roberto Eugenio da Fonseca Porto, julgamento em 27/05/2013.
46. TJDF, Apelação 20130111243247, 3ª Turma Cível, Rel. Flavio Rostirola, julgamento em 27/08/2014: "Constitucional e civil. Direito de greve. Constatação de excesso. Responsabilidade extracontratual. Artigo 927, parágrafo único, Código Civil. Cláusula geral de responsabilidade objetiva para atividades de risco. Membros de sindicato. Prática de danos materiais. Comprovação. Responsabilização do sindicato. 1. Cediço que o direito de greve encontra-se garantido pela Carta Política de 1988, no artigo 9º, o que não respalda, entretanto, excessos no movimento paredista. Em outras palavras, conquanto constitucionalmente assegurado, não se trata de direito absoluto; cabem-lhe, pois, restrições. 2. A respeito do artigo 927, parágrafo único, do Código Civil, ensina a doutrina que 'A inovação dá ao Poder Judiciário ampla discricionariedade na avaliação das hipóteses de incidência da responsabilidade sem culpa. Ao contrário de outras normas que preveem a responsabilidade objetiva, a redação desta cláusula geral, por sua amplitude, não se mostra precisa, uma vez que toda e qualquer atividade implica, por sua própria natureza, 'riscos para os direitos de outrem'. Contudo, o legislador quis se referir àquelas atividades que implicam alto risco ou em um risco maior que o normal, justificando o sistema mais severo de responsabilização' (Gustavo Tepedino, Heloisa Helena Barboza e Maria Celina Bodin de Moraes in Código Civil Interpretado conforme a Constituição da República, Volume II, Renovar, p. 807). 3. Uma vez comprovado o excesso por parte de manifestantes de movimento grevista, mostram-se presentes os pressupostos da responsabilidade civil extracontratual objetiva, de modo a caber ao sindicato a reparação dos danos materiais demonstrados. 4. Apelo não provido".
47. A propósito, TEPEDINO, Gustavo et al, *Diálogos entre o direito do trabalho e o direito civil*, São Paulo, Editora Revista dos Tribunais, 2013.

ma aos acidentes do trabalho,[48] de modo que os Tribunais Regionais do Trabalho e o Tribunal Superior do Trabalho têm entendido que o artigo 7º, XXVIII, da Constituição Federal, por força do princípio da proteção, não obsta a imputação objetiva da obrigação de indenizar ao empregador, desde que a atividade desenvolvida por este, por sua natureza, represente risco potencial à integridade física e psíquica do trabalhador.[49] Consolidaram esse entendimento o Enunciado 377 da IV Jornada de Direito Civil do Conselho da Justiça Federal,[50] a Tese 14 estabelecida pelo XIII Conamat de Alagoas,[51] o Enunciado 37 da 1ª Jornada de Direito Material e Processual na Justiça do Trabalho realizado em Brasília[52] e a Súmula 25 do Tribunal Regional do Trabalho da 1ª Região.[53]

Acredita-se que, por força das diretrizes normativas e regulamentares aplicáveis às relações trabalhistas,[54] a aplicação da cláusula aos casos de acidentes do trabalho vem ocorrendo de forma mais criteriosa, havendo uma tendência em se considerar como "de risco" apenas as atividades de maior potencial lesivo, em geral classificadas como de risco 3 ou 4 para fins de dimensionamento dos serviços especializados em

---

48. A apontada resistência também foi manifestada pela autora deste trabalho em *A cláusula geral de responsabilidade civil objetiva*, op. cit., a qual ora revê e reconsidera sua posição inicialmente contrária à aplicação do parágrafo único do artigo 927 para responsabilização do empregador por acidentes do trabalho, desde que efetivamente se apresentem as premissas necessárias para a aplicação da norma.
49. OLIVEIRA, Sebastião Geraldo de, *Indenizações por acidente do trabalho ou doença ocupacional*, 9. ed. São Paulo, LTr, 2016.
50. "O art. 7º, inc. XXVIII, da Constituição Federal não é impedimento para a aplicação do disposto no artigo 927, parágrafo único, do Código Civil quando se tratar de atividade de risco."
51. "Tese 14) A responsabilidade objetiva do empregador pelo risco inerente às atividades perigosas ou insalubres e àquelas reputadas como de alto índice de acidentes laborais. Primeira proposição – O acidente do trabalho e a doença ocupacional, envolvendo empregados no desempenho de funções ligadas diretamente a atividades reputadas como insalubres ou perigosas, nos termos da legislação trabalhista, gera a responsabilidade objetiva do empregador em reparar os danos daí decorrentes, por ser este responsável por conta do risco da atividade, prevista no art. 927, parágrafo único, do NCC, dispositivo que não conflita com a responsabilidade subjetiva, prevista no inciso XXVIII, do art. 7º, da CF/88, uma vez que o *caput* deste artigo prevê direitos mínimos de proteção e não impede a extensão de seu rol ao mencionar: '... além de outros que visem a melhoria de sua condição social', bem como pela aplicação do princípio da norma mais benéfica. Segunda proposição – O infortúnio laboral (acidente tipo ou doença ocupacional), que ocorre com o trabalhador nas chamadas atividades econômicas de maior grau de risco, conforme legislação da seguridade social, engendra a responsabilidade objetiva do empregador em reparar os danos, por ser este responsável por conta do risco da atividade, prevista no artigo 927, parágrafo único, do NCC, dispositivo que não conflita com a responsabilidade subjetiva, prevista no inciso XXVIII do art. 7º da CF/88, uma vez que o *caput* deste artigo prevê direitos mínimos de proteção e não impede a extensão de seu rol ao mencionar: '...além de outros que visem a melhoria de sua condição social', bem como pela aplicação do princípio da norma mais benéfica."
52. "Responsabilidade civil objetiva no acidente de trabalho. Atividade de risco. Aplica-se o art. 927, parágrafo único, do Código Civil nos acidentes do trabalho. O art. 7º, XXVIII, da Constituição da República, não constitui óbice à aplicação desse dispositivo legal, visto que seu *caput* garante a inclusão de outros direitos que visem à melhoria da condição social dos trabalhadores."
53. "Acidente de trabalho. Dano moral. Teoria do risco. Quando a atividade exercida pelo empregador implicar, por sua própria natureza, risco acentuado para o empregado, a obrigação patronal de indenizar o dano moral decorrente de acidente de trabalho depende, exclusivamente, da comprovação do dano e do nexo de causalidade com o trabalho desenvolvido. Art. 927 do Código Civil."
54. Vide notas 30, 31 e 32.

engenharia de segurança e medicina do trabalho.[55] Nessa linha, tem-se atribuído responsabilidade objetiva ao empregador por danos decorrentes de acidentes em atividades que lidam com energia elétrica,[56] trabalho em subsolo,[57] explosivos e mineração,[58] transporte,[59] serviço móvel de urgência no âmbito de rodovias,[60] vigilância, transporte de valores e segurança privada,[61] entre diversas outras circunstâncias, não esgotadas no presente estudo.

4. CONSIDERAÇÕES FINAIS

Tomando-se por base as premissas propostas para determinação do sentido e alcance do parágrafo único do artigo 927 do Código Civil, e compreendidos os pressupostos específicos da norma em face de outras previsões normativas de imputação objetiva, a análise jurisprudencial realizada permite inferir, sob uma perspectiva crítica, que a cláusula geral de responsabilidade objetiva fundada no risco da atividade demanda critérios aplicativos que precisam ser melhor assentados, para que não fique sujeita a subjetivismos, imprecisões conceituais ou invocações meramente retóricas. Sem balizas, a cláusula pode dar azo a arbitrariedades e a soluções jurídicas inadequadas ou, no mínimo, equivocadamente fundamentadas.

Importa, pois, considerar que a responsabilidade objetiva funda-se em diversas regras, com suas peculiares condicionantes, de modo que a mencionada "cláusula geral" tem âmbito de incidência próprio, não devendo ser utilizada como fundamento genérico de toda e qualquer imputação objetiva. Tal, entretanto, não retira do parágrafo único do artigo 927 o seu caráter de cláusula geral, mas apenas o situa mais adequadamente dentro do sistema.

A realidade jurisprudencial verificada até o presente denota que não tem sido tão vasto quanto se podia imaginar o campo de aplicação da cláusula, haja vista que a maioria das atividades de risco no ordenamento brasileiro encontra-se disciplinada por normas especiais. A bem da verdade, é no âmbito dos acidentes do trabalho que referido dispositivo tem demonstrado uma repercussão mais impactante. O futuro

---

55. Conforme quadro I da Norma Regulamentadora 4 do Ministério do Trabalho, nos termos da Portaria SIT/DSST 76/2008.
56. TRT 1ª Região, RO 0001669-57.2010.5.01.0205, 5ª Turma, Rel. Marcelo Augusto Souto de Oliveira, publicação em 27/01/2015.
57. TST, RR 58000-63.2006.5.12.0053, 7ª Turma, Rel. Min. Pedro Paulo Manus, publicação em 26/10/2012.
58. TRT 3ª Região, RO 0001264-20.2010.5.03.0058, 2ª Turma, Rel. Sebastião Geraldo de Oliveira, publicação em 30/03/2011.
59. TST, RR 45200-94.2006.5.15.0125, 6ª Turma, Rel. Min. Augusto César Leite de Carvalho, publicação em 26/06/2015.
60. TRT 15ª Região, RO 0012067-13.2014.5.15.0018, 3ª Turma, 5ª Câmara, Rel. Flávio Landi, publicação em 02/05/2017, e também TST, RR 148740-83.2006.5.02.0461, 1ª Turma, Rel. Min. Hugo Carlos Scheuermann, publicação em 06/11/2015.
61. TRT 3ª Região, RO 0001432-48.2011.5.03.0038, 11ª Turma, Rel. Heriberto de Castro, publicação em 27/09/2012.

dirá quanto à aplicabilidade da norma aos perigos do amanhã. E esse não é o único desafio colocado ao instituto da responsabilidade civil na contemporaneidade.

5. REFERÊNCIAS

BRAGA NETTO, Felipe et al. *Novo tratado de responsabilidade civil*. 2. ed. São Paulo: Saraiva, 2017.

BECK, Ulrich. *La sociedad de riesgo*. Buenos Aires: Paidós, 1998.

CAVALIERI FILHO, Sérgio. *Programa de responsabilidade civil*. 10. ed. São Paulo: Atlas, 2012.

COMPORTI, Marco. *Esposiozione al pericolo e responsabilità civile*. Napoli: Morano Editore, 1965.

FRANZONI, Massimo. *La Responsabilità oggettiva. Il danno da cose, da esercizio di attività pericolose, da circolazione di veicoli*. Padova: Cedam, 1995. v. 2.

GAGLIANO, Pablo Stolze et al. *Manual de direito civil*. São Paulo: Saraiva, 2017.

GIORDANI, José Acir Lessa. *A responsabilidade civil objetiva genérica no Código Civil de 2002*. Rio de Janeiro: Lumen Juris, 2004.

GONÇALVES, Carlos Roberto. *Responsabilidade civil*. 8. ed. São Paulo: Saraiva, 2003.

MARQUES, Claudia Lima et al. *Comentários ao código de defesa do consumidor*. São Paulo: Revista dos Tribunais, 2004.

MORAES, Maria Celina Bodin de, Risco, solidariedade e responsabilidade objetiva, *Revista dos Tribunais*, dez. 2006, p. 11-37.

OLIVEIRA, Sebastião Geraldo de. *Indenizações por acidente do trabalho ou doença ocupacional*. 9. ed. São Paulo: LTr, 2016.

PEREIRA, Caio Mário da Silva. *Responsabilidade civil*. 9. ed. Rio de Janeiro: Forense, 2002.

PERLINGIERI, Pietro. *Manuale di diritto civile*. Napoli: Edizioni Scientifiche Italiane, 1997.

RODOTÀ, Stefano. Il tempo delle clausole generali. *Rivista Critica del Diritto Privato*, dez. 1987.

ROSENVALD, Nelson. *As funções da responsabilidade civil*. 3. ed. São Paulo: Saraiva, 2017.

SALLES, Raquel Bellini de Oliveira. A justiça social e a solidariedade como fundamentos ético-jurídicos da responsabilidade civil objetiva. *Revista trimestral de direito civil*, v. 5, n. 18, p. 109–133, abr./jun. 2004.

_____. *A cláusula geral de responsabilidade civil objetiva*. Rio de Janeiro: Lumen Juris, 2011.

SCHREIBER, Anderson. *Novos paradigmas da responsabilidade civil*. 6. ed. São Paulo: Atlas, 2015.

SILVA, João Calvão da. *Responsabilidade civil do produtor*. Coimbra: Almedina, 1999.

TARTUCE, Flávio. *Direito civil, v. 2, Direito das obrigações e responsabilidade civil*. 12. ed. Rio de Janeiro: Forense, 2017.

TEPEDINO, Gustavo et al. *Diálogos entre o direito do trabalho e o direito civil*. São Paulo: Editora Revista dos Tribunais, 2013.

TOLOMEI, Carlos Young. A Noção de ato ilícito de a teoria do risco na perspectiva do novo Código Civil. In TEPEDINO, Gustavo (Coord.). *A parte geral do novo Código Civil*: estudos na perspectiva civil-constitucional. Rio de Janeiro: Renovar, 2002.

VISINTINI, Giovanna. Responsabilità civile, in: BARCELLONA, M. et al. *Lezione di diritto civile*. Napoli: Edizioni Scientifiche Italiane, 1993.

QUANDO O ILÍCITO NÃO COMPENSA: A SOLUÇÃO DOGMÁTICA PARA O LUCRO DA INTERVENÇÃO

Sérgio Savi

Doutor e Mestre em Direito Civil pela Universidade do Estado do Rio de Janeiro (UERJ); Mestre (LL.M) em *International Legal Studies* pela Universidade de Nova Iorque (NYU); Especialista em Direito Processual Civil pela Universidade Cândido Mendes (Ucam); Bacharel em Direito pela Universidade Federal do Rio de Janeiro (UFRJ); Advogado.

Sumário: 1. Introdução – 2. Funções e limites da responsabilidade civil – 3. Funções e limites do enriquecimento sem causa e a solução proposta – 4. *Leading case* e conclusão – 5. Referências.

1. INTRODUÇÃO

A intervenção ou utilização não autorizada de bens ou direitos alheios pode gerar, ao mesmo tempo, um enriquecimento para o interventor e danos para o titular do direito. Os prejuízos por este sofridos, por sua vez, poderão ser inferiores, iguais, ou superiores ao lucro obtido pelo interventor em razão do mesmo ato.

Essa diferença entre, de um lado, a vantagem patrimonial obtida pelo interventor e, de outro, os danos sofridos pelo titular do direito, é que dá origem às intrincadas questões jurídicas relacionadas ao lucro da intervenção.

"Lucro da intervenção" significa a vantagem obtida por aquele que, sem autorização, interfere nos direitos ou bens jurídicos de outra pessoa e que decorre justamente desta intervenção.[1]

---

1. Para um estudo aprofundado do tema do lucro da intervenção, seja consentido remeter a SAVI, Sergio. *Responsabilidade civil e enriquecimento sem causa*: o lucro da intervenção. São Paulo: Atlas, 2012. Diante das limitações editoriais desse artigo, o mesmo não tratará da espinhosa questão da quantificação do objeto da restituição nas hipóteses de lucro da intervenção.
    As expressões "enriquecimento por intromissão", "lucro ilicitamente obtido através da ingerência na esfera jurídica alheia" e "enriquecimento obtido mediante fato injusto" são também utilizadas doutrinariamente como sinônimos de lucro da intervenção. Além da expressão "lucro da intervenção", esse artigo utilizará "ofensor" ou "interventor" para designar aquele que pratica o ato não tutelado pelo ordenamento jurídico e que, em decorrência desse ato, aufere o lucro da intervenção, e "titular do direito" ou "vítima", como referência àquele que vê o interventor agir sobre seus bens e direitos e, por intermédio dessa indevida intromissão, lucrar *às suas custas*. Segundo Pereira Coelho a expressão "titular do direito" deve ser utilizada para designar "o titular de uma posição jurídica absolutamente protegida: portanto o titular, não só de um direito subjetivo, mas também de um interesse juridicamente protegido por uma disposição legal que precisamente se destine a proteger esse interesse". PEREIRA COELHO, Francisco Manuel. *O enriquecimento e o dano*. Coimbra: Almedina, 1999, p. 8.

Esse tema é objeto de amplo debate e tem enorme aplicação prática em diversos países.[2] No Brasil, ele começa a ganhar a atenção da doutrina,[3] apesar de, pelas pesquisas realizadas,[4] somente existir um caso em que o judiciário brasileiro efetivamente enfrentou diretamente as questões jurídicas associadas ao lucro da intervenção.[5]

Em determinadas situações, caso se ignore a necessidade de impor ao interventor a obrigação de se desfazer do lucro obtido com a indevida utilização de bens e direitos alheios, o ordenamento jurídico ficaria sem uma sanção[6] eficaz para violações a interesses merecedores de tutela.

Uma das regras essenciais para a vida em sociedade, fundada no princípio da autonomia privada, estabelece que, quando uma pessoa tem necessidade de um bem, ela pode obtê-lo por intermédio de um contrato. A via consensual é, normalmente, a única disponível para a aquisição de bens ou direitos de outras pessoas.[7]

---

2. Como demonstra a recente publicação da Academia Internacional de Direito Comparado HONDIUS, Ewoud e JANSSEN, André (eds.), "Disgorgement of profits: gain-based remedies throughout the world", Ius Comparatum – Global Sutudies in Comparative Law 8, Switzerland: Springer, 2015.
3. Sobre o tema, vale consultar LEITÃO, Luís Manuel Teles de Menezes. O enriquecimento sem causa no novo Código Civil brasileiro. *Revista CEJ*, Brasília, v.8, n.25, p.24-33, abr./jun. 2004; MICHELON JR., Cláudio. Direito restituitório: enriquecimento sem causa, pagamento indevido, gestão de negócios". In: Miguel Reale e Judith Martins-Costa (coord.), *Estudos em homenagem ao professor Miguel Reale* – Coleção biblioteca de direito civil, São Paulo: RT, 2007; KONDER, Carlos Nelson. Enriquecimento sem causa e pagamento indevido. In: TEPEDINO, Gustavo (coord.). *Obrigações: estudos na perspectiva civil-constitucional*. Rio de Janeiro: Renovar, 2005, p. 369-398; NANNI, Giovanni Ettore. *Enriquecimento sem causa: de acordo com o novo Código Civil*. São Paulo: Saraiva, 2004; NORONHA, Fernando. Enriquecimento sem causa. *Revista de Direito Civil, Agrário e Empresarial*, v. 15, n. 56, abr./jun. 1991, p. 51-78; SAMPAIO DA CRUZ, Gisela. *Lucros cessantes*: Do bom senso ao postulado normativo da razoabilidade. 1º. ed. São Paulo: Revista dos Tribunais, 2011; KROETZ, Maria Cândida do Amaral. *Enriquecimento sem causa no direito civil brasileiro contemporâneo e recomposição patrimonial*. Tese de Doutorado – Universidade Federal do Paraná, Faculdade de Direito, orientador Professor Luiz Edson Fachin, 2005; TERRA, Aline de Miranda Valverde. Privação do uso: dano ou enriquecimento por intervenção? *Revista Eletrônica Direito e Política*, v. 9, p. 1620-1644, 2014; TEFFÉ, Chiara Antonia Spadaccini de. A restituição do lucro da intervenção nos casos de violação aos direitos da personalidade: uma questão entre o enriquecimento sem causa e a responsabilidade civil. In: MONTEIRO FILHO, Carlos Edison do Rêgo (org.). *Direito das relações patrimoniais: estrutura e função na contemporaneidade*. Curitiba: Juruá, 2014, p. 35 e 68; LINS, Thiago. *O lucro da intervenção e o direito de imagem*, Rio de Janeiro: Lúmen Júris, 2016; e COHEN, Fernanda e SAAB, Rachel, Parâmetros de quantificação do lucro da intervenção, in: MONTEIRO FILHO, Carlos Edison do Rêgo (org.), *Problemas de responsabilidade Civil*, Rio de Janeiro: Revan, 2016, p. 119-152.
4. A pesquisa foi realizada nos *websites* dos Tribunais de Justiça do Rio de Janeiro, São Paulo, Rio Grande do Sul e do Superior Tribunal de Justiça até 18 de julho de 2017, data da elaboração deste artigo.
5. Ver TJRJ, Apelação Cível 0008927-17.2014.9.19.0209, 13ª Câmara Cível, Rel. Des. Fernando Fernandy Fernandes, j. 26/10/2016.
6. A sanção nada mais é do que a resposta do ordenamento jurídico à violação de uma norma, uma "consequência desagradável da violação, cujo fim é prevenir a violação". In BOBBIO, Norberto. *Teoria da norma jurídica*. Trad. Fernando Pavan Baptista e Ariani Bueno Sudatti, São Paulo: Edipro, 2001, p. 152-156. p. 160. Sobre a importância da sanção e coação para o ordenamento jurídico ver, por todos, REALE, Miguel. *Lições preliminares de direito*. 17. ed. rev. e atual., São Paulo: Saraiva, 1990.
7. Conforme ressalta Serpa Lopes: "O princípio geral é o de não ser lícito a quem quer que seja imiscuir-se no negócio alheio, a menos que, excepcionalmente, ocorra uma imperiosa necessidade ao lado de uma utilidade nessa intervenção". In SERPA LOPES, Miguel Maria de. *Curso de Direito Civil*, v. V, 4 ed., Rio de Janeiro: Freitas Bastos, 1995, p. 45-46.

Sem a imposição da obrigação de se desfazer do lucro da intervenção, o interventor poderia facilmente utilizar a responsabilidade civil como mecanismo de expropriação privada de bens e direitos alheios pelo preço de mercado.[8]

Isto porque, como a indenização, nos termos do art. 944 do Código Civil, é limitada pela extensão do dano, sempre que o lucro obtido pelo ofensor fosse *superior* aos danos causados ao titular do direito, seria *indiferente* para o interventor escolher entre obter o consentimento do titular do bem, ou dele apropriar-se deliberadamente. Afinal, nessa segunda hipótese, aquele apenas teria, posteriormente, que pagar o valor de mercado do referido bem, a título de indenização.[9]

Na maioria das vezes, as normas que regulam os institutos da responsabilidade civil e do enriquecimento sem causa serão suficientes para lidar com as questões relacionadas ao lucro da intervenção.

Se a intervenção causa danos ao titular do direito, preenche os demais pressupostos da responsabilidade civil e os danos causados à vítima são iguais ou superiores à vantagem patrimonial auferida, a mesma será "retirada" do patrimônio do ofensor quando do pagamento da indenização ao titular do direito violado.[10]

Como o ofensor é, em regra, obrigado a indenizar integralmente os danos causados à vítima e estes são superiores ao lucro obtido, toda a vantagem incorporada a seu patrimônio transfere-se para a vítima com o pagamento da indenização. Nessa hipótese, as regras da responsabilidade civil mostram-se eficazes enquanto sanção pelo descumprimento da obrigação genérica de não causar danos a outrem. A vítima restará satisfeita com o recebimento do valor da indenização e, consequentemente, o lucro da intervenção não será um óbice para a solução justa do caso concreto.

Por outro lado, se a intervenção não causar danos ao titular do direito ou não preencher os requisitos necessários à configuração da responsabilidade civil do interventor, este não terá a obrigação de indenizar.

Mas, se a intervenção tiver gerado um lucro para o interventor sem o necessário suporte jurídico, o titular do direito poderá valer-se da pretensão de enriquecimento sem causa, a fim de provocar o retorno de seu patrimônio ao *status quo ante*.[11]

O problema do lucro da intervenção surge mais comumente quando o ato do interventor causa danos ao titular do direito e o lucro obtido pelo interventor é *superior* aos danos causados.

Nestas hipóteses, sem o reconhecimento da obrigação de restituição do lucro indevidamente auferido, conforme antecipado, passa a ser *indiferente* para o inter-

---

8. A expressão é de Júlio Manuel Vieira Gomes in VIEIRA GOMES, Júlio Manuel. *O conceito de enriquecimento, o enriquecimento forçado e os vários paradigmas do enriquecimento sem causa*. Porto: Universidade Católica Portuguesa, 1998, p. 755.
9. VIEIRA GOMES, Júlio Manuel. *O conceito de enriquecimento*, cit. p.782-783.
10. PEREIRA COELHO, Francisco Manuel. *O enriquecimento e o dano*, cit., 1999, p. 8.
11. Ibid, p. 9.

ventor escolher entre celebrar um contrato com o titular para uso ou aquisição do bem ou dele apropriar-se deliberadamente. Isto porque, caso aquele decida burlar a via negocial, somente terá que pagar, a título de indenização, o valor de mercado do referido bem.[12]

Contudo, conforme há muito sustentado pelo Supremo Tribunal Federal, "a consequência do ato vedado *não* pode ser a mesma do ato permitido".[13] O que está por trás dessa aparentemente singela afirmação é o reconhecimento de que o ordenamento jurídico deve tutelar adequadamente determinados institutos fundamentais para a pacífica interação social, como o contrato, a propriedade e os direitos da personalidade, assegurando que os mesmos sejam respeitados.

A manutenção do lucro da intervenção no patrimônio do interventor contribuiria para a competição desmedida em busca do lucro e isso vai de encontro ao projeto de uma sociedade solidária, projetado pela carta constitucional.[14] Este é um dos motivos pelos quais o lucro da intervenção não deve permanecer no patrimônio do interventor.

Não apenas isso. Ao permitir que o lucro da intervenção permaneça no patrimônio do interventor, esse acabaria se beneficiando da própria torpeza, o que é vedado pelo princípio geral de direito há muito consagrado na ordem jurídica brasileira, sendo que impedir o enriquecimento injusto constitui uma das finalidades gerais do direito das obrigações.[15]

A *teoria do conteúdo de destinação dos bens* é que dá suporte à transferência do lucro da intervenção para o titular do direito. Segundo essa teoria, os direitos não se esgotam na mera possibilidade de excluir outros de um domínio reservado, mas

---

12. VIEIRA GOMES, Júlio Manuel. *O conceito de enriquecimento, o enriquecimento forçado e os vários paradigmas do enriquecimento sem causa*. Porto: Universidade Católica Portuguesa, 1998, p.782-783. Vieira Gomes afirma que essa fuga do processo negocial causaria o que denominou o "curto-circuito" do contrato. Ibid., p. 739. Nas palavras do autor: "Assim, aponta-se a necessidade de evitar um curto-circuito do contrato, um comportamento que consiste em evitar o contrato e utilizar o atalho da responsabilidade civil; mormente quando o agente podia ter negociado com o titular do bem para obter e, deliberadamente, não o fez, optando, em vez disso, por apropriar-se do referido bem [...]. Este 'curto-circuito do contrato' é um fenômeno socialmente indesejável...". Ibid., p. 755.
13. STF, Rec. Extr. 56.904 – SP, 1ª Turma, Rel. Min. Victor Nunes Leal, julgado em 06/12/1965, grifou-se.
14. BODIN DE MORAES, Maria Celina. "O princípio da solidariedade". In: PEREIRA, Antônio Celso Alves e ALBUQUERQUE MELLO, Celso Renato Duvivier de (org.). *Estudos em homenagem a Carlos Alberto Menezes Direito*. Rio de Janeiro: Renovar, p. 527-556, p. 555. Nas palavras da autora: "*O projeto de uma sociedade livre, justa e solidária contraria a lógica da competição desmedida e do lucro desenfreado*, presentes em situações jurídicas subjetivas de cunho patrimonial (o ambiente do ter) – *situações próprias, aliás, de um sistema capitalista sem qualquer moderação, sem valores sociais a proteger, onde vigora a máxima, proveniente de conhecida expressão popular, de que é 'cada um por si e Deus por todos'*. Esta lógica foi, por determinação constitucional, substituída pela perspectiva solidarista, em que a cooperação, a igualdade substancial e a justiça social se tornam valores hierarquicamente superiores, subordinados tão somente ao valor precípuo do ordenamento, que está contido na cláusula de tutela da dignidade da pessoa humana".
15. No mesmo sentido, ver CAMPOS, Diogo Leite de. Enriquecimento sem causa, responsabilidade civil e nulidade. In *Revista dos Tribunais*, v. 560, jun-1982, p. 259-266, p. 259.

atribuem ao seu titular um conteúdo positivo, a destinação de um bem ou de uma utilidade.[16]

O enriquecimento, incluindo o lucro da intervenção, deve ser transferido ao titular do direito "não só pela razão positiva de que foi realizado com os seus bens, como pela negativa de que não há razão para se conceder ao enriquecido".[17]

Impor uma obrigação de restituir o lucro da intervenção também encontra fundamento nas teorias desenvolvidas pela escola da análise econômica do direito. Nessa perspectiva, a resposta do ordenamento jurídico deve ser orientada de uma forma que os custos da transgressão sejam, para o transgressor, sempre superiores aos benefícios que ele poderia experimentar em decorrência do ato ilícito.[18]

Para garantir que a violação a interesses dignos de tutela seja sancionada de maneira eficaz em casos como os acima narrados, é *necessário*, portanto, que o juiz imponha ao interventor uma obrigação de entregar ao titular do direito o lucro obtido através da indevida intromissão na esfera jurídica deste e que excederem os danos causados.[19]

Decidir *a que título* o interventor deverá restituir aquele lucro dependerá da posição adotada acerca dos requisitos e funções da responsabilidade civil e do enriquecimento sem causa.

2. FUNÇÕES E LIMITES DA RESPONSABILIDADE CIVIL

Alguns autores defendem que a transferência do lucro da intervenção para o titular do direito deve ser feita com base na responsabilidade civil.[20] Para essa corrente, o lucro da intervenção deveria *sempre* ser eliminado com o pagamento da indenização.

---

16. Júlio Manuel Vieira Gomes, *O conceito de enriquecimento, o enriquecimento forçado e os vários paradigmas do enriquecimento sem causa*, p. 780. Conforme destaca Fernando Noronha: Em geral, pode-se dizer que o sistema jurídico, ao atribuir às pessoas os direitos absolutos, oponíveis *erga omnes*, como são os direitos da personalidade (ao nome, imagem, corpo, liberdade, trabalho etc.) e os direitos reais (em especial a propriedade), está reservando a elas, e só a elas, o aproveitamento econômico dos bens, ainda que imateriais, a que dizem respeito tais direitos, é nisto que consiste a ordenação jurídica dos bens. NORONHA, Fernando. *Enriquecimento sem causa*, cit., p. 57.
17. CAMPOS, Diogo José Paredes Leite de. *A subsidiariedade da obrigação de restituir o enriquecimento* (1974). Reimpressão, Coimbra: Almedina, 2003, p. 492.
18. Utilizando-se um dos exemplos de Richard Posner, quando se está diante da dúvida entre comprar um carro ou roubar o do vizinho, o custo do ilícito deve ser superior ao valor de mercado do automóvel, de modo que o indivíduo não opte pela via da transgressão à norma. POSNER, Richard A., *Economic Analysis of Law*, 7 ed., Wolters Kluwer Law & Business, p. 206.
19. Afinal, "o Direito sempre condenou o locupletamento indevido em todas as suas formas de manifestação. A sanção outra não poderia ser que a restituição daquele *plus* injustamente recolhido". MONTENEGRO, Antônio Lindbergh C. *Ressarcimento de danos: pessoais e materiais*. 6. ed. Rio de Janeiro: Lumen Juris, 1999, p. 175 (grifou-se).
20. No Brasil, ver, por todos, TEFFÉ, Chiara Antonia Spadaccini de. A restituição do lucro da intervenção nos casos de violação aos direitos da personalidade: uma questão entre o enriquecimento sem causa e a responsabilidade civil. In: MONTEIRO FILHO, Carlos Edison do Rêgo (org.). *Direito das relações patrimoniais: estrutura e função na contemporaneidade*. Curitiba: Juruá, 2014, p. 35 e 68.

Esse entendimento, como se verá, vai contra as regras fundamentais e consolidadas da responsabilidade civil, as quais estabelecem que a vítima não poderá exigir mais do que os danos efetivamente sofridos, tal como positivado no artigo 944[21] do Código Civil de 2002.[22]

Como a responsabilidade civil tem por objetivo remover os danos sofridos pela vítima, ignora-se, para fins de cálculo da indenização, eventuais lucros que o ofensor tenha obtido com o ato que deu origem aos referidos danos.[23] Afinal, seja qual for o conceito de dano que se adote, não há dúvida que ele se determina a partir da esfera do lesado e não da esfera daquele que causou o dano.[24]

O próprio objeto da ação da responsabilidade civil é diverso daquele da ação de enriquecimento sem causa.[25] Enquanto a *responsabilidade civil* tem por função reparar danos (i.e. diminuições registradas no patrimônio da vítima), o *enriquecimento sem causa* tem por finalidade remover de um patrimônio os acréscimos considerados indevidos porque, segundo a ordenação jurídica dos bens, estavam reservados a outro patrimônio.[26]

---

21. Art. 944. A indenização mede-se pela extensão do dano.
22. Nas excepcionais hipóteses do parágrafo único do mesmo dispositivo, a indenização *não* equivalerá aos danos sofridos, já que a mesma poderá vir a ser *reduzida*, e jamais aumentada, quando houver desproporção entre o grau de culpa do ofensor e a extensão dos danos causados ao ofendido. Afinal, nas palavras de MONTEIRO FILHO, Carlos Edison do Rêgo, a correlação entre o *caput* e o parágrafo único, do art. 944, do CC, traduz-se, juridicamente, pelo raciocínio regra-exceção, "seja por virtude do exame de força axiológica, seja pela análise da estrutura interna da norma" in MONTEIRO FILHO, Carlos Edson do Rêgo. Artigo 944 do Código Civil: O problema da mitigação do princípio da reparação integral. In TEPEDINO, Gustavo e FACHIN, Luiz Edson (Coord.). *O direito e o tempo: embates jurídicos e utopias contemporâneas. Estudos em homenagem ao Professor Ricardo Pereira Lira*, Rio de Janeiro: Renovar, 2008, p. 765.
23. Conforme ressalta Pereira Coelho: "Visando remover o dano do patrimônio do lesado, reconstituir a situação hipotética em que este patrimônio se encontraria se o facto constitutivo de responsabilidade civil não tivesse sido praticado, compreende-se que o direito da responsabilidade civil não se interesse por saber se o lesante lucrou com este fato e quanto lucrou. O direito da responsabilidade civil não pretende remover o enriquecimento do patrimônio do lesante; os seus cuidados ou preocupações não são esses. Do ponto de vista daquela função puramente reparadora ou reintegrativa da responsabilidade civil, é natural que não lhe importe o que esteja a mais no património do lesante, mas tão só o que esteja a menos no patrimônio do lesado. Não terá, pois, o lesante de restituir o seu enriquecimento, ou melhor, só terá de o restituir até o limite do dano, e como dano". In PEREIRA COELHO, Francisco Manuel. *O enriquecimento e o dano*, cit., p. 27-28.
24. LEITÃO, Luís Manuel Teles de Menezes. *O enriquecimento sem causa no direito civil*: estudo dogmático da configuração unitária do instituto, face à contraposição entre as diferentes categorias do enriquecimento sem causa. Coimbra: Almedina, 2005, p. 696. No mesmo sentido, Sérgio Cavalieri Filho afirma que: "O dano causado pelo ato ilícito rompe o equilíbrio jurídico econômico anteriormente existente entre o agente e a vítima. Há uma necessidade fundamental de se restabelecer esse equilíbrio, o que se procura fazer *recolocando o prejudicado* no *status quo ante*. Impera neste campo o princípio da *restitutio in integrum,* isto é, tanto quanto possível, *repõe-se a vítima* à situação anterior à lesão. Isso se faz através de uma indenização fixada em proporção ao dano". In CAVALIERI FILHO, Sérgio. *Programa de responsabilidade civil*, 8 ed., São Paulo: Atlas, 2009, p. 13, grifou-se.
25. No mesmo sentido, Adriano De Cupis afirma que: "L'oggetto dell'azione di arricchimento è, dunque, diverso dall'oggetto dell'azione di risarcimento". In DE CUPIS, Adriano. *Il Dano: teoria generale della responsabilità civile. Seconda edizione*, v. 1, Milano: Giuffrè Editore, 1966, p. 31.
26. NORONHA, Fernando. *Direito das obrigações*, cit., p. 419. O próprio conceito de responsabilidade civil deixa claro qual seria a sua principal função. Conforme lição de Menezes Leitão: "Denomina-se responsabilidade civil o conjunto de fatos que dão origem à obrigação de indenizar os danos sofridos por outrem. A responsabilidade civil consiste, por isso, numa fonte de obrigações baseada no princípio do ressarcimento dos danos". In LEITÃO, Luís Manuel Teles de Menezes. *Direito das obrigações: introdução, da constituição das obrigações.* v. 1, 8 ed., Coimbra: Almedina, 2009, p. 283.

Dito isso, para os defensores da utilização da responsabilidade civil como mecanismo para a solução dos problemas do lucro da intervenção, seria possível imaginar pelo menos duas alternativas: admitir uma nova forma de cálculo da indenização, que leve em consideração os lucros obtidos pelo ofensor; ou aceitar a chamada "indenização punitiva",[27] que utilizaria o grau de culpa do ofensor e os benefícios econômicos por ele auferidos para determinar o valor a ser "indenizado" à vítima.

No primeiro caso, seria necessário uma alteração legislativa, na medida em que, fora do âmbito da Lei de Propriedade Industrial,[28] não há hoje qualquer dispositivo legal que permita calcular a indenização com base nos lucros do ofensor.

Em relação às indenizações punitivas, apesar de serem uma realidade na jurisprudência brasileira,[29] especialmente nos casos de indenização por danos extrapatrimoniais, não há, no ordenamento jurídico brasileiro, qualquer base legal[30] para impor ao ofensor uma punição pelo ilícito praticado em montante superior aos danos efetivamente sofridos pela vítima. Pelo contrário, o dispositivo que previa a adoção do caráter punitivo na reparação do dano e constava do projeto do Código de Defesa do Consumidor foi vetado pelo Presidente da República.[31]

Ainda que superada a ausência de base legal, tentar solucionar o problema do lucro da intervenção com base na responsabilidade civil implicaria em lutar contra

---

27. As indenizações punitivas já são uma constante nos casos de danos extrapatrimoniais. Nesse sentido, v. TJRJ, Apelação Cível 2007.001.03357, 16ª Câmara Cível, Rel. Des. Marcos Alcino Torres, j. 08/05/2007.
28. A Lei 9.279/1996 prevê, em seu artigo 210, três formas alternativas de cálculo dos "lucros cessantes" para os casos de violação a direitos de propriedade industrial. Dentre as opções oferecidas pelo legislador, inclui-se a de calcular os "lucros cessantes" com base nos benefícios que foram auferidos pelo autor da violação. Confira-se: "Art. 210. Os lucros cessantes serão determinados pelo critério mais favorável ao prejudicado, dentre os seguintes: I – os benefícios que o prejudicado teria auferido se a violação não tivesse ocorrido; ou II – *os benefícios que foram auferidos pelo autor da violação do direito*; ou III – a remuneração que o autor da violação teria pago ao titular do direito violado pela concessão de uma licença que lhe permitisse legalmente explorar o bem". Grifou-se.
29. Nesse sentido, ver STJ, AgRg 979631, 4ª Turma, Rel. Min. Luis Felipe Salomão, DJe 19/10/2009; STJ, REsp 965500, 1ª Turma, Rel. Min. José Delgado, DJ 25/02/2008; STJ, AGA 425317, 3ª Turma, Rel. Min. Nancy Andrighi, DJ 02/09/2002; e STJ, REsp 246258, 4ª Turma, Rel. Min. Sálvio de Figueiredo Teixeira, DJ 07/08/2000.
30. Sobre a necessidade de previsão legal para a imposição da chamada indenização punitiva, ver, por todos, TEPEDINO, Gustavo e SCHREIBER, Anderson. As penas privadas no direito brasileiro. In SARMENTO, Daniel e GALDINO, Flávio (orgs.). *Direitos Fundamentais: estudos em homenagem ao professor Ricardo Lobo Torres*, Rio de Janeiro: Renovar, 2006, p. 499-525, que afirmam: "É certo que a aplicação dos critérios punitivos e mesmo o teor sancionatório das sentenças judiciais vêm, muitas vezes, no afã de justificar indenizações mais elevadas para casos em que ao prejuízo gerado pela conduta reiterada e até maliciosa do ofensor não se costuma atribuir um valor suficiente para evitar a repetição do dano. *Entretanto, parece, em primeiro lugar, que tal punição não pode prescindir de autorização legislativa expressa, e que, mesmo nos casos referidos, outras alternativas existem à atribuição de um papel punitivo à responsabilidade civil*", grifou-se. Ibid, p. 522.
31. O artigo vetado tinha a seguinte redação: "Art. 16. Se comprovada a alta periculosidade do produto ou serviço que provocou o dano, ou grave imprudência, negligência ou imperícia do fornecedor, *será devida multa civil* de até um milhão de vezes o Bônus do Tesouro Nacional – BTN, ou índice equivalente que venha a substituí-lo, na ação proposta por qualquer dos legitimados à defesa do consumidor em juízo, a critério do juiz, de acordo com a gravidade e a proporção do dano, bem como a situação econômica do responsável" (grifou-se).

anos de evolução nessa seara.[32] A moderna responsabilidade civil tem por *função principal* a reparação dos danos sofridos pela vítima,[33] sendo irrelevante, como regra geral, considerar o grau de culpa ou a situação do ofensor para a fixação do valor da indenização.[34]

3. FUNÇÕES E LIMITES DO ENRIQUECIMENTO SEM CAUSA E A SOLUÇÃO PROPOSTA

De modo a evitar trafegar na contramão da evolução por que passou a responsabilidade civil, propõe-se uma solução alternativa para o problema do lucro da intervenção. Conforme será demonstrado, tal solução pressupõe enquadrar dogmaticamente o lucro da intervenção no enriquecimento sem causa, mediante uma leitura moderna e que se entende correta dos requisitos para a configuração desse instituto.

Ao contrário do que ocorre na responsabilidade civil, *o enriquecimento sem causa tem por função específica remover o enriquecimento*; a remoção do dano é que, nesse caso, é indireta e eventual. O que provoca aqui a reação do ordenamento é a vantagem ou aumento injustificado do patrimônio do ofensor (enriquecido), e não a possível perda ou diminuição verificada no patrimônio da vítima (empobrecido).[35]

---

32. Gustavo Tepedino e Anderson Schreiber chegam a afirmar que a progressiva exclusão de normas e princípios de caráter repressivo implicou na "purificação do direito civil". In TEPEDINO, Gustavo e SCHREIBER, Anderson. *As penas privadas no direito brasileiro*, cit. p. 500-501. E prosseguem os autores: "A terminologia [referindo-se à pena privada], de fato, remete à vetusta *actio poenalis*, e a um caráter punitivo há muito abandonado pelo direito civil em prol do remédio exclusivamente ressarcitório. Logo, neste particular, o percurso histórico, iniciado já com a *Lex Poetelia Papiria* (326 a.C.), que limitou a incidência da responsabilidade civil ao patrimônio do ofensor, suprimindo os castigos corporais aplicados até então. A rejeição das penas – não apenas físicas, mas também pecuniárias – no âmbito das relações privadas acentua-se no decurso dos tempos, levando a uma rígida segregação entre o direito civil e o direito das penas (penal), não apenas sob o aspecto substantivo (estrutura e função), mas igualmente sob o aspecto adjetivo e instrumental, como testemunha a quase universal diversidade de jurisdição. Tal segregação vem deliberadamente reforçada na Modernidade, com a *summa divisio* entre público e privado, cujo conteúdo ideológico não pode ser ignorado". Ibid.
33. Ver, por todos, VINEY, Geneviève e JOURDAIN, Patrice. *Traitè de Droit Civil. Les effets de la responsabilité*. 2ªed., Paris: L.G.D.J, 2001, p. 1.
34. A evolução da responsabilidade civil foi tamanha, que a própria denominação desta área do direito civil vem sendo alterada para "Direito de Danos" pois, como esclarece Caitlin Mulholland, "a noção de responsabilidade está atrelada a uma ideia moralizante e limitadora da autonomia individual, característica marcante do século XIX; enquanto a expressão *direito de danos* seria mais consentânea das funções hodiernas do estudo da obrigação de indenizar, pois se refere aos danos que devem ser indenizados. A análise é, pois, objetivada em relação ao resultado, afastando-se da pesquisa da conduta pessoal fruto da autonomia individual reprovável causadora de um prejuízo (visão subjetiva da responsabilidade)". In MULHOLLAND, Caitlin Sampaio. *A responsabilidade civil por presunção de causalidade*. Rio de Janeiro: GZ Editora, 2009, p. 13. Segundo Patricia Ribeiro Serra Vieira: "A expressão direito de danos, já anunciada, é oriunda da problemática de se dar verdadeira proteção às vítimas de danos injustamente sofridos na sociedade atual, deixando para a denominação responsabilidade civil as hipóteses em que a apuração da culpa, no sentido lato, seja mais justa e facilitada". In SERRA VIEIRA, Patricia. *A responsabilidade civil objetiva no direito de danos*. Rio de Janeiro: Forense, 2005, p. 147. Para uma análise do Direito de Danos ver, por todos, ANIBAL ALTERINI, Atílio. *Derecho de Daños y Otros Estudios*, Buenos Aires: La Ley, 1992.
35. PEREIRA COELHO, Francisco Manuel. *O enriquecimento e o dano*, cit., p. 22. E a transferência do enriquecimento para B dá-se porque tal vantagem que A adquiriu estava destinada a B segundo a ordenação jurídica dos bens, em face do conteúdo da destinação dos bens. Ibid., p. 23. Nas palavras de Fernando Noronha: As

No Brasil, nos termos da cláusula geral do art. 884[36] do Código Civil, dá-se o enriquecimento sem causa, ensejando o pedido de restituição, quando (a) houver um enriquecimento, (b) esse enriquecimento tiver sido obtido "à custa de outrem", e (c) não houver uma causa justificativa para o enriquecimento.

Ademais, para o surgimento do direito à restituição, fundada no enriquecimento sem causa, o titular do direito terá que demonstrar a relação, um liame entre o enriquecimento da outra parte e a sua esfera de direitos.[37] É necessário que o fato que gerou o enriquecimento esteja relacionado com o empobrecimento ou, se não estivermos diante de um caso que gere um efetivo empobrecimento, aquele fato deverá ter o suporte correspondente na esfera do credor da obrigação de restituir (ou seja, ter sido obtido "à custa de outrem").[38]

Esses são os *quatro requisitos essenciais*[39] para a configuração do enriquecimento sem causa.

Além deles, para o exercício da ação visando à restituição do enriquecimento injustificado, o artigo 886[40] do Código Civil Brasileiro exige que o "lesado" não tenha outros meios para "se ressarcir do prejuízo sofrido". É o que se denomina caráter subsidiário do remédio do enriquecimento sem causa, que será objeto de análise a seguir.

Muitos enxergam na subsidiariedade da ação de enriquecimento sem causa um óbice a utilização desse instituto para a solução do problema do lucro da intervenção

---

obrigações de enriquecimento sem causa têm uma finalidade que, num sentido, também parece estática, de defesa da esfera jurídica de cada pessoa; noutro sentido, porém a sua função é dinâmica, pois elas não procuram propriamente repor o patrimônio na situação em que estava anteriormente, antes visam transferir para ele acréscimos que estão num patrimônio, quando deviam estar noutro, por terem sido transferidos deste sem uma razão (causa) justificativa, ou por representarem vantagens conseguidas através do aproveitamento de bens ou direitos de outrem, também aqui sem justificativa. *Assim, estas obrigações de enriquecimento sem causa tutelam um interesse do credor à apropriação de tudo aquilo que represente aproveitamento de bens ou outros valores da sua esfera jurídica e desempenham uma função que se pode chamar restitutória – de restituição ao patrimônio do credor de acréscimos que indevidamente estão noutro patrimônio*". In NORONHA, Fernando. *Direito das obrigações: fundamentos do direito das obrigações: introdução à responsabilidade civil*, v. 1, 2 ed., São Paulo: Saraiva, 2007, p. .420.

36. Art. 884. Aquele que, sem justa causa, se enriquecer à custa de outrem, será obrigado a restituir o indevidamente auferido, feita a atualização dos valores monetários. Parágrafo único. Se o enriquecimento tiver por objeto coisa determinada, quem a recebeu é obrigado a restituí-la, e, se a coisa não mais subsistir, a restituição se fará pelo valor do bem na época em que foi exigido.
37. Nesse sentido, ver ALVIM, Agostinho. *Do enriquecimento sem causa*, cit., p. 23, que designa a teoria por trás desta decisão de "Teoria da indivisibilidade da origem". Ibid. A posição de Agostinho Alvim é endossada por NANNI. Giovanni Ettore. *Enriquecimento sem causa*, cit., p. 253.
38. ALMEIDA COSTA, Mário Júlio. *Direito das obrigações*. 7 ed., Coimbra: Almedina, 1998, p. 429.
39. Nas palavras de Fernando Noronha, estes são os "verdadeiros requisitos da obrigação de restituição", aos quais somam-se dois outros, que o autor denomina de "pressupostos negativos": "que não exista outro meio jurídico, além da ação de *in rem verso*, de o prejudicado obter a devida reparação" e "que o enriquecimento não tenha por base um negócio ilícito, celebrado entre enriquecido e 'empobrecido' com ofensa da lei, da ordem pública e dos bons costumes". In NORONHA, Fernando. Enriquecimento sem causa. *Revista de Direito Civil, Imobiliário, Agrário e Empresarial*, São Paulo: Revista dos Tribunais, v. 56, p. 51-78, abr./jun. 1991, p. 64.
40. Art. 886. Não caberá a restituição por enriquecimento, se a lei conferir ao lesado outros meios para se ressarcir do prejuízo sofrido.

na hipótese discutida nesse artigo. Afinal, como o mesmo ato que causou o enriquecimento causa danos ao titular do direito, esse teria acesso à ação de responsabilidade civil e, portanto, diante do caráter subsidiário do enriquecimento sem causa, dele não poderia se valer para lidar com o lucro que excede a indenização a ser paga.

Ocorre que a ação de enriquecimento sem causa somente será subsidiária em relação à ação de responsabilidade civil se, por intermédio desta, o titular do direito conseguir obter *o mesmo ou um resultado mais favorável* do que aquele que faria jus se ajuizasse ação fundada no enriquecimento sem causa. Não sendo essa a situação, "a pretensão de enriquecimento não fica afastada pela verificação cumulativa de uma hipótese de responsabilidade civil".[41]

Nos casos de lucro da intervenção, em que a vantagem patrimonial auferida pelo interventor é superior aos danos causados, a ação de responsabilidade civil *não* poderá ser considerada "outro meio" capaz de obstar o exercício da ação de enriquecimento sem causa. Afinal, com a ação indenizatória, o titular do direito apenas conseguirá obter compensação pelos danos sofridos, jamais a restituição dos lucros obtidos pelo interventor de forma integral.

Nos casos em que a intervenção causa danos, mas os lucros obtidos pelo interventor são superiores aos danos por ele causados, a correta leitura da regra da subsidiariedade da ação de enriquecimento sem causa, tal como positivada no Código Civil brasileiro, não obstará a cumulação de ações, de responsabilidade civil para eliminar o dano (e no limite do dano), e de enriquecimento sem causa, para forçar a restituição do saldo positivo que permanecer no patrimônio do ofensor após o pagamento da indenização, se houver.[42]

4. *LEADING CASE* E CONCLUSÃO

No julgamento da apelação cível 0008927-17.2014.9.19.0209,[43] o Tribunal de Justiça do Rio de Janeiro, de forma inédita, enfrentou o tema do lucro da intervenção, inaugurando importante discussão acerca do tema no Brasil.

---

41. LEITÃO, Luís Manuel Teles de Menezes. *O enriquecimento sem causa no direito civil*, cit., p. 675-676.
42. Nas palavras de Diogo Leite de Campos: "O enriquecimento que a instituição da responsabilidade civil não tiver deslocado será transferido através de normas do enriquecimento sem causa. Hipótese em que terá havido uma simples consunção impura de normas. Nestes termos, o enriquecimento do lesante será suprimido através de dois institutos. Primeiro, indiretamente, através das normas de responsabilidade civil. Depois, se subsistir uma parcela de enriquecimento, esta será removida diretamente por meio do instituto do enriquecimento sem causa. Em conclusão: o montante da obrigação de indenizar ou de restituir a que estará adstrito o que inteveio nos bens alheios poderá ultrapassar a medida do seu enriquecimento – tudo dependerá do montante do dano a reparar. Mas nunca será inferior ao montante do enriquecimento. Nas hipóteses em que se verifique que as normas concorrentes não esgotam o sentido normativo da situação de fato, estas não afastarão o recurso complementar ao enriquecimento sem causa. Foi o que vimos suceder com o concurso entre responsabilidade civil e enriquecimento sem causa". In CAMPOS, Diogo Leite de. *Enriquecimento sem causa, responsabilidade civil e nulidade*, cit., p. 264-266.
43. TJRJ, Apelação Cível n. 0008927-17.2014.9.19.0209, 13ª Câmara Cível, Rel. Des. Fernando Fernandy Fernandes, j. 26/10/2016.

Naquele caso, uma farmácia de manipulação veiculou campanha publicitária de um "composto dietético milagroso" utilizando a imagem de uma famosa atriz brasileira para alavancar as vendas de seus produtos, obtendo ganhos econômicos que não seriam atingidos sem a ilícita utilização do nome e da imagem da atriz.

Na referida campanha publicitária, a imagem da famosa atriz foi utilizada sem prévia autorização ou pagamento e, pior, *de forma sugestiva*, como se ela tivesse feito uso de tal composto dietético "milagroso" e endossasse sua suposta eficácia.

A atriz ajuizou ação contra a farmácia de manipulação pedindo a condenação desta a fazer ampla retratação pública, indenizar os danos morais e materiais por ela sofridos, bem como *restituir* os benefícios econômicos indevidamente auferidos com as vendas de seus produtos, as quais foram alavancadas pela associação de sua suposta eficácia à imagem da atriz.

A sentença julgou parcialmente procedentes os pedidos para condenar a ré se retratar publicamente, bem como indenizar a atriz pelos danos morais e materiais sofridos, nada dizendo sobre a restituição do lucro da intervenção, mesmo após a oposição de embargos de declaração para sanar esta importante omissão.

Ao julgar o recurso de apelação interposto pela atriz, a 13ª Câmara Cível do Tribunal de Justiça do Rio de Janeiro, de forma inédita e exemplar, por unanimidade decidiu que, como a vantagem econômica auferida pela ré com o uso ilícito da imagem da atriz foi superior aos danos causados, a atriz poderia cumular as ações de responsabilidade civil e de enriquecimento sem causa.

Como defendido neste artigo, quando o interventor lucrar com a ingerência não autorizada nos bens ou direitos alheios e a vantagem patrimonial por ele auferida for *superior* aos danos causados ao titular do direito, esse poderá cumular as ações de responsabilidade civil e de enriquecimento sem causa, sem violar a regra da subsidiariedade da ação de enriquecimento sem causa prevista no art. 886 do Código Civil.

Isso porque, com base na responsabilidade civil o ofensor deverá ser condenado a indenizar a vítima pelos danos e nos limites dos danos sofridos (CC, art. 944). O montante do lucro ilícito (enriquecimento patrimonial[44]) que remanescer no patrimônio do ofensor após o pagamento da indenização será restituído à vítima com base no enriquecimento sem causa, na medida em que obtido "às suas custas" e sem um fundamento jurídico que o legitime (CC, art. 884) [45].

A solução proposta neste artigo e acolhida pelo Tribunal de Justiça do Rio de Janeiro, além de respeitar as funções e limites da responsabilidade civil e do enrique-

---

44. Diante das limitações editoriais deste artigo, o mesmo não tratará da espinhosa questão da quantificação do objeto da restituição nas hipóteses de lucro da intervenção. Para uma análise deste tema ver SAVI, Sergio. *Responsabilidade civil e enriquecimento sem causa*: o lucro da intervenção. São Paulo: Atlas, 2012
45. Conforme Menezes Leitão, a restituição daqueles benefícios pelo interventor deverá ocorrer sempre que, de acordo com a repartição dos bens efetuada pela ordem jurídica, os mesmos sejam considerados como pertencentes ao titular do direito. In MENEZES LEITÃO, Luís Manuel Teles de. *O enriquecimento sem causa no novo código civil brasileiro*, cit., p. 29.

cimento sem causa, demonstra que o ordenamento jurídico brasileiro já contém os institutos necessários para impor uma sanção eficaz para a hipótese aqui descrita, fazendo com que os custos da transgressão sejam, para o transgressor, superiores aos benefícios que ele poderia experimentar em decorrência do ato ilícito.

5. REFERÊNCIAS

ALMEIDA COSTA, Mário Júlio. *Direito das obrigações*. 7 ed., Coimbra: Almedina, 1998.

ALVIM, Agostinho. Do enriquecimento sem causa. *Revista dos Tribunais*, São Paulo, v. 259, p. 3-36, maio/1957.

ANÍBAL ALTERINI, Atilio. *Derecho de daños y otros estudios*. Buenos Aires: La Ley, 1992.

BOBBIO, Norberto. *Teoria da norma jurídica*. Trad. Fernando Pavan Baptista e Ariani Bueno Sudatti, São Paulo: Edipro, 2001.

BODIN DE MORAES, Maria Celina. "O princípio da solidariedade". In: PEREIRA, Antônio Celso Alves e ALBUQUERQUE MELLO, Celso Renato Duvivier de (org.). *Estudos em homenagem a Carlos Alberto Menezes Direito*. Rio de Janeiro: Renovar.

CAMPOS, Diogo José Paredes Leite de. *A subsidiariedade da obrigação de restituir o enriquecimento* (1974). Reimpressão, Coimbra: Almedina, 2003.

CAMPOS, Diogo Leite de. Enriquecimento sem causa, responsabilidade civil e nulidade. In *Revista dos Tribunais*, v. 560, jun-1982, p. 259-266.

CAVALIERI FILHO, Sérgio. *Programa de responsabilidade civil*. 8 ed., São Paulo: Atlas, 2009.

COHEN, Fernanda e SAAB, Rachel, Parâmetros de quantificação do lucro da intervenção, in: MONTEIRO FILHO, Carlos Edison do Rêgo (org.), *Problemas de responsabilidade civil*, Rio de Janeiro: Revan, 2016.

DE CUPIS, Adriano. *Il danno: teoria generale della responsabilità civile* [1954]. v. 1, 2. ed. Milano: Giuffrè, 1966.

HONDIUS, Ewoud e JANSSEN, André (eds.), "Disgorgement of profits: gain-based remedies throughout the world", Ius Comparatum – *Global Sutudies in Comparative Law 8*, Switzerland: Springer, 2015.

KONDER, Carlos Nelson. Enriquecimento sem causa e pagamento indevido. In: TEPEDINO, Gustavo (coord.). *Obrigações: estudos na perspectiva civil-constitucional*. Rio de Janeiro: Renovar, 2005.

KROETZ, Maria Cândida do Amaral. *Enriquecimento sem causa no direito civil brasileiro contemporâneo e recomposição patrimonial*. Tese (Doutorado) – Universidade Federal do Paraná, Faculdade de Direito, orientador Professor Luiz Edson Fachin, 2005.

LEITÃO, Luís Manuel Teles de Menezes. *O enriquecimento sem causa no direito civil:* estudo dogmático da configuração unitária do instituto, face à contraposição entre as diferentes categorias do enriquecimento sem causa. Coimbra: Almedina, 2005.

_____. O enriquecimento sem causa no novo código civil brasileiro. *Revista CEJ*, Brasília, v.8, n.25, p.24-33, abr./jun. 2004.

_____. *Direito das obrigações*: Introdução, da constituição das obrigações. v. 1, 8 ed., Coimbra: Almedina, 2009.

MICHELON JR., Cláudio. Direito restituitório: enriquecimento sem causa, pagamento indevido, gestão de negócios". In: Miguel Reale e Judith Martins-Costa (coord.), *Estudos em homenagem ao professor Miguel Reale* – Coleção biblioteca de direito civil, São Paulo: RT, 2007.

MONTEIRO FILHO, Carlos Edson do Rêgo. Artigo 944 do Código Civil: O problema da mitigação do princípio da reparação integral. In TEPEDINO, Gustavo e FACHIN, Luiz Edson (Coord.). *O direito e o tempo: embates jurídicos e utopias contemporâneas. Estudos em homenagem ao Professor Ricardo Pereira Lira*, Rio de Janeiro: Renovar, 2008.

MONTENEGRO, Antônio Lindbergh C. *Ressarcimento de danos: pessoais e materiais*. 6. ed. Rio de Janeiro: Lumen Juris, 1999.

NANNI, Giovanni Ettore. *Enriquecimento sem causa*: de acordo com o novo Código Civil. São Paulo: Saraiva, 2004.

NORONHA, Fernando. Enriquecimento sem causa. *Revista de Direito Civil, Agrário e Empresarial*, v. 15, n. 56, abr./jun. 1991, p. 51-78.

_____. *Direito das obrigações: fundamentos do direito das obrigações: introdução à responsabilidade civil*, v. 1, 2 ed., São Paulo: Saraiva, 2007.

PEREIRA COELHO, Francisco Manuel. *O enriquecimento e o dano* [1970]. Coimbra: Almedina, 1999.

POSNER, Richard. *Economic Analysis of Law* (1973), 7. ed. New York: Aspen Publishers, 2007.

REALE, Miguel. Lições *Preliminares de direito*. 17. ed. rev. e atual., São Paulo: Saraiva, 1990.

SAMPAIO DA CRUZ, Gisela. *Lucros cessantes*: Do bom senso ao postulado normativo da razoabilidade. São Paulo: Revista dos Tribunais, 2011.

SAVI, Sergio. *Responsabilidade civil e enriquecimento sem causa*: o lucro da intervenção. São Paulo: Atlas, 2012

SERPA LOPES, Miguel Maria de. *Curso de Direito Civil*, v. V, 4 ed., Rio de Janeiro: Freitas Bastos, 1995.

SERRA VIEIRA, Patricia. *A responsabilidade civil objetiva no direito de danos*. Rio de Janeiro: Forense, 2005.

TEFFÉ, Chiara Antonia Spadaccini de. A restituição do lucro da intervenção nos casos de violação aos direitos da personalidade: Uma questão entre o enriquecimento sem causa e a responsabilidade civil. In: MONTEIRO FILHO, Carlos Edison do Rêgo (org.). *Direito das relações patrimoniais: estrutura e função na contemporaneidade*. Curitiba: Juruá, 2014.

TEPEDINO, Gustavo e SCHREIBER, Anderson. As penas privadas no direito brasileiro. In TERRA, Aline de Miranda Valverde. Privação do uso: dano ou enriquecimento por intervenção? *Revista Eletrônica Direito e Política*, v. 9, p. 1620-1644, 2014.

TERRA, Aline de Miranda Valverde. Privação do uso: dano ou enriquecimento por intervenção? *Revista Eletrônica Direito e Política*, v. 9, p. 1620-1644, 2014.

SARMENTO, Daniel, GALDINO, Flávio (orgs.). *Direitos fundamentais: estudos em homenagem ao professor Ricardo Lobo Torres,* Rio de Janeiro: Renovar, 2006.

VARELA, João de Matos Antunes e LIMA, Pires de. *Código Civil anotado*. V. I, Coimbra Editora, Coimbra, 1987.

VIEIRA GOMES, Júlio Manuel. *O conceito de enriquecimento, o enriquecimento forçado e os vários paradigmas do enriquecimento sem causa*. Porto: Universidade Católica Portuguesa, 1998.

VILLAÇA AZEVEDO, Álvaro. *Curso de Direito Civil*: teoria geral das obrigações. 7. ed. São Paulo: Editora Revista dos Tribunais, 1998.

VINEY, Geneviève e JOURDAIN, Patrice. *Traitè de Droit Civil. Les effets de la responsabilité.* 2 ed., Paris: L.G.D.J, 2001.

Responsabilidade Civil Ambiental
e nas Relações de Consumo

A RESPONSABILIDADE CIVIL PELOS RESÍDUOS DO PRODUTO NO PÓS-CONSUMO

Atalá Correia

Doutorando e Mestre em Direito Civil pela Universidade de São Paulo (2005). É professor do Instituto Brasiliense de Direito Público (IDP). Juiz de Direito no Tribunal de Justiça do Distrito Federal e Territórios. Foi advogado entre 1998 e 2005.

Sumário: 1. Introdução – 2. Da responsabilidade no Código de Defesa do Consumidor; 2.1. Do defeito como risco ilegítimo – 3. Dos resíduos e da sua relação com os defeitos; 3.1. Do conceito de resíduo; 3.2. Riscos ambientais do resíduo podem ser um defeito do produto? – 4. Concorrência de causas – 5. Conclusão – 6. Referências.

1. INTRODUÇÃO[1]

A questão dos resíduos sintetiza a tensão existente entre consumo e meio ambiente. Os resíduos são o resultado inerente de qualquer forma de consumo e, ao mesmo tempo, ameaça constante ao meio ambiente caso não se dê a eles destinação final adequada.

Deve-se investigar, portanto, se o fornecedor pode – e em que medida – ser responsabilizado civilmente pela entrega de produtos que, após o consumo, revelam-se danosos ao meio ambiente. Quer-se avaliar, em outras palavras, se a potencialidade danosa de um produto, ou de seu resíduo, ao meio ambiente pode ser considerada como um defeito à luz do Código de Defesa do Consumidor.[2] O tema do presente artigo é, por tudo isso, a análise das condições e dos limites da responsabilidade civil do fornecedor após o consumo do produto.

O ordenamento visa à proteção tanto do meio ambiente quanto do consumidor, mas também tem como princípio a busca pelo desenvolvimento.[3] Essa análise não pode cair na simplista tentação de demonizar o fornecedor, colocando-o como o poluidor natural por excelência. A realidade econômico-social, sobretudo em tempos de consumo de massa, é intrincada e bastante complexa, não podendo ser reduzida a maniqueísmos singelos.

---

1. O texto foi originalmente apresentado pelo autor em sua dissertação de mestrado realizada sob orientação da Professora Silmara J. A. Chinellato. A partir do texto original, elaborou-se a presente síntese para fins didáticos. Agradeço a Fábio L. Furrier e a Adisson Leal por críticas e sugestões em versão prévia desse artigo.
2. O foco do presente estudo não será a responsabilidade pelo fato do serviço, mas apenas a responsabilidade pelo fato do produto.
3. DERANI, Cristiane. *Direito Ambiental Econômico*. São Paulo: Max Limonad, 1997, p. 67.

Os resíduos relevantes para o presente trabalho só surgem após o fornecimento e o consumo; a disposição dos resíduos, por sua vez, só se dá após a prestação de um serviço público de coleta de lixo. Assim, os resíduos só se tornam fonte de poluição ao fim de um processo social do qual muitas pessoas participam. Qualquer análise séria do problema deve procurar dar elementos para que se compreendam quais devem ser os deveres jurídicos de cada uma desses agentes.

A sociedade contemporânea convive, assim, diariamente com a tensão existente entre duas metas: quer-se buscar o desenvolvimento, sanando problemas cruciais, como a miséria, sem causar outros problemas sérios como a degradação ambiental. O presente estudo insere-se dentro desse contexto em que consumo e meio ambiente coexistem em uma espécie de tensão dialética.

2. DA RESPONSABILIDADE NO CÓDIGO DE DEFESA DO CONSUMIDOR

Toda a evolução da responsabilidade civil culmina, em nosso ordenamento jurídico, com a adoção, nas relações de consumo, de uma regra geral de responsabilidade objetiva.[4] O aplicador da lei, dispensando a análise da culpa, pode concluir perfeitamente pela responsabilidade do fornecedor.

Consoante a sistemática adotada pelo Código de Defesa do Consumidor, basta que quatro requisitos estejam presentes para que nasça o dever de reparar. Inicialmente, deve-se estar diante da (i) existência de uma relação de consumo. Ademais, devem estar presentes o (ii) defeito, (iii) o dano e, finalmente, (iv) o nexo de causalidade entre o defeito e o dano. Se há "danos causados aos consumidores por defeitos", deve haver a reparação.

Expressamente dispensa-se a culpa, assim entendida como o agir negligente, imperito ou imprudente. Para a configuração do dever de reparar basta a demonstração material de causalidade entre dano e defeito. A mera existência de um dano ao consumidor é insuficiente para que daí nasça o dever de reparar. Do dano não se presume o defeito do produto. Requer-se que o dano seja causado por um defeito,[5] sem quaisquer referências, portanto, à culpa.

---

4. Conforme artigos 12 e 14 do Código de Defesa do Consumidor. O CDC excepciona apenas os profissionais liberais, cuja responsabilidade permanece sendo regida pelo princípio da culpa (conf. art. 14, § 4º). Sobre a tendência de objetivação da responsabilidade, vide CHINELLATO, Silmara Juny. *Da responsabilidade Civil no Código Civil de 2002: aspectos fundamentais*. In TEPEDINO, Gustavo; FACHIN, Luiz Edson (org.). *O direito e o tempo: embates jurídicos e utopias contemporâneas: estudos em homenagem ao Professor Ricardo Pereira Lira*. Rio de Janeiro: Renovar, 2008, p. 939-968. Para a defesa da teoria do risco agravado, que entendemos ser adequada, vide FARIAS, Cristiano Chaves; BRAGA NETTO, Felipe; ROSENVALD, Nelson. *Novo tratado de responsabilidade civil*. 2 ed. São Paulo: Saraiva, 2017, p. 905.
5. Conforme PEREIRA, Caio Mário da Silva. *Responsabilidade Civil*. Rio de Janeiro: Forense, 2002, p. 194; e MARQUES, Claudia Lima. *Contratos no Código de Defesa do Consumidor*. São Paulo: RT, 1999, p. 1035.

É o risco, e não a ilicitude da atividade,[6] que serve de fundamento do dever de reparar.[7] O risco na legislação consumerista revela-se através do defeito. Defeito nada mais é que um risco não legitimamente esperável, que, se concretizado, se converterá em dano.

2.1. Do defeito como risco ilegítimo

O risco pode ser definido, de forma simples e ampla, como a potencialidade de dano, a periculosidade, o perigo, a falta de segurança.[8] Caio Mário da Silva Pereira, por exemplo, afirma que o risco "é o perigo a que está sujeito o objeto de uma relação jurídica de perecer e deteriorar-se".[9] Orlando Gomes, por sua vez, aponta dois sentidos para a expressão perigo. Na primeira acepção do termo, risco significaria "*periculum* que é a potencialidade de um dano" e, na segunda acepção, a mais estrita, risco significaria o dano produzido.[10] É nesse sentido amplo, significando dano potencial, que utilizou-se da expressão no presente estudo.

Quatro fatores são determinantes para que os riscos sejam onipresentes na sociedade contemporânea. Tais fatores são: a industrialização, a padronização, a complexidade e a própria funcionalidade dos produtos.

Os riscos são inerentes e inevitáveis, porque a grande maioria dos bens de consumo resulta de processo mecanizado de produção. A sociedade industrializada vale-se largamente de processos de produção sujeitos a falhas estatisticamente mensuráveis.[11] Numa grande escala de produção é natural, portanto, que alguns produtos falhem ou apresentem riscos.

---

6. Orlando Gomes anota que a "obrigação de indenizar é imposta em lei a algumas pessoas, independentemente da prática de ato ilícito. Pressupõe este uma ação, ou omissão, voluntária, negligência ou imprudência. Por isso, quando o dano à integridade física ou patrimonial de alguém é causado sem culpa do agente, não se pode afirmar que cometeu delito civil" (GOMES, Orlando. *Obrigações*. Rio de Janeiro: Forense, 1994, p. 307. No mesmo sentido, vide HIRONAKA, Giselda F. Novaes. *Direito civil. Estudos*. Belo Horizonte: Del Rey, 2000, p. 272; e CALVÃO DA SILVA, João Calvão da. *Responsabilidade civil do produtor*. Coimbra: Almedina, 1999, p. 725, ressalvando como hipótese excludente de responsabilidade a existência de defeito imposto por norma vigente). De modo contrário, para Pontes de Miranda e Marcos Bernardes de Mello, a culpa não é elemento central da ilicitude, razão pela qual tratam do ilícito em sentido amplo, para incluir como suas espécies o delito civil (ilícito culposo), bem como do ato-fato ilícito e do fato ilícito (MELLO, Marcos Bernades de. *Teoria do fato jurídico*: Plano da existência. São Paulo: Saraiva, 2014, p. 284).
7. Vide neste sentido ALVIM, Agostinho. *Da inexecução das obrigações e suas conseqüências*. São Paulo: Saraiva, 1972, p. 307.
8. DE PLACIDO E SILVA afirma que risco, num sentido amplo, "é perigo, é o temor ou o receio de qualquer coisa que possa trazer mal" (DE PLACIDO E SILVA. *Vocabulário Jurídico*. São Paulo: Forense, 1963, p. 1386).
9. PEREIRA, op. cit., p. 279
10. GOMES, op. cit., p. 187.
11. Para LEÃES, como "consequência dos modernos processos de produção automatizada, há sempre uma margem inevitável de produtos defeituosos que não podem ser imputados à falta de diligência do produtor, o que lhe permite exonerar-se do dever de reparar, a menos que se instaure a responsabilidade sem culpa" (LEÃES, Luiz Gastão Paes de Barros. *A responsabilidade do fabricante pelo fato do produto*. São Paulo, Tese apresentada na Faculdade de Direito da Universidade de São Paulo, 1984, p. 211).

Por outro lado, como os produtos são concebidos para satisfazer necessidades estandardizadas, é natural e esperável que eles eventualmente não atendam aos desejos ou necessidades particulares de cada indivíduo. Imaginar que um produto único pudesse satisfazer de forma idêntica necessidades de pessoas distintas e diferentes por natureza é imaginar que a vida é dotada de uma racionalidade a ela imanente. Os homens são física, biológica e culturalmente diversos uns dos outros e, dessa forma, o produto que se presta perfeitamente a um, terá grandes chances de não servir ao outro. Tome-se, por exemplo, produtos químicos, como xampus, desodorantes e sabonetes, cujo uso é amplamente disseminado. A fórmula química de tais produtos é concebida de tal forma que seja útil a todos, mas sempre há pessoas que, tendo maior sensibilidade a um dos elementos químicos ativos, terão hipersensibilidade (ou alergia) a um desses produtos.

A complexidade crescente dos produtos igualmente dá sua contribuição para a universalidade do risco no consumo. Quanto mais complexo o produto, menos o consumidor o conhece e, portanto, maiores são as chances de que o consumidor, o utilizando de forma imprópria, se exponha a riscos.

Os riscos, por fim, podem até mesmo ser essenciais à função de um produto. Facas evidentemente devem cortar e armas de fogo devem atirar projéteis letais.

Para onde quer que se olhe ali se encontrará um risco, sendo que a questão essencial que se apresenta não é propriamente encontrar uma forma de extirpar os riscos de nossa sociedade, mas, pelo contrário, buscar uma forma de gerenciá-los e minimizá-los.

O direito estabeleceu uma legislação relativa ao consumo justamente para que o consumidor, tomado como essencialmente mais vulnerável, pudesse minimizar sua exposição a riscos. As soluções buscadas pelo direito para proteger o consumidor contra esses riscos passaram por três grandes caminhos: (i) a busca de um reequilíbrio entre as partes, seja através do direito à informação ou através de institutos como a alteração das obrigações diante onerosidade excessiva, do prazo de reflexão, entre outros; (ii) a prevenção dos danos aos quais o consumidor possa estar exposto; e (iii) e, finalmente, pela reparação dos riscos que, não tendo sido evitados, se concretizaram em danos.

Se há onipresença de riscos, deve-se questionar se todos eles são vedados pela legislação consumerista. O Código de Defesa do Consumidor deixou claro que o fornecedor não deve criar ou expor terceiros a riscos anormais, não legitimamente esperáveis ou não razoáveis.[12] Segundo o Código de Defesa do Consumidor, a existência de riscos (ou a insegurança) não legitimamente esperáveis configura defeito.

---

12. Art. 8°, CDC. "Os produtos e serviços colocados no mercado de consumo não acarretarão riscos à saúde ou segurança dos consumidores, exceto os considerados normais e previsíveis em decorrência de sua natureza e fruição, obrigando-se os fornecedores, em qualquer hipótese, a dar as informações necessárias e adequadas a seu respeito.

Em outras palavras, de modo mais direto, defeito é simplesmente um risco anormal apresentado pelo produto ou serviço.[13]

Por outro lado, muitos riscos inerentes aos produtos são simplesmente aceitos pelo ordenamento jurídico. Aceita-se a existência dos riscos legitimamente esperáveis.[14] Nem poderia ser diferente, pois, caso a legislação proibisse a exposição do consumidor e de seus bens a riscos, simplesmente não haveria mais comércio.

A tolerância a certos riscos do produto é, pois, uma necessidade imposta pela realidade fática. A lei não pode impor obrigações que física e economicamente não podem ser cumpridas. Tanto é assim, que a solução legislativa apresentada em outros países não é diferente da nossa. Calais-Aloy e Steinmetz procuram deixar claro em suas lições que a legislação francesa não exige segurança absoluta. Para tais autores, o aplicador da lei não pode intervir na esfera econômica para exigir que os produtos apresentem segurança maior do que a razoavelmente esperável.[15]

É evidente, dessa forma, que a caracterização de um defeito passa necessariamente pelo conhecimento do que é legitimamente esperável. O consumidor faz um juízo legítimo quando suas expectativas correspondem àquilo que dele ordinariamente se espera, conforme informações prestadas pelo fornecedor. No entanto, se esse juízo não encontra correspondência, deve-se reconhecer que o consumidor foi exposto a riscos anormais, isto é, o produto não corresponde à legítima expectativa do consumidor e, assim, contém vício ou defeito.[16]

Art. 12, § 1º. "O produto é defeituoso quando não oferece a segurança que dele legitimamente se espera, levando-se em consideração as circunstâncias relevantes, entre as quais: I – sua apresentação; II – o uso e os riscos que razoavelmente dele se esperam; III – a época em que foi colocada em circulação".

A fórmula de expectativa legítima é repetida pela legislação francesa, que, no artigo L. 221-1 do *Code de La Consommation,* prescreve: "Les produits et les services doivent, dans des conditions normales d'utilisation ou dans d'outres conditions raisonnablement prévisibles par le professionel, présenter la sécurité à laquele on peut légitimement s'attendre et ne pas porter atteinte à la santé des personnes". Em Portugal, o Decreto Lei 383/99 traz dicção similar: "um produto é defeituoso quando não oferece a segurança com que legitimamente se pode contar, tendo em atenção todas as circunstâncias, designadamente a sua apresentação, a utilização que dele razoavelmente possa ser feita e o momento de sua entrada em circulação" (*apud* CALVÃO DA SILVA, op. cit., p. 633-634. No mesmo sentido, vide ALPA, Guido; e BESSONE, Mário. *La responsabilità del produttore*. Milão: Giuffrè, 1999, p. 249).

13. Toma-se aqui o risco como sinônimo de falta de segurança.
14. É com base nesses artigos, portanto, que respeitosamente discordamos da lição de Zelmo Denari, para quem "todo produto ou serviço perigoso é defeituoso" (GRINOVER, Ada Pellegrini *et al*. *Código brasileiro de defesa do consumidor comentado pelos autores do anteprojeto*. Rio de Janeiro: Forense Universitária, 1998, p. 141).
15. "Les pouvoirs public doivent intervenir pour garantir la sécurité par le texte, mais ils ne peuvent intervenir au-dèla. La sécurité qu'exige la loi n'est pas la sécurité absolue" (CALAIS-AULOY, Jean, STEINMETZ, Frank. *Droit de la consommation*. Paris: Dalloz, 2003, p. 293). No mesmo sentido, vide MARQUES, *Op. cit.*, p. 1025; CALVÃO DA SILVA, op. cit., p. 635; SANSEVERINO, Paulo de Tarso Vieira. *Responsabilidade Civil no Código do Consumidor e a Defesa do Fornecedor*. São Paulo: Saraiva, 2002, p. 117.
16. Para LEÃES "o vício ou defeito da coisa é encarado sob o prisma do grau de potencialidade de causar danos. Nesse sentido, a jurisprudência norte-americana é esclarecedora. A definição dada pelo Restatement of Torts 2nd se apoia nessa idéia: 'A product is defective if is dangerous to an extent beyond that which would be contemplated by an ordinary purchaser, with the ordinary knowledge common to the community as to its characteristics (section 420A)'. A noção de defeito resulta, destarte, de dois elementos intimamente ligados

Como consequência, caberá ao fornecedor prevenir, para que os riscos aos quais o consumidor está exposto não se convertam em danos[17]. Aí entram em ação deveres laterais decorrentes do princípio da boa-fé objetiva, como o de informar e de retirar o produto do mercado, entre outros. Caso já não seja possível a prevenção, tomarão lugar as medidas de reparação previstas no Código de Defesa do Consumidor.

3. DOS RESÍDUOS E DA SUA RELAÇÃO COM OS DEFEITOS

A questão proposta incialmente poderia, nesse ponto, ser reformulada nos seguintes termos: um produto pode ser considerado defeituoso por ensejar a formação de resíduos poluentes? Antes de, finalmente, encontrar uma resposta a esta questão, faz-se necessário (i) buscar uma definição para os resíduos; (ii) identificar em que medida os resíduos apresentam riscos; (iii) identificar os bens afetados por tais riscos.

3.1. Do conceito de resíduo

Quanto ao problema que mais de perto interessa, relacionado aos dejetos, rejeitos, sobras, lixo ou resíduos, vale destacar, logo de início, que por muito tempo se conviveu sem uma definição clara do termo. Até o advento da Política Nacional de Resíduos Sólidos (Lei 12.305, de 02/08/2010), havia poucas normas que procuram regular a questão.[18]

No direito comparado, a União Europeia foi uma das pioneiras na definição do termo, estabelecendo em sua Diretiva 75/442, que resíduos são "quaisquer substâncias ou objectos (...) de que o detentor se desfaz ou tem a intenção ou a obrigação de se desfazer".[19] A Diretiva europeia encontrou reflexo na legislação francesa, que no art. L541-1, II, de seu *Code de l`environnement* (Lei de 15/07/1975), estabeleceu que dejeto é todo resíduo advindo de um processo de produção, transformação ou utilização, assim como toda substância, material, produto ou, de forma mais geral, todo bem móvel abandonado ou que seu detentor destina ao abandono.[20] Vê-se,

---

entre si: requer-se que o produto seja portador de uma anormal virtualidade danosa (unreasonably dangerous) em face da normal expectativa do consumidor comum (beyond the expectation of the consumer). O conceito de defeito passa, pois, a ser extremado mediante a sua relação com um parâmetro: a normalidade" (*Op. cit.*, p. 220-221).

17. A análise do tema da prevenção e reparação é feita, a fundo, no item 4.1, p. 21 abaixo.
18. Vide a análise de Paula Tonani Matteis de Arruda (ARRUDA, Paula Tonani Matteis de. *Responsabilidade civil decorrente da poluição por resíduos sólidos domésticos*. São Paulo: Método, 2004, p. 28-31).
19. Note-se, todavia que referida diretiva não optou por uma definição aberta já que trouxe rol taxativo de resíduos abrangidos por sua disciplina. A mesma solução foi adotada por aquela diretiva que lhe alterou a redação (Directiva 91/156/CEE do Conselho de 18/03/1991) e pela Convenção de Basileia sobre o Controle de Movimentos Transfonteiriços de Resíduos Perigosos e sua Eliminação de 1989 (aprovada pelo Congresso Nacional por meio do Decreto Legislativo 34, de 16/06/1992 e promulgada pelo Decreto Presidencial 875, de 19/07/1993) (Disponível em: [http://www.mma.gov.br/port/gab/asin/inter54.html], acesso em: 20/03/2005).
20. Art. L 541-1, II, *Code de l`environnement*. "Est un déchet au sens du présent chapitre tout résidu d'un processus de production, de transformation ou d'utilisation, toute substance, matériau, produit ou plus génératement tout bien meuble abandonné ou que son détenteur destine à l'abandon".

dessa forma, que a legislação europeia trata como resíduo toda substância que, independentemente da origem, se quer ou se deve abandonar. Nada mais além é exigido. Basta uma detenção e posterior abandono, ou dever de abandono, para que um bem ou substância seja considerada como resíduo.

Quando da tramitação dos projetos de lei que vieram a resultar na atual Política Nacional de Resíduos Sólidos, pretendia-se adotar no país um significado de resíduos similar àquele adotado na União Europeia.[21]

De toda a forma, os resíduos, no essencial dessas definições, são os restos, as sobras,[22] os dejetos ou, ainda, o lixo, seja ele advindo de atividades naturais ou de atividades humanas, como a produção e o consumo; são aquelas substâncias que, na condição em que se encontram, são incapazes de satisfazer quaisquer necessidades de seus detentores, embora ainda possam ter utilidade para terceiros. Os resíduos são marcados, portanto, pelo signo do abandono, ou seja, mais cedo ou mais tarde serão objeto de um ato jurídico cuja finalidade é a disposição da propriedade ou da posse feita por seu titular.[23]

Mas dizer que os resíduos são meramente os bens, materiais ou substâncias destinados ao abandono é dizer pouco sobre eles. Os resíduos ganham relevância para o mundo jurídico não pelo simples fato de serem descartáveis, pois, enquanto tal, poderiam ser simplesmente ignorados. Os resíduos só ganham relevância jurídica a partir do momento em que a sociedade passa a percebê-los como portadores

---

21. Ao considerar que os resíduos não apresentam utilidade para seus detentores, dava-se ênfase ao intuito ou dever de descartar. Nesse sentido, confiram-se os termos do Projeto de Lei 203/1991, que, originado no Senado, se encontra em trâmite perante a Câmara dos Deputados: Art. 4o. Projeto de Lei 203/1991. "Para os efeitos desta Lei, consideram-se: I – resíduos – materiais resultantes de processo de produção, transformação, utilização ou consumo, oriundos de atividades humanas ou animais, ou decorrentes de fenômenos naturais, a cujo descarte se procede, se propõe proceder ou se está obrigado a proceder". O Projeto de Lei 265/1999, em trâmite do Senado Federal, embora também pretenda conferir tratamento racional à questão sob análise, acaba tendo enfoque mais restrito, porque se propõe apenas a definir aquilo que considera ser resíduo sólido e, ao fazê-lo parece excluir de seu significado os descartes relativos a substâncias oriundas de atividades animais e as substâncias decorrentes de fenômenos naturais, como a folhagem que cai das árvores e que deve ser varrida das ruas e praças diariamente. Confira-se: "Art. 1º, §1º, Projeto de Lei 265/1999 – "Para os efeitos desta Lei, entende-se por: I – Resíduos Sólidos: tudo o que é descartado durante o ciclo de vida dos produtos e dos serviços e os restos decorrentes das atividades humanas em geral, que se apresentem nos estados sólido e semissólido e os líquidos não passíveis de tratamento convencional". A adoção de um conceito amplo que inclua até mesmo o resultado de atividades naturais, como a folhagem que cai das árvores e que deve ser varrida de ruas e praças diariamente, é particularmente defendida por Jorge Ulisses Jacoby Fernandes (JACOBY FERNANDES, Jorge Ulisses. *Lixo: Limpeza Pública Urbana*. Belo Horizonte, Del Rey, 2001, p. 4). TELES DA SILVA considerava, então, que a definição trazida pelo Projeto de Lei 203/1991 é precisa e clara, pois "engloba as substâncias e objetos suscetíveis de reutilização econômica. Os bens usados que poderão ser descartados, abandonados, eliminados, ou seja, aqueles dos quais as pessoas desejarão desembaraçar-se, livrar-se, também são considerados resíduos. Da mesma forma, materiais, substâncias e objetos cujo descarte seja determinado por lei serão considerados resíduos" (TELES DA SILVA, Solange. Aspectos da futura política brasileira de gestão de resíduos sólidos à luz da experiência européia. In *Revista de Direito Ambiental*. v. 30. São Paulo: RT, out-dez, 2004, p. 49).
22. Conforme DE PLACIDO E SILVA. *Op. cit.*, p. 1365.
23. ARRUDA define o termo como "qualquer material que seu proprietário ou produtor não considera mais com valor suficiente para conservá-lo, podendo se apresentar nos estados sólido, líquido ou gasoso" (op. cit., p. 37).

de um potencial particularmente lesivo para a boa qualidade de vida e para o meio ambiente,[24] seja por suas propriedades físico-químicas ou pela forma em que foram abandonados. Note-se que esse potencial é especialmente agravado pelo volume e quantidade em que os resíduos são produzidos, fato esse apenas reflete o resultado inafastável de uma sociedade de produção e consumo de massa. Na medida em que muito se adquire, muito se tem a descartar.

Segundo um sentido mais restrito, resíduo seria, assim, sinônimo de restos e sobras com potencial poluente.[25] Os resíduos interessam ao ordenamento jurídico na medida em que podem ser fonte de poluição, sendo assim entendido todo local, atividade ou objeto que emanam elementos que degradam a qualidade do meio ambiente.[26]

O art. 3º, XVI, da atual Política Nacional de Resíduos Sólidos superou o conceito amplo que se via nas propostas que lhe deram origem e terminou por definir como resíduos sólidos o "material, substância, objeto ou bem descartado resultante de atividades humanas em sociedade, a cuja destinação final se procede, se propõe proceder ou se está obrigado a proceder, nos estados sólido ou semissólido, bem como gases contidos em recipientes e líquidos cujas particularidades tornem inviável o seu lançamento na rede pública de esgotos ou em corpos d'água, ou exijam para isso soluções técnica ou economicamente inviáveis em face da melhor tecnologia disponível".[27] O risco ambiental está, como se vê, na essência da definição de resíduo sólido.

---

24. José Afonso da Silva, ao tratar especificamente dos resíduos sólidos, é categórico ao afirmar que "os resíduos sólidos são poluentes do solo e da água" (SILVA, José Afonso da. *Direito Ambiental Constitucional*. São Paulo: Malheiros, 2003, p. 202).
25. Esse parece ser o conceito adotado por MORAES FIGUEIREDO, que assim trata do tema: "No decorrer da história, a população humana se espalha rapidamente, e os resíduos gerados como subproduto de suas atividades transcendem à capacidade de adaptação do meio ambiente, que passa a não mais incorporar estes elementos em seus ciclos originais. Defrontamo-nos agora com um fluxo de elementos artificiais e/ou em altas concentrações, muitos deles tóxicos, ou nocivos à vida na biosfera, que são depositados a todo momento nas várias regiões e subsistemas do planeta e que, em função da própria dinâmica da natureza, retornam ao ciclo de vida da raça humana nas formas de poluição, radiação, contaminação de alimentos, chuva ácida, efeito estufa, destruição da camada de ozônio, etc." (MORAES FIGUEIREDO, Paulo Jorge. *A sociedade do lixo: os resíduos, a questão energética e a crise ambiental*. Piracicaba: Unimep, 1995, p. 48). Em igual sentido, é a opinião de FIORILLO e RODRIGUES, para quem o resíduo é sempre poluente. Confira-se: "no tocante à natureza do lixo urbano, primeiramente resta dizer que o lixo nasce sempre com a denominação de poluente (...) Isto porque sejam eles incinerados, enterrados ou submetidos aos seus respectivos processos de reciclagem, constituem alguma forma de agressão ao meio ambiente" (FIORILLO, Celso Antônio Pacheco; RODRIGUES, Marcelo Abelha. *Manual de direito ambiental e legislação aplicável*. São Paulo: Max Limonad, 1999, p. 402).
26. Conforme SILVA, op. cit., p. 199.
27. Conceito análogo se vê, entre nós, desde 1993, quando o Conselho Nacional do Meio Ambiente – Conama, por meio de sua Resolução 5/1993, passou a tratar de resíduos oriundos de serviços de saúde, portos e aeroportos, e, além disso, é casuística e assistemática. O conceito ali proposto é o seguinte: Art. 1o "Para os efeitos desta Resolução definem-se: I – Resíduos Sólidos: conforme a NBR 10.004, da Associação Brasileira de Normas Técnicas – ABNT – 'resíduos nos estados sólido e semissólido, que resultam de atividades da comunidade de origem: industrial, doméstica, hospitalar, comercial, agrícola, de serviços e de varrição. Ficam incluídos nesta definição os lodos provenientes de sistemas de tratamento de água, aqueles gerados em equipamentos e instalações de controle de poluição, bem como determinados líquidos cujas particularidades tornem inviável seu lançamento na rede pública de esgotos ou corpos d'água, ou exijam para isso soluções técnica e economicamente inviáveis, em face da melhor tecnologia disponível".

3.2. Riscos ambientais do resíduo podem ser um defeito do produto?

O consumo de massa satisfaz necessidades de milhões ao mesmo tempo em que produz resíduos de forma imensurável. Com mais resíduos, a sociedade está indistintamente exposta a maiores riscos. Não se deve ignorar, portanto, que o perigo apresentado pelos resíduos é decorrência direta da sociedade de consumo.

O perigo do resíduo já existe no produto que lhe dá origem desde o momento em que foi colocado no mercado, o que significa reconhecer que o perigo apresentado pelo resíduo é também apresentado pelo produto. Assim, o resíduo está tão intimamente ligado ao produto, quanto a sua periculosidade está associada ao risco do produto. Há verdadeiramente uma identidade entre periculosidade do resíduo e risco do produto na exata medida em que o resíduo é a consequência inevitável do consumo.

Foi dito que defeito é o atributo jurídico dado a produtos inseguros, *i.e.*, que trazem riscos anormais, sendo assim considerados aqueles que apresentem riscos não legitimamente esperáveis. O consumidor faz um juízo legítimo sobre os riscos de certo produto quando sua percepção corresponde à expectativa geral sobre o produto ou às informações prestadas pelo fornecedor. Em contrapartida, seria ilegítimo aquele juízo que se forma em sentido contrário à expectativa geral ou às informações prestadas pelo consumidor.

Ora, dada a fluidez entre os conceitos de periculosidade dos resíduos e de risco do produto, o produto pode ser considerado defeituoso, portando risco anormal, quando seu resíduo apresentar periculosidade incomum.

Ao se investigar se, em um caso específico, certo produto é defeituoso porque seus resíduos são poluentes (o que, dito de outra forma, significa questionar se é legítimo esperar que certos produtos poluam após o seu consumo), será forçoso reconhecer que o ordenamento jurídico não apresenta respostas prontas aprioristicamente para a pergunta.

Procurou-se deixar claro, no decorrer desse estudo, que o conceito de defeito é indeterminado por remeter a um juízo sobre a expectativa legítima. Há indeterminação porque para o signo "defeito" há no mundo concreto uma pluralidade de significantes. Ao estabelecer a norma de responsabilidade por fato do produto, proibiu-se a colocação no mercado de produtos defeituosos, mas não se determinou com exatidão o que seja defeito. O problema gira, assim, em torno das expectativas legítimas que se formam na percepção do consumidor acerca dos riscos de um determinado produto.

O aplicador do direito sempre irá se deparar, portanto, com o seguinte dilema: um determinado risco (no caso o ambiental) deve ser tomado como legitimamente esperável? Como as expectativas não são um dado jurídico, mas, sim, um dado fático, a resposta aos nossos questionamentos só podem ser dadas no plano concreto, de forma democrática,[28] diante da realidade social. Haverá de se tomar um determinado produto, oferecido em uma certa sociedade, para que se possa descobrir quais são as expectativas gerais acerca dos riscos na relação de consumo. A investigação fática certamente trará respostas ao julgador.

A investigação acadêmica, porque voltada à racionalidade, não deve evidentemente descer ao casualismo. Não obstante, o estudo científico pode deixar claro que não se pode excluir, em princípio, a hipótese de que o caráter poluente dos resíduos seja tomado como um risco não legitimamente esperado e, consequentemente, como um defeito do produto.

Dois são os motivos que nos levam a esta conclusão. Em primeiro lugar, vale destacar que a experiência geral demonstra que inúmeros consumidores simplesmente ignoram o caráter poluente dos resíduos dos produtos por eles utilizados. Isso faz com que esses produtos sejam descartados como lixo comum, poluindo o meio ambiente e causando danos a um bem que, em última instância, também é de titularidade da coletividade consumidora. Assim, nos casos em que a expectativa geral acerca de um produto ignora seu caráter poluente, pode-se reconhecer a existência de um defeito do produto cujos resíduos efetivamente poluam.[29]

Em segundo lugar, deve-se destacar que os consumidores muitas vezes são levados a crer que certo produto não poluirá. Nesse caso se está diante de informações equívocas prestadas pelo fornecedor. Françoise Maniet nos lembra, nesse sentido, que os fornecedores, de forma muito comum, adotam selos ambientais ou exercem outro tipo de publicidade "verde", quando, de fato, seus produtos possuem um caráter poluente. A publicidade verde existe porque os consumidores efetivamente desejam não poluir.[30]

Se há certa preferência por produtos não poluentes, é necessário reconhecer, como outro lado da mesma moeda, que o consumidor conhece o caráter poluente dos produtos que consome. Há expectativa geral formada no sentido de aceitar que alguns produtos tragam em si algum caráter poluente. Esses produtos poderão ser

---

28. Veja, nesse sentido, LORENZETTI, Ricardo Luis. *Fundamentos do direito privado*. São Paulo: RT, 1998, p. 579. Não temos dúvida de que a decisão judicial, proferida por juízo competente, após ampla participação das partes, dentro do devido processo legal e a fim de concretizar preceitos genéricos do ordenamento deve ser vista como instrumento de democracia. O devido processo, além de legal, é também democrático.
29. José Rubens Morato Leite afirma, em sentido similar, que "o interessado poderá fundamentar pedido, além das regras do direito civil, nos ditames do Cógido de Defesa do Consumidor, Lei 8.078, de 1990, arts. 6º, inciso VI, 12 ou 18, concernentes a relação do consumidor e meio ambiente (Por exemplo, aquisição de aparelho que, por poluição causa dano a saúde do consumidor etc.)" (LEITE, José Rubens Morato. *Dano Ambiental: do individual ao coletivo extrapatrimonial*. São Paulo: RT, 2003, p. 139). No mesmo sentido, vide Moreira, Danielle de Andrade. Responsabilidade ambiental pós-consumo à luz do Código de Defesa do Consumidor: possibilidades e limitações. *Civilistica.com*, a. 4. n. 2. 2015, disponível em: [http://civilistica.com/responsabilidade-ambiental-pos-consumo-a-luz-do-codigo/], acesso em: 13/07/2017.
30. Conforme MANIET, Françoise. Os apelos ecológicos, os selos ambientais e a proteção dos consumidores. Tradução por Maria Henriqueta do Amaral Fonseca Lobo. In *Revista de Direito do Consumidor*, v. 4. São Paulo: RT, 1992, p. 7.

considerados normais ou não defeituosos na medida em que alguma poluição sempre é legitimamente esperada.

Note-se que uma análise estritamente ambientalista da questão não nos levaria a soluções diversas daquelas que são apontadas pelo direito do consumidor. Entre os ambientalistas, parece haver uma forte tendência de responsabilizar o fornecedor pela poluição que os resíduos dos produtos por ele concebidos e produzidos causam. Essa orientação tem sido defendida com fundamento no artigo 3º, inciso IV, da Lei 6.938 de 31 de agosto de 1981, que trata como poluidor todo aquele que é responsável, direta ou indiretamente, por atividade causadora de degradação ambiental. O produtor, ao conceber e ao produzir produtos a cujos dejetos não pode ser dada destinação ambientalmente adequada, seria responsável nos termos da legislação ambiental.[31]

É legítimo, dessa forma, que duas abordagens diversas sobre o mesmo problema, uma feita sob a ótica do direito do consumidor e outra feita sob a ótica do direito ambiental, apresentem, ao final, soluções similares, já que se está diante de um mesmo ordenamento jurídico regido pelos mesmos princípios constitucionais informadores. Como tanto o consumo quanto o meio ambiente são essenciais ao alcance de uma vida digna, sendo por isso assegurados constitucionalmente, e como não há, dadas as condições tecnológicas atuais, consumo sem um mínimo de degradação ambien-

---

31. 31 Marcelo Abelha Rodrigues e Bianca Neves Amigo afirmam que "há situações em que é difícil precisar o agente poluidor responsável pelo pagamento. Basta pensar na hipótese em que a fabricação de um produto não cause impacto ambiental, no entanto, a sua utilização pelo consumidor final é que polui o meio ambiente. Nesse caso, o poluidor direto é o consumidor e o indireto seria a fábrica responsável pelo desenvolvimento do produto, na medida em que se beneficia com a atividade poluente. Nesse último exemplo, a imputação da responsabilidade deverá incidir nos fabricantes, por dois motivos básicos. Primeiro porque, pelo princípio ambiental de correção da poluição na sua fonte, são os fabricantes que têm condições de elaborar produtos que não sejam poluentes utilizando matérias-primas que não ocasionem poluição quando do uso do produto ou acrescentando neles equipamentos que, ao serem usados pelos consumidores, não causarão impactos ao meio ambiente. Assim, as fábricas possuem meios de evitar a poluição, visto que são elas que detêm conhecimentos técnicos e científicos suficientes para tanto. Em segundo lugar porque, não raramente, os poluidores diretos – são anônimos e dispersos na sociedade de consumo" (RODRIGUES JUNIOR, Otavio Luiz; MAMEDE, Gladiston; ROCHA, Maria Vital da. (Org.) *Responsabilidade civil contemporânea*: em homenagem a Sílvio de Salvo Venosa. 1. ed. São Paulo: Atlas, 2011, p. 543). Simbólica, nesse sentido, pois ajuda a bem visualizar como a questão dos resíduos vem sendo tratada, é o seguinte acórdão do Tribunal de Justiça do Estado do Paraná: "Se os avanços tecnológicos induzem o crescente emprego de vasilhames de matéria plástica tipo PET (polietileno tereftalato), propiciando que os fabricantes que delas se utilizam aumentem lucros e reduzam custos, não é justo que a responsabilidade pelo crescimento exponencial do volume do lixo resultante seja transferida apenas para o governo ou à população. A chamada responsabilidade pós-consumo no caso de produtos de alto poder poluente, como as embalagens plásticas, envolve o fabricante de refrigerantes que delas se utiliza, em ação civil pública, pelos danos ambientais decorrentes. Esta responsabilidade é objetiva nos termos da Lei 7347/85, artigos 1º e 4º da Lei Estadual 12.943/99, e artigos 3º e 14, § 1º da Lei 6.938/81, e implica na sua condenação nas obrigações de fazer, a saber: adoção de providências em relação à destinação final e ambientalmente adequada das embalagens plásticas de seus produtos, e destinação de parte dos seus gastos com publicidade em educação ambiental, sob pena de multa" (Acórdão unânime proferido pelo Tribunal de Justiça do Paraná, nos autos da Apelação Cível 118.652-1, com origem na 4ª Vara Cível de Curitiba, e relatado pelo Des. Ivan Bortoleto). Para análise da jurisprudência, vide PINZ, Greice Moreira. A responsabilidade ambiental pós-consumo e sua concretização na jurisprudência brasileira. *Revista de Direito Ambiental*, São Paulo, v. 17, n. 65, p. 153-216, jan./mar. 2012.

tal, consumo e meio ambiente encontram-se em constante tensão de modo que só o aplicador da lei, diante de circunstâncias concretas, poderá indicar um ponto de equilíbrio entre estas duas forças.

4. CONCORRÊNCIA DE CAUSAS

A questão da concorrência de agentes para a consecução do dano torna-se particularmente relevante para análise de problemas complexos como o que está em foco no presente estudo. Com efeito, a geração dos resíduos só é possível após uma série de atos concatenados. O fornecedor produz o produto; o consumidor consome e descarta os resíduos; o Município, por fim, coleta o resíduo e deveria dar-lhe destinação final. Quem dentre estes principais agentes, afinal, cria o risco de lesão ao meio ambiente?

Tomando-se por base o cotidiano brasileiro, é possível afirmar que tanto fornecedores quanto consumidores e o próprio Estado contribuem diariamente para o depósito ambientalmente inadequado de resíduos. Fornecedores eventualmente omitem o caráter poluente dos resíduos que resultarão dos produtos por eles fabricados; consumidores, mesmo conhecendo o caráter poluente, insistem em depositar resíduos em locais impróprios; o Município, por sua vez, negligencia a necessidade da implementação de um adequado sistema de coleta e disposição adequada.[32] Essa série de atos, sob uma perspectiva de longo prazo, causa o dano ambiental. Aqui, encara-se aquele que é um dos maiores problemas na reparabilidade dos danos ambientais: a identificação do nexo causal.[33]

Sob uma análise estritamente consumerista, o fornecedor se exime de responsabilidade sempre que conseguir demonstrar que o Município ou a própria coletividade consumidora causaram o dano em questão por sua culpa exclusiva. Isso é possível, se o fornecedor demonstrar que informou adequadamente os seus consumidores sobre o caráter poluente dos resíduos e sobre a forma de disposição ambiental adequada. Como essas informações, ninguém haveria de depositar resíduos de forma inadequada, salvo sua culpa exclusiva.[34] Ademais, o fornecedor poderá se eximir de responsabilidade se demonstrar que os resíduos em questão são de tal natureza que podem e devem ser coletados regularmente pelo Poder Público, salvo culpa exclusiva deste.[35]

---

32. JACOBY FERNANDES alerta-nos: "(...) deve-se refletir sobre atuação do Poder Público como gestor e/ou executor do serviço de limpeza pública (...) basta uma análise superficial para demonstrar que as autoridades municipais estão muito aquém da obrigação legal de adotar as medidas mínimas exigidas pelas normas ambientais" (Op. cit., p. 13).
33. LEITE, Op. Cit., p. 178.
34. No mesmo sentido, vide SANTOS, Maria Carolina de Melo. A responsabilidade compartilhada na Política Nacional de Resíduos Sólidos: uma análise da eficácia das disposições relativas ao consumidor. *Revista de Direito Ambiental e Sociedade*, v. 5, n. 1, 2015, p. 248-276. Em sentido contrário, a defender a responsabilidade do fornecedor mesmo quando o consumidor descarta de forma inadequada o resíduo, vide PINZ, op. Cit., p. 206-207.
35. PEREIRA, com base em Overstake, ainda afirma que "indeniza-se o dano causado pelo produto defeituoso, independentemente de ter o consumidor de provar a responsabilidade do fabricante, salvo se este oferecer

O problema das concausas não exclusivas ganha, sob o enfoque que delineia o presente estudo, contornos similares àqueles que permeiam qualquer relação de consumo. Nenhuma causa concorrente, no rigor da legislação consumerista, afasta a eventual responsabilidade do fornecedor pelo caráter poluente dos resíduos dos produtos. A concorrência de atos do município levaria, apenas, à possibilidade de responsabilização solidária em face do consumidor. Ao fornecedor restaria o direito de regresso contra o Município.

A solução propugnada pelo direito ambiental é, em termos práticos, similar à solução apresentada pela legislação consumerista. Ante a dificuldade de identificação do nexo causal, aceita-se que a mínima concorrência causal leve à responsabilidade solidária.[36] Com isso, cada um dos causadores responde integralmente pelo dano, podendo apenas buscar eventual direito de regresso.

O direito ambiental chega mesmo a ir além, propugnando que a mera criação do risco, causa possível do dano, basta para levar à responsabilidade.[37] Por esta fórmula, cada um dos criadores do risco, na medida proporcional ao seu risco (aceitando-se até mesmo cálculos estatísticos para a definição da proporção), seria responsável pela indenização ou para a formação de fundos reparatórios.[38]

5. CONCLUSÃO

A Política Nacional de Resíduos Sólidos estabelece a responsabilidade compartilhada pelo ciclo de vida dos produtos, sendo esta entendida como o "conjunto de atribuições individualizadas e encadeadas dos fabricantes, importadores, distribuidores e comerciantes, dos consumidores e dos titulares dos serviços públicos de limpeza urbana e de manejo dos resíduos sólidos, para minimizar o volume de resíduos sólidos e rejeitos gerados, bem como para reduzir os impactos causados à saúde humana e à qualidade ambiental decorrentes do ciclo de vida dos produtos".

Dentro dessa perspectiva, os entes da administração pública são responsáveis pela "implementação e operacionalização integral do plano de gerenciamento de

---

a comprovação de que não foi o produto em si o causador do prejuízo, porém que este se deveu a uma circunstância diferente, como seja a força maior ou a má utilização pelo consumidor, ou o mau estado de conservação em poder do intermediário ou circunstâncias outras análogas" (op. cit., p. 195); ROCHA, Sílvio Luís Ferreira da. *Responsabilidade do fornecedor pelo fato do produto no direito brasileiro*. São Paulo: RT, 2002, p. 105; e SANSEVERINO, Op. Cit., p., 290.

36. "(...) à responsabilidade por dano ambiental se aplicam as regras da solidariedade entre os responsáveis, podendo a reparação ser exigida de todos e de qualquer um dos responsáveis" (SILVA, Op. Cit., p. 315) No mesmo sentido, vide MACHADO, Paulo Affonso Leme. *Direito Ambiental Brasileiro*. São Paulo: Malheiros, 2004, p. 333; MILARÉ, Édis. *Direito do ambiente*. São Paulo: RT, 2004, p. 765; LEITE, Op. Cit., p. 180; MANCUSO, Rodolfo de Camargo. *Ação civil pública: em defesa do meio ambiente, do patrimônio cultural e dos consumidores*. São Paulo: RT, 1997, p. 225; ARRUDA, Op. Cit., p. 92.

37. LEITE, op. cit., p. 182, 183 e 185.

38. Para discussão do tema da causalidade, vide FROTA, Pablo Malheiros da Cunha, *Responsabilidade por danos – Imputação e nexo de causalidade*, Curitiba, Juruá, 2014. Especificamente no que diz respeito aos resíduos, vide LEMOS, Patrícia Faga Iglecias. *Resíduos sólidos e responsabilidade civil pós-consumo*. São Paulo: RT, 2011.

resíduos sólidos" (art. 27). As pessoas físicas e jurídicas, inclusive consumidores, que produzam resíduos sólidos domiciliares têm cessada sua responsabilidade com a disponibilização adequada para a coleta ou, quando houver logística reversa, com a devolução nos postos de coleta (art. 28).[39] Quando houver coleta seletiva, os consumidores são obrigados a "acondicionar adequadamente e de forma diferenciada os resíduos sólidos gerados" e "disponibilizar adequadamente os resíduos sólidos reutilizáveis e recicláveis para coleta ou devolução" (art. 35). Alguns fornecedores (fabricantes, importadores, distribuidores e comerciantes) ficam obrigados a estabelecer um sistema de coleta de resíduos após o uso de seus produtos por consumidores (logística reversa) (art. 33). São, notadamente, aqueles que fornecem agrotóxicos, pilhas e baterias, pneus, óleos lubrificantes, lâmpadas fluorescentes, produtos eletroeletrônicos e seus componentes.

Essas regras permitem atribuir responsabilidade a agentes poluidores específicos (fornecedores, fabricantes ou poder público), mas deve-se ressaltar que a questão dos resíduos é muito ampla e complexa. Não sendo possível isolar causas adequadas para o dano, impõem-se a responsabilização solidária dos agentes causadores do dano ambiental.

A adoção de uma política de resíduos sólidos veio em boa hora, reafirmando as premissas que a doutrina já apontava para o tema. Deve-se aprimorar o sistema atual com a regulamentação das obrigações relativas aos resíduos, fato que por si só traria o benefício imediato de redução da degradação ambiental. Quando regras específicas impõem atribuições claras aos agentes econômicos e estabelecem as respectivas sanções, é certo que a conduta negativamente valorada pelo ordenamento torna-se menos frequente. Quando é possível identificar, em regulamentos detalhados, quem deve recolher quais resíduos, quem deve valorizá-los e quem deve cuidar de sua disposição final, agrega-se maior eficácia às normas de responsabilidade civil. Quanto mais definidos forem os deveres de coleta, valorização e disposição, mais fácil será identificar quem deixou de cumpri-los, responsabilizando-os.

6. REFERÊNCIAS

ALPA, Guido; BESSONE, Mário. *La responsabilità del produttore*. Milão: Giuffrè, 1999.

ALVIM, Agostinho. *Da inexecução das obrigações e suas conseqüências*. São Paulo: Saraiva, 1972.

ARRUDA, Paula Tonani Matteis de. *Responsabilidade civil decorrente da poluição por resíduos sólidos domésticos*. São Paulo: Método, 2004.

CALAIS-AULOY, Jean, STEINMETZ, Frank. *Droit de la consommation*. Paris: Dalloz, 2003.

CALVÃO DA SILVA, João Calvão da. *Responsabilidade civil do produtor*. Coimbra: Almedina, 1999.

---

39. Vide detalhes sobre o tema em Saldanha, Pedro Mallmann. Logística reversa: instrumento de solução para a problemática dos resíduos sólidos em face da gestão ambiental. *Revista de Direito Ambiental*, São Paulo, v. 17, n. 65, p. 101-152, jan./mar. 2012.

CHINELLATO, Silmara Juny. Da responsabilidade Civil no Código Civil de 2002: aspectos fundamentais. In TEPEDINO, Gustavo; FACHIN, Luiz Edson (org.). *O direito e o tempo: embates jurídicos e utopias contemporâneas: estudos em homenagem ao Professor Ricardo Pereira Lira*. Rio de Janeiro: Renovar, 2008.

DE PLACIDO E SILVA afirma que risco, num sentido amplo, "é perigo, é o temor ou o receio de qualquer coisa que possa trazer mal" (DE PLACIDO E SILVA. *Vocabulário Jurídico*. São Paulo: Forense, 1963

DERANI, Cristiane. *Direito Ambiental Econômico*. São Paulo: Max Limonad, 1997.

FARIAS, Cristiano Chaves; BRAGA NETTO, Felipe; ROSENVALD, Nelson. *Novo tratado de responsabilidade civil*. 2 ed. São Paulo: Saraiva, 2017.

FIORILLO, Celso Antônio Pacheco; RODRIGUES, Marcelo Abelha. *Manual de direito ambiental e legislação aplicável*. São Paulo: Max Limonad, 1999.

GOMES, Orlando. *Obrigações*. Rio de Janeiro: Forense, 1994.

GRINOVER, Ada Pellegrini et al. *Código brasileiro de defesa do consumidor comentado pelos autores do anteprojeto*. Rio de Janeiro: Forense Universitária, 1998.

HIRONAKA, Giselda F. Novaes. *Direito civil. Estudos*. Belo Horizonte: Del Rey, 2000.

JACOBY FERNANDES, Jorge Ulisses. *Lixo: Limpeza Pública Urbana*. Belo Horizonte, Del Rey, 2001.

LEÃES, Luiz Gastão Paes de Barros. *A responsabilidade do fabricante pelo fato do produto*. São Paulo, Tese apresentada na Faculdade de Direito da Universidade de São Paulo, 1984.

LEITE, José Rubens Morato. *Dano ambiental: do individual ao coletivo extrapatrimonial*. São Paulo: RT, 2003.

LEMOS, Patrícia Faga Iglecias. *Resíduos sólidos e responsabilidade civil pós-consumo*. São Paulo: RT, 2011.

LORENZETTI, Ricardo Luis. *Fundamentos do direito privado*. São Paulo: RT, 1998.

MACHADO, Paulo Affonso Leme. *Direito ambiental brasileiro*. São Paulo: Malheiros, 2004.

MANCUSO, Rodolfo de Camargo. *Ação civil pública: em defesa do meio ambiente, do patrimônio cultural e dos consumidores*. São Paulo: RT, 199

MANIET, Françoise. Os apelos ecológicos, os selos ambientais e a proteção dos consumidores. Tradução por Maria Henriqueta do Amaral Fonseca Lobo. In *Revista de Direito do Consumidor*, v. 4. São Paulo: RT, 1992, p. 7.

MARQUES, Claudia Lima. *Contratos no Código de Defesa do Consumidor*. São Paulo: RT, 1999.

MELLO, Marcos Bernades de. *Teoria do fato jurídico:* Plano da existência. São Paulo: Saraiva, 2014.

MILARÉ, Édis. *Direito do ambiente*. São Paulo: RT, 2004.

MORAES FIGUEIREDO, Paulo Jorge. *A sociedade do lixo: os resíduos, a questão energética e a crise ambiental*. Piracicaba: Unimep, 1995.

MOREIRA, Danielle de Andrade. Responsabilidade ambiental pós-consumo à luz do Código de Defesa do Consumidor: possibilidades e limitações. *Civilistica.com*, a. 4. n. 2. 2015, disponível em: [http://civilistica.com/responsabilidade-ambiental-pos-consumo-a-luz-do-codigo/], acesso em: 13/07/2017.

PEREIRA, Caio Mário da Silva. *Responsabilidade Civil*. Rio de Janeiro: Forense, 2002.

PINZ, Greice Moreira. A responsabilidade ambiental pós-consumo e sua concretização na jurisprudência brasileira. *Revista de Direito Ambiental*, São Paulo, v. 17, n. 65, p. 153-216, jan./mar. 2012.

ROCHA, Sílvio Luís Ferreira da. *Responsabilidade do fornecedor pelo fato do produto no direito brasileiro*. São Paulo: RT, 2002.

RODRIGUES JUNIOR, Otavio Luiz; MAMEDE, Gladiston; ROCHA, Maria Vital da. (Org.) *Responsabilidade civil contemporânea:* em homenagem a Sílvio de Salvo Venosa. 1. ed. São Paulo: Atlas, 2011.

SALDANHA, Pedro Mallmann. Logística reversa: instrumento de solução para a problemática dos resíduos sólidos em face da gestão ambiental. *Revista de Direito Ambiental*, São Paulo, v. 17, n. 65, p. 101-152, jan./mar. 2012.

SANSEVERINO, Paulo de Tarso Vieira. *Responsabilidade Civil no Código do Consumidor e a Defesa do Fornecedor.* São Paulo: Saraiva, 2002.

SANTOS, Maria Carolina de Melo. A responsabilidade compartilhada na Política Nacional de Resíduos Sólidos: uma análise da eficácia das disposições relativas ao consumidor. *Revista de Direito Ambiental e Sociedade*, v. 5, n. 1, 2015, p. 248-276.

SILVA, José Afonso da. *Direito Ambiental Constitucional*. São Paulo: Malheiros, 2003.

TELES DA SILVA, Solange. Aspectos da futura política brasileira de gestão de resíduos sólidos à luz da experiência européia. In *Revista de Direito Ambiental*. v. 30. São Paulo: RT, out-dez, 2004.

RESPONSABILIDADE CIVIL AMBIENTAL: UMA SUPERAÇÃO DO DISCURSO DE AUTORIDADE INSCULPIDO PELA TEORIA DO RISCO INTEGRAL

Elcio Nacur Rezende

Pós-Doutor, Doutor e Mestre em Direito. Professor do Programa de Pós-graduação em Direito da Escola Superior Dom Helder Câmara. Procurador da Fazenda Nacional.

Sumário: 1. Introdução – 2. Aspectos gerais da responsabilidade civil ambiental no Brasil – 3. A teoria do risco criado – 4. A teoria do risco integral – 5. Panorama da responsabilidade civil ambiental no direito estrangeiro – 6. O discurso de autoridade adotado no Brasil e a necessidade de superação – 7. Conclusão – 8. Referências.

1. INTRODUÇÃO

Insofismavelmente, a proteção ao Meio Ambiente é uma das maiores preocupações de todas as comunidades do mundo.

O Ser Humano, há alguns anos, conscientizou-se que preservar o Meio Ambiente é sinônimo de preservar a própria vida para as presentes e futuras gerações, pois, sem dúvida, é impossível viver em um ambiente que não se coadune com as necessidades básicas de salubridade que a vida animal exige.

Por isso, degradar o Meio Ambiente acarreta imediatamente a perda da qualidade de vida e, para piorar, a impossibilidade das futuras gerações perpetuarem a espécie humana e as demais espécies animais da fauna e da flora, extirpando o equilíbrio ecológico tão caro à vida.

É indiscutível, pois, a premente necessidade da preservação ambiental evitando-se a degradação atual, de médio e longo prazo. Faz-se necessário, assim, que o Estado e os cidadãos comportem-se de forma que o princípio do desenvolvimento sustentável seja, de fato, respeitado.

Para que a sociedade se desenvolva economicamente sem olvidar a preservação ambiental, é imprescindível uma efetiva educação ambiental através da conscientização e, para os deseducados, uma implacável responsabilidade jurídica.

Com efeito, educação é o ponto nodal de qualquer comportamento humano sadio. O Ser Humano educado, formal e materialmente, é dotado de discernimento para a construção de um mundo melhor, sob todos os aspectos, em particular a preservação ambiental.

Em compasso com a educação, a imputação de responsabilidade jurídica ao degradador do Meio Ambiente, de forma justa e célere, é instrumento pedagógico que evita condutas prejudiciais e permite, quando possível, a recuperação do ambiente deteriorado. Assim, somente com a educação e a certeza de uma severa imputação de responsabilidade, o Ser Humano comportar-se-á direcionando suas ações em prol da preservação ambiental. Nesse sentido:

> Um dos temas ainda poucos discutidos na seara ambiental, principalmente sobre a perspectiva da tríade, é o da responsabilidade civil objetiva aplicada em elaboração de estudos ambientais que auxiliem na tomada de decisões dos atores econômicos.[1]

Dentre as modalidades de responsabilidade jurídica protetivas do Meio Ambiente, a mais comum e efetivamente utilizada no meio forense é a responsabilidade civil ambiental, graças à sua amplitude e caráter genérico. Isso porque as responsabilidades penal e administrativa, em virtude do caráter subsidiário, nem sempre são imputadas ao degradador.

As ordens jurídicas brasileira e de vários países do mundo atentam, sobremaneira, ao estudo e à efetivação da responsabilidade civil ambiental daquele que deteriora o Meio Ambiente e afronta, por isso, um direito difuso de enorme importância, gerando danos diretos aos cidadãos e, porque não dizer, a todos que vivem e viverão no planeta Terra.

Contudo, o problema apresentado nesse texto é qual supedâneo científico jurídico deve ser adotado para uma correta imputação de Responsabilidade Civil? A Responsabilidade Civil Subjetiva ou Objetiva? Sendo Objetiva, pela Teoria do Risco Criado ou do Risco Integral?

Para a formulação da hipótese, é necessário o estudo das teorias existentes na Doutrina e na Legislação, bem como, qual teoria é adotada pelos Tribunais, para que após, seja possível demonstrar, em sede de conclusão, qual a teoria que possui maior robustez jurídica, superando, assim, eventuais discursos de autoridade intocáveis.

2. ASPECTOS GERAIS DA RESPONSABILIDADE CIVIL AMBIENTAL NO BRASIL

Viver em um Meio Ambiente Ecologicamente Equilibrado é, por certo, uma das maiores aspirações do homem nesse século.

Cientes que uma boa qualidade de vida depende essencialmente do Meio Ambiente, todas as pessoas minimamente conscientes preocupam-se em preservar a natureza para as presentes e futuras gerações.

---

1. NETO, Afonso Feitosa Reis. SILVA. Leônio José Alves da. ARAÚJO, Maria do Socorro Bezerra de. Relatório de passivo ambiental: estudo de caso à luz da legislação, da doutrina e da jurisprudência ambientais brasileiras. *Veredas do Direito: Direito Ambiental e Desenvolvimento Sustentável*, [S.l.], v. 13, n. 25, p. 45-67, mai. 2016. ISSN 21798699. Disponível em: [http://www.domhelder.edu.br/revista/index.php/veredas/article/view/590].

Nesse diapasão, a responsabilidade civil ambiental é, inexoravelmente, um dos temas mais estudados no ramo do Direito Ambiental, certamente devido à grande utilidade prática no meio forense.

Estreme de dúvidas, somente com uma correta, rápida e implacável imputação de responsabilidade civil ao degradador ambiental será possível enaltecer o caráter pedagógico que esse instituto possui, na medida em que, certamente, servirá como inibidora de condutas reprováveis no futuro.

A responsabilidade civil não afasta a penal, contudo, como é cediço, o Direito Penal possui aplicabilidade secundária, em homenagem aos Princípios da Fragmentariedade, *Ultima Ratio*, Subsidiariedade, dentre outros, que o regem. Assim, comumente um ilícito ambiental civil não será tutelado criminalmente, cabendo, pois, ao Direito Civil, reger as normas de imputação de responsabilidade.

Na mesma linha de raciocínio, o Direito Administrativo, por vezes, não cuidará de analisar alguns ilícitos ambientais, em razão de, ainda que de forma extraordinária devido ao caráter difuso do bem ambiental, o ilícito circunscrever-se ao interesse privado.

Portanto, pode-se afirmar que o estudo percuciente da responsabilidade civil por danos ao Meio Ambiente é, quer pelo caráter pedagógico ou mesmo por ser o instrumento mais comum de constranger o degradador a responder pelo ilícito ambiental, uma das abordagens mais importantes dentro do Direito Ambiental.

Não obstante, o Meio Ambiente, considerado como um direito inerente a toda coletividade, nem sempre foi objeto de proteção e muito menos considerado como sujeito de direito pelas constituições brasileiras anteriores a 1988.

Embora as primeiras normas referentes ao Meio Ambiente sejam encontradas na legislação portuguesa que data de momento anterior ao Código Civil de 1916,[2] somente há poucas décadas o ordenamento jurídico brasileiro efetivamente concentra esforços para externar que o Meio Ambiente é algo com enorme valor jurídico.

Nas Constituições anteriores a 1988 não havia menção à expressão "Meio Ambiente". A Constituição de 1988 é, pois, um marco na tutela e garantia dos direitos relativos ao bem jurídico Meio Ambiente. Nesse sentido:

> As Constituições Brasileiras anteriores à de 1988 nada traziam especificamente sobre a proteção do Meio Ambiente natural. Das mais recentes, desde 1946, apenas se extraía orientação protecionista do preceito sobre a produção da saúde e sobre a competência da União para legislar sobre água, florestas, caça e pesca, que possibilitavam a elaboração de leis protetoras como o Código Florestal e os Códigos de Saúde Pública, de Água e de Pesca. A Constituição de 1988 foi, portanto, a primeira a tratar deliberadamente da questão ambiental. Pode-se dizer que ela é uma constituição eminentemente ambientalista. Assumiu o tratamento da matéria em termos amplos

---

2. As chamadas Ordenações Afonsinas que vigoravam em Portugal na época do descobrimento do Brasil estabeleciam que o corte de árvores de fruto consistia em crime de injúria cometido contra o rei (LEMOS, 2010).

e modernos. Traz um capítulo específico sobre o Meio Ambiente, inserido no título da "ordem social" (capítulo VI do Título VIII) mas a questão permeia todo o seu texto, correlacionada com os temas fundamentais da ordem constitucional. (SILVA, 2011, p. 48).

O constituinte de 1988 preocupou-se enormemente com o Meio Ambiente, pois, por simples leitura, além do capítulo VI inteiramente dedicado à questão ambiental, os artigos 5º, LXXIII; 20, II; 23, VI; 24, VI, VII e VIII; 129, III, 220, § 3º, II; 170, VI e, por fim o 186, II, expressamente demonstraram uma atenção com o Meio Ambiente, o que é digno dos mais elevados encômios.

Assim, a partir dos dispositivos acima e, em especial, do preceito constitucional insculpido no artigo 225 da Constituição,[3] imperioso se fez que a legislação brasileira infraconstitucional estabelecesse normas de responsabilização ao degradador ambiental, como leciona Sarlet e Fensterseifer:

> A qualificação de um Estado como Estado (sócio!) Ambiental traduz-se em – pelo menos – duas dimensões jurídico-políticas relevantes: a) a obrigação do Estado, em cooperação com outros Estados e cidadãos ou grupos da sociedade civil, de promover políticas públicas (econômicas, educativas, de ordenamento) pautadas pelas exigências da sustentabilidade ecológica; b) o dever de adoção de comportamentos públicos e privados amigos do ambiente, dando expressão concreta à assunção da responsabilidade dos poderes públicos perante às gerações futuras, mas sem descurar da necessária partilha de responsabilidades entre o Estado e os atores privados na consecução do objetivo constitucional de tutela do ambiente, consoante, aliás, anunciado expressamente no artigo 225, *caput*, da nossa Lei Fundamental.(SARLET; FENSTERSEIFER, 2013, p. 114-115).

Nesse mesmo raciocínio, para que o desenvolvimento seja, efetivamente, sustentável, é necessária a presença do Poder Estatal, quer através do Poder Judiciário ou do Executivo, sempre observando a Separação de Poderes e, sobretudo, à supremacia do interesse público. Leciona Dworkin:

> [O]s juízes não deveriam ser e não são legisladores delegados, e é enganoso o conhecido pressuposto de que eles estão legislando quando vão além de decisões políticas já tomadas por outras pessoas. Este pressuposto não leva em consideração a importância de uma distinção fundamental na teoria política que agora introduzirei de modo sumário. Refiro-me à distinção entre argumentos de princípio, por um lado, e argumentos de política (*policy*), por outro. Os argumentos de política justificam uma decisão política, mostrando que a decisão fomenta ou protege algum objetivo coletivo da comunidade como um todo. (...) Os argumentos de princípio justificam uma decisão política, mostrando que a decisão respeita ou garante um direito de um indivíduo ou de um grupo. (...) Não obstante, defendo a tese de que as decisões judiciais nos casos civis, mesmo em casos difíceis (...), são e devem ser, de maneira característica, gerados por princípios, e não por políticas (DWORKIN, 2002, p. 129- 132).

A par do Direito Constitucional, os direitos humanos exigem que o degradador ambiental responda por seus atos, pois se acredita que somente através de justa e

---

3. Art. 225. Todos têm direito ao Meio Ambiente ecologicamente equilibrado, bem de uso comum do povo e essencial à sadia qualidade de vida, impondo-se ao Poder Público e à coletividade o dever de defendê-lo e preservá- lo para as presentes e futuras gerações.

implacável responsabilização serão evitadas novas deteriorações, afinal, a reparação do dano (se possível for) deve ser ônus de quem o promoveu.

Sem dúvida, um dos temas mais importantes e de maior objeto de litigiosidade na esfera civil são as ações indenizatórias. O conceito de ato ilícito clássico é previsto no artigo 186 do Código Civil de 2002, que dispõe que qualquer pessoa física ou jurídica que, por ação ou omissão voluntária (dolosa), negligência ou imprudência (culposa), violar direito e causar dano a outrem, ainda que exclusivamente moral, estará cometendo um ato contrário ao Direito. Não obstante, tratando do abuso de direito, o artigo 187 assevera que também "comete ato ilícito o titular de um direito que, ao exercê-lo, excede manifestamente os limites impostos pelo seu fim econômico ou social, pela boa-fé ou pelos bons costumes".

Partindo-se da premissa de que o Meio Ambiente é um dos bens de maior valoração jurídica para qualquer ser vivo, conclui-se, a partir dos conceitos positivados, que qualquer pessoa que, por ato doloso ou culposo, degradar bens ambientais, ainda que exercendo algo ontologicamente lícito, porém abusivamente, deverá responder pela deterioração. Nesse sentido, de forma ampla, determinou o artigo 927 do Código que quem comete ato ilícito (arts. 186 e 187) e causa dano fica obrigado a repará-lo.

Observa-se, pela leitura dos artigos 186 e 927, *caput*, que se exigiu a presença do elemento subjetivo (dolo ou culpa) para a configuração do Ato Ilícito e, consequentemente, a imputação de responsabilidade.

Contudo, o parágrafo único do artigo 927 determinou que "haverá obrigação de reparar o dano, independentemente de culpa, nos casos especificados em lei, ou quando a atividade normalmente desenvolvida pelo autor do dano implicar, por sua natureza, risco para os direitos de outrem".

Constata-se, no dispositivo retro, que a lei adota a responsabilidade civil objetiva sempre que a degradação for consequência de uma atividade de risco.

Portanto, o Direito Civil contemporâneo dispensa a perquirição dos elementos psíquicos intenção, imprudência, negligência e imperícia para que se atribua o dever de reparar o dano ambiental quando a atividade do degradador for de risco.

O grande problema da Teoria do Risco desenhada pela lei é justamente na delimitação do que seja atividade de risco.

Contudo, a responsabilidade civil em matéria ambiental não pode ser tratada nos mesmos padrões da responsabilidade civil estudada no Direito Civil, sob pena de se olvidar que as características do dano ambiental (caráter difuso, difícil ou impossível reparação, difícil quantificação, caráter transfronteiriço, cumulatividade, dentre outros) acarretam a necessidade de tratamento especial. Necessário é, pois, que se construa uma doutrina que possibilite mais facilmente a apuração da responsabilidade e a aplicação da consequência jurídica necessária, com o escopo de se alcançar o comando constitucional de um Meio Ambiente ecologicamente equilibrado como direito de todos.

Com efeito, dispensando-se a comprovação de dolo ou culpa, facilita-se sobremaneira a condenação daquele que degradou, pois a voluntariedade abominável do autor na provocação do dano ou mesmo a simples negligência, imprudência ou imperícia não serão analisadas pelo julgador. Assim, basta que se demonstre a atividade (lícita ou ilícita), o nexo causal e o dano que haverá elementos suficientes para a condenação.

Nesse sentido, estabelece a Lei 6.938/1981, que instituiu a Política Nacional de Meio Ambiente, em seu artigo 14:

> Art. 14. Sem prejuízo das penalidades definidas pela legislação federal, estadual e municipal, o não cumprimento das medidas necessárias à preservação ou correção dos inconvenientes e danos causados pela degradação da qualidade ambiental sujeitará os transgressores:
>
> (...)
>
> § 1º Sem obstar a aplicação das penalidades previstas neste artigo, é o poluidor obrigado, independentemente da existência de culpa, a indenizar ou reparar os danos causados ao Meio Ambiente e a terceiros, afetados por sua atividade. O Ministério Público da União e dos Estados terá legitimidade para propor ação de responsabilidade civil e criminal, por danos causados ao Meio Ambiente.

Assim, é inexorável que no Brasil adota-se a Teoria da Responsabilidade Objetiva, vez que o legislador, de forma extremamente salutar, dispensa a perquirição do elemento subjetivo na imputação de responsabilidade.

Todavia, surge, contudo, uma questão tormentosa não pacificada na doutrina e na jurisprudência, qual seja: o Brasil adota a Teoria do Risco Criado ou a Teoria do Risco Integral.[4]

3. A TEORIA DO RISCO CRIADO

Pela Teoria do Risco Criado, caso um suposto degradador comprove que o evento danoso decorreu de culpa exclusiva da vítima, fato exclusivo de terceiro, fortuito ou força maior, estará, por imediata consequência, eximido de responsabilidade.

Assim é possível que o réu de ação indenizatória por dano ambiental demonstre o rompimento do nexo causal e evite a condenação.

Pela própria dicção dessa teoria, parte-se de uma premissa, qual seja: que houve por parte do empreendedor a criação de um risco ao Meio Ambiente, trazendo para si a assunção da responsabilidade civil decorrente de sua atividade.

Portanto, assume os riscos do empreendedorismo aquele que, na busca do lucro, diga-se de passagem, que tal fato em nada é, aprioristicamente, pejorativo, opta

---

4. Adotam a Teoria do Risco Integral os seguintes juristas: Antonio Herman Benjamin, Norma Sueli Padilha, Jorge Nunes Athias, Sérgio Cavalieri Filho, Édis Milaré, Nelson Nery Jr., José Afonso da Silva e Sérgio Ferraz. Adotam a Teoria do Risco Criado os seguintes juristas: Vladimir Passos Freitas, Mário Moacyr Porto, Hugo Nigro Mazzili, Toshio Mukai, José Ricardo Alvarez Miranda, Paulo de Bessa Antunes, Nelson Rosenvald, Felipe Peixoto Braga Netto e Cristiano Chaves.

por exercer atividade de potencial risco ambiental. Assim, quando um empresário escolhe a atividade que exercerá, certamente, mensura os riscos econômicos e os resultados que poderão advir.

Em Teoria Econômica, admite-se que quanto maior o risco do negócio, maximiza-se os resultados positiva (lucro) quer negativamente (prejuízo).

Por corolário lógico, ao exercer atividade potencialmente degradadora, o empresário deve arcar com a Responsabilidade Civil decorrente de sua atividade.

Repita-se: decorrente de sua atividade.

Ora, quando a Teoria do Risco Criado permite ao Réu de uma Ação de Responsabilidade Civil Ambiental arcar com o pesado ônus de demonstrar o rompimento do nexo causal, comprovando, cabalmente, que o dano ambiental decorreu do fortuito, força maior ou fato de terceiro, apenas estará demonstrando que o dano não foi assumido por ele, o empreendedor. Vale dizer, não existe liame entre causa e efeito, afinal, o dano decorreu de elemento que foge por completo à previsibilidade e evitabilidade (fortuito ou força maior), bem como, foi causado exclusivamente por uma terceira pessoa estranha à lide.

4. A TEORIA DO RISCO INTEGRAL

A Teoria do Risco Integral sustenta-se em uma situação onde verificado o dano e uma conexão mínima com determinada atividade empreendida por alguém, restará configurada a Responsabilidade Civil.

Em outras palavras, ainda que o Réu em uma Ação que vise imputar Responsabilidade Civil demonstre o rompimento do nexo causal entre o seu comportamento e o evento danoso, não evitará a condenação.

Vale ressaltar, portanto, que ainda que fique configurado a existência do Fortuito, Força Maior ou Fato de Terceiro, quando se adota a Teoria da Responsabilidade Civil, haverá procedência do pedido indenizatório, como explica Felipe Peixoto, Nelson Rosenvald e Cristiano Chaves:[5]

> Já a teoria do risco integral, ou responsabilidade objetiva absoluta, acena para uma causalidade pura. Trata-se de uma construção jurisprudencial a ser aplicada em casos excepcionalíssimos, na medida em que a sua adoção representará a imposição de uma obrigação objetiva de indenizar, mesmo que as circunstâncias evidenciem a existência de uma excludente do nexo causal.

Como bem explicado no texto acima, admitir-se a Teoria da Responsabilidade Civil pelo Risco Integral é, inexoravelmente, impor ao Réu uma condenação quase que inevitável, pois, ainda que o polo passivo de uma demanda comprove ao magistrado que o dano decorreu do fortuito ou força maior, ou ainda, de ação de terceiros

---

5. BRAGA NETTO, Felipe Peixoto. ROSENVALD, Nelson. CHAVES, Cristiano. *Curso de direito civil*. v. 3. São Paulo: Atlas, 2015.

estranhos à lide, este não evitará a condenação pela simples demonstração da conexão entre sua atividade o dano.

5. PANORAMA DA RESPONSABILIDADE CIVIL AMBIENTAL NO DIREITO ESTRANGEIRO

Os sistemas de responsabilidade ambiental dos diversos Estados-Membros da União Europeia variavam muito quanto à responsabilização pelos danos ambientais e às exigências de sua reparação.

Em 2004, a União Europeia procurou instituir um regime mais uniforme de prevenção e reparação dos danos ambientais nos países membros, através da adoção da relevante Diretiva 2004/35 que trata da responsabilidade ambiental.

Essa legislação inovadora estabeleceu pela primeira vez na União Europeia, um regime de responsabilidade global para os danos ambientais, assente no princípio do poluidor-pagador.

A indigitada Diretiva impõe uma distinção entre dois tipos de empreendedores: os envolvidos em atividades ocupacionais perigosas, enumeradas em seu anexo III e os envolvidos em todas as outras atividades. Cada tipo dá origem a um nível de responsabilidade diferente. Aos operadores envolvidos em atividades enumeradas no anexo III é aplicável um regime de responsabilidade objetiva, nas demais atividades a Responsabilidade Civil Ambiental depende da demonstração de dolo ou culpa.

Em outras palavras, na Europa, como regra imposta pelo Direito Comunitário, em sede de Dano Ambiental, somente haverá condenação civil se o Autor da demanda comprovar que o evento danoso decorreu da intenção do Réu (dolo) ou de sua negligência, imprudência ou imperícia (culpa). Não havendo a demonstração do elemento subjetivo, não haverá imputação.

Por outro lado, se a atividade empreendida pelo Réu estiver dentre as listadas no Anexo III da Diretiva, é dispensável a demonstração do elemento subjetivo, bastando, para que haja condenação, a demonstração da ação/omissão, do dano e do nexo causal, vale dizer, somente há Responsabilidade Objetiva quando o Réu empreender as atividades previstas no Anexo III (comumente atividade potencialmente degradadora).

Em resumo, não há na Europa a adoção da Teoria do Risco Integral.

Nos Estados Unidos, a base principal do sistema de responsabilidade legal para reparação de danos ambientais é a lei federal conhecida como *Comprehensive Environmental Response, Compensation and Liability Act*, também chamada de "Cercla" ou "Superfund" (11 de dezembro de 1980).

Podemos afirmar, a partir da análise da Cercla que a Responsabilidade Civil Ambiental nos EUA é Objetiva, contudo, admite-se, como certa facilidade o rompimento do nexo causal.

Afinal, o Ato de terceiro (*act of third part*); o caso fortuito ou força maior (*act of God*) e os Atos de guerra (*act of war*), são estabelecidos como formas do Réu evitar a condenação.

Conclui-se, portanto, que na Europa e nos Estados Unidos, não existe a Teoria do Risco Integral.

6. O DISCURSO DE AUTORIDADE ADOTADO NO BRASIL E A NECESSIDADE DE SUPERAÇÃO

A jurisprudência brasileira, como já dito, adota, em quase sua unanimidade, a Teoria do Risco Integral. Contudo, parece-me assustador a adoção de tal teoria pelo magistrado sem uma enorme e exauriente cognição do caso concreto.

Imagine-se, por exemplo, que um pequeníssimo morador de zona rural, pessoa extremamente humilde e de baixo grau de escolaridade, que vive às custas de Bolsa paga pelo Estado a título de benefício assistencial, tenha em sua propriedade, desprovida de energia elétrica, um pequeno reservatório de óleo diesel que é fonte do seu simples gerador. Em determinado dia, esse humilde cidadão, extremamente honesto e cumpridor de seus deveres legais, é vítima de um vândalo que, criminosamente, provoca o rompimento daquele reservatório de óleo diesel que vem a vazar e, por consequência, poluir o riacho que passa nos fundos da propriedade rural. Continuando a nossa hipotética história, a polícia ambiental consegue capturar o criminoso e, esse, merecidamente, é condenado à pena privativa de liberdade.

Verificado o indigitado dano ambiental (poluição do riacho) o Ministério Público (ou outra pessoa qualquer) move contra aquela pessoa humilde (extremamente honesta) uma ação de Responsabilidade Civil por Dano Ambiental, pleiteando na exordial uma significativa quantia pecuniária em razão do dano, bem como, a reparação ambiental.

Ora, pela Teoria do Risco Integral, pelo simples fato de existir a propriedade rural e o dano ter ocorrido dentro de sua área, aquele homem honesto restará condenado!

Ressalte-se, ainda que consiga, estreme de dúvida, comprovar que em verdade, o criminoso, ora encarcerado, foi o único e exclusivo responsável pelo dano ambiental, vale dizer, demonstrado o rompimento do nexo causal em razão do fato de terceiro, a condenação ocorrerá.

Imaginemos outro exemplo.

Em determinada cidade, onde nunca se teve notícia de um terremoto, uma humilde lavadeira, pessoa de pouco estudo, completa a sua miserável renda com pequenas lavagens de roupas de cama para outras pessoas em um tanque no fundo do quintal. Determinado insólito dia, em razão de um abalo sísmico, completamente inédito naquela região, uma quantidade de produto químico utilizado na lavagem da roupa de cama cai da prateleira e vem a poluir o lençol (com a desculpa do trocadilho) freático.

Pela Teoria do Risco Integral, aquela lavadeira restará condenada em sede de Responsabilidade Civil pela Teoria do Risco Integral, ainda que comprove, cabalmente, o fortuito ou a força maior (terremoto).

Esses dois exemplos, apesar de figurativos, bem demonstram, o risco (novamente com a desculpa do trocadilho) de se adotar a Teoria do Risco Integral.

Todavia, a unanimidade (ou quase) dos Tribunais do Brasil, adotam a Teoria do Risco Integral em matéria de Dano Ambiental.

O Superior Tribunal de Justiça, há muitos anos, pacificou tal entendimento e, em razão disso, graças a superioridade dentro do organograma do Poder Judiciário brasileiro e, em razão de questões processuais, como, por exemplo, a sistemática do Incidente de Resolução de Demandas Repetitivas (art. 976 do Código de Processo Civil) os demais tribunais tem admitido a impossibilidade do Réu em Ação de Responsabilidade Civil por Dano Ambiental, ainda que comprove as excludentes de nexo causal (fortuito, força maior, fato de terceiro – vez que em sede de Dano Ambiental não se aplica a culpa exclusiva da vítima), evitar a condenação.

Vejamos a jurisprudência consolidada do Superior Tribunal de Justiça:

AgInt no AREsp 277167 / MG

Julgado em 14/03/2017

(...)

3. No tocante à ausência de responsabilidade solidária pelos danos ambientais, é pacificada nesta Corte a orientação de que a responsabilidade ambiental é objetiva e solidária de todos os agentes que obtiveram proveito da atividade que resultou no dano ambiental não com fundamento no Código de Defesa do Consumidor, mas pela aplicação da teoria do risco integral ao poluidor/pagador prevista pela legislação ambiental (art. 14, § 1º, da Lei 6.938/81), combinado com o art. 942 do Código Civil. Precedentes.

(...)

AgInt no AREsp 846996 / RO

Julgado em 04/10/2016

3. A inversão do ônus da prova no que se refere ao dano ambiental está de acordo com a jurisprudência desta Corte, que já se manifestou no sentido de que, 'tratando-se de ação indenizatória por dano ambiental, a responsabilidade pelos danos causados é objetiva, pois fundada na teoria do risco integral. Assim, cabível a inversão do ônus da prova.

A jurisprudência do Superior Tribunal de Justiça proclama, assim, que a Teoria do Risco Integral deve ser admitida, importando afirmar que a discussão sobre fortuito, força maior ou culpa de terceiro é absolutamente irrelevante.[6]

---

6. Acatam a Teoria do Risco Integral os seguintes julgados do STJ dos anos de 2015, 2016 e 2017: AgInt no AREsp 277167/MG; AgInt no AREsp 846996/RO; REsp 1363107/DF; AgRg no AREsp 232494/PR; AgRg no AREsp 533786/RJ; REsp 1299900/RJ; dentre outros.

Diga-se, outrossim, que parte da doutrina brasileira afirma que somente com a adoção da Teoria do Risco Integral o Meio Ambiente estará efetivamente protegido, uma vez que aquele que o degradar sempre será responsabilizado, ainda que comprove o fortuito, força maior, culpa exclusiva da vítima ou de terceiros. Nesse sentido, vale a advertência doutrinária de que: "se fosse possível invocar o caso fortuito ou a força maior como causas excludentes de responsabilidade civil por dano ecológico, ficaria fora da incidência da lei a maior parte dos casos de poluição ambiental". (CAVALIERI FILHO, 2012, p. 154).

Contudo há uma crítica que deve ser feita!

Qual o supedâneo legal, haja vista que o sistema Civil Law (Romano-germânico) a que estamos submetidos, para a adoção da Teoria do Risco Integral?

A resposta é imediata: nenhum!

Não existe no ordenamento jurídico brasileiro, nenhum dispositivo que estabeleça a impossibilidade do rompimento do nexo causal, pelo contrário, o Código Civil elege o fortuito e a força maior, em diversas vezes, como excludente de obrigação, como, por exemplo, nos artigos 393; § 1º do artigo 492; artigo 625, I; 642; parágrafo único do artigo 696; 734 e 936.

No sentido de que não há no ordenamento jurídico brasileiro a Teoria do Risco Integral, vale destacar a lição de Paulo de Bessa Antunes:[7]

> Após a exposição das questões feita acima é possível chegar a algumas conclusões relevantes. Em primeiro lugar há que se reconhecer que o regime de responsabilidade civil ambiental consagrado pela jurisprudência majoritária do STJ é criação de direito novo que não encontra ressonância doutrinária tranquila e, igualmente, não encontra paralelo na ordem jurídica internacional.

Ora, será que o discurso de autoridade não deve ser repensado? Certamente, sim!

Não se pode, de forma insofismável, pela simples constatação do dano ambiental, imputar responsabilidade.

É óbvio, como já dissemos, que o Meio Ambiente merece proteção magnânima e especial, mas isso não pode ser levado ao absurdo.

É lógico, que o ônus da prova do rompimento do nexo causal deve ser do Réu, facilitando a perquirição e imputação de responsabilidade, contudo, uma pessoa que não exerce qualquer atividade econômica relevante, não assumiu qualquer risco na produção de um resultado, não exerce atividade minimamente potencialmente degradadora, ser responsabilizada por dano ambiental, pode acarretar uma injustiça.

---

7. ANTUNES, Paulo Bessa. Da existência da exclusão de responsabilidade na responsabilidade por danos ao meio ambiente no Direito Brasileiro. *e-Pública*, Lisboa, v. 3, n. 2, p. 100-119, nov. 2016. Disponível em <http://www.scielo.mec.pt/scielo.php?script=sci_arttext&pid=S2183-184X2016000200005&lng=pt&nrm=iso>. Acesso em: 28/04/2017.

7. CONCLUSÃO

As enormes degradações ambientais constatadas em todo o mundo, obrigaram os estudiosos do Direito a se preocupar, cada vez mais, com o estudo do Direito Ambiental, mormente com o propósito de prevenir condutas lesivas ao ambiente.

A Ciência Jurídica então, ciente do objeto de seu estudo, busca através da responsabilidade civil, criminal e administrativa, construir um arcabouço teórico capaz de dar robustez ao Direito Positivo tanto na intenção de evitar as ações/omissões prejudiciais ao Meio Ambiente, como também de imputar ao degradador a obrigação de reparar o dano e, eventualmente, puni-lo.

Nesse diapasão, observa-se, no conjunto normativo de quase todos os países, uma crescente positivação de regras de conduta que visam proteger o Meio Ambiente e, não obstante, um aumento de rigor na sanção a ser aplicada àquele que provoca danos.

No âmbito da responsabilidade civil, os países se dividem entre a adoção da Responsabilidade Objetiva, ou seja, aquela que dispensa a demonstração de dolo ou culpa para que haja imputação ao degradador, ou pela responsabilidade subjetiva, em que o réu somente será condenado se houver comprovação de que o dano ambiental decorreu de um seu ato intencional (dolo) ou de negligência, imprudência ou imperícia (culpa).

O Brasil adota a Teoria da Responsabilidade Objetiva, enquanto outros países adotam a Teoria da Responsabilidade Subjetiva, somente dispensando o elemento subjetivo (dolo ou culpa) quando a atividade do degradador estiver previamente listada como atividade perigosa ou de risco.

Nesse cenário, pergunta-se: qual a melhor Teoria? A resposta, a nosso ver, é o sistema adotado no Brasil, ou seja, a Reponsabilidade Objetiva. Afinal, para todos que estudam o Direito, mormente para os que têm um olhar depurado sobre os casos concretos de lides oriundas de dano ambiental, constata-se, por vezes, a impossível ou dificílima demonstração cabal da existência de dolo ou culpa na ação lesiva.

Se adotássemos, pois, a Teoria Subjetiva, sempre que o autor, comumente o Ministério Público, não conseguisse demonstrar cabalmente que o dano ambiental decorreu de dolo ou culpa do agente, estaria toda a sociedade, graças ao caráter difuso do bem ambiental, completamente desamparada, restando, pois, à própria natureza, a responsabilidade de sua recuperação.

Vale ressaltar que o sistema de outros países, mormente na Europa, ao adotar a lista de atividades potencialmente degradadoras, caso em que a responsabilidade ocorrerá independentemente do elemento subjetivo, merece um elogio. Haverá, nessa situação, não apenas uma melhor tutela ambiental, mas o inexorável conhecimento daquele que inicia determinada atividade de risco, normalmente empresarial, do fato de que, em caso de lesão ao Meio Ambiente decorrente de sua atividade, a imputação de responsabilidade civil ocorrerá, exceto se conseguir demonstrar o rompimento do nexo causal.

Por outro lado, a jurisprudência brasileira, em quase sua totalidade, ao adotar a Teoria do Risco Integral, impossibilita ao réu demonstrar que o evento danoso ocorreu em razão do fortuito, força maior ou fato de terceiro, podendo acarretar decisões de pouca robustez jurídica que obriguem uma pessoa a responder por algo que sequer contribuiu para o resultado.

Sustentamos, pois, que em busca da máxima proteção ao Meio Ambiente, sem contudo, imputar indevidamente Responsabilidade Civil a quem sequer, minimamente, contribuiu para o evento danoso, dever-se-ia adotar a Teoria da Reponsabilidade Civil Objetiva pelo Risco Criado, exceto quando, de forma insofismável, o empreendedor, na busca pela maximização do lucro, assume, conscientemente, que exerce atividade de potencial risco ambiental, quando, então, admitimos, por exceção, a Teoria do Risco Integral.

8. REFERÊNCIAS

ANTUNES, Paulo de Bessa. *Direito ambiental*. São Paulo: Atlas, 2013.

ANTUNES, Paulo Bessa. Da existência da exclusão de responsabilidade na responsabilidade por danos ao meio ambiente no Direito Brasileiro. *e-Pública*, Lisboa , v. 3, n. 2, p. 100-119, nov. 2016 . Disponível em <http://www.scielo.mec.pt/scielo.php?script=sci_arttext&pid=S2183-184X2016000200005&lng=pt&nrm=iso>. Acesso em 28 abr. 2017.

BEDRAN, Karina Marcos; MAYER, Elizabeth. A responsabilidade civil por danos ambientais no direito brasileiro e comparado: teoria do risco criado *versus* teoria do risco integral. *Veredas do Direito*, Belo Horizonte, v. 10, n. 19, p. 45-88, jan./jun. 2013.

BRAGA E SILVA, Larissa Gabrielle. REZENDE, Élcio Nacur. *Responsabilidade civil ambiental no direito constitucional brasileiro*: uma análise da evolução histórica. Revista do Direito Público. Londrina, v.11, n.1, p.205-226, jan/abr.2016. DOI: 10.5433/1980-511X.2016v11n1p205. ISSN: 1980-511X.

BRAGA NETTO, Felipe Peixoto. ROSENVALD, Nelson. CHAVES, Cristiano. *Curso de Direito Civil*. v. 3. São Paulo: Atlas, 2015.

BRASIL. *Código Civil*. Disponível em: [http://www.planalto.gov.br/ccivil_03/leis/2002/l10406.htm]. Acesso em: 04/04/2017.

BRASIL. *Constituição da República Federativa do Brasil de 1988*. Disponível em: [http://www.planalto.gov.br/ccivil_03/Constituicao/Constituicao.htm]. Acesso em: 0/04/2017.

BRASIL. *Lei Federal 6.938/1981*. Dispõe sobre a Política Nacional do Meio Ambiente, seus fins e mecanismos de formulação e aplicação, e dá outras providências. Disponível em: [http://www.planalto.gov.br/ccivil_03/leis/l6938.htm]. Acesso em: 04/04/2017.

CANOTILHO, José Joaquim Gomes. Actos autorizativos jurídico públicos e responsabilidade por danos ambientais. *Boletim da Faculdade de Direito de Coimbra*. Coimbra, v. 69, 1993.

CAVALIERI FILHO, Sérgio. *Programa de responsabilidade civil*. São Paulo: Atlas, 2012.

DWORKIN, Ronald. *Levando os direitos a sério*. São Paulo: Martins Fontes, 2002 [1977/1978].

LEMOS, Patrícia Faga Iglecias. *Direito ambiental:* responsabilidade civil e proteção ao meio ambiente. 3.ed. rev., atual. e ampl. São Paulo: Editora Revista dos Tribunais, 2010.

MUKAI, Toshio. *Responsabilidade civil objetiva por dano ambiental com base no risco.* Disponível em: [http://bibliotecadigital.fgv.br/ojs/index.php/rda/article/view/46443/45188]. Acesso em: 23/04/2017.

NETO, Afonso Feitosa Reis. SILVA. Leônio José Alves da. ARAÚJO, Maria do Socorro Bezerra de. Relatório de passivo ambiental: estudo de caso à luz da legislação, da doutrina e da jurisprudência ambientais brasileiras. *Veredas do Direito: Direito Ambiental e Desenvolvimento Sustentável,* [S.l.], v. 13, n. 25, p. 45-67, mai. 2016. ISSN 21798699. Disponível em: [http://www.domhelder.edu.br/revista/index.php/veredas/article/view/590].

ONU – *Organização das Nações Unidas.* Declaração de Estocolmo Sobre Meio Ambiente Humano de 1972. Disponível em: [www.mma.gov.br/estruturas/agenda21/_arquivos/estocolmo.doc]. Acesso em: 19/04/2017.

PARLAMENTO EUROPEU. Conselho da União Europeia. Directiva 35/CE, de 21 de abril de 2004, relativa à responsabilidade ambiental em termos de prevenção e reparação de danos ambientais. *Jornal Oficial da União Europeia,* 30 abr. 2004.

RIBEIRO, Luiz Gustavo Gonçalves. REZENDE, Elcio Nacur. Responsabilidade criminal e civil dos degradadores ambientais no Brasil e na Espanha: o Meio Ambiente ecologicamente equilibrado como direito humano. III Encontro de Internacionalização do CONPEDI / Unilasalle / Universidad Complutense de Madrid. Florianópolis: CONPEDI, 2016. Disponível em: [http://www.conpedi.org.br/publicacoes/c50o2gn1/bgaaoe47/500PrdZDzp3PK2TD.pdf]. Acesso em: 23/04/2017.

SARLET, Ingo Wolfgang; FENSTERSEIFER, Tiago. *Direito constitucional ambiental.* 3. ed. São Paulo: RT, 2013.

SILVA, José Afonso da. *Direito ambiental constitucional.* 7. ed. São Paulo: Malheiros, 2009.

SILVA, Maria Anaber Melo e; BERTOLDI, Márcia Rodrigues. Educação ambiental para a cidadania, instrumento de realização do direito a um Meio Ambiente equilibrado no Brasil e em Portugal. *Veredas do Direito,* Belo Horizonte, v. 13, n. 27, p. 291-314, set./dez. 2016.

STEIGLEDER, Annelise Monteiro. *Responsabilidade civil ambiental.* Porto Alegre: Livraria do Advogado, 2011.

O DIREITO À AUTONOMIA DO CONSUMIDOR DE PLANOS DE SAÚDE IDOSO E DOENTE E A RESPONSABILIDADE CIVIL DO FORNECEDOR DOS SERVIÇOS DE SAÚDE[1]

Fabiana Rodrigues Barletta

Professora-Associada de Direito Civil da UFRJ. Pós-Doutora em Direito Público (do Consumidor) pela UFRGS. Doutora em Teoria do Estado e Direito Constitucional pela PUC-Rio. Mestre em Direito Civil pela UERJ.

Juliana de Sousa Gomes Lage

Professora-Assistente de Direito Civil da UFRJ. Doutoranda em Teorias Jurídicas Contemporâneas pela UFRJ. Mestre em Direito Civil pela UERJ.

Sumário: 1. Introdução – 2. O dever do fornecedor de atender ao consentimento ou não consentimento informado emitido pelo consumidor idoso, doente e capaz – 3. A vinculação do fornecedor às diretivas antecipadas de vontade emitidas pelo consumidor idoso e capaz para quando não dotado de absoluta capacidade com base na função promocional do Direito – 4. Conclusão – 5. Referências.

1. INTRODUÇÃO

Ao idoso doente, sujeito a tratamento de saúde, deve ser garantida informação suficiente e precisa, prestada pelo responsável sobre a doença que o acomete e sobre seu respectivo tratamento. Tal conduta exigida do fornecedor de serviço de saúde visa à manutenção da autonomia existencial do consumidor idoso e do respeito à privacidade nos domínios do seu corpo biopsicofísico. Quando doente e submetido a intervenções médicas ou medicamentosas o consumidor idoso deve ter seus direitos subjetivos à informação, à liberdade de escolha e à privacidade respeitados, sob pena

---

1. Parte do presente artigo foi publicado pela primeira autora como trabalho de pós-doutoramento na obra 25 Anos do Código de Defesa do Consumidor: trajetórias e perspectivas, São Paulo: RT, 2016, coordenada por MIRAGEM, Bruno, MARQUES, Claudia Lima, DE OLIVEIRA, Amanda Flávio com o seguinte título "Direitos e limites à autonomia do consumidor idoso de planos de saúde face ao consumidor em situações jurídicas de vida ou morte, capacidade ou incapacidade", sob a supervisão de Claudia Lima Marques.

   Para essa publicação houve modificações no título do artigo, diminuição de sua extensão, alteração e subtração de expressões e parágrafos visando à sua atualização. Houve também acréscimo de fontes bibliográficas justificadoras das novas proposições inseridas pelo enfoque na hipervulnerabilidade do consumidor idoso, doente crônico e submetido a tratamento de saúde diante das novas possibilidades que a Filosofia do Direito de Bobbio proporciona na seara da Responsabilidade Civil.

de lesão a esses direitos e consequente responsabilização civil do fornecedor pelo fato do serviço mal prestado.

Uma velhice não é igual a outra, mas todas implicam declínios nas funções biológicas, neurológicas e psíquicas da pessoa, embora de maneiras diferentes alcançando cada uma delas de um jeito distinto.

Contudo, são as próprias perdas na saúde biopsicofísica e também as sociais que justificam a vulnerabilidade jurídica extremada do idoso e a corriqueira perda da autonomia da sua vontade, ainda quando absolutamente capaz na realização de escolhas relacionadas com direitos da personalidade, como o consentimento informado e as declarações unilaterais de vontade das diretivas antecipadas.

Para manutenção do livre-arbítrio do idoso nas relações de consumo cujo objeto seja a prestação de saúde deve o fornecedor respeitar seu querer manifestado por meio do consentimento informado quando lúcido ou pelo acatamento das diretivas antecipadas de vontade feitas para quando não mais lúcido, sob pena de responsabilidade civil do plano de saúde.

A perda da força e somada às doenças que acompanham tal sujeito de direito hipervulnerável, especialmente em casos de terminalidade da vida ou a vivenciar comorbidades crônicas incuráveis, não devem estimular danos por parte do fornecedor de planos privados de assistência à saúde. Ao contrário. Sabedor de que o consumidor idoso é um hipervulnerável e, antes que os demais, assaz suscetível aos danos biopsicofísicos e sociais, o fornecedor de serviços de saúde deverá se impor condutas prévias, valoradas por "sanções positivas", que promovam o bem-estar – ou mesmo tão somente alívio e conforto – a esse grupo de pessoas mais sujeitas aos danos existenciais em razão da idade avançada e de suas naturais vicissitudes como as doenças e os declínios de toda ordem.

2. O DEVER DO FORNECEDOR DE ATENDER AO CONSENTIMENTO OU NÃO CONSENTIMENTO INFORMADO EMITIDO PELO CONSUMIDOR IDOSO, DOENTE E CAPAZ

O aumento da idade amplia as possibilidades de episódios de doenças e de comorbidades atinentes à funcionalidade biopsicofísica da pessoa. Mas o envelhecimento e a morte podem ser dotados de certa dose de tranquilidade,[2] sob pena de dano à integridade biopsicofísica do idoso.

A saúde, direito prioritário da pessoa idosa, entendida também como *autonomia*, se efetiva quando o direito à liberdade do idoso é acatado em situações de doença, mesmo nas adjacências da morte, que não deve ser dramática.

---

2. MARQUES, Claudia Lima. Solidariedade na doença e na morte: sobre a necessidade de 'ações afirmativas' em contratos de planos de saúde e de planos funerários frente ao consumidor idoso. In: *Constituição, direitos fundamentais e direito privado*. Organizador: SARLET, Ingo Wolfgang. Porto Alegre: Livraria do Advogado, 2003, *passim*.

Logo, levar-se o idoso a vivenciar persuasões partidas da equipe médica que não se adequem ao seu querer já manifestado ou manifestado durante o tratamento de saúde prontamente configura prática ilícita/abusiva em face do consumidor idoso e doente e, ao mesmo tempo, violação dos seus direitos da personalidade, que resultam em sofrimentos de natureza física e/ou psíquica. Em contratos de prestação de serviço de saúde desconsiderar a hipervulnerabilidade do idoso e manipulá-lo, em vez de o informar e acatar, é suficiente para o descumprimento de uma obrigação contratual de resultado[3] em contratos de plano de saúde, o que dá ensejo à compensação civil pela ofensa psíquica suportada.

Para que o consumidor idoso e doente aproveite seu direito de índole constitucional à liberdade, consentindo ou não em interferências em seu corpo psicofísico, deve o fornecedor do tratamento de saúde informar a ele exatamente sua doença, explicar as possibilidades de tratamentos, suas indicações, contraindicações, efeitos colaterais, o tipo da intervenção tecnológica ou medicamentosa que pretende usar. Tais comportamentos demandam especial atenção, posto que tais informações se dirigem a um paciente hipervulnerável pela idade, que necessita de cuidado diferenciado.[4] A velhice contribui ainda para aumentar o risco de certos procedimentos terapêuticos e o uso das novas tecnologias potencializam tal risco, pois podem ser experimentais e mais invasivas à segurança biopsicofísica do consumidor já combalido pela ancianidade.[5]

Portanto, a oferta de um serviço terapêutico momentâneo, mas especialmente a de um continuado, deve ser prestada ao consumidor idoso de maneira satisfatória sobre sua natureza. Nesse sentido é a regra do Código de Defesa do Consumidor em seu artigo 31, que consagra o princípio da boa-fé objetiva como transparência.[6]

> Art. 31 "A oferta e a apresentação de produtos ou serviços devem assegurar *informações corretas, claras, precisas, ostensivas e em língua portuguesa* sobre as características, qualidades, quantidade, composição, preço, garantia, prazos de validade e origem, entre outros dados, bem sobre *riscos que apresentem à saúde e segurança dos consumidores.*" [Grifou-se]

Porém, considerando amplamente a maior suscetibilidade biopsicofísica na velhice, a informação dada pelo fornecedor de serviços de saúde não pode ser insuficiente ou exagerada, mas também precisa ser contínua em circunstâncias determinadas. A insuficiência de informação, retira a liberdade do consentimento do idoso, mas seu

---

3. CATALAN, Marcos. *A morte da culpa na responsabilidade contratual*. São Paulo: RT, 2013, p. 213.
4. ALMEIDA STEFANO, Isa Gabriela e RODRIGUES, Oswaldo Peregrina. O idoso e a dignidade da pessoa humana, p. 241-262. In: *O cuidado como valor jurídico*. Organizadores: PEREIRA. Tania da Silva e OLIVEIRA, Guilherme. Rio de Janeiro: Forense: 2008.
5. MARQUES, Claudia Lima. In: *Manual de direito do consumidor*. 6 ed. Autores e organizadores: BENJAMIN, Antonio Herman V, BESSA, Leonardo Roscoe, MARQUES, Claudia Lima. São Paulo: RT, 2014, p. 113, onde a autora se refere à vulnerabilidade informacional especial ante às novas tecnologias.
6. BENJAMIN, Antonio Herman V. In: *Manual de direito do consumidor*. 6 ed. Autores e organizadores: BENJAMIN, Antonio Herman V, BESSA, Leonardo Roscoe, MARQUES, Claudia Lima. São Paulo: RT, 2014, p. 263.

excesso resulta em hiperinformação,[7] que já pode não o elucidar e, inclusive, o levar a receios excessivos sobre hipóteses distantes, chegando até a enganá-lo,[8] maculando sua saúde psíquica quando hipervulnerável[9] pela idade, que, se doente terá, em razão da doença, sua própria hipervulnerabilidade de idoso potencializada.

Assim, o idoso submetido a qualquer intervenção médica tem o direito de ser não só claramente, mas também cuidadosamente advertido dos objetivos pretendidos pela Ciência por meio de procedimentos medicinais ou que envolvam uso da tecnologia, dos riscos provenientes deles, das possíveis implicações contíguas, de consequências colaterais presumíveis, de eventuais efeitos que podem ser acarretados no seu modo de vida, das alternativas de tratamento, entre outros esclarecimentos.

Tudo deve ser feito para que se identifiquem as conjunturas do tratamento com a mais absoluta clareza, com um vocabulário falado e escrito apropriado para o nível intelectual, cultural, de sanidade mental e de senilidade do consumidor idoso, para que ele possa efetivamente decidir e se autodeterminar manifestando sua vontade com segurança.

Jamais se permite ao fornecedor faltar à verdade ao consumidor idoso ou a quem se responsabilize por ele quando lhe falte a lucidez.[10]

O direito à informação é básico do consumidor,[11] previsto no art. 6º, inciso III, do Código de Defesa do Consumidor e a informação deve ter as qualidades de "adequada e clara sobre os diferentes produtos e *serviços*, com especificação correta de quantidade, *características*, composição, qualidade, preço, bem sobre os *riscos* que apresentem". [Grifou-se]

Observe-se que, embora informada, a pessoa idosa também pode se enfastiar dos efeitos não almejados de um tratamento inicialmente consentido e pedir para que ele cesse, uma vez ciente, já que informada, do sofrimento que virá a sofrer com sua continuidade e tem o direito de não o aceitar mais. A falta de informação em qualquer momento configura, por si só, acidente de consumo por defeito da informação.[12]

Ao dispor sobre informação em seu art. 30, o Código de Defesa do Consumidor vincula o que fora informado ao que ainda deverá ser feito pelo fornecedor, obrigan-

---

7. MIRAGEM, Bruno. *Curso de direito do consumidor*. 5 ed. São Paulo: RT, 2014, p. 274.
8. BENJAMIN, Antonio Herman V. *Op. Cit.* p. 284 e seguintes ao se referir à publicidade enganosa por omissão. Entende-se que publicidade e informação são temas que se relacionam embora o dever de informação dos profissionais não seja idêntico ao dever de não veicular uma publicidade enganosa ou abusiva. Veja-se o art. 37 do Código de Defesa do Consumidor.
9. Expressão cunhada por Min. BENJAMIN, Antonio Herman diversas vezes em julgados que possuíam pessoas de vulnerabilidade potencializada e em torno da qual tem se construído um outro olhar a respeito dos vulneráveis e da necessidade de possuírem uma proteção mais forte não só por meio de leis especiais ou microssistemas, mas também por parte dos Tribunais Superiores que acabam por uniformizar a jurisprudência, fonte de Direito reconhecida no ordenamento jurídico.
10. Veja-se STANCIOLI, Brunello Souza. *Relação jurídica médico-paciente*. Belo Horizonte: Del Rey, 2004, *passim*.
11. Veja-se BARBOSA, Fernanda Nunes. *Informação; direito e dever nas relações de consumo*. São Paulo: RT, 2008, p. 45-155, *passim*.
12. MIRAGEM, Bruno. *Op. Cit.*, p. 540 e seguintes.

do-o a tal, em caso de consentimento do consumidor idoso. Assim, "toda *informação ou publicidade, suficientemente precisa, veiculada por qualquer forma e meio de comunicação com relação a produtos ou serviços oferecidos ou apresentados, obriga o fornecedor que a fizer veicular ou dela se utilizar e integra o contrato que vier a ser celebrado*" [Grifou-se].

Logo, é obrigação do fornecedor de serviço de saúde oferecer ao idoso a tutela informacional que todo consumidor tem direito, conforme os mandamentos do Código de Defesa do Consumidor, jungida à observação dos princípios bioéticos da autonomia, da não maleficência, da beneficência e da justiça, aplicados às situações jurídicas de saúde, vida e morte,[13] considerando, ademais, sua hipervulnerabilidade fática e jurídica.

Tal hipervulnerabilidade é confirmada em virtude da "dependência extrema"[14] do consumidor idoso da prestação da saúde e pelo fato de tais contratos de planos de saúde serem considerados contratos cativos e de longa duração: isto é: de fato "mais necessários".[15]

> "O descumprimento do contrato e a frustração do consumidor idoso envolverão, quase sempre, danos ou temor de dano à integridade física e psíquica do paciente e a perda ou a diminuição da cura de doenças, assim como sofrimento psicológico decorrente da ausência de prestação do serviço que lhe é devido, em vista da premente necessidade de preservação de sua integridade."[16]

Portanto, em relações de consumo de prestação de serviços de saúde deve ser observado pelo fornecedor o princípio bioético do *respeito pela autonomia do doente idoso* no que diz respeito às suas escolhas, apesar de sua idade avançada e de seu estado de saúde, bem como sua capacidade de enfrentamento dos problemas estarem enfraquecidos,[17] o que faz com que a referida autonomia tenha de ser, ao mesmo tempo, exercida em circunstâncias de distinto cuidado.

O consentimento ou o não consentimento do consumidor idoso deve ocorrer livre de qualquer de coação ou constrangimentos, o que, de imediato, configuraria uma prática abusiva, que o art. 39 do Código de Defesa do Consumidor não tolera, gerando direito à indenização. Dispõe o art. 39, inciso IV do referido Código que: "é vedado ao fornecedor de produtos ou serviços, *dentre outras práticas abusivas*: prevalecer-se da fraqueza ou ignorância do consumidor, tendo em vista sua *idade, saúde*, conhecimento ou condição social, para impingir-lhe seus produtos ou *serviços.*" [Grifou-se]

---

13. BEAUCHAMP, Tom e CHILDRESS, James. *Principles of biomedical ethics*. 4 ed. New York, Oxford: Oxford University Press, 1994, p. 120- 394.
14. MARQUES, Claudia Lima; MIRAGEM, Bruno. *O novo direito privado e a proteção dos vulneráveis*. São Paulo: RT, 2012, p. 145.
15. *Idem*, p. 145.
16. *Ibidem*, (sic) p. 145.
17. GOLDIM, José Roberto. Bioética e envelhecimento, In: *Tratado de geriatria e gerontologia*, Organizadores: DE FREITAS, Elizabete Viana, PY, Ligia, NERI, Anita Liberanesso, CANÇADO, Flávio Aluízio Xavier, GORZONI, Milton Luiz, DA ROCHA, Sônia Maria. Rio de Janeiro: Guanabara Koogan, 2002, p. 89.

O não consentimento do idoso lúcido deve ser cumprido pelo fornecedor dos serviços quando implicar rejeição à intervenção médica, medicamentosa ou tecnológica.

Ou seja: quando houver consentimento informado e o proposto pela equipe médica ou pelo hospital não for acatado, deverá prevalecer a vontade do paciente que não deseja se submeter ao tratamento, seja diagnóstico, de prevenção ou curativo. Se autonomia privada do consumidor idoso e doente for violada pelo mercado de consumo e seus fornecedores de serviços, nascerá para o consumidor direito subjetivo à indenização por dano existencial, configurado por acidente de consumo, na forma do art. 14 do Código de Defesa do Consumidor, que dispõe:

> "O fornecedor de serviços responde, independentemente da existência de culpa, pela reparação dos danos causados por *defeitos relativos à prestação dos serviços* bem como por *informações insuficientes ou inadequadas sobre sua fruição e riscos*. [Grifou-se] § 1º *O serviço é defeituoso quando não fornece a segurança que o consumidor dele pode esperar*, levando-se em consideração as circunstâncias relevantes, entre as quais: I – *o modo de seu fornecimento*, II – *o resultado e os riscos que dele razoavelmente se esperam*, III – a época em que foi fornecido." [Grifou-se][18]

O defeito na prestação do serviço estará também configurado se o fornecedor de serviços de saúde pecar, durante a prestação das informações ao doente e sua família, por insuficiência ou inadequação sobre um procedimento médico ou medicamentoso, concernentes à sua fruição e riscos e o fornecedor deverá ser responsabilizado também nesses casos.

Haverá também acidente de consumo, em caso da necessidade de consentimentos reiterados num tratamento de longa duração, se o fornecedor não atentar para a continuidade da informação e da necessidade de posteriores consentimentos a cada passo da terapêutica. Frise-se que o acidente de consumo acontece se o consumidor é informado, coloca sua vontade e não é respeitado, pois há lesão à sua segurança psíquica, o que acaba por lhe causar dano existencial, pois está contido no princípio da boa-fé entre os sujeitos de direito da relação de consumo o dever do fornecedor de respeitar a confiança depositada nele.[19]

3. O princípio do melhor interesse do idoso e o dever de cuidado por parte do fornecedor de plano de saúde

O Direito do Consumidor é, antes, inibitório e preventivo de danos à saúde e segurança do consumidor e não meramente ressarcitório ou compensatório, na forma dos artigos 8º e 9º do Código de Defesa do Consumidor. Visando a evitar danos à autonomia do consumidor idoso e a lhe causar sofrimento físico e psíquico, cabe ao

---

18. O presente trabalho optou por trabalhar com a regra geral do *caput* art. 14 do Código de Defesa do Consumidor, que imputa aos fornecedores de serviço responsabilidade civil objetiva, técnica legislativa seguida, inclusive, pelo Código Civil de 2002, que abraça a Teoria do Risco e não com a hipótese do § 4º do art.14, que constitui exceção à regra da responsabilidade civil objetiva, segundo a qual, o fornecedor profissional liberal *poderá* ter sua responsabilização relacionada à existência de culpa, em situações que seja "trabalhador solitário, que faz do seu conhecimento uma ferramenta de sobrevivência", nas palavras de BENJAMIN, Antonio Herman V. *Op. Cit.*, p. 192.
19. MIRAGEM, Bruno. *Op. Cit.*, p. 236 e seguintes.

fornecedor acatar a sua decisão concernente ao tratamento ou ao não tratamento da doença e, em caso de ouvir do consumidor uma negativa, necessariamente indicar outros tipos de terapêutica, ainda que paliativa, para a situação patológica que o acometa. É necessário que o fornecedor utilize medidas de precaução e prudência, capazes de prevenir o dano psicofísico.[20] Em idosos doentes e em estado terminal o cuidado paliativo tem sido o preferido por tais pacientes e a vida pode durar anos nessa situação. Nesses casos, deverá o consumidor receber conforto para as dores, ajuda para respirar, mas sem a submissão contra o seu querer, por exemplo: ao entubamento, ao ressuscitamento, ou a vida vegetativa.[21] É amplamente reconhecido que com o fenômeno do envelhecimento da população brasileira e mundial há também avanço das doenças crônicas e degenerativas intratáveis em idosos e de que os cuidados paliativos são indispensáveis para atender a preservação da saúde da pessoa idosa de uma maneira suave e não invasiva.[22]

Dentro desse contexto de desistência de tratamentos que visem à cura, a análise do Estatuto do Idoso abre espaço para a chamada ortotanásia (deixar a vida seguir seu curso sem manutenção artificial dela, mas com o uso de paliativos humanizadores no processo de morrer), pois parece que decidir não mais prolongar a vida por medidas tecnológicas que a adiem com sofrimento pode até ser a opção de uma pessoa em idade jovem, mas, em regra, não é a de um velho, que já usufruiu da vida o suficiente quando saudável.

Porém, não se admite em nenhuma hipótese, deixá-lo, se doente, sem qualquer tipo de tratamento que o alivie dos mal-estares, das aflições psíquicas e das dores preventivamente. Aliás, esse tipo de tratamento é obrigação do fornecedor do plano de saúde, sob pena desse último se responsabilizar pelos danos existenciais causados à pessoa idosa, também na forma de acidente de consumo, que gera responsabilidade objetiva do fornecedor por fato do serviço defeituoso, conforme o mesmo art. 14 do Código de Defesa do Consumidor.

No intuito de prevenir e evitar acidentes de consumo, o fornecedor de serviços de saúde há de observar o princípio bioético *da não maleficência*, que alude a uma obrigação de não fazer, logo, de não causar ou majorar danos, especialmente os de natureza moral ao idoso pela imposição de tratamento medicamentoso ou terapêutico não desejado ou pelo prolongamento de sua vida de maneira fútil e sofrida, se não houver manifesta preferência do idoso pela vida nessas condições.

De acordo com o princípio bioético *da beneficência*, exige-se dos fornecedores ações proativas em contratos de serviços de saúde,[23] portanto, são necessárias

---

20. ROSENVALD, Nelson. As funções da responsabilidade civil: a reparação e a pena civil. 3 ed. São Paulo: Saraiva, 2017, p .31.
21. GASPAR, Rafael Barroso. *O gerenciamento do cuidado de enfermagem para defesa da autonomia dos idosos em terminalidade da vida*. Rio de Janeiro: EEAN/UFRJ, *Mimeo* 2017, p. 24-29.
22. *Idem*, p. 24-29.
23. Veja-se PASQUALOTTO, Adalberto. Oferta e publicidade no Código de Defesa do Consumidor. In: *Contratos empresariais: contratos de consumo e atividade econômica*. Organizadores; LOPEZ, Teresa Ancona; AGUIAR

medidas diligentemente esclarecedoras, a fim de evitar sofrimento psíquico ou dor física ao paciente. Mas em situações de decisões de prioridade entre que paciente tratar, vale a compreensão do princípio *da beneficência* como tratamento igualitário apenas em situações igualdade entre os doentes. Quando tal princípio é aplicado ao consumidor idoso, o alcance da beneficência está atrelado ao princípio da igualdade substancial, e ao princípio bioético *da justiça*, considerada a fraqueza do sujeito de direito hipervulnerável, que tem direito ao atendimento prioritário porque envelhecido.[24]

Consumidores idosos de serviços de saúde são hipervulneráveis, logo, merecedores de um cuidado particular que os beneficie de modo especial. E se houver colisão inafastável entre o interesse do idoso doente e de outros consumidores em idade adulta ao direito à saúde, prevalecerá o interesse do idoso, com *absoluta prioridade* jungida a uma *tutela integral* conforme mandamento dos artigos 2º e 3º do Estatuto do Idoso, que compõem o *princípio do melhor interesse do idoso*.[25]

Assim dispõem os referidos artigos da Lei 10.741 de 2003, o Estatuto do Idoso:

Art. 2º

"O idoso goza de todos os direitos fundamentais inerentes à pessoa humana, sem prejuízo da *proteção integral de que trata essa Lei*, assegurando-se lhe, por lei ou por outros meios, todas as oportunidades e facilidades, para a *preservação da sua saúde física e mental* e seu aperfeiçoamento moral, intelectual, espiritual e social, em condições de liberdade e dignidade." [Grifou-se]

Art. 3º

"É obrigação da família, da comunidade, *da sociedade* e do Poder Público assegurar ao idoso, *com absoluta prioridade a efetivação do direito à vida, à saúde,* à alimentação, à educação, à cultura, ao esporte, ao lazer, ao trabalho, à cidadania, à liberdade, à dignidade, ao respeito e à convivência familiar e comunitária." [Grifou-se]

Entende-se que quando o referido art. 3º faz referência à sociedade, o faz também à sociedade de consumo.

O art. 17 do Estatuto do Idoso dá ao ator social a quem protege "o direito de optar pelo tratamento de saúde que lhe for reputado mais favorável", considerando evidentemente que, diante de doenças terminais ou de doenças cujo sofrimento seja dilacerador, ele possa optar por tratamentos paliativos, menos invasivos, ainda que não busquem a cura, posto que essa busca pode ser psiquicamente muito onerosa e acompanhada também de dores físicas.

JÚNIOR, Ruy Rosado de São Paulo: Saraiva, 2009, p. 35-76, *passim*, onde mais uma vez se imbricam as temáticas da publicidade e da informação ao consumidor.

24. BARLETTA, Fabiana Rodrigues. *O direito à saúde da pessoa idosa*. São Paulo: Saraiva, 2010, p. 101-106.
25. BARLETTA, Fabiana Rodrigues. *O direito à saúde da pessoa idosa*. São Paulo: Saraiva, 2010, p. 106-126. Tese de Doutorado onde é proposta a construção do princípio do melhor interesse do idoso com base em sua fonte constitucional, extraída do art. 5º, § 2º da Constituição da República.

Há registro de pessoas, que se recusam a se alimentar a fim de morrerem, tamanho o sofrimento de estar vivo,[26] haja vista que o prolongamento de suas vidas alcançado pela tecnologia pode não ser da vida em dignidade, mas um modo de se atropelar o processo de morte em favor da "existência" "a qualquer custo existencial" para a pessoa que sofre.[27]

O Código Civil brasileiro possui regras gerais insuficientes para a devida tutela dos direitos da personalidade. Essas regras são encontradas principalmente na Constituição da República como direitos fundamentais no art. 5º, *caput* e incisos e também em leis especialíssimas como o Estatuto do Idoso de 2003 e o Estatuto da Pessoa com Deficiência de 2015. Tome-se em conta a estatística de que a maioria dos deficientes são idosos[28] para a compreensão dos necessários diálogos interpretativos entre os referidos estatutos. Contudo, o próprio Código Civil reconhece, seu art. 15, que "ninguém pode ser constrangido a submeter-se, com risco de vida, a tratamento médico ou intervenção cirúrgica".

Há, pois, no referido artigo, rejeição à intervenção médica em favor da vida, ainda que a vida subsista com maiores limitações do que se o procedimento médico resultasse satisfatório. Na dúvida e em caso de situação de risco, a palavra vida da Lei Constitucional em seu art. 5º, *caput* e do Código Civil, conforme citado, deve ser lida como vida em liberdade de escolha a partir do respeito das opções da pessoa para consigo e preservação da sua saúde enquanto viver.

É que o princípio da dignidade da pessoa humana,[29] previsto no art. 1º, inciso III, também da Constituição da República sugere autodeterminação e autonomia existencial para todos, inclusive para o sujeito de direito idoso e doente. [30]

3. A VINCULAÇÃO DO FORNECEDOR ÀS DIRETIVAS ANTECIPADAS DE VONTADE EMITIDAS PELO CONSUMIDOR IDOSO E CAPAZ PARA QUANDO NÃO DOTADO DE ABSOLUTA CAPACIDADE COM BASE NA FUNÇÃO PROMOCIONAL DO DIREITO

Interessa também saber como será preservada a autonomia do consumidor idoso em caso de incapacidade para os atos da vida civil em algum momento de sua doença.

---

26. VILLELA, João Baptista. O Código Civil brasileiro e o direito à recusa de tratamento médico, p. 121, onde se refere à greve de fome. In: *Bioética e direitos fundamentais*. Organizadores: GOZZO, Débora e LIGIERA, Wilson Ricardo. São Paulo: Saraiva, 2012.
27. DE CARVALHO, Gisele Mendes. Autonomia do paciente e decisões ao final da vida. In: *Direito Biomédico: Espanha-Brasil*. Coordenadores: ROMEO CASABONA, Carlos María e SÁ, Maria Fátima Freire, Belo Horizonte: PUC- MINAS, 2011, p. 165.
28. CAMARANO, Ana Amélia, KANSO, Solange e MELLO, Juliana Leitão e. Quão além dos 60 poderão viver os idosos brasileiros? In: *Os novos idosos brasileiros: muito além dos 60?* Organizadora: CAMARANO, Ana Amélia. Rio de Janeiro: IPEA, 2004, p. 103.
29. Veja-se, por todos, sobre a constitucionalização do Direito Civil com base no princípio da dignidade da pessoa humana, TEPEDINO, Gustavo. Premissas metodológicas para a constitucionalização do direito civil. In: *Temas de Direito Civil*. 4 ed. Rio de Janeiro: Renovar, 2013, p. 1-23, 2008, *passim*.
30. BARBOZA, Heloisa Helena A ética na saúde. In: *Saúde e Previdência Social: desafios para a gestão do próximo milênio*. Organizadores: BAYMA, Fátima e KASZNAR, Istvan. São Paulo: Makron Books, 2001.

i. Quem responderá por ele diante do fornecedor? ii. Se tiver feito diretivas antecipadas de vontade elas deverão ser respeitadas pelo fornecedor? iii. Se o idoso tiver feito diretivas antecipadas de vontade escolhendo seu representante legal para quando não tiver mais lucidez, terá o fornecedor que buscar tal pessoa e a ouvir nos processos de distanásia ou de ortotanásia?

No Estatuto do Idoso não há nenhuma menção às diretivas antecipadas de vontade.[31]

Tais diretivas de vontade poderiam ter sido previstas por lei, pois consistem no direito de escolha do tratamento de saúde da pessoa lúcida, ciente de sua doença e de que ela pode lhe levar à não lucidez em algum momento. Sabedor disso, por meio das diretivas antecipadas de vontade, a pessoa lúcida pode escolher também quem a representará na incapacidade relativa, no que não tiver advertido quando ainda lúcida, situação comum especialmente quando o idoso passa à extrema fragilidade de doente terminal ou quando, temporariamente incapacitado de se autodeterminar. Pode acontecer também que, embora lúcido, o idoso prefira deixar as decisões nas mãos de quem confie, pelo cansaço que a doença somada à velhice provoca até para a tomada de decisões.

Verifica-se, portanto, nesse pormenor, lacuna no Estatuto do Idoso que não se refere a algo que pode ser comuníssimo na velhice: a opção pelas diretivas antecipadas de vontade para quando o idoso doente não estiver em condições de proceder à opção pelo tratamento de saúde que lhe for reputado mais favorável e também não queira inicialmente que outros decidam por ele, na forma do seu art. 17.

Observe-se que o art. 17 do Estatuto do Idoso, Lei 10. 741 de 2003, dispõe:

"Ao idoso que esteja no domínio de suas faculdades mentais é assegurado o direito de *optar pelo tratamento de saúde que lhe for reputado mais favorável*"

[grifou-se]

Parágrafo único *Não estando o idoso em condições de proceder à opção, esta será feita*:

I – pelo curador, quando o idoso for interditado;

II – pelos familiares, quando o idoso não tiver curador ou este não puder ser contatado em tempo hábil;

III – pelo médico, quando ocorrer iminente risco de vida e não houver tempo hábil para a consulta a curador ou familiar;

IV – pelo próprio médico, quando não houver curador ou familiar conhecido, caso em que deverá comunicar o fato ao Ministério Público." [Grifou-se]

Atente para o pioneirismo sobre a temática das diretivas antecipadas de vontade do paciente que parte da Resolução 1.995/2012, do Conselho Federal de Medicina.

---

31. DE AZEVEDO, Lilibeth. *O idoso e a autonomia privada no campo da saúde*. Mimeo, 2012. Dissertação de Mestrado defendida na UERJ, sob a orientação de Heloisa Helena Barboza.

Deve-se aos próprios fornecedores, no caso aos médicos, o reconhecimento da inexistência de Lei sobre diretivas antecipadas de vontade do paciente no contexto da ética médica brasileira. Tal Resolução considerou também a necessidade de disciplinar a conduta do médico em face das mesmas, dotando de relevância a autonomia do paciente no contexto da relação médico-paciente perfilhando a imperatividade e a atualidade das diretivas antecipadas de vontade do paciente diante da terminalidade da vida, especialmente em razão dos novos recursos tecnológicos que permitem a adoção de medidas desproporcionais, que prolongam o sofrimento do paciente em estado terminal, sem trazer benefícios, considerando que essas medidas podem ter sido antecipadamente rejeitadas pelo mesmo em documento expresso ou por comunicação de suas convicções aos seus afetos ou a um curador escolhido.

A referida Resolução definiu em seu art. 1º sobre o que seriam as diretivas, "como o conjunto de desejos, prévia e expressamente manifestados pelo paciente, sobre cuidados e tratamentos que quer, ou não, receber no momento em que estiver incapacitado de expressar, livre e autonomamente, sua vontade", assumindo postura favorável ao desejo emitido pelo paciente capaz e dando ensejo à compreensão de que seria possível a opção do consumidor pela distanásia ou pela ortotanásia.

Nesse sentido a Resolução causou imensa polêmica no âmbito do Direito brasileiro pelo entendimento errôneo de que ela trataria da morte assistida.[32]

Cabe deixar claro que no Brasil a autorização do juiz em favor do suicídio assistido configuraria crime. Portanto, a leitura da Resolução não pode levar ao entendimento de que o suicídio assistido seja algo tutelado pelo ordenamento jurídico pátrio, ou seja, a autonomia do doente ainda não chega a permitir o suicídio assistido no Brasil, ainda que o paciente o deseje em determinadas situações declaradas nas diretivas, sob o infortúnio de ser civil e penalmente responsabilizado quem porventura o auxilie nesse desiderato, incluindo o fornecedor de serviço de saúde que ajude o consumidor a morrer.

Na Resolução não há abertura para o suicídio assistido, embora, na prática, encontrar consenso no que seja ortotanásia ou suicídio assistido constitua tarefa dificílima, pois a distância entre ambos os procedimentos pode ser tênue: se ligado a um aparelho que permita ao idoso viver apenas vegetativamente, pelo fato de o plano de saúde não ter tido prévio conhecimento de que a ligação à máquina não era a real vontade daquele doente, não parece suicídio assistido desligá-lo, mas sim deixar que a vida decida seu curso, conforme a vontade do paciente, ou seja, caso de ortotanásia.[33] Todavia, há fortes entendimentos em sentido contrário.

---

32. CASABONA, Romeu O consentimento informado na relação entre médico e paciente: aspectos jurídicos. In: *Biotecnologia e suas implicações ético-jurídicas*. Coordenadores: ROMEO CASABONA, Carlos María e QUEIROZ, Juliane Fernandes. Belo Horizonte: Del Rey, 2005, p. 169.
33. SZTAJN, Rachel. *Autonomia privada e direito de morrer: eutanásia e suicídio assistido*. São Paulo: UNICID, 2002, p. 94.

O que parece indiscutível é a *ratio* da Resolução 1.995/2012 de valorizar, sobretudo, o princípio bioético *da autonomia do paciente doente* na decisão sobre o uso ou não da tecnologia em caso de emissão de diretivas antecipadas de vontade nos antecedentes de sua morte. Nesses casos, deverão ser respeitadas suas declarações de vontade para os momentos de incapacidade, ou pela perda do ânimo para a tomada de decisões pelos declínios que não lhe tiram a lucidez, mas dado que estas podem já ter sido tomadas num momento anterior ao de tanta fraqueza até para refletir e analisar a situação colocada pela equipe médica na forma das diretivas, que guiarão os procedimentos médicos.

Veja-se que, se o paciente idoso relativamente incapaz tiver intervalos de comprovada lucidez reconhecidos e atestados pela equipe fornecedora da saúde, escutado necessariamente o enfermeiro que o acompanha de perto, deverá o último ser ouvido para que o desejo externado pelo paciente se cumpra.[34]

Outro ponto importante trazido pela Resolução, foi a abertura para o pronunciamento decisivo de quem deve representar juridicamente o paciente caso ele não queira mais fazer escolhas ou, repita-se, em casos de ele não possuir mais discernimento, situação que é tratada no mesmo sentido no artigo 17, parágrafo único do Estatuto do Idoso, usando de diferente terminologia, mas visando ao mesmo fim.

Enquanto o Estatuto do Idoso se refere expressamente ao *curador* como primeiro representante do idoso incapaz, ele faz uso de um dos institutos jurídicos corretos para a representação de pessoas relativamente capazes em idade adulta: a curatela. O Código Civil brasileiro, modificado pelo Estatuto da Pessoa com Deficiência, Lei 13.146/2015, usa ainda da curatela, consoante seus artigos 1.767 a 1.783, mas introduziu para as pessoas com deficiência outra possibilidade de assistência, o instituto da tomada de decisão apoiada do art.1.783-A.

Note-se que a Resolução apontada fala de maneira genérica em "representante escolhido pelo incapaz" em seu art. 2º, § 1º, em caso de necessidade de posteriores decisões que não constem das diretivas antecipadas deixadas pelo consumidor de serviços de saúde. Porém o correto é que, em se tratando de consumidores idosos se observem a ordem do art. 17, parágrafo único, inciso I do Estatuto do Idoso, pois o médico não deve apenas "levar em consideração" as informações do representante legal escolhido pelo idoso, como poderia se inferir de uma única leitura do art. 1º, § 1º da Resolução do CRM. O médico deve se pautar, na forma do disposto no referido art. 17, parágrafo único, inciso I do Estatuto do Idoso, na "opção pelo tratamento de saúde que for reputado mais favorável ao idoso por seu curador ou apoiador".

Obviamente, a curatela e a tomada de decisão apoiada são tipos específicos de representação/assistência. Portanto, não há reais conflitos entre o Estatuto do Idoso, a terminologia genérica da Resolução do Conselho Federal de Medicina e

---

34. GASPAR, Rafael Barroso. *O gerenciamento do cuidado de enfermagem para defesa da autonomia dos idosos em terminalidade da vida.* Rio de Janeiro: EEAN/UFRJ, *Mimeo* 2017, p. 24-29.

os institutos protetivos dos relativamente incapazes por possuírem deficiências no Código Civil brasileiro com as modificações mencionadas pelo Estatuto da Pessoa com Deficiência, Lei 13.146/2015.

Observe-se, feitas as necessárias observações prévias, a dicção da Resolução 1.995/2012 do Conselho Federal de Medicina nesse sentido:

> Art. 2º "Nas decisões sobre cuidados e tratamentos de pacientes que se encontram incapazes de comunicar-se, ou de expressar de maneira livre e independente suas vontades, o médico levará em consideração suas diretivas antecipadas de vontade.
>
> § 1º Caso o paciente tenha designado um *representante* para tal fim, suas informações serão levadas em consideração pelo médico." [Grifou-se]

Precisamente em prol da dignidade da pessoa humana, valor máximo do ordenamento jurídico pátrio, se for opção do idoso o prolongamento artificial da vida pela distanásia, seu querer também deve ser amplamente respeitado e o plano de saúde deverá usar de toda tecnologia existente para manter viva a pessoa que conscientemente opte por ela, ou que tenha emitido anteriormente à incapacidade para o exercício pleno dos atos da vida civil, diretivas antecipadas de vontade nesse sentido, sob pena de o fornecedor também ser responsabilizado civilmente.

Se existem idosos a preferir o uso máximo de recursos medicinais, (tecnológicos ou não) em favor de suas vidas e se o fornecedor não proceder de acordo com suas vontades emitidas, será também responsabilizado por acidente de consumo gravíssimo, na forma do artigo 14 do Código de Defesa do Consumidor, que pode resultar na perda do direito à vida enquanto possível, tutelado também pela Constituição da República, em seu art. 5º, *caput*, que cuida dos direitos fundamentais de liberdade.[35]

Num viés ético, por óbvio que os fornecedores também não têm o direito de "desistir" do paciente idoso se ele decidiu não parar de lutar por sua vida, em qualquer circunstância sob pena de alta responsabilização civil, pois: "uma coisa é arbitrar-se a indenização pelo dano moral que, fundada em critérios de ponderação axiológica, tenha caráter compensatório à vítima, levando em consideração – para fixação do montante – a concreta posição da vítima, a espécie do prejuízo causado e, inclusive, a conveniência de dissuadir o ofensor, em certos casos, podendo mesmo ser uma indenização 'alta' (desde que guarde proporcionalidade axiologicamente estimada pelo dano causado).[36] A morte de um paciente idoso por economia de recursos pelo fornecedor na prestação do serviço de saúde previsto no contrato, ou mesmo não afastado, se trata de acidente de consumo gravíssimo.

Mas, seja consentido frisar que se não houver manifestação expressa no sentido da distanásia, parece um dever dos fornecedores de planos de saúde não delongar a

---

35. DWORKIN, Ronald. *Domínio da vida: aborto, eutanásia e liberdades individuais*, Tradução de: CAMARGO, Jefferson Luiz. São Paulo: Martins Fontes, 2003, p. 263 e seguintes.
36. ROSENVALD, Nelson. *As funções da responsabilidade civil: a reparação e a pena civil*. 3 ed. São Paulo: Saraiva, 2017, p. 239.

agonia de um idoso em estado terminal ou em sofrimento neuropsíquico profundo e irreversível submetendo-o a uma extenuação lenta, por meio da tecnologia e dos avanços da ciência médica, ainda que a própria família do idoso, por razões de toda ordem, insista na persistência de sua vida, ou que haja interesses mercadológicos do fornecedor de usar a tecnologia na qual investiu. Nesses casos a responsabilização civil do fornecedor é cabível como dano " 'in re ipsa', pois basta a narração dos fatos para que o magistrado seja capaz de inferir ofensa à dignidade da pessoa humana".[37]

Se não claramente solicitados pelo idoso, os procedimentos tecnológicos de distanásia podem gerar amargura a um ser humano que já existiu suficientemente para alcançar a velhice, fase final de sua trajetória, na qual, inevitavelmente, encontrar-se-á com a morte mais ou menos tarde. É corriqueiro, todavia, por parte dos fornecedores de planos de saúde, auferir menor cuidado com as pessoas doentes e seus sentimentos do que o cuidado dispensado ao seu corpo físico;[38] o que se acentua na velhice, diante das suscetibilidades próprias da hipervulnerabilidade do idoso e, muitas vezes, das exigências dos próprios familiares.

Contudo, não é a vontade do fornecedor que deve prevalecer. Médicos não são deuses, muito menos fornecedores de planos de saúde o são e como deuses não devem se portar, adiando a morte do parente idoso ao máximo ou não lhe socorrendo na enfermidade, dando, no segundo caso, a situação por vencida por questões meramente favoráveis ao próprio plano de saúde que é um agente do mercado e visa ao lucro, mas lida também com a saúde humana, bem fundamental protegido constitucionalmente.[39]

A obrigação do plano de saúde consiste na prestação do seu objeto, a o serviço de saúde, mas conforme a vontade do idoso, consequentemente, consiste sua obrigação acatar diretivas antecipadas de vontade em caso de incapacidade posterior a elas. E se não houver por parte do consumidor idoso diretivas antecipadas de vontade expressas sobre como morrer, é dever do fornecedor informar, ouvir e atender a emissão de vontade de seu representante legal, responsável por o curatelar, caso tenha curador, e, posteriormente, atender às ordens dos familiares, na ausência do curador. Só em último caso o fornecedor terá poderes de decidir, na figura do médico.

Entende-se, contudo, que não só um médico deva toma a decisão nesses casos, mas sim uma equipe, ouvidos todos os profissionais de saúde envolvidos no caso, para proteger o paciente e sua família, bem como os próprios profissionais da saúde dos riscos de decidir. Pela via da solidariedade obrigacional, a responsabilidade por um eventual acidente de consumo alcança a cadeia de fornecedores: os médicos, os enfermeiros, o hospital, a clínica e a pessoa jurídica que se afigura como plano de saúde.

---

37. *Idem*, p. 236.
38. ELIAS, Norbert. Envelhecer e morrer: alguns problemas sociológicos. In: *A solidão dos moribundos*. Tradução de: DENTZIEN, Plínio. Rio de Janeiro: Jorge Zahar, 2001, p. 103.
39. BARLETTA, Fabiana Rodrigues. *O direito à saúde da pessoa idosa*. São Paulo: Saraiva, 2010, 132-162, *passim*.

Apesar de a distanásia possuir defensores e opositores, ela padece mais de críticas do que de elogios. Contudo, se o paciente idoso opta pelo prolongamento doloroso de sua vida, seja consentido repetir que é seu direito ter acesso a toda tecnologia oferecida por seu plano de saúde, na medida do pactuado, bem como a todos os recursos existentes como exames, cirurgias, medicamentos, serviços "home-care", não só para humanização do tratamento, mas mesmo para o prolongamento da sua vida. Em caso de omissão na prestação do serviço de saúde será também responsabilizado o fornecedor de serviços de saúde na forma do artigo 14 do Código de Defesa do Consumidor, tanto por fazer economia de assistência médica ou por não usar, a tempo, todos os recursos e tratamentos que prolonguem a vida se o idoso ou os por ele responsáveis assim se manifestarem e os procedimentos não estiverem afastados do contrato.[40]

Em caso de não ser possível ao velho exercitar a autonomia de sua vontade por total fata de lucidez, serão chamados a decidir, por meio de um consentimento também informado, o curador e, posteriormente, os familiares.

Veja-se que o Estatuto do Idoso assevera que só em último caso, o médico, que na maioria das situações se encontra imiscuído na cadeia de fornecedores de planos de saúde, decidirá, mas só em situação de iminente risco vital ou pela inexistência de tempo para a consulta pelo plano de saúde ao seu curador ou familiar.

Não havendo curador ou familiar e estando o idoso não lúcido, portanto, incapacitado de decidir, caberá ao médico decidir, mas, especificamente nesse caso, deverá o plano de saúde comunicar o fato ao Ministério Público, que tem como função institucional cuidar do interesse dos incapazes e este último averiguará se a vida do idoso foi devidamente preservada em situações de dignidade, e, se não, é ainda dever do Ministério Público instaurar inquérito civil para a averiguação do caso.

Desse modo, os direitos da personalidade do idoso serão tutelados preventivamente, em caso de ele estar vivo, ou, caso tenha havido algum acidente de consumo danoso existencialmente à pessoa, não só na atuação da prestação do serviço de saúde imediatamente, sem as conhecidas demoras na análise da pertinência da internação que fazem inúmeros idosos hipervulneráveis em saúde morrer esperando a autorização do serviço. Também responderá o fornecedor pela insuficiência de zelo na procura da vontade emitida pelo idoso em diretivas antecipadas, ou na adequada e suficiente investigação de quem seja seu curador, e, caso este não exista, na pesquisa por seus familiares. Em caso de desídia nessas questões, o fornecedor deverá ser responsabilizado por defeito na prestação do serviço de saúde.

Acredita-se, inclusive, que deveria haver maior atuação dos legitimados a proporem ações coletivas nesse sentido, pois é enorme o número de idosos, em função de sua hipervulnerabilidade – de ordem biopsicofísica e social, que acarreta, inclusive,

---

40. Veja-se SANTANA, Héctor Valverde. *Dano moral no direito do consumidor*. 2 ed. São Paulo: RT/Brasilcon, 2014, *passim*.

deficiências,[41] – a morrer dolorosamente, pelo fato de o plano de saúde, ilicitamente, não permitir em tempo sequer sua internação.[42]

Veja-se, pois, que o plano de saúde, na figura do médico, é um fornecedor de serviços dentro de uma cadeia deles, mas, sendo quem lida mais diretamente com o idoso doente, juntamente com o enfermeiro designado para aquele paciente, deve respeitá-lo em sua vontade quando lúcido, nas diretivas antecipadas de vontade feitas anteriormente antes de incapacitado exatamente para quando não estivesse mais lúcido e usar de todos os meios para encontrar seu curador, apoiador ou familiares a fim de que, dentro do possível, o consentimento ou não consentimento emitido se aproxime, tanto mais, do querer do idoso, caso ele ainda estivesse lúcido e dotado de absoluta capacidade.

Cogita-se, pois, "da criação de cadastro positivo de louváveis agentes econômicos em todos os setores da atividade econômica – com incentivo em obtenção de financiamentos públicos, redução de juros, – capaz de gerar uma percepção positiva da sociedade em termos de imagem" também para as pessoas jurídicas que fornecem o serviço de saúde.[43]

A função promocional do Direito nasce com o filósofo Norberto Bobbio[44] que alude às "sanções positivas" indo além do filósofo Hans Kelsen que, ao pensar o direito como técnica específica de reprimir atitudes ilícitas, pensou em "sanções negativas" ou, noutras palavras, em sanções punitivas pelo mal comportamento humano.[45]

O olhar de Bobbio não colide com o de Kelsen ao incluir a possiblidade de recompensas positivas elaboradas pelo Direito pelo bem praticado *antes* por uma sociedade empresária, por *imputações funcionais* que, por meio de ressarces, estimulem suas boas ações em prol não só da empresa para si mesma (que ganhará a confiança do consumidor, a boa imagem no mercado de consumo posto que observadora da boa-fé objetiva como dever de conduta), mas também para os consumidores que serão escutados antes de sofrerem um dano. Nesse caso tratam-se, a depender do acontecimento, não só, mas também, de danos existenciais em tratamentos de saúde.[46]

---

41. Veja-se PFEIFFER, Roberto Augusto Castellanos. As associações civis e a tutela dos direitos difusos, coletivos e individuais homogêneos das pessoas portadoras de deficiência. In: *Instituto Brasileiro de Advocacia Pública*. (Organizadora). Direitos da pessoa portadora de deficiência. São Paulo: Max Limonad, 199, passim.
42. Sobre o papel da Defensoria Pública como "custos vulnerabilis", veja-se BARLETTA, Fabiana Rodrigues, MAIA; Maurílio Casas. Idosos e planos de saúde: os necessitados constitucionais e a tutela coletiva da Defensoria Pública – Reflexões sobre o conceito de coletividade consumidora após a ADI 3343 e EREsp 1192577. In: *RDC*. v. 106. Jul/Ago, 2016.
43. ROSENVALD, Nelson. *As funções da responsabilidade civil: a reparação e a pena civil*. 3 ed. São Paulo: Saraiva, 2017, p. 161.
44. BOBBIO, Norberto. *Da estrutura à função: novos estudos de teoria do direito*. Tradução de: D. Beccaria. Barueri: Manole, 2007, p. 22-79, *passim*.
45. KELSEN, Hans. *A democracia*. Tradução de: V. Barkon. São Paulo: Martins Fontes, 2000, p. 171.
46. BARLETTA, Fabiana Rodrigues. *Kelsen, o direito como técnica e o contraponto de Bobbio em enunciado normativo específico do estatuto do idoso, em diálogo com o direito do consumidor*. Mimeo, 2017.

O plano de saúde só aufere proeminência decisória quando a vida do consumidor idoso estiver em xeque iminente. Nesse caso particularíssimo, ainda se permite que os médicos decidam como era no passado, em que esses últimos possuíam todo o poder de decisão acerca do tratamento mais satisfatório para o enfermo, num paternalismo que, em verdade, davam-lhes excessivos poderes.[47]

Quando o médico tem o dever de decidir, cessadas outras possiblidades, há o que se chama de consentimento presumido, cuja base jurídica é o estado de necessidade do consumidor idoso e doente, incapaz de exercitar sua vontade e a impossibilidade de, sob risco de vida iminente, consultar pessoas do seu entorno, como o possível curador ou familiares, na forma do Estatuto do Idoso.[48]

Possuem legitimação o cônjuge e os parentes do consumidor idoso para requererem a responsabilidade do fornecedor de Planos de Saúde, pois em tais situações existências os familiares do morto são atingidos moralmente e possuem, igualmente, direito subjetivo à indenização na forma do art. 12, parágrafo único do Código Civil, que dispõe:

> "Pode-se exigir que cesse a ameaça, ou a lesão, a direito da personalidade, e reclamar perdas e danos, sem prejuízo de outras sanções previstas em lei.
>
> Parágrafo único. *Em se tratando de morto, terá legitimação para requerer a medida prevista neste a artigo o cônjuge sobrevivente ou qualquer parente em linha reta, ou colateral, até o quarto grau.*" [Grifou-se]

Se por acaso o idoso falecer ou sofrer o que não deveria, posto que fora assegurado seu tratamento pelo fornecedor de plano de saúde que não o prestou devidamente, também seu cônjuge sobrevivente ou seus parentes, em nome próprio, serão indenizados pelo dano existencial sofrido pelo familiar morto em virtude de uma eventual morte prematura por insuficiência de tratamento, pelo uso indevido de recursos tecnológicos, ou mesmo em razão da comprovação do sofrimento do idoso na fase pré-morte sem a devida assistência, circunstâncias todas lesivas do direito fundamental à saúde psíquica do próprio idoso ou do cônjuge ou mesmo dos parentes mais próximos de um consumidor hipervulnerável.

4. CONCLUSÃO

Desse modo, não respeitar a vontade do idoso em situações jurídicas de doença, especialmente as crônicas em razão da idade, incuráveis, ou em terminalidade da vida por meio do consentimento informado ou, de qualquer modo, estando ele

---

47. BARBOZA, Heloisa Helena. A autonomia da vontade e a relação médico-paciente no Brasil. In: Separata de Lex Medicinae. *Revista Portuguesa de Direito da Saúde*. Coimbra: Coimbra Editora e Centro de Direito Biomédico. Julho. 2004, p. 7.
48. ROMEO CASABONA, Carlos María. *Op. Cit.*, p.166-168.

doente e tendo se resguardado da autonomia de sua vontade pelo que se fez constar nas diretivas antecipadas de vontade é:

1. inconstitucional, pois, na forma do art. 5°, inciso II da CR/1988, "ninguém é obrigado a fazer ou deixar de fazer alguma coisa senão em virtude de lei."

2. prática abusiva na seara consumerista, como se estrai da leitura do *caput* do art. 39, que prevê um rol não exaustivo de práticas abusivas por parte do fornecedor. As ocorrências de tais práticas ensejam a responsabilização civil do fornecedor-plano de saúde.

3. gerador da responsabilização civil do fornecedor-plano de saúde face ao consumidor idoso e aos seus familiares na forma do art. 14 do Código de Defesa do Consumidor e art. 12, parágrafo único do Código Civil, haja vista que se retira a *segurança* biopsíquica do consumidor não se acatar o previamente decidido por quem de direito: o consumidor ou seus representantes *lato sensu*, em casos de incapacidade.

4. reprovável, pela função preventiva do Direito do Consumidor que escolhe evitar danos, e privilegiar "sanções positivas" aos fornecedores que procedam com precaução, prevenção e cuidado, observando a vontade emitida pelo paciente idoso, – especialmente o doente crônico que necessitará de cuidados paliativos até a morte; sobretudo nos em casos em que esse titular de direito subjetivo de "cuidados de saúde", extremamente fragilizado por sua hipervulnerabilidade, tiver emitido "consentimento informado" ou "diretivas antecipadas de vontade" exatamente para não sofrer desacatos por parte do fornecedor. Já é tempo de o direito se ocupar antes de sua "função promocional" a fim de evitar danos aos consumidores, estimular as boas práticas dos fornecedores e, na forma do art. 4°, III do Código de Defesa do Consumidor, manter a harmonia no ambiente contratual.

5. REFERÊNCIAS

ALMEIDA STEFANO, Isa Gabriela e RODRIGUES, Oswaldo Peregrina. O idoso e a dignidade da pessoa humana, p. 241-262. In: *O cuidado como valor jurídico*. Organizadores: PEREIRA. Tania da Silva e OLIVEIRA, Guilherme. Rio de Janeiro: Forense: 2008.

BARBOSA, Fernanda Nunes. *Informação; direito e dever nas relações de consumo*. São Paulo: RT, 2008.

BARBOZA, Heloisa Helena. A autonomia da vontade e a relação médico-paciente no Brasil. In: Separata de Lex Medicinae. *Revista Portuguesa de Direito da Saúde*. Coimbra: Coimbra Editora e Centro de Direito Biomédico. Julho. 2003.

_____ A ética na saúde. In: *Saúde e Previdência Social: desafios para a gestão do próximo milênio*. Organizadores: BAYMA, Fátima e KASZNAR, Istvan. São Paulo: Makron Books, 2001.

BARLETTA, Fabiana Rodrigues. *Kelsen, o direito como técnica e o contraponto de Bobbio em enunciado normativo específico do estatuto do idoso, em diálogo com o direito do consumidor*. Mimeo, 2017.

_____ Direitos e limites à autonomia do consumidor idoso de planos de saúde face ao consumidor em situações jurídicas de vida ou morte, capacidade ou incapacidade In: MIRAGEM, Bruno, MARQUES, Cláudia Lima, DE OLIVEIRA, Amanda Flávio. *25 Anos do Código de Defesa do Consumidor: trajetórias e perspectivas*, São Paulo: RT, 2016.

_____ MAIA, Maurílio Casas. Idosos e planos de saúde: os necessitados constitucionais e a tutela coletiva da Defensoria Pública – Reflexões sobre o conceito de coletividade consumidora após a ADI 3343 e EREsp 1192577. In: *RDC*. V. 106. Jul/Ago, 2016.

_____ *O direito à saúde da pessoa idosa*. São Paulo: Saraiva, 2010.

BENJAMIN, Antonio Herman; BESSA, Leonardo Roscoe; MARQUES, Claudia Lima. In: *Manual de Direito do Consumidor*. 6 ed. Autores e organizadores: BENJAMIN, Antonio Herman. BESSA, Leonardo Roscoe, MARQUES, Claudia Lima. São Paulo: RT, 2014.

BESSA, Leonardo Roscoe. BENJAMIN, Antonio Herman, MARQUES, Claudia Lima. In: *Manual de Direito do Consumidor*. 6 ed. Autores e organizadores: BENJAMIN, BENJAMIN, Antonio Herman, BESSA, Leonardo Roscoe; MARQUES; Claudia Lima. São Paulo: RT, 2014.

BEAUCHAMP, Tom e CHILDRESS, James. *Principles of biomedical ethics*. 4 ed. New York, Oxford: Oxford University Press, 1994.

BOBBIO, Norberto. *Da estrutura à função: novos estudos de teoria do direito*. Tradução de: D. Beccaria. Barueri: Manole, 2007.

CAMARANO, Ana Amélia, KANSO, Solange e MELLO, Juliana Leitão e. Quão além dos 60 poderão viver os idosos brasileiros? In: *Os novos idosos brasileiros: muito além dos 60?* Organizadora: CAMARANO, Ana Amélia. Rio de Janeiro: IPEA, 2004.

CASABONA, Romeu O consentimento informado na relação entre médico e paciente: aspectos jurídicos. In: *Biotecnologia e suas implicações ético-jurídicas*. Coordenadores: ROMEO CASABONA, Carlos María e QUEIROZ, Juliane Fernandes. Belo Horizonte: Del Rey, 2005,

CATALAN, Marcos. *A morte da culpa na responsabilidade contratual*. São Paulo: RT, 2013.

DE AZEVEDO, Lilibeth. *O idoso e a autonomia privada no campo da saúde*. Mimeo, 2012. Dissertação de Mestrado defendida na UERJ, sob a orientação de Heloisa Helena Barboza.

DE CARVALHO, Gisele Mendes. Autonomia do paciente e decisões ao final da vida. In: *Direito biomédico: Espanha-Brasil*. Coordenadores: ROMEO CASABONA, Carlos María e SÁ, Maria Fátima Freire, Belo Horizonte: PUC-Minas, 2011.

DWORKIN, Ronald. *Domínio da vida: aborto, eutanásia e liberdades individuais*, Tradução de: CAMARGO, Jefferson Luiz. São Paulo: Martins Fontes, 2003.

ELIAS, Norbert. Envelhecer e morrer: alguns problemas sociológicos. In: *A solidão dos moribundos*. Tradução de: DENTZIEN, Plínio. Rio de Janeiro: Jorge Zahar, 2001.

GASPAR, Rafael Barroso. *O gerenciamento do cuidado de enfermagem para defesa da autonomia dos idosos em terminalidade da vida*. Rio de Janeiro: EEAN/UFRJ, Mimeo 2017.

GOLDIM, José Roberto. Bioética e envelhecimento, In: *Tratado de geriatria e gerontologia, organizadores*: DE FREITAS, Elizabete Viana, PY, Ligia, NERI, Anita Liberanesso, CANÇADO, Flávio Aluízio Xavier, GORZONI, Milton Luiz, DA ROCHA, Sônia Maria. Rio de Janeiro: Guanabara Koogan, 2002.

KELSEN, Hans. *A democracia*. Tradução de: V. Barkon. São Paulo: Martins Fontes, 2000.

MAIA, Maurílio Casas e BARLETTA, Fabiana Rodrigues. Idosos e planos de saúde: os necessitados constitucionais e a tutela coletiva da Defensoria Pública – Reflexões sobre o conceito de coletividade consumidora após a ADI 3343 e EREsp 1192577. In: *RDC*. V. 106. Jul/Ago, 2016.

MARQUES, Claudia Lima. Solidariedade na doença e na morte: sobre a necessidade de 'ações afirmativas' em contratos de planos de saúde e de planos funerários frente ao consumidor idoso. In: *Constituição, direitos fundamentais e direito privado*. Organizador: SARLET, Ingo Wolfgang. Porto Alegre: Livraria do Advogado, 2003, *passim*.

_____. In: *Manual de direito do consumidor*. 6 ed. Autores e organizadores: BENJAMIN, BENJAMIN, Antonio Herman, BESSA, Leonardo Roscoe, MARQUES, Claudia Lima. São Paulo: RT, 2014.

_____ MIRAGEM, Bruno. *O novo direito privado e a proteção dos vulneráveis*. São Paulo: RT, 2012.

_____. *Curso de direito do consumidor*. 5 ed. São Paulo: RT, 2014.

_____ MARQUES, Claudia Lima. *O novo direito privado e a proteção dos vulneráveis*. São Paulo: RT, 2012.

PFEIFFER, Roberto Augusto Castellanos. As associações civis e a tutela dos direitos difusos, coletivos e individuais homogêneos das pessoas portadoras de deficiência. In: *Instituto Brasileiro de Advocacia Pública*. (Organizadora). Direitos da pessoa portadora de deficiência. São Paulo: Max Limonad, 1997.

ROSENVALD, Nelson. *As funções da responsabilidade civil*: a reparação e a pena civil. 3 ed. São Paulo: Saraiva, 2017.

SANTANA, Héctor Valverde. *Dano moral no direito do consumidor*. 2 ed. São Paulo: RT/Brasilcon, 2014.

STANCIOLI, Brunello Souza. *Relação jurídica médico-paciente*. Belo Horizonte: Del Rey, 2004.

SZTAJN, Rachel. *Autonomia privada e direito de morrer: eutanásia e suicídio assistido*. São Paulo: UNICID, 2002,

TEPEDINO, Gustavo. Premissas metodológicas para a constitucionalização do direito civil. In: *Temas de direito civil*. 4 ed. Rio de Janeiro: Renovar, 2013.

VILLELA, João Baptista. O código civil brasileiro e o direito à recusa de tratamento médico. In: *Bioética e direitos fundamentais*. Organizadores: GOZZO, Débora e LIGIERA, Wilson Ricardo. São Paulo: Saraiva, 2012.

RESPONSABILIDADE CIVIL DO PROVEDOR INTERNET PELOS DANOS À PESSOA HUMANA NOS SITES DE REDES SOCIAIS

Guilherme Magalhães Martins

Doutor e Mestre em Direito Civil pela Universidade do Estado do Rio de Janeiro-UERJ. Professor Adjunto de Direito Civil da Faculdade Nacional de Direito – Universidade Federal do Rio de Janeiro-UFRJ. Professor Adjunto de Direito Civil (licenciado) da Universidade Candido Mendes-Centro. Professor visitante (2009-2010) do Mestrado e Doutorado em Direito da Universidade do Estado do Rio de Janeiro. Diretor do Instituto Brasilcon. Promotor de Justiça no Estado do Rio de Janeiro.

João Victor Rozatti Longhi

Professor Adjunto de Direito Civil da Faculdade de Direito da Universidade Federal de Uberlândia. Doutor em Direito Público pela Faculdade de Direito da USP – Largo de São Francisco. Mestre em Direito Civil pela Universidade do Estado do Rio de Janeiro. Bacharel em Direito pela Universidade Estadual Paulista – UNESP. Professor dos cursos de pós-graduação da PUC-RIO. Aluno intercambiário da Universidade de Santiago de Compostela – Espanha. Pesquisador bolsista FAPERJ e ex-pesquisador FAPESP. Advogado.

"Se você não estiver pagando por alguma coisa, você não é o cliente em questão; você é o produto a ser vendido."
Andrew Lewis, com o pseudônimo de *Blue Beetle*, no site MetaFilter.[1]

Sumário: 1. Introdução – 2. A revolução das comunicações e os atuais desafios do direito – 3. Redes sociais virtuais: 3.1. O regime jurídico das redes sociais virtuais; 3.2. O consumidor em risco. A responsabilidade dos provedores de hospedagem e a regra do notice and takedown; 3.3. A inconstitucionalidade do Marco Civil da Internet no Brasil – 4. Considerações finais – 5. Referências.

1. INTRODUÇÃO

Numa época marcada pela velocidade, ubiquidade e liberdade próprias da globalização, as novas tecnologias tornam necessária uma proteção efetiva dos consumidores. Nas palavras de Erik Jayme,

> No que concerne às novas tecnologias, a comunicação, facilitada pelas redes globais, determina uma maior vulnerabilidade daqueles que se comunicam. Cada um de nós, ao utilizar pacificamente seu computador, já recebeu o choque de perceber que uma força desconhecida e exterior

---

1. PARISER, Eli. O filtro invisível. *O que a Internet está escondendo de você*. Trad. Diego Alfaro. Rio de Janeiro: Zahar, 2012. p. 25.

invadia o seu próprio programa, e o fato de não conhecer o seu adversário preocupa ainda mais. Os juristas combatem as práticas fraudulentas através dos instrumentos clássicos da responsabilidade civil delitual, enquanto os malfeitores escapam a todos os controles e se protegem em um espaço virtual.[2]

Sabe-se que no ano de 2001 a Internet sofreu grande transformação. Com a vertiginosa queda de corporações ligadas à tecnologia da informação, as chamadas "companies dot-com" tiveram de modificar radicalmente seu modelo de gestão corporativa para superar a crise de confiança dos investidores em relação à rentabilidade dos serviços oferecidos.

Trata-se da eclosão do movimento denominado *web 2.0*, a segunda versão da *world wide web*, que em tese refundou a própria rede mundial de computadores ao transformá-la em uma espécie de plataforma movida pelo usuário, que insere "voluntariamente" o conteúdo maciço que hoje circula na Internet.[3]

> Dentre as mudanças mais significativas, deve ser destacada a substituição da remuneração da publicidade dos provedores de conteúdo, informação e hospedagem não mais pelo número de acesso às páginas (*page views*), mas por clique em cada *hyperlink* (*cost per click*) reativando os investimentos nos *sites*. Conforme já destacado na doutrina,

> Não pode ser esquecido que o valor comercial de um *site* depende, em proporção direta, de sua popularidade, ou seja, do número de usuários que o visitam. Quanto mais elevado for esse número, mais valorizado será o espaço publicitário ali oferecido e, por consequência, maiores serão os lucros destinados ao titular do *site*.[4]

Outra característica marcante da atual sociedade de massa é a oferta pelos prestadores ditos *gratuitos*, normalmente baseada na remuneração indireta, igualmente a atrair a incidência das normas do Código de Defesa do Consumidor.

Longe de ser uma realidade restrita a regiões ou países determinados, as práticas perpassam os costumes e penetram a cultura de cada sociedade ao passo que mais pessoas passam a utilizar-se da rede.

Por seu turno, cada vez mais informações são levadas à *net*, tornando-se acessíveis por milhões de usuários em qualquer parte do globo, inclusive dados que trazem consigo aspectos intrinsecamente ligados à personalidade dos indivíduos. Nome,

---

2. O direito internacional privado do novo milênio: a proteção da pessoa humana face à globalização. *Cadernos do Programa de Pós-Graduação em Direito da UFRGS*. Tradução de Claudia Lima Marques. Porto Alegre, v. 1., n. i, p. 135, mar. 2003.
3. Segundo Tim O'Reilly, precursor da expressão, a *Web 2.0* seria ilustrada como um grande sistema solar, em que os serviços prestados são difusos, por meio de técnicas que incentivem condutas positivas dos próprios usuários. É o caso de veículos como a *Wikipedia*, uma enciclopédia colaborativa, em que os usuários inserem seu conteúdo. São muitos os exemplos: *blogues*, redes sociais, troca de arquivos P2P e outros. Cf. O'RELLY. Tim. O que é Web 2.0? Padrões de *design* e modelos de negócios para a nova geração de *software*. Publicado em [http://www.oreilly.com/]. Tradução: Miriam Medeiros. Revisão técnica: Julio Preuss. Novembro 2006 Disponível em: [http://www.cipedya.com/web/FileDownload.aspx?IDFile=102010]. Acesso em: 09/12/2009.
4. MARTINS, Guilherme Magalhães. *Responsabilidade civil por acidente de consumo na Internet*. São Paulo: Revista dos Tribunais, 2008. p.80.

sobrenome, endereço, opções religiosas, afetivas e tantas outras são objeto de uma exposição fomentada e enaltecida social e culturalmente.[5]

Com efeito, no cerne das redes sociais está o intercâmbio de informações pessoais. Os usuários ficam felizes por revelarem detalhes íntimos de suas vidas pessoais, fornecendo informações precisas, compartilhando fotografias e vivenciando o fetichismo e exibicionismo de uma sociedade confessional.[6]

Formam-se gigantescos bancos de dados de caráter pessoal a serviço de entidades de caráter privado, cujos interesses econômicos são prementes. A Diretiva CEE 95/46, relativa à proteção das pessoas em matéria de tratamento de dados pessoais e à livre circulação destes, em seu artigo 2º., letra "a", assim os define:

> Art. 2º. Para os efeitos da presente diretiva, entende-se por:
>
> a) "Dados pessoais", qualquer informação relativa a uma pessoa singular identificada ou identificável ("pessoa em causa"); é considerado identificável todo aquele que possa ser identificado, direta ou indiretamente, nomeadamente por referência a um número de identificação ou a um ou mais elementos específicos da sua identidade física, fisiológica, psíquica, econômica, cultural ou social.[7]

---

5. Para Marcel Leonardi, "A escala e os tipos de informação disponíveis aumentam exponencialmente com a utilização de tecnologia. É importante recordar que, como a informação é coletada em forma eletrônica, torna-se extremamente simples copiá-la e distribui-la, podendo ser trocada entre indivíduos, companhias e países ao redor de todo o mundo.

   A distribuição da informação pode ocorrer com ou sem o conhecimento da pessoa a quem pertencem os dados, e de forma intencional ou não. Há uma distribuição não intencional quando os registros exibidos contêm mais informações do que as que foram solicitadas ou, ainda, quando tais dados são furtados. Muitas vezes, determinadas "fichas cadastrais" contêm mais dados do que o necessário ou solicitado pelo utilizador.

   Como se tudo isto não bastasse, há que se destacar o perigo que representam as informações errôneas. Ser considerado inadimplente quando não se deve nada a ninguém ou ser rejeitado em uma vaga de emprego sem justificativa aparente são apenas alguns dos exemplos dos danos que dados incorretos, desatualizados ou propositadamente errados podem causar (...) Os efeitos de um pequeno erro podem ser ampliados de forma assustadora. Quando a informação é gravada em um computador, há pouco incentivo para se livrar dela, de forma que certos registros podem permanecer à disposição por um longo período de tempo. Ao contrário da informação mantida em papel, dados armazenados em um computador ocupam muito pouco espaço e são fáceis de manter e de transferir, e como tal podem perdurar indefinidamente". LEONARDI, Marcel. Responsabilidade civil pela violação do sigilo e privacidade na Internet. In: SILVA, Regina Beatriz Tavares da; SANTOS, Manoel J. Pereira dos (coord.). *Responsabilidade civil na Internet e nos demais meios de comunicação*. São Paulo: Saraiva, 2007. p.339-340.
6. BAUMAN, op. cit. p.08.
7. Acerca do tema, recomenda-se a leitura do texto de Stefano Fadda, lembrando-se que a disciplina específica da Diretiva 97/66/CE, em matéria de tutela da vida privada e dos dados pessoais no setor das telecomunicações, aprofunda e integra as normas gerais da Diretiva n. 95/46/CE, aplicando-se aos serviços de telecomunicações acessíveis ao público nas redes de informações públicas, aqui incluída a Internet. Cf. FADDA, Stefano. La tutela dei dati personali del consumatore telematico. In: CASSANO, Giuseppe (org.). *Commercio elettronico e tutela del consumatore*. Milano: Giuffrè, 2003. p.290-291.

   Segundo Têmis Limberger, o dado pessoal é uma informação que permite identificar uma pessoa de maneira direta. Dessa forma, imperiosa sua proteção, de modo a prevenir ou eliminar possíveis iniquidades, para que os não sirvam como instrumento apto a prejudicar as pessoas, o que deve ocorrer em sua coleta, em seu armazenamento ou na utilização apenas para os fins para que são captados. LIMBERGER, Têmis. *O Direito à intimidade na era da informática*. A necessidade de proteção dos dados pessoais. Porto Alegre: Livraria do Advogado, 2007. p. 62.

As redes sociais virtuais, afora as implicações decorrentes da liberdade de expressão dos seus usuários, que deve encontrar justificativa e razão de ser nos princípios constitucionais da dignidade da pessoa humana (art. 1º, III, CR) e da solidariedade social (art. 3º, I, CR), traduzem, portanto, uma nova modalidade de banco de dados.

Perquirindo inicialmente "como alguém se torna o que é", Paula Sibilia enfatiza a profundidade das mudanças introduzidas pela popularização das redes sociais virtuais. Cuida-se de uma nova subjetividade, de uma nova forma de expressão do *eu*, de uma nova formação e delimitação da personalidade do indivíduo:

> Um sinal desses tempos foi antecipado pela revista Time, que encenou seu costumeiro ritual de escolha da personalidade do ano no final de 2006. Nesta edição, criou-se uma notícia que foi ecoada pelos meios de comunicação de todo o planeta, e logo esquecida no turbilhão de dados inócuos que a cada dia são produzidos e descartados. A revista americana vem repetindo esta cerimônia há quase um século, com o intuito de apontar as pessoas que mais afetaram o noticiário e nossas vidas, para o bem e o mal, incorporando o que foi importante no ano. Ninguém menos do que Hitler foi eleito em 1938, o aiatolá Khomeini em 1979 e George W. Bush em 2004. Quem foi eleito a personalidade do ano em 2006, de acordo com o veredito da Time? Você. Sim, você. Ou melhor, não apenas você, mas também eu e todos nós. Ou, mais precisamente ainda, cada um de nós: as pessoas "comuns". Um espelho brilhava na capa da publicação e convidava seus leitores a nele se contemplarem, como Narcisos satisfeitos de verem suas "personalidades" cintilando no mais alto pódio da mídia (...)
>
> A rede mundial de computadores se tornou um grande laboratório, um terreno propício para se experimentar e criar novas subjetividades: (...). Como quer que seja, não há dúvidas de que esses reluzentes espaços da Web 2.0 são interessantes, nem que seja porque se apresentam como cenários bem adequados para montar um espetáculo cada vez mais estridente: o show do eu (...).[8]

Com efeito, na atual sociedade de consumidores, a pessoa é induzida a tratar a si mesma como mercadoria. O fetichismo da mercadoria é substituído pelo da subjetividade.[9] A espetacularização da subjetividade em nossa sociedade impulsiona os indivíduos a gerirem a si mesmos como marcas, "um produto dos mais requeridos, [...], que é preciso colocar em circulação, comprar, vender, descartar e recriar seguindo os voláteis ritmos da moda".[10]

As redes chamadas virtuais traduzem, nos dias de hoje, a sociedade do espetáculo, retratada em 1967 por Guy Debord, filósofo e agitador social cuja obra inspirou fortemente os acontecimentos ocorridos em maio de 1968 na França:

---

8. SIBILIA, Paula. *O show do Eu*; A intimidade como espetáculo. Rio de Janeiro: Nova Fronteira, 2008. p. 27. Nas palavras da autora Ibid., p.08, uma característica da sociedade contemporânea é a hipertrofia do eu, enaltecendo o desejo de ser diferente e querer sempre mais: "Hoje, a megalomania e a excentricidade não mais parecem desfrutar da qualificação de doenças mentais ou desvios patológicos, como outrora ocorreu".
9. "A 'subjetividade' numa sociedade de consumidores, assim como a 'mercadoria' numa sociedade de produtores é (para usar o oportuno conceito de Bruno Latour) um *fatishe* – um produto profundamente humano elevado à categoria de autoridade sobre-humana mediante o esquecimento ou a condenação à irrelevância de suas origens demasiado humanas, juntamente com o conjunto de ações humanas que levaram ao seu aparecimento e que foram condição *sine qua non* para que isso ocorresse". BAUMAN, Zygmunt. *op. cit.* p. 23.
10. SIBILIA, Paula. *op. cit.* p. 275.

Toda a vida das sociedades nas quais reinam as modernas condições de produção se apresenta como uma imensa acumulação de *espetáculos*. Tudo o que era vivido diretamente tornou-se uma representação (...)

O espetáculo não é um conjunto de imagens, mas uma relação social entre pessoas, mediada por imagens (...)

Considerado em sua totalidade, o espetáculo é ao mesmo tempo o resultado e o projeto do modo de produção existente. Não é um suplemento do mundo real, uma decoração que lhe é acrescentada. É o âmago do irrealismo da sociedade real. Sob todas as suas formas particulares – informação ou propaganda, publicidade ou consumo direto de divertimentos – o espetáculo constitui o *modelo* atual da vida dominante na sociedade. É a afirmação onipresente da escolha *já feita* na produção, e o consumo que decorre dessa escolha"(g.n.).[11]

Somente não se pode falar em uma nova realidade ou em um *pseudomundo* à parte,[12] pois, nas palavras de Lawrence Lessig, "o ciberespaço não é, é claro, um lugar. Você não vai a lugar nenhum quando vai ali".[13] Trata-se de uma manifestação do mundo real onde se desenvolvem novas situações subjetivas existenciais, em grande parte estimuladas pelo meio de comunicação. Do contrário, o ordenamento jurídico não se aplicaria às relações ali travadas.[14]

Tendo em vista a maior desigualdade fática entre os envolvidos, em virtude da especificidade e vulnerabilidade que decorre do meio, deve ser intensificada a proteção do direito fundamental à defesa do consumidor, através dos direitos básicos consagrados no artigo 6º da Lei 8.078/1990, em especial a vida, a saúde, a segurança(inciso I), a educação(inciso II), a informação (inciso III) e a efetiva prevenção e reparação de danos morais e materiais, individuais, coletivos e difusos (inciso VI).

O Direito não pode se furtar a esses novos fatos. No âmbito da Organização das Nações Unidas, por meio da Resolução 39/248, de 16 de abril de 1985, proclamou-se a natureza do direito do consumidor como de direito humano de nova geração,

---

11. DEBORD, Guy. *A sociedade do espetáculo*. Tradução de Estela dos Santos Abreu. Rio de Janeiro: Contraponto, 1997. p.13-15.
12. Essa é a visão de Guy Debord, op. cit., p.13: "as imagens que se destacaram de cada aspecto da vida fundem-se num fluxo comum, no qual a unidade dessa mesma vida já não pode ser restabelecida. A realidade considerada *parcialmente* apresenta-se em sua própria unidade geral como um pseudomundo *à parte,* objeto de mera contemplação. A especialização das imagens do mundo se realiza no mundo da imagem autonomizada, na qual o mentiroso mentiu para si mesmo. O espetáculo em geral, como inversão concreta da vida, é o movimento autônomo do não vivo".
13. *Code and other laws of cyberspace*. New York: Basic Books, 1999. p.10 e seg.
14. Especificamente com relação ao aplicativo *second life,* cujos usuários desenvolvem atividades por meio de personagens("avatares"), sustenta Sérgio Iglesias Nunes de Souza, sugerindo a criação de um tribunal virtual no próprio ambiente: "se adotamos a referência origem de que o *Second Life* será um mundo totalmente paralelo e autônomo, teremos, inevitavelmente, que aceitar uma nova estrutura normativa(...)Do outro lado, apesar da autonomia existente, podemos enfocar o *Second Life* como uma extensão da atividade humana concretizada nas relações cibernéticas interativas. Desse modo, a interatividade do direito seria plena, apesar de autônoma. Por exemplo, o personagem criado "avatar" é nada mais do que uma extensão e uma forma de expressão da conduta e personalidade humana, mas jamais será pessoa para o direito(...) A regulação jurídica deverá ser como uma extensão da atividade humana, sob pena de se perder de vista o centro de importância dos seus interesses: o ser humano". Cf. SOUZA, Sérgio Iglesias Nunes de. *Lesão nos contratos eletrônicos na sociedade da informação*. São Paulo: Saraiva, 2009. p. 338-339.

visando à proteção daquele que se encontra em posição débil em qualquer relação jurídica. Isto porque o fornecedor necessariamente ocupa a posição de detentor não só dos meios de produção, mas das informações atinentes ao objeto do contrato. Por conseguinte, busca-se a efetividade da igualdade por meio de normas de ordem pública, promocionais de uma igualdade substancial entre as partes.[15]

No Brasil, a chamada proteção afirmativa do consumidor foi constitucionalmente elevada à categoria de direito e garantia fundamental (art. 5°, XXXVI, CRFB) além de princípio da ordem econômica e financeira (art. 170, V, CRFB), cabendo àquelas duas normas definir o lugar do consumidor no sistema constitucional brasileiro.[16]

O direito fundamental de defesa do consumidor, assim, guarda suas raízes na própria cláusula geral de tutela da pessoa, o princípio da dignidade da pessoa humana (art. 1°, III CRFB), cujos efeitos irradiam-se por todo o ordenamento civil constitucional brasileiro.[17]

Dessa forma, esse artigo visa enfrentar as peculiaridades dessa nova forma de relação de consumo, que consigo traz uma premente necessidade de compreensão plena e global do fenômeno em que está inserida para a adequação da tutela das pertinentes relações jurídicas. Logo, passa-se a uma breve exposição sobre a eclosão da Internet e os desafios por ela apresentados à ciência jurídica.

Aplica-se à Internet, em matéria de responsabilidade pelos acidentes de consumo ocorridos por meio das redes sociais virtuais, a seguinte indagação: o direito do consumidor aplica-se apenas ao meio físico através do qual a informação é veiculada, ou regula ainda o conteúdo informacional?[18]

2. A REVOLUÇÃO DAS COMUNICAÇÕES E OS ATUAIS DESAFIOS DO DIREITO

Os meios de comunicação adquiriram grande vulto na história recente da humanidade. Desde o aprimoramento da imprensa escrita, sua evolução se confunde com o próprio desenvolvimento da civilização, tomando um papel crucial em vários acontecimentos históricos. Marshall McLuhan e Bruce Powers, analisando a recente história da comunicação no século XX, afirmam que os meios de comunicação tive-

---

15. Cf. MARQUES, Claudia Lima; BENJAMIN, Antônio Herman V.; BESSA, Leonardo Roscoe. *Manual de direito do consumidor*. 2.ed. São Paulo: Revista dos Tribunais, 2009. p. 26
16. MARTINS, Guilherme Magalhães. A defesa do consumidor como direito fundamental na ordem constitucional. In:. *Temas de Direito do Consumidor*. Rio de Janeiro: Lumen Juris, 2010. p. 1.
17. "O cidadão-consumidor, ou melhor, a pessoa-consumidor, se projeta na dimensão constitucional, de modo que, na hipótese de conflito entre o respectivo direito fundamental – sobretudo quando traduzido nas situações jurídicas existenciais – e as exigências de mercado livre, sua primazia se mostra fora de discussão". MARTINS, Guilherme Magalhães. A defesa do consumidor como direito fundamental na ordem constitucional. *in:* MARTINS, Guilherme Magalhães (coord.). *Temas de Direito do Consumidor*. Rio de Janeiro: Lumen Juris, 2010. p. 6.
18. WILHELMSSON, Thomas. The consumer´s right to knowledge and the press. In: _____; TUOMINEN, Salla; TUOMOLA, Heli. *Consumer law in the information society*. Hague: Kluwer, 2001. p. 368.

ram crucial importância no processo de globalização, formando-se uma verdadeira "aldeia global".[19]

De fato, muitas das previsões se concretizaram. Sua implementação se deve em grande parte à popularização de meios de comunicação necessariamente massificantes, como a televisão e o rádio. A Internet representa um momento posterior, de superação, regido por uma interatividade em que a possibilidade de escolhas pelo usuário é em tese infinita. Assim, "se para Mcluhan o meio era a mensagem, hoje, a mensagem é o meio. Isso determina uma forma de visão própria de se enxergar o próprio direito".[20] Uma aldeia, porém descentralizada.

Afirma-se que o meio de comunicação, por si só, não é instrumento idôneo para a transmissão da informação. Isso porque nem toda informação é passível de ser transmitida por qualquer meio. Há limites a ela intrínsecos difíceis de ser superados. É o caso da palavra, que traz consigo um conteúdo semântico, mas encontra limites culturais idiomáticos, por exemplo.[21]

A Internet parece ser uma potente forma de superação desses limites. Os exemplos são muitos. A redução das mais variadas formas de profusão do conhecimento à linguagem binária e o consequente armazenamento em forma de arquivos eletrônicos por meio da informática, aliada aos protocolos de transferências de informações que compõem a rede demonstram a drástica redução dos custos de transação,[22] ajudando a desenvolver novas formas de negócios, novos modelos de organização empresarial.

Especificamente nas relações com os consumidores, todo esse arcabouço técnico a serviço do fornecedor constitui importante meio de publicidade dos produtos ou serviços que oferece, utilizando-se de sinais audiovisuais cuja complexidade é crescente e que paulatinamente hipervulnerabilizam o consumidor pelo completo desconhecimento das relações jurídicas de que passa a fazer parte.

---

19. "La *aldea global* no es un libro del siglo XIX, Uno con expectativas enciclopédicas; es un libro que nunca tiene la respuesta final, que trae el pasado al presente para poder ver un futuro alternativo, un futuro donde toda la economía parezca moverse rápidamente hacia servicios encomendados individualmente hechos de medida." POWERS, Bruce R. Prefacio. *in* MCLUHAN, Marshall; POWERS, Bruce R. *La aldea global.* Transformaciones en la vida de los medios de comunicación mundiales en el siglo XXI. Barcelona: Gedisa, 1989. p. 14.
20. PINHEIRO, Patrícia Peck. *Direito digital.* 3. ed. São Paulo: Saraiva, 2009. p. 7.
21. Assim, a comunicar não seria simplesmente transferir a informação, mas sim transmiti-la por intermédio de um processo multiplicador. Nessa auréola, v. LUHMANN, Niklas. *A realidade dos meios de comunicação.* Tradução Ciro Marcondes Filho. São Paulo: Editora Paulus, 2005. p. 17.
22. Os *transaction costs* estudados tanto pela Teoria Econômica como pelo Direito, significam, em linhas gerais, os custos de negociação, implementação e execução dos contratos. Cf. LORENZETTI Ricardo L. *Comercio eletrônico.* Tradução de Fabiano Menke com notas de Claudia Lima Marques. São Paulo: Editora Revista dos Tribunais, 2004. p. 49 e ss. Segundo Ejan Mackaay, englobam os custos de se identificar um contratante em potencial, de se chegar a um acordo, buscando-se um comportamento estratégico que satisfaça às expectativas de lucro. Cf. MACKAAY, Ejan. *History of law and economics.* University of Montreal, 1999. Disponível em: [http://www.cdaci.umontreal.ca/pdf/mackaay_history_law.pdf]. Acesso em: 21/10/2009. p. 10.

Claudia Lima Marques aponta os desafios apresentados à ciência do direito pela consolidação dessa nova realidade, abrangendo a despersonalização da relação jurídica, onde o sujeito consumidor é identificado não pelos meios tradicionais, mas por algoritmos combinados em forma de protocolos IP.[23]

Afigura-se o consumidor, nas palavras da autora, como "um sujeito 'mudo' em frente a um écran",[24] num panorama de desmaterialização dos contratos, representados por *bits* e códigos binários e concluídos por meio de cliques no mais das vezes induzidos por caóticos estímulos audiovisuais, "cheios de imagens, cores, sons, lembretes escritos, figuras etc."[25]

Outra característica marcante do meio é a desconfiança, em caminho oposto à consagração do princípio da boa-fé objetiva, de cuja essência extrai a tutela das legítimas expectativas do consumidor, norteando a própria aplicação das normas do CDC.[26]

Sucede que, no âmbito específico dos contratos, a regulamentação já ocorre, de longa data, seja no âmbito do direito comunitário europeu (Diretiva 31/2000), na lei uniforme elaborada pela Uncitral (Comissão de Direito do Comércio Internacional da ONU), de 1996, assim como na legislação estrangeira de vários países, como Inglaterra, Estados Unidos, Alemanha, Colômbia, Argentina, França, Itália, Espanha e Portugal, dentre outros, versando sobre a prova do contrato, as assinaturas eletrônicas e os nomes de domínio etc.

O direito brasileiro, infelizmente, não acompanha o ritmo da regulamentação ocorrida em outros países, ao passo que a existência de uma lei especial sobre a contratação eletrônica certamente aumentaria o nível de proteção dos consumidores em face da especificidade do meio. Diversos projetos de lei "dormem" no Congresso Nacional há mais de dez anos, dentre os quais se destaca especialmente o Projeto 1589/1999, elaborado pela comissão especial de informática jurídica da OAB/SP.[27]

O Marco Civil da Internet (Lei 12.965/2014) rege a definição dos direitos e responsabilidades dos cidadãos, empresas e governo na web.

Seu grande mérito é o de instituir no Brasil o primeiro marco regulatório da privacidade e tratamento de dados pessoais, sendo estes entendidos como "qualquer

---

23. Abreviação de *Internet Protocol,* ou protocolo de Internet, que determina o endereço dos remetentes e destinatários da rede.
24. MARQUES, Claudia Lima. op. cit. p. 63.
25. Idem. p.81.
26. Cf. MARQUES, Claudia Lima. *Confiança no comércio eletrônico e a proteção do consumidor*: um estudo dos negócios jurídicos de consumo no comércio eletrônico. São Paulo: Editora Revista dos Tribunais, 2004. p. 63.
27. A certificação digital é regulada especificamente pela Medida Provisória 2.200-2, de 02/08/2001, atualmente em vigor (visto que anterior à entrada em vigor da Emenda Constitucional 32, de 11/09/2001), que criou a Infraestrutura de Chaves Públicas Brasileira(ICP-Brasil), órgão federal destinado a garantir a autenticidade, integridade e validade jurídica dos documentos em forma eletrônica e das aplicações que utilizam certificados digitais

informação relativa a uma pessoa identificada ou identificável, direta ou indiretamente, incluindo todo endereço ou número de identificação de um terminal utilizado para conexão a uma rede de computadores".

Consoante o Marco Civil, salvo exceções especificamente previstas, o tratamento de dados pessoais somente pode ser realizado mediante consentimento livre, expresso e informado do titular, revogável a qualquer momento, que poderá ser dado por escrito ou por outro meio que o certifique, após a notificação prévia deste.

O Marco Civil, no entanto, traz diversos pontos polêmicos, em especial o seu artigo 19, que condiciona a responsabilização dos provedores por conteúdos ilícitos ou ofensivos publicados por terceiros à prévia notificação judicial.

Tal dispositivo, a rigor, obstaculiza a efetividade de termos de ajustamento de conduta firmados entre os principais provedores, como a Google, e o Ministério Público Federal e os Ministérios Públicos de diversos Estados, como Rio de Janeiro e São Paulo, possibilitando o livre acesso às informações acerca dos usuários para fins de persecução criminal.[28]

Lamentavelmente, o "lobby" formado pelos próprios operadores econômicos do setor teve presença marcante nas discussões sobre o anteprojeto, ameaçando conquistas alcançadas de maneira gradual, em detrimento do interesse público, especialmente em matéria de responsabilização dos provedores, onde se visualizam hoje os maiores

---

28. Não é por outro motivo que o Conselho Nacional dos Procuradores-Gerais do Ministério Público dos Estados e da União (CNPG) aprovou, por unanimidade, no dia 20/05/2010, uma nota técnica questionando os artigos 14, 16, 20 e 22 do marco civil da Internet, pelo fato de os aludidos dispositivos dificultarem a repressão aos crimes praticados por meio da Internet, em particular os perpetrados contra crianças e adolescentes, contribuindo para a impunidade.

O artigo 14 do eprojeto previa a preservação, por apenas seis meses, dos dados cadastrais e de conexão dos usuários. Tal prazo contraria um termo de mútua cooperação firmado perante autoridades do poder público, inclusive dos Ministérios Públicos Federal e Estadual, juntamente com empresas concessionárias de telecomunicações e instituições da sociedade civil, que, considerando o tempo médio necessário à apuração desse tipo de ilícitos, estabeleceu um prazo de três anos para a manutenção daquelas informações.

Segundo a nota do CNPG, a redução do prazo "redundará, além de inegável retrocesso, em estímulo à impunidade, eis que impossibilitada será, na maioria dos casos concretos, a produção de prova material necessária à individualização da conduta delitiva".

O CNPG questiona ainda o artigo 16, III do anteprojeto, que assim estabelece – "Art. 16 –A guarda de registros de acesso a serviços de Internet dependerá de autorização expressa do usuário e deverá obedecer ao que segue, sem prejuízo às demais normas e diretrizes relativas à proteção de dados pessoais:

III – os dados que permitam a identificação do usuário somente poderão ser disponibilizados de maneira vinculada aos registros de acesso a serviços de Internet *mediante ordem judicial*" (g.n.). Consoante a aludida nota, isso restringe o acesso a "dados que, conforme a tradição do ordenamento jurídico brasileiro, sempre independeram da instância judicial".

Por fim, o art. 22 estabelece que "ao tornar indisponível o acesso ao conteúdo, caberá ao provedor do serviço informar o fato ao usuário responsável pela publicação, comunicando-lhe o teor da notificação de remoção e fixando prazo razoável para a eliminação definitiva do conteúdo". Tal dispositivo, ainda segundo a nota do CNPG, contradiz o artigo 20 do Código de Processo Penal: "a autoridade assegurará no inquérito o sigilo necessário à elucidação do fato ou exigido pelo interesse da sociedade". Conclui a nota técnica que "a compra e venda pela Internet de imagens de violência sexual praticada contra crianças movimenta mundialmente cerca de US$ 3 bilhões, segundo estimativa do FBI. Apenas no *site* de relacionamentos Orkut, os especialistas estimam a ocorrência de 700 crimes desse tipo por mês, ou seja, 23 por dia, quase um por hora".

problemas decorrentes dos vícios e acidentes de consumo nas redes sociais virtuais, sobretudo haja vista a abrangência da norma do artigo 17 da Lei 8.078/1990, que equipara aos consumidores todas as vítimas do evento ("bystanders").

O Código de Defesa do Consumidor, verdadeira lei principiológica que acaba de completar 27 anos de vigência, reviu dois velhos dogmas em matéria de relações obrigacionais, ao diluir as fronteiras entre a responsabilidade civil contratual e extracontratual e relativizar o efeito *inter partes* dos contratos.[29]

Trata-se de um tema ainda em construção. Em recente precedente do Superior Tribunal de Justiça enfrentou-se a temática dos danos morais decorrentes de envio de spams, e-mails indesejados contendo propaganda não solicitada e enviados em massa para os consumidores. A prática tão comum no meio virtual é maciçamente criticada pela doutrina, que preconiza a responsabilidade do ofertante por abuso do direito (art. 187, CC), sem prejuízo das sanções da publicidade abusiva (art. 37, § 2º, CDC).[30] Malgrado, desafortunadamente, assim não entendeu a Corte.[31] Por ocasião de tal julgamento, causaram espécie as declarações do então presidente da turma julgadora, Ministro Fernando Gonçalves, que assim confidenciou: "não sei nada de computador e nem quero saber".[32]

---

29. MARTINS, Guilherme Magalhães. *Formação dos contratos eletrônicos de consumo via Internet*. 2. ed. Rio de Janeiro: Lumen Juris, 2010. p.96.
30. Nesse sentido, idem, p.39-40.
31. Ementa: Danos morais. Spam. Trata-se de ação de obrigação de fazer cumulada com pedido de indenização por danos morais em que o autor alega receber e-mails (spam com mulheres de biquíni) de restaurante que tem show de strip-tease e, mesmo tendo solicitado, por duas vezes, que seu endereço eletrônico fosse retirado da lista de e-mail do réu (recorrido), eles continuaram a ser enviados. Entre os usuários de internet, é denominada spam ou spammers mensagem eletrônica comercial com propaganda não solicitada de fornecedor de produto ou serviço. A sentença julgou procedente o pedido e deferiu tutela antecipada para que o restaurante se abstivesse do envio da propaganda comercial sob pena de multa diária, condenando-o a pagar, a título de danos morais, o valor de R$ 5 mil corrigidos pelo IPC a partir da data do julgamento, acrescidos de juros de mora, contados a partir do evento lesivo. Entretanto, o TJ proveu apelação do estabelecimento e reformou a sentença, considerando que o simples envio de e-mails não solicitados, ainda que dotados de conotação comercial, não configuraria propaganda enganosa ou abusiva para incidir o CDC e não haveria dano moral a ressarcir, porquanto não demonstrada a violação da intimidade, da vida privada, da honra e da imagem. Para o Min. Relator, que ficou vencido, o envio de mensagens com propaganda, quando não autorizada expressamente pelo consumidor, constitui atividade nociva que pode, além de outras consequências, gerar um colapso no próprio sistema de internet, tendo em vista um grande número de informações transmitidas na rede, além de que o spam teria um custo elevado para sociedade. Observou que não há legislação específica para o caso de abusos, embora existam projetos de lei em tramitação no Congresso. Daí se aplicar por analogia o CDC. Após várias reflexões sobre o tema, reconheceu a ocorrência do dano e a obrigação de o restaurante retirar o autor de sua lista de envio de propaganda, e a invasão à privacidade do autor, por isso restabeleceu a sentença. Para a tese vencedora, inaugurada pelo Min. Honildo de Mello Castro, não há o dever de indenizar, porque existem meios de o remetente bloquear o spam indesejado, aliados às ferramentas disponibilizadas pelos serviços de e-mail da internet e softwares específicos, assim manteve a decisão do Tribunal a quo. Diante do exposto, a Turma por maioria não conheceu do recurso. REsp 844.736-DF, Rel. originário Min. Luis Felipe Salomão, Rel. para acórdão Min. Honildo de Mello Castro (Desembargador convocado do TJ-AP), julgado em 27/10/2009.
32. Fonte: MIGALHAS n. 2.256, 28.10.2009. Disponível em: [http://www.migalhas.com.br/]. Acesso em 17/12/2009.

O pedagogo americano Marc Prensky afirma que a informática e a telemática, nos dias de hoje, cindiram o mundo em dois momentos distintos. O estágio atual em que se encontra a civilização na era digital contrapõe-se ao pretérito, em que o conhecimento necessariamente se expressava por meios táteis. Dessa forma, dividem-se as pessoas em nativos digitais e imigrantes digitais. As mudanças se incorporaram a cultura de maneira tão drástica que se tornaram irreversíveis. Assim, aos imigrantes,[33] duas atitudes seriam possíveis, ou se lamentar, nostalgicamente, lembrando "como as coisas eram boas no antigo país", ou procurar se adaptar, perdendo paulatinamente o "acento", incorporando em seu cotidiano as novas práticas desse novo universo.[34]

O desconhecimento completo sobre o tema evidencia-se por si só. Assim, deduz-se que a vulnerabilidade do consumidor, que inspirou a construção e consolidação deste novo ramo do direito, toma proporções ainda mais alarmantes na Internet. Em outras palavras, a carência completa de informação por parte de imensa legião de usuários da Rede somente demonstra a hipervulnerabilidade do *ciberconsumidor*, cuja tutela somente será efetivada através de uma maior incidência promocional dos princípios constitucionais, em especial a dignidade da pessoa humana e a solidariedade social, promovendo um equilíbrio de forças entre as partes envolvidas.[35]

3. REDES SOCIAIS VIRTUAIS[36]

A rede social, antes de mais nada, representa uma alegoria. Trata-se de uma análise estrutural de um feixe de interconexões subjetivas. O estudo acerca das redes sociais remonta já à metade do século XX, mas sua inserção na atual atmosfera dos meios de comunicação, em especial da Internet, potencializou seus efeitos. Caracterizam-se, em linhas gerais, pela conjunção de dois aspectos, segundo Raquel Recuero:

---

33. Como já assinalou o ex-presidente francês Nicolas Sarkozy, em afirmação aqui tomada em duplo sentido, "a imigração seletiva é praticada por quase todas as democracias do mundo", de modo que "a França seja capaz de escolher seus imigrantes segundo nossas necessidades". BAUMAN, op. cit., p.12, associa tal afirmação à seleção de seres humanos consoante a regra do mercado de escolher o melhor produto da prateleira, mas nada impede a aplicação de tal "regra" à inclusão digital.
34. Cf. PRENSKY, Marc. *Digital Natives, Digital Immigrants*. in On the Horizon. MCB University Press, v. 9, n. 5, October 2001. p. 3. Disponível em: [http://www.marcprensky.com/writing/Prensky%20-%20Digital%20 Natives,%20Digital%20Immigrants%20-%20Part1.pdf]. Acesso em 25/12/2009.
35. Sobre o tema, V. FERNANDEZ, Eusébio. *Teoría de la justicia y derechos humanos*. Madrid: Debate, 1984. p. 43-44.
36. O conceito de rede social virtual é abrangente. Conforme se verá, os modelos de negócios da *web* aos quais se alude quando se utiliza a expressão dizem respeito, em sua maioria a *sites de redes sociais*. Danah M. Boyd e Nicole B. Ellison apontam as características principais dos sites de redes sociais. São aqueles que permitem aos usuários: (1) a construção de um perfil público ou semipúblico em um sistema que os liga permanentemente de alguma maneira; (2) a articulação com muitos usuários, possibilitando-se a comunicação entre eles (3) ver e compartilhar sua lista de contatos e a de outros usuários por meio do próprio sistema. Cf. BOYD, Dannah M.; ELLISON, Nicole B. Social network sites: Definition, history, and scholarship. *Journal of Computer-Mediated Communication*, 13 (1), article 11. 2007. Disponível em: [http://jcmc.indiana.edu/vol13/issue1/boyd.ellison.html]. Acesso em: 21/11/2010. Nesse trabalho, as expressões são utilizadas como sinônimos.

Uma rede social é definida como um conjunto de dois elementos: *atores* (pessoas, instituições ou grupos; os nós da rede) e suas *conexões* (interações ou laços sociais). Uma rede, assim, é uma metáfora para observar os padrões de conexão ou grupo social, a partir das conexões estabelecidas entre os diversos atores. A abordagem de rede tem, assim, seu foco na estrutura social, onde não é possível isolar os atores sociais e suas conexões.[37]

Primeiramente, sabe-se que os atores são os indivíduos que constituem as interconexões com os outros. Porém, no caso das redes sociais virtuais, trata-se de uma representação, um perfil, que o usuário acessa por meio de uma identificação pessoal e uma senha, disponibilizando as informações capazes de individualizá-lo. Os chamados perfis são muito mais do que meros bancos de dados individualizados. Isso porque os atores das redes sociais são muitas vezes "construções de si" ou "narrações do eu". Dessa forma, trata-se de uma representação da realidade, extraindo elementos por vezes ocultos na personalidade do sujeito.[38]

O problema deve ser alcançado pelo direito, à medida que a cláusula geral de tutela da pessoa impõe a proteção da personalidade em todas as suas facetas. Os chamados direitos da personalidade, construção dogmática que, hodiernamente, vem sendo paulatinamente compreendida entre a categoria de situação subjetiva existencial,[39] impõem a proteção do direito "à identidade", o direito de "ser si mesmo". Logo, Stefano Rodotà afirma que essas identidades virtuais gozam do mesmo nível de tutela de qualquer outro bem da personalidade, podendo sofrer violação e, portanto, serem passíveis tanto da tutela inibitória como indenizatória.[40]

No que concerne às conexões, embora se afirme que a Internet trouxe um enfraquecimento dos laços relacionais, o que ocorre, na verdade, é o surgimento de novas relações humanas, propiciadas e fomentadas pelo ambiente digital, traduzindo formas de convivência diferenciadas, a desafiar os operadores do direito.

Assim ocorre, apenas a título de exemplificação, na avaliação , em matéria de ação de alimentos, do binômio possibilidade-necessidade à luz de informações declaradas por uma das partes em uma rede social virtual. Da mesma forma, informações constantes das redes sociais têm sido utilizadas inclusive em processos de seleção de empregados, discutindo-se ainda, no direito de família, sobre a infração do dever conjugal de fidelidade a partir de mensagens ou informações veiculadas na Internet.

---

37. RECUERO, Raquel. *Redes sociais na Internet*. Porto Alegre: Sulina, 2009. p. 24.
38. "Por que tudo isto, que parece tão fútil, é digno de atenção? [...] Não se trata de meras futilidades sem importância, pois tais habilidades são cada vez mais imprescindíveis para poder lidar adequadamente com os demais e para obter sucesso nos diversos mercados da atualidade. Esses novos "modos de ser" que hoje se configuram, assim treinados no dia a dia das telas e dos teclados, são mais úteis e produtivos na hora de saciar as demandas da nossa sociedade." SIBILIA, Paula. O espetáculo do eu. *in Revista mente e cérebro*. Fevereiro/2009. Disponível em: [http://www2.uol.com.br/vivermente/reportagens/o_espetaculo_do_eu.html]. Acesso em: 16/06/2011.
39. PERLINGIERI, Pietro. *O direito civil na legalidade constitucional*. Tradução de Maria Cristina de Cicco. Rio de Janeiro: Renovar, 2008. p. 760 e seg.
40. Cf. RODOTÀ, Stefano. *A vida na sociedade da vigilância*: a privacidade hoje. Organização, seleção e apresentação de Maria Celina Bodin de Moraes. Tradução de Danilo Doneda e Luciana Cabral Doneda. Rio de Janeiro: Renovar, 2008. p.116.

As rebeliões recentemente ocorridas no Egito, Tunísia e Líbia, entre janeiro e março de 2011, traduzem a força das redes sociais, que concentraram grande parte dos protestos e discussões populares em face de governos totalitários que terminaram destituídos.

Outra forte característica das redes sociais é a formação de um infindável contingente de capital social. A temática é muito cara à economia,[41] tratando-se, ainda, de elemento fundamental para a compreensão da forma de remuneração dos serviços prestados via *web* 2.0. Sabe-se que, hoje, há um nítido reconhecimento do conteúdo intrinsecamente econômico das formas de organização social em rede. Os laços que se desenvolvem podem ser paulatinamente fortalecidos se inseridos numa atmosfera de confiança entre os membros de determinada comunidade, o qual só se dá por meio de regras claras, transparentes e eficientes.

Afirmou-se que na transformação da rede, uma das principais características foi o incentivo à inserção de informações pelos próprios usuários, de maneira participativa. Assim, modificaram-se as formas de prestação de serviço, que passam a ser cada vez mais remuneradas indiretamente.

Hoje, é possível saber quais as preferências do usuário, por meios dos sites que acessa, ou mesmo das palavras que digita em um mecanismo de busca, por exemplo, criando-se verdadeiros "perfis" acerca do cruzamento dos dados de conexão. A remuneração, hoje, não é mais calculada por meio do número de acessos aos *websites*, mas sim pelo número de cliques em determinado link (*cost per click*). Assim se calculam os preços dos contratos de publicidade através da estimativa de consumidores em potencial, especificados pelas informações que disponibilizam sobre si mesmos, revelando preferências, opções religiosas, sexuais, a cidade em que vivem etc.[42] Posto isto, convém delimitar o regime jurídico aplicável às redes sociais virtuais.

3.1. O regime jurídico das redes sociais virtuais

Tendo em vista, portanto, o valor econômico do capital social das redes e, assim, das informações que constituem as interações entre os perfis, já não há que mais que

---

41. São muitas as definições sobre capital social, mas é a partir da década de noventa que se dá importância ao tema, como significante critério para a concessão de financiamentos pelo Banco Mundial. Sustenta a referida instituição que: "O capital social reflete as normas que possibilitam ações coletivas. Engloba instituições, relações e costumes que compõem a qualidade e quantidade das interações sociais. É fundamental para as sociedades prosperarem economicamente e para que seu desenvolvimento seja sustentável. Quando manejado corretamente, é capaz de aumentar a efetividade dos projetos e de sua sustentabilidade por fortalecer a capacidade de uma comunidade de trabalhar em grupo em prol de seus objetivos comuns, fomentando maior inclusão e coesão, aumentando a transparência e o cometimento para com os resultados". Disponível em: [http://go.worldbank.org/VEN7OUW280]. Acesso em: 22/12/2009. Tradução livre.
42. A título de exemplo, cita-se a aquisição de 1,6 % do capital da rede social Facebook pela Microsoft Inc. pelo valor de 240 Milhões de dólares. O valor estimado para a rede social, incluindo os bens e relações jurídicas que compõem seu patrimônio foram avaliados em 15 bilhões de dólares. Cf. HAMILTON, Anita. *Why Microsoft Overpaid for Facebook*. TIME.COM. Disponível em: [http://www.time.com/time/business/article/0,8599,1675658,00.html#ixzz0aT8yYMJ4]. Acesso em 22/12/2009.

se falar em gratuidade das relações jurídicas entre os *sites* e seus membros, usuários e, portanto, consumidores dos serviços oferecidos. Em que pesem precedentes em contrário,[43] a manutenção de páginas pessoais nas redes sociais virtuais, ainda que não cobrada diretamente, é remunerada por meio dos contratos de publicidade e, portanto, constitui negócio jurídico oneroso, enquadrando-se no conceito de serviço do artigo 3º, § 2º, da Lei 8.078/1990.

A disparidade entre fornecedor e o membro da rede social, por outro lado, é premente. Além de ser induzido a contratar por técnicas agressivas de publicidade, geralmente feitas por intermédio de *spams*, o consumidor se encontra em condição de vulnerabilidade por não conhecer as nuances técnicas que permeiam a relação em que figura. Em suma, o desconhecimento completo, dentre outras situações, dos meios jurídicos de se refutar uma ofensa direta promovida por um estranho à sua imagem-atributo,[44] ou de se inibir a criação de um perfil falso por utilização não autorizada de sua imagem-retrato,[45] ou mesmo de se evitar a manutenção de uma "comunidade" de conteúdo difamatório[46] ilustram as dificuldades encontradas pelo consumidor quanto à informação nas redes sociais virtuais.

---

43. Responsabilidade civil – Danos morais – Orkut – Site de relacionamento – Exposição de imagem – Texto de conteúdo pejorativo e difamatório. Responsabilidade do "dono" e controlador do grupo. Recurso a que se dá provimento. *Sabe-se o Orkut é um serviço fornecido gratuitamente, com o objetivo de incentivar seus usuários a criar novas amizades e manter relacionamentos.* São milhões de usuários, criando "perfis" para se relacionar com os demais usuários cadastrados, que ali compartilham e buscam informações, sendo tais informações de livre acesso, inclusive nas "comunidades", ou seja, não apenas os que dela participam podem visualizar seu conteúdo. Assim, se o ofendido tem sua imagem exposta, na gigantesca rede, através de publicação de foto e texto direcionado a criticar atitudes e características suas, de caráter pejorativo e difamatório, o "dono" ("owner"), como é chamado o criador e controlador das atividades do grupo, responde pelos danos morais daí defluentes. (TJMG, Apelação Cível 1.0024.05.890294-1/001, 9ª Câmara Cível, Relator Des. Tarcisio Martins Costa, 10/04/2007) (g.n.).
44. Orkut – Tutela antecipada – Pedido consubstanciado na exclusão de comunidade virtual – Possibilidade – Ofensas proferidas por pessoas anônimas, o que impossibilita o autor de proteger seus direitos da personalidade adequadamente – Decisão reformada. Recurso provido. Agravo de Instrumento 5621844200 (TJSP, Relator(a): Neves Amorim. Comarca: Itanhaém. Órgão julgador: 2ª Câmara de Direito Privado. Data do julgamento: 24/03/2009. Data de registro: 07/04/2009).
45. Apelação Cível. Rito Ordinário. *Criação de perfil falso em site de relacionamentos denominado "Orkut"*. Legitimidade da Google Brasil. Responsabilidade objetiva que decorre da disponibilização do conteúdo na rede mundial de computadores. A parte ré, como administradora do site de relacionamentos, permite a inserção de conteúdos pelos seus usuários, sem nenhuma espécie de filtro ou controle, o que remete o fato ofensivo à seara dos riscos do negócio, exsurgindo daí a responsabilidade objetiva da ré. Dano moral configurado. *Quantum* indenizatório corretamente fixado em R$ 10.000,00, em obediência aos critérios de proporcionalidade e razoabilidade. Improvimento dos dois recursos. (TJRJ, Apelação 2009.001.52083 – Relator Des. Pedro Saraiva Andrade Lemos, Julgamento: 30/09/2009, Décima Câmara Cível). (g.n.).
46. Tutela antecipada – Obrigação de fazer – "Orkut" – Veiculação em comunidade virtual de conteúdo ofensivo à honra da autora – Decisão mantida – Agravo não provido. Mostram-se verossímeis as alegações tecidas pelos agravados, fundadas em prova documental, indicando que o site de relacionamento "Orkut" veicula conteúdo ofensivo à imagem dos autores/agravados. Propondo-se a disponibilizar o serviço, é de se atribuir a agravante o ônus de impedir a manutenção ou criação de comunidades com finalidade vexatória aos agravados, não podendo a mesma alegar eventual impossibilidade técnica de ingerência no conteúdo do site. À unanimidade de votos, negou-se provimento ao agravo de instrumento. (TJPE, Agravo de Instrumento 165004-8 – Relator: Desembargador Leopoldo de Arruda Raposo, 5ª Câmara Cível, Data de Julgamento: 26/03/2008). Grifo nosso.

Perquire-se, outrossim, qual seria o objeto dessa relação consumerista. Responde-se com amparo na própria jurisprudência, que reconhece que os sites que mantêm as redes como Orkut, Facebook ou My Space, dentre outros, travam com seus usuários a relação de armazenamento de dados e disponibilização para acesso por meio de *links*. Dessa maneira, atuam como provedores de hospedagem, incorrendo em seu regime de responsabilização civil. Nesse sentido, a seguinte decisão proferida pelo Tribunal de Justiça do Estado do Rio Grande do Sul:

> Responsabilidade civil. Danos morais. Provedor de serviços de hospedagem na internet. Google. Orkut. Perfil falso. Conteúdo flagrantemente ilícito. Dever de indenizar reconhecido. 1. Para a caracterização da relação de consumo, o serviço deve ser prestado pelo fornecedor mediante remuneração. No entanto, o conceito de "remuneração" previsto na referida norma consumerista abrange tanto a remuneração direta quanto a indireta. Precedente da Corte no caso específico. 2. O Google, como administrador do site de relacionamentos Orkut, em que armazena informações postadas por seus usuários, não responde pelo respectivo conteúdo, pois não está obrigado a promover monitoramento prévio a respeito. Contudo, havendo denúncia de abuso, por parte de usuário, tem o dever de remover perfil manifestamente falso e capaz de gerar danos morais. Conduta omissiva e culposa que corresponde à prestação defeituosa do serviço, pois não ofereceu a segurança que dele legitimamente se poderia esperar. 3. Danos morais *in re ipsa*, que decorrem dos fatos narrados e demonstrados nos autos. Apelo provido.[47]

3.2. O consumidor em risco. A responsabilidade dos provedores de hospedagem e a regra do *notice and takedown*

Mais do que evitar que as vítimas fiquem irressarcidas, a principiologia civil-constitucional, que encontra seu sentido e razão na dignidade da pessoa humana (art. 1º, III, Constituição da República),[48] dirige-se à necessidade de ser garantido o direito de alguém não mais ser vítima de danos.

Quando da entrada em vigor do Código Civil de 2002, festejava-se a adoção, com atraso em relação à legislação estrangeira, da cláusula geral da responsabilidade civil objetiva (art. 927, parágrafo único). O risco parecia finalmente assumir uma vocação expansiva, em face de problemas como a massificação urbana, o desenvolvimento da

---

47. Apelação Cível 70025752866, Décima Câmara Cível, Tribunal de Justiça do Rio Grande do Sul, Relator: Luiz Ary Vessini de Lima, Julgado em 18/06/2009. Grifo nosso.
48. A dignidade, para os fins da norma *supra*, pode ser compreendida como o instrumento que confere a cada um o direito ao respeito inerente à qualidade de homem, bem como a pretensão de ser colocado em condições idôneas a exercer as próprias aptidões pessoais, assumindo as posições a estas correspondentes. PERLINGIERI, Pietro. *Perfis do Direito Civil*. Tradução Maria Cristina de Cicco. Rio de Janeiro: Renovar, 1997. p. 37. Ingo Wolfgang Sarlet define a dignidade da pessoa humana como "(...) a qualidade intrínseca e distintiva reconhecida em cada ser humano que o faz merecedor do mesmo respeito e consideração por parte do Estado e da comunidade, implicando, neste sentido, um complexo de direitos e deveres fundamentais que assegurem a pessoa tanto contra todo e qualquer ato de cunho degradante e desumano, como venham a lhe garantir as condições existenciais mínimas para uma vida saudável, além de propiciar e promover sua participação ativa e corresponsável nos destinos da própria vida em comunhão com os demais seres humanos". SARLET, Ingo Wolfgang. *Dignidade da pessoa humana e direitos fundamentais*. 4.ed. Porto Alegre: Livraria do Advogado, 2006. p.60.

informática, da indústria, da energia, dos meios de transporte e das biotecnologias, dentre outros, na passagem do individualismo liberal para o solidarismo.

Paralelamente ao espaço já ocupado pela reparação dos danos já ocorridos, cujo monopólio deixa de existir,[49] desponta o princípio da precaução, voltado à eliminação prévia(anterior à produção do dano) dos riscos da lesão, revelando-se de grande importância, para tanto, a imposição de obrigações de fazer ou não fazer, consagradas no artigo 84 e parágrafos do Código de Defesa do Consumidor, bem como no Código Civil, art. 247 e seguintes, estes com forte influência do Código de Processo Civil, em especial no artigo 497 e seguintes, implicando uma tendência de despatrimonialização da responsabilidade civil.

A retirada de uma informação ofensiva, assim como a sua retificação ou, conforme o caso, a retratação por parte do responsável, dentre outras prestações de fazer ou não fazer, possuem grande importância nessa técnica de eliminação do dano.

Configurada a relação de consumo entre a rede social, que trava relações de hospedagem de conteúdo dos dados fornecidos pelo consumidor, seja em forma de palavras, imagens e assim por diante, incide em sua totalidade o regime de responsabilidade civil objetiva pelo fato do produto e do serviço presente no CDC.

Afirma Bruno Miragem que os regimes de responsabilidade dos provedores de Internet, embora possam variar quanto à norma aplicável, assemelham-se quanto às consequências de sua aplicação. Mesmo nas relações privadas que não sejam de consumo, regidas pelo Código Civil, em muitos casos a atividade habitualmente desenvolvida é capaz por si só de ocasionar a responsabilidade por risco da atividade, nos termos do parágrafo único do art. 927 do Código Civil. Logo, dão causa a risco de danos a terceiros, aproximando-se "sensivelmente do regime de responsabilidade por danos imposto aos fornecedores de serviço do Código de Defesa do consumidor".[50]

Por seu turno, parte da doutrina entende de forma diversa,[51] com certo respaldo jurisprudencial. Apoiam-se na ausência do chamado dever geral de vigilância pelo provedor de serviço de Internet. Em primeiro lugar, na legislação estrangeira, o artigo 15, apartado primeiro, da Diretiva 2000/31 da Comunidade Europeia, conjunto

---

49. VINEY, *Droit civil*, op.cit., p.57.
50. Cf. MIRAGEM, Bruno. Responsabilidade por danos na sociedade da informação e proteção do consumidor: defesas atuais da regulação jurídica da Internet. *Revista de Direito do Consumidor.* Ano 18. n. 70. Abr-jun./2009. São Paulo: Revista dos Tribunais, 2009. p. 51.
51. Parte da doutrina chega a questionar a existência da privacidade do usuário nas redes sociais virtuais: "A questão que se põe é se existe então direito à privacidade dos usuários de tal sistema: pois bem, a resposta a isso é até simplória, posto que, neste formato, inexiste qualquer direito subjetivo(sic)de privacidade do usuário, eis que os dados que venha a inserir estão disponíveis para quem queira – inclusive as fotografias podem ser copiadas por qualquer internauta, sem qualquer esfera de proteção. O formato adotado permite a qualquer usuário anotar recados nas suas páginas ou na de outros, criando *links* internos ou externos para outras páginas, de forma a que quem adere ao *site* está plenamente ciente do que poderá ocorrer e da segurança que pode esperar. Qualquer conduta que venha a ser praticada no interior dos *sites* de relacionamentos é de alçada exclusiva dos seus usuários, sendo irreal pretender submeter seu mantenedor como responsável objetivamente, pois se isso viesse a ocorrer certamente inviabilizaria o formato". BINICHESKI, Paulo Roberto. *Responsabilidade civil dos provedores de Internet.* Curitiba: Juruá, 2011. p. 246.

de normas que trata das relações de mercado ligadas à Internet, prevê uma cláusula de exclusão da obrigação geral de vigilância por parte do provedor para com seus usuários.[52]

Além disso, nos Estados Unidos, o *Telecommunications Decency Act*, de 1996, que traz uma série de conceitos legais sobre Internet e estabelece severas sanções para os responsáveis pela publicação através da Rede de conteúdo não somente ilícito, como moralmente reprovável. Também enuncia normas que os exime os provedores de "dever de vigiar intensamente seus usuários",[53] futuramente chamado de "obrigação geral de vigilância" pelos europeus.

A consideração, ainda que por exclusão ou negação, de um dever geral de vigilância, mais do que um retrocesso em direção à culpa, em plena era do risco, mostra-se prejudicial aos consumidores, considerada a hierarquia constitucional das normas consumeristas.

Consoante tal visão, o provedor de hospedagem somente seria responsabilizado se, uma vez notificado da presença de material ilícito no site, cuja demora excessiva acarretaria sua culpa e, portanto, responsabilidade solidária em conjunto com o ofensor. Nesse sentido, afirma Marcel Leonardi:

> Nota-se, portanto, que a responsabilidade dos provedores de hospedagem por atos ilícitos é subjetiva, advindo apenas de eventual conduta omissiva, de negligência ou imprudência, tendo aplicação o art. 186 do Código Civil. A responsabilidade somente poderá ser invocada caso o ISP e o *hosting service providers*, avisados sobre o conteúdo ilícito da página, insistirem em mantê-la.[54]

A excludente apoia-se na regra do *notice and takedown*, oriundo da sistemática legal norte-americana. Parece-se ir de encontro às novas tendências da responsabilidade civil atual, de abandono de enfoque acerca do dano causado em prol da reparação do dano sofrido, consequência natural da própria irradiação da tábua axiológica constitucional.[55]

---

52. "1. Os Estados-Membros não imporão aos prestadores, para o fornecimento dos serviços mencionados nos artigos 12, 13 e 14, uma obrigação geral de vigilância sobre as informações que estes transmitam ou armazenem, ou uma obrigação geral de procurar ativamente fatos ou circunstâncias que indiciem ilicitudes".
53. SEC. 230. Protection for private blocking and screening of offensive material. [...] '(1) treatment of publisher or speaker- No provider or user of an interactive computer service shall be treated as the publisher or speaker of any information provided by another information content provider. (2) Civil Liability – No provider or user of an interactive computer service shall be held liable on account of (A) any action voluntarily taken in good faith to restrict access to or availability of material that the provider or user considers to be obscene, lewd, lascivious, filthy, excessively violent, harassing, or otherwise objectionable, whether or not such material is constitutionally protected; or (B) any action taken to enable or make available to information content providers or others the technical means to restrict access to material described in paragraph (1). Federal Communications Commission, op. cit, onl-ine.
54. LEONARDI, Marcel. *Responsabilidade civil dos provedores de serviço de Internet*. São Paulo: Juarez de Oliveira, 2005. p. 176. No mesmo sentido, Sônia Aguiar do Amaral Vieira, para quem a responsabilidade dos *hosting service providers* será sempre subjetiva, sendo preciso se apurar a culpa. Cf. VIEIRA, Sonia Aguiar do Amaral. *Inviolabilidade da vida privada e da intimidade pelos meios eletrônicos*. São Paulo: Juarez de Oliveira, 2002. p. 145.
55. MARTINS, Guilherme Magalhães, *Responsabilidade civil...* Op. cit. p. 306-307.

A atual redação do artigo 20 do anteprojeto do marco civil da Internet inclusive esvazia a maior virtude do *notice and takedown,* que permite aos provedores de serviços tomar conhecimento da existência de material ilegal em seus servidores e removê-lo sem a necessidade de medida judicial específica com o mesmo propósito. Em plena era dos meios alternativos de solução de conflitos, o marco civil, da forma como se encontra proposto, judicializa questões que já se encontravam resolvidas através de outros instrumentos mais ágeis, como os termos de ajustamento de conduta(TACs).[56]

A importação acrítica da regra norte-americana implicaria a consagração de uma inversão do ônus da prova em detrimento do consumidor, em afronta à norma imperativa do artigo 51, VI, do Código de Defesa do Consumidor. Ficaria o consumidor, então, na dependência de o fornecedor disponibilizar um meio de notificação, o que implica, nas palavras de Stefano Rodotà,

> Não o consumidor como o destinatário da informação, mas o consumidor como "produtor da informação" com caráter promocional, como no caso dos anúncios publicitários, nos quais em certo momento se diz: "caso não deseje que as informações recebidas com este pedido de venda sejam transferidas a terceiros, bloqueie esta caixa postal"; evidente é neste caso a atribuição ao consumidor, enquanto produtor da informação, do direito de controlar a modalidade de circulação das próprias informações.[57]

Em face da vulnerabilidade técnica e informacional do consumidor na Internet, mostra-se excessivo condicionar a responsabilidade do fornecedor a uma atitude prévia do consumidor, o que afronta, inclusive, o princípio constitucional do livre acesso ao Judiciário (Constituição da República, art. 5º, XXXV).

Em matéria de conteúdos ofensivos via Orkut, causam preocupação recentes acórdãos do Superior Tribunal de Justiça, da lavra da Ministra Fátima Nancy Andrighi, que sempre se destacou em seus votos pela concretização do direito do consumidor como direito fundamental.

No julgamento do Recurso Especial 1.193.764, (3ª Turma, j. 14/12/2010), que deixou de responsabilizar o provedor, por considerar que, não obstante a indiscutível existência de relação de consumo no serviço prestado por inter-

---

56. A redação original do artigo 20 do marco civil para a regulação da Internet era a seguinte, consagrando a notificação administrativa do provedor: "Art. 20. O provedor de serviço de Internet somente poderá ser responsabilizado por danos decorrentes de conteúdo gerado por terceiros se for notificado pelo ofendido e não tomar as providências para, no âmbito de seu serviço e dentro de prazo razoável, tornar indisponível o conteúdo apontado como infringente. § 1º os provedores de serviços de Internet devem oferecer de forma ostensiva ao menos um canal eletrônico dedicado ao recebimento de notificações e contranotificações. § 2º É facultado ao provedor de serviços de Internet criar mecanismo automatizado para atender aos procedimentos dispostos nesta Seção". Já a proposta de nova redação do artigo 20 é a seguinte: "O provedor de serviço de internet somente poderá ser responsabilizado por danos decorrentes de conteúdo gerado por terceiros se, após intimado para cumprir ordem judicial a respeito, não tomar as providências para, no âmbito do seu serviço e dentro do prazo assinalado, tornar indisponível o conteúdo apontado como infringente".
57. RODOTÀ, Stefano. Persona-consumatore. In: STANZIONE, Pasquale (coord.) *La tutela del consumatore tra liberismo e solidarismo*. Napoli: Edizione Scientifiche Italiane, 1999. p. 26 (tradução livre).

médio do Orkut, a responsabilidade do Google deve ficar restrita à natureza da atividade por ele desenvolvida naquele *site*. Segundo tal visão, no que tange à fiscalização do conteúdo das informações postadas por cada usuário, não se trata de atividade intrínseca ao serviço prestado, de modo que não se pode reputar defeituoso, nos termos do art. 14 do CDC, o *site* que não examina e filtra o material nele inserido.[58]

Em outro precedente, o Superior Tribunal de Justiça deixou de responsabilizar o provedor de pesquisa da Google, por considerar que a filtragem do conteúdo das buscas feitas por cada usuário não constitui atividade que lhe é intrínseca. Logo, não pode se reputar defeituoso o *site* que não exerce esse controle sobre os resultados das buscas. No caso, foi provido o Recurso Especial interposto em face de decisão do Tribunal de Justiça do Rio de Janeiro, que deferiu a antecipação de tutela, para que a Google se abstivesse de disponibilizar aos seus usuários quaisquer resultados/*links* na hipótese de utilização dos critérios de busca 'Xuxa', 'pedófila', 'Xuxa Meneghel', ou qualquer grafia que se assemelhe a estas.

Foi negado, portanto, o controle de conteúdos ofensivos, ao argumento de que

> Os provedores de pesquisa realizam suas buscas dentro de um universo virtual, cujo acesso é público e irrestrito, ou seja, seu papel se restringe à identificação das páginas na *web* onde determinado dado ou informação, ainda que ilícito, estão sendo livremente veiculados. Dessa forma, ainda que seus mecanismos de busca facilitem o acesso e consequente divulgação de páginas cujo conteúdo seja potencialmente ilegal, fato é que essas páginas são públicas e compõem a rede mundial de computadores e, por isso, aparecem no resultado dos *sites* de pesquisa (STJ, Recurso Especial 1.316.921-RJ, rel. Min. Fátima Nancy Andrighi, 3ª Turma, j. 26/06/2012).

A melhor solução aponta no sentido contrário,[59] com base nos artigos 12 a 14 da Diretiva CEE 31/2000, pois, onde há controle, deve haver responsabilidade. A partir do momento em que o provedor intervém na comunicação, dando-lhe origem, escolhendo ou modificando o conteúdo ou selecionando o destinatário, passa a ser considerado responsável, pois a inserção de conteúdos ofensivos constitui fortuito interno, ou seja, risco conhecido e inerente ao seu empreendimento.

Conclui-se, dessa forma, ser objetiva, com fundamento no artigo 14 do Código de Defesa do Consumidor, a responsabilidade pelo fato do serviço do detentor do site em que se encontram os *links* que contêm dados sensíveis dos usuários, por se utilizarem dessa maciça aglutinação de informações para obterem sua remuneração em gigantescos contratos de publicidade e, acima de tudo, por deterem os meios técnicos de se individualizar os reais causadores dos danos. Para tal fim, podem ser consideradas *bystanders* as vítimas do evento danoso.[60]

---

58. No mesmo sentido, também relatado pela Ministra Fátima Nancy Andrighi, o REsp 1.186.616-MG, 3ª T., julgado em 23/08/2011.
59. MARTINS, Guilherme Magalhães. *Responsabilidade civil por acidente...*, op. cit., p. 297.
60. Cf. MIRAGEM, Bruno. op. cit. p. 62.

Em que pesem os argumentos utilitaristas em favor dos fornecedores, de impossibilidade técnica[61] de manutenção de instrumentos aptos a se evitarem tais danos, essa não é a melhor explicação para o problema. Isto porque, em uma sociedade de massa, cujos prejuízos são distribuídos entre os agentes por meio da gestão do risco decorrente (*risk management*) de suas atividades profissionais, nada mais justo que a pulverização dos eventuais custos no preço dos contratos de publicidade, e, se preciso for, até mesmo a securitização dos possíveis futuros prejuízos.

No conflito entre liberdade de expressão[62] do autor do dano e a dignidade das vítimas, caberá a esta sempre a primazia, observada, sobretudo, a hierarquia constitucional do direito do consumidor (CR, art. 5º, XXXII e 170, V).

A função social, enquanto limite interno inspirado na dignidade da pessoa humana (art. 1º, III, CR) e na solidariedade social (art. 3º, I, CR), impõe aos fornecedores de serviços perseguir, ao lado da sua atividade econômica, interesses metaindividuais, ligados à sociedade como um todo, de modo a tornar sua autonomia e sua liberdade de expressão merecedoras de tutela perante o ordenamento civil-constitucional.

Boa parte da jurisprudência nacional tem se inclinado para tal solução.

Nas palavras do Ministro Antonio Herman Benjamin, em importante voto envolvendo o bloqueio de comunidades e páginas de relacionamento para a veiculação de material ofensivo,

> A Internet é o espaço por excelência da liberdade, o que não significa dizer que seja um universo sem lei e infenso à responsabilidade pelos abusos que lá venham a ocorrer. *No mundo real, como no virtual, o valor da dignidade da pessoa humana é um só, pois nem o meio em que os agressores transitam nem as ferramentas tecnológicas que utilizam* conseguem transmudar ou enfraquecer a natureza de sobreprincípio irrenunciável, intransferível e imprescritível que lhe confere o Direito brasileiro.
>
> Quem viabiliza tecnicamente, quem se beneficia economicamente e, ativamente, estimula a criação de comunidades e páginas de relacionamento da Internet é tão responsável pelo controle de eventuais abusos e pela garantia dos direitos da personalidade de internautas e terceiros como os próprios internautas que geram e disseminam informações ofensivas aos valores mais comezinhos da vida em comunidade, seja ela real, seja virtual.
>
> Essa corresponsabilidade – parte do compromisso social da empresa moderna com a sociedade, sob o manto da excelência dos serviços que presta e da merecida admiração que conta em todo

---

61. O argumento técnico é desmentido por Jimmy Wales, fundador da Wikipédia, que, em entrevista à revista Veja, respondeu à seguinte indagação: "Segundo um estudo da Universidade de Minessota, nos Estados Unidos, o tempo médio para a correção de um erro na Wikipédia é de doze horas. Como tornar o processo mais ágil?". Em resposta, o empreendedor norte-americano afirmou: "Já está mais rápido. *Criamos um software que funciona como um 'filtro de ofensas'. É uma ferramenta que permite a identificação automática de edições problemáticas. Isso diminui bastante o tempo de resposta no conserto de páginas vandalizadas.* O fato de termos colaboradores que praticamente adotam os artigos de seu interesse também ajuda no controle de qualidade" (g.n.). WALES, Jimmy. O rival da *Britannica* (entrevista). *Revista Veja*. São Paulo, 16 dez. 2009. p. 22.
62. Thomas Wilhelmsson recorda que, mesmo em se tratando de um direito fundamental, requisito básico de uma sociedade aberta e democrática, a liberdade de expressão encontra diversas exceções, sobretudo em matéria de publicidade, área onde a regulação é permitida. WILHELMSSON, Thomas, op. cit., p. 371.

mundo – é aceita pelo Google, tanto que atuou, de forma decisiva, no sentido de excluir páginas e identificar os gângsteres virtuais. Tais medidas, por óbvio, são insuficientes, já que reprimir certas páginas ofensivas já criadas, mas nada fazer para impedir o surgimento de outras tantas, com conteúdo igual ou assemelhado, é, em tese, estimular um jogo de Tom e Jerry, que em nada remedia, mas só prolonga, a situação de exposição, de angústia e de impotência das vítimas das ofensas(g.n.).[63]

O Ministro Luiz Felipe Salomão, no julgamento do Recurso Especial 1.175.675-RS (4ª T., j. 09/08/2011), considerou, em face da veiculação de textos difamatórios no *site* de relacionamentos Orkut, que a alegada incapacidade técnica de varredura das mensagens incontroversamente ofensivas seria um *venire contra factum proprium*, inoponível ao provedor Internet, visto que

> se fosse crível a alegada ausência de ferramentas capazes de fazer uma 'varredura' no ambiente virtual chamado Orkut, tal 'deficiência técnica' faria parte do amplo mecanismo liberal de acesso a essa rede social, o que certamente atrai mais usuários e fomenta os lucros auferidos pela recorrente (...) Os provedores de hospedagem têm responsabilidade quanto ao controle das mensagens difundidas, de forma que devem atender determinações judiciais para retirar o conteúdo difamatório, no prazo estipulado.
>
> A ausência de ferramentas técnicas não isenta a empresa de buscar soluções, visto que, se a Google criou um monstro indomável, é apenas a ela que devem ser imputadas eventuais consequências geradas pela falta de controle dos usuários de sua rede social. As mensagens ofensivas poderiam ser capturadas por mecanismos de programação ou por um corpo técnico especializado.[64]

A matéria certamente desperta polêmica, tendo o Supremo Tribunal Federal, no dia 23 de março de 2012, reconhecido repercussão geral na questão constitucional suscitada no Recurso Extraordinário com Agravo (ARE) 660.861, interposto pela Google Brasil, ainda não julgado até a apresentação deste trabalho. O tema trata do dever do provedor de hospedagem de fiscalizar o conteúdo publicado e de retirá-lo do ar quando considerado ofensivo, sem intervenção do Judiciário. A empresa alega

---

63. Recurso Especial 1117633-RO, 2ª T, j.09/03/2010, assim ementado: "Processual civil. Orkut. Ação civil pública. Bloqueio de comunidades. Omissão. Não ocorrência. Internet e dignidade da pessoa humana. Astreintes. Art. 461, §§ 1º ao 6º do CPC. Inexistência de ofensa(...) 9. O Tribunal de Justiça de Rondônia não decidiu conclusivamente a respeito da possibilidade técnica desse controle eficaz de novas páginas e comunidades. Apenas entendeu que, em princípio, não houve comprovação da inviabilidade de a empresa impedi-las, razão pela qual fixou as astreintes. E, como indicado pelo Tribunal, o ônus da prova cabe à empresa, seja como depositária de conhecimento especializado sobre a tecnologia que emprega, seja como detentora e beneficiária de segredos industriais aos quais não têm acesso vítimas e Ministério Público. 10. Nesse sentido, o Tribunal deixou claro que a empresa terá oportunidade de produzir as provas que entender convenientes perante o juiz de primeira instância, inclusive no que se refere à impossibilidade de impedir a criação de novas comunidades similares ou já bloqueadas. 11. Recurso Especial não provido".
64. Consoante um trecho da fundamentação do mencionado voto, "Não se trata também de censura prévia à liberdade de expressão dos usuários das chamadas redes sociais. É que a própria Constituição Federal, ao proclamar a liberdade de expressão e de manifestação do pensamento, assim o faz trançando as diretrizes principiológicas de acordo com as quais esse direito será exercido, não havendo, no ponto e em regra, direito absoluto. Com efeito, o parágrafo terceiro do art. 222 [da CR], em alguma medida, dirige e restringe tal liberdade, ao afirmar que "os meios de comunicação social eletrônica, independentemente da tecnologia utilizada para a prestação do serviço, deverão observar os princípios enunciados no art. 221", princípios dos quais se destaca o respeito aos valores sociais e éticos da pessoa e da família (inciso IV)".

que a condenação do TJMG resulta em censura prévia, por determinar que o site hospedeiro fiscalize as informações veiculadas na rede. Violaria, segundo alegado, a liberdade de expressão e o direito à informação e o princípio da reserva da jurisdição do Poder Judiciário, que seria o único com capacidade para efetuar juízo de valor sobre conteúdos revestidos de subjetividade.

Novos padrões de conduta vão sendo reconhecidos pelos Tribunais, à luz da boa-fé objetiva, tendo o Superior Tribunal de Justiça, em voto da lavra da Ministra Fátima Nancy Andrighi, definido que o prazo para a retirada do ar do material ofensivo é de 24 horas:

> Responsabilidade civil. Internet. Redes sociais. Mensagem ofensiva. Ciência pelo provedor. Remoção. Prazo. 1. A velocidade com que as informações circulam no meio virtual torna indispensável que medidas tendentes a coibir a divulgação de conteúdos depreciativos e aviltantes sejam adotadas célere e enfaticamente, de sorte a potencialmente reduzir a disseminação do insulto, minimizando os nefastos efeitos inerentes a dados dessa natureza (STJ, RESP. 1.323.754-RJ, rel. Min. Fátima Nancy Andrighi, j. 19/06/2012).

3.3. A inconstitucionalidade do Marco Civil da Internet no Brasil

A previsão da responsabilidade dos provedores de aplicações Internet por conteúdos postados por terceiros, no art. 19 da Lei 12.965/2014 (Marco Civil da Internet), é contaminada de inconstitucionalidade material, por afrontar a cláusula geral da dignidade da pessoa humana, princípio fundamental da República (Constituição Federal, art. 1º, III).

A Lei 12.965/2014, apresentada à população como a "Constituição da Internet", sinaliza um primeiro passo no processo de regulamentação das situações jurídicas realizadas no meio virtual, baseando-se em três vertentes principais: liberdade de expressão, neutralidade e privacidade.

Conforme o artigo 19 do Marco Civil, o provedor de aplicações da Internet somente poderá ser responsabilizado civilmente por danos decorrentes de conteúdo gerado por terceiros se, após ordem judicial específica, não tomar as providências para, no âmbito e nos limites técnicos do seu serviço e dentro do prazo assinalado, tornar indisponível o conteúdo apontado como infringente.

O artigo 19 da Lei 12.765/2014 consagra a prevalência das situações jurídicas patrimoniais e dos fatores reais de poder sobre as existenciais, sobretudo das partes mais débeis. As únicas exceções à responsabilidade condicionada ao descumprimento de ordem judicial seriam: a) a ofensa de cunho sexual, caso em que a necessidade de ordem judicial é substituída pela notificação administrativa, como já observamos em outra oportunidade (A inconstitucionalidade do Marco Civil da Internet, editorial publicado no Valor Econômico em 19 de maio de 2014) e b) a infração a direitos autorais ou conexos, condicionada a previsão legal específica, conforme o artigo 19, § 2º, do Marco Civil.

De certo modo, a tutela semiabsoluta da imunidade dos provedores só foi ponderada em virtude do tratamento moral-religioso irradiante em tópicos como a sexualidade, e quando se trata das *propriedades imateriais* ligadas à indústria do entretenimento.

Logo, o patrimônio, para o Marco Civil, prevalece sobre a cláusula geral de proteção da pessoa humana. Se a responsabilidade do provedor em face das vítimas depende de uma prévia notificação judicial, isso não se aplica, portanto, ao titular do direito autoral. Conferir aos interesses da indústria cultural, em função da titularidade dos direitos patrimoniais do autor (*copyright*) em face das vítimas de danos sofridos através das ferramentas de comunicação da Internet, como as redes sociais, significa inverter os valores fundamentais contidos na tábua axiológica da Constituição da República. A vaga referência à futura Lei de Direitos Autorais, em discussão há mais de dez anos, não resolve o problema.

A notificação do provedor Internet, prevista no art. 19 da Lei 12.965/2014, constitui mera condição de procedibilidade, para as ações de reparação de danos movidas em face daqueles prestadores, não implicando um juízo de valor ou a violação dos deveres ensejadores de culpa, já definida por Patrice Jourdain como uma veste demasiado apertada para indenizar todas as vítimas.

O Marco Civil se limita a prever a responsabilidade decorrente do não cumprimento de uma ordem judicial de retirada de conteúdo, sem qualquer referência à culpa, o que não é de maneira alguma incompatível com a cláusula geral do risco.

A disponibilização de conteúdos ou a hospedagem de páginas na Internet é, portanto, atividade perigosa ou de risco, tendo em vista a volatilidade e insegurança do meio, não podendo a conduta dos provedores de aplicação, em pleno século XXI, ser avaliada pelo subjetivismo próprio da culpa.

Diante de uma lei injusta, cuja aprovação foi obra do poderoso *lobby* capitaneado pela Google, cabe ao magistrado julgá-la incidentalmente inconstitucional, afastando-se da mera subsunção ou da visão positivista, pela qual o simples enunciado da lei injusta seria uma contradição em termos.

Não obstante a obrigação de não monitorar, consagrada na Diretiva 31/2000 da Comunidade Econômica Europeia e no *Communications Decency Act*, nos Estados Unidos, o *safe harbour* dos provedores Internet deve conviver, no ordenamento brasileiro, com os valores constitucionais da defesa do consumidor (art. 5º, XXXII e art. 170, V) e da proteção integral (art. 227).

Em decisão paradigmática, de 16 de junho de 2015, no caso Delfi AS vs. Estonia, a Grande Câmara da Corte Europeia de Direitos Humanos um portal de notícias foi responsabilizado, independentemente de culpa, pelos comentários ofensivos postados por seus leitores, cuja simples remoção foi insuficiente, em virtude da gravidade dos danos causados à reclamante, justificando-se a restrição à liberdade de expressão daquele provedor.

A exigência da ordem judicial, não obstante a inconstitucionalidade material daquele dispositivo, serve apenas à aferição do início da responsabilidade civil do provedor de aplicações Internet, que disponibiliza conteúdos ou hospeda páginas concebidas por terceiros.

Exaltar a liberdade em sacrifício de outros direitos fundamentais, em especial a dignidade, honra, privacidade e imagem das vítimas de danos potencializados pela velocidade das redes sociais na Internet significa, na maioria dos casos, sacralizar o direito de ofender a esfera jurídica alheia, ou banalizar o discurso do ódio, sob o pretexto de premiar aquele que exerce uma liberdade fundamental.

Advocacia e doutrina, cada qual de maneira independente, desempenhando um nobre papel, com influências recíprocas sobre as decisões dos tribunais, não se confundem.

O fortalecimento dos seguros de responsabilidade civil é a resposta para a nova distribuição de danos proposta pelo ordenamento civil-constitucional.

O Marco Civil da Internet deve ainda dialogar com o Código de Defesa do Consumidor (Lei 8.078/1990), que prevê a regra da responsabilidade objetiva, nos seus artigos 12 e 14, bem como com a Lei 13.185, de 06 de novembro de 2015, que institui o programa de combate à intimidação sistemática (*bullying*).

Trata-se de ofensas que demandam uma ação preventiva, por meio dos mecanismos de tutela inibitória, e repressiva, em face da intimidação sistemática na rede de computadores (*cyberbullying*), definida no artigo 2º, parágrafo único da Lei 13.185/2015 em função do uso dos instrumentos que lhe são próprios para depreciar, incitar à violência e adulterar fotos e dados pessoais, criando constrangimento psicossocial.

A Lei 13.185/2015 contempla, em seu artigo 3º, VIII, a intimidação virtual, definida como "depreciar, enviar mensagens intrusivas de intimidade, enviar ou adulterar fotos e dados pessoais que resultem em sofrimento ou com o intuito de criar meios de constrangimento psicológico e social".

Segundo uma pesquisa realizada pela organização norte-americana Women's Rights Association for Progressive Communications, divulgada no Jornal O Globo de 10 de novembro de 2015, em face do assédio *on-line,* com a publicação de fotos íntimas como forma de vingança, campanhas de difamação ou mesmo ameaças de morte, dentre outras condutas, cerca de 60% dos mil casos levantados não foram investigados pelas autoridades, ao passo que menos de um terço teve algum tipo de resposta pelos provedores de serviços de Internet.

4. CONSIDERAÇÕES FINAIS

A explosão das redes sociais permite às pessoas exercer uma nova subjetividade, marcada por uma nova formação e delimitação das situações existenciais, trazendo, igualmente, novas oportunidades para a ocorrência de danos.

A dignidade da pessoa humana atua como referência inafastável para a prevenção e reparação dos danos decorrentes de condutas como os perfis falsos ou a divulgação de material ofensivo, devendo sempre prevalecer sobre a liberdade de expressão do causador do dano.

A regra do *notice and takedown* oriunda do direito norte-americano não pode ser importada acriticamente, desconsiderando a realidade brasileira e o *status* constitucional da defesa do consumidor, que atua como direito fundamental e princípio geral conformador da ordem econômica, merecendo uma maior reflexão o tratamento da matéria no anteprojeto do marco civil para a regulamentação da Internet no Brasil. Do contrário, instituir-se-á uma inversão do ônus da prova em detrimento do consumidor, em afronta à norma do artigo 51, VI, da Lei 8.078/1990.

A responsabilidade civil dos prestadores de serviços nas redes sociais virtuais pelos danos à pessoa humana decorrentes do meio é objetiva, na forma do artigo 14 do Código de Defesa do Consumidor, não se podendo admitir a inexistência de um dever geral de vigilância, sob pena de um retrocesso em direção à culpa, em plena era do risco.

Os juristas, nas palavras de Louis Josserand, devem viver com sua época, se não querem que esta viva sem eles. A perigosa exaltação das liberdades pela doutrina, supostamente celebrando os valores democráticos, sepulta o projeto solidarista abraçado pela Constituição Cidadã, após uma longa e perniciosa ditadura.

5. REFERÊNCIAS

BAUMAN, Zygmunt. *Vida para o consumo*. Transformação das pessoas em mercadorias. Tradução de Carlos Alberto Medeiros. Rio de Janeiro: Zahar, 2008.

BINICHESKI, Paulo Roberto. *Responsabilidade civil dos provedores de Internet*. Curitiba: Juruá, 2011

DEBORD, Guy. *A sociedade do espetáculo;* comentários sobre a sociedade do espetáculo. Tradução de Estela dos Santos Abreu. Rio de Janeiro: Contraponto, 1997.

FADDA, Stefano. La tutela dei dati personali del consumatore telematico. In: CASSANO, Giuseppe (org.). *Commercio elettronico e tutela del consumatore*. Milano: Giuffrè, 2003.

FERNANDEZ, Eusébio. *Teoría de la justicia y derechos humanos*. Madrid: Debate, 1984.

HAMILTON, Anita. *Why Microsoft Overpaid for Facebook*. TIME.COM. Disponível em: [http://www.time.com/time/business/article/ 0,8599,1675658,00.html#ixzz0aT8yYMJ4]. Acesso em: 22/12/2009.

JAYME, Erik. O direito internacional privado do novo milênio: a proteção da pessoa humana face à globalização. *Cadernos do Programa de Pós-Graduação em Direito da UFRGS*. Tradução de Claudia Lima Marques. Porto Alegre, v. 1., n. I, mar. 2003.

LEONARDI, Marcel. *Responsabilidade civil dos provedores de serviço de Internet*. São Paulo: Juarez de Oliveira, 2005.

_____. Responsabilidade civil pela violação do sigilo e privacidade na Internet. In: SILVA, Regina Beatriz Tavares da; SANTOS, Manoel J. Pereira dos (coord.). *Responsabilidade civil na Internet e nos demais meios de comunicação*. São Paulo: Saraiva, 2007.

_____. *Tutela e privacidade na Internet*. São Paulo: Saraiva, 2012.

LESSIG, Lawrence. *Code and other laws of cyberspace*. New York: Basic Books, 1999.

LIMBERGER, Têmis. *O Direito à intimidade na era da informática*. A necessidade de proteção dos dados pessoais. Porto Alegre: Livraria do Advogado, 2007.

LORENZETTI, Ricardo Luis. *Tratado de los contratos*. Tomo III. Buenos Aires: Rubinzal-Culzoni, 2000.

LUHMANN, Niklas. *A realidade dos meios de comunicação*. Tradução Ciro Marcondes Filho. São Paulo: Editora Paulus, 2005.

MACKAAY, Ejan. *History of law and economics*. University of Montreal, 1999. Disponível em: [http://www.cdaci.umontreal.ca/pdf/mackaay_history_law.pdf]. Acesso em: 21/10/2009.

MARQUES, Claudia Lima. *Confiança no comércio eletrônico e a proteção do consumidor*: um estudo dos negócios jurídicos de consumo no comércio eletrônico. São Paulo: Editora Revista dos Tribunais, 2004.

_____; BENJAMIN, Antônio Herman V.; BESSA, Leonardo Roscoe. *Manual de direito do consumidor*. 2. ed., rev. atual. e ampl. São Paulo: Revista dos Tribunais, 2009.

MARTINS, Guilherme Magalhães (coord.). *Temas de Direito do Consumidor*. Rio de Janeiro: Lumen Juris, 2010.

_____. *Formação dos contratos eletrônicos de consumo via Internet*. 2. ed. rev. atual. Rio de Janeiro: Lumen Juris, 2010.

_____. *Responsabilidade civil por acidente de consumo na Internet*. São Paulo: Revista dos Tribunais, 2008.

MCLUHAN, Marshall; POWERS, Bruce R. *La aldea global*. Transformaciones en la vida de los medios de comunicación mundiales en el siglo XXI. Barcelona: Gedisa, 1989.

PARISER, Eli. *O filtro invisível. O que a Internet está escondendo de você*. Trad. Diego Alfaro. Rio de Janeiro: Zahar, 2012

O'RELLY. Tim. *O que é Web 2.0?* Padrões de design e modelos de negócios para a nova geração de software. Disponível em: [http://www.oreilly.com/]. Tradução: Miriam Medeiros. Revisão técnica: Julio Preuss. Novembro 2006 Disponível em: [http://www.cipedya.com/web/FileDownload.aspx?IDFile=102010]. Acesso em: 09/12/2009.

PERLINGIERI, Pietro. *O direito civil na legalidade constitucional*. Trad. Maria Cristina de Cicco. Rio de Janeiro: Renovar, 2008.

_____. *Perfis do Direito Civil*. Tradução Maria Cristina de Cicco. Rio de Janeiro: Renovar, 1997

PINHEIRO, Patrícia Peck. *Direito digital*. 3. ed. rev. atual. e ampl. São Paulo: Saraiva, 2009.

POULET, Yves. Internet et vie privée: entre risques et espoirs. In: PALAZZO, Antonio; RUFFOLO, Ugo. *La tutela del navigatore in Internet*. Milano: Giuffrè, 2002.

RECUERO, Raquel. *Redes sociais na Internet*. Porto Alegre: Sulina, 2009.

RODOTÀ, Stefano. *A vida na sociedade da vigilância*: a privacidade hoje. Organização, seleção e apresentação de Maria Celina Bodin de Moraes. Tradução de Danilo Doneda e Luciana Cabral Doneda. Rio de Janeiro: Renovar, 2008.

_____. Persona-consumatore. In: STANZIONE, Pasquale. *La tutela del consumatore tra liberismo e solidarismo*. Napoli: Edizione Schientifiche Italiane, 1999.

SARLET, Ingo Wolfgang. *Dignidade da pessoa humana e direitos fundamentais*. 4.ed. Porto Alegre: Livraria do Advogado, 2006.

SCHREIBER, Anderson. A responsabilidade civil como política pública. *in* TEPEDINO, Gustavo e FACHIN, Luiz Edson (coord.). *O direito e o tempo*: embates jurídicos e utopias contemporâneas – Estudos em homenagem ao Professor Ricardo Pereira Lira. Rio de Janeiro: Ed Renovar, 2008.

SIBILIA, Paula. *O show do Eu*. A intimidade como espetáculo. Rio de Janeiro: Nova Fronteira, 2008.

SOUZA, Sérgio Iglesias Nunes de. *Lesão nos contratos eletrônicos na sociedade da informação*. São Paulo: Saraiva, 2009

VIEIRA, Sonia Aguiar do Amaral. *Inviolabilidade da vida privada e da intimidade pelos meios eletrônicos*. São Paulo: Juarez de Oliveira, 2002.

WALES, Jimmy. O RIVAL da *Britannica* (entrevista). *Revista Veja*. São Paulo, 16 dez. 2009. p.19-23.

WILHELMSSON, Thomas. The consumer´s right to knowledge and the press. In: _____; TUOMINEN, Salla; TUOMOLA, Heli. *Consumer law in the information society*. Hague: Kluwer, 2001

CONCESSÃO ABUSIVA DE CRÉDITO PELOS BANCOS ENQUANTO ATIVIDADE DE RISCO NA PERSPECTIVA DA RESPONSABILIDADE CIVIL

Marcelo Benacchio

Doutor e Mestre em Direito pela Pontifícia Universidade Católica de São Paulo. Professor do Mestrado em Direito e Graduação da Universidade Nove de Julho. Professor Titular da Faculdade de Direito de São Bernardo do Campo. Juiz de Direito em São Paulo.

Sumário: 1. Introdução – 2. Concessão abusiva de crédito pelo banco – 3. Concessão abusiva de crédito e a incidência da responsabilidade objetiva – 4. Os terceiros credores e a responsabilidade civil do banco – 5. Proposições conclusivas – 6. Referências.

1. INTRODUÇÃO

O mercado capitalista depende do crédito para seu desenvolvimento e consecução da produção e distribuição de bens e serviços. A distribuição dos recursos financeiros às empresas é efetuada pelos bancos desde a celebração de contratos de mútuo bancário destinados ao financiamento da produção das empresas.

O fenômeno da globalização econômica repercutiu na maximização do papel dos bancos, normalmente, empresas transnacionais, em razão do volume de informações que possuem da atividade econômica mundial e do contexto de cada Estado no qual atuam.

Noutra quadra, a produção empresarial e a prestação de serviços têm repercussão direta tanto na melhoria das condições de vida das pessoas por meio do desenvolvimento econômico, como passa a ser um meio de garantia das adequadas condições de todos.

Nesse contexto econômico e social o instituto da responsabilidade é chamado para solucionar os problemas decorrentes do encontro, e confronto, entre os interesses individuais dos financiadores e financiados com os interesses dos não participantes do ato de autonomia privada, os terceiros; sempre considerada a importância social desse conjunto de relações privadas representadas pelos contratos firmados entre as empresas e bancos.

A presente pesquisa se propõe a investigar a relação jurídica estabelecida entre banco financiador e terceiro em decorrência da má concessão de crédito a um empresário que vem causar dano àqueloutro (o terceiro), em causalidade com a atividade bancária creditícia. Não será tratado da relação interna entre o banco e financiado.

Assim, caberá a aproximação entre os institutos do contrato e da responsabilidade civil, questão que vem se impondo de forma incessante nesse início de século XXI, determinando a formação de novos paradigmas científicos para situações jurídicas tão consolidadas em passado recente.

Em vista disso, a abordagem inicia-se com delineamentos sobre a concessão de crédito às empresas, na sequência procede-se à norma de responsabilidade incidente, a caracterização do financiamento abusivo e a identificação das vítimas do dano.

A técnica de pesquisa utilizada é a bibliográfica e documental, sob uma abordagem dedutiva acerca do tema.

2. CONCESSÃO ABUSIVA DE CRÉDITO PELO BANCO

De modo geral, gerenciamento da concessão de crédito pelos bancos redundam em hipóteses de responsabilidade civil de duas ordens: (i) o financiamento abusivo e (ii) a interrupção injustificada ou brutal da linha de crédito concedida; as quais são aptas a causar danos a terceiros e ao próprio tomador no segundo caso.[1]

Esse estudo tratará somente do financiamento abusivo, consistente na situação em que o banco, mesmo diante de elementos concretos que determinavam negar o crédito, realiza sua concessão do crédito (normalmente com garantias especiais) permitindo, portanto, a continuidade da atividade empresarial do financiado que cessaria normalmente, não fosse o financiamento indevido (abusivo) e, desse modo, acaba por lesar os direitos de terceiros que travam relações jurídicas obrigacionais de cumprimento parcelado com a empresa financiada, frustradas à época do adimplemento quando as reais condições de insuficiência econômica do devedor financiado vêm à tona.

O financiamento em exame é voltado à produção, portanto, de início, conforme orientação doutrinária eleita, excluída a incidência do microssistema das relações de consumo por não ser o capital emprestado destinado ao consumo próprio.

A atividade bancária é de suma importância na sociedade atual, tanto isso é verdade que há um forte mecanismo estatal para seu constante controle, seja para o início da atuação bancária, seja em seu curso, portanto, haverá sempre uma contraposição de forças entre o controle público e a discricionariedade do banco como corolário da livre-iniciativa.

Essa situação coloca o banco em uma posição privilegiada para observar e colher informações acerca das empresas, muitas vezes, concede um crédito para a produção e outro para a aquisição da mesma produção, daí a possibilidade de que se exija maior rigor em sua atuação sob os cânones de diligência profissional, boa-fé e

---

1. VISCUSI, Amalita. Profili di responsabilità della banca nella concessione del credito. Milano: Giuffrè, 2004, p. 6-18; ROUTIER, Richard. Obligations et responsabilités du banquier. Paris: Dalloz, 2005.

lealdade – *bonus argentarius*, dado ao enorme número de informações econômicas que têm a sua disposição.

A ordem econômica moderna pressupõe um novo tipo de banqueiro, o qual deve lutar contra qualquer situação em manifesta contradição com as necessidades da vida econômica, diante disso, ao mesmo tempo que o banco é o ator principal no gerenciamento privado do dinheiro no corpo social, também é o responsável ideal do ponto de vista jurídico e econômico.[2]

A esta altura compete traçar os elementos necessários à caracterização do financiamento abusivo enquanto fato ilícito com aptidão à incidência da responsabilidade civil.

Para tanto é necessário apuro técnico, pena do engessamento do sistema financeiro em decorrência de uma responsabilidade civil integral do banco, verdadeira securitização, de todo equivocado, pois a concessão de crédito é atividade não só fundamental como necessária ao desenvolvimento social.

Como é comum em qualquer atividade empresarial haverá sempre um risco, lícito, na operação efetuada pelo banco na concessão do crédito, entretanto, o risco, para ser conforme ao permitido pelo Direito, deve ser razoável, donde excluído o risco ilegítimo que poderia ser evitado por melhor apreciação pelo banco da situação econômica existente do lado do financiado.

Diante disso, no caso em que o banco avalia correta e positivamente os riscos econômicos, a atuação da empresa, sua solidez e a possibilidade concreta de vencer seus desafios, faz o empréstimo por adequado e, mesmo assim, vem aquela a quebrar, lesando credores, por óbvio, não haverá responsabilidade civil do banco perante os credores do financiado.

Caracterizaria financiamento abusivo e, portanto, ilícito, a situação na qual o banco, assegurando seu crédito por meio de garantia real sobre o patrimônio da empresa, faz o empréstimo sabedor da falta de condições econômicas e gerenciais da financiada para quitação ante a iminente insolvência. Assim, a continuidade artificial da atividade econômica da financiada, sua aparente saúde financeira, acabará por lesar credores posteriores ao crédito concedido, os quais sofrerão dano em causalidade com a materialização do risco gerado pelo banco por meio da concessão abusiva de crédito.

Desse modo, a hipótese de responsabilidade civil que estamos a estudar, como ensina Giovanni B. Nardecchia,[3] envolve os seguintes elementos constitutivos: (i) um sujeito, especificadamente um banco, que concede um crédito a uma empresa para o implemento de sua produção, (ii) a concessão desse crédito é feita de forma "imprudente", pois, o concedente do crédito conhecia ou poderia ter conhecido

---
2. ROUTIER, Richard. Op. cit, p. 21.
3. Abusiva concessione del credito, p. 115. In: NICITA, Francesco Paolo (a cura di). Banche e clienti questioni attuali. Milano: Giuffrè, 2005.

as condições de graves dificuldades econômicas do financiado e (iii) a concessão desse crédito vem a causar dano aos credores do financiado, seja os anteriores ou posteriores a concessão, por efeito da aparência de solvabilidade criada pelo crédito irregularmente concedido e o consequente retardo na manifestação "natural" das efetivas condições patrimoniais do financiado.

As móveis e intricadas fronteiras entre o comportamento autorizado e o não permitido (lícito e ilícito, na aproximação ora em curso) pelo ordenamento jurídico, inspiram, a esse momento, várias questões referentes aos limites entre a atuação permitida e vedada do Banco.

O paradigma ora exposto, dependerá da verificação da concessão de crédito ter ocorrido nos limites estabelecidos pelo ordenamento jurídico ou se os violou, sempre utilizando como fio condutor a análise de outros casos julgados em conformidade ao princípio da boa-fé objetiva, a qual, inclusive também é conforme os mandamentos constitucionais de solidariedade e respeito as situações jurídicas de terceiros.

Os pontos de maior dificuldade, serão os casos limítrofes, pois, se o banco tinha a certeza da insolvência do financiado, mesmo considerando o crédito concedido e fez a concessão, óbvia a configuração do financiamento abusivo.

O banco para poder decidir se realizará o empréstimo e em que condições, tem o dever de verificar as possibilidades do financiado, para tanto, espera-se que seja examinados elementos concernentes às informações internas da financiada e outros, exógenos,[4] referentes à situação de política econômica e aos eventos externos que podem afetar a atividade da financiada, como avanços tecnológicos, crises de importações, tendências do mercado, preço do petróleo etc.; note-se que não se está aqui a impor, nesses aspectos externos, um dever de premonição ou adivinhação do futuro, mas apenas que não se permita atuações empresariais com o capital concedido que, evidentemente, não tem futuro econômico por meio da previsão objetiva dos efeitos daquelas situações no mercado.

No encontro dessas duas partes, elementos internos da empresa financiada e eventos exógenos que atingem o mercado como um todo, que se terá o quadro para apreciar se a atividade bancária de empréstimo foi ou não abusiva.

Ante a carência de julgados em nosso país a respeito, na tentativa de conformar os riscos permitidos e os não permitidos ao banco financiador no que toca aos elementos internos da financiada, são de grande interesse os pontos traçados a respeito por Jean Stoufflet[5] na tentativa do desenho de um parâmetro objetivo.

Segundo o referido autor, o banco tem um dever de informação, ou seja, deve buscar informações acerca do financiado uma vez que não exerce sua atividade em-

---

4. FICHEL, Daniel R., The Economics of lender liability, in Yale L. J., 1989, 131.
5. Devoirs et responsabilités du banquier a l'occasion de la distribution du credit, p. 25-30. In: GAVALDA, Christian (sous la direction de). Responsabilité professionnelle du Banquier: contribution à la protection des clients de banque. Paris: Econômica, 1978.

presarial por *intuição*, mas sim de forma *razoável* para que possa formar uma opinião sobre a *dignidade do crédito* a ser concedido.

No gerenciamento e meios de obtenção dessas informações Stoufflet refere o conhecimento acerca dos dirigentes da empresa financiada, como sua reputação profissional, bem como o conhecimento da própria empresa, seu estatuto jurídico, sua realidade econômica no mercado onde atua, a percepção acerca das finanças da empresa e a possibilidade de pagamento, balanços, garantias ofertadas e mesmo o histórico econômico recente.

Desse modo, face a posição privilegiada do banco no mercado capitalista por dever de prudência lhe competirá exercer acurado exame, como legitimamente esperado pelas pessoas que travarão e também as que continuarão relações negociais com a financiada; acerca das condições da tomadora do empréstimo de maneira a excluir os riscos não permitidos, permanecendo apenas os permitidos, aceitos pelo sistema jurídico enquanto a esfera normal de risco dos credores.

3. CONCESSÃO ABUSIVA DE CRÉDITO E A INCIDÊNCIA DA RESPONSABILIDADE OBJETIVA

A atividade bancária de concessão de crédito, por sua importância jurídica e econômica, redunda na evidente criação de riscos, especialmente diante da complexidade do mercado financeiro e sua ligação com a produção.

Não é por outra razão que Marco Comporti[6] vai conceber a atividade bancária como de risco de empresa e, inclusive, defender a adoção de responsabilidade civil objetiva do banco face a possibilidade de tradução do risco em custo no exercício de atividade econômica organizada da qual o banco retira vantagens.[7]

Claudio Luiz Bueno de Godoy defende a aplicação do disposto no artigo 927, parágrafo único, do Código Civil, de responsabilidade objetiva, na atividade bancária de cobrança de título e banco de dados.[8]

Portanto, a atividade de concessão de crédito encerra risco à órbita jurídica dos demais sujeitos de direito, sendo portadora de periculosidade[9] face às situações ínsitas a seu exercício quando efetivado fora dos limites concedidos pelo ordenamento jurídico.

Caracterizado a concessão abusiva de crédito como atividade de risco, cabe a incidência da responsabilidade civil nos termos do artigo, 927, p. único, do Código Civil, ao dispor:

---

6. Rischio professionale della banca e responsabilità extracontrattuale, p. 24. In: MACCARONE, Salvatore; NIGRO, Alessandro (a cura di). Funzione bancaria, rischio e responsabilità della banca. Milano: Giuffrè, 1981.
7. No mesmo sentido, LIACE, Gianfranco. La responsabilità civile della banca. Giuffrè: Milano, 2003, p. 3-5.
8. Responsabilidade civil pelo risco da atividade. Saraiva: São Paulo, 2009, p. 113 e ss.
9. VISCUSI, Amalita. Op. cit., p. 93-97, também entende pela "pericolosità" dell´attività creditizia.

Haverá obrigação de reparar o dano, independentemente de culpa, nos casos especificados em lei, ou quando a atividade normalmente desenvolvida pelo autor do dano implicar, por sua natureza, risco para os direitos de outrem.

A "atividade normalmente desenvolvida" referida no dispositivo legal encerra alocação de riscos; assim somente será possível a imputação objetiva de responsabilidade civil no caso do risco ser "próprio" da atividade.[10]

Conforme Nelson Rosenvald[11] "a cláusula geral da imputação objetiva de danos, situada no parágrafo único do art. 927 do Código Civil, se conecta com o princípio da solidariedade, impondo obrigação de reparação como impositivo de segurança social em face do risco intrínseco de determinadas atividades".

A *fattispecie* de responsabilidade civil referida é clara ao estabelecer a responsabilidade civil objetiva a partir da presença dos seguintes pressupostos: (i) atividade normalmente exercida que cause risco – evento lesivo, e (ii) dano.

As hipóteses de responsabilidade civil objetiva, via de regra, são reduzidas a esses elementos, evento lesivo e dano, sendo o primeiro a descrição normativa de um fato que se liga ao resultado não desejado pelo Direito, ou seja, o dano (segundo elemento).

O evento lesivo é definido pelo termo atividade, quanto ao qual "não se tem em conta a conduta individual, isolada, mas a conduta reiterada, habitualmente exercida, organizada de forma profissional ou empresarial para realizar fins econômicos",[12] assim, é vedado o financiamento abusivo, decorrente da atividade bancária.

O dano, tem incluído em sua noção a causalidade, pois, somente tem a caracterização de dano, o que for causado pelo financiamento abusivo. Assim, o dano, enquanto interesse juridicamente tutelado, deverá ocorrer para determinar a incidência da norma de responsabilidade civil.

Havendo atividade bancária de financiamento, caracterizado como abusivo e, decorrendo dano a terceiro por foça dessa situação, emergirá com fundamento na cláusula geral de responsabilidade objetiva do Código Civil (artigo 927, parágrafo único), o dever do bando em responder pelo dano.

4. OS TERCEIROS CREDORES E A RESPONSABILIDADE CIVIL DO BANCO

Uma circunstância comum de financiamento abusivo é aquela na qual o banco, pelas informações que dispõe, não deveria conceder o crédito, todavia o faz, mas em contrapartida cerca-se de fortes garantias reais e pessoais para a proteção do próprio crédito sem qualquer preocupação com os demais agentes econômicos, ou seja, os

---

10. BRAGA NETTO, Felipe; CHAVES DE FARIAS, Cristiano e ROSENVALD, Nelson. Novo tratado da responsabilidade civil. São Paulo: Saraiva, 2017.
11. As funções da responsabilidade civil: a reparação e a pena civil. São Paulo: Saraiva, 2017, p. 27.
12. MENEZES DIREITO, Carlos Alberto; CAVALIERI FILHO, Sérgio. Op. cit., p. 148.

terceiros credores que ficam desprovidos, pela atuação do banco, das garantias que cercavam seus créditos; observe-se que essa atuação viola por completo o princípio da função social do contrato na medida em que o banco atua como se os terceiros não existissem.

Evidentemente, havendo insuficiência econômica do tomador do empréstimo ocorrerá a responsabilidade civil do banco perante os terceiros credores lesados em seus interesses juridicamente tutelados por força do financiamento abusivo.

Esses terceiros pertencem a dois grandes grupos (i) os anteriores e (ii) os posteriores a concessão do crédito.[13]

Quanto aos primeiros, anteriores, o dano é ocasionado pela diminuição da garantia patrimonial, pois, a empresa financiada, a falta dos recursos recebidos do banco, não poderia continuar a atuar no mercado e se vincular a novos credores aumentando seu passivo e, por essa razão, lesando os interesses juridicamente tutelados dos credores existentes antes do financiamento afetados pela diminuição patrimonial com causalidade com o financiamento abusivo.

De outra parte, os credores anteriores terão o ônus de provar a causalidade do financiamento abusivo com o dano pretendido, assim, demonstrado juridicamente a que a empresa já estava impossibilitada de qualquer pagamento à época do recebimento de novos recursos, não haverá responsabilidade civil do banco; porquanto apesar da existência do evento lesivo (o financiamento abusivo), o dano sustentado não terá causalidade com o evento donde excluído o pressuposto do dano por compreendida a causalidade como seu elemento, já que não houve mudança na situação jurídica dos credores anteriores ao financiamento.

Mais abrangente a responsabilidade civil do banco quanto aos credores posteriores ao financiamento, sobretudo se fora esse quem determinou a continuidade artificial das atividades da financiada as quais teriam se encerrado, não fosse o financiamento ilícito efetivado.

A caracterização dos credores posteriores passa pelo fato de que foram levados a estabelecer seus créditos com a financiada, justamente, como decorrência da aparente solvabilidade do devedor criada pelo financiamento abusivo,[14] pois, quem recebe recursos de um banco, acredita-se, por regra de boa-fé objetiva, ser possuidor de saúde financeira.

Daí competir aos terceiros vítimas, nessa hipótese, a prova do financiamento abusivo e sua causalidade com o dano, de forma que caso o credor posterior tivesse ciência da real condição econômica da financiada jamais teria permitido a formação de seu crédito, ante aos elevados riscos de não o receber.

---

13. LIACE, Gianfranco. Op. cit., p. 215.
14. ROUTIER, Richard. Op. cit., p. 63.

O fato da financiada apresentar-se de forma ativa no mercado e ser possuidora da linha de crédito que lha foi concedida são os elementos que conduzem a criar para o credor posterior a aparência de uma boa saúde econômica e, desse modo, recomenda que trave relações comerciais com aquela.

A *fattispecie* ora em exame, por seu caráter móvel e funcionalizado a outros interesses juridicamente tutelados, pode comportar vários graus, a exemplo do julgado italiano[15] em que o banco concedeu empréstimo na tentativa de salvar um empresa da quebra, entretanto, no curso da operação, apesar de ciente da impossibilidade de recuperação, ao invés de pedir a falência, concedeu novo empréstimo, esse agora abusivo, a permitir a indevida continuidade e causando danos aos credores anteriores, por recuperarem valor inferior ao que obteriam com a tempestiva quebra, e posteriores, em virtude de que não teriam concedido crédito se tivesse havido a quebra, retardada pela atuação do banco.

O dano aos terceiros credores, via de regra, será de cunho patrimonial, competindo ao banco ressarcir a perda econômica resultante do dano ocasionado pelo financiamento abusivo. Observe-se que a repercussão do dano no patrimônio será, também, um problema de causalidade.

A questão de danos morais é mais delicada podendo envolver, em casos extremos, alguma repercussão não patrimonial na esfera jurídica da empresa vítima, como a lesão a seu bom nome por haver realizado relações jurídicas com a financiada e, desse modo, se ver envolvida, indevidamente, em problemas de maiores repercussões como a investigação de suas contas e licitude das relações que travou com a financiada, sempre, face a aparente boa saúde econômica gerada pelo comportamento do banco emprestador.

Para a configuração da responsabilidade civil do banco é indispensável, e essa será a melhor das defesas para a instituição financeira, a presença da relação de causalidade entre o dano sustentado e o financiamento abusivo, assim se o dano decorreu de causalidade diversa, não haverá como responsabilizar-se aquele pela reparação do dano sofrido, destaque-se, mesmo diante da presença de financiamento abusivo.

A respeito, Michel Vasseur[16] faz a interessante abordagem de que a impossibilidade econômica da financiada pode ser ligada a situações intrínsecas a ela, p. ex., a falta de fundos próprios para suportar um percalço normal de mercado, imprudência de seus dirigentes ao se lançarem em operações arriscadas, política audaciosa de exportação a países maus pagadores, perda de clientes importantes mercados de seus dirigentes, destarte, sem nexo etiológico com o financiamento concedido.

---

15. Trib. Foggia 12.12.2000, Diritto della banca e del mercato finanziario, 2002, 277.
16. VASSEUR, Michel. La responsabilité contractuelle et extracontractuelle de la banque en france p. 69-70. In: MACCARONE, Salvatore; NIGRO, Alessandro (a cura di). Op. cit.

5. PROPOSIÇÕES CONCLUSIVAS

A atividade bancária de concessão de crédito a empresas para financiamento da produção, por força das mudanças políticas, sociais e econômicas determinantes do novo contexto mundial na sociedade da informação ou em rede, rápida e globalizada, está a exigir a busca de um novo paradigma atinente ao regramento jurídico dos comportamentos permitidos e vetados na hipótese, afastando-se por completo do modelo oitocentista – estático e individualista.

No modelo de produção capitalista, o banco, em razão de sua atividade de captação e empréstimo de recursos, passa a ser um dos principais atores sociais na aproximação entre os limites do econômico e do jurídico, sendo portador de todas as condições econômicas e de informação por força de sua privilegiada posição, o que, em consequência, cria uma especial obrigação de diligência no exercício de sua atividade, dado ao enorme potencial lesivo ínsito a essa atuação no mercado.

No empréstimo bancário a produção não tem seus efeitos limitados ao financiador e financiado, mas sim, a todo o corpo social, uma vez que os recursos obtidos vão permitir a atividade empresarial do tomador em virtude da qual ele terá contato com vários outros atores econômicos e jurídicos, que podem ter sua órbita afetada pela atuação bancária desconforme aos limites de licitude estabelecidos pelo ordenamento jurídico na medida em que se tornarão credores do financiado.

A solução dessa problemática implica no diálogo dos limites entre os institutos jurídicos do contrato e da responsabilidade civil, uma vez que a lesão aos interesses juridicamente tutelados dos terceiros credores se dará por meio da concessão abusiva de crédito pelo banco ao empresário financiado, portanto, a relação jurídica entre o banco e os terceiros passará pelo contrato do qual estes últimos não estão sujeitos aos chamados efeitos internos; entretanto, é difícil, senão impossível, isolar-se os efeitos de um contrato de crédito somente entre os seus participantes face as complexas relações jurídicas e econômicas que se forma no entorno da circulação de dinheiro na economia capitalista.

Neste contexto, a atuação bancária de concessão de crédito encerra atividade de risco ante ao notável potencial lesivo que a circulação de dinheiro acarreta perante o mercado por envolver todos os seus sujeitos, donde a responsabilidade civil do banco emprestador por concessão abusiva de crédito perante terceiro é de natureza objetiva nos termos do art. 927, parágrafo único, do Código Civil, sendo seus elementos constitutivos o evento lesivo consistente no financiamento abusivo e o dano, compreendida a causalidade inserida no conceito (normativo) de dano.

A caracterização de um financiamento como abusivo ocorrerá sempre que o banco realize o empréstimo sem a observância de seus deveres de lealdade e diligência acerca das condições do financiado e a possibilidade de lesar terceiros. Em verdade, caberá a jurisprudência estabelecer os cânones da atividade creditícia do banco a luz de regras de boa-fé objetiva em virtude de que será impossível desconsiderar a centralidade do caso concreto para sindicar a conformidade ou não ao ordenamento do comportamento do banco na concessão do crédito.

Os terceiros credores vítimas do financiamento abusivo tanto são aqueles anteriores ao mútuo, prejudicados pelo aumento do passivo, como os posteriores, que travam relações jurídicas com o financiado em decorrência da continuidade artificial de suas atividades e da aparente saúde econômica, em causalidade direta com o financiamento abusivo realizado.

Diante disso, podem se voltar contra o banco e com base no financiamento abusivo para requererem a transferência da situação desfavorável que sofreram, dano, para o responsável apontado pelo ordenamento jurídico na hipótese – o banco.

Por fim, salienta-se que não se está a atribuir aos bancos a posição de segurador ou garante do mercado, mas sim a necessidade de uma nova compreensão da responsabilidade civil na atividade de concessão de crédito ante as modificações socioeconômicas ocorridas, adequado a realidade pós-moderna do mercado globalizado ao Direito por meio da formação de novos paradigmas científicos.

6. REFERÊNCIAS

BENACCHIO, Marcelo. Responsabilidade civil do banco por concessão abusiva de crédito. In: WAISBERG, Ivo; FONTES, Marcos Rolim Fernandes. (Org.). *Contratos bancários*. São Paulo: Quartier Latin, 2006.

BRAGA NETTO, Felipe; CHAVES DE FARIAS, Cristiano e ROSENVALD, Nelson. *Novo tratado da responsabilidade civil*. São Paulo: Saraiva, 2017.

BUENO DE GODOY, Cláudio Luiz. *Função social do contrato*. São Paulo: Saraiva, 2004.

FICHEL, Daniel R. *The Economics of lender liability*. Yale law journal, 1989, 131.

GODOY, Luiz Claudio Bueno de. Responsabilidade civil pelo risco da atividade. Saraiva: São Paulo, 2009.

LIACE, Gianfranco. *La responsabilità civile della banca*. Giuffrè: Milano, 2003.

MACCARONE, Salvatore; NIGRO, Alessandro (a cura di). *Funzione bancaria, rischio e responsabilità della banca*. Milano: Giuffrè, 1981.

MENEZES DIREITO, Carlos Alberto e CAVALIERI FILHO, Sérgio. *Comentários ao novo código civil: da responsabilidade civil. Das preferências e privilégios creditórios*. v. XIII. Rio de Janeiro: Forense, 2004.

NICITA, Francesco Paolo (a cura di). *Banche e clienti questioni attuali*. Milano: Giuffrè, 2005.

ROSENVALD, Nelson. *As funções da responsabilidade civil: a reparação e a pena civil*. São Paulo: Saraiva, 2017.

ROUTIER, Richard. *Obligations et responsabilités du banquier*. Paris: Dalloz, 2005, p. 49.

SCHREIBER, Anderson. *A proibição de comportamento contraditório: tutela da confiança e venire* contra factum proprium. Rio de Janeiro: Renovar. 2005.

STOUFFLET, Jean. Devoirs et responsabilités du banquier a l'occasion de la distribution du credit, p. 25-30. In: GAVALDA, Christian (sous la direction de). *Responsabilité professionnelle du Banquier: contribution à la protection des clients de banque*. Paris: Econômica, 1978.

VISCUSI, Amalita. *Profili di responsabilità della banca nella concessione del credito*. Milano: Giuffrè, 2004.

CONTORNOS ATUAIS DA RESPONSABILIDADE CIVIL POR DANOS AO MEIO AMBIENTE

Patrícia Faga Iglecias Lemos

Professora Associada da Faculdade de Direito da USP. Superintendente de Gestão Ambiental da Universidade de São Paulo. Advogada. Foi Secretária do Meio Ambiente do Estado de São Paulo.

Sumário: 1. Introdução – 2. Bem socioambiental e danos ao meio ambiente – 3. Danos ao meio ambiente e limites de tolerabilidade – 4. A exigência de demonstração do nexo de causalidade para a responsabilização – 5. Obrigação solidária contratual X responsabilidade extracontratual solidária: fundamentos teóricos e limites legais – 6. Solidariedade extracontratual e obrigação propter rem – 7. Conclusão – 8. Referências.

1. INTRODUÇÃO

A Lei da Política Nacional do Meio Ambiente (Lei 6.938/1981) definiu o meio ambiente como patrimônio público a ser necessariamente protegido, tendo em vista o uso coletivo. Além desse aspecto, é um direito fundamental de terceira geração, incluído entre os direitos da solidariedade ou direitos dos povos. Por isso, tal direito é ao mesmo tempo individual e coletivo, interessando a toda humanidade.[1]

Assim, o direito ao meio ambiente cria deveres para todos, não só para o Estado como também para os indivíduos e a sua proteção depende da conjugação de esforços dos indivíduos, do Estado e dos vários setores da sociedade.

A Constituição Federal de 1988, em seu art. 225, estabeleceu que todos têm direito ao meio ambiente ecologicamente equilibrado, reconhecendo, assim, o direito ao meio ambiente como direito fundamental. Daí, o reconhecimento da indispensabilidade da proteção ao meio ambiente para a manutenção da vida e da dignidade do ser humano, como núcleo essencial dos direitos fundamentais.[2]

Conforme esclarece Cançado Trindade, o direito ao meio ambiente sadio é extensão do direito à vida, razão pela qual os Estados têm o dever de assegurar os meios de sobrevivência aos indivíduos. Dessa forma, os Estados têm ainda a obrigação de evitar riscos ambientais sérios à vida.[3]

---

1. FERREIRA FILHO, Manoel Gonçalves. *Comentários à Constituição brasileira de 1988*. 2. ed. São Paulo: Saraiva, 1997. v. 1, p. 102.
2. COMPARATO, Fábio Konder. *Os problemas fundamentais da sociedade brasileira e os direitos humanos*: para viver a democracia. São Paulo: Brasiliense, 1989. p. 36.
3. TRINDADE, Antônio Augusto Cançado. Direitos Humanos e meio-ambiente: paralelo dos sistemas de proteção internacional, Porto Alegre: Sergio Fabris, 1993, p. 75.

Assim, considerando os fundamentos da proteção e o contexto atual, a análise da responsabilidade civil por danos ao meio ambiente deve partir da concepção preventiva.

2. BEM SOCIOAMBIENTAL E DANOS AO MEIO AMBIENTE

A Lei de Política Nacional do Meio Ambiente (Lei 6.938/1981), em seu art. 3.º, I, foi a primeira a trazer uma definição legal, conceituando o meio ambiente como "o conjunto de condições, leis, influências e interações de ordem física, química e biológica, que permite, abriga e rege a vida em todas as suas formas".

É importante perceber que o meio ambiente não se configura como um bem corpóreo. Não é o conjunto de bens formado pelas águas, solo etc. É o conjunto de relações e interações que condiciona a vida, por isso é incorpóreo e imaterial.

A proteção da água, do solo, da fauna, da flora não busca a proteção do elemento em si, mas sim como um elemento indispensável para a proteção do meio ambiente como bem imaterial, objeto principal visado pelo legislador. Não se desconsidera a proteção do elemento em sua individualidade, mas se ressalta o elemento como componente de uma imensa cadeia: o meio ambiente.

Por tais razões, o "bem ambiental" não se enquadra perfeitamente nas categorias tradicionais de bens. Na verdade, bens privados e/ou públicos sempre que considerados relevantes para as presentes e futuras gerações estarão sujeitos à dupla titularidade, submetendo seu titular ao regime necessário para que essa proteção se efetive.

Até a Constituição de 1934, para se proteger um bem ambiental, este deveria integrar o patrimônio público, por exemplo, por meio de desapropriação, pois o particular não poderia ser obrigado a preservá-lo.

Mas a partir do momento que se reconhece a possibilidade de introduzir obrigações ao titular do direito de propriedade, surge um direito de preservação da coisa, que passa a ser superior ao próprio direito de propriedade.

O direito à preservação de bens culturais, naturais e/ou artificiais passa a fazer parte dos interesses difusos e se sobrepõe à vontade do particular. Com isso, surge o chamado bem socioambiental, que depende do cumprimento das funções social e ambiental.[4] A partir do reconhecimento do meio ambiente como direito fundamental e da sua classificação como bem socioambiental, impõe-se a exigência de prevenção.

O dano ao meio ambiente é concebido como uma lesão ao interesse difuso, razão pela qual o ressarcimento sempre será difuso no sentido de dano ao meio ambiente

---

4. Nesse sentido, dispõe o art. 1.228, § 1º, do Código Civil Brasileiro: "O direito de propriedade deve ser exercido em consonância com as suas finalidades econômicas e sociais e de modo que sejam preservados, de conformidade com o estabelecido em lei especial, a flora, a fauna, as belezas naturais, o equilíbrio ecológico e o patrimônio histórico e artístico, bem como evitada a poluição do ar e das águas".

em si e, em algumas situações, pode também configurar lesão a interesse privado, ao atingir interesse do particular lesado (o chamado dano reflexo).

Para Isidoro Goldenberg e Nestor Cafferatta o dano ao meio ambiente representa "um menoscabo às potencialidades humanas, um estreitamento ou perda de chances ou expectativas vitais, uma diminuição da atitude vital genérica da vítima existente ou potencial, um prejuízo que põe em cheque direitos personalíssimos, inerentes à pessoa, ou atributos da personalidade".[5]

Segundo Franco Giampietro, se considerarmos o meio ambiente como pertencente à sociedade como um todo, o dano causado será coletivo e difuso, o que o impede de ser simplesmente um dano pessoal.[6] Por isso, o dano que atinge um indivíduo é chamado dano reflexo ou por ricochete.

O dano ambiental atinge qualquer dos elementos componentes do meio ambiente, pode configurar-se pelo menoscabo do meio ambiente natural, artificial, laboral e cultural.

De acordo com o art. 3º da Lei 6.938/1981, entende-se por:

"II – degradação da qualidade ambiental, a alteração adversa das características do meio ambiente;

III – poluição, a degradação da qualidade ambiental resultante de atividades que direta ou indiretamente:

a) prejudiquem a saúde, a segurança e o bem-estar da população;

b) criem condições adversas às atividades sociais e econômicas;

c) afetem desfavoravelmente a biota;

d) afetem as condições estéticas ou sanitárias do meio ambiente;

e) lancem matérias ou energia em desacordo com os padrões ambientais estabelecidos".

Goldenberg classifica o dano ao meio ambiente como "dano diferente", pois, em muitos casos, há grandes dificuldades na identificação do agente causador do dano; um dano ao meio ambiente pode atingir um número elevado de vítimas.[7]

O dano ao meio ambiente configura o que chamamos de dano social, pois atinge interesses difusos. São os chamados danos supraindividuais, que pertencem à comunidade.

Por outro lado, o dano ao meio ambiente configura-se a partir do alcance de determinado nível de impacto. Isso porque qualquer atuação humana, até mesmo o simples existir, gera impacto, o que exige a fixação de determinados limites de tolerabilidade.

---

5. GOLDENBERG, Isidoro H.; CAFFERATTA, Nestor A. *Daño ambiental*: problemática de su determinación causal. Buenos Aires: Abeledo-Perrot, [s.d.]. p. 11.
6. GIAMPIETRO, Franco. *La responsabilità per danno all'ambiente*. Milano: Giuffrè, 1988. p. 205 e s.
7. GOLDENBERG, Isidoro H.; CAFFERATTA, Nestor A. Op. cit., p. 11.

3. DANOS AO MEIO AMBIENTE E LIMITES DE TOLERABILIDADE

O reconhecimento do direito ao meio ambiente sadio e equilibrado como fundamental do ser humano acaba por exigir uma tutela o mais abrangente possível. Diante disso, a Lei da Política Nacional do Meio Ambiente, Lei 6.938/1981, previu no art. 14, § 1.º a responsabilidade objetiva do poluidor ao determinar que ele responda pelo dano causado independentemente de culpa.

O fato é que a lei não distingue ato lícito, ato ilícito e abuso do direito na configuração do dano ao meio ambiente. Por isso, os danos ao meio ambiente podem decorrer de ato ou atividade lícita, como nas atividades desenvolvidas no âmbito de licenças concedidas nas hipóteses de o meio não absorver seus impactos.

Segundo Francis Caballero, o princípio do limite de tolerabilidade deve ser aceito em função de um fator natural: o meio ambiente tolera espontaneamente até certo limite de agressão.[8]

O mesmo raciocínio é utilizado nos danos causados nas relações de vizinhança, em que se estabelecem limites de tolerabilidade, sobre os quais estará configurado o dano. Em ambos os casos, tais limites não podem ser prefixados.[9]

Além disso, capacidade de absorção não é o mesmo que capacidade de regeneração. A primeira consiste na possibilidade de que o meio resista aos impactos e que não haja dano, enquanto a segunda consiste na recuperação do meio que sofreu um dano. Não há direito de poluir. Há a possibilidade de utilizar o recurso ambiental até o limite de tolerabilidade, evitando perdas na qualidade ambiental. A questão envolve a capacidade de absorção de impactos pelo meio ambiente e não se refere à possibilidade de recomposição do meio ambiente degradado.

Paulo de Bessa Antunes menciona o chamado princípio do limite, "pelo qual a Administração tem o dever de fixar parâmetros para as emissões de partículas, de ruídos e de presença de corpos estranhos do meio ambiente, levando em conta a proteção da vida e do próprio meio ambiente".[10]

Diante dessas ponderações, o dano ao meio ambiente será toda a degradação ambiental que atinja o homem, sua saúde, sua segurança ou seu bem-estar; todas as formas de vida animal ou vegetal; o meio ambiente em si, tanto em seu aspecto natural como cultural e artificial.

O dano pode ser conceituado como lesão ou redução patrimonial, sofrida pelo ofendido, em seus valores protegidos pelo direito; configura-se pela perda, ou a di-

---

8. CABALLERO, Francis. *Essai sur la notion juridique de nuisance*. Paris: LGDJ, 1981. p. 69.
9. A teoria da pré-ocupação, muito utilizada nas relações de vizinhança, não pode ser aceita para afastar a ocorrência de dano ao meio ambiente. O prévio estabelecimento de determinada atividade numa região em momento algum configura um salvo-conduto para que o poluidor cause danos ao meio ambiente.
10. ANTUNES, Paulo de Bessa. *Direito ambiental*. Rio de Janeiro: Lumen Juris, 2004. p. 39.

minuição, total ou parcial, de elemento, ou de expressão, componente da estrutura de bens psíquicos, físicos, morais ou materiais.[11]

Para ser indenizável, o dano deve ser certo quanto à sua existência, deve ser injusto e atual ou, ao menos, determinável, pessoal e direto. Ao dano certo opõe-se o dano eventual, que não dá direito à reparação em razão da incerteza de sua ocorrência.

Nos parece bastante importante que a análise do dano tome em conta o momento em que vivemos. Trata-se de entender como configurar o dano no contexto atual.

Como bem aponta Anthony Giddens, a situação atual é de risco e de perigo, mas cuida-se de um risco específico, que o autor delineia em várias hipóteses, entre as quais merecem destaque as seguintes:

> "1. *Globalização do risco* no sentido de *intensidade*: por exemplo, a guerra nuclear pode ameaçar a sobrevivência da humanidade.
>
> 2. *Globalização do risco* no sentido da *expansão da quantidade de eventos contingentes que afetam todos ou ao menos grande* quantidade de pessoas no planeta: por exemplo, mudanças na divisão global do trabalho.
>
> 3. Risco derivado do *meio ambiente criado, ou natureza socializada*: a infusão de conhecimento humano no meio ambiente material.
>
> 4. O desenvolvimento de riscos ambientais institucionalizados afetando as possibilidades de vida de milhões: por exemplo, mercado de investimentos."[12]

Ora, como diz o autor, o problema atual gira exatamente em torno da intensidade de risco e aponta para certos riscos ambientais como: radiação a partir de acidentes em usinas nucleares; poluição química nos mares; efeito estufa; destruição de florestas; exaustão de milhões de acres de terra fértil, entre tantos outros que poderiam ser apontados.

Dessa forma, "a complexidade dos efeitos do dano ambiental deve conduzir-nos ademais a afirmar que o risco de dano se incluirá no conceito global de dano ao meio ambiente e será necessário, para tanto, aplicar-se o mesmo regime de responsabilidade aplicável ao dano certo".[13]

Tal entendimento vem sendo adotado por nossos Tribunais via aplicação direta do princípio da precaução, permitindo a inversão do ônus da prova, num claro mecanismo de prevenção de danos.[14]

---

11. BITTAR, Carlos Alberto. *Responsabilidade civil: teoria & prática*. 2. ed. Rio de Janeiro: Forense Universitária, 1990. p. 7.
12. GIDDENS, Anthony. *As conseqüências da modernidade*. São Paulo: Editora Unesp, 1991, p. 126/127.
13. CATALÁ, Lucia Gomes. *Responsabilidad por daños ao médio ambiente*. Pamplona: Aranzadi, 1998, p. 79.
14. Segue ementa do julgado paradigmático no assunto e que foi adotado como referência para a consolidação do entendimento naquela Corte Superior: "Processual civil e ambiental – Ação civil pública – Dano ambiental adiantamento de honorários periciais pelo *parquet* – Matéria prejudicada – Inversão do ônus da prova – Art. 6º, VIII, da Lei 8.078/1990 c/c o art. 21 da Lei 7.347/1985 – Princípio da Precaução.

4. A EXIGÊNCIA DE DEMONSTRAÇÃO DO NEXO DE CAUSALIDADE PARA A RESPONSABILIZAÇÃO

Em relação ao nexo de causalidade, que nada mais é do que o liame que conecta o autor da conduta ao dano, importante apontar que apesar das diversas dificuldades fáticas diante das incertezas dos processos que envolvem o meio ambiente, a responsabilização exige a sua demonstração.

Destacam-se aqui nossas conclusões de estudo quanto à posição adotada pelos Tribunais pátrios:

> Pudemos perceber no desenvolvimento deste estudo que *há grandes dificuldades fáticas e jurídicas para a prova do nexo causal nos danos ao meio ambiente, mas não podemos deixar de reconhecer que a prova do nexo é requisito 'sine qua non' da responsabilização.*
>
> (...)
>
> A responsabilidade por danos ambientais é objetiva e, como tal, para que ela seja configurada não se faz necessária a comprovação de culpa. Logo, do estudo da responsabilidade civil, aprendemos que basta a constatação do dano e do nexo de causalidade para que se configure a responsabilidade em reparar o dano causado." (LEMOS, 2008, p. 151 e p. 160) (grifou-se).

Nesse mesmo sentido, Paulo Affonso Leme Machado:

> Além da existência do prejuízo, *é necessário estabelecer-se a ligação entre a sua ocorrência e a fonte poluidora.* Quando é somente um foco emissor não existe nenhuma dificuldade jurídica. Quando houver pluralidade de autores do dano ecológico, estabelecer-se o liame causal pode resultar mais difícil, mas não é tarefa impossível. (MACHADO, 2011, p. 376) (grifou-se).

É importante notar que o Tribunal de Justiça de São Paulo, inclusive, em consonância com o Superior Tribunal de Justiça,[15] reconhece a necessidade de comprovação do nexo de causalidade, conforme se observa nas ementas de dois julgados recentes:

> Apelação cível. 1ª Câmara Reservada ao Meio Ambiente. Ação civil pública ambiental. Responsabilidade civil ambiental. Queima de palha de cana-de-açúcar. Incêndio. Danos ambientais verificados. Pretensão do Ministério Público do Estado de São Paulo em ver as requeridas conde-

---

1. Fica prejudicado o recurso especial fundado na violação do art. 18 da Lei 7.347/1985 (adiantamento de honorários periciais), em razão de o juízo de 1º grau ter tornado sem efeito a decisão que determinou a perícia.
2. O ônus probatório não se confunde com o dever de o Ministério Público arcar com os honorários periciais nas provas por ele requeridas, em ação civil pública. São questões distintas e juridicamente independentes.
3. Justifica-se a inversão do ônus da prova, transferindo para o empreendedor da atividade potencialmente perigosa o ônus de demonstrar a segurança do empreendimento, a partir da interpretação do art. 6º, VIII, da Lei 8.078/1990 c/c o art. 21 da Lei 7.347/1985, conjugado ao Princípio Ambiental da Precaução.
4. Recurso especial parcialmente provido" (Recurso Especial 972.902/RS, j. 25/8/2009, Relatora Ministra Eliana Calmon).

15. A necessidade de caracterização do nexo de causalidade para fins de responsabilização é jurisprudência pacífica nos Tribunais, com destaque para trecho da ementa de julgado do STF: "A responsabilidade civil objetiva por dano ambiental não exclui a comprovação da efetiva ocorrência de dano e do nexo de causalidade com a conduta do agente, pois estes são elementos essenciais ao reconhecimento do direito de reparação" (STJ, 2ª Turma, REsp 1378705 SC 2013/0092262-3, Min. Rel. Eliana Calmon, 03/10/2013).

nadas a reparar os danos ambientais que teriam sido causados por incêndio por estas provocado em razão de alegada realização irregular de queima de palha de cana-de-açúcar. Sentença de primeiro grau que julgou improcedente a ação.

1. Responsabilidade civil ambiental. *Sabe-se que, no ordenamento jurídico pátrio, vigora, em torno de danos ambientais, a responsabilidade civil objetiva, de sorte que, assim sendo, a imposição de reparação dos danos reclama, a rigor, prova da conduta lesiva, a efetiva ocorrência dos danos, e o nexo de causalidade entre estes.* Caso dos autos em que, inexoravelmente, verificou-se a ocorrência do incêndio noticiado, tendo havido, a princípio, danos substanciais ao meio ambiente, em especial a destruição de áreas de preservação permanente. Prova dos autos que atesta que o incêndio decorreu da realização de queima irregular de palha de cana-de-açúcar engendrada pelas requeridas. Responsabilização das requeridas que, assim, é medida de rigor. Teoria do risco integral, bem aceita pelo ordenamento, que também justifica a responsabilização das rés pelos graves danos ambientais ocasionados.

1.1. Regeneração natural da área atingida que não impede a imposição de penalidades pelos graves danos ao meio ambiente provocados pelo incêndio causado pela irregular queima de palha de cana-de-açúcar perpetrada pelas rés.

1.2. Cabíveis, no caso, a imposição de obrigação de fazer consistente na construção de aceiros no entorno da área em que se explora o cultivo de cana-de-açúcar, bem como a determinação de reparação dos danos ambientais causados por meio de compensação em outras áreas da mesma microbacia atingida. Pedidos procedentes em parte.

2. Sentença de improcedência da ação civil pública ambiental parcialmente reformada. Recurso do Ministério Público do Estado de São Paulo provido em parte.

(TJSP – 1ª Câmara Reservada ao Meio Ambiente – Apelação 0006151-47.2012.8.26.0297 – Rel. Des. Oswaldo Luiz Palu – 07/07/2016) (grifou-se)

Recurso de apelação em ação civil pública. Meio ambiente. 1. Competência. Câmara Reservada ao Meio Ambiente. Existência de pedido expresso de indenização por danos ambientais e urbanísticos. Análise ambiental que deve ser feita pela Câmara Reservada em casos onde seja de primordial importância a constatação de eventuais danos ambientais, mesmo que também se discuta danos urbanísticos. Impossibilidade de dissociar, no caso concreto, questões ambientais e urbanísticas, ambas de elevado grau de importância, o que atrai a competência à Câmara Reservada ao Meio Ambiente. 2. Indenização pela implantação de empreendimento. Área que margeia o Parque do Ibirapuera. Inexistência de comprovação de dano. *Para que um dano seja indenizado deve o autor comprovar sua existência e o nexo de causalidade.* No caso concreto, não se desincumbiu o Ministério Público do ônus processual já que há controvérsia nos autos da existência de dano e no momento em que lhe foi facultada pugnar pela produção de provas expressamente recusou. Ônus processual previsto no art. 373, inciso I, do Novo Código de Processo Civil. Inexistência do direito de protocolo. A implantação efetiva do empreendimento está sujeita às regras legais prevista no momento da execução. 3. Sentença de improcedência mantida. Recurso desprovido.

(TJSP – 1ª Câmara Reservada ao Meio Ambiente – Apelação 1129646-18.2015.8.26.0100 – Rel. Des. Marcelo Berthe – 17/11/2016) (grifou-se)

Assim, para responsabilização do causador do dano é imprescindível que se estabeleça o nexo de causalidade entre o causador e o dano.

Para os casos em que há múltiplas fontes de poluição, o art. 942, *caput*, segunda parte, do Código Civil brasileiro prevê que "... se a ofensa tiver mais de um autor, todos responderão solidariamente pela reparação".

Por outro lado, o mesmo código em seu Capítulo VI, que trata das "obrigações solidárias", apresenta a seguinte redação em seu Art. 264: "Há solidariedade, quando na mesma *obrigação* concorre mais de um credor, ou mais de um devedor, cada um com direito, ou obrigado, à dívida toda". (grifo nosso)

A questão que se coloca é como compatibilizar as regras relativas ao nexo de causalidade e a chamada responsabilidade solidária trazida pelo art. 942 acima citado. Tal dispositivo tem sistemática própria, ou segue *ipsis literis* a regra da obrigação solidária prevista a partir do art. 264 do Código?

Como sabemos, as consequências práticas da aplicação dos dispositivos referidos são relevantes, o que justifica a análise que ora se pretende fazer. E, cabe ainda acrescentar uma questão que nos parece fundamental: seria possível responsabilizar, ao mesmo tempo, além daquele que assume contratualmente a responsabilidade ambiental de uma empresa com passivo ambiental, o adquirente da mesma empresa, por fusão/aquisição, tendo como fundamento a *responsabilidade solidária*?

Para responder a tais indagações, é fundamental entender os conceitos jurídicos de obrigação solidária e de responsabilidade solidária e seus reflexos nas situações concretas.

5. OBRIGAÇÃO SOLIDÁRIA CONTRATUAL X RESPONSABILIDADE EXTRACONTRATUAL SOLIDÁRIA: FUNDAMENTOS TEÓRICOS E LIMITES LEGAIS

Entende-se por obrigação solidária aquela que apresenta vários credores, vários devedores ou vários credores e devedores, tendo, cada credor, o direito de exigir, e cada devedor, o dever de prestar, integralmente, aquilo que é objeto da prestação, conforme definição trazida pelos arts. 264 e 265 do Código Civil brasileiro. No caso da responsabilidade civil ambiental, interessa analisar as regras atinentes à obrigação solidária passiva, na qual a dívida pode ser paga por qualquer um dos devedores.

Há que se identificar que as obrigações solidárias decorrentes do contrato, às quais se aplica a regra prevista no art. 265 do Código Civil de 2002, segundo o qual: "*A solidariedade não se presume; resulta da lei ou da vontade das partes*", diferem da responsabilidade solidária prevista no art. 942, do Código Civil, como destaca a doutrina. (grifo nosso)

Tendo em vista os fundamentos legais apontados, percebe-se que não é possível aplicar a mesma regra de responsabilidade decorrente da obrigação solidária a quem assume, contratualmente, um passivo ambiental, e a meros locatários ou adquirentes.

Importante notar que, quando o art. 265 do Código Civil aborda a regra de solidariedade, sua referência à lei ou ao contrato toma por base a ideia de reforçar as responsabilidades contratuais. No mesmo sentido, prevê o Código de Defesa do Consumidor, no art. 7º, parágrafo único, que reforça a responsabilidade contratual dos fornecedores, estabelecendo sua solidariedade (nas obrigações contratualmente assumidas). Isso não se confunde com a regra do art. 942[16] e seu parágrafo único do Código Civil, aplicável à responsabilidade extracontratual, segundo a qual haverá solidariedade entre autores e coautores, exigindo, para tanto uma efetiva participação na causação do dano.

Diante de tais ponderações, forçoso reconhecer que quem assume um passivo ambiental insere-se na regra do art. 265, enquanto a discussão sobre eventual responsabilidade extracontratual solidária está regulada pelo disposto no art. 942, do Código Civil brasileiro.[17]

De fato, conforme previsto no dispositivo legal citado, eventual responsabilidade solidária extracontratual depende de uma efetiva participação para causar o dano, o que significa dizer, demonstração do nexo de causalidade, enquanto a solidariedade contratual depende apenas de uma cláusula regulatória entre as partes.

Na prática, é possível afirmar que a regra da solidariedade extracontratual foi incorporada pelo direito ambiental para garantir maior efetividade à proteção do meio ambiente, especificamente nos casos em que há significativa dificuldade fática de delimitar a responsabilidade individual de cada agente causador do dano.

Esse é o entendimento do Tribunal de Justiça de São Paulo, conforme se depreende de trecho de acórdão destacado a seguir:

> "Ademais, irrelevante a eventual existência de outras fontes poluidoras no curso d'água para que a apelada possa ser a única condenada pela degradação. *Havendo pluralidade de poluidores, a responsabilidade pela integralidade do dano é de natureza solidária,* o que resulta em litisconsórcio facultativo, podendo, portanto, ser atribuída a uma só pessoa.
>
> A regra da solidariedade foi incorporada pelo Direito Ambiental *justamente para trazer efetividade à tutela do meio ambiente, nos casos em que existe dificuldade de aferir, com exatidão, a parcela de responsabilidade de cada um dos agentes.* (TJSP – 2ª Câmara Reservada ao Meio Ambiente – Apelação 0010252-15.2012.8.26.0302 – Rel. Paulo Alcides – 13/12/2013)." (grifou-se)

6. SOLIDARIEDADE EXTRACONTRATUAL E OBRIGAÇÃO *PROPTER REM*

Outro ponto que merece destaque é o recurso à responsabilização por solidariedade extracontratual e por obrigação *propter rem*. Seria possível cumular tais pedidos? A resposta, mais uma vez, depende de análise dos fundamentos teóricos dos institutos.

Como já apontado nos itens anteriores, na solidariedade passiva (mais de um devedor solidário), ponto que nos interessa para o deslinde da questão, há a concorrência de dois ou mais devedores, cada um com o dever de prestar a dívida toda.

---

16. O art. 942 do Código Civil prevê: "Os bens do responsável pela ofensa ou violação do direito de outrem ficam sujeitos à reparação do dano causado; e, *se a ofensa tiver mais de um autor, todos responderão solidariamente pela reparação*" (grifou-se).
17. Para uma visão detalhada do tema ver: LEMOS, Patrícia Faga Iglecias. "Responsabilidade por danos ambientais: aplicabilidade da obrigação solidária contratual e da responsabilidade extracontratual solidária aos casos concretos". *Revista do Advogado*, ano XXXVII, no. 133, março de 2017, p. 161 e ss."

O principal objetivo da lei ao fixar a solidariedade contratual é garantir as relações jurídicas, facilitar o seu cumprimento. Tanto é assim que o artigo 279 do Código Civil prevê para os casos de culpa de alguns dos devedores no descumprimento da obrigação que apenas o culpado responda por perdas e danos, enquanto os demais apenas responderão pelo equivalente ao objeto em dinheiro.

Tal reforço à obrigação contratual não se aplica nos casos de solidariedade decorrente de responsabilidade extracontratual, diga-se, por exemplo, danos ao meio ambiente, quando o dispositivo aplicável é o art. 942, do Código Civil, que exige uma carga de contribuição, maior ou menor, para causar o dano a ser reparado. Aplica-se aqui a regra da responsabilidade por causas e concausas.

Pois bem: outra é a lógica das obrigações *propter rem*, as chamadas obrigações ambulatoriais, aquelas que se deslocam com o dono da coisa. São chamadas de satélites dos direitos reais, pois giram em torno desses direitos.

"São obrigações que surgem *ex vi legis*, atreladas a direitos reais, mas com eles não se confundem, em sua estruturação. Enquanto estes representam *ius in re* (direito sobre a coisa, ou na coisa), essas obrigações são concebidas como *ius ad rem* (direitos por causa das coisas, ou advindos da coisa)."[18]

Uma de suas características está clara no art. 1382, do Código Civil, ao tratar da servidão e prever a liberação do devedor quando abdica do direito real.

Nesses casos, o "proprietário é por vezes sujeito de obrigações apenas porque é proprietário (ou possuidor) e qualquer pessoa que o suceda na posição de proprietário ou possuidor assumirá tal obrigação. Contudo, o proprietário poderá liberar-se da obrigação se se despir da condição de proprietário ou possuidor (...)".[19]

Entretanto, cumpre ressaltar que, nos casos de danos ambientais, é inadmissível que a simples abdicação do direito real seja utilizada como regra para atribuir a responsabilidade de reparação ao novo proprietário ou possuidor. Conforme já explanado, deve-se sempre priorizar a responsabilização por meio da identificação do nexo de causalidade entre o real causador e o dano. Apenas na impossibilidade de identificação de um ou mais causadores, ou de localização dos mesmos, ou mesmo de obtenção da reparação do dano é que se admite a aplicação da *propter rem*.

Não se pode negar que, em matéria ambiental, a reparação do dano deve ser sempre priorizada e assegurada. Entretanto, a escolha do sujeito a quem deve ser imputada tal obrigação deve seguir uma ordem legal e justa.

Ou seja, a partir do raciocínio acima exposto, a responsabilidade solidária não deve ser aplicada cumulativamente com a obrigação *propter rem*, em um mesmo caso concreto, diante das naturezas antagônicas de ambas. Enquanto a primeira exige a

---

18. GONÇALVES, Carlos Roberto. *Direito civil brasileiro*: v. 2: teoria geral das obrigações. 9. ed. São Paulo: Saraiva, 2012, p. 27.
19. VENOSA, Silvio de Salvo. *Direito civil: obrigações e responsabilidade civil*. 17. ed. São Paulo: Atlas, 2017. p.39.

pluralidade de agentes causadores e uma contribuição para o resultado danoso, ainda que por omissão, a segunda não perquire nexo de causalidade.

7. CONCLUSÃO

A partir do reconhecimento do direito ao meio ambiente ecologicamente equilibrado como direito fundamental do ser humano, bem como da situação contemporânea de uma sociedade de consumo, busca-se formas efetivas de prevenção de danos ao meio ambiente. Cuida-se de uma tutela especial para o bem socioambiental de titularidade difusa.

A viabilização da sua efetiva proteção depende da participação de todos os atores envolvidos: Poder Público e sociedade, de forma a viabilizar uma verdadeira gestão de riscos ambientais.

O limite de tolerabilidade é um critério importante para a distinção entre dano e impacto ambiental. Tal limite permite um equilíbrio entre a proteção ao meio ambiente e o desenvolvimento das atividades econômicas.

A regra geral de responsabilidade se dá com base na identificação do nexo causal entre a ação do real causador e o dano efetivamente ocorrido. A partir da mesma regra, com fundamento no art. 942 do Código Civil, é admitida a aplicação da responsabilidade solidária – nos casos em que um ou mais agentes contribuem para a configuração do dano. Ainda, admite-se em casos específicos que a obrigação solidária decorra de relação contratual, com base no art. 265 do Código Civil de 2002.

Em resumo: ou se trata de responsabilidade solidária porque há vários causadores do dano; ou se trata de obrigação *propter rem* porque o verdadeiro causador não foi responsabilizado e o atual proprietário assume o seu lugar.

Por fim, é de se reconhecer que grande parte da solução dos problemas ambientais passa pela responsabilidade civil, seja no seu papel preventivo seja no reparatório, pois os danos ambientais normalmente são graves e irreversíveis. Mas, para que isso seja possível, é preciso recorrer a fundamentos teóricos consistentes.

8. REFERÊNCIAS

ALBAMONTE, Adalberto. *Danni all'ambiente e responsabilità civile*. Padova: Cedam, 1989.

ANTUNES, Paulo de Bessa. *Direito ambiental*. Rio de Janeiro: Lumen Juris, 2004.

BITTAR, Carlos Alberto. *Responsabilidade civil*: teoria & prática. 2. ed. Rio de Janeiro: Forense Universitária, 1990.

CABALLERO, Francis. *Essai sur la notion juridique de nuisance*. Paris: LGDJ, 1981. p. 69.

COMPARATO, Fábio Konder. *Os problemas fundamentais da sociedade brasileira e os direitos humanos*: para viver a democracia. São Paulo: Brasiliense, 1989.

FERREIRA FILHO, Manoel Gonçalves. *Comentários à Constituição brasileira de 1988*. 2. ed. São Paulo: Saraiva, 1997. v. 1.

GIAMPIETRO, Franco. *La responsabilità per danno all'ambiente*. Milano: Giuffrè, 1988.

GIDDENS, Anthony. As conseqüências da modernidade. São Paulo: Editora Unesp, 1991.

GOLDENBERG, Isidoro H.; Cafferatta, Nestor A. *Daño ambiental*: problemática de su determinación causal. Buenos Aires: Abeledo-Perrot, [s.d.].

GONÇALVES, Carlos Roberto. *Direito civil brasileiro*, v. 2: teoria geral das obrigações. 9. ed. São Paulo: Saraiva, 2012.

LEMOS, Patrícia Faga Iglecias. *Meio ambiente e responsabilidade civil do proprietário: análise do nexo causal*. 2. tir. – São Paulo: Editora Revista dos Tribunais, 2008.

_____. "Responsabilidade por danos ambientais: aplicabilidade da obrigação solidária contratual e da responsabilidade extracontratual solidária aos casos concretos". *Revista do Advogado*, ano XXXVII, no. 133, março de 2017, p. 161 e ss.

MACHADO, Paulo Affonso Leme. Direito Ambiental Brasileiro. 19. ed. – São Paulo: Malheiros Editores LTDA: 2011.

NORONHA, Fernando. *Direito das obrigações*. 4. ed., rev. e atual. São Paulo: Saraiva, 2013.

TRINDADE, Antônio Augusto Cançado. *Direitos Humanos e meio-ambiente: paralelo dos sistemas de proteção internacional*. Porto Alegre: Sergio Fabris, 1993.

VENOSA, Silvio de Salvo. *Direito civil*: obrigações e responsabilidade civil. 17. ed. São Paulo: Atlas, 2017.

CRIANÇA CONSUMIDORA: A RESPONSABILIDADE DOS PAIS EM RELAÇÃO AOS FILHOS FRENTE AOS DESAFIOS DA SOCIEDADE DE CONSUMO

Roberta Densa

Doutora em Direitos Difusos e Coletivos pela Pontifícia Universidade Católica de São Paulo (PUC/SP), mestre em Direito Político e Econômico pela Universidade Presbiteriana Mackenzie (2005). Editora Jurídica na Editora Foco. Professora da Universidade São Judas Tadeu. Autora do livro "Direito do Consumidor". Membro da Comissão dos Direitos da Criança e do Adolescente da OAB/SP desde 2007.

Sumário: 1. Intervenção do Estado na esfera familiar: 1.1. A responsabilidade parental conforme o ordenamento jurídico brasileiro; 1.2. Poder familiar; 1.2.1. O dever de criação e educação: o poder do "não"; 1.2.2. Educação para o consumo; 1.3. Dever de obediência – 2. Conclusões – 3. Referências.

Em nossa sociedade de consumo, a criança consumidora vive em um mercado globalizado, acessa internet para comprar jogos eletrônicos, identifica-se com as marcas de grandes empresas mundiais, quer viver experiências lúdicas e distrativas e, assim como os adultos, também quer consumir para satisfazer seus gostos e suas necessidades pessoais. Espelho dos pais e da sociedade em que vive, a criança não está de fora da "festa do consumo".

Diante desse cenário e diante da vulnerabilidade da criança e do adolescente, muito se discute sobre a possibilidade de limitação dos fornecedores ao colocar produtos e serviços no mercado de consumo ou determinar regras para a publicidade dirigida ao público infantojuvenil. No entanto, pouco se fala a respeito da responsabilidade dos pais na proteção dos seus filhos e é esse o nosso propósito nesse breve ensaio.

De fato, o legislador constituinte designou artigo específico para tratar da responsabilidade da família, da sociedade e do Estado pelo bem-estar de crianças e adolescentes.[1] O objetivo do presente texto é analisar a responsabilidade dos pais em relação aos filhos frente aos desafios trazidos pela denominada "sociedade de consumo".

Tendo em vista que crianças e adolescentes são pessoas em desenvolvimento, e que, apesar da autonomia progressiva, são consideradas hipervulneráveis e incapa-

---

1. Art. 227. "É dever da *família,* da *sociedade* e do *Estado* assegurar à criança, ao adolescente e ao jovem, com absoluta prioridade, o direito à vida, à saúde, à alimentação, à educação, ao lazer, à profissionalização, à cultura, à dignidade, ao respeito, à liberdade e à convivência familiar e comunitária, além de colocá-los a salvo de toda forma de negligência, discriminação, exploração, violência, crueldade e opressão" (grifo nosso).

zes ou relativamente incapazes aos atos da vida civil, como seria possível delimitar a responsabilização dos pais pela proteção dos filhos na sociedade de consumo? Poderia o Estado estabelecer padrões de comportamento a serem seguido pelos pais? Quais seriam os limites de intervenção do Estado na esfera familiar quanto ao tema abordado?

1. INTERVENÇÃO DO ESTADO NA ESFERA FAMILIAR

A família é a estrutura básica social e goza de proteção no nosso ordenamento jurídico, especialmente na Constituição Federal. Ao longo do tempo, já se atribuíram diferentes funções à família, como, por exemplo, a função religiosa, política, econômica e procriacional.[2-3]

Muito já se falou sobre a desagregação da família, a tendência de maior ou menor intervenção do Estado ou sobre a publicização dos seus institutos. De fato, o direito de família tem sido, das áreas de direito civil, talvez a que mais questiona a presença do Estado e os direcionamentos por ele impostos nas relações familiares.

Sobre a publicização do direito de família, manifestou-se Caio Mário da Silva Pereira:

> a começar pela caracterização mesma do Direito de Família como complexo normativo, há uma tendência marcante para retirá-lo do Direito Privado, sob o fundamento de que não se deve restringir à proteção da pessoa e à afirmação de direitos subjetivos, mas tem em vista, mais do que o indivíduo, a tutela da sociedade, ou do Estado mesmo. Não falta a sustentação de estar a família sendo conduzida para o Direito Público, tantas são as normas de ordem pública que a envolvem. A ideia, posto que sedutora, não chega a me convencer. A penetração dos princípios de ordem pública não é estranha aos demais compartilhamentos jusprivatísticos. E nem por isso o Direito Civil se publiciza todo, ou se extingue como Direito Privado. Mais racional seria a sugestão dos irmãos Mazeaud: sem que se transforme o Direito de Família em Direito Público, preconizam a promulgação de um "Código de Família" que reúna todas as regras de Direito Privado e de Direito Público, a ela relativas. Mas o Direito de Família deve continuar integrando o Direito Privado, dada a predominância dos interesses do organismo familiar sobre os dos organismos públicos.[4]

Paulo Lôbo, por outro lado, tende a concordar com a intervenção do Estado nas relações familiares afirmando que é de interesse social que as crianças sejam alfabetizadas e tenham educação básica, é de interesse social que se assegure a ajuda recíproca entre pais e filhos idosos e que o abandono familiar seja punido, interesse público que seja eliminada a repressão e a violência dentro da família.[5]

---

2. LÔBO, Paulo. *Direito civil*: famílias. 2. ed. São Paulo: Saraiva, 2009. p. 2.
3. Em Esparta, por exemplo, os cidadãos deveriam viver para o Estado, procriar para fortalecer o exército, e as crianças deveriam ser cuidadas pelas mães até os sete anos até que fossem entregues ao Estado.
4. PEREIRA, Caio Mário da Silva. *Instituições de direito civil*: introdução ao direito civil. 14. ed. Rio de Janeiro: Forense, 2004. v. V. p. 3.
5. LÔBO, Paulo. *Direito civil*: famílias. 2. ed. São Paulo: Saraiva, 2009. p. 5.

Ousamos discordar dos argumentos expostos. Se há necessidade de intervenção do Estado no domínio familiar, este não se justifica pela ótica social, mas pelo viés *individual*. Ou seja, crianças têm o direito de serem alfabetizadas, de serem alimentadas pelos pais e de não sofrerem violência para *preservação do seu direito fundamental à vida e à liberdade,* e não para garantir que a sociedade seja melhor.[6]

Esclarecemos, portanto, que não nos pautamos na ideia de um Estado Social ou de uma intervenção no domínio familiar em razão dos benefícios que, porventura, pudesse trazer à sociedade, mas ao próprio indivíduo. Deve o Estado garantir aos membros da família, especialmente à criança, o direito à autodeterminação e aos direitos fundamentais. É evidente que a proteção ao indivíduo terá reflexos na sociedade, melhorando a vida em sociedade; no entanto, não é a sociedade o argumento para a proteção, mas a proteção do próprio indivíduo.[7]

Afirma ainda Paulo Lôbo que o Estado Liberal caracterizava-se pela limitação do poder político e pela não intervenção nas relações privadas e no poder econômico. E conclui: "se é verdade que entre o forte e o fraco é a liberdade que escraviza e a lei que liberta, a Constituição do Estado Social de 1988 foi a que mais interveio nas relações familiares e a que mais libertou".[8]

No entanto, o chamado Estado Liberal era, sim, liberal-conservador no aspecto político-econômico e excessivamente intervencionista no âmbito familiar. Basta fazer superficial análise do Código Civil de 1916 para perceber que tínhamos excessivas regras intervencionistas em alguns aspectos, especialmente em relação ao casamento.

Quer dizer, o Estado Liberal não era realmente liberal em relação ao direito de família, sendo pautado, certamente, pela moralidade, pela ética utilitarista. Nesse

---

6. Oliveira Ascensão explica que as civilizações antigas foram todas totalitárias e que a noção de pessoa só foi possível ser construída a partir do individualismo grego e do personalismo cristão. "O passar a fio de espada os vencidos, os sacrifícios humanos de que nos dá conta até o Antigo Testamento, a organização férrea dos incas, traduzem-no com muita clareza. A preservação do grupo era justificação autossuficiente. Ao ponto de se desconhecer a própria noção de pessoa. Havia homens, mas não havia sequer o termo correspondente a pessoa. Este só vai surgir por uma evolução de persona: digamos que pela variação semântica de personagem. Através da personagem se chegará à pessoa. Como? Por efeito de dois fatores históricos fundamentais, que estão na origem da nossa civilização: – o individualismo grego – o personalismo cristão. Consideremo-los brevemente" (ASCENSÃO, José de Oliveira. O "fundamento do direito": entre o direito natural e a dignidade da pessoa. In: HOMEM, António Pedro Barbas; BRANDÃO, Cláudio. *Do direito natural aos direitos humanos*. Lisboa: Almedina, 2015. p. 15-32).
7. É nesse sentido a lição do liberalismo igualitário: "os princípios políticos não se aplicam diretamente à sua vida interna, mas realmente impõem restrições essenciais à família como instituição, e assim garantem os direitos e liberdades básicos, a liberdade e oportunidades de todos os membros. Isso eles fazem, como eu disse, especificando os direitos básicos dos cidadãos iguais que são membros das famílias. A família como parte da estrutura básica não pode violar essas liberdades. Como as esposas são cidadãos em situação de igualdade com os seus maridos, todas têm os mesmos direitos, liberdades e oportunidades básicas que os maridos; e isso, juntamente com a aplicação correta dos outros princípios de justiça, é suficiente para assegurar sua igualdade e independência" (RAWLS, John. *O direito dos povos*. São Paulo: Martins Fontes, 2004. p. 209).
8. LÔBO, Paulo. *Direito civil*: famílias. 2. ed. São Paulo: Saraiva, 2009. p. 5.

sentido, a Constituição Federal de 1988 tem mais características verdadeiramente liberais, com algum ranço utilitarista.

Felizmente, pudemos assistir, nos últimos anos, mudança das regras de direito de família, com menor tendência utilitarista e maior foco na proteção dos direitos fundamentais. Para a doutrina, a família passou a ser "instrumento", devendo ser vista como um meio de desenvolvimento da personalidade, reforçando, ainda mais, a autonomia e autodeterminação nas relações familiares.

A doutrina batiza de direito das famílias mínimo, ou princípio da intervenção mínima do Estado nas relações familiares, essa ideia de manter o Estado afastado, tanto quanto possível, das relações familiares:

> Tema de especial relevo e atualidade diz respeito ao movimento de afirmação da *intervenção mínima do Estado nas relações familiares* (também chamado de *Direito das Famílias mínimo*), com a consequente valorização da autonomia privada. (...). Trata-se, destarte, de simples projeção da autonomia privada como pedra de toque das relações regidas pelo Direito Civil como um todo, como corolário do reconhecimento da liberdade de atuação do titular no campo privado. Em sendo assim, o Estado somente deverá atuar nas relações privadas para garantias mínimas, fundamentais ao titular.[9]

Seguindo essa tendência, a Constituição Federal, em seu art. 266, afirma que "a família, base da sociedade, tem especial proteção do Estado".[10] Assim, o legislador constituinte deixa claro que não é a família que serve ao Estado, é o Estado que tem o dever de servir à família, protegendo sua constituição e seus membros.

Essa maior liberdade e autonomia também reflete, por assim dizer, em um direito de "autodeterminação" das famílias. Se antes falávamos em família exclusivamente matrimonial, atualmente encontramos diferentes modalidades ou espécies de famílias: família conjugal (ou matrimonial), família formada da união estável e a família homossexual.[11]

---

9. FARIAS, Cristiano Chaves de; ROSENVALD, Nelson. *Curso de direito civil*: famílias. 7. ed. São Paulo: Atlas, 2015. p. 150.
10. Art. 226. "A família, base da sociedade, tem especial proteção do Estado. § 1º O casamento é civil e gratuita a celebração. § 2º O casamento religioso tem efeito civil, nos termos da lei. § 3º Para efeito da proteção do Estado, é reconhecida a união estável entre o homem e a mulher como entidade familiar, devendo a lei facilitar sua conversão em casamento. § 4º Entende-se, também, como entidade familiar a comunidade formada por qualquer dos pais e seus descendentes. § 5º Os direitos e deveres referentes à sociedade conjugal são exercidos igualmente pelo homem e pela mulher. § 6º O casamento civil pode ser dissolvido pelo divórcio. § 7º Fundado nos princípios da dignidade da pessoa humana e da paternidade responsável, o planejamento familiar é livre decisão do casal, competindo ao Estado propiciar recursos educacionais e científicos para o exercício desse direito, vedada qualquer forma coercitiva por parte de instituições oficiais ou privadas. § 8º O Estado assegurará a assistência à família na pessoa de cada um dos que a integram, criando mecanismos para coibir a violência no âmbito de suas relações."
11. "Enquanto isso, através da crise que a enfraquece, fortalece e transforma, a família permanece um núcleo insubstituível de vida comunitária, o que pode ser comprovado, no Ocidente, pelo surgimento e pela legitimação das famílias homossexuais. Em negativo ou positivo, como ausência desoladora ou presença sufocante, a família permanece inscrita, indelevelmente, no espírito, na alma, na identidade, na vida de cada indivíduo. Os séculos XIX e XX abriram a possibilidade de eliminar o pai (esperma anônimo), a mãe (barriga de aluguel, incubadoras), pai e mãe (clonagem), logo filho e filha. Pai, mãe, filho e filha, com cer-

Não temos dúvidas de que a liberdade aclamada pela própria sociedade trouxe consigo responsabilidades e maior possibilidade de relacionamentos satisfatórios estáveis:

> ao contrário da ideia tantas vezes apresentada por pensadores tradicionais, a família de modo algum desapareceu com o Antigo Regime. É, inclusive, uma das raras instituições – a única? – a ter de um modo ou de outro perdurado após a Revolução, a ponto de se manter hoje mais viva e, paradoxalmente, apesar do elevado número de divórcio, mais estável do que nunca. Pode-se até dizer, com base em comparações históricas, que o laço familiar, até pela elevada taxa de mortalidade da Idade Média, é mais forte, mais rico, mais profundo e mais intenso hoje no Ocidente, e particularmente na Europa. Como nunca, os pais amam seus filhos, ficam paralisados de angústia diante da ideia de que o futuro possa não deixar que se "realizem" e curiosamente, na maioria das vezes, os filhos lhes devolvem o mesmo amor. E, também incessantemente, esse laço se reforça e se aprofunda.[12]

Se família é o local onde são satisfeitas as necessidades humanas primordiais, é evidente que os filhos passaram a ter também espaço mais que especial nas famílias. Não raro, podemos observar a preocupação dos pais com o bem-estar dos filhos e a sua realização em vida. O nascimento de uma criança é, cada dia mais, motivo de júbilo e comemoração.[13]

1.1. A responsabilidade parental conforme o ordenamento jurídico brasileiro

Na mesma toada, a liberdade para formar família e para criar os filhos passa, necessariamente, pela responsabilidade que daí surge. Liberdade não pode ser confundida com falta de responsabilidade. Cada indivíduo faz suas escolhas e é responsável pelas consequências delas advindas.

O Direito não poderia se furtar de disciplinar a relação entre pais e filhos no que diz respeito a essas responsabilidades. A *parentalidade responsável* está prevista no art. 226, § 7º, da Constituição Federal e traz a ideia inerente às consequências do exercício do direito reprodutivo pelas pessoas, na plenitude da

---

teza, se encontrarão novamente, de outra maneira, especialmente em neofamílias. Podemos, contudo, nos questionar hoje, sobre o futuro da relação arcaica fundamental entre a sociedade, a espécie e o indivíduo, que parecia inalterável. Doravante, será modificada, como acabamos de ver, quanto à reprodução" (MORIN, Edgar. *O método 5*: a humanidade da humanidade. 5. ed. Porto Alegre: Sulina, 2012. p. 175).

12. FERRY, Luc. *Famílias, amo vocês*: política e vida privada na era da globalização. Rio de Janeiro: Objetiva, 2007. p. 78.
13. "A ética do talento, que nos esportes vem sendo vítima de um cerco, ainda existe na criação dos filhos – mas aqui também a bioengenharia e o melhoramento genético ameaçam expulsá-las de cena. Valorizar os filhos com dádiva é aceitá-los como são, e não vê-los como objetos projetados por nós, ou produtos da nossa vontade, ou instrumentos da nossa ambição. O amor de um pai ou de uma mãe não depende dos talentos e atributos que o filho porventura tenha. Escolhemos nossos amigos e parceiros baseando-os, pelo menos em parte, nas qualidades que julgamos atrativas, mas não escolhemos nossos filhos. Suas qualidades são imprevisíveis e nem mesmo os pais mais cuidadosos podem ser responsabilizados completamente pelo filho que têm. É por isso que a maternidade e a paternidade, mais que quaisquer outras formas de relacionamento humano, ensinam o que o teólogo William F. May chama de 'abertura para o inesperado'" (SANDEL, Michel J. *Contra a perfeição*. Rio de Janeiro: Civilização Brasileira, 2013. p. 59).

capacidade de fato, representando a assunção de deveres parentais em decorrência da reprodução:

> Em outras palavras: há responsabilidade individual e social das pessoas do homem e da mulher que, no exercício das liberdades inerentes à sexualidade e à procriação, vêm a gerar uma nova vida humana cuja pessoa – a criança – deve ter priorizado o seu bem-estar físico, psíquico e espiritual, com todos os direitos fundamentais reconhecidos em seu favor. Daí ser importante o planejamento familiar como representativo não apenas de um simples direito fundamental, mas ao mesmo tempo constituindo responsabilidades no campo das relações de parentalidade-filiação. Ao direito individual da mulher de exercer sua sexualidade e optar pela maternidade se contrapõem as responsabilidades individual e social que ela assume ao se tornar mãe. Da mesma forma, e com bastante peculiaridade em relação ao homem: ao direito individual que lhe é assegurado de exercer sua sexualidade e optar pela paternidade se opõem as responsabilidades individual e social que ele encampa na sua esfera jurídica ao se tornar pai.[14]

Em complemento ao mandamento constitucional, o Código Civil, a partir do art. 1.583, traz uma série de regras sobre o direito de família e a proteção da pessoa dos filhos, definindo as relações de parentesco, a adoção, o exercício do poder familiar, os alimentos e o direito assistencial, nestes inserindo os alimentos e assistência que é devida dos pais em relação aos filhos e dos filhos em relação aos pais.

Da mesma forma, o Estatuto da Criança e do Adolescente complementa a disciplina do Código Civil, trazendo regras sobre o direito à convivência familiar, sobre a família natural e substituta, bem como oferecendo medidas em relação aos pais e responsáveis caso estes descumpram com suas obrigações familiares.

1.2. Poder familiar

O exercício do poder familiar é conferido aos pais, que devem exercê-lo de forma igualitária, e é definido pela doutrina como o conjunto de direitos e obrigações quanto à pessoa dos filhos menores para que possam desempenhar a responsabilidade que a lei lhes impõe, tudo com vistas à proteção dos filhos.[15-16]

Esses deveres estão desenhados no art. 1.634 do Código Civil, que trata do poder familiar e estabelece a competência dos pais quanto à pessoa dos filhos menores, para dirigir-lhes a criação e educação, tê-los em sua companhia e guarda; conceder-lhes ou negar-lhes consentimento para casarem; nomear-lhes tutor por testamento ou documento autêntico, se o outro dos pais não lhe sobreviver, ou o sobrevivo não puder exercer o poder familiar; representá-los, até aos dezesseis anos, nos atos da vida civil, e assisti-los, após essa idade, nos atos em que forem partes, suprindo-lhes o

---

14. GAMA, Guilherme Calmon Nogueira da. Princípio da paternidade responsável. *Revista de Direito Privado*, v. 18, p. 21, abr. 2004.
15. DINIZ, Maria Helena. *Curso de direito civil brasileiro*: direito de família. 24. ed. São Paulo: Saraiva, p. 552.
16. Na mesma toada, Caio Mário da Silva Pereira define poder familiar como o "complexo de direitos e deveres quanto à pessoa e bens do filho, exercidos pelos pais na mais estreita colaboração, e em igualdade de condições" (*Instituições de direito civil*: introdução ao direito civil. 14. ed. Rio de Janeiro: Forense, 2004. v. V. p. 421).

consentimento; reclamá-los de quem ilegalmente os detenha; exigir que lhes prestem obediência, respeito e os serviços próprios de sua idade e condição.

O exercício do poder familiar tem como objetivo a proteção do ser humano, que, em razão da sua natural vulnerabilidade, precisa de cuidados especiais para a própria sobrevivência. O Estado determina regras em relação ao exercício do poder familiar justamente para garantir aos infantes o pleno exercício dos direitos fundamentais à vida, saúde, liberdade e outros tantos elencados na Carta Magna.[17]

É inegável a responsabilidade dos pais em relação aos filhos.[18] O dever de cuidado relaciona-se aos aspectos morais, materiais e intelectuais da criança. Sobre o papel da família na educação e orientação dos filhos, reportamo-nos, mais uma vez, aos ensinamentos de Caio Mário da Silva Pereira:

> na verdade, em senso estrito, a família se restringe ao grupo formado pelos pais e filhos. Aí se exerce a autoridade paterna e materna, participação na criação e educação, orientação para a vida profissional, disciplina para o espírito, aquisição dos bons e mais hábitos influentes na projeção social do indivíduo. Aí se pratica e se desenvolve em mais alto grau o princípio da solidariedade doméstica e cooperação recíproca.[19]

No mesmo sentido é a lição de Maria Celina Bodin de Moraes:

> Em virtude da imprescindibilidade (rectius, exigibilidade) de tutela por parte dos pais e da dependência e vulnerabilidade dos filhos, a solidariedade familiar alcança aqui o seu grau de intensidade máxima. Em caso de abandono moral ou material, são lesados os direitos implícitos na condição jurídica de filho e de menor, cujo respeito, por parte dos genitores, é pressuposto para o sadio e equilibrado crescimento da criança, além de condição para a sua adequada inserção na sociedade. Ou seja, os prejuízos causados são de grande monta. (...) De fato, a importância da figura paterna, especialmente depois das conclusões da psicologia moderna, não precisa de mais comprovações. É notória sua imprescindibilidade – assim como o é a da figura materna – para

---

17. Vale lembrar que o poder familiar apresenta as seguintes características: a) é um *munus* público, significa dizer, é uma espécie de função correspondente a um cargo privado (direito-função ou poder-dever); b) é irrenunciável: dele os pais não podem abrir mão; c) é inalienável: não pode ser transferido pelos pais a outrem, a título gratuito ou oneroso; todavia, os respectivos atributos podem, em casos expressamente contemplados na lei, ser confiados a outra pessoa (*verbi gratia*, na adoção e na suspensão do poder dos pais); d) é imprescritível: dele não decai o genitor pelo simples fato de deixar de exercê-lo; somente poderá o genitor perdê-lo nos casos previstos em lei; e) é incompatível com a tutela, o que é bem demonstrado pela norma do parágrafo único do art. 36 do Estatuto da Criança e do Adolescente (Cf. BITTAR FILHO, Carlos Alberto. Pátrio poder: regime jurídico atual. *Revista dos Tribunais*, v. 476, p. 79, fev. 1992).
18. "É claro que o amor incondicional não exige que os pais deixem de moldar e dirigir o desenvolvimento dos filhos. Muito pelo contrário; os pais têm a obrigação de cultivar os filhos, de ajudá-los a descobrir e desenvolver talentos e dons. Como aponta May, o amor parental tem dois aspectos: aceitar o amor e transformar o amor. Aceitar o amor busca reafirmar o caráter da criança, enquanto transformar o amor busca o seu bem-estar. Um lado do amor parental corrige os exageros do outro: 'O apego se torna quietista demais quando descamba para a mera aceitação da criança como ela é.' Os pais têm o dever de promover a excelência dos filhos" (SANDEL, Michel J. *Contra a perfeição*. Rio de Janeiro: Civilização Brasileira, 2013. p. 63).
19. PEREIRA, Caio Mário da Silva. *Instituições de direito civil*: introdução ao direito civil. 14. ed. Rio de Janeiro: Forense, 2004. v. V. p. 20.

a adequada estruturação da personalidade da criança. Quanto aos pais, *tertius non datur*: ou se tem pais, ou se tem ausência de pais.[20]

As regras sobre o exercício do poder familiar têm por objetivo esclarecer e delimitar o poder e o dever que os pais têm sobre os seus filhos. O descumprimento dessas regras sobre o poder familiar pode determinar sua perda ou suspensão, que só pode ocorrer mediante o devido processo legal e a ampla defesa.

A suspensão do poder familiar está prevista no art. 1.637 do Código Civil. Trata-se de uma intervenção direta do Estado para estabelecer a privação temporária de um ou de alguns dos poderes e relativo a um ou a alguns dos filhos.

São hipóteses de suspensão do poder familiar: abuso de autoridade; descumprimento dos deveres paternos ou maternos no exercício do poder familiar; ruína de bens dos filhos; condenação por sentença irrecorrível por crime que tenha pena de reclusão superior a 2 (dois) anos.

Os casos de perda de poder familiar são bem mais graves que as hipóteses de suspensão do poder familiar. Trata-se de uma intervenção do magistrado para retirar o poder familiar dos pais, razão pela qual é medida grave e só pode ser aplicada nas hipóteses previstas em lei.

As hipóteses de perda do poder familiar estão previstas no art. 1.638 do Código Civil: perderá por ato judicial o poder familiar o pai ou a mãe que: castigar imoderadamente o filho; deixar o filho em abandono; praticar atos contrários à moral e aos bons costumes; incidir, reiteradamente, nas faltas previstas para os casos de suspensão de poder familiar.

Além das regras sobre suspensão e perda do poder familiar, o Estatuto da Criança e do Adolescente[21] (art. 129) prevê algumas medidas a serem aplicadas aos pais por descumprimento de suas obrigações em relação aos filhos, são elas: encaminhamento a programa oficial ou comunitário de proteção à família; inclusão em programa

---

20. BODIN DE MORAES, Maria Celina. Danos morais em família? Conjugalidade, parentalidade e responsabilidade civil. *Revista Forense*, v. 102, n. 386, p. 183-201, jul.-ago. 2006, p. 188.
21. Direito civil. Família. Estatuto da Criança e do Adolescente. Ação de destituição/suspensão do poder familiar e/ou aplicação de medidas pertinentes aos pais, guarda, regulamentação de visitas e contribuição para garantir a criação e o sustento de menor. Situação de risco pessoal e social. Suspensão do poder familiar do pai sobre o filho. Aplicação de medidas de proteção à criança. Visitas paternas condicionadas a tratamento psiquiátrico do genitor. É certo que, pela perspectiva de proteção integral conferida pelo ECA, a criança tem o direito à convivência familiar, aí incluído o genitor, desde que tal convívio não provoque em seu íntimo perturbações de ordem emocional, que obstem o seu pleno e normal desenvolvimento. O litígio não alcança o pretenso desenlace pela via especial, ante a inviabilidade de se reexaminar o traçado fático-probatório posto no acórdão recorrido, que concluiu pela manutenção da decisão de suspensão do poder familiar do genitor e das visitas ao filho enquanto não cumprida a medida prevista no art. 129, inc. III, do ECA (encaminhamento do pai a tratamento psiquiátrico), por indicação de profissionais habilitados. Há de se ponderar a respeito do necessário abrandamento dos ânimos acirrados pela disputa entre um casal em separação, para que não fiquem gravados no filho, ao assistir o esfacelamento da relação conjugal, os sentimentos de incerteza, angústia e dor emocional, no lugar da necessária segurança, conforto e harmonia, fundamentais ao crescimento sadio do pequeno ente familiar. Recurso especial não conhecido (STJ, REsp 776.977/RS, 3ª Turma, Rel. Min. Nancy Andrighi, *DJ* 2/10/2006, p. 273, *RT* v. 856, p. 162).

oficial ou comunitário de auxílio, orientação e tratamento a alcoólatras e toxicômanos; encaminhamento a tratamento psicológico ou psiquiátrico; encaminhamento a cursos ou programas de orientação; obrigação de matricular o filho ou pupilo e acompanhar sua frequência e aproveitamento escolar; obrigação de encaminhar a criança ou adolescente a tratamento especializado; advertência; perda da guarda; destituição da tutela; suspensão ou destituição do poder familiar.[22]

Na forma do art. 130 do Estatuto da Criança e do Adolescente, a autoridade judiciária poderá determinar, como medida cautelar, o afastamento do agressor do lar caso verifique a hipótese de maus-tratos, opressão ou abuso sexual impostos pelos pais ou responsável.

Para os fins deste trabalho, temos especial interesse no exercício do poder familiar em relação à criação e educação dos filhos e no dever de respeito e obediência que os filhos devem aos pais.

1.2.1. O dever de criação e educação: o poder do "não"

A educação pode ser pensada como um processo de transmissão de conhecimento, cultura e valores individuais e coletivos que está presente nas relações humanas. A família e a escola são os principais meios de transmissão de conhecimento, que além do objetivo de instruir, fazem com que nos tornemos mais humanizados e socializados. É através da educação que deixamos o nosso legado para as futuras gerações.[23]

Já nos manifestamos no sentido de que a criança e o adolescente desenvolvem a autonomia de forma progressiva e que eles têm o direito de autodeterminação. No entanto, ao mesmo tempo, é dever dos pais garantir a educação e criação por meio da imposição de limites necessários para a saudável convivência em sociedade e com a família e para a proteção da vida e saúde das crianças. É árdua a tarefa dos pais.

Embora muitas críticas possam (e devam) ser tecidas em relação à forma como os pais educam seus filhos, não caberia ao Estado determinar, por meio de lei, ques-

---

22. Na mesma toada, o art. 18-B do Estatuto da Criança e do Adolescente determina: "Os pais, os integrantes da família ampliada, os responsáveis, os agentes públicos executores de medidas socioeducativas ou qualquer pessoa encarregada de cuidar de crianças e de adolescentes, tratá-los, educá-los ou protegê-los que utilizarem castigo físico ou tratamento cruel ou degradante como formas de correção, disciplina, educação ou qualquer outro pretexto estarão sujeitos, sem prejuízo de outras sanções cabíveis, às seguintes medidas, que serão aplicadas de acordo com a gravidade do caso: I – encaminhamento a programa oficial ou comunitário de proteção à família; II – encaminhamento a tratamento psicológico ou psiquiátrico; III – encaminhamento a cursos ou programas de orientação; IV – obrigação de encaminhar a criança a tratamento especializado; V – advertência. Parágrafo único. As medidas previstas neste artigo serão aplicadas pelo Conselho Tutelar, sem prejuízo de outras providências legais".
23. Nesse sentido: "A educação configura um direito inseparável da natureza humana, e dele depende o desenvolvimento das capacidades e potencialidades do ser humano. Os aspectos envolvidos no processo educacional são diversos, mas devem sempre buscar a construção da cidadania, viabilizando, assim, uma integração social cada vez mais ampla do indivíduo. A sociedade que privilegia a educação está alicerçada numa base muito mais sólida, consubstanciada num modelo centrado no respeito aos direitos fundamentais" (VIEIRA, Andréa Zacarias. O regime constitucional do direito à educação básica. *Revista de Direito Constitucional e Internacional*, v. 81, p. 75, out. 2012).

tões éticas, morais e religiosas nesse âmbito, salvo nas hipóteses em que os direitos fundamentais da criança não estejam sendo observados pelos pais.

Nesse diapasão, andou bem o legislador constituinte ao dispor, em seu art. 205, que a educação visa ao pleno desenvolvimento da pessoa, seu preparo para o exercício da cidadania e à qualificação para o mercado de trabalho, sendo dever do Estado e da família, promovida e incentivada com a colaboração da sociedade.[24]

De outra banda, o art. 1.634, I, do Código Civil impõe aos pais o dever de criar e educar seus filhos: "cumpre aos pais dirigir a criação e educação dos filhos". Percebe-se que a lei, de forma acertada, não define de que maneira os pais devem educar e criar seus filhos. Os modelos de educação dependem, evidentemente, da experiência dos pais, da cultura em que está inserida a família e do contexto histórico a que estamos nos referindo.[25]

A Convenção Internacional dos Direitos da Criança também exterioriza essa necessidade de educação e criação da criança no seio da família, tentando conciliar a liberdade da criança com a necessidade de orientação e educação.[26]

---

24. "Da atribuição do dever de educação à família e da necessidade de colaboração da sociedade sobressai o reconhecimento constitucional de que a educação não se resume ao ensino (educação formal), mas implica também transmissão de valores, de novos conhecimentos, de noções de cidadania que ultrapassam gerações. Ao abarcar diversos agentes educacionais no compromisso com o direito à educação, o objetivo do Constituinte é conferir a este direito a máxima proteção, viabilizando, assim, maior efetividade ao mesmo. Quando trata da universalidade da educação formal no art. 205, a Constituição declara os objetivos que devem nortear a sua prestação: pleno desenvolvimento da pessoa, o seu preparo para o exercício da cidadania e a qualificação para o trabalho. Portanto a universalização no acesso à educação básica deve perseguir estes fins explicitados pela Constituição, o que significa que a elaboração e execução das políticas públicas educacionais, tanto no âmbito normativo quanto administrativo, estão vinculadas a estes objetivos constitucionais. Ademais, toda a interpretação das normas disciplinadoras do direito à educação deve se pautar no conteúdo explicitado nesta norma constitucional" (VIEIRA, Andréa Zacarias. O regime constitucional do direito à educação básica. *Revista de Direito Constitucional e Internacional*, v. 81, p. 75, out. 2012).
25. Sobre o exercício do poder familiar e a superproteção dos pais, entendemos que a criança e o adolescente devem ser instruídos, oferecendo-lhes certa margem de escolha, dentro de limites razoáveis de proteção, especialmente no que diz respeito à vida e à saúde: "destaque-se que uma atitude irracional não se confunde com uma escolha 'errada'. A superproteção dos adultos pode ser prejudicial ao desenvolvimento da criança, pois o erro é uma importante fonte de aprendizado e crescimento pessoal. Decisões que culminem em pequenos erros são mais significativas quando autônomas, geradas a partir da reflexão, sentimentos e desejos próprios do que aquelas milimetricamente acertadas e guiadas por outros. Sob essa ótica, errar é válido: 'Não podemos tratar as pessoas como iguais sem respeitar também sua capacidade de assumir riscos e de cometer erros. Não estaríamos levando os direitos a sério se só respeitássemos a autonomia quando considerássemos que o agente está fazendo o correto. Mas também estaríamos falhando em reconhecer a integridade de uma criança se lhe permitíssemos escolher uma ação, como consumir heroína ou não acudir a escola, que pudesse danar séria e sistematicamente a consecução subsequente da plena personalidade e do desenvolvimento. A prova de irracionalidade deve também estar limitada de maneira que justifique a intervenção somente até o ponto necessário para evitar o dano imediato, ou para desenvolver as capacidades de eleição racional pelas quais o indivíduo possa ter uma oportunidade razoável de evitar esses danos' (Freeman, 2006, p. 272, tradução nossa). (FERREIRA, Ana Luiza Veiga; VIEIRA, Marcelo de Mello. O melhor interesse e a autonomia progressiva de crianças e adolescentes. *Revista de Direito da Infância e da Juventude*, v. 2, p. 233, jul. 2013).
26. O art. 5º da Convenção Internacional dos Direitos da Criança, adotada pela Resolução n. L. 44 (XLIV) da Assembleia Geral das Nações Unidas, em 20 de novembro de 1989 e ratificada pelo Brasil em 20 de

A carta dos direitos fundamentais da União Europeia (2000/C 364/01), em seu art. 14, garante ao infante o direito de ser educado, conforme sua vocação, e conforme os princípios democráticos de direito.[27-28]

Muito se discute, por exemplo, quanto à possiblidade de oferecer ensino domiciliar, fazendo com que os filhos estudem em casa em vez de frequentarem a escola. A prática é batizada de *Home Schooling* e é aceita em alguns países, havendo necessidade de uma avaliação final para verificar o grau de aprendizado.[29]

Entre nós, não há regulamentação específica sobre isso, fazendo com que haja certa insegurança sobre o tema. Se tomarmos em conta a regra insculpida no art. 55 do Estatuto da Criança e do Adolescente,[30] temos a obrigação dos pais de enviar os filhos para a rede regular de ensino (seja pública ou privada, sob pena de responder pelo crime de abandono intelectual).

O assunto é polêmico e tem gerado algumas decisões judiciais de primeira instância. No entanto, tendo a fiscalização do poder público quanto ao aprendizado, não vemos óbice para a educação em casa, com a supervisão dos pais (ou exercida diretamente por eles), especialmente nas hipóteses em que a criança tem algum problema de locomoção ou impossibilidade de frequentar a escola.[31]

---

setembro e 1990, esclarece a necessidade do respeito à vida privada e ao direito à vida familiar, vejamos: "Artigo 5º Os Estados Membros respeitarão as responsabilidades, os direitos e os deveres dos pais ou, conforme o caso, dos familiares ou da comunidade, conforme os costumes locais, dos tutores ou de outras pessoas legalmente responsáveis pela criança, de orientar e instruir apropriadamente a criança de modo consistente com a evolução de sua capacidade, no exercício dos direitos reconhecidos na presente Convenção.

27. "Right to education 1. Everyone has the right to education and to have access to vocational and continuing training. 2. This right includes the possibility to receive free compulsory education. 3. The freedom to found educational establishments with due respect for democratic principles and the right of parents to ensure the education and teaching of their children in conformity with their religious, philosophical and pedagogical convictions shall be respected, in accordance with the national laws governing the exercise of such freedom and right."
28. Da mesma forma, em seu art. 38, determina a obrigação de proteção ao consumidor: "Union policies shall ensure a high level of consumer protection".
29. "Nos Estados Unidos, a educação domiciliar é admitida em vários estados, como também em Portugal (Dec.-lei 553/1980). Nos diversos países que admitem e disciplinam a figura do ensino domiciliar, resta evidenciada uma necessidade fundamental: que haja alguma modalidade de controle (que ademais é previsto), um acompanhamento público sobre a formação do menor, sob a forma de avaliação ou exame" (SIMÕES, Marcel Edvar. O poder familiar na teoria geral do direito privado: investigações de direito brasileiro e português. *Revista de Direito de Família e das Sucessões*, v. 1, p. 133-154, jul.-set. 2014).
30. "Os pais ou responsáveis têm obrigação de matricular seus filhos ou pupilos na rede regular de ensino."
31. "Sucede que sendo o poder familiar um poder funcional, e envolvendo posições jurídicas subjetivas elementares do tipo de *faculdade* ou *liberdade* (e campos de discricionariedade vinculada, limitada, dentro do exercício do poder familiar), difícil negar a admissibilidade da figura do ensino domiciliar, dada a sua coerência com a categoria do poder funcional, e com as disciplinas constitucional e legal da figura (no Brasil e em Portugal). De todo evidente que não se está diante de uma liberdade absoluta e totalmente livre de regras, devendo o ensino familiar ser acompanhado de fiscalização, de um acompanhamento periódico pelo Estado" (SIMÕES, Marcel Edvar. O poder familiar na teoria geral do direito privado: investigações de direito brasileiro e português. *Revista de Direito de Família e das Sucessões*, v. 1, p. 133-154, jul.-set. 2014).

1.2.2. Educação para o consumo

Já afirmamos a responsabilidade dos pais em relação à educação dos filhos. Essa responsabilidade não se limita aos aspectos técnicos e teóricos do aprendizado e deve ser estendida aos aspectos éticos, culturais e, evidentemente, ao consumo. Também é dever dos pais ensinar os filhos a lidar com as questões que envolvem a sociedade de consumo.

Segundo Gilles Lipovetsky,[32] a epidemia "hipermoderna do mal-estar" está diretamente relacionada à educação familiar, que deixou de ser a educação tipo tradicionalista e autoritária e foi substituída pela educação psicologizada, sem obrigação nem punição, voltada para a felicidade imediata dos filhos, sem pensar nas consequências disso a longo prazo.

Ainda segundo o autor, os pais deixaram de disciplinar e punir seus filhos, permitindo que estes não sintam insatisfação, frustração e infelicidade, sendo que muitas vezes os pais deixam de punir para evitar desgastes e conflitos e evitam a situação constrangedora de dizer "não". A consequência disso é a ausência de limites, de noção de respeito ao próximo (e aos próprios pais), e a sujeição dos pais em satisfazer os desejos dos filhos.

Sem dúvida, essa educação "psicologizada" trouxe profundas mudanças na personalidade dos indivíduos, influenciando diretamente o consumo infantil:

> Um dos efeitos dessa educação é que ela tende a privar as crianças das regras, de quadros ordenados e regulares necessários à estruturação psíquica. Daí resulta uma forte insegurança psicológica, personalidades vulneráveis que não dispõem mais de disciplinas interiorizadas, de esquemas estruturantes que permitem, em outros tempos, fazer face às provas difíceis da vida. É nesse contexto que se multiplicam individualidades desorientadas, frágeis, marcadas pela "fraqueza das identificações" e pela falta de defesas internas. Enquanto a criança tende a perder a capacidade de superar as frustrações, o adulto está cada vez menos preparado para enfrentar conflitos, suportar os reveses da existência e o choque das circunstâncias. Na base da fragilidade subjetiva hipermoderna acha-se a ausência de "bússola" e de forças interiores que ajudem os seres a resistir à adversidade: foi conjuntamente que os processos de desinstitucionalização e de psicologização desestabilizaram, desequilibraram as identidades subjetivas. É possível que uma sociedade que exige que cada um seja um sujeito peça demais aos indivíduos, mas, sobretudo ei-los, por meio da cultura do bem-estar total, despojados de recursos psíquicos, desarmados interiormente para fazer face às vicissitudes e à nova complexidade da existência, pouco ou mal preparados para submeter-se aos golpes da sorte. Nesse ponto, é preciso voltar a Durkheim, que concluía seu estudo sobre o suicídio nestes termos: "O mal-estar de que sofremos não vem, portanto, do aumento das causas de sofrimentos em número ou em intensidade: ele atesta não uma grande indigência econômica, mas uma alarmante indigência moral".[33]

---

32. LIPOVETSKY, Gilles. *A felicidade paradoxal*: ensaio sobre a sociedade de hiperconsumo. São Paulo: Companhia das Letras, 2008. p. 202.
33. LIPOVETSKY, Gilles. *A felicidade paradoxal*: ensaio sobre a sociedade de hiperconsumo. São Paulo: Companhia das Letras, 2008. p. 202.

É preciso ensinar crianças e adolescentes a lidar com o dinheiro, a ter educação financeira, a consumir conforme suas necessidades e possiblidades e aprender a lidar com as frustrações daí advindas. Evidentemente, apesar do grande peso da educação familiar, essa responsabilidade não é só parental, estendendo-se também ao Estado e à sociedade.

O Código de Defesa do Consumidor garante aos consumidores o direito básico à educação para o consumo, educação essa que deve ser *formal* e *informal*. A educação *formal* engloba a responsabilidade do Estado em oferecer, no programa de ensino fundamental e médio, aspectos ligados às relações de consumo. A matemática, por exemplo, é uma ferramenta essencial para o pleno exercício de liberdade nas relações de consumo. Dominar as quatro operações fará com o que o consumidor seja mais consciente de suas escolhas e saiba organizar suas finanças. O aprendizado da língua portuguesa também está nesse contexto: ler e interpretar o contrato nas relações é fundamental para que o consumidor faça suas escolhas e exerça o seu direito à liberdade. Queremos dizer com isso que um consumidor bem-formado terá mais chances de exigir seus direitos, entender o mercado de consumo, efetuar suas escolhas de forma livre.

De outra banda, a educação *informal* está relacionada à responsabilidade dos fornecedores de educar os seus consumidores para os produtos e serviços que colocam no mercado de consumo, oferecendo-lhes informações adequadas sobre a forma de utilização, a composição, advertindo sobre o uso e a durabilidade dos produtos.[34]

Evidentemente, o direito à informação insculpido no art. 6º, III, do Código de Defesa do Consumidor é complemento ao direito à educação. Consumidor educado, consciente, recebe as diversas informações sobre os produtos e serviços e consegue depurá-las de forma adequada.

Ambas as formas de educação estão diretamente relacionadas ao nosso tema. Os fornecedores devem oferecer informações claras e precisas sobre os produtos destinados ao público infantojuvenil para que os pais possam exercer a liberdade de escolha, cabendo a esses últimos a definição sobre o que comprar. Assim sendo, a última palavra deve ser sempre a dos pais.

---

34. Sobre a educação informal, explica José Geraldo Brito Filomeno: "de responsabilidade desde logo dos próprios fornecedores quando, já mediante a ciência do *marketing*, como já acentuado noutro passo, e tendo-se em conta seus aspectos éticos, procurando bem *informar* o consumidor sobre as características dos produtos e serviços já colocados no mercado, ou ainda os que serão aí colocados à disposição do público consumidor. É indispensável, por conseguinte, que haja uma *ligação permanente*, ou um elo de comunicação constante entre fornecedores/consumidores para que esses últimos possam efetivamente ter acesso às informações sobre produtos e serviços. Cabe igual responsabilidade aos *órgãos públicos* de defesa e proteção dos consumidores, bem como às *entidades privadas*, no sentido de promoverem debates, simpósios sobre os direitos dos consumidores, pesquisas de mercado, edição de livretos e cartilhas, enfim, tudo que esteja à sua disposição para bem informar o público consumidor" (In: GRINOVER, Ada Pellegrini *et al. Código Brasileiro de Defesa do Consumidor*. Comentado pelos autores do anteprojeto. 10. ed. Rio de Janeiro: Forense Universitária, 2011. p. 154).

Apenas para exemplificar, é de responsabilidade dos fornecedores dar a correta informação a respeito do conteúdo de filmes (oferta), apresentando uma sinopse sobre o conteúdo da obra e informando corretamente sobre a classificação indicativa do programa.

Com essas informações e a correta indicação sobre o conteúdo da programação, os pais podem exercer o poder familiar de forma adequada, permitindo (ou não) que seus filhos tenham acesso ao entretenimento.

1.3. Dever de obediência

Dentre as regras para o exercício do poder familiar, diz o art. 1.634, IX, do Código Civil que os pais têm o dever de exigir que os filhos "lhes prestem obediência, respeito e os serviços próprios de sua idade e condição".

Mais uma vez, acertou o legislador ao estabelecer o dever de obediência dos filhos em relação aos pais. Tendo em vista a autonomia progressiva da criança e do adolescente, o dever de obediência garantirá aos pais o efetivo exercício do poder familiar, dirigindo a vida dos filhos, e faz parte da educação dos filhos.

Haverá obediência se as exigências paternas forem razoáveis e estiverem de acordo com os preceitos legais, especialmente com a condição peculiar de pessoa em desenvolvimento. Já dissemos, por exemplo, que o castigo imoderado poderá causar a perda do poder familiar.

Demais disso, a Lei 13.010/2014 incluiu o art. 18-A,[35] conhecida como a "Lei da Palmada", proibindo a aplicação de todo tipo de castigo físico e tratamento cruel ou degradante para educação das crianças. Para os fins da lei, considera-se castigo físico "a ação de natureza disciplinar ou punitiva aplicada com o uso da força física sobre a criança ou o adolescente que resulte em: a) sofrimento físico; ou b) lesão". O tratamento cruel ou degradante é definido como a "conduta ou forma cruel de tratamento em relação à criança ou ao adolescente que: a) humilhe; ou b) ameace gravemente; ou c) ridicularize".[36]

---

35. Art. 18-A. "A criança e o adolescente têm o direito de ser educados e cuidados sem o uso de castigo físico ou de tratamento cruel ou degradante, como formas de correção, disciplina, educação ou qualquer outro pretexto, pelos pais, pelos integrantes da família ampliada, pelos responsáveis, pelos agentes públicos executores de medidas socioeducativas ou por qualquer pessoa encarregada de cuidar deles, tratá-los, educá-los ou protegê-los."
36. Sobre a possibilidade de aplicação de castigo, ensina Caio Mário da Silva Pereira: "Como sanção do dever educacional, alguns sistemas jurídicos aludem ao 'direito de correção', que vai às vezes a ponto de permitir o encarceramento do filho por tempo limitado. Este não é repelido em nosso direito, desde que o castigo se aplique moderadamente. Se for excessivo ou demasiado severo, transpõe o limite da tolerância, e sujeita o genitor às penalidades de suspensão ou até extinção do poder familiar. Considera-se, então, o direito de correção como acessório da guarda" (*Instituições de direito civil*: introdução ao direito civil. 14. ed. Rio de Janeiro: Forense, 2004. v. V. p. 430).

As expressões legais são vagas e demandarão sensibilidade do juiz e dos demais envolvidos para aplicação da lei. Importante mesmo é zelar pela saúde das crianças e, ao mesmo tempo, garantir que seja oferecida educação adequada.

Diz ainda a lei civil que filho poderá prestar os serviços compatíveis com a sua idade. Podemos interpretar essa parte do texto como a prestação de serviços que ajudam a limpeza da casa e serviços domésticos sem remuneração.

Poderá ainda existir o trabalho do menor de acordo com a Consolidação das Leis do Trabalho e a Constituição Federal, que proíbem o trabalho do menor fora do lar antes dos 16 (dezesseis) anos, salvo na condição de aprendiz, a partir de 14 (quatorze) anos de idade.

O dever de obediência também traz sérios reflexos em relação ao mercado de consumo: a definição sobre a compra de produtos e serviços caberá aos pais, que poderão, por sua vez, oferecer margem de autonomia aos seus filhos.

2. CONCLUSÕES

Entendemos que a intervenção do Estado na intimidade familiar não se justifica pela ótica social, mas pelo viés individual. Ou seja, crianças têm o direito de serem alfabetizadas, de serem alimentadas pelos pais e de não sofrerem violência para preservação do seu direito fundamental à vida e à liberdade, e não para garantir que a sociedade seja "melhor".

Desse modo, deve o Estado garantir aos membros da família, especialmente à criança, o direito à autodeterminação e aos direitos fundamentais. É evidente que a proteção ao indivíduo terá reflexos na sociedade, melhorando a vida em sociedade; no entanto, não é a sociedade o argumento para a proteção, mas a proteção do próprio indivíduo.

Além disso, ao analisar a responsabilidade dos pais, vimos que o exercício do poder familiar tem como objetivo a proteção do ser humano, que, em razão da sua natural vulnerabilidade, precisa de cuidados especiais para a própria sobrevivência. O Estado determina regras em relação ao exercício do poder familiar justamente para garantir aos infantes o pleno exercício dos direitos fundamentais à vida, saúde, liberdade e outros tantos elencados na Carta Magna.

A criança e o adolescente desenvolvem a autonomia de forma progressiva e têm o direito de autodeterminação. No entanto, ao mesmo tempo, é dever dos pais garantir a educação e criação pela imposição de limites necessários para a saudável convivência em sociedade e com a família e para a proteção da vida e saúde das crianças.

É preciso ensinar crianças e adolescentes a lidar com o dinheiro, a ter educação financeira, a consumir conforme suas necessidades e possiblidades e aprender a lidar com as frustrações daí advindas. Evidentemente, apesar do grande peso da educação familiar, essa responsabilidade não é só parental, estendendo-se também ao Estado e à sociedade.

Embora muitas críticas possam (e devam) ser tecidas em relação à forma como os pais educam seus filhos, não caberia ao Estado determinar, por meio de lei, questões éticas, morais e religiosas nesse âmbito, salvo nas hipóteses em que os direitos fundamentais da criança não estejam sendo observados pelos pais.

Assim, em relação aos hábitos de consumo, há que se garantir espaço para a autodeterminação das famílias, podendo a lei intervir apenas para a proteção da criança com relação aos seus direitos fundamentais.

3. REFERÊNCIAS

ASCENSÃO, José de Oliveira. O "fundamento do direito": entre o direito natural e a dignidade da pessoa. In: HOMEM, António Pedro Barbas; BRANDÃO, Cláudio. *Do direito natural aos direitos humanos*. Lisboa: Almedina, 2015. p. 15-32.

BITTAR FILHO, Carlos Alberto. Pátrio poder: regime jurídico atual. *Revista dos Tribunais*, v. 476, p. 79, fev. 1992.

BODIN DE MORAES, Maria Celina. Danos morais em família? Conjugalidade, parentalidade e responsabilidade civil. *Revista Forense*, v. 102, n. 386, p. 183-201, jul.-ago. 2006, p. 188.

DINIZ, Maria Helena. *Curso de direito civil brasileiro*: direito de família. 24. ed. São Paulo: Saraiva.

FARIAS, Cristiano Chaves de; ROSENVALD, Nelson. *Curso de direito civil*: famílias. 7. ed. São Paulo: Atlas, 2015.

FERREIRA, Ana Luiza Veiga; VIEIRA, Marcelo de Mello. O melhor interesse e a autonomia progressiva de crianças e adolescentes. *Revista de Direito da Infância e da Juventude*, v. 2, p. 233, jul. 2013.

FERRY, Luc. *Famílias, amo vocês*: política e vida privada na era da globalização. Rio de Janeiro: Objetiva, 2007.

GAMA, Guilherme Calmon Nogueira da. Princípio da paternidade responsável. *Revista de Direito Privado*, v. 18, p. 21, abr. 2004.

GRINOVER, Ada Pellegrini et al. *Código Brasileiro de Defesa do Consumidor*. Comentado pelos autores do anteprojeto. 10. ed. Rio de Janeiro: Forense Universitária, 2011.

LIPOVETSKY, Gilles. *A felicidade paradoxal*: ensaio sobre a sociedade de hiperconsumo. São Paulo: Companhia das Letras, 2008. p. 202.

LÔBO, Paulo. *Direito civil*: famílias. 2. ed. São Paulo: Saraiva, 2009.

MORIN, Edgar. *O método 5*: a humanidade da humanidade. 5. ed. Porto Alegre: Sulina, 2012. p. 175.

PEREIRA, Caio Mário da Silva. *Instituições de direito civil*: introdução ao direito civil. 14. ed. Rio de Janeiro: Forense, 2004. v. V.

RAWLS, John. *O direito dos povos*. São Paulo: Martins Fontes, 2004.

SANDEL, Michel J. *Contra a perfeição*. Rio de Janeiro: Civilização Brasileira, 2013. p. 59.

SIMÕES, Marcel Edvar. O poder familiar na teoria geral do direito privado: investigações de direito brasileiro e português. *Revista de Direito de Família e das Sucessões*, v. 1, p. 133-154, jul.-set. 2014.

VIEIRA, Andréa Zacarias. O regime constitucional do direito à educação básica. *Revista de Direito Constitucional e Internacional*, v. 81, p. 75, out. 2012.

A RESPONSABILIDADE CIVIL PELOS DANOS DECORRENTES DOS RISCOS DO DESENVOLVIMENTO DOS PRODUTOS POSTOS EM CIRCULAÇÃO[1]

Tula Wesendonck

Doutora em Direito. Professora Adjunta de Direito Civil da UFRGS.

Sumário: 1. Introdução – 2. Breve exame das posições a respeito da Responsabilidade Civil pelos Riscos do Desenvolvimento – 3. A viabilidade de responsabilização civil pelos riscos do desenvolvimento no Direito brasileiro – 4. Conclusão – 5. Referências.

1. INTRODUÇÃO

A matéria em torno dos riscos do desenvolvimento é sempre atual e desafiadora por abranger danos em relação a produtos sobre os quais o fabricante não tem conhecimento da potencialidade nociva, o que somente passa a ser constatado em momento posterior, quando são verificados danos que deixam marcas catastróficas na sociedade, podendo atingir um grande número de pessoas da mesma geração.

A tragédia em torno do medicamento Cotergan-Talidomida pode ser referida como exemplo desse tipo de dano.[2] O caso pode ser considerado como a primeira grande catástrofe médico-farmacêutica chamando a atenção para a potencialidade danosa e seus efeitos jurídicos identificados como "riscos do desenvolvimento" tendo influenciado decisivamente para a criação da Lei Alemã do Medicamento de 1976, que incluiu na responsabilidade civil os danos decorrentes dos riscos do desenvolvimento e permanece em vigor.[3]

---

1. Algumas das ideias desenvolvidas neste artigo foram exploradas anteriormente, no Livro: WESENDONCK, Tula. *O Regime da Responsabilidade Civil pelo fato dos produtos postos em circulação: uma proposta de intepretação do Artigo 931 do Código Civil sob a perspectiva do Direito Comparado.* Porto Alegre: Livraria do Advogado, 2015.
2. Medicamento prescrito a mulheres grávidas para aliviar os enjoos característicos da gravidez e que entre 1958 e 1962 acarretou o nascimento de crianças fisicamente deformadas medicamento (mais de 10.000 crianças em todo o mundo nasceram com malformações dos membros, vítimas de "focomelia" pelo encurtamento dos membros). SILVA, João Calvão da. *A responsabilidade civil do produtor.* Coimbra: Almedina, 1999, p. 123.
3. SILVEIRA, Diana Montenegro da. *Responsabilidade civil por danos causados por medicamentos defeituosos.* Coimbra: Coimbra, 2010, p. 240-241.

A todo momento, a sociedade está exposta a novos riscos[4] que provocam novas hipóteses de incidência de responsabilidade civil pelo fato do produto. Recentemente, a Pfizer esteve envolvida em grande polêmica a respeito dos efeitos nocivos do medicamento Cabaser, utilizado para o mal de Parkinson. Pacientes que utilizaram o medicamento narraram sofrer efeitos colaterais como a compulsão por sexo ou jogos de azar.[5]

Além desse caso, podem ser citados os efeitos nocivos, e muitas vezes desconhecidos, do uso de agrotóxicos (havendo o alerta sobre uma possível epidemia de câncer no Estado do Rio Grande do Sul[6]); da radiação do telefone celular[7] e outras situações sobre as quais se levanta o alerta a respeito da necessidade de atender ao princípio da precaução, em virtude de não se ter conhecimento seguro sobre os seus efeitos, como nas vacinas[8] (contra a Gripe AH1N1[9] e o HPV), e mais atualmente em virtude dos riscos dos produtos transgênicos,[10] sobre os

---

4. A problemática em torno dos riscos do desenvolvimento pode ser refletida através das ideias de Urlich Beck que refere os novos contornos de uma sociedade de risco como a atual, na qual "a incalculabilidade dos efeitos colaterais do trabalho científico necessariamente se intensifica", segundo o autor os efeitos reais tornam-se mais imprevisíveis ou incalculáveis do que nunca. BECK, Urlich. *Sociedade de Risco. Rumo a uma outra modernidade*. Tradução de Sebastião Nascimento, São Paulo: Editora 34, 2011, 2. ed., 262-263.
5. [https://oglobo.globo.com/sociedade/saude/pfizer-vai-propor-acordo-pacientes-que-tomaram-remedio-ficaram-viciados-em-sexo-jogo-14776049], acesso em junho de 2017. Mais de 150 pessoas acionaram o fabricante na Austrália, o que estimulou a empresa a estudar um acordo coletivo com os consumidores.
6. [http://www.bbc.com/portuguese/brasil-37041324], acesso em junho de 2017.
7. PASQUALOTTO, Adalberto. Proteção contra produtos defeituosos: das origens ao Mercosul. *Revista de Direito do Consumidor,* São Paulo, v.11, n.42, p. 49-85, abr./maio 2002, p. 78. Pesquisas têm demonstrado que o uso excessivo do telefone celular pode gerar graves doenças em decorrência da propagação das ondas eletromagnéticas principalmente em relação a crianças que estão com o cérebro em formação. O risco de danos também é reconhecido para as pessoas que moram próximo às torres retransmissoras de sinais para aparelhos móveis. Em virtude da incerteza científica, considerando risco hipotético, o Tribunal de Grasse (França) determinou em 2003 a retirada de antena de telefonia celular que emitia ondas eletromagnéticas que poderiam ser perigosas à saúde da população vizinha. LOPEZ, Teresa Ancona. Responsabilidade Civil na Sociedade de Risco. *in Sociedade de Risco e Direito Privado*. LOPEZ, Teresa Acona, LEMOS, Patrícia Fraga Iglecias e RODRIGUES JÚNIOR, Otavio Luiz Coordenadores. São Paulo: Atlas, 2013, p. 04.
8. GUERRA, Giorgia. Responsabilità per danno da farmaco e vaccino: un rapporto genere a specie? Dano e Responsabilità, v. 15, n. 11, p. 998-1010, 2010.
9. QUERCI, Agnese. Il vaccino contro l'influenza A/H1N1: "pillole" de responsabilità civile. *Dano e Responsabilità,* v. 15, n. 4, p. 335-345, 2010.
10. Paula Vaz Freire refere que hoje se vive em uma sociedade de risco, a sociedade constitui um problema para si mesma, surgem novos riscos e em virtude disso, os juristas devem refletir e tentar alcançar soluções normativas mais adequadas. Um dos exemplos citados pela autora em relação a esses riscos são os produtos alimentares que contêm organismos geneticamente modificados, pois a ciência não tem condições de prever inequivocadamente os seus efeitos no consumo humano. Segundo a autora em virtude dessa incapacidade de tutela dos consumidores a solução mais adequada seria a implementação do princípio da precaução. (FREIRE, Paula Vaz. Sociedade de Risco e Direito do Consumidor. *in Sociedade de Risco e Direito Privado*. LOPEZ, Teresa Acona, LEMOS, Patrícia Fraga Iglecias e RODRIGUES JÚNIOR, Otavio Luiz Coordenadores. São Paulo: Atlas, 2013, p. 378-379.)

quais ainda não há uma posição segura do seu consumo,[11-12] da nanomedicina[13] e da nanotecnologia.[14]

A jurisprudência brasileira ainda é muito tímida a respeito da responsabilidade pelos riscos do desenvolvimento dos produtos postos em circulação. Muitas vezes, o caso se enquadra efetivamente como modalidade de riscos do desenvolvimento, considerando a terminologia técnica adequada para a sua definição.

No entanto, embora seja reconhecida a responsabilidade civil do fabricante pelos danos sofridos pelo consumidor, não é destacado no caso concreto que tal responsabilidade se impõe pelos riscos do desenvolvimento.

A título de exemplo pode ser citado o caso do medicamento Survector, que passou a apresentar efeitos adversos não referidos na bula do medicamento. Nesse caso, o risco do medicamento somente veio a ser avaliado posteriormente pelo fabricante, quando os pacientes começaram a apresentar queixas relacionadas ao seu uso, caracterizando, assim, a responsabilidade pelos riscos do desenvolvimento, já que na data da sua introdução no mercado o fabricante não tinha conhecimento sobre os efeitos adversos que foram incluídos posteriormente na bula do medicamento.[15]

Em outros casos, ainda que se trate de medicamento conhecido por provocar danos, como é caso do Lipobay,[16] há visível resistência jurisprudencial para o reco-

---

11. Os transgênicos também são associados como exemplo de riscos de desenvolvimento por TARTUCE, Flávio, *Responsabilidade Civil Objetiva e Risco – A Teoria do Risco Concorrente*. São Paulo: Editora Método, 2011, p. 155. O autor também refere que a matéria foi regulada pela Lei de Biossegurança, Lei 11.105/1995 que prevê no Art. 20 a responsabilidade solidária pelos danos que os produtos ocasionarem ao meio ambiente ou a terceiros, conforme segue: "Art. 20. Sem prejuízo da aplicação das penas previstas nesta Lei, os responsáveis pelos danos ao meio ambiente e a terceiros responderão, solidariamente, por sua indenização ou reparação integral, independentemente da existência de culpa." No entanto, a lei não dispõe sobre quem são os responsáveis.
12. A esse respeito importante mencionar posição adotada por Ivar Hartmann ao defender que em relação aos organismos geneticamente modificados, o fornecedor deveria prestar informação ostensiva sobre essa condição do produto para cumprir com os ditames da precaução (HARTMANN, Ivar Alberto Martins. O princípio da precaução e sua aplicação no direito do consumidor: dever de informação. *Revista de Direito do Consumidor*, São Paulo, v. 70, abr. 2009).
13. GUERRA, Giorgia. Nanomedicina e diritto: un primo approccio. Dano e Responsabilità, v. 13, n. 10, p. 1229-1239, 2006.
14. LINCESSO, Irene. Nanotecnologie e principio di precauzione. *Dano e Responsabilità*, v. 15, n. 12, p. 1093-1103, 2010.
15. Direito do Consumidor. Consumo de survector, medicamento inicialmente vendido de forma livre em farmácias. Posterior alteração de sua prescrição e imposição de restrição à comercialização. *Risco do produto avaliado posteriormente, culminando com a sua proibição em diversos países*. Recorrente que iniciou o consumo do medicamento à época em que sua venda era livre. Dependência contraída, com diversas restrições experimentadas pelo paciente. Dano moral reconhecido. (STJ, REsp 971845 DF 2007/0157382-1, Relator: Ministro Humberto Gomes de Barros, Data de Julgamento21/08/2008, T3 3ª Turma, Data de Publicação: DJe 01/12/2008).
16. Trata-se de medicamento anticolesterol que foi retirado do mercado pela Bayer por ter provocado morte de trinta e uma pessoas nos EUA. O uso do medicamento associado a outro medicamento anticolesterol com o princípio ativo gemfibrozil causou insuficiência renal nos pacientes, levando a morte de seis pessoas na Espanha e cem em todo o mundo SILVEIRA, op. cit., p. 79.

nhecimento da responsabilidade civil do fabricante pelos efeitos adversos do uso do produto.

Na maioria das ações ajuizadas em torno do medicamento, o entendimento expressado pelos Tribunais brasileiros é de não ter sido suficientemente provado o nexo de causalidade entre o uso do medicamento e o dano, porque os efeitos narrados pelas vítimas, relativos à insuficiência renal (que é o efeito colateral do medicamento referido pela doutrina estrangeira) poderia ser decorrente de outras causas.[17]

No entanto, cabe referir, que mesmo em número bem menor, algumas decisões reconhecem a responsabilidade do fabricante pelos efeitos colaterais, pela prova do defeito do produto e do dano dele decorrente, cabendo ao fabricante provar a inexistência do nexo causal, o fato exclusivo da vítima ou de terceiro, para se desincumbir da responsabilidade civil.[18]

A narrativa desses casos é feita com o objetivo de demonstrar a importância e atualidade da matéria.[19] Também é possível perceber a diversidade de posições em torno da mesma, o que impõe a necessidade de avançar no estudo sobre o assunto, como se propõe neste trabalho, que levará em consideração principalmente o sistema de responsabilidade civil sobre o fato do produto vigente no Código de Defesa do Consumidor e no Código Civil brasileiro.

---

17. Podem ser citados como exemplo desse posicionamento as decisões que seguem. Responsabilidade Civil. Autor que alegou ter apresentado dores e fraqueza muscular após a ingestão do medicamento Lipobay, produzido pelo laboratório réu Sintomas compatíveis com rabdomiólise, enfermidade que levou à retirada espontânea do fármaco do mercado, por parte da ré Bayer, e à posterior suspensão de sua comercialização por órgãos públicos de regulação. Laudo pericial produzido nestes autos que, todavia, excluiu o nexo de causalidade entre a ingestão do medicamento e o quadro de debilidade muscular apresentado pelo demandante. Prova técnica que afirmou categoricamente serem os sintomas apresentados pelo autor decorrentes de enfermidade diversa da rabdomiólise, qual seja "polineuropatia periférica sensitivo motora primariamente axonal de grau moderado". Ação corretamente julgada improcedente Recurso não provido. (TJSP, APL 38339320048260581 SP 0003833-93.2004.8.26.0581, Relator: Francisco Loureiro, Data de Julgamento: 25/10/2012, 6ª Câmara de Direito Privado, Data de Publicação: 27/10/2012). Recurso – Agravo retido – Apreciação não requerida em contrarrazões de apelação – Recurso não conhecido. Responsabilidade Civil – Uso de medicamento denominado "Lipobay", de fabricação da ré – Alegação de surgimento de diversos problemas de saúde – Ausência de nexo de causalidade entre o fato e o dano – Recurso desprovido. (TJSP, APL 994060183126 SP, Relator: Luiz Antonio de Godoy, Data de Julgamento: 05/10/2010, 1ª Câmara de Direito Privado, Data de Publicação: 14/10/2010). (TJRS, Relator: Jorge Luiz Lopes do Canto, Data de Julgamento: 25/05/2011, Quinta Câmara Cível).
18. Nesse sentido pode ser conferida o reconhecimento da responsabilidade civil em virtude de Rabdomiólise pelo TJMG conforme segue: Responsabilidade Civil – Ação de Indenização – Medicamento – Consumidor acometido por Rabdomiólise – Nexo causal não ilidido – Responsabilidade Civil Objetiva – Art. 12 do CDC – Falta de Segurança de que legitimamente se espera – Dano Moral – *Quantum* Indenizatório – Fixação. (Apelação Cível 1.0024.01.588511-4/001 Relator: Alberto Vilas Boas, Data de Julgamento: 14/02/2006).
19. A esse respeito novamente é importante orientar o debate da matéria com as ideias de Urlich Beck considerando que existe um novo paradigma da sociedade de risco o que exige uma avaliação crítica a respeito de como é possível que os riscos sejam evitados, sobretudo quando venham sob a forma de efeitos colaterais latentes. O autor também refere sobre a necessidade ponderar o processo de modernização com o que pode ser considerado ecológica, medicinal, psicológica ou socialmente aceitável. Mais adiante, o autor refere que o processo de modernização torna-se reflexivo, convertendo-se a si mesmo em tema e problema. BECK, p. 2.

Antes de adentrar no exame do ordenamento brasileiro, impõe-se delimitar conceitualmente o que vem a ser riscos do desenvolvimento, como será feito a seguir.

2. BREVE EXAME DAS POSIÇÕES A RESPEITO DA RESPONSABILIDADE CIVIL PELOS RISCOS DO DESENVOLVIMENTO

Riscos do desenvolvimento são aqueles não detectáveis pelo mais avançado estado da ciência e da técnica no momento que o produto é introduzido no mercado de consumo. Os danos só são descobertos após um período de uso do produto, quando ocorre o avanço dos estudos científicos.[20-21] Podem ser caracterizados como danos tardios:[22] somente num momento posterior, com o desenvolvimento dos conhecimentos técnicos e científicos, é que se torna possível determinar que o produto é defeituoso.[23]

Segundo o grau de conhecimento técnico e científico à época da concepção do produto, o mesmo aparenta segurança, e o seu defeito somente pode ser identificado "com o decorrer do tempo e o desenvolvimento de novas técnicas e novos conhecimentos".[24]

Nesse sentido, é preciso entender que a responsabilidade pelos riscos do desenvolvimento não pode ser confundida com a responsabilidade decorrente da violação do dever de informação sobre a potencialidade de dano de um produto, que ocorre pela falha na divulgação de um dano conhecido ou que deveria ser de conhecimento pelo fabricante do produto. Na responsabilidade pelos riscos do desenvolvimento, os danos decorrem de defeitos do produto que não podiam ser detectados pelo fabricante, e que somente com o uso do produto passam a ser verificados,[25] já que

---

20. CALIXTO, Marcelo Junqueira. O art. 931 do Código Civil de 2002 e os riscos do desenvolvimento. *Revista Trimestral de Direito Civil*, Rio de Janeiro, v. 6, n. 21, jan./mar. 2005, p. 75.
21. Eles estão ligados a determinadas características do produto ou do serviço que são desconhecidas no momento da sua inserção no mercado e somente podem "ser identificadas com o avanço do estado da técnica". CATALAN, Marcos. O desenvolvimento nanotecnológico e o dever de reparar os danos ignorados pelo processo produtivo. *Revista de Direito do Consumidor*, São Paulo, v. 74, abr. 2010.
22. PASQUALOTTO, Adalberto. A responsabilidade civil do fabricante e os riscos do desenvolvimento. *AJURIS*, Porto Alegre, v. 59, p. 147-168, 1993.
23. Outra definição de riscos do desenvolvimento é determinada pelo "quanto de incerteza no futuro pode existir quanto à atualidade de um produto" e isso considerando que "novos desenvolvimentos revelam a insegurança escondida nos produtos antigos". Essas "características ignoradas na época do lançamento tornam os fornecedores responsáveis pelos danos tardios, justamente aqueles cujas causas só se tornam evidentes com a realização de novas pesquisas". Ibid.
24. STOCO, Rui. Defesa do consumidor e responsabilidade pelo risco do desenvolvimento. *Revista dos Tribunais*, São Paulo, v.96, n.855, p. 43-56, jan. 2007, p. 47.
25. Parte da doutrina defende a equiparação dos riscos do desenvolvimento ao fortuito interno A esse respeito aconselha-se a consulta dos comentários ao Código Civil escritos por Judith Martins-Costa que de forma profunda e lúcida traça a distinção entre fortuito interno e externo. Fortuito interno está ligado à organização da empresa. Aquele que desenvolve uma atividade produtora de riscos, auferindo benefícios, deve se responsabilizar pelos danos. Embora sejam imprevisíveis não são fatos necessários e inevitáveis e podem ser evitados, e mesmo se com todos os cuidados eles não puderem ser evitados, impõe-se a responsabilidade tendo em vista o elevado grau de garantia nas relações de guarda e custódia. Já o fortuito externo é estranho à organização do negócio, não guardando relação com a atividade da empresa. A autora cita como exemplo

potencialidade danosa era imperceptível ao "estado do conhecimento" no momento em que o produto foi colocado em circulação.[26]-[27]

Mesmo indetectáveis, os defeitos são responsabilidade do fabricante, pois ele tem a obrigação básica de fornecer produtos seguros, adequados às suas próprias finalidades, que não ofereçam riscos além daqueles que sejam inerentes ao próprio produto.[28] Essa imputação a responsabilidade impõe ao fabricante o comprometimento com a qualidade e segurança dos produtos que coloca em circulação, evitando a introdução no mercado de produto sem a devida investigação a respeito de seus efeitos, sob pena de fazer com que a coletividade viesse a funcionar como "cobaia da indústria".[29]

Defender o contrário poderia contribuir para a formação de uma atitude confortável do fabricante de não se preocupar em exaurir a pesquisa sobre a segurança dos produtos. Num cenário que estimula o fabricante a acreditar que não lhe cabe a responsabilidade pelos danos decorrentes de defeitos indetectáveis, muito provavelmente passaria a utilizar a coletividade para testar o produto e então conferir a eventual necessidade de ajustes sobre o mesmo.

Por óbvio, essa atitude seria menos custosa para o fabricante, mas não para a sociedade, e é justamente por isso que a teoria adepta da responsabilização do fabricante pelos riscos do desenvolvimento defende que as vítimas dos efeitos adversos

---

uma inundação. (MARTINS- COSTA, Judith. *Comentários ao Novo Código Civil*: do inadimplemento das obrigações.2. ed. Rio de Janeiro: Forense, 2009, v. 5, t. 2, p. 292-296.) Por ser vício integrante da atividade do fornecedor, a doutrina ainda ressalta não pode ser exonerada a sua responsabilidade. (CAVALIERI FILHO, Sergio. *Programa de responsabilidade civil*. 9. ed. São Paulo: Atlas, 2010, p. 504.)

26. SILVEIRA, 2010, p. 225.
27. O defeito ocorre quando o produto ou serviço não corresponde às expectativas de segurança da coletividade de consumidores CALIXTO, 2005, p.68. Existem três espécies clássicas de defeitos: concepção, fabricação e informação, podendo ainda ser incluída uma quarta espécie de defeito, o "defeito do desenvolvimento", provocado pelos riscos do desenvolvimento. PASQUALOTTO, 1993, p. 19.
28. Essa obrigação justifica a responsabilidade do comerciante somente em situações específicas, pois o verdadeiro introdutor da coisa perigosa no mercado é o fabricante e não o distribuidor ou revendedor PASQUALOTTO, 1993, p. 8. Também é importante frisar o argumento segundo o qual a responsabilidade deve recair sobre o fabricante, porquanto o comerciante não tem condições de alterar ou controlar as técnicas de fabricação e produção. CALIXTO, op. cit., p. 62.
29. SILVEIRA, 2010, p. 250-251. Assim como a Revolução Industrial representou um grande marco na evolução da responsabilidade civil pela objetivação da responsabilidade civil com a finalidade de alcançar efetiva indenização à vítima, a Revolução Tecnológica atual "exige maior preocupação com a tutela das vítimas de danos injustos, especialmente, quando se resgata a necessidade incessante de busca por prevenção diante da magnitude dos danos oriundos do avanço da técnica". Importante esclarecer também, a improcedência do argumento defendido por parte da doutrina, do potencial prejuízo da imputação da responsabilidade do fabricante pelos riscos do desenvolvimento para a evolução tecnológica. A exigência de cautela no exercício de uma atividade empresarial não fará com que o empresário desista de investir em pesquisa e novas tecnologias. No mercado concorrencial, terá mais êxito aquele empresário que investir em pesquisa e desenvolvimento do que aquele que somente se restringir à prática imitativa e isso estimulará o empresário a manter um processo de avanço tecnológico, mas, com cautela, o que poderá ampliar o mercado do produtor, numa sociedade como a atual em que se prima pelo consumo consciente e pela responsabilidade social. (CATALAN, 2010, p. 113).

de um produto não podem ficar desprotegidas, pois tais riscos podem ser assumidos, a custos razoáveis, pelo fabricante.[30]

A exclusão da responsabilidade do produtor pelos riscos do desenvolvimento só tem lugar num ordenamento que adota apenas o sistema de responsabilidade civil subjetiva, baseado na culpa e não num sistema de responsabilidade baseado no risco, no qual aquele que cria o risco deve responder pelo perigo colocado por si, não sendo plausível que os riscos do desenvolvimento sejam suportados pelas vítimas.[31]

A relação entre fabricante e vítima (seja de consumo ou não) é sempre desequilibrada, pois é inegável que o fabricante goza de pelo menos superioridade técnica. Por isso, a doutrina defende que exclusão da responsabilidade pelos riscos do desenvolvimento viola a equidade.[32] A responsabilidade deve ser imputada àquele que tomou a iniciativa de colocar o produto em circulação no intuito de obter lucro dessa atividade. A responsabilidade civil pelos produtos defeituosos permite a indenização das vítimas e conduz à coletivização dos riscos, já que o risco corrido por cada produtor é integrado por ele nos seus preços, que, dessa forma, repercute na massa de consumidores.[33]

Nesse sentido, a jurisprudência francesa tradicionalmente imputa a responsabilidade pelos riscos do desenvolvimento aos produtores, pois entende que mesmo que o defeito seja indetectável, esse fato não constitui força maior exoneratória, já que não é exterior à coisa. A noção de garantia dos vícios ocultos da coisa não autoriza a exoneração da responsabilidade, porque o Direito francês consagra a noção de presunção de conhecimento do vício pelo alienante, sendo irrelevante o argumento de que o produtor ignorava o defeito ou que o mesmo seria indetectável.[34]

Mesmo considerando que o fabricante estaria diante de riscos não calculáveis, isso não o isenta da responsabilidade civil, porque calculável ou não, o risco é introduzido pela escolha de quem o cria. Não se pode afirmar que a vítima, que não acompanha o processo técnico de produção, tenha assumido correr o risco do dano ao optar por utilizar o produto.[35]

Assim, a responsabilidade do fabricante pelos riscos do desenvolvimento não poderia ser afastada, posição adequada ao modelo de responsabilidade civil adotado no ordenamento brasileiro como se verá a seguir.

---

30. SILVEIRA, op. cit., p. 251.
31. SILVEIRA, 2010, p. 253.
32. Essa orientação também pode ser utilizada para interpretação do art. 931 do Código Civil, que não exclui a responsabilidade civil pelos riscos do desenvolvimento nos produtos postos em circulação pelas empresas ou empresários individuais.
33. SILVEIRA, op. cit., p. 256-257. A autora chega a essas conclusões referindo as ideias de Jean Calais-Auloy.
34. A ideia é referida na obra de SILVEIRA, 2010, p. 258, que cita importante artigo de Jean Calais-Auloy Artigo intitulado "Le risque de développement: une exonération contestable". O autor defende que a vítima tem a possibilidade de optar entre os dois sistemas de responsabilidade civil, o da Diretiva 85/375 e o do regime comum de responsabilidade, usando aquele que lhe for mais favorável para se defender do argumento da exoneração da responsabilidade pelos riscos do desenvolvimento.
35. CASTRONOVO, Carlo. *La nuova responsabilità civile*. 3. ed. Milano: Giuffrè, 2006, p.702-704.

3. A VIABILIDADE DE RESPONSABILIZAÇÃO CIVIL PELOS RISCOS DO DESENVOLVIMENTO NO DIREITO BRASILEIRO

Diferentemente do que ocorre em outros ordenamentos, não há no Direito brasileiro referência expressa a respeito dos riscos do desenvolvimento, seja no sentido de admitir ou de excluir tal responsabilidade.

O silêncio do legislador brasileiro não precisa ser interpretado como exclusão dessa responsabilidade. Sanseverino defende que é inaplicável a exoneração da responsabilidade civil pelos riscos do desenvolvimento e que se a opção do Brasil for, no futuro, estabelecer a exclusão, deverá fazê-lo nos mesmos moldes do que ocorreu na Espanha, onde foi estabelecida responsabilidade, ressalvada a exclusão para os produtos alimentícios e de medicamentos (na prática acaba por abranger um grande número de produtos).[36]

A imputação da responsabilidade do fornecedor pelos riscos do desenvolvimento pode ser fundamentada na existência de um produto que é defeituoso. O defeito é existente, mas indetectável no estado da ciência e da técnica em momento anterior à distribuição do produto. O produto seria considerado defeituoso desde sua entrada no mercado, mas o estado dos conhecimentos científicos-técnicos vigente não possibilitaria a sua descoberta (seria semelhante ao defeito de concepção). Assim, estariam presentes todos os requisitos da responsabilidade civil do fornecedor pelo fato do produto exigidos pelo Código de Defesa do Consumidor: o defeito, o dano e o nexo causal.[37]

Contudo, essa posição não é unânime, importantes doutrinadores brasileiros defendem a exclusão da responsabilidade do fornecedor pelos riscos do desenvolvimento.

O primeiro argumento apresentado defende que faltaria a verificação do defeito para a imputação da responsabilidade civil, porque esse requisito somente seria revelado quando há, na origem, imperfeição ou deficiência que poderia ser identificada pelo estágio de desenvolvimento técnico e científico naquele momento de criação e fabricação.[38]

Além desse argumento, há a referência que os riscos do desenvolvimento não teriam sido previstos na legislação brasileira de maneira voluntária e intencional, e isso seria verificável pelo fato de o art. 10 do Código de Defesa do Consumidor prever no § 1º a necessidade de o fornecedor retirar o produto do mercado quando verificasse a sua nocividade. Para essa corrente, o legislador teria reconhecido a possibilidade de o produto vir a apresentar perigo ao consumidor (após, desenvolvido e introduzido no mercado de consumo), mas, não obstante a isso, "preferiu não criar a responsa-

---
36. SANSEVERINO. Paulo de Tarso Vieira. 3. ed. São Paulo: Saraiva, 2010, p. 347.
37. CALIXTO, 2005, p. 85 - 87.
38. STOCO, 2007, p. 50.

bilidade do fornecedor, mas somente impor o dever de comunicar às autoridades de consumidores através de anúncios".[39]-[40]

Embora se verifique um esforço da doutrina no sentido de defender a exclusão da responsabilidade civil pelos riscos do desenvolvimento, a afirmação da responsabilidade do fornecedor pelos riscos do desenvolvimento no Direito brasileiro é viável com fundamento no Código de Defesa do Consumidor, e, mais precisamente, no Código Civil brasileiro de 2002.

O Código de Defesa do Consumidor representou um grande avanço para a responsabilidade civil, porque passou a considerar o fornecedor como garantidor dos produtos e serviços que oferece no mercado de consumo respondendo pela sua qualidade e segurança.[41] O art. 12 impõe a responsabilidade objetiva do fabricante, independe de culpa. A responsabilidade objetiva do fabricante é o sistema de reparação mais adequado aos dias atuais, porque oferece maior garantia de proteção às vítimas. Os custos do ressarcimento devem recair sobre o fabricante, porquanto ele é quem cria o risco e está em melhor posição para controlar a qualidade e a segurança dos produtos. Também é o fabricante que tem melhores condições de suportar os riscos do produto mediante seguro da responsabilidade, cujo preço se incorpora ao preço de venda, distribuindo o custo entre os próprios consumidores.[42]

No entanto, é importante salientar; mesmo que o art. 12 do Código de Defesa do Consumidor determine a responsabilidade independe de culpa, tal dispositivo não é uma regra de responsabilidade objetiva pura, o seu fundamento não é o risco em si, do contrário, bastaria a colocação do produto em circulação para ensejar a responsabilidade do fabricante. O sistema adotado no Código de Defesa do Consumidor dispõe que o fabricante não será responsabilizado se provar que o produto não é defeituoso.[43]

Importante referir que o art. 931 do Código Civil apresenta dinâmica distinta, pois não faz referência à existência de defeito, centrando a imputação da responsabilidade na circulação do produto.[44]

---

39. STOCO, 2007, p. 49.
40. Essa posição não deve ser adotada porque retira todo o compromisso do fornecedor com possíveis danos que possam ser causados. Além disso, é preciso perceber que o fato de retirar o produto do mercado é somente mais uma obrigação que se cria ao fornecedor quando coloca no mercado um produto que causa danos, além disso, ele tem que indenizar pelos danos que causar, não se eximindo da responsabilidade pelo simples fato de retirar de circulação o produto que causou danos.
41. STOCO, op. cit., p. 47.
42. PASQUALOTTO, p. 10.
43. Há uma presunção existência de defeito do produto, podendo o fabricante produzir prova em sentido contrário. Ibid., p. 13.
44. A adoção de responsabilidade objetiva do fabricante torna irrelevante a caracterização de produto como ideal; a questão central para definir a responsabilidade pelos riscos do desenvolvimento é a demonstração do caráter defeituoso do produto. Nesse sentido é importante tecer uma crítica à noção de Calvão para quem a responsabilidade civil do produtor se impõe tendo em vista o critério de produtor ideal, até porque a definição de produtor ideal seria mais adequada a um sistema de responsabilidade subjetiva e não objetiva que se funda na noção de existência de produto defeituoso que produz danos.

De qualquer sorte, ainda que verificado posteriormente no CDC o dano representará a violação de uma expectativa de segurança que existia desde o momento da introdução do produto no mercado de consumo (art. 12, § 1º, III, Código de Defesa do Consumidor). Ao adquirir produtos, os consumidores têm a legítima expectativa que os mesmos, se utilizados corretamente, não lhes acarretarão danos. Os riscos podem ser desconhecidos pela ciência, ou pelo fornecedor, mas a proteção de sua pessoa, de sua integridade, deve prevalecer sobre a proteção econômica dispensada aos fornecedores.[45]

O art. 12, § 3º, do Código de Defesa do Consumidor trata das excludentes da responsabilidade civil no caso de produto defeituoso, e parte da doutrina passou a entender que nessa exclusão se incluiriam os riscos do desenvolvimento.[46]

O art. 12 do Código de Defesa do Consumidor foi inspirado na Diretiva Europeia 85/374 que exige expressamente a existência de defeito de um produto para a imputação da responsabilidade civil do fornecedor.[47] Além disso, a Diretiva afirma, de forma expressa, a exclusão da responsabilidade do fornecedor na hipótese de riscos no desenvolvimento (art. 7º, e).

O Código de Defesa do Consumidor brasileiro se inspirou na Diretiva para estabelecer a responsabilidade civil diante da existência de defeito do produto. Porém, o fato de ter se assemelhado à diretiva em relação à necessidade de defeito para a imputação da responsabilidade não significa que tenha também adotado a mesma orientação no que diz respeito à regra da exclusão da responsabilidade pelos riscos do desenvolvimento.

Ao redigir o Código de Defesa do Consumidor o legislador consumerista deixou de fazer referência expressa aos riscos do desenvolvimento. Ou seja, assim como não há previsão expressa de seu acolhimento, também não se pode concluir a respeito de sua exclusão, como aconteceu na Diretiva 85/374.

A proteção do consumidor dada pelo Código de Defesa do Consumidor é mais adequada que a Diretiva 85/374, porque no Código de Defesa do Consumidor o fabricante somente se exime da responsabilidade quando provar que inexiste defeito no produto que colocou no mercado (art. 12, § 3º, II, Código de Defesa do Consumidor). O Código de Defesa do Consumidor vedou a colocação no mercado de produtos que o fabricante "sabe ou deveria saber" que poderiam apresentar alto grau de periculosidade (art. 10, Código de Defesa do Consumidor).[48]

A expressão "sabe ou deveria saber" impõe ao fornecedor um dever de diligência qualificado; não basta estar limitado ao conhecimento adquirido, a lei exige do fornecedor a busca permanente de novos conhecimentos acerca da garantia de segurança

---

45. CALIXTO, 2005, p. 91.
46. Conforme CALIXTO, 2005, p. 75.
47. CALIXTO, 2005, p. 67.
48. PASQUALOTTO, p. 15.

do seu produto. Remete-se o fabricante à atualidade do estado de conhecimento da ciência. Assim, o fabricante deverá usar o mais avançado estado da ciência e da técnica, mesmo que não praticado pelo produtor normal.[49]

E, mesmo que o fornecedor adote esse comportamento, não se exime da responsabilidade pelos riscos do desenvolvimento, porque pela lógica do Código de Defesa do Consumidor, eles não podem ser suportados pela vítima, pois não foi ela quem criou a situação de risco e também não é a vítima quem lucra com essa mesma atividade, valendo nesse aspecto as noções a respeito da teoria do risco proveito.[50]

O fato de o Código de Defesa do Consumidor não ter incluído de forma expressa os riscos do desenvolvimento não impede o reconhecimento da responsabilização do fornecedor pelos danos que deles decorrerem, pois os riscos do desenvolvimento também podem ser invocados suplementarmente pelos incisos I e VI do art. 6º do Código de Defesa do Consumidor que estabelecem entre os direitos básicos do consumidor a proteção da vida, saúde e segurança contra produtos perigosos e nocivos, bem como a efetiva prevenção e reparação de todos os danos.[51]

Por fim, vale acrescentar o argumento que a responsabilidade pelos riscos do desenvolvimento não se exclui, porque seria contrária à legítima expectativa do consumidor quanto à segurança do produto, e o Código de Defesa do Consumidor não prevê os riscos do desenvolvimento como causa apta a eximir a responsabilidade.[52]

Para sepultar qualquer dúvida a respeito da incidência da responsabilidade pelos riscos do desenvolvimento, é possível utilizar o art. 931 do CCB para fundamentar a incidência de sua responsabilidade civil, já que o dispositivo não faz referência à expressão defeito.

Nesse sentido, importante referir que Adalberto Pasquallotto propõe uma alteração legislativa no art. 12 do Código de Defesa do Consumidor, para acrescentar um § 4º, com o objetivo de disciplinar a responsabilidade do fornecedor pelos riscos do desenvolvimento.[53] Segundo o autor, a inclusão da responsabilidade pelos riscos do desenvolvimento atualizaria o Código de Defesa do Consumidor nos moldes da disposição do art. 931 do Código Civil brasileiro, que nas palavras do próprio autor, seria uma norma mais avançada que o próprio Código de Defesa do Consumidor,

---

49. Ibid., p. 19.
50. Nesse sentido, importante lembrar o alerta feito pelo Livro Verde: se é considerado duro fazer com que o fornecedor arque com os riscos do desenvolvimento, mais duro ainda é lançar o prejuízo resultante desse dano nas costas da vítima.
51. PASQUALOTTO, p. 23.
52. AFONSO, Humberto Manoel Alves. A responsabilidade empresarial no Código Civil. O Art. 931, seu conteúdo e alcance. *Revista Jurídica*, Rio de Janeiro, n. 321, p. 73-82, jul. 2004, p. 73.
53. PASQUALOTTO, Adalberto. Dará a reforma ao Código de Defesa do Consumidor um sopro de vida? *Revista de Direito do Consumidor*, São Paulo, v. 78, abr. 2011. O autor alerta que a responsabilidade pelos riscos do desenvolvimento não seria absoluta, sendo necessário estabelecer um prazo limitado de responsabilidade integral e também limites ao valor da indenização, com o objetivo de preservar a sua continuidade a atividade do fornecedor.

por não exigir o defeito para a imputação da responsabilidade civil, estando a responsabilidade vinculada apenas à circulação de produtos.

Embora o Código de Defesa do Consumidor não tenha referido, de forma expressa, nos arts. 12 e 14 do Código de Defesa do Consumidor é possível considerar os riscos do desenvolvimento como modalidade de defeito do produto ou serviço. Sanseverino adverte que a isenção da responsabilidade civil do fornecedor pelos riscos no desenvolvimento somente seria possível se o legislador a incluísse de forma expressa no rol das excludentes, como ocorreu no Direito Comunitário Europeu. Não havendo indicação expressa da forma de exclusão, caberia então a imputação da responsabilidade.[54]

Entretanto, como parte da doutrina brasileira defendia a exclusão da responsabilidade pelos riscos do desenvolvimento com base numa interpretação dada ao Código de Defesa do Consumidor,[55] o art. 931 passa a ser o fundamento para justificar essa modalidade de responsabilidade já que não exige para a sua verificação a existência de defeito.

Tal orientação está adequada ao conteúdo do Enunciado 43 da I Jornada do CJF, segundo o qual: "A responsabilidade civil pelo fato do produto, prevista no Art. 931 do Código Civil, também inclui os riscos do desenvolvimento". Assim, seja utilizando o Código de Defesa do Consumidor ou o Código Civil a responsabilidade civil do fabricante não poderá ser afastada nos casos de danos derivados dos riscos do desenvolvimento.

4. CONCLUSÃO

O assunto tratado nesse estudo está longe de ser considerado um tema pacífico. Ao contrário, o debate doutrinário é intenso o que justifica a escolha do tema para ser objeto deste artigo.

Além de ser um tema polêmico, é de grande relevância social, pois a história já demonstrou, por meio de vários casos catastróficos (somente alguns foram narrados neste artigo), que a matéria precisa ser objeto de estudo atento, pois não é possível admitir que a vítima fique sem reparação no caso de dano proveniente de riscos do desenvolvimento sob o argumento de que o dano decorreria de hipótese de dano não perceptível ao mais avançado conhecimento técnico considerando o estado da arte no momento da sua introdução no mercado.

A exclusão da responsabilidade civil por defeitos indetectáveis no momento da introdução no mercado, pode incentivar o fabricante, motivado pela preocupação eminentemente econômica, a deixar de tomar medidas preventivas para evitar danos.

Além desse argumento, impende reforçar que a exclusão de responsabilidade civil pelos riscos do desenvolvimento não encontra amparo no sistema de responsabilidade civil adotado no Direito brasileiro.

---

54. SANSEVERINO, 2010, p. 335.
55. Sobretudo STOCO, 2007.

O Código de Defesa e Proteção do Consumidor não excluiu a responsabilidade civil pelos riscos do desenvolvimento, portanto, esse sistema já seria suficiente para defender a viabilidade de responsabilidade civil.

No entanto, considerando a posição doutrinária que ressalvava essa responsabilidade pela interpretação dada ao CDC, pode ser utilizado o art. 931 do Código Civil, proveniente de lei mais atual.

O dispositivo é aplicável às relações civis, empresariais e também às de consumo, pois protege de maneira mais efetiva o consumidor nessa ceara.

O art. 931 do CCB tem redação mais abrangente, não faz nenhuma referência à existência de defeito para a imputação da responsabilidade civil, o dispositivo trata da responsabilidade civil pelo fato dos produtos postos em circulação, o nexo de imputação da responsabilidade não é o defeito, mas a circulação de um produto que causa danos.

Considerando todos esses argumentos, é possível afirmar que chegou a hora de pôr uma pá de cal nos argumentos favoráveis à exclusão da responsabilidade civil do fabricante, pelos danos decorrentes dos riscos do desenvolvimento dos produtos que colocar em circulação.

5. REFERÊNCIAS

AFONSO, Humberto Manoel Alves. A responsabilidade empresarial no Código Civil. O Art. 931, seu conteúdo e alcance. *Revista Jurídica*, Rio de Janeiro, n. 321, p. 73-82, jul. 2004

BECK, Urlich. *Sociedade de Risco. Rumo a uma outra modernidade*. Tradução de Sebastião Nascimento, São Paulo: Editora 34, 2011, 2. ed.

CALIXTO, Marcelo Junqueira. O art. 931 do Código Civil de 2002 e os riscos do desenvolvimento. *Revista Trimestral de Direito Civil*, Rio de Janeiro, v. 6, n. 21, jan./mar. 2005.

CASTRONOVO, Carlo. *La nuova responsabilità civile*. 3. ed. Milano: Giuffrè, 2006.

CATALAN, Marcos. O desenvolvimento nanotecnológico e o dever de reparar os danos ignorados pelo processo produtivo. *Revista de Direito do Consumidor*, São Paulo, v. 74, abr. 2010.

CAVALIERI FILHO, Sergio. *Programa de responsabilidade civil*. 9. ed. São Paulo: Atlas, 2010.

FREIRE, Paula Vaz. Sociedade de Reisco e Direito do Consumidor. *in Sociedade de Risco e Direito Privado*. LOPEZ, Teresa Acona, LEMOS, Patrícia Fraga Iglecias e RODRIGUES JÚNIOR, Otavio Luiz Coordenadores. São Paulo: Atlas, 2013.

GUERRA, Giorgia. Nanomedicina e diritto: un primo approccio. *Dano e Responsabilità,* v. 13, n. 10, p. 1229-1239, 2006.

GUERRA, Giorgia. Responsabilità per danno da farmaco e vaccino: un rapporto genere a specie? *Dano e Responsabilità,* v. 15, n. 11, p. 998-1010, 2010.

HARTMANN, Ivar Alberto Martins. O princípio da precaução e sua aplicação no direito do consumidor: dever de informação. *Revista de Direito do Consumidor,* São Paulo, v. 70, abr. 2009.

LINCESSO, Irene. Nanotecnologie e principio di precauzione. *Dano e Responsabilità,* v. 15, n. 12, p. 1093-1103, 2010.

LOPEZ, Teresa Ancona. Responsabilidade Civil na Sociedade de Risco. *in Sociedade de Risco e Direito Privado.* LOPEZ, Teresa Acona, LEMOS, Patrícia Fraga Iglecias e RODRIGUES JÚNIOR, Otavio Luiz Coordenadores. São Paulo: Atlas, 2013.

MARTINS-COSTA, Judith. *Comentários ao Novo Código Civil:* do inadimplemento das obrigações.2. ed. Rio de Janeiro: Forense, 2009, v. 5, t. 2.

PASQUALOTTO, Adalberto. A responsabilidade civil do fabricante e os riscos do desenvolvimento. *AJURIS,* Porto Alegre, v. 59, p. 147-168, 1993.

PASQUALOTTO, Adalberto. Proteção contra produtos defeituosos: das origens ao Mercosul. *Revista de Direito do Consumidor,* São Paulo, v.11, .n.42, p. 49-85, abr./maio 2002.

QUERCI, Agnese. Il vaccino contro l'influenza A/H1N1: "pillole" de responsabilità civile. *Dano e Responsabilità,* v. 15, n. 4, p. 335-345, 2010.

SANSEVERINO. Paulo de Tarso Vieira. *Responsabilidade Civil no Código do Consumidor e a Defesa do Fornecedor.* 3. ed. São Paulo: Saraiva, 2010.

SILVA, João Calvão da. *A responsabilidade civil do produtor.* Coimbra: Almedina, 1999.

SILVEIRA, Diana Montenegro da. *Responsabilidade civil por danos causados por medicamentos defeituosos.* Coimbra: Coimbra, 2010.

STOCO, Rui. Defesa do consumidor e responsabilidade pelo risco do desenvolvimento. *Revista dos Tribunais,* São Paulo, v.96, n.855, p. 43-56, jan. 2007.

TARTUCE, Flávio. *Responsabilidade Civil Objetiva e Risco – A Teoria do Risco Concorrente.* São Paulo: Editora Método, 2011.

WESENDONCK, Tula. *O Regime da Responsabilidade Civil pelo fato dos produtos postos em circulação: uma proposta de intepretação do Artigo 931 do Código Civil sob a perspectiva do Direito Comparado.* Porto Alegre: Livraria do Advogado, 2015.

Responsabilidade Civil
no Direito das Famílias

A RESPONSABILIDADE CIVIL DE QUEM NÃO REGISTRA FILHOS

Christiano Cassettari

Doutor em Direito Civil pela USP. Mestre em Direito Civil pela PUC-SP. Professor do Complexo Damásio de Jesus. Registrador Civil das Pessoas Naturais. www.professorchristiano.com.br

Sumário: 1. Da importância do registro de nascimento – 2. Da evolução do abandono afetivo na jurisprudência – 3. Da presunção de dano moral pelo abandono afetivo e da objetivação da responsabilidade civil pela não realização do registro de nascimento de uma pessoa – 4. Da contagem do prazo prescricional para a propositura da ação indenizatória no caso do abandono afetivo – 5. Referências.

1. DA IMPORTÂNCIA DO REGISTRO DE NASCIMENTO

O registro de nascimento é um direito fundamental de todo ser humano, sendo o ato pelo qual uma pessoa ganha um prenome para ser individualizado na sociedade, um sobrenome para identificar a qual família pertence, a indicação expressa de alguns parentes, como pais e avós, além de adquirir a nacionalidade brasileira, pois o Cartório de Registro Civil das Pessoas Naturais, onde se pratica o referido ato, somente o faz se houver brasileiros nele envolvidos, motivo pelo qual a prova da nacionalidade brasileira se dá pela prova do registro de nascimento ou casamento em cartório, por meio de certidão.

O registro de nascimento é o documento mais elementar e essencial, tutelado constitucionalmente e reconhecido como direito fundamental, sem o qual a pessoa não é um indivíduo, pois o exercício da cidadania depende do registro civil de nascimento e da documentação básica, pois, em seu estado democrático, tal exercício se manifesta pela participação do cidadão, o que não seria possível na situação de exclusão e até de "inexistência", causada pela falta de documentação e de registro.[1]

Como bem esclareceu Marcelo Rodrigues[2]:

"O registro civil de nascimento de pessoa natural garante o direito a identidade legalmente reconhecida. Só com o registro civil de nascimento a pessoa natural pode desfrutar da cidadania em sua plenitude, como, p. ex., matricular-se na escola; participar de programas sociais (saúde,

---

1. CAMARGO NETO, Mario de Carvalho; OLIVEIRA, Marcelo Salaroli de. In. CASSETTARI, Christiano. (Coord.). *Registro civil das pessoas naturais I: Parte geral e registro de nascimento*. São Paulo: Saraiva, 2014, p. 19. Coleção Cartórios.
2. RODRIGUES, Marcelo Guimaraes. *Tratado de registos públicos e direito notarial*. 2 ed. São Paulo: Atlas, 2016.

assistência social, erradicação da miséria, do trabalho infantil e outros); trabalhar com a carteira assinada; casar; votar; ser eleito; obter passaporte etc."

Assim, além de garantir o direito a identidade legalmente reconhecida, o registro é vital para o bom funcionamento dos países, pois o governo necessita de dados precisos sobre os nascimentos para formular e efetivar as políticas públicas.

Segundo o IBGE (Instituto Brasileiro de Geografia e Estatística):[3]

"O registro de nascimento, realizado em Cartórios, representa a oficialização da existência do indivíduo, de sua identificação e da sua relação com o Estado, condições fundamentais ao cidadão."

A importância do registro de nascimento se evidencia na proteção que a Constituição Federal/1988 atribui a tal registro, considerado como direito fundamental, na medida em que concede a gratuidade de tal registro, conforme preceitua o disposto no art. 5º, o qual estabelece em seu inciso LXXVI:

"LXXVI - são gratuitos para os reconhecidamente pobres, na forma da lei

a) o registro civil de nascimento;

(...)"

A Lei 6.015/1973, que dispõe sobre os Registros Públicos também destacou, em seu artigo 30, que "não serão cobrados emolumentos pelo registro civil de nascimento e pelo assento de óbito, bem como pela primeira certidão respectiva".

Além disso, tal importância também pode ser atestada no Pacto Internacional dos Direitos Civis e Políticos de 1966, que o elevou a categoria de um dos Direitos Humanos, pois o artigo 24 estabelece que:

"Artigo 24.

(...)

§ 2º Toda criança deverá ser registrada imediatamente após seu nascimento e deverá receber um nome.

§ 3º Toda criança terá o direito de adquirir uma nacionalidade."

A Convenção para os Direitos da Criança reforça, ainda mais, a tese:

"Artigo 7º

1. A criança será registrada imediatamente após seu nascimento e terá direito, desde o momento em que nasce, a um nome, a uma nacionalidade e, na medida do possível, a conhecer seus pais e a ser cuidada por eles."

---

3. IBGE. *Análise dos resultados de registro de nascimento*. Disponível em: [http://www.ibge.gov.br/home/estatistica/populacao/registrocivil/2008/comentarios.pdf]. Acesso em: 29/01/2015.

São esses os motivos pelos quais, podemos afirmar que o registro civil de nascimento é essencial ao exercício da cidadania e dos direitos civis, políticos, econômicos, sociais e culturais.

Em razão dessa vital importância, é que atualmente, há um esforço hercúleo, de todos os envolvidos com o registro civil de nascimento, em eliminar o chamado sub-registro.

Por sub-registro de nascimento, entende-se o conjunto de nascimentos ocorridos no ano de referência do levantamento Estatísticas do Registro Civil e não registrados no próprio ano ou até o fim do primeiro trimestre do ano subsequente.

Explicam Mario de Carvalho Camargo Neto e Marcelo Salaroli de Oliveira[4] que entre as principais ações de combate ao sub-registro, destacam-se:

a) A Lei Federal 9.534/1997, que determina a gratuidade do registro civil de nascimento e da primeira via da certidão a todos os brasileiros, incluindo o registro entre os atos universalmente gratuitos, por ser necessário ao exercício da cidadania[5];

b) A Lei Federal 10.169/2000, que prevê a compensação aos registradores civis das pessoas naturais pelos atos gratuitos por eles praticados, viabilizando o desempenho desta essencial atividade;

c) As gratificações instituídas pelo Ministério da Saúde para as "unidades de assistência à saúde que estimulem as famílias a registrarem seus filhos antes da alta hospitalar da mãe";[6-7]

d) O registro de nascimento realizado nos estabelecimentos de saúde que realizam partos, regulamentado pelo Provimento 13/2010, da Corregedoria Nacional de Justiça do CNJ;

e) O Decreto Federal 6.289/2007, que estabelece o "Compromisso Nacional pela erradicação do Sub-registro Civil de Nascimento e Ampliação do Acesso à Documentação Básica, com o objetivo de conjugar esforços da União, Estados, Distrito Federal e Municípios visando erradicar o sub-registro de nascimento no País e ampliar o acesso à documentação civil básica a todos os brasileiros";

f) A Campanha Nacional de Mobilização pela Certidão de Nascimento e Documentação Básica, promovida pela Corregedoria Nacional da Justiça (pertencente ao CNJ) e a Secretaria de Direitos Humanos da Presidência da República, em parceria com a Associação Nacional dos Registradores das Pessoas Naturais do Brasil (Arpen-BR); e

---

4. CAMARGO NETO, Mario de Carvalho; OLIVEIRA, Marcelo Salaroli de. In. CASSETTARI, Christiano. (Coord.). *Registro civil das pessoas naturais i: parte geral e registro de nascimento*. São Paulo: Saraiva, 2014, p. 29-30. Coleção Cartórios.
5. Artigo 1º, inciso VI, da Lei Federal 9.265/1996; Artigo 5º, inciso LXXVII, da CF; e Ação Direta de Inconstitucionalidade 1.800-DF, Supremo Tribunal Federal.
6. IBGE. *Estatísticas do Registro Civil de 2007*. Disponível em: [http://www.ibge.gov.br/home/estatistica/populacao/registrocivil/2007/default.shtm]. Acesso em: 29/01/2015.
7. Portaria 938/GM, de 20/05/2002, do Ministério da Saúde.

g) A inclusão do tema no Programa Nacional de Direitos Humanos, estabelecido pelo Decreto Federal 7.037/2009:

> "Diretriz 7: Garantia dos Direitos Humanos de forma universal, indivisível e interdependente, assegurando a cidadania plena. Objetivo estratégico I: Universalização do registro civil de nascimento e ampliação do acesso à documentação básica. Ações programáticas: a) Ampliar e reestruturar a rede de atendimento para a emissão do registro civil de nascimento visando a sua universalização."

Além de todas essas ações, em 2013 foi editado o Provimento 28 do CNJ, que dispõe sobre o registro tardio de nascimento, reforçando a preocupação com o registro de nascimento, ainda que após o prazo legal, dispensando-se inclusive a apresentação de testemunhas caso o declarante possua a Declaração de Nascido Vivo.

Todas essas ações revelam a maior consciência da sociedade, do Estado e inclusive do Poder Judiciário em relação à importância do registro civil de nascimento, em suas principais dimensões, o que tem surtido sensível efeito na redução do sub-registro no País.

Noticiam Mario de Carvalho Camargo Neto e Marcelo Salaroli de Oliveira,[8] que uma importante vitória pode ser verificada no Censo Demográfico 2010 (IBGE),[9] que analisou a existência de registro ou não entre as crianças de 0 a 10 anos, e constatou que aproximadamente 600 mil (599.204) crianças não tinham registro de nascimento, em um universo de 32 milhões (32.270.750) de crianças, o que significa que menos de 2% (1,8568%) das crianças com menos de 10 anos no Brasil não têm registro, uma estatística de altíssimo padrão para um país de dimensões continentais e características sociais e geográficas tão variadas.

Já as estatísticas de 2015 apontaram que o número de crianças que não receberam a certidão de nascimento no primeiro ano de vida caiu para 1% em 2014, o que indica a erradicação do sub-registro civil de nascimento no Brasil[10] e a importância de tal registro em nosso país.

Assim, podemos afirmar que é o registro de nascimento, feito no Cartório de Registro Civil das Pessoas Naturais, que dá publicidade do estado da pessoa natural para toda a sociedade.

A publicidade do estado da pessoa natural, segundo afirmação feita por Mario de Carvalho Camargo Neto, no I Fórum Internacional de Cooperação Jurídica, Notarial e Registral, realizado em Punta Del Este, do qual tivemos a alegria de ser convidado a participar como palestrante, somente é eficaz quando realizada pelo Registro Civil

---

8. CAMARGO NETO, Mario de Carvalho; OLIVEIRA, Marcelo Salaroli de. In. CASSETTARI, Christiano. (Coord.). *Registro civil das pessoas naturais I: Parte geral e registro de nascimento*. São Paulo: Saraiva, 2014, p. 19. Coleção Cartórios.
9. IBGE, *Censo 2010*. Disponível em: [http://www.ibge.gov.br/home/estatistica/populacao/censo2010/default.shtm]. Acesso em: 30/01/2015.
10. Ministério dos Direitos Humanos, 2015. Disponível em: [http://www.sdh.gov.br/noticias/2015/dezembro/brasil-erradica-sub-registro-civil-de-nascimento].

das Pessoas Naturais, haja vista que qualquer interessado em conhecer o estado de uma determinada pessoa deve buscar uma certidão de nascimento ou casamento atualizada, a qual, por meio da sistemática de anotações e averbações, contém todas as informações acerca do estado da pessoa natural e suas eventuais alterações.

Isso permite concluir que o registro civil das pessoas naturais está apto a tornar cognoscível o estado da pessoa natural, tendo atribuição para tanto.

Dessa forma, o registro civil de nascimento é um direito de todo o cidadão, e nele *deve* constar a filiação e na ausência de filiação paterna reconhecida, o nome da filiação materna.

Face a sua importância, quando uma pessoa não é registrada, ou em seu registro não consta pai ou mãe, entendemos que esse fato por si só já é suficiente para lhe causar dano, e não é necessário pensar em prová-lo. Temos, com isso, uma hipótese/espécie de abandono afetivo, tese já aceita na jurisprudência.

2. DA EVOLUÇÃO DO ABANDONO AFETIVO NA JURISPRUDÊNCIA

Já tivemos a oportunidade de explicar, em nossa obra[11] "Elementos de Direito Civil" da Editora Saraiva, que a tese do abandono afetivo, que gera a responsabilidade civil por abandono do genitor ou genitora que não dá afeto aos seus filhos, mesmo que paguem pensão alimentícia (assistência material), encontrou alguns percalços na jurisprudência brasileira, até que pudesse ser aceita no âmbito do STJ.

O primeiro exemplo que vamos citar é um caso emblemático sobre esse tema que teve origem em Minas Gerais, onde o autor, nascido em março de 1981, desde o divórcio de seus pais em 1987, época do nascimento da filha do pai com sua segunda esposa, por ele foi descurado o dever de lhe prestar assistência psíquica e moral, evitando-lhe o contato, apesar de cumprir a obrigação alimentar. O autor daquela ação alegou que não teve oportunidade de conhecer e conviver com a meia-irmã, além de restarem ignoradas todas as tentativas de aproximação do pai, quer por seu não comparecimento em ocasiões importantes, quer por sua atitude displicente, situação causadora de extremo sofrimento e humilhação, restando caracterizada a conduta omissa culposa a ensejar reparação.

Em primeira instância, o juiz de direito da 19ª Vara Cível da Comarca de Belo Horizonte – MG julgou improcedente o pedido inicial, salientando não haver estabelecido o laudo psicológico exata correlação entre o afastamento paterno e o desenvolvimento de sintomas psicopatológicos pelo autor, não tendo detectado o *expert* sinais de comprometimento psicológico ou qualquer sintomatologia associada a eventual malogro do laço paterno-filial.

A par de tais conclusões periciais restou inequívoco naqueles autos, que, não obstante a relutância paterna em empreender visitações ao filho afetarlhe negativa-

---
11. CASSETTARI, Christiano. *Elementos de Direito Civil*. 2 ed. São Paulo: Saraiva, 2013. p. 293.

mente o estado anímico, tal circunstância não se afigurou suficientemente penosa, a ponto de comprometer-lhe o desempenho de atividades curriculares e profissionais, estando o autor plenamente adaptado à companhia da mãe e de sua bisavó.

De sua vez, indicou o estudo social realizado no processo, o sentimento de indignação do autor ante o tentame paterno de redução do pensionamento alimentício, estando a refletir, tal quadro circunstancial, propósito pecuniário incompatível às motivações psíquicas noticiadas na inicial. Constou ainda na fundamentação da decisão, que não se colheu do conjunto probatório descaso intencional do réu para com a criação, educação e a formação da personalidade do filho, de molde a caracterizar o estado de abandono a que se refere o Código Civil, a determinar, inclusive, a perda do poder familiar.

A sentença daqueles autos consignou ainda, que tais elementos fático-jurídicos conduziram à ilação pela qual o tormento experimentado pelo autor teve por nascedouro e vertedouro o traumático processo de separação judicial vivenciado por seus pais, inscrevendo-se o sentimento de angústia dentre os consectários de tal embate emocional, donde inviável inculpar-se exclusivamente o réu por todas as idiossincrasias pessoais supervenientes ao crepúsculo da paixão.

Interposta apelação, a 7ª Câmara Cível do Tribunal de Alçada do Estado de Minas Gerais deu provimento ao recurso para condenar o recorrente ao pagamento de indenização por danos morais no valor de R$ 44.000,00 (quarenta e quatro mil reais), entendendo restar configurado nos autos o dano sofrido pelo autor em sua dignidade, bem como a conduta ilícita do genitor, ao deixar de cumprir seu dever familiar de convívio com o filho e com ele formar laços de paternidade. A ementa está assim redigida:

> "Indenização. Danos morais. Relação paternofilial. Princípio da dignidade da pessoa humana. Princípio da afetividade. A dor sofrida pelo filho, em virtude do abandono paterno, que o privou do direito à convivência, ao amparo afetivo, moral e psíquico, deve ser indenizável, com fulcro no princípio da dignidade da pessoa humana."[12]

Com a reforma da decisão monocrática pelo Tribunal de Alçada de Minas Gerais, o processo foi remetido em grau de Recurso Especial ao Superior Tribunal de Justiça, para este se pronunciar sobre o caso, e a referida Corte entendeu que não havia dano moral por abandono afetivo, ementando sua decisão da seguinte forma:

> "Responsabilidade civil. Abandono moral. Reparação. Danos morais. Impossibilidade. 1. A indenização por dano moral pressupõe a prática de ato ilícito, não rendendo ensejo à aplicabilidade da norma do art. 159 do Código Civil de 1916 o abandono afetivo, incapaz de reparação pecuniária. 2. Recurso especial conhecido e provido."[13]

---

12. . TAMG, Proc. 2.0000.00.408550-5/000(1), rel. Des. Unias da Silva, j. em 1º/04/2004, publ. em 29/04/2004.
13. REsp 757.411-MG, rel. Min. Fernando Gonçalves, j. em 29/11/2005, DJ de 27/03/2006, p. 299.

Por se tratar de matéria constitucional e tendo em vista a interposição de Recurso Extraordinário, o caso foi levado ao Supremo Tribunal Federal, que entendeu por bem em não julgar o mérito, sob o fundamento de que não houve ofensa à Constituição Federal. A ementa desse julgamento ficou assim redigida:

> Constitucional. Embargos de declaração em recurso extraordinário. Conversão em agravo regimental. Abandono afetivo. Art. 229 da Constituição Federal. Danos extrapatrimoniais. Art. 5º, V e X da CF/88. Indenização. Legislação infraconstitucional e Súmula STF 279. 1. Embargos de declaração recebidos como agravo regimental, consoante iterativa jurisprudência do Supremo Tribunal Federal. 2. A análise da indenização por danos morais por responsabilidade prevista no Código Civil, no caso, reside no âmbito da legislação infraconstitucional. Alegada ofensa à Constituição Federal, se existente, seria de forma indireta, reflexa. Precedentes. 3. A ponderação do dever familiar firmado no art. 229 da Constituição Federal com a garantia constitucional da reparação por danos morais pressupõe o reexame do conjunto fáticoprobatório, já debatido pelas instâncias ordinárias e exaurido pelo Superior Tribunal de Justiça. 4. Incidência da Súmula STF 279 para aferir alegada ofensa ao art. 5º, V e X, da Constituição Federal. 5. Agravo regimental improvido.[14]

Mesmo com o posicionamento contrário do Supremo Tribunal Federal, os advogados não desistiram de buscar uma modificação desse panorama na jurisprudência, pois as ações dessa natureza continuaram a ser propostas, o que fez com que muitos juízes e desembargadores continuassem a admitir, em 1ª e 2ª instâncias, a tese do abandono afetivo.

Assim sendo, em 24/04/2012, o Superior Tribunal de Justiça, em uma decisão histórica, mudou de posicionamento e aceitou a tese do abandono afetivo, em decisão que obteve a seguinte ementa:

> Civil e processual civil. Família. Abandono afetivo. Compensação por dano moral. Possibilidade. 1. Inexistem restrições legais à aplicação das regras concernentes à responsabilidade civil e o consequente dever de indenizar/compensar no Direito de Família. 2. O cuidado como valor jurídico objetivo está incorporado no ordenamento jurídico brasileiro não com essa expressão, mas com locuções e termos que manifestam suas diversas desinências, como se observa do art. 227 da CF/88. 3. Comprovar que a imposição legal de cuidar da prole foi descumprida implica em se reconhecer a ocorrência de ilicitude civil, sob a forma de omissão. Isso porque o *non facere*, que atinge um bem juridicamente tutelado, leia-se, o necessário dever de criação, educação e companhia – de cuidado – importa em vulneração da imposição legal, exsurgindo, daí, a possibilidade de se pleitear compensação por danos morais por abandono psicológico. 4. Apesar das inúmeras hipóteses que minimizam a possibilidade de pleno cuidado de um dos genitores em relação à sua prole, existe um núcleo mínimo de cuidados parentais que, para além do mero cumprimento da lei, garantam aos filhos, ao menos quanto à afetividade, condições para uma adequada formação psicológica e inserção social. 5. A caracterização do abandono afetivo, a existência de excludentes ou, ainda, fatores atenuantes – por demandarem revolvimento de matéria fática – não podem ser objeto de reavaliação na estreita via do recurso especial. 6. A alteração do valor fixado a título de compensação por danos morais é possível, em recurso especial, nas hipóteses em que a quantia estipulada pelo Tribunal de origem revela-se irrisória ou exagerada. 7. Recurso especial parcialmente provido (STJ, REsp 1.159.242/SP, rel. Min. Fátima Nancy Andrighi, 3ª Turma, j. em 24/04/2012, p. em 10/05/2012).

---

14. STF, ED no RE 567.164, rel. Min. Ellen Gracie, j. em 18/08/2009.

Em seu voto, a Min. Relatora destacou que:

"*Aqui não se fala ou se discute o amar e, sim, a imposição biológica e legal de cuidar, que é dever jurídico, corolário da liberdade das pessoas de gerarem ou adotarem filhos.*

O amor diz respeito à motivação, questão que refoge os lindes legais, situando-se, pela sua subjetividade e impossibilidade de precisa materialização, no universo metajurídico da filosofia, da psicologia ou da religião.

O cuidado, distintamente, é tisnado por elementos objetivos, distinguindo-se do amar pela possibilidade de verificação e comprovação de seu cumprimento, que exsurge da avaliação de ações concretas: presença; contatos, mesmo que não presenciais; ações voluntárias em favor da prole; comparações entre o tratamento dado aos demais filhos – quando existirem –, entre outras fórmulas possíveis que serão trazidas à apreciação do julgador, pelas partes."

Recentes julgados demonstram a possibilidade de reparação pelo abandono efetivo, condicionado a prova da conduta do ofensor, do dano alegado e do nexo de causalidade.

Nesse sentido já se pronunciou o E. Tribunal de Justiça do Estado do Rio de Janeiro:

"Apelação. Responsabilidade civil. Abandono afetivo. Dano moral. Possibilidade, em tese. Caráter excepcional. Necessidade de cabal demonstração assim da omissão do genitor como da imprescindível existência de danos. Caso concreto: indemonstração de quaisquer repercussões negativas na vida do autor.

I) Conquanto tradicionalmente refratária à ideia de compensação por dano moral decorrente de abandono afetivo, a orientação pretoriana mais moderna vem, com espeque doutrinário, expandindo tal fronteira jurídica, não sem antes alertar para a excepcionalidade da hipótese, mediante criteriosa avaliação das circunstâncias dos casos concretos.

II) Com efeito, o abandono afetivo pode gerar direito à reparação pelo dano causado (enunciado 8, IBDFAM), porquanto comprovar que a imposição legal de cuidar da prole foi descumprida implica em se reconhecer a ocorrência de ilicitude civil, sob a forma de omissão. Isso porque o *non facere*, que atinge um bem juridicamente tutelado, leia-se, o necessário dever de criação, educação e companhia de cuidado importa em vulneração da imposição legal, exsurgindo, daí, a possibilidade de se pleitear compensação por danos morais por abandono psicológico (REsp Poder Judiciário Estado do Rio de Janeiro 9ª Câmara Cível MA 1.159.242/SP).

III) Possibilidade teórica que, contudo, não prescinde de cabais demonstrações atinentes aos danos causados à vítima, a quem incumbe demonstrar, além do inequívoco abandono afetivo, sequelas psicológicas ou quaisquer outras circunstâncias negativas de sua vida atual que tenham decorrido diretamente da alegada omissão de seu genitor; afinal, não há responsabilidade civil sem dano.

IV) Espécie em que o autor se limita a alegar abandono moral de seu pai, sem revelar quaisquer distúrbios de ordem psíquica dele decorrentes, tampouco outras consequências lesivas comprovadamente vinculadas àquela conduta omissiva. Em casos tais, avulta a importância da perícia a fim de se estabelecer não só a existência do dano, como a sua causa. Doutrina.

V) Não é suficiente a falta da figura paterna para caracterizar o pedido de danos morais por abandono afetivo. É necessária a caracterização do abandono, da rejeição e dos danos à personalidade. As perícias devem levantar, por meio de metodologia própria, a extensão dos danos sofridos em função da falta da figura paterna. Literatura especializada. Recurso desprovido (0024276-55.2012.8.19.0007, Apelação, Des. Elisabete Filizzola Assunção, Julgamento: 26/08/2015, 2ª Câmara Cível).

Apelação cível. Indenizatória. Abandono afetivo pelo genitor. Responsabilidade civil extracontratual. Necessidade de demonstrar a conduta, o dano alegado e o nexo de causalidade. Ausência de provas indicativas de que o rompimento do vínculo parental teria, de alguma forma, prejudicado o desenvolvimento saudável da autora. Obrigação alimentar e de cuidado que não se confunde com afeto. Mera ausência de afeto que não tem o condão de configurar, por si só, ato ilícito a ensejar reparação por danos morais. Parecer técnico indicando que a autora possui vida saudável e regular. Demandante que, em entrevista, demonstrou parco conhecimento acerca da pretensão indenizatória (não alimentar), dando a entender que a demanda concerne à insatisfação de sua genitora, ora representante legal, e não aos supostos danos morais sofridos com o desamparo de seu pai. Acolhimento do parecer da culta Procuradoria de Justiça. Negativa de seguimento ao recurso na forma do artigo 557, *caput*, do Código de Processo Civil (Apelação cível 0171476-75.2012.8.19.0004 – Des. Mario Guimarães Neto – 12ª Câmara Cível – Julgado em 26/10/2015).

O Superior Tribunal de Justiça, em recente julgado a respeito da matéria, assim se pronunciou:

Agravo regimental no agravo em recurso especial. Ação indenizatória. Direito de família. Ausência de prequestionamento dos arts. 5º, 19 e 22 do ECA. Tribunal local que entendeu como não configurado o alegado abandono afetivo gerador de dano moral, a partir das provas e fatos coligidos aos autos. Agravo regimental improvido.

1. Não ocorrendo o debate dos preceitos legais ditos violados pelo acórdão, e não opostos embargos de declaração pelo recorrente, têm incidência as Súmulas 282 e 356 do STF.

2. Nos termos da Súmula 7 desta Corte, não é possível, na via especial, a revisão de acórdão que para decidir a lide, apoiou-se nas provas e fatos circunstanciados nos autos.

3. Agravo regimental improvido.

(AgRg no AREsp 811.059/RS, Rel. Ministro Marco Aurélio Bellizze, 3ª Turma, julgado em 17/05/2016, DJe 27/05/2016).

Recurso especial. Civil. Direito de família. Ação de indenização. Abandono afetivo. Não ocorrência. Ato ilícito. Não configuração. Art. 186 do Código Civil. Ausência de demonstração da configuração do nexo causal. Súmula 7/STJ. Incidência. Pacta corvina. *Venire contra factum proprium*. Vedação. Ausência de prequestionamento. Dissídio jurisprudencial. Não caracterizado. Matéria constitucional.

1. A possibilidade de compensação pecuniária a título de danos morais e materiais por abandono afetivo exige detalhada demonstração do ilícito civil (art. 186 do Código Civil) cujas especificidades ultrapassem, sobremaneira, o mero dissabor, para que os sentimentos não sejam mercantilizados e para que não se fomente a propositura de ações judiciais motivadas unicamente pelo interesse econômico-financeiro.

2. Em regra, ao pai pode ser imposto o dever de registrar e sustentar financeiramente eventual prole, por meio da ação de alimentos combinada com investigação de paternidade, desde que demonstrada a necessidade concreta do auxílio material.

3. É insindicável, nesta instância especial, revolver o nexo causal entre o suposto abandono afetivo e o alegado dano ante o óbice da Súmula 7/STJ.

4. O ordenamento pátrio veda o pacta corvina e o *venire contra factum proprium*.

5. Recurso especial parcialmente conhecido, e nessa parte, não provido.

(REsp 1493125/SP, Rel. Ministro Ricardo Villas Bôas Cueva, 3ª Turma, julgado em 23/02/2016, DJe 01/03/2016).

Com isso podemos afirmar que a jurisprudência pátria, mormente do STJ, aceita a responsabilização civil pelo abandono afetivo.

Assim sendo, passaremos a investigar duas questões importantes, que é a sua presunção quando a pessoa não é registrada pelo pai e/ou pela mãe, bem como a contagem do prazo para pleitear a indenização.

3. DA PRESUNÇÃO DE DANO MORAL PELO ABANDONO AFETIVO E DA OBJETIVAÇÃO DA RESPONSABILIDADE CIVIL PELA NÃO REALIZAÇÃO DO REGISTRO DE NASCIMENTO DE UMA PESSOA

O julgado paradigma do STJ que acatou a tese (REsp 1.159.242/SP, rel. Min. Fátima Nancy Andrighi, 3ª Turma, j. em 24/04/2012, p. em 10/05/2012), e que já foi citado acima, reconheceu cinco pontos importantes:

a) que existe responsabilidade civil em questões que versem sobre Direito de Família;

b) que o cuidado é um valor jurídico;

c) que o dano moral, nesse caso, é *in re ipsa* (presumido);

d) que o afeto gera uma obrigação de fazer, por ser importante para a formação psicológica do ser humano;

e) que amar é faculdade e cuidar é dever.

Um ponto fundamental, foi o STJ ter colocado o dano moral oriundo do abandono afetivo no rol do dano moral *in re ipsa*. O dano moral *in re ipsa*, também chamado de presumido, é aquele que não precisa ser provado.

Segundo o art. 373, I, do Código de Processo Civil de 2015, o ônus da prova é de quem alega. Assim sendo, quem pleiteia no judiciário um dano moral, deverá provar que o sofreu. Não basta a existência de um dano material para se afirmar que há automaticamente um dano moral.

É importante destacar tal fato, devido à dificuldade que existe na prática de se fazer a prova do dano moral, sendo que alguns acreditam que ela não precisa ser feita.

Consoante o art. 212 do Código Civil, a prova pode ser feita por confissão, documento, testemunha, presunção ou por perícia.

Por esse motivo, o dano moral, em regra, precisa ser provado pela parte que alega tê-lo sofrido.

Porém, a doutrina criou uma outra modalidade de dano moral, denominado *in re ipsa*, onde basta a alegação de tê-lo sofrido, para se presumir que ele de fato ocorreu. Trata-se de uma modalidade de dano moral, que só se justifica pela gravidade do fato que a vítima teve que suportar, motivo pelo qual ninguém coloca em dúvida que o dano ocorreu. A doutrina explica que certos prejuízos que alguém diz ter sofrido é provado *in re ipsa* (pela força dos próprios fatos).

Esse dano moral *in re ipsa*, é uma modalidade excepcional de dano moral, ou seja, ele só existirá nos casos consagrados pela jurisprudência.

Pela dimensão do fato, é impossível deixar de imaginar em determinados casos que o prejuízo aconteceu – por exemplo, quando se perde um filho.

No entanto, a jurisprudência não tem mais considerado este um caráter absoluto. Em 2008, ao decidir sobre a responsabilidade do Estado por suposto dano moral a uma pessoa denunciada por um crime e posteriormente inocentada, a 1ª Turma do Superior Tribunal de Justiça entendeu que, para que "se viabilize pedido de reparação, é necessário que o dano moral seja comprovado mediante demonstração cabal de que a instauração do procedimento se deu de forma injusta, despropositada, e de má-fé" (REsp 969.097).

Em outro caso, julgado em 2003, a 3ª Turma entendeu que, para que se viabilize o pedido de reparação fundado na abertura de inquérito policial, é necessário que o dano moral seja comprovado. A prova, de acordo com o Relator, Ministro Castro Filho, surgiria da "demonstração cabal de que a instauração do procedimento, posteriormente arquivado, se deu de forma injusta e despropositada, refletindo na vida pessoal do autor, acarretando-lhe, além dos aborrecimentos naturais, dano concreto, seja em face de suas relações profissionais e sociais, seja em face de suas relações familiares" (REsp 494.867).

No caso do dano *in re ipsa*, não é necessária a apresentação de provas que demonstrem a ofensa moral da pessoa. O próprio fato já configura o dano.

Sobre o tema, Carlos Alberto Bittar assim se pronunciou:

> "(...) na concepção moderna da teoria da reparação de danos morais prevalece, de início, a orientação de que a responsabilização do agente se opera por força do simples fato da violação. Com isso, verificando o evento danoso, surge *ipso facto*, a necessidade de reparação, uma vez presentes os pressupostos de direito. Dessa ponderação, emergem duas consequências práticas de extraordinária repercussão em favor do lesado: uma, é a dispensa da análise da subjetividade do agente; outra, a desnecessidade de prova de prejuízo em concreto."[15]

O professor Flávio Tartuce (TARTUCE, 2013) pondera que quanto à necessidade ou não de prova, o dano moral pode ser classificado em dano moral provado ou subjetivo e dano moral objetivo ou presumido. O dano moral provado ou subjetivo necessita ser provado pela vítima da lesão sofrida, não bastando a narração dos fatos, havendo até – em alguns casos – que se proceder a exame pericial psicológico para atestar o dano e auferir o *quantum* indenizatório. O que para nós soa absurdo. Acompanha-se, aqui, a corrente que valida o dano moral presumido, objetivo ou *in re ipsa*, diante da violação de direitos constitucionalmente previstos. E para Carlos Roberto Gonçalves (GONÇALVES, 2013), o dano moral[16] independe de provas, pois

---

15. BITTAR, Carlos Alberto. Reparação Civil por Danos Morais. *Revista dos Tribunais*, n. 32, 1993, p. 202.
16. Salvo em casos especiais, em que é possível comprovar as consequências da lesão ao bem jurídico extrapatrimonial, e cuja prova serviria para averiguar o *quantum* indenizatório.

atinge direitos de personalidade, que são intangíveis, e por isso existe *in re ipsa*, ou seja, decorrem de presunção absoluta.

Uma das hipóteses é o dano provocado pela inserção de nome de forma indevida em cadastro de inadimplentes.

Serviço de Proteção ao Crédito (SPC), Cadastro de Inadimplência (Cadin) e Serasa, por exemplo, são bancos de dados que armazenam informações sobre dívidas vencidas e não pagas, além de registros como protesto de título, ações judiciais e cheques sem fundos. Os cadastros dificultam a concessão do crédito, já que, por não terem realizado o pagamento de dívidas, as pessoas recebem tratamento mais cuidadoso das instituições financeiras.

Uma pessoa que tem seu nome sujo, ou seja, inserido nesses cadastros, terá restrições financeiras. Os nomes podem ficar inscritos nos cadastros por um período máximo de cinco anos, desde que a pessoa não deixe de pagar outras dívidas no período.

No STJ, é consolidado o entendimento de que "a própria inclusão ou manutenção equivocada configura o dano moral *in re ipsa*, ou seja, dano vinculado à própria existência do fato ilícito, cujos resultados são presumidos" (Ag 1.379.761).

Esse foi também o entendimento da 3ª Turma, em 2008, ao julgar um recurso especial envolvendo a Companhia Ultragaz S/A e uma microempresa (REsp 1.059.663). No julgamento, ficou decidido que o protesto indevido de título ou inscrição irregular em cadastros de inadimplentes caracteriza o dano moral como presumido e, dessa forma, dispensa a comprovação mesmo que a prejudicada seja pessoa jurídica.

Quando a inclusão indevida é feita em consequência de serviço deficiente prestado por uma instituição bancária, a responsabilidade pelos danos morais é do próprio banco, que causa desconforto e abalo psíquico ao cliente.

O entendimento foi da 3ª Turma, ao julgar recurso especial envolvendo um correntista do Unibanco. Ele quitou todos os débitos pendentes antes de encerrar sua conta e, mesmo assim, teve seu nome incluído nos cadastros de proteção ao crédito, causando uma série de constrangimentos (REsp 786.239).

A responsabilidade também é atribuída ao banco quando talões de cheques são extraviados e, posteriormente, utilizados por terceiros e devolvidos, culminando na inclusão do nome do correntista em cadastro de inadimplentes (Ag 1.295.732 e REsp 1.087.487). O fato também caracteriza defeito na prestação do serviço, conforme o artigo 14 do Código de Defesa do Consumidor (CDC).

O dano, no entanto, não gera dever de indenizar quando a vítima do erro que já possuir registros anteriores, e legítimos, em cadastro de inadimplentes. Neste caso, diz a Súmula 385 do STJ que a pessoa não pode se sentir ofendida pela nova inscrição, ainda que equivocada.

Outro tipo de dano moral presumido é aquele que decorre de atrasos de voos, o chamado *overbooking*. A responsabilidade é do causador, pelo desconforto, aflição e transtornos causados ao passageiro que arcou com o pagamento daquele serviço, prestado de forma defeituosa.

Em 2009, ao analisar um caso de atraso de voo internacional, a 4ª Turma reafirmou o entendimento de que "o dano moral decorrente de atraso de voo prescinde de prova, sendo que a responsabilidade de seu causador opera-se *in re ipsa*" (REsp 299.532).

O transportador responde pelo atraso de voo internacional, tanto pelo Código de Defesa do Consumidor como pela Convenção de Varsóvia, que unifica as regras sobre o transporte aéreo internacional e enuncia: "responde o transportador pelo dano proveniente do atraso, no transporte aéreo de viajantes, bagagens ou mercadorias".

Dessa forma, "o dano existe e deve ser reparado. O descumprimento dos horários, por horas a fio, significa serviço prestado de modo imperfeito que enseja reparação", finalizou o relator, o então Desembargador convocado Honildo Amaral.

A tese de que a responsabilidade pelo dano presumido é da empresa de aviação foi utilizada, em 2011, pela 3ª Turma, no julgamento um agravo de instrumento que envolvia a empresa TAM. Neste caso, houve *overbooking* e atraso no embarque do passageiro em voo internacional.

O Ministro Relator, Paulo de Tarso Sanseverino, enfatizou que "o dano moral decorre da demora ou dos transtornos suportados pelo passageiro e da negligência da empresa, pelo que não viola a lei o julgado que defere a indenização para a cobertura de tais danos" (Ag 1.410.645).

Alunos que concluíram o curso de Arquitetura e Urbanismo da Universidade Católica de Pelotas, e não puderam exercer a profissão por falta de diploma reconhecido pelo Ministério da Educação, tiveram o dano moral presumido reconhecido pelo STJ (REsp 631.204).

Na ocasião, a relatora, ministra Nancy Andrighi, entendeu que, por não ter a instituição de ensino alertado os alunos sobre o risco de não receberem o registro de diploma na conclusão do curso, justificava-se a presunção do dano, levando em conta os danos psicológicos causados. Para a 3ª Turma, a demora na concessão do diploma expõe ao ridículo o "pseudoprofissional", que conclui o curso, mas se vê impedido de exercer qualquer atividade a ele correlata.

O STJ negou, entretanto, a concessão do pedido de indenização por danos materiais, sob o fundamento de que o fato de não estarem todos os autores empregados não poderia ser tido como consequência da demora na entrega do diploma. A relatora, Ministra Nancy Andrighi, explicou, em seu voto, que, ao contrário do dano moral, o dano material não pode ser presumido. Como não havia relatos de que eles teriam sofrido perdas reais com o atraso do diploma, a comprovação dos prejuízos materiais não foi feita.

Em 2003, a 1ª Turma julgou um recurso especial envolvendo o Departamento Autônomo de Estradas de Rodagem do Rio Grande do Sul (DAER/RS) e entendeu que danos morais provocados por equívocos em atos administrativos podem ser presumidos.

Na ocasião, por erro de registro do órgão, um homem teve de pagar uma multa indevida. A multa de trânsito indevidamente cobrada foi considerada pela 3ªTurma, no caso, como indenizável por danos morais e o órgão foi condenado ao pagamento de dez vezes esse valor. A decisão significava um precedente para "que os atos administrativos sejam realizados com perfeição, compreendendo a efetiva execução do que é almejado" (REsp 608.918).

Para o relator, Ministro José Delgado, "o cidadão não pode ser compelido a suportar as consequências da má organização, abuso e falta de eficiência daqueles que devem, com toda boa vontade, solicitude e cortesia, atender ao público".

De acordo com a decisão, o dano moral presumido foi comprovado pela cobrança de algo que já havia sido superado, colocando o licenciamento do automóvel sob condição do novo pagamento da multa. "É dever da administração pública primar pelo atendimento ágil e eficiente de modo a não deixar prejudicados os interesses da sociedade", concluiu.

A inclusão indevida e equivocada de nomes de médicos em guia orientador de plano de saúde gerou, no STJ, o dever de indenizar por ser dano presumido. Foi esse o posicionamento da 4ª Turma ao negar recurso especial interposto pela Assistência Médica Internacional (Amil) e Gestão em Saúde, em 2011.

O livro serve de guia para os usuários do plano de saúde e trouxe o nome dos médicos sem que eles fossem ao menos procurados pelo representante das seguradoras para negociações a respeito de credenciamento junto àquelas empresas. Os profissionais só ficaram sabendo que os nomes estavam no documento quando passaram a receber ligações de pacientes interessados no serviço pelo convênio.

Segundo o Ministro Luis Felipe Salomão, relator do recurso especial, "a própria utilização indevida da imagem com fins lucrativos caracteriza o dano, sendo dispensável a demonstração do prejuízo material ou moral" (REsp 1.020.936).

No julgamento, o Ministro Salomão advertiu que a seguradora não deve desviar credibilidade dos profissionais para o plano de saúde, incluindo indevidamente seus nomes no guia destinado aos pacientes. Esse ato, "constitui dano presumido à imagem, gerador de direito à indenização, salientando-se, aliás, inexistir necessidade de comprovação de qualquer prejuízo", acrescentou.[17]

---

17. Todos esses casos contados até aqui nesse item, foram retirados de notícia divulgada no site do STJ, no link [http://stj.jus.br/portal_stj/publicacao/engine.wsp?tmp.area=398&tmp.texto=106255]. Acesso em: 29/01/2015.

E o outro caso que podemos acrescentar, é o do abandono afetivo, que consta do voto da Ministra Relatora do caso, Fátima Nancy Andrighi, que afirmou: "Esse sentimento íntimo que a recorrida levará, *ad perpetuam*, é perfeitamente apreensível e exsurge, inexoravelmente, das omissões do recorrente no exercício de seu dever de cuidado em relação à recorrida e também de suas ações, que privilegiaram parte de sua prole em detrimento dela, caracterizando o dano in re ipsa e traduzindo-se, assim, em causa eficiente à compensação."

Dessa feita, se o dano moral decorrente do abandono afetivo é *in re ipsa*, podemos, também, afirmar, pelo mesmo raciocínio, que o fato de um pai ou uma mãe não ter registrado seu filho, deve acarretar, portanto, uma espécie de presunção de culpa.

Mas, não temos mais presunção de culpa em nosso sistema, na responsabilidade civil extracontratual, pois, com fundamento nos dizeres de Alvino Lima, no livro "Da Culpa ao Risco", o legislador civil de 2002, resolveu objetivar a responsabilidade civil não mais por esse motivo, mas pela existência de risco da atividade, ou por previsão legal. Isso consta do parágrafo único do art. 927 do Código Civil.

Não seria demais e nem forçoso, no nosso sentir, que quem tem filhos atrai para si uma série de responsabilidades e de deveres. Assim, podemos afirmar que ter filho importa em risco para os direitos da própria criança, pois pode ser que os pais não respeitem a proteção à criança e adolescente, estabelecida em nosso sistema jurídico.

Claro que aqui não se aplica a teoria do risco integral, motivo pelo qual o réu poderá provar no processo (a prova é dele já que a responsabilidade é objetiva) qualquer uma das excludentes de responsabilidade civil, tais como o caso fortuito (perdeu a memória), a força maior (ficou um coma na UTI), a culpa de terceiro (a mãe da criança sumiu e não contou ao pai da criança que estava grávida ou ainda a alienação parental), a culpa exclusiva da vítima (o filho nunca quis se relacionar com o pai) etc.

Dessa forma, quem não foi registrado pelo pai (só tem a mãe em seu registro), ou não foi registrado pela mãe (só tem o pai no registro), ou não foi registrado por ambos, possui, por esse fato, a possibilidade de pleitear uma indenização, sem a necessidade de provar culpa, pela objetivação da responsabilidade civil, pois como vimos anteriormente, o abandono afetivo é presumido quando a pessoa não foi registrada pelo pai, pela mãe ou por ambos.

Presumindo-se o abandono afetivo na ausência ou defeito (só ter um genitor[a]) no registro, a responsabilidade civil é objetiva, e o dano moral pleiteado é presumido, ou seja, não precisa ser provado pelo autor, mas como a presunção é relativa poderá o réu fazer prova em contrário, por exemplo, provando que ele foi criado por outra pessoa, formando com ela uma parentalidade socioafetiva, e que nenhum sofrimento ou abalo ela sentiu ao longo da sua visa.

Porém, cumpre ressaltar, que a parentalidade socioafetiva por si só, não ilide a presunção do dano moral nesse caso.

Insta destacar que o Instituto Brasileiro de Direito de Família aprovou nos dias 22 e 23 de outubro de 2015, onze novos enunciados sobre Direito de Família, dentre eles, o Enunciado 8, que reforça a reparabilidade do dano afetivo ao preceituar que:

"O abandono afetivo pode gerar direito à reparação pelo dano causado."

Por tais razões, respeitando as opiniões em sentido contrário, entendemos que a responsabilidade pelo abandono efetivo enseja o dano *in re ipsa*, havendo objetivação da responsabilidade civil, de forma que o abandono afetivo é presumido quando a pessoa não foi registrada pelo pai, pela mãe ou por ambos, podendo ser traduzido como uma forma pecuniária de compensação, face a mágoa e tristeza decorrente da negligência afetiva permanecerem por toda a vida.

Agora, questão polêmica é saber quando a partir de quando se conta o prazo prescricional de três anos para se propor essa ação. É isso que pretendemos investigar no próximo item.

4. DA CONTAGEM DO PRAZO PRESCRICIONAL PARA A PROPOSITURA DA AÇÃO INDENIZATÓRIA NO CASO DO ABANDONO AFETIVO

O prazo prescricional para se propor uma ação indenizatória é de 3 anos, consoante o disposto no art. 206, § 3º, inciso V, do Código Civil:

Art. 206. Prescreve:

(...)

§ 3º Em três anos:

(...)

V – a pretensão de reparação civil;

Porém, a questão tormentosa é, a partir de quando esse prazo é contado?

O Enunciado 14 do Conselho da Justiça Federal (CJF) estabelece que:

"Enunciado 14 do CJF – Art. 189: 1) o início do prazo prescricional ocorre com o surgimento da pretensão, que decorre da exigibilidade do direito subjetivo; 2) o art. 189 diz respeito a casos em que a pretensão nasce imediatamente após a violação do direito absoluto ou da obrigação de não fazer."

Assim sendo, o prazo trienal da responsabilidade civil deve ser contado do momento em que se torna exigível o direito subjetivo.

No caso do abandono afetivo pela não realização do registro pelo pai e/ou pela mãe, o prazo se inicia com a regularização do registro, ou seja, quando a pessoa é registrada, ou reconhecida pelo seu pai ou mãe, na hipótese de o registro já ter sido feito.

Em 25 de setembro de 2012, o STJ publicou notícia em seu site sobre julgamento que analisou quando começa a contagem do prazo prescricional das ações por abandono afetivo.

Ao lê-la, data máxima vênia, acreditamos que o STJ se equivocou ao eleger como termo inicial a maioridade do interessado. Entendemos que somente no caso de não ter havido ação de investigação de paternidade/maternidade é que o prazo poderá ser contado dessa forma, pois, senão, o mesmo deverá ser iniciado somente com a regularização do registro de nascimento, pois não podemos contar prazo prescricional para a pretensão indenizatória, se não há o reconhecimento da paternidade/maternidade.

O equívoco, em nosso sentir, deve-se ao fato de que o STJ reconheceu a ocorrência de prescrição de ação indenizatória por abandono afetivo, em ação proposta por filho de 51 anos de idade. O detalhe é que somente após ele completar 50 anos é que o pai reconheceu a paternidade.

Dessa forma, o prazo trienal para a responsabilidade civil por abandono afetivo por não ter o pai ou a mãe registrado seu filho, deverá ser contado da data em que foi regularizado o registro.

5. REFERÊNCIAS

BITTAR, Carlos Alberto. Reparação civil por danos morais. *Revista dos Tribunais*, n. 32, 1993.

CAMARGO NETO, Mario de Carvalho; OLIVEIRA, Marcelo Salaroli de. In. CASSETTARI, Christiano. (Coord.). *Registro civil das pessoas naturais i*: Parte Geral e Registro de Nascimento. São Paulo: Saraiva, 2014. Coleção Cartórios.

CASSETTARI, Christiano. *Elementos de direito civil*. 2 ed. São Paulo: Saraiva, 2013.

GONÇALVES, Carlos Roberto. *Direito civil brasileiro*: responsabilidade civil. v. 4. 8. ed. São Paulo: Saraiva, 2013.

IBGE. *Análise dos resultados de registro de nascimento*. Disponível em: [http://www.ibge.gov.br/home/estatistica/populacao/registrocivil/2008/comentarios.pdf]. Acesso em: 29/01/2015.

IBGE, *Censo 2010*. Disponível em: [http://www.ibge.gov.br/home/estatistica/populacao/censo2010/default.shtm]. Acesso em: 30/01/2015.

IBGE. *Estatísticas do Registro Civil de 2007*. Disponível em: [http://www.ibge.gov.br/home/estatistica/populacao/registrocivil/2007/default.shtm]. Acesso em: 29/01/2015.

MINISTÉRIO DOS DIREITOS HUMANOS, 2015. Disponível em: [http://www.sdh.gov.br/noticias/2015/dezembro/brasil-erradica-sub-registro-civil-de-nascimento].

RODRIGUES, Marcelo Guimaraes. *Tratado de registos públicos e direito notarial*. 2 ed. São Paulo: Atlas, 2016.

STJ. *STJ define em quais situações o dano moral pode ser presumido*. Disponível em: [http://stj.jus.br/portal_stj/publicacao/engine.wsp?tmp.area=398&tmp.texto=106255]. Acesso em: 29/09/2015.

TARTUCE, Flávio. *Direito civil*: Direito das obrigações e responsabilidade civil. v. 2. 8. ed. São Paulo: Método, 2013.

DA RESPONSABILIDADE CIVIL NAS RELAÇÕES PATERNO-FILIAIS: A COMPENSAÇÃO POR DANOS MORAIS EM RAZÃO DO EXERCÍCIO ABUSIVO DA AUTORIDADE PARENTAL

Luciana Fernandes Berlini

Pós-Doutora em Direito das Relações Sociais pela UFPR. Doutora e Mestre em Direito Privado pela PUC/Minas. Professora Adjunta da Universidade Federal de Lavras e Professora do Curso de Especialização em Avaliação do Dano Pós-traumático da Universidade de Coimbra. Autora de livros e artigos jurídicos. Advogada. luciana@berlini.com.br

Sumário: 1. Introdução – 2. Do exercício abusivo da autoridade parental – 3. Dos danos morais nas relações parentais: a compensação dos danos irreparáveis – 4. Considerações finais – 5. Referências.

1. INTRODUÇÃO

No Direito das Famílias não há um regramento próprio sobre a responsabilização civil. O que se observa, por parte da doutrina e jurisprudência, é uma tentativa, nem sempre bem-sucedida, de se aplicar a teoria geral de responsabilidade civil às relações familiares.

Não que a responsabilidade civil no Direito das Famílias e, mais especificamente, nas relações paterno-filiais, necessite de novos instrumentos jurídicos, ou legislação específica. Os fundamentos jurídicos da teoria geral do instituto da responsabilidade civil podem ser utilizados na reparação ou compensação dos danos, mesmo na esfera familiar.

O grande desafio, no entanto, consiste em aplicar os pressupostos da responsabilidade civil em consonância com os princípios próprios do Direito das Famílias, levando-se em consideração os aspectos existenciais, a peculiar condição de desenvolvimento dos filhos, o afeto, bem como o direito à convivência familiar.

A perspectiva ora apresentada não consiste na monetarização das relações afetivas, mas nas funções da responsabilidade civil quando os danos ocorrem no ambiente familiar e, mais especificamente, na funcionalização dos danos morais sofridos pelos filhos, de acordo com o recorte metodológico ora proposto.

O que se observa é que a responsabilização civil dos pais por danos praticados contra os filhos em razão do exercício abusivo da autoridade parental ainda encontra percalços na doutrina e jurisprudência. Isso se deve ao fato de que a responsabilização parental parece responsabilizar também os filhos, ainda que indiretamente. Seja porque pode a princípio dificultar a convivência familiar, seja porque atacar o patrimônio dos pais parece afetar também o patrimônio dos filhos, ou, ainda, porque os danos morais parecem não compensar os danos na esfera familiar.

Exatamente por isso, a responsabilidade civil aplicada às relações parentais é, ainda hoje, polêmica e enseja uma série de interpretações e divergências, por parte dos aplicadores e doutrinadores do Direito.

Vislumbra-se, dessa forma, que a incidência da responsabilidade civil nas relações paterno-filiais, pressupõe a utilização das regras gerais do instituto da responsabilidade civil extracontratual de forma compatível com o princípio do melhor interesse da criança, no paradigma do sistema de proteção integral, para fins de responsabilização. Essa a peculiaridade da responsabilização civil por danos morais nas relações parentais que se pretende analisar.

2. DO EXERCÍCIO ABUSIVO DA AUTORIDADE PARENTAL

O exercício da autoridade parental deve ser compreendido como um conjunto complexo de direitos e deveres funcionais voltados para o interesse dos filhos de forma a garantir o pleno e sadio desenvolvimento da prole.

Abandonou-se a carga autoritária do antigo pátrio poder para se estabelecer um poder familiar condizente com uma autoridade dos pais em relação aos filhos, compatível com a condição de sujeitos por eles alcançada. A alteração da terminologia mostra justamente a tentativa de se romper um paradigma que não mais se adéqua aos novos ditames constitucionais.[1]

Nesse contexto, sempre que o exercício dessa parentalidade causar danos aos filhos compreende-se que este se deu de forma abusiva, pois incompatível com o melhor interesse da prole.

A ideia é que a autonomia da família seja preservada e que não haja, portanto, ingerência estatal no âmbito familiar. Porém, muitas vezes a intervenção estatal será necessária, para se garantir o respeito à dignidade humana e ao melhor interesse da criança, como também para se evitar ou compensar os danos sofridos nesse contexto.

Nessa perspectiva, o Código Civil, bem como o Estatuto da Criança e do Adolescente, na tentativa de protegerem a população infantojuvenil, no âmbito das relações parentais, já preveem tutela civil para algumas hipóteses. Ocorre que esta tutela refere-se basicamente à imposição de alguns tipos de sanções aplicadas aos pais que não se confundem com a responsabilidade civil. Como, por exemplo, aplicação de multa cominatória (artigo 213 do Estatuto da Criança e do Adolescente), suspensão e destituição da autoridade parental (artigos 1.637 e 1.638 do Código Civil).

---

1. Para um maior aprofundamento do tema indica-se a leitura de TEIXEIRA, Ana Carolina Brochado. Família, guarda e autoridade parental. 2. ed. rev. e atual. Rio de Janeiro: Renovar, 2009.

Interessa ao presente trabalho, no entanto, a verificação da responsabilidade civil propriamente dita, mais especificamente à incidência dos danos morais nas relações parentais, para além da hipótese de abandono afetivo, tema esse que a doutrina e jurisprudência têm se ocupado com mais entusiasmo.

O escopo ora defendido se refere à compensação por danos morais quando há o cometimento de um dano em razão do exercício abusivo da autoridade parental, que pode ocorrer em várias hipóteses.

A alienação parental, por exemplo, representa um exercício abusivo da autoridade parental, de tal forma que foi criada legislação específica para tutelar a hipótese com a consequente imposição de sanções para o genitor alienante. E mais, há previsão expressa da possibilidade de se conjugar a responsabilidade civil com tais sanções,[2] o que retira qualquer dúvida sobre a possibilidade de incidir danos morais na espécie, desde que os pressupostos da responsabilidade civil sejam preenchidos, como será abordado no próximo tópico.[3]

Outro exemplo que pode desencadear o arbitramento de danos morais nas relações parentais refere-se aos casos de violência doméstica ou maus-tratos. A violência praticada pelos pais contra seus filhos apresenta-se como uma invasão na esfera jurídica das crianças e adolescentes, que têm que suportar os danos advindos dessa violência e, portanto, pode fundamentar a incidência da responsabilização civil.[4]

A possibilidade de pleitear danos morais nos casos de violência doméstica ganha ainda mais respaldo com a Lei da Palmada que alterou o Estatuto da Criança e do Adolescente para tratar do tema. Embora não tenha inovado no que tange às sanções para os pais que cometam violência contra seus filhos, fato é que traz expressamente

---

2. Art. 6º Caracterizados atos típicos de alienação parental ou qualquer conduta que dificulte a convivência de criança ou adolescente com genitor, em ação autônoma ou incidental, o juiz poderá, cumulativamente ou não, sem prejuízo da decorrente responsabilidade civil ou criminal e da ampla utilização de instrumentos processuais aptos a inibir ou atenuar seus efeitos, segundo a gravidade do caso: I – declarar a ocorrência de alienação parental e advertir o alienador; II – ampliar o regime de convivência familiar em favor do genitor alienado; III – estipular multa ao alienador; IV – determinar acompanhamento psicológico e/ou biopsicossocial; V – determinar a alteração da guarda para guarda compartilhada ou sua inversão; VI – determinar a fixação cautelar do domicílio da criança ou adolescente; VII – declarar a suspensão da autoridade parental.
3. Sobre o tema recomenda-se a leitura de MOREIRA, Luciana Maria Reis. Alienação parental. Belo Horizonte: Editora D'Plácido, 2015.
4. Se se constatar que o exercício abusivo da autoridade parental, pela prática dos maus-tratos comprometeu a autoestima, a formação do caráter, bem como as habilidades para enfrentar perdas e conquistas, ou, além disso, desencadear na criança e no adolescente dificuldades para se alimentar, dormir e concentrar, exagerada introspecção, baixo aproveitamento escolar, timidez, baixa autoestima e dificuldade de relacionamento com os outros, ou, ainda, agressividade, rebeldia, ou, ao contrário, muita passividade, características essas que podem ser manifestadas bem cedo, haverá possibilidade de se determinar o pagamento de danos morais para compensar a prole. Nesse sentido: COELHO, Sônia Vieira. Família contemporânea e a concepção moderna de criança e adolescente. In: PONTIFÍCIA UNIVERSIDADE CATÓLICA DE MINAS GERAIS Pró-reitoria de Extensão. Criança e adolescente: prioridade absoluta. Belo Horizonte: PUC Minas, 2007. p. 213.

a possibilidade de cumulação dessas sanções com outras cabíveis, como responsabilização civil e penal.[5]

Cumpre ainda mencionar os casos de abandono, que podem ser desdobrados em abandono intelectual, abandono material e abandono afetivo.

Em relação ao abandono intelectual, observa-se que matricular os filhos na rede regular de ensino é um dever dos pais, ensejando responsabilidade,[6] pois seu descumprimento caracteriza-se como modalidade de negligência precoce.[7]

Como salientando, a autoridade parental determina uma série de deveres recíprocos, sendo que os pais precisam assistir seus filhos materialmente e emocionalmente, o que abrange, por exemplo, o dever de garantir o direito à educação.

Posicionamento esse corroborado pela professora Taísa Macena de Lima ao afirmar que, muitas das vezes, a negligência de que trata o artigo 186 do Código Civil de 2002 pode estar presente. Nesses casos, e somente nestes, é defensável o dever dos pais de indenizar o filho por dano pessoal ou material.[8]

Pode-se dizer, desta feita, que a responsabilidade paterno-filial, decorrente do descumprimento de matricular o filho na escola pode ser auferida e fundamentada

---

5. Art. 18-B. Os pais, os integrantes da família ampliada, os responsáveis, os agentes públicos executores de medidas socioeducativas ou qualquer pessoa encarregada de cuidar de crianças e de adolescentes, tratá-los, educá-los ou protegê-los que utilizarem castigo físico ou tratamento cruel ou degradante como formas de correção, disciplina, educação ou qualquer outro pretexto estarão sujeitos, sem prejuízo de outras sanções cabíveis, às seguintes medidas, que serão aplicadas de acordo com a gravidade do caso: I – encaminhamento a programa oficial ou comunitário de proteção à família; II – encaminhamento a tratamento psicológico ou psiquiátrico; III – encaminhamento a cursos ou programas de orientação; IV – obrigação de encaminhar a criança a tratamento especializado; V – advertência. (Estatuto da Criança e do Adolescente)
6. O ensino é obrigatório a partir dos 4 (quatro) anos de idade, segundo norma constitucional prevista no artigo 208 da CF/1988, conjugada com a alteração da LDB e com o ECA em seu artigo 55, que estabelece a matrícula como um dever legal dos pais ou responsáveis. Do descumprimento desta obrigação legal diversas medidas judiciais ou extrajudiciais são passíveis de ser aplicadas: a) a medida de proteção de matrícula compulsória prevista no artigo 101, III do Estatuto; b) a determinação pela autoridade competente para que os pais ou responsáveis procedam obrigatoriamente a matrícula da criança prevista no artigo 129, do ECA; c) a infração administrativa dos pais prevista no artigo 249 do mesmo diploma; d) da suspensão ou perda do Poder Familiar ou, na melhor expressão, da autoridade parental; e) a responsabilização penal por abandono intelectual conforme o artigo 246 do Código Penal e f) a responsabilização civil dos pais, que interessa ao presente trabalho.
7. Várias são as formas pelas quais a negligência se manifesta, sendo mais comumente apresentada pela falta ou ineficiência de alimentação; péssimas condições de higiene; falta de limites, o que se verifica quase sempre pela falta de rotina; falta de cuidados mínimos na manutenção do lar, como deixar à disposição das crianças materiais inflamáveis, perfurocortantes, remédios e tudo aquilo que ponha em risco a integridade da criança/adolescente; omissão com relação à saúde da criança, que não é levada ao médico ou dentista; omissão com relação à educação, quando não se matricula a criança na escola; desinteresse pela criança ou adolescente; a falta de supervisão, deixando a criança sozinha, sem que tenha condições para isso ou ignorando sua existência. (BERLINI, Luciana Fernandes. Lei da palmada: uma análise sobre a violência doméstica infantil. Belo Horizonte: Arraes Editores, 2014. p. 36).
8. LIMA, Taísa Maria Macena. Responsabilidade civil dos pais por negligência na educação e formação escolar dos filhos: o dever dos pais de indenizar o filho prejudicado. In: CONGRESSO BRASILEIRO DE DIREITO DE FAMÍLIA, 4. 2003, Belo Horizonte, MG; PEREIRA, Rodrigo da Cunha. Afeto, ética, família e o novo Código Civil brasileiro: anais do IV Congresso Brasileiro de Direito de Família. Belo Horizonte: IBDFAM, Ordem dos Advogados do Brasil, 2004. p. 629.

na teoria do ato ilícito, conjugada com o princípio do melhor interesse da criança, no paradigma do sistema de proteção integral, e dentre tantas medidas possíveis a responsabilidade civil pode ser utilizada como consequência da negligência praticada.

Em resumo, no momento em que o genitor deixa de matricular o filho, ato esse que gera um prejuízo à vítima, deverá obrigar-se a compensar os danos causados.

No que tange ao abandono material, embora pouco ventilado pela doutrina, é perfeitamente possível a incidência dos danos morais em razão do descumprimento da obrigação alimentar. Nesse sentido inclusive,

> Ilustrativamente, haverá dano moral se o inadimplemento impediu que o credor se submetesse a um tratamento médico ou psicológico urgente ou lhe privou de dar continuidade ao mesmo; a outro lado não será digno de proteção o interesse daquele que simplesmente fundamenta a pretensão a uma compensação pelo fato de o inadimplemento lhe causar profunda mágoa ou decepção perante a pessoa do devedor, sem que se amparem na demonstração de fatos objetivos que ultrapassaram as ordinárias consequências do descumprimento do dever legal e repercutiram em sua condição humana.[9]

Dessa forma, o descumprimento do dever de sustento configura-se como ato ilícito, com repercussão que pode extrapolar o dano material e ensejar também dano moral, como levantado na citação retromencionada.

O abandono afetivo, por sua vez, aparece como o tema mais discutido no plano doutrinário e jurisprudencial sobre incidência de danos morais no âmbito das relações parentais. No entanto, não será aqui tratado, por não se configurar como exercício abusivo da autoridade parental, pois quando ocorre o abandono afetivo o que se observa é uma omissão do genitor que abdica, de forma ilícita, de exercer sua responsabilidade parental. O que há, portanto, é um não exercício da autoridade parental.

Não se quer dizer que não possa haver, nesses casos, responsabilização civil. Pode. Desde que estejam preenchidos os pressupostos de configuração da responsabilização civil, motivo pelo qual limita-se aqui à apresentar o posicionamento do Superior Tribunal de Justiça ao qual se filia.[10]

A relação paterno-filial encontra limites legais, mas além deles os pais devem agir de acordo com o melhor interesse da criança, sob pena de serem compelidos a reparar e compensar os danos causados, preferencialmente com a adoção de medidas eficazes, mas menos drásticas para os filhos, como os danos morais, a seguir analisados, sempre que possível, visando preservar a convivência familiar.

---

9. BRAGA NETTO, Felipe; FARIAS, Cristiano Chaves de; ROSENVALD, Nelson. Novo tratado de responsabilidade civil. - 2 ed. São Paulo: Saraiva, 2017. p. 986.
10. Recurso especial. Ação de indenização. Abandono afetivo. Não ocorrência. Ato ilícito. Não configuração. A possibilidade de compensação pecuniária a título de danos morais e materiais por abandono afetivo exige detalhada demonstração do ilícito civil (art. 186 do Código Civil) cujas especificidades ultrapassem, sobremaneira, o mero dissabor, para que os sentimentos não sejam mercantilizados e para que não se fomente a propositura de ações judiciais motivadas unicamente pelo interesse econômico-financeiro. Recurso especial parcialmente conhecido, e nessa parte, não provido (REsp 1493125/SP, Rel. Ministro Ricardo Villas Bôas Cueva, DJe 01/03/2016).

3. DOS DANOS MORAIS NAS RELAÇÕES PARENTAIS: A COMPENSAÇÃO DOS DANOS IRREPARÁVEIS

Todo aquele que causa dano a outrem é obrigado a repará-lo ou, quando não for possível, ao menos deverá compensá-lo. Com efeito, para responsabilização paterno-filial, por danos morais, mister se faz a verificação dos fundamentos jurídicos da responsabilidade civil, na perspectiva da cláusula geral preconizada no artigo 186 do Código Civil.

Mas, como se analisa, embora não haja norma específica que regulamente os danos morais nos casos de responsabilidade parental, como nos demais casos de responsabilização civil, para se falar em responsabilização por danos morais, imprescindível a configuração do dano, em consequência da conduta danosa perpetrada pelo pai ou pela mãe contra seus filhos menores. Em outras palavras, inarredável a caracterização do ato ilícito, dano, culpa e nexo de causalidade.

O dano consiste na privação ou lesão de um bem jurídico. E quando esse dano é moral ou extrapatrimonial há uma ofensa na seara existencial, pois a lesão não repercutirá na órbita financeira do ofendido.[11]

Cumpre salientar, que na verificação do dano deve-se atentar para a situação de vulnerabilidade dessa população infantojuvenil, que se encontra em fase de desenvolvimento e deve contar com o sistema de proteção integral.

A responsabilidade, nesse sentido, apresenta-se como imposição jurídica dirigida a todo aquele que causar dano a outrem, em decorrência de ação ou omissão culposa, ou ainda, em decorrência de previsão legal, como nos casos de responsabilidade objetiva, em que o elemento culpa é prescindível.

O que ocorre é que o legislador ordinário, mantendo o que dispunha o Código Civil anterior, adotou como regra geral a teoria da responsabilidade civil subjetiva, ou seja, fundada na culpa. De outro modo, ampliou o rol de casos de incidência da responsabilidade civil objetiva, sem culpa, notadamente através da teoria do risco.

Compreende-se, assim, que no sistema jurídico brasileiro, a culpa é regra. E a responsabilização civil por dano parental carece, portanto, de perquirição da culpa.

Mas há que se registrar que nos casos em que os danos são causados em razão de violência parental, por exemplo, a constatação da violência praticada contra a prole evoca a presunção de culpa do agente causador do dano, com a consequente inversão do ônus da prova, que deixa de ser da vítima e passa a ser do agressor.

> Trata-se de uma espécie de solução transacional ou escala intermediária, em que se considera não perder a culpa a condição de suporte da responsabilidade civil, embora aí já se deparem indícios de sua degradação como elemento etiológico fundamental da reparação e aflorem fatores de

---

11. Cumpre esclarecer que "o dano moral indenizável não pressupõe necessariamente a verificação de sentimentos humanos desagradáveis como dor ou sofrimento". (Enunciado 445 do Conselho de Justiça Federal).

consideração da vítima como centro da estrutura ressarcitória, para atentar diretamente para as condições do lesado e a necessidade de ser indenizado.[12]

O requerido – pai ou mãe – é que deverá demonstrar que não agiu com culpa, alegando uma das excludentes do artigo 188 do Código Civil, haja vista que a criança e o adolescente, encontram-se na condição de hipossuficientes, pois vulneráveis, em decorrência de sua peculiar condição de desenvolvimento. Não tendo assim, condições de arcar com o ônus da prova de culpa, embora esse ônus, como regra, caiba à vítima.

Essa tendência tenta suprir, portanto, a complicada tarefa de se precisar a culpa e atribuir à vítima esse ônus. A preocupação, hoje, funda-se muito mais na lesão ao direito do outro, com a ocorrência e previsibilidade do dano e com a compensação que, propriamente, em investigar a intenção do sujeito que causou o dano.

Anderson Schreiber ao abordar o tema atenta para o fato de que

a noção teórica de culpa deixa de ser vista de forma tão rigorosa pelas cortes. Suas presunções vão se aplicando de forma cada vez mais tranquila, e a avaliação negativa do comportamento subjetivo vai, gradativamente, passando de fundamento da responsabilização para um elemento ou aspecto do complexo juízo de responsabilidade.[13]

A culpa presumida aparece, então, como a transição entre a responsabilidade subjetiva e a objetiva, mas não pode se confundir com a última, pois, na responsabilidade objetiva não se verifica a existência da culpa, apenas a ocorrência do dano em uma relação de causalidade.

Aliás, a relação de causalidade como requisito desencadeador da responsabilidade civil consiste na ligação entre a ação ou omissão do agente e o resultado danoso. É o liame subjetivo necessário entre o dano e a ação ou omissão que o produziu. Dessa forma, o bem jurídico tutelado deve ser protegido de qualquer ameaça ou lesão, encontrando na responsabilidade civil, por danos morais, proteção jurisdicional, cuja natureza é compensatória, mas, também, preventiva e coercitiva.[14]

Isso porque, em se tratando de danos morais, a responsabilidade civil não consegue cumprir seu caráter reparatório, vez que não é possível restabelecer a situação anterior, mas se justifica na medida em que cumpre sua função compensatória.

Para realizar a finalidade primordial de restituição do prejudicado à situação anterior, desfazendo, tanto quanto possível, os efeitos do dano sofrido, tem-se o direito empenhado extremamente em todos os tempos. A responsabilidade civil é reflexo da própria evolução do direito.[15]

---

12. STOCO, Rui. Tratado de responsabilidade civil. 6. ed. São Paulo: Revista dos Tribunais, 2004. p. 149
13. SCHREIBER, Anderson. Novos paradigmas da responsabilidade civil: da erosão dos filtros da reparação à diluição dos danos. São Paulo: Atlas, 2007. p. 48.
14. Recomenda-se a leitura de MORAES, Maria Celina Bodin. Danos à pessoa humana: uma leitura civil-constitucional dos danos morais. Rio de Janeiro: Renovar, 2003, para um maior aprofundamento do tema.
15. DIAS, José de Aguiar. Da irresponsabilidade civil. 11 ed. Rio de Janeiro: Renovar, 2006. p. 25.

Nos casos de dano parental, ora estudados, o ressarcimento por danos morais, pleiteado pelo filho menor, contra os genitores, terá o condão de compensar a lesão sofrida. Pois o dano extrapatrimonial é irreparável.

Trata-se de importante medida preventiva, além de ter função dissuasória, no exato momento em que assume um caráter educativo, sinalizando à sociedade que os danos sofridos no âmbito familiar também devem ser evitados, com o consequente estímulo ao equilíbrio e promoção das relações paterno-filiais.

Ainda que os danos morais não sejam defendidos aqui como única opção, podem sim agir de forma punitiva e preventiva, sempre que os pais lembrarem que podem responder judicialmente pelos danos morais praticados contra seus filhos.

> O ressarcimento por dano moral de caráter punitivo com o objetivo de servir de desestímulo aos abusos e omissões permite maior controle e incentivo à implementação das políticas básicas e reflete o caráter preventivo do art. 70, ECA, ao declarar que é dever de todos zelar pelos direitos da criança e do adolescente.[16]

Com relação ao quantum, não há como predefinir um valor. Exatamente por isso a quantificação do dano moral, ainda hoje, é encarada com dificuldade, tendo em vista que visa compensar um dano que não é patrimonial e, portanto, não tem preço.

Apenas diante do caso concreto o juiz, apreendendo o fenômeno familiar em sua complexidade, poderá arbitrar uma quantia razoável, que desestimule a conduta parental danosa. Ao mesmo tempo, não deverá comprometer sua dignidade, nem deixar de verificar a extensão do dano e a condição do filho.

Havendo, então, fundamentos jurídicos que caracterizem a responsabilidade civil é possível conceder compensação ao filho, em decorrência dos danos morais causados pelos pais no exercício da parentalidade.

Como foi analisado, a responsabilização civil por danos morais apresenta-se também como medida preventiva para a ocorrência de danos no exercício da autoridade parental. Isso porque,

> o sistema de responsabilidade civil não pode manter uma neutralidade perante valores juridicamente relevantes em um dado momento histórico e social. Todas as perspectivas de proteção efetiva de direitos merecem destaque, seja pela via material como pela processual, em um sincretismo jurídico capaz de realizar um balanceamento de interesses, através da combinação das funções basilares da responsabilidade civil: punição, precaução e compensação. A verdade é que não se pode reduzir a complexidade do modelo aquiliano a uma função exclusiva e unitária.[17]

Parece, dessa forma, que a utilização dos danos morais é adequada, embora pouco utilizada. Encontrando fundamento tanto nas normas de responsabilidade civil, quan-

---

16. PEREIRA, Tânia da Silva. Direito da Criança e do Adolescente – Uma proposta interdisciplinar. 2 ed. Rio de Janeiro: Renovar, 2008. p.192.
17. ROSENVALD, Nelson. As funções da responsabilidade civil: a reparação e a pena civil. 3 ed. São Paulo: Saraiva, 2017. p. 33.

to na princiopiologia familista, já que é medida menos grave que a responsabilidade penal, podendo desistimular o exercício abusivo da parentalidade sem que haja uma restrição à liberdade desses pais, como ocorre nos casos de responsabilização penal ou, ainda, sem que haja prejuízo ao convívio familiar, como nos casos de destituição da autoridade parental.

Em outras hipóteses a responsabilização civil torna-se inócua, como por exemplo nos casos em que o genitor que exerce de forma abusiva sua autoridade parental não dispõe de recursos financeiros para compensar os danos sofridos, como é possível vislumbrar no recente caso julgado pelo Superior Tribunal de Justiça em que a medida aplicada foi a destituição da autoridade parental.

> Agravo interno no agravo em recurso especial. Destituição do poder familiar. Prevalência do melhor interesse da criança. Reiterado descumprimento dos deveres inerentes ao poder familiar com submissão dos menores a situação de risco.
>
> (...) Ficou sobejamente demonstrado nos autos ser a genitora dependente química que não consegue abster-se das drogas, da prostituição e da prática de delitos e, portanto, não revela condições de prestar os cuidados básicos aos filhos, colocando-os em situação de risco. A antecipação da tutela com a determinação das providências adotadas foi justificada pela situação de risco dos menores em proteção e ante o perigo na demora a ser combatido na tutela de urgência, de modo a se preservar a utilidade e a efetividade da medida constritiva adotada. Agravo interno não provido.[18]

A verificação da capacidade econômica do genitor é, por isso, primordial para a efetividade da imposição de danos morais, pois pode tornar-se inócua, do ponto de vista da compensação, como também de sua eficácia pedagógica e até punitiva.

Para os casos mais extremos, a destituição da autoridade parental e a responsabilização penal atenderão ao melhor interesse da criança e do adolescente, sem prejuízo da responsabilização civil.

Por isso mesmo defende-se a prevenção como a melhor forma de combater os danos causados por aqueles que em regra têm o dever legal de cuidar e proteger. Haja vista que a destituição da autoridade parental e a responsabilização penal dos pais acabam por punir, direta ou indiretamente os filhos, que são revitimizados, nessas hipóteses, pela perda do convívio familiar.

Assim, qualquer violação a um direito da infantoadolescência, objeto de proteção constitucional e infraconstitucional, deverá ser coibida, para que se atenda mais ao caráter preventivo do que propriamente punitivo. Porque ainda que o dinheiro não sirva para reparar o mal sofrido, há uma espécie de coerção, capaz de fazer com que o genitor se sinta desestimulado a violar os direitos dos filhos.

O que não se pode esquecer é que ainda que se defenda a aplicação a priori de medidas mais brandas, o magistrado não pode perder de vista o caso concreto, den-

---

18. BRASIL, Superior Tribunal de Justiça. 4ª Turma, AgInt no AREsp 890.218/RJ, Relator: Raul Araújo, DJe 09/03/2017.

tro da perspectiva de aplicação normativa não predeterminada, porque o critério de distribuição de responsabilidades difere no caso concreto, como visto.

Essa a noção que vem sendo difundida pelas decisões da Corte Europeia,

> Si examinamos la jurisprudencia actual de la Corte Europea de Derechos Humanos veremos uma preocupación dirigida a que el niño permanezca dentro de lo posible en su âmbito familiar, pues em sus resoluciones há considerado que, em principio, la tutela de los servicios sociales o de la policía, significan una lesión al derecho del niño a uma vida familiar y solo caben estas guardas cuando fueren otorgadas en el interes del niño. Por conseguiente, la institucionalización, si no tiene adecuado fundamento, representa uma violación a los términos de la Convención Europea sobre los Derechos Humanos.[19]

Do cotejo, ao analisar os casos de exercício abusivo da autoridade parental: alienação parental, violência doméstica ou abandono, por exemplo, pode haver a responsabilização por danos morais, desde que o melhor interesse da criança seja observado, sem perder de vista sua real dimensão, em consonância com o sistema de proteção integral.

4. CONSIDERAÇÕES FINAIS

Investigar a incidência dos danos morais nas relações paterno-filiais não é uma tarefa simples, haja vista a necessidade de se repensar o exercício da parentalidade, principalmente para a proteção à infância e à juventude que se pretende alcançar.

Verificou-se a necessidade de se respeitar a criança e o adolescente, levando-se em consideração sua condição de sujeito, livre e titular de autonomia, como expressão da garantia constitucional, que, juntamente com o sistema de proteção integral e o melhor interesse da criança devem orientar as relações familiares, o que demonstra a incompatibilidade do exercício abusivo da autoridade parental, pois acabam atingidos por quem deveria protegê-los.

Nessa perspectiva, a análise dos danos morais aplicados quando os genitores causam danos contra sua prole perfaz-se necessária, em decorrência da gravidade dos danos perpetrados a essas vítimas, que se encontram em fase particular de desenvolvimento e não podem ser considerados objetos da autoridade parental, pois esta pressupõe um complexo de direitos e deveres na perspectiva de uma relação dinâmica, de mútuo respeito entre pais e filhos, permitindo que os direitos fundamentais da criança e do adolescente sejam assegurados, de forma ampla, mas também na peculiaridade de cada lar, impedindo que os danos aconteçam.

A responsabilização civil por danos morais pode funcionar de forma preventiva ou coercitiva e, caso ocorra algum dano no exercício da autoridade parental, seus responsáveis deverão arcar com a compensação por danos morais, a ser imposta pelo juiz com fundamento nos pressupostos da responsabilidade civil apresentados,

---

19. CADOCHE, Sara Noemí. Violência familiar. Buenos Aires: Rubinzal-Culzoni Editores, 2002.

conjugados com a observância de princípios próprios do Direito das Famílias, como o princípio da dignidade da pessoa humana, do melhor interesse da criança, da pluralidade de entidades familiares, da proteção integral e da convivência familiar.

Conclui-se, por fim, que os pais que causam danos aos seus filhos devem ser responsabilizados, pois não há permissivo legal ou fundamento outro que justifique a violação dos direitos da criança e do adolescente. O fato de titularizar a autoridade parental, portanto, não configura excludente de responsabilidade civil.

5. REFERÊNCIAS

BERLINI, Luciana Fernandes. Lei da palmada: uma análise sobre a violência doméstica infantil. Belo Horizonte: Arraes Editores, 2014.

BRAGA NETTO, Felipe; FARIAS, Cristiano Chaves de; ROSENVALD, Nelson. Novo tratado de responsabilidade civil. 2 ed. São Paulo: Saraiva, 2017.

CADOCHE, Sara. Violência familiar. Buenos Aires: Rubinzal-Culzoni Editores, 2002.

DIAS, José de Aguiar. Da irresponsabilidade civil. 11 ed. Rio de Janeiro: Renovar, 2006.

HIRONAKA, Giselda Maria Fernandes Novais. Pressuposto, elementos e limites do dever de indenizar por abandono afetivo. In: PEREIRA, Rodrigo da Cunha; PEREIRA, Tânia da Silva. (coord.). A ética da Convivência familiar: sua efetividade no cotidiano dos tribunais. Rio de Janeiro: Forense, 2006.

LIMA, Taísa Maria Macena. Responsabilidade civil dos pais por negligência na educação e formação escolar dos filhos: o dever dos pais de indenizar o filho prejudicado. In: PEREIRA, Rodrigo da Cunha. Afeto, ética, família e o novo Código Civil brasileiro: anais do IV Congresso Brasileiro de Direito de Família. Belo Horizonte: IBDFAM, Ordem dos Advogados do Brasil, 2004.

MOREIRA, Luciana Maria Reis. Alienação Parental. Belo Horizonte: Editora D'Plácido, 2015.

ROSENVALD, Nelson. As funções da responsabilidade civil a reparação e a pena civil. 3 ed. São Paulo: Saraiva, 2017.

SCHREIBER, Anderson. Novos paradigmas da responsabilidade civil: da erosão dos filtros da reparação à diluição dos danos. São Paulo: Atlas, 2007.

STOCO, Rui. Tratado de responsabilidade civil. 6. ed. São Paulo: Revista dos Tribunais, 2004.

TEIXEIRA, Ana Carolina Brochado. Família, guarda e autoridade parental. 2. ed. rev. e atual. Rio de Janeiro: Renovar, 2009.

AINDA SOBRE O ABANDONO AFETIVO: REFLEXÕES SOBRE AS CONSEQUÊNCIAS DE UMA CONDENAÇÃO AO PAGAMENTO DE INDENIZAÇÃO

Tom Alexandre Brandão

Doutor e Mestre em Direito Civil pela Faculdade de Direito da Universidade de São Paulo. Graduado pela Faculdade de Direito da Universidade de São Paulo. Professor nos cursos de pós-graduação da Escola Paulista da Magistratura. Juiz de Direito no Estado de São Paulo

Sumário: 1. A necessidade de reflexão sobre as funções da responsabilidade civil – 2. A configuração do abandono afetivo como ilícito – 3. A indenização que sepulta a possibilidade de (re)construção da relação – 4. Referências.

1. A NECESSIDADE DE REFLEXÃO SOBRE AS FUNÇÕES DA RESPONSABILIDADE CIVIL

A reparação do dano moral foi definitivamente consagrada pelo nosso ordenamento jurídico nas últimas décadas. O advento da Constituição Federal de 1988 sepultou a antiga controvérsia acerca da possibilidade, ou não, dessa espécie de indenização.[1] Trata-se, evidentemente, de uma notável evolução do direito privado, de sorte que um grande número de situações que geravam um dano intangível passou a encontrar resposta no sistema jurídico, fenômeno que é perfeitamente identificável no cotidiano forense.

Ocorre que, superada a questão da aceitação da reparação pelos danos morais, verifica-se que os mecanismos e formas possíveis de respostas às lesões extrapatrimoniais talvez não tenham sido adequadamente aprofundados.

Doutrina e jurisprudência costumam enfocar a reparação dos danos morais com o viés patrimonialista do direito civil, cingindo-se à penalização pecuniária do ofensor; muito embora distinta a natureza do dano causado, a reparação moral é sempre dimensionada em dinheiro, como se prejuízo material fosse.[2]

---

1. Yussef Said Cahali (*Dano moral*. 4 ed., São Paulo: Editora Revista dos Tribunais, 2011, p. 17-18) destaca que, em face do *status* constitucional alcançado em 1988, a análise de teorias ou posições resistentes à admissão da reparação de um dano tipicamente moral assume uma importância meramente histórica. Pode-se afirmar que houve a constatação de que diversas situações que caracterizam atos ilícitos provocam danos de natureza não pecuniária às vítimas; embora se reconheça a dificuldade de mensurar e mesmo de comprovar a existência desses danos, o fato é que o sistema jurídico não poderia ficar indiferente a tais fenômenos, devendo assumir uma posição em favor do lesado.
2. Anderson Schreiber (Reparação não pecuniária dos danos morais. In: TEPEDINO, Gustavo; FACHIN, Luiz Edson (org.). *Pensamento crítico do direito civil brasileiro*. Curitiba: Juruá, 2011, p. 331) é um crítico severo

Esse tema merece uma maior atenção, notadamente naquelas situações em que a reparação em dinheiro pode resultar em danos ainda mais graves à relação jurídica existente entre ofensor e vítima.

Trataremos, nestas breves linhas, do chamado abandono afetivo nas relações de filiação e suas consequências para fins de reparação civil, especialmente no que diz respeito à reparação em dinheiro. O instituto, em nossa concepção, convida a uma reflexão acerca do escopo da responsabilidade civil nos casos em que há danos extrapatrimoniais.

2. A CONFIGURAÇÃO DO ABANDONO AFETIVO COMO ILÍCITO

O fenômeno conhecido como *abandono afetivo* tem sido objeto de intensa discussão pelos estudiosos do direito de família nesse início de século.[3] É fruto do reconhecimento de que é preciso assegurar às crianças e adolescentes uma convivência efetiva e saudável com seus genitores; dessa forma, garantir que desfrutem de suporte psicológico adequado para o pleno desenvolvimento de sua personalidade.

A crescente aceitação dessas ideias evidencia a superação do viés patrimonialista do tradicional direito de família, isto é, da antiga concepção de que bastaria aos pais (ou mães) prestarem amparo financeiro à prole para o devido cumprimento de suas obrigações; em realidade, os filhos precisam não apenas de dinheiro para satisfação de suas necessidades materiais, mas, sobretudo, de afeto,[4] educação, amor e da assistência dos seus genitores ao longo de toda a sua formação. Nesse sentido, o *comportamento afetivo* é um dever que se impõe aos pais e, de outro lado, um direito

---

da extensão da função historicamente patrimonialista da responsabilidade civil, sem que se implemente ou cogite qualquer modificação substancial na estrutura do instituto. Ressalta que, mesmo nos casos de lesões a interesses não patrimoniais, a única resposta que se verifica no nosso ordenamento jurídico é a deflagração do dever de indenizar. Aduz que não há justificativa para o imobilismo doutrinário nesse campo, sendo inadmissível o conformismo com a construção que responde apenas com dinheiro às violações aos direitos da personalidade. Essa condição pode despertar sentimentos mercenários nas vítimas. Pior: também dá a entender que o sujeito pode lesar o direito de outro, bastando que assuma o preço da indenização. Explica que não se trata de uma substituição do sistema, mas de oferecer alternativas à mera condenação em dinheiro. Um exemplo citado é a retratação pública nas questões que envolvem ilícitos praticados por órgãos ou veículos de imprensa. É uma modalidade bastante eficaz sob o aspecto do desestímulo.

3. Giselda Maria Fernandes Novaes Hironaka (Pressuposto, elementos e limites do dever de indenizar por abandono afetivo. *Repertório de Jurisprudência IOB*, v. III, n. 13/2006, p. 418) explica que o estudo do abandono afetivo deve ser compreendido num cenário de evolução do direito de família contemporâneo. Além das questões estritamente patrimoniais, volta-se aos aspectos pessoais das relações humanas, "com a preocupação primordial de reconhecer à família a condição de *locus* privilegiado para o desenvolvimento de relações interpessoais mais justas, por meio do desenvolvimento de seres humanos (sujeitos de direito) mais complexos e psiquicamente melhor estruturados".

4. A afetividade é reconhecida pela moderna doutrina como a base das relações familiares. A importância é tamanha que os vínculos que se constroem pelo afeto são tidos como, inclusive, mais importantes do que as relações de natureza meramente biológica. O festejado conceito de *paternidade socioafetiva* é a demonstração de que a essência da paternidade não está na concepção, mas no amor e na convivência havida entre o pretenso pai e o filho. Ora, se esse afeto é capaz de criar um vínculo de paternidade mais sólido, inclusive, do que aquele que decorre dos laços biológicos, fácil depreender o quanto esse cuidado é essencial para a formação da criança e do adolescente.

essencial dos menores. As ciências psicossociais, com efeito, ressaltam que a falta desse cuidado pode causar danos relevantes à formação do indivíduo.[5]

Rodrigo da Cunha Pereira[6] enuncia a *paternidade responsável* como um dos princípios fundantes do direito de família. A relação parental passa a compreender um conjunto de direitos e deveres, ônus e obrigações impostas aos pais e mães na criação dos seus filhos, tenham sido eles planejados ou não. Direitos e deveres que, reitere-se, não se resumem aos aspectos materiais.

O debate intensificou-se com o enfrentamento pelo Superior Tribunal de Justiça, a partir de 2005, de casos relacionados ao abandono afetivo. Houve, num primeiro julgamento, em acórdão relatado pelo Ministro Fernando Gonçalves,[7] pronunciamento desfavorável ao reconhecimento de um ilícito indenizável.

Entendeu-se, na ocasião, que a legislação já estabelece a pena para o descumprimento injustificado do dever de sustento, guarda e educação dos filhos, qual seja, a perda do poder familiar. Assim, já traria consigo as funções punitivas e dissuasórias almejadas pela indenização.

O argumento, a todo sentir, não convence. José Fernando Simão,[8] em crítica vigorosa aos fundamentos do referido acórdão, bem observa que a destituição do poder familiar significa, em realidade, premiar o pai ausente, pois seria oficialmente destituído dos deveres que são impostos pela lei. Assim, a pena se aplicaria no interesse do pai e não do menor.

Menciona o relator, ainda, a impossibilidade de o Poder Judiciário obrigar alguém a amar ou manter um relacionamento afetivo, de sorte que nenhuma finalidade positiva seria alcançada com a indenização pleiteada. A decisão repercute, assim,

---

5. Confira-se, a propósito, artigo de autoria de Giselle Câmara Groeninga: Descumprimento do dever de convivência: danos morais por abandono afetivo. A interdisciplina sintoniza o direito de família com o direito à família. In: HIRONAKA, Giselda Maria Fernandes Novaes (coord.). *A outra face do poder judiciário: decisões inovadoras e mudança de paradigmas*. Belo Horizonte: Del Rey, 2005. Maria Berenice Dias (*Manual de direito das famílias*. 11 ed. São Paulo: Revista dos Tribunais, 2016, p. 100-101) aponta que o distanciamento entre pais e filhos produz sequelas de ordem emocional que podem comprometer o sadio desenvolvimento da criança e adolescente. Os sentimentos de dor e abandono podem deixar reflexos importantes na vida.
6. *Princípios fundamentais norteadores do direito de família*. 3 ed., São Paulo: Saraiva, 2016, p. 228.
7. Cuidou-se do REsp 757.411, julgado em 29/11/2005. O autor Alexandre ingressou com ação contra seu pai alegando, em síntese, que o genitor deixou de lhe prestar assistência psíquica e moral, evitando-lhe o contato, muito embora cumprisse regularmente a obrigação alimentar. Sustentava o autor que foi impossibilitado de conhecer sua meia-irmã (filha do réu num segundo casamento), bem assim que viu ignoradas todas as tentativas de aproximar-se de seu pai que, ademais, manteve-se ausente em ocasiões importantes de sua vida. Assevera que a situação lhe causou sofrimento e humilhação, ensejando a conduta culposa a ensejar reparação. O genitor, por sua vez, argumentou que o afastamento decorreu de uma postura da mãe do autor, inconformada com a propositura de uma ação revisional de alimentos. Afirma que, muito embora distante, sempre demonstrou orgulho e júbilo pelas conquistas de seu filho. A ação foi julgada improcedente em primeiro grau. A sentença foi reformada pelo Tribunal de Justiça de Minas Gerais, sob o fundamento de que o dano sofrido pelo autor em sua dignidade seria passível de indenização.
8. (*De Alexandre a Luciane: da cumplicidade pelo abandono ao abandono punido*. Disponível em: [http://www.cartaforense.com.br/conteudo/colunas]. Acesso em: 17/07/2017).

um dos principais argumentos daqueles que rechaçam a indenização pelo abandono afetivo, qual seja, a alegada impossibilidade de se obrigar alguém a amar.[9]

Orientação diametralmente oposta foi desenvolvida no julgamento do REsp 1.159.242, relatado pela Ministra Nancy Andrighi:[10] o acórdão rejeita a ideia de que o abandono afetivo se resolve com a perda do poder familiar, pois a razão do instituto seria, em realidade, resguardar a integridade do menor, ofertando-lhe, por outros meios, a criação e educação negada pelos genitores.

Destaca, ainda, que não se discute o amar, mas a imposição legal de cuidar; trata-se, pois, de um dever jurídico, corolário daquele que exerce a liberdade de gerar ou adotar um filho. Nessa quadra, com a comprovação de que a imposição legal de cuidado foi descumprida, é preciso reconhecer a efetiva ocorrência de um ilícito civil, na modalidade omissão, que atinge um bem jurídico tutelado, exigindo-se a reação do ordenamento jurídico.[11]

O instituto do abandono afetivo, dessa feita, não significa impor aos pais a obrigação de amarem seus filhos, mas o seu reconhecimento decorre, a bem da verdade, da constatação objetiva de que houve infringência do dever jurídico de cuidado.[12]

Um pai que não tenha a guarda dos filhos – eventualmente por não manter casamento, união estável ou mesmo uma relação amistosa com a genitora – não está obrigado apenas a pagar os alimentos convencionados ou fixados em sentença. Deve, além de contribuir com o sustento da prole, participar efetivamente de sua criação e

---

9. Carlos Alberto Dabus Maluf (*Curso de direito de família*. São Paulo: Editora Saraiva, 2013, p. 629) sustenta que a convivência é um ato de amor e afetividade entre as partes, de modo que de nada adiantaria forçar uma visitação. Argumenta que o melhor interesse da criança não será alcançado pelo medo da responsabilização afetiva. Alexandre Morais da Rosa (Mercando a dor no poder judiciário: a questão do dano moral pelo "abandono afetivo" In: COUTINHO, Jacinto Nelson de Miranda (coord.). *Direito e psicanálise: interseções a partir de "o mercado de Veneza de William Shakespeare"*. São Paulo: Lumen Juris, 2010) sustenta que a demanda por indenização é uma tradução equivocada de um Direito que se pretende curar todas as mazelas definitivas com dinheiro, um Poder Judiciário que se arvora em conceder aquilo que não pode conceder: amem-se uns aos outros.
10. A ação foi movida por Luciane contra o seu pai, alegando, em suma, ter sofrido abandono material e afetivo durante sua infância e juventude. A sentença de primeiro grau julgou a ação improcedente e, posteriormente, foi reformada pelo Tribunal de Justiça do Estado de São Paulo no julgamento da apelação. O v. acórdão proferido no julgamento do recurso especial corrobora as conclusões do Tribunal estadual.
11. A decisão foi bastante comemorada pela moderna doutrina do direito de família. Cristiano Chaves de Farias, Felipe Braga Netto e Nelson Rosenvald (*Novo tratado de responsabilidade civil*. 2 ed. São Paulo: Saraiva, 2017, p. 951) asseveram que o mérito da decisão proferida no julgamento do REsp 1.159.242 foi oferecer parâmetros objetivos que permitem superar a ofensa a um suposto "dever de amar" ou mesmo em torno da etérea cláusula geral da dignidade da pessoa humana, com a demonstração de que se cuida, em realidade, de uma objetiva conduta antijurídica que consiste na omissão do dever de cuidado preconizado pelo artigo 1.634, I e II, do Código Civil.
12. Numa sofisticação do raciocínio, há autores que sustentam a possibilidade de aplicar a teoria da perda de uma chance às hipóteses de abandono afetivo, isto é, a chance que o filho negligenciado perdeu de convivência familiar e, em consequência, desenvolvimento psíquico saudável. Confira-se Rodrigo da Cunha Pereira. Responsabilidade civil pelo abandono afetivo. In: MADALENO, Rolf; BARBOSA, Eduardo (coord.). *Responsabilidade civil no direito de família*. São Paulo: Atlas, 2015, p. 407-408.

desenvolvimento, comparecendo nas visitas, nos eventos familiares, em datas festivas (natal, dia dos pais etc.) e nos momentos importantes em geral. Não é um enfoque, portanto, meramente subjetivo, no sentido de analisar os sentimentos dos pais em relação aos filhos, mas uma análise concreta de seu envolvimento e comportamento na criação e desenvolvimento dos filhos.[13]

De todo modo, exige-se muita cautela na análise de cada caso concreto. As relações humanas e familiares são imensamente complexas, sujeitas a incontáveis variáveis. Há pessoas que têm grande dificuldade de expor seus sentimentos, outras que não foram criadas em ambiente familiar saudável, de sorte que nem sequer saberiam reproduzir essas condições ideais em suas próprias vidas. Não é simples exigir de quem não teve genitores presentes que seja um exemplo de pai. Por vezes, os pais ou mães são afastados da convivência com os seus filhos pelo(a) outro(a) genitor(a), situação tão relevante e comum que ensejou até mesmo a edição de uma lei tratando da alienação parental.

Numa outra perspectiva, há uma preocupação com a banalização do instituto, isto é, uma vulgarização do abandono afetivo como fomento a uma enxurrada de demandas com o único propósito de obtenção de indenizações, o que se costuma chamar de indústria do dano moral.[14]

Camila Affonso Prado[15] adverte que o risco, embora real, não pode justificar que os filhos que realmente tiveram sua dignidade violada devam ser privados do direito à indenização pecuniária visando à reparação dos danos sofridos. O raciocínio parece-nos correto: eventual excesso de ações judiciais tratando do tema não pode desnaturar, no plano teórico, a efetiva ocorrência de um ilícito consistente na falta de apoio e amparo na criação e desenvolvimento dos filhos.

De todo modo, a projeção dos institutos da responsabilidade civil no direito de família é polêmica e gera debates acalorados.[16] Com o abandono afetivo não seria

---

13. Flávio Tartuce (*Direito de família: novas tendências e julgamentos emblemáticos*. São Paulo: Atlas, 2011, p. 234) compartilha esse entendimento: "desse modo, como já se observou na doutrina, a discussão sobre o abandono afetivo não deve considerar, como ponto principal, se o pai é ou não obrigado a conviver com o filho, ou se o afeto pode ser imposto ou não, havendo uma mudança de foco quanto ao essencial para a questão. Muito ao contrário, em uma análise técnico-jurídica, o ponto fulcral é que no abandono afetivo há a presença da lesão de um direito alheio, pelo desrespeito a um dever jurídico estabelecido em lei".
14. Cristiano Chaves de Farias, Felipe Braga Netto e Nelson Rosenvald (*Novo tratado de responsabilidade civil*. 2 ed. São Paulo: Saraiva, 2017, p. 949-950) ressaltam que a complexidade do poder familiar é evidenciada por uma multiplicidade de decisões diárias na vida dos filhos, das mais variadas espécies. Nesse sentido, nos erros e acertos que são inerentes à vida, advertem que é preciso refletir sobre o risco de criar novos tipos de danos, convertendo-se a autoridade parental em atividade de risco.
15. *Responsabilidade civil dos pais pelo abandono afetivo dos filhos menores*. Dissertação (mestrado). Faculdade de Direito, Universidade de São Paulo, São Paulo, 2012, p. 215.
16. A responsabilidade civil no campo das relações familiares é complexa. A vida familiar é uma fonte inesgotável de prazer, afeto e amor. Mas também é foco de sofrimento, dores e conflitos. Todos somos, em maior ou menor grau, atores nessa dinâmica de erros e acertos nos papéis que vivemos como pais, mães, filhos, irmãos etc., experiências que nos fazem ser o que somos. Permitir que o Estado interfira nessa seara tão íntima é difícil; complicado, de igual forma, estabelecer os limites que essa intervenção pode ocorrer. Veja-se como são polêmicas as discussões a respeito da possibilidade de reparação civil nas situações em que há

diferente. As circunstâncias da vida e de cada caso concreto são sempre únicas e específicas, razão pela qual merecem uma análise probatória minuciosa, com o apoio de laudos técnicos e equipes multidisciplinares.

Precipitado e injusto atribuir ao filho abandonado que busca reparação em juízo a pecha de ganancioso, isto é, acusá-lo de querer trocar a desatenção por dinheiro, aproveitando-se da sua situação. É um dano, muitas vezes injusto, que pode merecer reparação com indenização.

Cuida-se, em alguns casos, de um grito de socorro, uma tentativa desesperada de chamar a atenção do seu genitor ausente, nem que seja para um breve encontro numa sala de audiência de um fórum.

Mas, de igual forma, talvez seja inadequado satanizar o pai (ou mãe) ausente em toda e qualquer situação. É preciso levar em consideração que circunstâncias da vida podem tê-lo afastado, contra sua vontade, do convívio com a prole. Nem todos têm a força, equilíbrio, maturidade, perseverança e todas as qualidades que são necessárias para exercer o papel de genitores.[17]

Não se pretende, com essas palavras, atenuar a gravidade de uma situação de abandono afetivo, nem mesmo inocentar o indivíduo que deixa de cumprir com seus deveres como pai, isto é, de exercer a chamada paternidade responsável. A intenção é apenas sublinhar a complexidade das relações humanas e familiares, de modo que a reparação em dinheiro pode, em diversas situações, não ser o melhor caminho para a reparação efetiva do dano sofrido.

Nesse passo, o instituto do abandono afetivo deve ser estudado não apenas no que diz respeito à caracterização de uma infração de dever jurídico, mas, também, nas formas que o sistema reage diante da ocorrência desses ilícitos.

3. A INDENIZAÇÃO QUE SEPULTA A POSSIBILIDADE DE (RE)CONSTRUÇÃO DA RELAÇÃO

O instituto do abandono afetivo – tão em voga no estudo contemporâneo do direito de família – é um excelente exemplo da necessidade de uma maior reflexão acerca do tratamento uniforme e essencialmente patrimonial da responsabilidade civil em nosso sistema jurídico.

Parece inadequado que, constatada a ocorrência de um ilícito, sejam utilizados indistintamente os instrumentos tradicionais de reparação civil, estabelecendo-se, para toda e qualquer situação, uma indenização em dinheiro. É preciso questionar a finalidade da reparação e, sobretudo, as consequências que advirão de uma eventual

---

descumprimento dos deveres que são inerentes ao casamento ou união estável, como a lealdade, mútua assistência e fidelidade.
17. É possível cogitar que o(a) genitor(a) também sofra com essa ausência e que gostaria que tudo fosse diferente. Nesse cenário hipotético, melhor do que uma ação de indenização seria uma tentativa de aproximação do filho, ainda que na via judicial.

condenação judicial. Isso, nos casos que envolvem o abandono afetivo, é especialmente dramático.

Houve um considerável avanço da ciência jurídica ao delinear os contornos do ilícito consistente na conduta omissiva do dever jurídico de cuidado que é imposto aos genitores. A ausência de cuidados pode gerar danos severos e concretos à personalidade dos filhos, situação que não deve ser ignorada ou mesmo tolerada pelo ordenamento.

Ainda assim, é preciso ponderar quais os efeitos que decorrerão de uma sentença de procedência proferida numa ação em que se discute o abandono afetivo, em especial nos casos em que há uma condenação do genitor a indenizar os danos morais sofridos pelo filho, mediante o pagamento de uma determinada quantia.

O problema é que essa condenação em dinheiro servirá justamente para dilapidar qualquer possibilidade de (re)construção da relação parental, convívio esse que, em princípio, poderia ser iniciado ou retomado a qualquer momento.

Cria-se um verdadeiro paradoxo: o ordenamento jurídico, para compensar um dano, coloca uma pá de cal que neutraliza a recomposição desse mesmo dano.[18]

Há, na doutrina, quem vislumbre uma função pedagógica à indenização fixada em razão do abandono afetivo dos pais em relação aos filhos,[19] na medida em que traduziria uma sinalização à sociedade no sentido de que esse tipo de comportamento omissivo não é tolerado pelo sistema jurídico. Giselle Câmara Groeninga[20] vai além, e identifica um papel simbólico do Poder Judiciário nesses casos, de tal sorte que o reconhecimento e a legitimação dessa demanda não atendida pelo pai podem contribuir na melhora da autoestima, assim como na formação de identidade e inserção na comunidade desse filho abandonado.

Arthur M. Ferreira Neto e Luciana Gemelli Eick,[21] em sentido contrário, sustentam que o temor e o receio de uma condenação judicial não são instrumentos

---

18. Isso foi considerado pelo Ministro Fernando Gonçalves no julgamento do primeiro caso submetido à apreciação do Superior Tribunal de Justiça: "o pai, após condenado a indenizar o filho por não lhe ter atendido às necessidades de feto, encontrará ambiente para reconstruir o relacionamento ou, ao contrário, se verá definidamente afastado daquele pela barreira erguida durante o processo litigioso? (...) Por certo um litígio entre as partes reduziria drasticamente a esperança do filho de se ver acolhido, ainda que tardiamente, pelo amor paterno.
19. Rodrigo da Cunha Pereira (Responsabilidade civil pelo abandono afetivo. In: MADALENO, Rolf; BARBOSA, Eduardo (coord.). *Responsabilidade civil no direito de família*. São Paulo: Atlas, 2015, p. 407/408). Camila Affonso Prado (*Responsabilidade civil dos pais pelo abandono afetivo dos filhos menores*. Dissertação (mestrado). Faculdade de Direito, Universidade de São Paulo, São Paulo, 2012) embora reconheça que a indenização pecuniária não modificará a situação dos filhos abandonados, que continuarão a conviver com sentimentos de rejeição e humilhação, argumenta que a pena auxilia no repensar da sociedade em torno da verdadeira função parental.
20. Descumprimento do dever de convivência: danos morais por abandono afetivo. A interdisciplina sintoniza o direito de família com o direito à família. In: HIRONAKA, Giselda Maria Fernandes Novaes. *A outra face do poder judiciário: decisões inovadoras e mudança de paradigmas*. Belo Horizonte: Del Rey, 2005, p. 417/418.
21. Abandono afetivo: os limites do direito na coerção de manifestações emocionais humanas. *Revista Jurídica*. Ano 63. n. 451. Maio de 2015, p. 42.

minimamente eficazes para forçar alguém a modificar sua postura afetiva. Pior: a indiferença inicial seria transformada em algo ainda pior com a ação judicial, num fenômeno que os autores descrevem como perpetuação da mágoa dentro do núcleo familiar, cogitando-se, inclusive, a criação de um novo ciclo de agressividade e violência entre pais e filhos.

A situação do abandono afetivo (e das relações familiares em geral) é bem distinta do que ocorre com outros ilícitos civis. Isso porque, noutras hipóteses, frequentemente inexiste uma relação entre ofensor e vítima que mereça ser preservada ou que possa ser ameaçada por uma condenação judicial em dinheiro.

Um sujeito que ingressa com uma ação judicial contra uma instituição financeira sob alegação de abalo indevido ao crédito não está, evidentemente, preocupado com a repercussão que uma suposta condenação em dinheiro gerará ao réu. O mesmo ocorre numa ação fundada em acidente de trânsito ou na quebra de uma obrigação contratual qualquer. Em todos esses exemplos há danos passíveis de reparação em dinheiro. Uma vez indenizada a vítima, a vida segue.

Os efeitos dessa condenação para um caso que envolva o abandono afetivo são muito mais sérios. A indenização em dinheiro perpetua o próprio dano que a justifica. Não se pretende dizer que o abandono afetivo deva ser ignorado pelo Direito. Há, concretamente, um ato ilícito a ser enfrentado. Contudo, é preciso considerar as consequências advindas dessa sentença, as quais, em alguns casos, agravarão o próprio dano que se busca ressarcir.

Daí porque, no aprofundamento doutrinário sobre o abandono afetivo, é preciso meditar sobre outras formas de reparação dos danos extrapatrimoniais, de modo a afastar a concepção unicamente patrimonialista abordada pela doutrina e jurisprudência.

Mais interessante e profícua do que uma condenação em dinheiro para o pai que abandonou afetivamente os seus filhos seria pensar em formas para (re) construir essa relação, com estrutura psicossocial adequada. O aparato jurídico estatal pode e deve ser acionado para a reparação de danos caracterizados ao desenvolvimento do menor.

Houve, evidentemente, uma evolução da doutrina e jurisprudência na superação da ideia de que se tratava de uma obrigação de amar. O abandono afetivo, em realidade, é a consequência do descumprimento do dever de cuidado, previsto e imposto pela lei.

Mas não há nada a celebrar. Eventual condenação em dinheiro por dano afetivo é um atestado de fracasso, o resultado de uma relação de paternidade que nunca mais será retomada e, também, de uma intervenção jurídica malsucedida. Nesse sentido, em que pese seja louvável a evolução doutrinária e jurisprudencial para abarcar esses danos efetivamente existentes, deve-se ponderar que é um instrumento excepcionalíssimo,[22] que só deve ser utilizado na ausência total de relacionamento entre o(a) genitor(a) e o filho. E mais: com a consciência de que qualquer contato não será retomado.

Técnicas de mediação e intervenção de equipes multidisciplinares devem ser priorizadas e tentadas nos processos judiciais em que configurado abandono afetivo, sendo certo que a imposição, ao final, de condenação em dinheiro é o pior, e mais doloroso, remédio.

Mais importante do que penalizar quem descumpre suas obrigações familiares seria pensar em meios para permitir ou estimular a recomposição desses laços. Para tanto, coloca-se mais uma vez em discussão a medida e os limites em que o Estado pode interferir na vida íntima da família; admitindo-se a premissa de que há efetivamente um ilícito e um dano decorrente desse abandono, será que o prejudicado poderia recorrer ao Judiciário para obter uma tutela cominatória no sentido de compelir o pai (ou mãe) a cumprir os deveres que decorrem da paternidade?

Poderia o genitor ser compelido (ou, ao menos, convidado) a participar de programas ou terapias para a recomposição dos laços familiares ou afetivos? A resposta de que a recusa do pai (ou mãe) ensejaria a aplicação de multas pecuniárias e, em consequência, retomaria o problema da indenização em dinheiro talvez seja açodada. Evidente que não há como compelir o(a) genitor(a) a comparecer a uma sessão de mediação ou garantir um comprometimento efetivo com as medidas de aproximação com o filho. Caso mantenha a resistência ou inércia, a consequência poderá ser mesmo a fixação de uma reparação em dinheiro.

Mas é preciso considerar que há a hipótese de que o genitor queira participar, ou seja, de que o processo possa servir para efetivamente recompor os laços de filiação. Essa chance, a todo sentir, não deve ser desprezada.

São soluções que ainda deverão ser construídas. De todo modo, espera-se que o sistema jurídico seja concebido de forma a reagir de maneiras distintas, conforme sejam diferentes as lesões a ele submetidas.

4. REFERÊNCIAS

CAHALI, Yussef Said. *Dano moral*. 4 ed., São Paulo: Revista dos Tribunais, 2011.

CAVALIERI FILHO, Sérgio. *Programa de responsabilidade civil*. 8 ed., São Paulo: Atlas, 2009.

CORDEIRO, António Manuel da Rocha e Menezes. *Tratado de direito civil: pessoas*. v. IV, 3 ed., Coimbra: Almedina, 2011.

---

22. É o que prega a doutrina especializada. Confira-se, a propósito, Giselle Câmara Groeninga (Descumprimento do dever de convivência: danos morais por abandono afetivo. A interdisciplina sintoniza o direito de família com o direito à família. In: HIRONAKA, Giselda Maria Fernandes Novaes. *A outra face do poder judiciário: decisões inovadoras e mudança de paradigmas*. Belo Horizonte: Del Rey, 2005, p. 417/418): "é necessário reconhecer que os pedidos de indenização por abandono afetivo devem ser formulados após serem esgotadas e frustradas tentativas de contato e convivência".

DIAS, José de Aguiar. *Da responsabilidade civil*. 11 ed., Rio de Janeiro: Renovar, 2006.

DIAS, Maria Berenice. *Manual de direito das famílias*. 11 ed. São Paulo: Revista dos Tribunais, 2016.

FARIAS, Cristiano Chaves de; BRAGA NETTO, Felipe e ROSENVALD, Nelson Rosenvald. *Novo tratado de responsabilidade civil*. 2 ed. São Paulo: Saraiva, 2017.

GROENINGA, Giselle Câmara. Descumprimento do dever de convivência: danos morais por abandono afetivo. A interdisciplina sintoniza o direito de família com o direito à família. In: HIRONAKA, Giselda Maria Fernandes Novaes (coord.). *A outra face do poder judiciário: decisões inovadoras e mudança de paradigmas*. Belo Horizonte: Del Rey, 2005.

HIRONAKA, Giselda Maria Fernandes Novaes. *Pressuposto, elementos e limites do dever de indenizar por abandono afetivo*. Repertório de Jurisprudência IOB, v. III, n. 13/2006.

LAGRASTA NETO, Caetano / SIMÃO, José Fernando e TARTUCE, Flávio. *Direito de família: novas tendências e julgamentos emblemáticos*. São Paulo: Atlas, 2011.

MALUF, Carlos Alberto Dabus. *Curso de direito de família*. São Paulo: Editora Saraiva, 2013.

MORAES, Maria Celina Bodin de. *Danos à pessoa humana: uma leitura civil-constitucional dos danos morais*. Rio de Janeiro: Renovar, 2003.

NETO, Arthur M. Ferreira e EICK, Luciana Gemelli. Abandono afetivo: os limites do direito na coerção de manifestações emocionais humanas. *Revista Jurídica*. Ano 63. n. 451. Maio de 2015.

NUNES, João Batista Amorim de Vilhena. *Família e sucessões: reflexões atuais*. Curitiba: Juruá Editora, 2009.

PEREIRA, Rodrigo da Cunha. *Princípios fundamentais norteadores do direito de família*. 3 ed., São Paulo: Saraiva, 2016.

_____ Responsabilidade civil pelo abandono afetivo. In: MADALENO, Rolf; BARBOSA, Eduardo (coord.). *Responsabilidade civil no direito de família*. São Paulo: Atlas, 2015.

PERLINGIERI, Pietro. *Perfis do direito civil: introdução ao direito civil constitucional*. 3 ed., Rio de Janeiro: Renovar, 2007.

PRADO, Camila Affonso. *Responsabilidade civil dos pais pelo abandono afetivo dos filhos menores*. Dissertação (mestrado). Faculdade de Direito, Universidade de São Paulo, São Paulo, 2012.

RIBEIRO, Jorge Martins. *O direito do homem a rejeitar a paternidade de filho nascido contra a sua vontade: a igualdade na decisão de procriar*. Coimbra: Editora Coimbra, 2013.

RODRIGUES JUNIOR, Otavio Luiz; MAMEDE, Gladson e ROCHA, Maria Vital da (coord.). *Responsabilidade civil contemporânea em homenagem a Sílvio de Salvo Venosa*. São Paulo: Atlas, 2011.

SCHREIBER, Anderson. *Novos paradigmas da responsabilidade civil: da erosão dos filtros da reparação à diluição dos danos*. 5 ed., São Paulo: Editora Atlas, 2013.

_____. Reparação não pecuniária dos danos morais. In: TEPEDINO, Gustavo; FACHIN, Luiz Edson (org.). *Pensamento crítico do direito civil brasileiro*. Curitiba: Juruá, 2011.

SIMÃO, José Fernando. *De Alexandre a Luciane: da cumplicidade pelo abandono ao abandono punido*. Disponível em: [http://www.cartaforense.com.br/conteudo/colunas]. Acesso em: 17/07/2017.

SOUZA, Rabindranath V. A. Capelo de. *O direito geral de personalidade*. Coimbra: Editora Coimbra, 2011.

STOCO, Rui. *Tratado de responsabilidade civil – doutrina e jurisprudência*. 8 ed., São Paulo: Editora Revista dos Tribunais, 2011.

ROSA, Alexandre Morais da. Mercando a dor no poder judiciário: a questão do dano moral pelo "abandono afetivo" In: COUTINHO, Jacinto Nelson de Miranda (coord.). *Direito e psicanálise: interseções a partir de "o mercado de Veneza de William Shakespeare"*. São Paulo: Lumen Juris, 2010.

ROSENVALD, Nelson. *As funções da responsabilidade civil: a reparação e a pena civil*. 3 ed., São Paulo: Saraiva, 2017.

WALD, Arnoldo e CORRÊA DA FONSECA, Priscila. *Direito Civil: direito de família*. v. 5, 17 ed., São Paulo: Editora Saraiva, 2009.

Responsabilidade Civil
na Área Médica

A RESPONSABILIDADE CIVIL DOS PROFISSIONAIS DA SAÚDE PELA VIOLAÇÃO DA AUTONOMIA DOS PACIENTES

Adriano Marteleto Godinho

Doutor em Ciências Jurídicas pela Universidade de Lisboa. Mestre em Direito Civil pela Universidade Federal de Minas Gerais. Professor de Direito Civil da Universidade Federal da Paraíba.

Sumário: 1. Considerações iniciais – 2. A autonomia privada nas relações médico-paciente – 3. Consentimento informado e seus requisitos – 4. A responsabilidade civil dos profissionais de saúde pela violação da autonomia dos pacientes – 5. O consentimento presumido enquanto fator excludente de responsabilidade – 6. Conclusões – 7. Referências.

1. CONSIDERAÇÕES INICIAIS

As reflexões acerca da responsabilidade civil dos profissionais da saúde, e mais particularmente dos médicos, corriqueiramente giram em torno de se discutir se, em virtude de *erro médico* – isto é, sobretudo nos casos de desvios de conduta no decorrer de procedimentos cirúrgicos ou mesmo nas hipóteses de mau diagnóstico – caberá determinar que o próprio autor do malfadado ato, e mesmo as instituições públicas ou privadas a que esteja vinculado, venham a responder por danos causados aos pacientes e, eventual e reflexamente, aos seus familiares.

O propósito desse texto, todavia, será diverso: cumprirá averiguar, mormente com supedâneo na legislação brasileira, mas sem perder de vista o caráter universal do tema, de que modo os profissionais da saúde poderão ser responsabilizados pela violação à autonomia de por seus pacientes. Noutros termos, debater-se-á a possibilidade de imputar responsabilização civil aos médicos que, ainda quando empreendam adequadamente as melhores técnicas disponíveis para preservar a vida e a saúde dos pacientes – isto é, independentemente de erro –, vêm a atuar em contrariedade à livre expressão de vontade destes.

Para tanto, caberá, em um primeiro momento, definir o sentido a atribuir à afamada expressão *consentimento informado* e verificar quais os requisitos para o reconhecimento de sua validade e plena eficácia. Adiante, serão averiguadas as circunstâncias nas quais se permitirá aos pacientes consentir – e, por igual modo, dissentir – com a realização dos procedimentos sanitários e terapêuticos que lhes sejam propostos. Restará, por fim, verificar a possibilidade de se imputar responsabilidade civil aos profissionais que, ainda que atuem em estrito cumprimento da técnica própria de seus ofícios, venham a desrespeitar os limites do consentimento prestado pelos pacientes.

São estes, em apertada síntese, os objetivos suscitados e investigados nas linhas que se seguem.

2. A AUTONOMIA PRIVADA NAS RELAÇÕES MÉDICO-PACIENTE

No âmbito das relações estabelecidas entre médicos e pacientes, o *consentimento informado* – termo que se cunhou para identificar que a declaração de vontade do paciente é externada de forma livre e devidamente esclarecida – é a expressão da autonomia que se lhes confere para aceitar ou recusar determinados tratamentos ou intervenções, com base nas informações prestadas acerca dos riscos e dos procedimentos a serem seguidos. A referida autonomia, em sentido técnico, é tida como o direito ao exercício da própria liberdade pessoal, seja no âmbito dos negócios de cunho patrimonial ou, como interessa mais de perto ao objeto desse texto, no domínio dos atos jurídicos de caráter existencial.

A simplificada noção formulada por Josefina Del Río,[1] para quem a autonomia "consiste na possibilidade de que os sujeitos possam tomar decisões livres e conscientes sobre sua própria pessoa e seus bens", tem, a propósito, o mérito de ampliar a liberdade de atuação do indivíduo para além da disposição do seu patrimônio. Emerge a autonomia privada, assim, como inarredável decorrência de uma noção mais ampla de liberdade, o que toca, afinal, a dignidade humana. Se a cada indivíduo se reconhece a prerrogativa de ser e de tornar-se o que bem entender, a autonomia privada tem um nobre papel a cumprir: o de facultar a cada pessoa, em respeito à sua individualidade, modelar o sentido da sua existência, ancorada nos seus valores, suas crenças, sua cultura e seus anseios. Há, pois, que conceber a autonomia não apenas como meio de se obrigar pecuniariamente, mas também de se desenvolver e realizar a própria personalidade humana. Para tanto, revela-se crucial a consagração da liberdade para atuar no campo dos direitos da personalidade, onde se incluem os direitos à vida, à integridade psicofísica e à saúde, entre outros. A saúde, a propósito, além de direito da personalidade, é também tida como um direito fundamental. Seu respaldo demanda, em virtude do princípio da proteção, uma postura cada vez mais ativa do Estado em relação a eventuais abusos e violações à saúde dos cidadãos.[2]

No que toca particularmente aos atos médicos, foi gradual a conquista da autonomia dos pacientes. A viragem do modelo estritamente paternalista para o do reconhecimento desse espaço de liberdade de escolha pode ser comprovada por

---

1. DEL RÍO, Josefina Alventosa. *El derecho a la autonomía de los pacientes*. In: CABANILLAS SÁNCHEZ, Antonio *et al* (org.). *Estudios jurídicos en homenaje al Profesor Luiz Díez-Picazo*, t. 1. Madrid: Thomson-Civitas, 2003, p. 173.
2. FARIAS, Cristiano Chaves; ROSENVALD, Nelson; BRAGA NETO, Felipe. *Novo tratado de responsabilidade civil*. 2. ed. São Paulo: Saraiva, 2017, p. 1.107.

diplomas e diretivas internacionais que confirmam, enfim, que os médicos deixaram de ser senhores de todas as decisões que respeitam à vida e à saúde dos pacientes.

Nos Estados Unidos, em 1847, editou-se um código das "obrigações dos pacientes para com seus médicos", a impor àqueles um estrito dever de obediência às imposições técnicas dos profissionais. Segundo constava explicitamente do teor do documento, "a obediência do paciente às indicações de seu médico deve ser rápida e implícita. O paciente não deve nunca permitir que sua própria opinião vulgar sobre seu estado de saúde possa influir na atenção do médico".[3]

Tempos depois, seriam diversas as premissas – ainda que o advento de novas perspectivas custasse o passar de mais de um século. A diretiva intitulada "elementos fundamentais da relação médico-paciente", formulada pela "American Medical Association" em 1990, consagrava a noção de que "uma intervenção biomédica só pode ser levada a cabo depois que o paciente tenha sido informado de seu propósito, natureza, riscos e consequências, e tenha consentido livremente". Por sua vez, agora em âmbito internacional, a Declaração dos Direitos do Paciente da Associação Médica Mundial, de 1981, determinou que "o paciente tem o direito de autodeterminação para tomar livremente as decisões que lhe concernem. O médico informará ao paciente acerca das consequências de suas decisões".[4]

Abandonou-se, portanto, o antigo e rigoroso modelo de busca pela beneficência, no qual o médico poderia e deveria ministrar os tratamentos que, a seu juízo, fossem capazes de conduzir à cura de seus pacientes. Precisamente para evitar que a "opinião vulgar" do paciente viesse a representar a "desobediência" aos mandamentos do médico, conforme constava no antigo diploma norte-americano das "obrigações dos pacientes para com seus médicos", engendrou-se um sistema dialético, em que o médico age não somente pelo mero impulso das suas convicções, mas também em respeito aos interesses do paciente, segundo as intervenções que lhe pareçam mais adequadas. Daí emerge, então, o sentido do aludido consentimento informado, expressão maior da autonomia atribuída ao paciente para aceitar ou recusar determinados procedimentos, com base nos esclarecimentos, prestados pelo médico, sobre a natureza da intervenção, os riscos, as contraindicações e as vantagens esperadas, além dos demais elementos que possam relevar para a formação da sua livre convicção.

Atualmente, prevalece a noção de que a declaração do paciente para consentir com o ato médico é obrigatória, qualquer que seja a magnitude da intervenção e seus procedimentos e riscos. Nas relações médico-paciente, a liberdade para tomar decisões acerca dos tratamentos aos quais o paciente deseja ou não se submeter contribui para nele reconhecer o status de *pessoa*, e não de mero *objeto* da atividade médica.

---

3. Conforme ANDORNO, Roberto. *"Liberdade" e "dignidade" da pessoa: dois paradigmas opostos ou complementares na bioética?* In: MARTINS-COSTA, Judith; MÖLLER, Letícia Ludwig (Org.). *Bioética e responsabilidade*. Rio de Janeiro: Forense, 2009, p. 76.
4. ANDORNO, Roberto. *Op. cit.*, p. 76-77.

No Brasil, a matéria em questão não passou ao largo do Código de Ética Médica, que em seu texto contempla uma série de disposições sobre a necessidade de autorização para a prática de intervenções médicas. Entre elas, destacam-se os arts. 22 e 31, que vedam ao médico "deixar de obter consentimento do paciente ou de seu representante legal após esclarecê-lo sobre o procedimento a ser realizado, salvo em caso de risco iminente de morte" e "desrespeitar o direito do paciente ou de seu representante legal de decidir livremente sobre a execução de práticas diagnósticas ou terapêuticas, salvo em caso de iminente risco de morte". Sobre a extensão do dever de informação, há também a previsão, no art. 34, de que é vedado "deixar de informar ao paciente o diagnóstico, o prognóstico, os riscos e os objetivos do tratamento, salvo quando a comunicação direta possa lhe provocar dano, devendo, nesse caso, fazer a comunicação a seu representante legal". Por isso, salvo nas hipóteses em que as informações possam prejudicar o paciente, a ele deve ser dirigida a comunicação acerca de todos os aspectos relativos aos meios e riscos do tratamento proposto.

Com isso, avulta a importância que se confere à autonomia do paciente e se reafirma o relevo do consentimento informado. Supera-se, assim, uma concepção manifestamente paternalista da medicina tradicional, "segundo a qual o médico estava habilitado para decidir de forma unilateral o tratamento a seguir, sem ter em conta os desejos, temores e interesses do paciente".[5]

Resta verificar, então, de que modo se dá a expressão da autonomia dos pacientes e quais os requisitos para que possa validamente se revelar.

3. CONSENTIMENTO INFORMADO E SEUS REQUISITOS

Por faltar uma noção legal acerca do consentimento informado no Brasil, sua conceituação fica legada à tarefa do intérprete. No entanto, é possível obter da Lei 3/2001, promulgada na Comunidade Autônoma da Galícia, na Espanha, um conceito abrangente de consentimento informado, que seria, em tradução livre, a conformidade expressa do paciente, manifestada por escrito, mediante a obtenção da informação adequada, para a realização de um procedimento diagnóstico ou terapêutico que afete a sua pessoa e que comporte riscos importantes, notórios ou consideráveis. A referida lei ainda avança e enuncia expressamente que a prestação do consentimento informado é um direito do paciente e um dever do médico.[6]

Juridicamente, o consentimento informado não deixa de ser também uma decorrência da boa-fé, que deve nortear toda e qualquer relação contratual, inclusive aquela travada entre médicos e pacientes, o que impõe a ambos, em especial aos primeiros, uma obrigação de transmitir ao seu parceiro, com transparência e lealdade, as informações relevantes de que dispõem. Firmar a natureza contratual do vínculo jurídico estabelecido entre médicos e pacientes (embora também caiba frisar seu

---
5. ANDORNO, Roberto. *Op. cit.*, p. 76.
6. DEL RÍO, Josefina Alventosa. *El derecho a la autonomía de los pacientes. Op. cit.*, p. 178.

conteúdo existencial, posto que fundada na ideia da dignidade imanente às partes),[7] aliás, é de fundamental relevância para estabelecer o regime jurídico a ele aplicável, e que reclama a intervenção, inclusive, dos ditames do Código de Defesa do Consumidor. Não cabe dizer, apesar disso, que o dever de informar adequadamente ao paciente, assumido pelo médico, deriva apenas do fato de entre eles subsistir uma relação de ordem contratual. Na realidade, há que pensar, num primeiro plano, na própria incolumidade do paciente, componente do seu direito à integridade física e moral. Em função disso, é possível atestar que a obrigação atribuída ao médico de não intervir sobre a integridade física do paciente sem o devido consentimento deste é preexistente ao surgimento do elo negocial que os une; ou seja, "o dever de obter o consentimento informado do doente funda-se num direito inato de personalidade e não depende, na sua afirmação básica, da estrutura contratual em que se pratique o ato médico".[8]

Cumpre, nesse domínio, partir da premissa de que o paciente é a parte frágil na relação estabelecida com o médico, precisamente por ignorar os aspectos técnicos da medicina. Sendo o consentimento informado a expressão da vontade do paciente, exige-se que ele tenha plena consciência da natureza dos procedimentos propostos e dos riscos que lhes são inerentes, quando poderá, se for o caso, emitir a autorização para a prática do ato médico. Tal autorização se dá, em geral, por meio da assinatura do Termo de Consentimento Informado, documento que deve especificar, em linguagem acessível ao paciente, as informações indispensáveis à formação da sua livre convicção. Ao lançar sua assinatura no referido termo, o paciente declara estar ciente do seu inteiro teor, assumindo livremente os riscos indicados.

Num primeiro ensaio, em formulação proposta por ANDRÉ GONÇALO DIAS PEREIRA,[9] pode-se afirmar que a validade do consentimento prestado pelo paciente parte dos seguintes elementos mínimos:

a) Que o paciente tenha capacidade para consentir, cabendo apelar, nesse caso, não necessariamente para o sentido da *capacidade civil*, adquirida, em geral, a partir dos 18 anos completos, mas ao *discernimento* do paciente, o que poderá implicar o reconhecimento da plena validade do consentimento prestado por pessoas menores de idade, desde que gozem de maturidade bastante para compreender e aceitar ou recusar a prática do ato médico.

b) Que o paciente tenha recebido informação suficiente sobre o tratamento proposto. Somente cabe falar em um autêntico consentimento esclarecido se o paciente

---

7. NAVES, Bruno Torquato de Oliveira; SÁ, Maria de Fátima Freire de. *Da relação jurídica médico-paciente: dignidade da pessoa humana e autonomia privada*. In: SÁ, Maria de Fátima Freire de (Coord.). *Biodireito*. Belo Horizonte: Del Rey, 2002, p. 115.
8. OLIVEIRA, Guilherme. *Estrutura jurídica do acto médico, consentimento informado e responsabilidade médica*. In: Temas de Direito da Medicina 1. Faculdade de Direito da Universidade de Coimbra – Centro de Direito Biomédico. Coimbra: Ed. Coimbra, 1999, p. 63.
9. PEREIRA, André Gonçalo Dias. *O consentimento informado na relação médico-paciente*. Faculdade de Direito da Universidade de Coimbra – Centro de Direito Biomédico. Coimbra: Ed. Coimbra, 2004, p. 129-130.

puder absorver as informações que lhe forem transmitidas, sendo imprescindível, assim, sua *compreensão*. É inegável que o paciente ocupa posição desfavorável nas relações travadas com os médicos, por ser ele presumivelmente leigo, desconhecendo os meandros do tratamento e sentindo-se fragilizado pela dor e pela doença de que padece.[10] Entra em cena a noção de *hipossuficiência*, referida pelo Código de Defesa do Consumidor, cujo art. 6º, inciso III, enuncia que a informação a ser prestada ao consumidor deve ser adequada e clara, além de especificar os riscos que os serviços apresentem. Portanto, apenas haverá manifestação deliberada de vontade se houver, por parte do paciente, o devido entendimento acerca dos termos contidos no Termo de Consentimento Informado, que devem se revestir da máxima transparência possível.

c) Finalmente, que o paciente tenha liberdade de manifestar sua vontade, livre de quaisquer vícios que a maculem – tema ao qual se retornará no tópico a seguir.

Superada, enfim, a ideia de que o paciente nada tem a dizer sobre os tratamentos médicos que lhe são propostos, passa-se a admitir que cada indivíduo se torne senhor das decisões sobre si mesmo. Rompe-se, pois, com a ideia excessivamente paternalista (a permitir ao Estado intervir vigorosamente sobre as liberdades individuais em nome de uma suposta proteção das pessoas) e minimalista (a reduzir drasticamente o alcance da autonomia privada) em torno do exercício dos direitos existenciais da pessoa humana. Sem que se reconheça a ela algum espaço de liberdade sobre tais direitos, se lhes nega uma característica que é própria da natureza do homem: a necessidade de se afirmar e de superar a si mesmo. A autonomia para as escolhas que pautam a existência de uma pessoa é um meio de se preservar a identidade de cada indivíduo, que vive em torno dos seus princípios: não se pode negá-los sem negar a si mesmo.[11] Naturalmente, essa autonomia encontra seu ápice no reconhecimento da estrita necessidade de observância e respeito aos limites do consentimento prestado pelos pacientes.

4. A RESPONSABILIDADE CIVIL DOS PROFISSIONAIS DE SAÚDE PELA VIOLAÇÃO DA AUTONOMIA DOS PACIENTES

Devidamente sustentados os argumentos que demonstram a imprescindibilidade do respeito à autonomia dos pacientes, resta apurar de que modo os profissionais da saúde – nomeadamente, mas não exclusivamente, os médicos – podem ser responsabilizados por eventual desrespeito aos limites do consentimento prestado por seus pacientes.

Consoante já se salientou, somente cabe falar em verdadeiro consentimento informado se o paciente for capaz de compreender o teor do Termo de Consentimen-

---

10. FARIAS, Cristiano Chaves; ROSENVALD, Nelson; BRAGA NETO, Felipe. *Op. cit.*, p. 1.108.
11. OLIVEIRA, Nuno Manuel Pinto. *The right to bioethical self-determination in the charter of fundamental rights of the European Union*. In: Boletim da Faculdade de Direito da Universidade de Coimbra, v. LXXX. Coimbra, 2004, p. 632.

to Informado, cujo vocabulário, próprio da área médica, deve ser suficientemente preciso e compreensível ao paciente, para que proporcione completo entendimento sobre seus termos. É necessário, pois, que o médico promova uma efetiva interação com seus pacientes, observando as condições e as limitações concretas de cada um, explicando-lhes cada aspecto do conteúdo do Termo, para que esse possa ser uma fonte de segurança para ambos.

O postulado acabado de referir é imprescindível para estabelecer que o consentimento somente será como válido se as informações transmitidas aos pacientes forem bastantes para a formação da sua convicção. À míngua de informação, ou sendo ela incompleta ou imprecisa para sustentar um consentimento devidamente esclarecido, poder-se-á afirmar que, ainda que o paciente tenha aposto sua assinatura no Termo que lhe tiver sido apresentado, o consentimento obtido será considerado inválido, passando a conduta médica a ser tratada como um ato não autorizado,[12] incidindo, a partir daí, as regras que imputem a ele a responsabilidade civil (e mesmo criminal) pela intervenção não permitida sobre a integridade física de terceiros.

Do mesmo modo, caso reste demonstrado que o próprio médico levou o paciente a prestar o consentimento, valendo-se, para tanto, de artifícios indevidos, seja mediante o induzimento malicioso capaz de deturpar a realidade dos fatos (dolo), seja em virtude de ameaça de mal injusto (coação), poderá responder civil e criminalmente, em virtude de atuar mediante constrangimento ilegal, ao intervir sobre a integridade física do paciente sem que esse tivesse manifestado validamente sua permissão para tal fim. Afinal, também conforme os argumentos suscitados algures, a manifestação de vontade do paciente há de ser livre e estar isenta de quaisquer vícios que a maculem.

A averiguação sobre quais circunstâncias se enquadrariam em um comportamento inadequado do médico, contudo, exige prudência. Não se pode acusar o profissional de agir mediante coação quando vier a sugerir fortemente que seu paciente se submeta a determinada intervenção médico-cirúrgica, desde que se reserve a esse a liberdade suficiente para, se entender adequado, rejeitar o tratamento proposto. A mera tentativa de persuasão, enfim, não induz a presença de vício. Outra será a hipótese, entretanto, caso o médico venha a reduzir a capacidade de resistência do paciente, ao colher seu consentimento após a ingestão de analgésicos, sedativos ou outros produtos farmacêuticos que lhe comprometam o discernimento.[13] Nesse caso, será indubitável a ausência de voluntariedade na manifestação de vontade, ficando comprometida sua validade, o que, em última instância, revela inaceitável

---

12. PEREIRA, André Gonçalo Dias. *O consentimento para intervenções médicas prestado em formulários: uma proposta para o seu controlo jurídico*. Boletim da Faculdade de Direito da Universidade de Coimbra, v. LXXVI, 2000, p. 451.
13. SILVA, Marcelo Sarsur Lucas da. *Considerações sobre os limites à intervenção médico-cirúrgica não consentida no ordenamento jurídico brasileiro*. In: Revista da Faculdade de Direito da Universidade Federal de Minas Gerais, n. 43. Belo Horizonte, julho-dezembro de 2004, p. 100.

desrespeito à autonomia do paciente, capaz de gerar a responsabilização civil do profissional envolvido.

Enfim, a inobservância dos requisitos necessários para a validade do consentimento informado não permite dizer que houve verdadeira anuência, o que poderá acarretar a responsabilidade civil do profissional, seja pelos danos provocados ao paciente, seja pela intervenção não consentida sobre a sua integridade física. Nesses casos, mesmo que não haja danos à incolumidade física, caberá atestar, quando menos, a existência de ato ilícito praticado contra o direito à autodeterminação do paciente. É preciso, pois, atestar um postulado essencial nesse domínio: não é necessária a existência de dano à saúde do paciente para que o profissional incorra em responsabilização pessoal; o desrespeito à autonomia do enfermo já justifica o reconhecimento de um dano à *liberdade de escolha* do paciente. Em tais circunstâncias, ainda que se demonstre que o profissional atuou em estrita observância das normas e técnicas próprias de seu ofício, caberá atribuir-lhe o dever de reparar o dano, consistente na violação de um espaço necessário de autonomia do paciente, a quem competirá, em última análise, a decisão sobre os rumos a tomar em relação à sua saúde.

5. O CONSENTIMENTO PRESUMIDO ENQUANTO FATOR EXCLUDENTE DE RESPONSABILIDADE

Malgrado seja de se exigir a exteriorização do consentimento do paciente, como elemento primeiro para a prática de qualquer intervenção médica, há situações excepcionais que permitem ao médico agir de imediato, independentemente da anuência do próprio paciente ou da autorização de seus representantes legais. Com efeito, em caso de iminente perigo de vida ou de lesões graves e irreversíveis, quando o paciente não está apto a prestar o consentimento, a urgência para a tentativa de preservar a vida ou integridade física justifica a intervenção médica imediata. Em situação diversa, estando o paciente impossibilitado de prestar o consentimento em situações de risco intermediário, mas não havendo ou não sendo encontrado o responsável legal que possa autorizar a intervenção, também é de se entender que o médico estará legitimado a agir de pronto, igualmente com o intuito de salvaguardar a incolumidade do paciente, quando não pareça razoável aguardar pela eventual melhora do paciente ou pelo contato com seus familiares ou representantes. Trata-se do denominado *privilégio terapêutico*, que consiste na faculdade de atuação médica, diante de situações de mal iminente, sem que seja necessário recorrer previamente ao consentimento do paciente.[14] A necessidade de agir de imediato, em tais circunstâncias, justificará certo sacrifício da autonomia do paciente sobre sua integridade física, operando-se

---

14. RODRIGUES, João Vaz. *O consentimento informado para o acto médico no ordenamento jurídico português: elementos para o estudo da manifestação da vontade do paciente*. Faculdade de Direito da Universidade de Coimbra: Centro de Direito Biomédico. Coimbra: Ed. Coimbra, 2001, p. 279.

uma espécie de inversão da regra do consentimento, tudo para que, em nome do princípio in dubio pro vita, se possa salvar a vida ou a saúde essencial do doente.[15]

Nas circunstâncias descritas, não caberá falar na prática de ato ilícito, seja nas esferas civil, penal ou administrativa. O médico estará amparado por figuras jurídicas, previstas no ordenamento brasileiro, que excluem a ilicitude – no caso, o estado de necessidade e o exercício regular de um direito reconhecido, que encontram guarida nos arts. 23 do Código Penal e 188 do Código Civil. Aqui, tampouco caberá falar na existência de dano, atuando o profissional amparado pelo consentimento presumido do paciente, afastando-se a própria responsabilidade civil. A propósito, cabe firmar a ideia de que a omissão do médico, nos casos em que lhe é possível salvar a vida do paciente, é que será passível de sanções, nos âmbitos administrativo e penal, e de reparações no civil.

A decisão de agir de ofício, sem que se colha o consentimento do paciente para a intervenção sobre a sua integridade física, tem caráter eminentemente subsidiário: somente será legítima tal conduta se o paciente estiver verdadeiramente inabilitado para manifestar sua vontade. A urgência da medida, nesse domínio, também desempenhará papel preponderante: não se admitirá a realização do procedimento médico caso seja possível esperar pela decisão daquele que, embora pudesse estar apto a consentir, em condições normais, se acha apenas momentaneamente privado de fazê-lo. Noutros termos, o apelo ao consentimento presumido somente encontrará justificativa quando, diante das possíveis consequências da demora, parecer insustentável esperar pela decisão do interessado.[16]

Justifique-se que, nas aludidas situações, caberá atestar a presença de uma autêntica *presunção de consentimento*. Parte-se do pressuposto de que, caso o indivíduo estivesse em condições de se manifestar, autorizaria, à partida, a realização das intervenções necessárias para preservar-lhe a vida e a saúde. A pedra de toque da figura reside, pois, no recurso à "vontade hipotética" do titular do bem jurídico,[17] a partir de um juízo de probabilidade que toma em consideração o que a pessoa presumivelmente faria se pudesse livremente exprimir sua vontade. Esse regime especialíssimo de ausência de ilicitude e também de responsabilidade, diante da falta de consentimento expresso, somente se justifica pela natureza dos bens jurídicos a preservar. Pouco importará, inclusive, que o paciente, quando curado e já apto a se manifestar, declare sua discordância quanto aos cuidados e tratamentos ministrados à sua saúde: justifica-se a intervenção sobre seu corpo, prevalecendo a excludente

---

15. CUNHA, Maria da Conceição Ferreira da. *Das omissões lícitas no exercício da medicina*. In: COSTA, José de Faria; GODINHO, Inês Fernandes. *As novas questões em torno da vida e da morte em direito penal: uma perspectiva integrada*. Coimbra: Ed. Coimbra, 2010, p. 103-104.
16. FRISCH, Wolfgang. *Consentimento e consentimento presumido nas intervenções médico-cirúrgicas*. In: DIAS, Jorge de Figueiredo (Dir.). *Revista Portuguesa da Ciência Criminal*, a. 14, ns. 1 e 2. Coimbra: Ed. Coimbra, janeiro-julho de 2004, p. 108.
17. ANDRADE, Manuel da Costa. *Direito penal médico. SIDA: testes arbitrários, confidencialidade e segredo*. Coimbra: Ed. Coimbra, 2004, p. 58.

de ilicitude, mesmo que depois se venha a verificar que a verdadeira intenção do enfermo era diversa.[18]

Outra circunstância em que poderá ser legítima a conduta médica, independentemente da manifestação de prévio assentimento por parte do paciente, consiste nos casos em que se fizer imprescindível o *alargamento da operação*. WOLFGANG FRISCH[19] esclarece que a medida será adequada quando o paciente prestar seu consentimento para uma intervenção médica de determinada natureza e dimensão, descobrindo-se posteriormente ao início da sua realização que seria recomendável alargar a operação, para estendê-la para além dos limites do consentimento dado, já não sendo mais possível obtê-lo, por estar o paciente sedado e sob o efeito de anestesia. O mesmo autor relata um caso, submetido ao Tribunal Federal alemão, em que o médico tinha obtido da sua paciente o consentimento para erradicar um tumor no útero; durante a operação, contudo, verificou-se ser imprescindível remover todo o órgão para conter o alastramento do tumor, informação não levada oportunamente à paciente, o que tornava o procedimento, portanto, não consentido. Nessas hipóteses de risco agudo de vida ou de grave lesão corporal, não havendo meios de comunicar ao paciente a necessidade de se alargar o procedimento, será possível admitir que o apelo ao consentimento presumido legitima a conduta do médico, que não deverá responder civil ou criminalmente, entendimento esse que prevaleceu no Tribunal alemão, no caso da extração do útero da paciente.

Outro caso semelhante, relatado por MANUEL DA COSTA ANDRADE,[20] foi decidido em 1988, também na Alemanha, em que se considerou haver justificativa legítima para que um médico aferisse o consentimento presumido de uma paciente. Enquanto o profissional realizava o parto com cesariana em uma mulher que já tinha dois filhos nascidos, foram constatadas anomalias graves que, em caso de nova gravidez da paciente, poderiam causar a ruptura do útero e o seu consequente falecimento. Ao partir do pressuposto que se deveria evitar uma nova gravidez a todo custo, o médico procedeu à esterilização da paciente, para supostamente preservar-lhe a vida e inclusive da futura criança. Dessa vez, contudo, parece ser indesculpável a conduta do médico, que jamais poderia ter adotado pela própria mulher a decisão de submeter-se ou não aos riscos de uma futura gravidez. Ademais, há outros fatores que tornam reprovável a decisão do médico: não apenas a esterilização não consistia na única maneira de evitar uma nova gravidez, como também não se tratava de medida urgente, eis que os possíveis riscos somente se concretizariam com a eventual ocorrência de uma nova gravidez. A prova definitiva

---

18. ANDRADE, Manuel da Costa. *Consentimento em direito penal médico – o consentimento presumido*. In: DIAS, Jorge de Figueiredo (Dir.). *Revista Portuguesa da Ciência Criminal*, a. 14, ns. 1 e 2. Coimbra: Ed. Coimbra, janeiro-julho de 2004, p. 132.
19. FRISCH, Wolfgang. *Consentimento e consentimento presumido nas intervenções médico-cirúrgicas*. Op. cit., p. 110-112.
20. ANDRADE, Manuel da Costa. *Direito penal médico. SIDA: testes arbitrários, confidencialidade e segredo*. Op. cit., p. 59-60.

de que o próprio diagnóstico médico estava equivocado veio, contudo, quando a paciente, apesar de ter sido submetida a um procedimento de esterilização, voltou a engravidar, tendo dado à luz ao seu quarto filho, malgrado o parto tenha sido cercado de algumas complicações.

É preciso, pois, que o profissional da saúde atue com enorme cautela para aferir a presença de situações de justificado consentimento presumido: elas apenas se manifestam se restar incontroverso o fato de ser absolutamente *necessária* e *urgente* a intervenção, revelando-se ser inexigível ao médico conduta diversa. Quando o profissional atuar no estrito limite da necessidade terapêutica, será descabida a imputação de qualquer responsabilização por sua conduta, servindo o consentimento presumido, portanto, como um verdadeiro fator de exclusão da responsabilidade civil.

6. CONCLUSÕES

A partir do momento em que se passou a conceber que o antiquado modelo do exacerbado paternalismo médico cedeu espaço para a consagração da autonomia do paciente, tornou-se necessário revisitar todo o significado das relações pessoais e jurídicas estabelecidas no âmbito sanitário.

Restando incontroverso o respeito ao primado da liberdade do paciente, caberá reconhecer, como inarredável consequência, que o desrespeito às escolhas do paciente quanto aos procedimentos a adotar em relação à sua saúde acarretará um autêntico dano à autonomia, a provocar a verificação da responsabilidade civil do profissional, ainda que atue em estrito cumprimento das *leges artis* e que não haja qualquer prejuízo ou lesão à vida, à saúde e à incolumidade do enfermo.

Há, todavia, que reconhecer o advento de circunstâncias em que a urgência na adoção de medidas médicas prepondera; em casos tais, sendo impossível colher do próprio paciente ou de seus responsáveis a manifestação de vontade, emergirá a figura do consentimento presumido, a isentar o profissional de qualquer responsabilidade por seu comportamento, ainda que reste provado, posteriormente, que a atuação médica contrariou, de algum modo, a verdadeira intenção do enfermo.

O que se impõe, em todo caso, é o excessivo zelo com que cabe apreciar a questão. Profissionais da saúde lidam rotineiramente com incessantes situações delicadas e muitas vezes extremas, e sua responsabilização há de ser atribuída, se for o caso, com acurada parcimônia. De toda sorte, em se verificando o desrespeito aos limites do consentimento prestado pelos pacientes, será inevitável constatar verdadeira violação à liberdade destes, o que não deixa de se caracterizar como uma conduta de violência contra o sagrado espaço de manifestação da individualidade de pessoas que, mesmo em circunstância de extrema vulnerabilidade, deverão decidir os traços e rumos de seus próprios destinos.

7. REFERÊNCIAS

ANDORNO, Roberto. *"Liberdade" e "dignidade" da pessoa: dois paradigmas opostos ou complementares na bioética?* In: MARTINS-COSTA, Judith; MÖLLER, Letícia Ludwig (Org.). *Bioética e responsabilidade.* Rio de Janeiro: Forense, 2009.

ANDRADE, Manuel da Costa. *Consentimento em direito penal médico – o consentimento presumido.* In: DIAS, Jorge de Figueiredo (Dir.). *Revista Portuguesa da Ciência Criminal*, a. 14, ns. 1 e 2. Coimbra: Ed. Coimbra, janeiro-julho de 2004.

_____. *Direito penal médico. SIDA: testes arbitrários, confidencialidade e segredo.* Coimbra: Ed. Coimbra, 2004.

CUNHA, Maria da Conceição Ferreira da. *Das omissões lícitas no exercício da medicina.* In: COSTA, José de Faria; GODINHO, Inês Fernandes. *As novas questões em torno da vida e da morte em direito penal: uma perspectiva integrada.* Coimbra: Ed. Coimbra, 2010.

DEL RÍO, Josefina Alventosa. *El derecho a la autonomía de los pacientes.* In: CABANILLAS SÁNCHEZ, Antonio et al (org.). *Estudios jurídicos en homenaje al Profesor Luiz Díez-Picazo*, t. 1. Madrid: Thomson-Civitas, 2003.

FARIAS, Cristiano Chaves; ROSENVALD, Nelson; BRAGA NETO, Felipe. *Novo tratado de responsabilidade civil.* 2. ed. São Paulo: Saraiva, 2017.

FRISCH, Wolfgang. *Consentimento e consentimento presumido nas intervenções médico-cirúrgicas.* In: DIAS, Jorge de Figueiredo (Dir.). *Revista Portuguesa da Ciência Criminal*, a. 14, ns. 1 e 2. Coimbra: Ed. Coimbra, janeiro-julho de 2004.

NAVES, Bruno Torquato de Oliveira; SÁ, Maria de Fátima Freire de. *Da relação jurídica médico-paciente: dignidade da pessoa humana e autonomia privada.* In: SÁ, Maria de Fátima Freire de (Coord.). *Biodireito.* Belo Horizonte: Del Rey, 2002.

OLIVEIRA, Guilherme. *Estrutura jurídica do acto médico, consentimento informado e responsabilidade médica.* In: Temas de Direito da Medicina 1. Faculdade de Direito da Universidade de Coimbra – Centro de Direito Biomédico. Coimbra: Ed. Coimbra, 1999.

OLIVEIRA, Nuno Manuel Pinto. *The right to bioethical self-determination in the charter of fundamental rights of the European Union.* In: Boletim da Faculdade de Direito da Universidade de Coimbra, v. LXXX. Coimbra, 2004.

PEREIRA, André Gonçalo Dias. *O consentimento informado na relação médico-paciente.* Faculdade de Direito da Universidade de Coimbra – Centro de Direito Biomédico. Coimbra: Ed. Coimbra, 2004.

_____. *O consentimento para intervenções médicas prestado em formulários: uma proposta para o seu controlo jurídico.* Boletim da Faculdade de Direito da Universidade de Coimbra, v. LXXVI, 2000.

RODRIGUES, João Vaz. *O consentimento informado para o acto médico no ordenamento jurídico português: elementos para o estudo da manifestação da vontade do paciente.* Faculdade de Direito da Universidade de Coimbra: Centro de Direito Biomédico. Coimbra: Ed. Coimbra, 2001.

SILVA, Marcelo Sarsur Lucas da. *Considerações sobre os limites à intervenção médico-cirúrgica não consentida no ordenamento jurídico brasileiro.* In: Revista da Faculdade de Direito da Universidade Federal de Minas Gerais, n. 43. Belo Horizonte, julho-dezembro de 2004.

CONSENTIMENTO INFORMADO: PANORAMA E DESAFIOS

Flaviana Rampazzo Soares

Mestre e Doutoranda em Direito pela Pontifícia Universidade Católica do Rio Grande do Sul. Especialista em Direito Processual Civil pela Universidade do Vale do Rio dos Sinos – Unisinos. Professora em cursos de Pós-Graduação em Direito *lato sensu*. Bolsista Capes na linha de pesquisa: eficácia e efetividade da Constituição e dos Direitos Fundamentais no Direito Público e Direito Privado. e-mail: frampazzo@hotmail.com.

Sumário: 1. Considerações iniciais – 2. A construção de um conceito de consentimento informado – 3. Fundamentos do consentimento informado: a autonomia do paciente e o direito à informação – 4. Principais diplomas normativos a respeito da matéria – 5. Apontamentos quanto ao conteúdo e a extensão do consentimento informado – 6. Conclusões – 7. Referências.

1. CONSIDERAÇÕES INICIAIS

As pessoas que buscam atendimento em saúde desejam prevenir ou conhecer eventuais doenças que as acometam ou, ainda, almejam o seu tratamento. É comum que o paciente, antes da consulta, manifeste angústia por "não saber o que tem", dúvida essa que antecede a qualquer comportamento ou pensamento quanto ao "como proceder".

Assim, na contemporaneidade, tem-se que o paciente, em especial o eletivo, costuma ter uma postura mais ativa, como a de quem, previamente à consulta, pode ter conversado com outras pessoas ou buscado informações em sítios na *web*, chegando ao atendimento com dúvidas mais complexas e até mesmo algumas convicções, diferentemente do perfil do paciente traçado até o século passado, fruto do pensamento "paternalista" então reinante: de que somente a autoridade médica seria capaz de entregar um veredito pronto e acabado, a ser aceito passivamente, como uma solução única e que deveria necessariamente ser seguida pelo paciente,[1] numa relação essencialmente verticalizada.

Essa postura, como dito, não é antiga. Foi no curso do século XX, notadamente a partir de crueldades ocorridas durante a Segunda Guerra Mundial (em especial, dos

---

1. Segundo Barbosa, desde o tempo de Hipócrates (460-377 a.C.) "busca-se o *bem* do paciente, ou seja, aquilo que, do ponto de vista da medicina, se considera benéfico para o paciente, sem que esse em nada intervenha na decisão", cabendo ao médico ditar o que seria mais adequado ao paciente, numa relação que se aproximaria a dos pais em relação aos filhos. BARBOSA, Heloísa Helena. Responsabilidade civil em face das pesquisas em seres humanos: efeitos do consentimento livre e esclarecido. In: MARTINS-COSTA, Judith; MÖLLER, Letícia Ludwig (org.). *Bioética e Responsabilidade*. Rio de Janeiro: Editora Forense, 2009. p. 224.

"experimentos" de médicos nazistas[2]), que foram tomadas importantes iniciativas para frear pesquisas reprováveis, ética e juridicamente, na área da saúde, bem como o atendimento, o tratamento e as intervenções não consentidas. A mais importante delas foi a edição do *Código de Nuremberg*, de 1947, o qual consolidou importantes preceitos relacionados aos experimentos em medicina (e que foi inicialmente criado com o propósito de servir como baliza ao julgamento de médicos nazistas), sendo um marcante diploma histórico a tratar, expressa e pontualmente, sobre o consentimento do paciente, o qual foi reforçado e complementado posteriormente, em 1964, com a emissão da *Declaração de Helsinki*, pela Associação Médica Mundial.

Porém, na jurisprudência, desde o início do século XX, há referência quanto a necessidade do consentimento do paciente em intervenções de saúde, como exemplifica o precedente *Schloendorff v Society of New York Hospitals*, de 1914, no qual o juiz Cardozo, da Suprema Corte dos EUA, afirmou que todo ser humano capaz e com discernimento tem o direito de determinar o que deve ser feito com o seu corpo (e o médico que viesse a operar, sem a autorização do paciente que pudesse consentir, poderia ter a obrigação de indenizá-lo), embora nos EUA,[3] mesmo depois desse precedente, tenham ocorrido situações reprováveis, tais como as pesquisas com doentes de sífilis, os quais não tiveram acesso à informação sobre o tratamento e a disponibilidade da droga para a doença (penicilina).[4]

Assim, é relativamente recente, tanto na doutrina quanto na jurisprudência, o reconhecimento dessa postura que tem o paciente como protagonista, como sujeito e não objeto de tratamentos e experiências, com a consequente atribuição de um direito de *saber* (ou mesmo de *não saber*), acompanhado de um direito correlato de *decidir* (ou de *não decidir*, ou de *delegar a decisão*, ou de *dissentir*) quanto aos rumos do atendimento.

Em que pese a complexidade do tema – e o reconhecimento de que, nos limites intrínsecos desse texto, não será possível exaurir todas as questões relacionadas ao assunto –, nos tópicos seguintes serão expostos alguns pontos essenciais quanto ao consentimento informado no atendimento médico eletivo não compulsório, às pessoas capazes de consentir.

2. A CONSTRUÇÃO DE UM CONCEITO DE CONSENTIMENTO INFORMADO

O consentimento informado em saúde (também designado como consentimento esclarecido, consentimento consciente, consentimento pós-informação ou vontade qualificada do paciente), representa a expressão de uma deliberação: consolida a ideia

---

2. Vejam-se, por exemplo, os relatos contidos em PALMER, Michael. *Problemas morais em medicina*: curso prático. Trad. por Bárbara Theoto Lambert. São Paulo: Edições Loyola, 2002. p. 95-97.
3. JONSEN. Albert R. *The birth of bioethics*. New York: Oxford University Press, 1998. p. 355.
4. PALMER, Michael. *Problemas morais em medicina*: curso prático. Trad. por Bárbara Theoto Lambert. São Paulo: Edições Loyola, 2002. p. 95.

de que o paciente, autônomo e capaz, exerceu o seu direito de tomar decisões relacionadas ao seu estado psicofísico quando em tratamento de saúde, que sejam emitidas de modo voluntário e consciente, de modo verbal ou escrito, expresso ou tácito.

O consentimento informado é uma etapa que arremata a passagem do paciente por um "processo informativo e deliberativo",[5] o qual envolve esclarecimentos prévios à tomada de decisão, que sejam claros e razoavelmente precisos quanto aos custos, ao diagnóstico, aos tratamentos disponíveis, com os ônus e bônus (inclusive riscos) de cada possibilidade de atendimento ou tratamento, o prognóstico em diferentes variáveis, descrevendo suas consequências, ou, na pesquisa, as informações a respeito de sua natureza, extensão, finalidade, etapas, benefícios possíveis, probabilidades, e demais circunstâncias que a envolvem.

3. FUNDAMENTOS DO CONSENTIMENTO INFORMADO: A AUTONOMIA DO PACIENTE E O DIREITO À INFORMAÇÃO

O substrato do direito do paciente de *saber* ou de *não saber*; de *decidir*, de *não decidir*, ou de *delegar a decisão*; ou de *dissentir* tem sua gênese na *dignidade da pessoa humana*, princípio multidimensional, que contempla o reconhecimento de uma qualidade intrínseca pessoal, atribuída em cada sistema jurídico, e a correspondente necessidade de seu respeito e promoção,[6] o qual possui quatro eixos estruturantes: a igualdade substancial, a integridade psicofísica pessoal a solidariedade e a liberdade.[7]

---

5. Fazendo uso das palavras de Clotet, para quem o consentimento informado envolve uma "decisão voluntária, realizada por pessoa autônoma e capaz, tomada após um processo informativo e deliberativo, visando à aceitação de um tratamento específico ou experimentação, sabendo da natureza do mesmo, das suas consequências e dos seus riscos". CLOTET, Joaquim. "O consentimento informado nos comitês de ética em pesquisa e na prática médica: conceituação, origens e atualidade". In: *Revista Bioética do Conselho Federal de Medicina*. v. 3. Brasília, n. 1, 1995, p. 1-7 (trecho das p. 2-3). Disponível em: [http://revistabioetica.cfm.org.br/index.php/revista_bioetica/article/viewFile/430/498], acesso em: 03/07/2017.
   Sobre as regras em pesquisa em seres humanos, vide o teor da Resolução CNS 466/2012, emitida pelo Ministério da Saúde.
6. Convém trazer o conceito de Sarlet: "Assim sendo, temos por dignidade da pessoa humana a qualidade intrínseca e distintiva reconhecida em cada ser humano que o faz merecedor do mesmo respeito e consideração por parte do Estado e da comunidade, implicando neste sentido, um complexo de direitos e deveres fundamentais que assegurem a pessoa tanto contra todo e qualquer ato de cunho degradante e desumano, como venham a lhe garantir as condições existenciais mínimas para uma vida saudável, além de propiciar e promover sua participação ativa e corresponsável nos destinos da própria existência e da vida em comunhão com os demais seres humanos, mediante o devido respeito aos demais seres que integram a rede da vida". SARLET, Ingo Wolfgang. *Dignidade da pessoa humana e direitos fundamentais*. 10 ed., Porto Alegre: Livraria do Advogado, 2015. p. 70-71.
7. BODIN DE MORAES, Maria Celina. O Conceito de dignidade humana: substrato axiológico e conteúdo normativo. In: SARLET, Ingo Wolfgang (Org.). *Constituição, direitos fundamentais e direito privado*. Porto Alegre: Livraria do Advogado, 2003, p. 107-149 (a parte referida consta na p. 119). Em sentido semelhante, pondera Azevedo, Antônio Junqueira de. Caracterização jurídica da dignidade da pessoa humana. *Revista da Faculdade de Direito da USP*, São Paulo, n. 53, p. 90-101, março/maio 2002.
   Reconhecendo-se, de toda forma, que a dignidade, embora compreenda a liberdade, a esta não se limita (LUCAS-BALOUP, I. L'innovation chirurgicale et la loi Huriet. In: VAYRE, Pierre; VANNINEUSE, Alain. *Le risque annuncé de la pratique chirurgicale*. Paris: Springer-Verlag, 2003. p. 77-82, esp. na p. 71).

O consentimento informado, portanto, é uma representação da capacidade para a liberdade e, mais especificamente, do exercício da autonomia em direção à autodeterminação pessoal, a densificar a dignidade da pessoa humana e a expressar o direito geral ao livre desenvolvimento da personalidade.[8]

Embora essa prerrogativa seja uma regra, ela não representa uma possibilidade de disposição absoluta e incondicional, pois o próprio ordenamento jurídico pode estabelecer algumas hipóteses de restrições ao seu exercício, tal como ocorre nas limitações quanto ao transplante de órgãos ou a participação em pesquisas médicas, as quais existem em função da própria preservação dessa mesma dignidade: a dignidade, assim, funciona ao mesmo tempo como "ponto de partida" e "ponto de chegada" no campo da bioética.

E a edificação de um conceito de autonomia perpassa por sua etimologia (grega), na qual *autós* (próprio) une-se a *nomos* (lei),[9] para denotar a criação de uma norma a si próprio: assim, exerce a autonomia quem tem a possibilidade de determinar ou escolher seus desígnios, criando ou aderindo voluntariamente às regras que regerão a sua vida, a partir de opções admissíveis e de informações que permitam uma decisão reflexionada.[10]

Aliado ao direito de decidir, está o direito (prévio) de ser informado, decorrente da aplicação do princípio da boa-fé objetiva no direito privado, formando duas dimensões inter-relacionadas: uma, do paciente, de autodeterminar-se, e outra, do profissional da área da saúde, de informar. Assim, ao mesmo tempo que o médico tem a obrigação de agir de forma tecnicamente correta, também tem a de informar (ao tempo, local e modo corretos), sendo que cada obrigação atua de modo independente e pode gerar responsabilidade caso não seja atendida, isolada ou conjuntamente.

4. PRINCIPAIS DIPLOMAS NORMATIVOS A RESPEITO DA MATÉRIA

Sob o enfoque normativo, constata-se que a matéria está disciplinada de modo esparso e não concatenado, embora possa ser considerado apto a assegurar o seu reconhecimento e aplicabilidade.

No cenário internacional, além dos antes referidos *Código de Nuremberg*, de 1947, e da *Declaração de Helsinki*, de 1964, sobressai-se o *Relatório de Belmont*, de 1978,[11]

---

8. MOTA PINTO, Paulo. O Direito ao livre desenvolvimento da personalidade. In: RIBEIRO, Antônio de Pádua et al. *Portugal-Brasil ano 2000*. Boletim da Faculdade de Direito. Stvdia Ivridica 40. Coimbra: Coimbra Editora, 1999. p. 149-246, especialmente na p. 151.
9. Sobre as origens da expressão em suas perspectivas histórica e filosófica, vide URZÚA, Alberto Lecaros. Hacia una autonomía encarnada: consideraciones desde un ethos de la finitud y la vulnerabilidad. *Revista Latinoamericana de Bioética*, Universidad Militar Nueva Granada, Bogotá, n. 2, p. 162-187, jul.-dez. 2016, especialmente na p. 164.
10. Sobre os diferentes aspectos da autonomia, notadamente os procedimentais e psicológicos, vide SPRIGGS, Merle. *Autonomy and patients' decisions*. Lanham: Lexington Books, 2005. p. 64.
11. O texto do *Belmont Report* consta em: [https://www.hhs.gov/ohrp/regulations-and-policy/belmont-report/index.html], acesso em: 04/06/2017.

soft law de natureza bioética deontológica, que consolidou o conhecido princípio do respeito, contemplando a *autonomia* (valorando a vontade e a capacidade de decisão como regra e protegendo aqueles cujo discernimento é prejudicado para decidir em matéria de saúde), a *justiça* (determinando que situações razoavelmente semelhantes ensejam o uso de equivalente tratamento), e a *beneficência* (consolidando a ideia de não causar danos ao paciente ou reduzi-los ao máximo possível, potencializando possíveis benefícios), à qual juntou-se posteriormente o princípio da não maleficência.

No âmbito europeu, resplandecem a *Declaração de Lisboa* sobre os Direitos dos Pacientes, de 1981, emitida pela Associação Médica Mundial, a *Convenção de Oviedo (Convenção sobre os direitos do homem e a dignidade do ser humano)*, enunciada pelo Conselho da Europa em 1996 e a *Carta de Nice,* de 2000.[12]

No Brasil, a Constituição Federal prevê, em seu art. 5º, XIV, o direito à informação e, embora não haja leis específicas sobre consentimento informado, a sua aplicação decorre da incidência indireta de algumas regras, como a prevista no Código Penal, que considera como constrangimento ilegal (crime contra a liberdade pessoal previsto no art. 146 do Código Penal) punível com detenção, a prática de atos indevidos e sem consentimento, assim reputada a intervenção (médica ou cirúrgica) sem o consentimento do paciente ou de seu representante legal, conduta esta justificável apenas quando houver "iminente perigo de vida" ou a "coação para impedir suicídio".

Tampouco o Código Civil é explícito, pois o máximo de aproximação com o tema está na regra do art. 15, a qual expressa, com alguns percalços de redação,[13] a impossibilidade de constrangimento de uma pessoa à submissão a tratamento médico ou intervenção cirúrgica, e no art. 113 (também previsto nos arts. 4º, inc. III e 51, inc. IV do CDC), que positiva o princípio da boa-fé objetiva (fonte do dever de informação), o qual incide para determinar que o profissional da área de saúde deve agir corretamente, o que contempla a boa técnica e o dever de prestar informações ao paciente, de forma clara,[14] razoavelmente precisa e completa.

Não se desconsidere, outrossim, que a relação está sujeita à incidência do Código de Defesa do Consumidor (CDC), atraindo, à relação médico-paciente, explicitamente o dever de informar (tal como previsto nos artigos 4º, IV; 6º, III; 9º; 12; 14; 30; 31; 36, em seu parágrafo único, 37; 38 e 46), pois "informação é poder (estado subjetivo de saber ou não saber)" e a informação significa "cooperar com o outro".[15]

---

12. Esse percurso histórico consta em detalhes na obra de DURAND, Guy. *Introduction générale à la bioéthique: histoire, concepts et outils*. Montréal: Fides, 2005. p. 37 e seguintes.
13. Pelo fato de que uma interpretação literal ensejaria uma situação injusta de que o consentimento seria devido apenas quando a intervenção em saúde ensejasse risco de vida. Sobre o assunto, vide TEPEDINO, Gustavo; BARBOZA, Heloísa Helena; MORAES, Maria Celina Bodin de. *Código Civil Interpretado conforme a Constituição da República*. v. I. 2. ed. Rio de Janeiro: Renovar, 2007. p. 44-45.
14. A qual se estende aos registros escritos relacionados ao paciente, incluindo os prontuários, orientações escritas e receitas médicas.
15. MARQUES, Claudia Lima. A responsabilidade dos médicos e do hospital por falha no dever de informar ao consumidor. São Paulo. *Revista dos Tribunais*. v. 827, p. 11-48, set. 2004.

Por outro lado, o Código de ética médica (CEM – Resolução CFM 1.931/2009) emerge como *soft law*, que prevê a necessidade de esclarecimentos ao paciente ou ao seu legítimo representante no atendimento médico (quanto ao diagnóstico, prognóstico, riscos e objetivos do tratamento), bem como a correlata obtenção do seu consentimento (art. 22), garantindo-se o exercício do seu "direito de decisão" (arts. 24 e 31), dispensável apenas "em caso de risco iminente de morte" e, quando a informação direta ao paciente puder causar-lhe mais prejuízos que benefícios (o denominado "privilégio terapêutico"), esta deve ser dirigida ao seu representante legal (art. 34).[16]

5. APONTAMENTOS QUANTO AO CONTEÚDO E A EXTENSÃO DO CONSENTIMENTO INFORMADO

Sob o enfoque prático, tem-se que o médico assume o compromisso não apenas de ser tecnicamente preparado para o exercício da sua profissão, quanto, igualmente, deve ter condições de prestar informações adequadas, suficientes, claras e objetivas aos seus pacientes ou aos seus representantes legais, ao tempo, modo e local adequados, permitindo, no atendimento eletivo, que estes façam as suas escolhas, e que estas sejam fruto de maturação, no que isso for possível.

O primeiro aspecto a considerar é que o médico deve avaliar (ou providenciar quem possa fazê-lo) a quem prestará a informação e obterá o consentimento: se diretamente ao paciente ou ao seu representante legal.

O segundo é verificar se o paciente tem interesse de receber a informação e se deseja decidir ou se pretende delegar a decisão a terceiro ou ao próprio médico. A seguir, sendo decidido pelo esclarecimento, o médico deve estabelecer o tipo de esclarecimento a comunicar, o tempo, e o modo de repasse (lembrando-se que, em intervenções terapêuticas que devam ser imediatas, sob pena de colocar a vida do paciente em risco, o consentimento fica dispensado até o momento em que seja possível obtê-lo, observando-se, então, os princípios da beneficência e não maleficência[17]).

Assim, o médico deve esclarecer quanto ao diagnóstico, prognóstico, opções de tratamento, custos e riscos envolvidos, explicitando questões que não sejam de conhecimento comum e que sejam necessárias ao exercício do direito de decisão do paciente, apresentando as opções possíveis, caso existam, até mesmo informando sobre as instalações disponíveis, e demais condições de atendimento (por exemplo, na telemedicina, há esclarecimentos importantes a serem feitos ao paciente quanto

---

16. Há outros deveres específicos de informar previstos, por exemplo, nos arts. 53, 54, 55 e 103 do CEM.
17. BEAUCHAMP, Tom L.; CHILDRESS, James F. *Principles of biomedical Ethics*. 5a. ed. New York: Oxford University Press, 2001. p. 114-118 e 166-167.
    Recorde-se que, nesse texto, não há espaço para o estudo das hipóteses de atuação médica independentemente de consentimento.

aos riscos envolvidos nesse tipo de atendimento, e que são mais amplos que aqueles admissíveis no atendimento presencial[18]).

O médico não pode, todavia, indicar tratamentos ou proceder a atendimentos desnecessários, inúteis, ou proibidos,[19] tampouco deve agir de modo extremado: repele-se a postura puramente técnico-mecanicista, formal, que entrega um conjunto de informações ou formulários para que o paciente as decifre e decida,[20] assim como rejeita-se o paternalismo que determina que o paradigma do "melhor" na opinião do médico se sobreponha aos anseios do paciente. É possível construir um caminho intermediário, em que o médico analisa se o paciente tem condições mínimas para decidir e, assim constatado, presta as informações adequadas e com ele interage, concedendo-lhe tempo que possibilitará a reflexão e tomada de decisão, tudo permeado pela boa-fé, transparência, empatia, liberdade e respeito.

Assim, por exemplo, cabe ao médico informar que o paciente tratado com penicilina deve ficar atento à eventuais efeitos colaterais graves, devendo permanecer sob observação logo após a sua aplicação ou estar próximo ao hospital para viabilizar atendimento rápido caso ocorra alguma intercorrência;[21] assim como o médico deve

---

18. Vide, com maiores detalhes, SOARES, Flaviana Rampazzo. Percurso jurídico da telemedicina: um debate sobre tecnologia e direito comparado. p. 262 a 282. In: PONA, Éverton W. e outros (coord.). *Negócio jurídico e liberdades individuais*. Curitiba: Juruá Editora, 2016, especialmente na p. 273.
19. "No caso, por exemplo, da morte iminente ou irreversível, sem alternativa terapêutica, o tratamento experimental pode ser tolerado; ou da enfermidade grave, não fatal, para a qual não existe terapêutica considerada eficaz, justificaria a adoção de novo procedimento, sem perigo e com conveniência em ser adotada; ou a situação de doenças com terapêutica reconhecida, mas, em face de outra que apresente perspectiva otimista de maior eficiência. Nas hipóteses mencionadas noutras ocorrentes, o consentimento do doente ou de quem o represente, para tais procedimentos, constitui recomendação sempre presente de evidente importância." FARAH, Elias. Contrato profissional médico-paciente. Reflexões sobre obrigações básicas. *Revista do Instituto dos Advogados de São Paulo*. São Paulo. v. 23/2009, p. 96 – 137. Jan.-Jun./2009.
20. Como bem alerta a doutrina: "O consentimento informado – cujo ônus da prova caberá sempre ao médico ou à instituição de saúde – poderá, conforme o caso, ostentar prestabilidade jurídica, desde que o procedimento ou tratamento seja adequado e proporcional, diante da situação fática posta. Não, porém, como mero formulário padrão, mas como dever de informar – bem, leal e concretamente – acerca dos riscos e possibilidades do tratamento. Nesse contexto, o formulário poderá, também, ser usado, mas não imuniza, de modo absoluto, a responsabilidade civil dos médicos ou planos de saúde diante da informação falha, defeituosa ou omissa". BRAGA NETO, Felipe; FARIAS, Cristiano C. De; ROSENVALD, Nelson. *Novo tratado de responsabilidade civil*. 2. ed. São Paulo: Saraiva, 2017. p. 1.119.
21. "Apelação cível. Ação de indenização por danos patrimoniais e extrapatrimoniais. Erro médico. Morte decorrente de choque anafilático causado por uso de medicamento injetável a base de penicilina. Dever do médico de informar adequadamente o paciente. Direito do paciente a informação adequada. Pensão por morte. Indenização por danos morais. Juros e correção monetária. Constituição de capital. 1. O médico deve utilizar seu conhecimento, perícia, técnica e diligência no desenrolar de sua atividade de atendimento ao paciente. 2. Falta de dever de informação e falha na prestação do serviço – houve falta de esclarecimento ao paciente e familiares no tocante as consequências que poderiam advir do remédio ministrado. Não poderia o médico e, em consequência o próprio estabelecimento, ministrar tratamento sem as devidas cautelas, isto e, cuidar para que o paciente permanecesse por mais tempo na clínica, para pronto atendimento, caso ocorressem reações adversas que, no caso, acabaram culminando na morte do paciente. (...) 9. Apelação provida por maioria, vencida, em parte, a relatora, que provia em menor extensão". TJRS. 1ª Câmara Especial Cível. APC 70002823276. Rel. Des. Ângela Maria Silveira. J. em 15/08/2002. Disponível em: [www.tjrs.jus.br], acesso em: 28/06/2017.

informar a respeito da possibilidade de intervenção com menos riscos ao paciente, se houver.[22]

De toda forma, o médico não pode ser responsável pelos prejuízos decorrentes de um tratamento, quanto este é necessário para evitar um mal maior, desde que essa possibilidade de danos, num atendimento eletivo, tenha sido informada ao paciente ou seja de conhecimento comum (por exemplo, sabe-se que os medicamentos quimioterápicos apresentam efeitos colaterais importantes, mas trazem um benefício ao paciente em tratamento de câncer).

Igualmente não se pode pretender que o médico tenha conhecimento, sem que alguém lhe informe, sobre a existência e teor de diretivas antecipadas (*living will*) ou de procurações de saúde (*health care proxies*) do paciente, mas é conveniente que pergunte ao paciente se elas existem, devendo registrar no prontuário esse fato, tomar conhecimento e aplicar tais diretrizes, caso existam.

A linguagem a ser utilizada pelo médico também merece cuidado, porque o *standard* do paciente *médio* ou *razoável* pode não ser o mais adequado para esse tipo de abordagem, demonstrando-se a conveniência de considerar os fatores *idade*, *nível de instrução* e *discernimento*, para definir a conduta a seguir em matéria de transferência de informação e obtenção (ou não) do consentimento.

Por isso, é fundamental que o médico tenha a sensibilidade de conhecer minimamente o paciente (idade, grau de instrução, condição psíquica) para estabelecer uma forma adequada de diálogo, que considere a sua idiossincrasia, embora convenha alertar que não se pode exigir do médico que "disseque" o paciente, a ponto de o consentimento informado tomar uma dimensão maior do que a devida ou que deixe de observar o seu propósito essencial, qual seja, o atendimento.

Mas há medida quanto ao conjunto de informações a serem transmitidas ao paciente? Se existente, qual é?

A informação não precisa ser extremamente minuciosa, mas deve ser a suficiente para que o paciente possa tomar as suas decisões. Em tratamentos, o paciente deve saber, por exemplo, dos seus principais efeitos colaterais, possíveis ou prováveis, quantitativamente mais relevantes – aqueles com maior prevalência com grau médio ou alto de lesividade –, ou qualitativamente graves, quais sejam, os que, não obstante

---

22. "Apelação cível. Responsabilidade civil. Hospital. Ilegitimidade passiva. Médico. Anestesia. Fratura de dentes no momento da entubação da paciente. Dever de informar acerca dos riscos. Responsabilidade do médico-anestesista reconhecida. (...) 2. Considerando as nuances do caso concreto, possível afirmar que o erro do anestesista se tipificou basicamente na forma omissiva, qual seja, na ausência de informação à autora acerca dos riscos de fazer uma anestesia geral, em que seria necessária a entubação traqueal e, possivelmente, extração de alguns dentes, considerando as características pessoais da paciente. Isso porque tratava-se de cirurgias eletivas, em que se poderia optar pela anestesia local, fazendo-se as duas cirurgias em dias diversos, sem que a autora sofresse os riscos da entubação pela anestesia geral. (...). Apelo parcialmente provido". TJRS. 9ª Câmara Cível. APC 70034759696. Rel. Des. Marilene Bonzanini. J. em 20/10/2010. Disponível em: [www.tjrs.jus.br], acesso em: 28/06/2017.

sua ocorrência possa ser rara, caso incidente, possa lhe causar danos extensos ou irreversíveis.[23]

Ademais, é pertinente mencionar que cada especialidade médica possui particularidades que repercutem na espécie de informação a ser transmitida ao paciente, tal como ocorre, por exemplo, na radiologia e na medicina nuclear.

Na dúvida quanto a suficiência da informação prestada, duas perguntas devem ser feitas:

a) se o paciente tivesse recebido a informação omitida ou mal prestada, ele razoavelmente poderia ter tomado decisão diferente quanto ao seu tratamento ou disposição no tocante à sua saúde?

b) se essa decisão do paciente tivesse sido tomada, ela seria capaz de evitar ou reduzir o dano, ou poderia ensejar um outro tipo de tratamento comprovadamente mais eficaz?

Se positiva a resposta a estes questionamentos, é possível afirmar a falha do médico, a ensejar responsabilização, quando presentes os requisitos a tanto (lembrando-se que o paciente tem a possibilidade de rejeitar o tratamento e, nesse caso, a mera violação do seu direito de decidir já pode ensejar o dever de indenizar).

Não se olvide, outrossim, que o atendimento em saúde possui um componente de interesse social relevante, e o consentimento informado não deve servir como pretexto para que o médico se exceda na sua conduta, seja na exacerbação quanto a gravidade do diagnóstico ou prognóstico (prejudicando a terapêutica) seja no exagero de zelo no atendimento, o que acaba por afrontar o disposto no art. 35 do Código de Ética Médica. Por outro lado, se o paciente resolver recursar o tratamento, quando possível, deve ser cientificado quanto às consequências e riscos de sua decisão.[24]

Esclareça-se, ainda, que no atendimento contínuo, o dever de informar torna-se dinâmico e constante, pois as alterações no quadro do paciente no decorrer do tempo podem transformar o tipo de informação a ser repassada, o destinatário da informação bem como as decisões a serem tomadas. Nesse compasso, tem-se que é possível, a qualquer momento, haver alteração quanto ao teor da decisão, com a retirada, concessão ou alteração do consentimento, tudo com efeitos *ex nunc*.

Ademais, diante da possibilidade de haver mais de uma versão quanto a existência, conteúdo e extensão do consentimento, notadamente quando ele não é concedido por escrito, podendo gerar conflitos e dúvidas, é conveniente que isso seja feito de maneira a permitir a comprovação tanto de seu teor quanto das suas circunstâncias, com a finalidade de funcionar como "memória" do ocorrido, bem como para servir como prova e marco documental desse ato jurídico.

---

23. Nesse sentido, vide o REsp 436.827/SP. 4ª Turma. Rel. Min. Ruy Rosado de Aguiar. J. em 01/10/2002. In: [www.stj.jus.br], acesso em 21/06/2017.
24. Vide, a respeito, PEREIRA, André Gonçalo Dias. *O consentimento informado na relação medico-paciente*: estudo de direito civil. Coimbra: Coimbra Editora, 2004. p. 419.

6. CONCLUSÕES

Esse texto demonstrou a importância da preservação e da promoção do direito do paciente de decidir sobre as questões relacionadas a sua saúde, quando isso for possível. Demonstrou que a autodeterminação do paciente tem sua base fundante na dignidade da pessoa humana, que se relaciona inexoravelmente com a boa-fé que deve permear a relação médico-paciente.

Ademais, esclareceu-se que a matéria está sob regramento do direito penal, do direito civil e do direito do consumidor, além de estar esmiuçada no Código de Ética Médica.

Destarte, o consentimento no ato médico (sempre que possível) é essencial para justificar a licitude do atendimento e eventual intervenção no paciente. Embora tenha-se dito que o dever de informar não pode ser extremado, para o excesso ou para a falta de informações, tampouco pode ser feito de modo estanque, parcial ou ineficiente, que equivaleria ao não consentimento.

7. REFERÊNCIAS

AZEVEDO, Antônio Junqueira de. Caracterização jurídica da dignidade da pessoa humana. *Revista da Faculdade de Direito da USP*, São Paulo, n. 53, p. 90-101, março/maio 2002.

BARBOSA, Heloísa Helena. Responsabilidade civil em face das pesquisas em seres humanos: efeitos do consentimento livre e esclarecido. In: MARTINS-COSTA, Judith; MÖLLER, Letícia Ludwig (org.). *Bioética e Responsabilidade*. Rio de Janeiro: Editora Forense, 2009.

BEAUCHAMP, Tom L.; CHILDRESS, James F. *Principles of biomedical Ethics*. 5. ed. New York: Oxford University Press, 2001.

BODIN DE MORAES, Maria Celina. O Conceito de dignidade humana: substrato axiológico e conteúdo normativo. p. 107-149. In: SARLET, Ingo Wolfgang (Org.). *Constituição, direitos fundamentais e direito privado*. Porto Alegre: Livraria do Advogado, 2003.

BRAGA NETO, Felipe; FARIAS, Cristiano C. De; ROSENVALD, Nelson. *Novo tratado de responsabilidade civil*. 2. ed. São Paulo: Saraiva, 2017.

CLOTET, Joaquim. "O consentimento informado nos comitês de ética em pesquisa e na prática médica: conceituação, origens e atualidade". In: *Revista Bioética do Conselho Federal de Medicina*. v. 3. Brasília, n. 1, 1995, p. 1-7 (trecho das p. 2-3). Disponível em: [http://revistabioetica.cfm.org.br/index.php/revista_bioetica/article/viewFile/430/498], acesso em: 03/06/2017.

DURAND, Guy. *Introduction générale à la bioéthique: histoire, concepts et outils*. Montréal: Fides, 2005.

FARAH, Elias. Contrato profissional médico-paciente. Reflexões sobre obrigações básicas. *Revista do Instituto dos Advogados de São Paulo*. São Paulo. v. 23/2009, p. 96 – 137. Jan.-Jun./2009.

JONSEN. Albert R. *The birth of bioethics*. New York: Oxford University Press, 1998.

LUCAS-BALOUP, I. L'innovation chirurgicale et la loi Huriet. p. 77-82. In: VAYRE, Pierre; VANNINEUSE, Alain. *Le risque annuncé de la pratique chirurgicale*. Paris: Springer-Verlag, 2003.

MARQUES, Claudia Lima. A responsabilidade dos médicos e do hospital por falha no dever de informar ao consumidor. São Paulo. *Revista dos Tribunais*. v. 827, p. 11-48, set. 2004.

MOTA PINTO, Paulo. O Direito ao livre desenvolvimento da personalidade. p. 149-246. In: RIBEIRO, Antônio de Pádua *et al*. *Portugal-Brasil ano 2000*. Boletim da Faculdade de Direito. Stvdia Ivridica 40. Coimbra: Coimbra Editora, 1999.

PALMER, Michael. *Problemas morais em medicina*: curso prático. Trad. por Bárbara Theoto Lambert. São Paulo: Edições Loyola, 2002.

PEREIRA, André Gonçalo Dias. *O consentimento informado na relação medico-paciente*: estudo de direito civil. Coimbra: Coimbra Editora, 2004.

SARLET, Ingo Wolfgang. *Dignidade da Pessoa Humana e Direitos Fundamentais*. 10 ed. Porto Alegre: Livraria do Advogado, 2015.

SOARES, Flaviana Rampazzo. Percurso jurídico da telemedicina: um debate sobre tecnologia e direito comparado. p. 262 a 282. In: PONA, Éverton W. e outros (coord.). *Negócio jurídico e liberdades individuais*. Curitiba: Juruá Editora, 2016.

SPRIGGS, Merle. *Autonomy and patients' decisions*. Lanham: Lexington Books, 2005.

TEPEDINO, Gustavo; BARBOZA, Heloisa Helena; MORAES, Maria Celina Bodin de. *Código Civil Interpretado conforme a Constituição da República*. v. I. 2. ed. Rio de Janeiro: Renovar, 2007.

URZÚA, Alberto Lecaros. Hacia una autonomía encarnada: consideraciones desde un ethos de la finitud y la vulnerabilidad. *Revista Latinoamericana de Bioética*, Universidad Militar Nueva Granada, Bogotá, n. 2, p. 162-187, jul.-dez. 2016.

INVESTIR OU DESISTIR: ANÁLISE DA RESPONSABILIDADE CIVIL DO MÉDICO NA DISTANÁSIA

Luciana Dadalto

Doutora em Ciências da Saúde pela faculdade de Medicina da UFMG. Mestre em Direito Privado pela PUC-Minas. Professora universitária. Advogada. Administradora do portal www.testamentovital.com.br

Sumário: 1. Considerações iniciais – 2. Distanásia como produto da tecnologização da medicina; 2.1. A obstinação terapêutica e o dilema da cura; 2.2. Distanásia na deontologia médica – 3. Responsabilidade civil médica na prática da distanásia; 3.1. Breve histórico da responsabilidade civil médica; 3.2. A responsabilidade civil do médico no ordenamento jurídico brasileiro; 3.3. Responsabilidade civil pela prática de distanásia – 4. Considerações finais – 5. Referências.

1. CONSIDERAÇÕES INICIAIS

O presente artigo visa discutir um dilema contemporâneo, ainda inédito nos tribunais brasileiros: a possibilidade de se responsabilizar civilmente o médico por ter agido para prolongar a vida do paciente fora de possibilidades terapêuticas quando inexistir vontade manifestada pelo paciente e/ou por sua família.

Mario Bobbio[1] afirma que o avanço tecnológico tem feito com que nos acostumemos com a ideia de que "a medicina pode resolver todo e qualquer sofrimento e prolongar a vida além de qualquer expectativa". Para Bobbio, a medicina atual se preocupa mais com a doença do que com o doente, partindo de um pressuposto que o prolongamento da vida deve ser sempre preferido pelo paciente, independentemente do sofrimento causado a ele e a seus familiares.

A verdade é que a hora de desistir de investir na terapêutica é uma decisão complexa para o médico, pois vai de encontro a sua formação acadêmica uma vez que os médicos são forjados em sua formação a curarem o paciente e se sentem impotentes quando a cura não é mais possível.

Dadalto e Savoi afirmam que "a ação do profissional de saúde deve ser limitada pela condição clínica do paciente. É necessário que a equipe saiba reconhecer esse

---

1. BOBBIO, Mario. *O doente imaginado: os riscos de uma medicina sem limite*. São Paulo: Bamboo Editorial, 2016, p.18-19.

limite e não insista em modalidades terapêuticas injustificadas".[2] Nesse contexto, o presente artigo visa questionar a possibilidade de responsabilizar civilmente o médico pela prática da distanásia no Brasil.

Salienta-se que, para fins didáticos, o presente trabalho utilizará como sinônimos os termos obstinação terapêutica, futilidade terapêutica e esforço terapêutico[3] a fim de se referir às diferentes formas de se praticar distanásia.

2. DISTANÁSIA COMO PRODUTO DA TECNOLOGIZAÇÃO DA MEDICINA

2.1. A obstinação terapêutica e o dilema da cura

A Medicina é tida como uma das profissões mais antigas do mundo, com relatos de sua prática desde a Antiguidade remota, tendo adquirido *status* de ciência na Grécia Antiga, com Hipócrates de Cós.[4] A tradição hipocrática permeia ainda hoje a formação médica e é calcada no paternalismo médico.[5]

Ocorre que desde a segunda metade do século XX o paciente foi alçado ao centro da relação médico-paciente, devendo agora o médico "conduzir o diálogo dando voz e vez ao paciente para que ele possa expressar suas angústias e apresente suas dúvidas no momento em que lhe parecer mais adequado".[6] Significa dizer que não cabe ao médico decidir sozinho acerca da condução do tratamento do paciente, devendo o profissional informar e esclarecer o paciente para que ele possa, livre e conscientemente, escolher.

Tanto o modelo paternalista quanto o autonomista fundam-se na Bioética principialista e, contudo, enquanto o primeiro centra-se nos princípios da beneficência e da não maleficência, o segundo insere nos princípios bioéticos a autonomia e a justiça.

Nessa nova perspectiva, equilibrar a autonomia do paciente com a indicação técnica é o desafio que se apresenta. Se outrora cabia ao médico tomar as decisões e isso era maléfico para o paciente, assumir que apenas o paciente tem o poder decisório sem que a análise técnica de qual é o tratamento mais adequado seja levada em conta desvirtua a relação e apenas desloca o poder absoluto do médico para o paciente. Assim, a tomada de decisão precisa ser resultado de uma atividade dialógica

---

2. DADALTO, Luciana. SAVOI, Cristiana. GODINHO, Adriano Marteleto; LEITE, George Salomão. *Tratado brasileiro sobre o direito fundamental à morte digna*. São Paulo: Almedina, 2017, p. 152.
3. Para aprofundamentos nessas nomenclaturas recomenda-se: American Thoracic Documents. An Official ATS/AACN/ACCP/ESICM/SCCM Policy Statement: Responding to Requests for Potentially Inappropriate Treatments in Intensive Care Units. In: *American Journal of Respiratory and Critical Care Medicine*. 2015. v. 191, n. 11.
4. Pra maiores informações sobre a tradição hipocrática, sugere-se a leitura de ANGOTTI NETO, Hélio. A tradição da medicina. Brasília, DF: Academia Monergista, 2016.
5. WANSSA, Maria do Carmo Demassi. Autonomia versus beneficência. *Revista Bioética*, 2011; 19(1): 105-117.
6. SIQUEIRA, José Eduardo. Considerações éticas sobre a relação médico-paciente. In: BRAGA, Reinaldo; SOUSA, Filipe. (Org.). COMPLIANCE NA SAÚDE: *Presente e futuro de um mercado em brusca da autorregulação*. Salvador, Sanar, 2016, p. 158.

entre médico e paciente, entendido o diálogo como "oportunidade de cooperação entre duas pessoas que, mesmo sendo portadoras de histórias biográficas e formações profissionais diferentes, sabem cultivar o respeito mútuo e o reconhecimento incondicional da dignidade do ser humano".[7]

Especificamente quanto aos cuidados no fim de vida, o dilema entre paternalismo e autonomia ganha contornos mais complexos, uma vez que é próprio do momento a tentativa de prolongar a vida biológica utilizando a alta tecnologia disponível. Diante do conflito decisório entre prolongar artificialmente a vida do paciente fora de possibilidades terapêuticas ou reconhecer a finitude e cuidar do paciente para que ele morra com o mínimo sofrimento possível, Villas-Boas[8] entende que o prolongamento artificial deve ser escolhido apenas se essa for a vontade do paciente, consciente no momento decisório pois "é clara a manifestação de que o sofrimento não lhe é intolerável e que o prolongamento representa benefício para ele".

Ainda que pareça razoável o posicionamento supracitado, é preciso sopesar, nessas situações, os princípios bioéticos da autonomia, a beneficência mas também o esquecido princípio da justiça, uma vez que argumenta-se que esse paciente, submetido ao esforço terapêutico, poderá estar tirando o lugar de um paciente verdadeiramente curável no hospital ou mesmo enveredando esforços financeiros que levarão sua família à derrocada financeira.[9]

Frise-se, contudo, que o dilema mais comum na realidade brasileira é o do paciente que não pode manifestar sua vontade, por estar em estado letárgico ou mesmo ter perdido o discernimento, e a família exige o esforço terapêutico sob a premissa de *tentar tudo*.[10] Nesse momento, é preciso que o médico se utilize de todo o seu conhecimento técnico e de suas habilidades dialógicas para explicar para a família que o prolongamento artificial não é indicado para a situação.

Dadalto e Savoi afirmam que

> quando se pensa em distanásia, a pergunta fundamental é: até que ponto vale a pena prolongar a vida? A resposta universal poderia ser: até o ponto em que a vida valha a pena ser vivida. Ou seja, é preciso que haja sentido. Logo, a definição do limite terapêutico dependerá de uma construção entre o profissional de saúde e o paciente. A distanásia não é um fenômeno absoluto e indepen-

---

7. SIQUEIRA, José Eduardo. Considerações éticas sobre a relação médico-paciente. In: BRAGA, Reinaldo; SOUSA, Filipe. (Org.). *Compliance na saúde*: Presente e futuro de um mercado em brusca da autorregulação. Salvador, Sanar, 2016, p. 160.
8. VILLAS-BÔAS, Maria Elisa. *Da eutanásia ao prolongamento artificial: aspectos polêmicos na disciplina jurídico-penal do final de vida*. Rio de Janeiro, 2005.
9. FREIRE, Elga René. *Futilidade Médica: da teoria à prática*. In: Arquivos de Medicina, 2015;29[4]:98-102 e PALACIOS, Marisa; REGO, Sergio. A finitude humana e a saúde pública. *Cad. Saúde Pública*. 2006, v. 22, n. 8, p. 1755-1760.
10. SILVA, José Antônio Cordero et. al. Distanásia e ortotanásia: práticas médicas sob a visão de um hospital particular. In: *Revista Bioética*, 2014:22 (2): 358-366.

dente, sendo necessário definir em conjunto com o paciente a partir de que momento a proposta terapêutica passa a não mais cumprir o objetivo que a justifique.[11]

Assim, é necessário reconhecer que há doenças que não podem ser curadas e que nesse momento o paciente deve ser cuidado por toda a equipe de saúde para que o desfecho de sua morte ocorra com o menor sofrimento possível para ele e seus familiares. Entretanto, a distanásia não pode ser praticada com o objetivo de aliviar o sofrimento da família,[12] mas apenas em situações muito específicas – sempre a pedido do paciente – em que o prolongamento artificial (seja por máquinas ou por medicamentos) seja imprescindível para que o paciente consiga resolver algumas questões práticas, como, por exemplo, realizar um último desejo.

2.2. Distanásia na deontologia médica

Interessante notar que a palavra distanásia não é encontrada em nenhuma resolução do Conselho Federal de Medicina (CFM), nem mesmo no Código de Ética Médica,[13] o que não significa que a prática seja permitida aos médicos brasileiros.

O artigo 35 do Código de Ética Médica veda ao médico "(...) exceder-se no número de visitas, consultas ou quaisquer outros procedimentos médicos", cabendo a interpretação a *contrario sensu* de que o médico que praticar o esforço terapêutico incorrerá em infração ética.

O artigo 41, muito utilizado para averiguação de condutas éticas nos cuidados com o paciente em fim de vida, dispõe:

Art. 41. Abreviar a vida do paciente, ainda que a pedido deste ou de seu representante legal.

Parágrafo único. Nos casos de doença incurável e terminal, deve o médico oferecer todos os cuidados paliativos disponíveis sem empreender ações diagnósticas ou terapêuticas inúteis ou obstinadas, levando sempre em consideração a vontade expressa do paciente ou, na sua impossibilidade, a de seu representante legal.

Há nesse artigo a figura de vários institutos atribuídos à discussão do fim de vida: a) eutanásia: prática vedada pelo *caput*; b) ortotanásia: prática permitida na primeira parte do parágrafo único: c) distanásia: prática vedada na segunda parte do parágrafo único, quando o CFM afirma que o médico não deve "empreender ações diagnósticas ou terapêuticas inúteis ou obstinadas".

---

11. DADALTO, Luciana. SAVOI, Cristiana. Distanásia: entre o real e o ideial. In: DADALTO, Luciana; GODINHO, Adriano Marteleto; LEITE, George Salomão. *Tratado brasileiro sobre o direito fundamental à morte digna*. São Paulo: Almedina, 2017, p. 154.
12. O caso americano Bitencourt vs. Trinitas julgado pela Suprema Corte de New Jersey trata desse assunto. Vide: POPE, Thaddeus M; WHITE, Douglas B. The Courts, Futility, and the Ends of Medicine. JAMA. 2012 January 11; 307(2): 151-155.
13. Conselho Federal de Medicina. Resolução 1.931, de 17 de setembro de 2009 (Código de Ética Médica). Disponível em: [http://www.portalmedico.org.br/novocodigo/integra.asp], acesso em: 17/06/2017.

A Resolução do CFM 1.805/2006[14] permite ao médico, em seu artigo primeiro, "limitar ou suspender procedimentos e tratamentos que prolonguem a vida do doente em fase terminal, de enfermidade grave e incurável (...)".

A Resolução do CFM 2.156/2016[15] trata sobre os critérios de admissão do paciente em Unidade de Terapia Intensiva e afirma no parágrafo quinto do artigo terceiro que os pacientes com doença em fase de terminalidade, ou moribundos, sem possibilidade de recuperação, não são apropriados para admissão em UTI, cabendo ao médico intensivista analisar o caso concreto e justificar em caráter excepcional.

Percebe-se assim que, apesar de não haver uma vedação explícita à distanásia, há em inúmeras normativas disposições contrárias à prática. Entende-se que seria importante para dar segurança jurídica aos médicos que o Conselho Federal de Medicina vedasse de modo explícito a distanásia, contudo, a inexistência dessa manifestação explícita não pode ser usada para justificar a prática, sob pena de, na mesma toada, se utilizar a inexistência de vedação explícita à eutanásia para justificar o abreviamento da vida do paciente fora de possibilidades terapêuticas.

3. RESPONSABILIDADE CIVIL MÉDICA NA PRÁTICA DA DISTANÁSIA

3.1. Breve histórico da responsabilidade civil médica

A prática de responsabilização do médico decorrente de seu ofício remonta ao Código de Hammurabi (1790-1770 a.C),[16] que penalizava até mesmo com amputação das mãos o cirurgião que não agisse com atenção e perícia.

Na Roma Antiga, a *Lex Aquilia* punia o médico culpado de falta profissional com a deportação ou a pena de morte. No Digesto, Ulpiano dispunha que "assim como não se deve imputar ao médico o evento da morte, deve-se imputar-lhe o que houver cometido por imprudência".[17]

Os gregos foram responsáveis pelos primeiros estudos sistemáticos da medicina e ao médico era imputada culpa sempre que houvesse morte do paciente durante o procedimento ou quando o profissional não seguia as regras básicas da higiene sanitária. Com o progresso da ciência médica, o Estado passou a regular a atividade e, portanto, as regulações acerca da má conduta profissional adquiriram *status* de ordem pública. Segundo Dantas,[18] foi esse novo *status* que alterou a responsabilização do médico do resultado para sua conduta diante ao caso concreto.

---

14. Conselho Federal de Medicina. Resolução 1.931, de 28 de novembro de 2016. Disponível em: [https://sistemas.cfm.org.br/normas/visualizar/resolucoes/BR/2006/1805], acesso em: 17/06/2017.
15. Conselho Federal de Medicina. Resolução 2.156, de 17 de novembro de 2016. Disponível em: [https://sistemas.cfm.org.br/normas/visualizar/resolucoes/BR/2016/2156], acesso em: 17/06/2017.
16. Código de Hamurabi. Disponível em: [https://historiablog.files.wordpress.com/2013/02/cc3b3digo-de-hamurabi.pdf], acesso em: 27/06/2017.
17. OPITZ JÚNIIOR. *Relação médico paciente no século XXI*. Disponível em: [http://agusvinnus.prodiversitas.org/libros/bioetica/OPTIZ.pdf], acesso em 18/06/2017.
18. DANTAS, Eduardo. Direito médico. 3. ed. Rio de Janeiro: Editora GZ, 2014.

Kfouri Neto[19] relata que no século XIX a Academia de Medicina de Paris regulamentou que a responsabilidade médica só seria possível quando houvesse prova de falta grave, imprudência visível ou manifesta imperícia, cabendo o ônus da prova ao paciente. Essa situação começou a mudar em 1832 com o caso Dr. Domfront *vs.* Sra. Foucalt, em que o médico foi condenado por ter amputado os dois braços do feto durante o trabalho de parto para facilitar o trabalho. Relata o autor que atualmente em Paris é comum que os médicos convidem juízes para assistirem grandes cirurgias abdominais para que vivenciem a atividade médico-cirúrgica.

Tal relato é um retrato da relação médico-paciente após a segunda metade do século XX. As novas tecnologias e as novas formas de relação social sedimentaram a Medicina como ciência, retirando o caráter sacerdotal da prática a ponto de Dantas afirmar que "o eixo da responsabilidade civil modificou-se, perdendo força a antiga convicção de que o médico gozava de imunidade no exercício de sua função".

Percebe-se, assim, que a relação médico-paciente passa a ser regida como uma dentre as tantas relações jurídicas existentes e, portanto, sujeita-se à normativa jurídica do país em que a atividade profissional é exercida.

3.2. A responsabilidade civil do médico no ordenamento jurídico brasileiro

A contratualização da relação médico-paciente tem sido aceita pela maior parte dos doutrinadores brasileiros; entendo ser essa relação extracontratual apenas quando o paciente não escolhe o médico que o atenderá, por exemplo, nos atendimentos de urgência nos hospitais públicos. Em verdade, se para o direito a relação médico-paciente é vista como um contrato, é preciso entender que esse é um contrato *sui generis*, uma vez que alia aspectos existenciais e patrimoniais em um mesmo contrato.

Todavia, a jurisprudência brasileira em torno da responsabilidade civil do médico parte de clássica – e ultrapassada – diferenciação de obrigação de meio e de resultado para tratar os deveres inerentes ao médico. O Superior Tribunal de Justiça pacificou[20] o entendimento de que os procedimentos médicos de caráter estéticos geram obrigação de resultado, ou seja, o médico se obriga a alcançar o resultado pretendido pelo paciente, imputando ao médico responsabilidade objetiva.

Esse entendimento é criticado porque ignora o fato de que todo procedimento médico, seja ele estético ou reparador, tem um fator subjetivo para seu êxito: as peculiaridades do paciente, ao que Gamarra[21] chama de álea, ou seja, os riscos inerentes aos procedimentos.

Nota-se ainda uma confusão jurisprudencial entre obrigação de resultado, responsabilidade objetiva e inversão do ônus da prova, em clara confusão de institutos. É preciso ter em mente que os profissionais liberais têm, no direito brasileiro, res-

---
19. KFOURI NETO, Miguel. *Responsabilidade civil do médico*. 8 ed. São Paulo: Revista dos Tribunais, 2013.
20. Ver: STJ, AgRg no REsp 1468756, AgRg no AREsp 678485, EAgRg no REsp 1442438.
21. GAMARRA, Jorge. *Responsabilidad civil medica*. v.1. Montevideo: 2012.

ponsabilidade subjetiva, ou seja, necessita de demonstração de culpa e que, em razão do pacífico enquadramento jurisprudencial[22] da relação médico-paciente como uma relação de consumo, o ônus da prova incumbe ao profissional. Assim, ainda que – ao arrepio jurídico – admita-se a possibilidade de enquadrar a obrigação do médico como de resultado e a relação médico-paciente como consumerista, invertendo, portanto, o ônus da prova, a comprovação de sua responsabilidade não poderá prescindir da aferição de culpa, sob pena de criar-se verdadeira aberração jurídica.[23]

Por fim, a erosão dos filtros da responsabilidade civil tem gerado o surgimento dos novos danos, com reflexos diretos na responsabilização civil do médico. Assim, a jurisprudência já começa a condenar médicos por perda de uma chance de cura,[24] por negligência informacional[25] e por fato da técnica,[26] gerando uma amplitude interpretativa que tem o viés de levar-nos a discutir a responsabilidade civil pela prática da distanásia.

3.3. Responsabilidade civil pela prática de distanásia

Como já visto, a distanásia é uma prática comum nos hospitais e consultórios médicos de todo o mundo e, apesar de constituir infração ética, é tolerada socialmente no Brasil por objetivar o prolongamento da vida biológica. Estudos comprovam que em termos de fim de vida a hora de parar de tratar é uma das mais tormentosas decisões para os profissionais de saúde.[27]

Todavia, vem ganhando aceitação entre bioeticistas e paliativistas a ideia de que a futilidade terapêutica precisa ser combatida e que cabe ao médico a decisão de quando não investir mais no paciente.[28] Inclusive, a título de exemplo, O Código de Ética e Deontologia Médica da Organização Médica Colegial da Espanha estabelece

---

22. Nesse aspecto, a doutrina e a jurisprudência brasileira são contrárias ao entendimento esposado no Código de Ética Médica que dispõe em seu Capítulo I do Código de Ética Médica: "IX – A Medicina não pode, em nenhuma circunstância ou forma, ser exercida como comércio".
23. Sobre o assunto, recomenda-se: MURR, Leidimar Pereira. A inversão do ônus da prova na caracterização do erro médico pela legislação brasileira. In: *Revista Bioética, Revista Bioética* 2010; 18 (1): 31-47.
24. Sobre o assunto, recomenda-se a leitura de: CASTRO, Alexandre Martins de; MAIA, Maurilio Casas. A responsabilidade civil pela perda de uma chance de cura ou sobrevivência na atividade médica: entre a doutrina e a visão do Superior Tribunal de Justiça (STJ). In: *Revista de Direito do Consumidor: RDC*, v. 23, n. 95, set./out. 2014, p. 291-309.
25. Sobre o assunto, recomenda-se a leitura de: ALVES, Virgínia Colares Figueiredo; CALADO, Vinicius de Negreiros. Negligência Informacional: uma análise jurídico-discursiva de precedente do STJ. In: *XIX Encontro Nacional do CONPEDI/UFC*, 2010, Fortaleza. A Encontro Nacional do CONPEDI (19. 2010: Fortaleza, CE) Anais do [Recurso eletrônico] XIX Encontro Nacional do CONPEDI. Florianópolis: Fundação Boiteux, 2010. v. 1. p. 739-755.
26. Sobre o assunto, recomenda-se a leitura de: KALLAS FILHO, Elias. O fato da técnica: excludente da responsabilidade civil do médico. In: *Revista de Direito Sanitário*, São Paulo, v. 14, n. 2, jul./out. 2013, p. 137-151.
27. WILKINSON, DJC; SAVULESCU, J. Knowing when to stop: futility in the intensive care unit. In: *Current Opinion in Anaesthesiology*. 2011 Apr; 24(2): 160-165.
28. American Thoracic Documents. An Official ATS/AACN/ACCP/ESICM/SCCM Policy Statement: Responding to Requests for Potentially Inappropriate Treatments in Intensive Care Units. In: American *Journal of Respiratory and Critical Care Medicine*. v. 191 Number 11 June 1 2015.

que a prática do esforço terapêutico é infração ética, mas não há nenhuma lei punindo civil e criminalmente os médicos por essa prática.

Curioso notar que nos idos de 1999 o Conselho da Europa editou a resolução 1418, aliando a proteção dos direitos humanos à dignidade em doenças terminais.[29] Nessa, afirma que, em caso de dúvida sobre o melhor tratamento, o prolongamento da vida deve ser a escolha. Mas afirma também que o prolongamento da vida só poderá ser feito quando precedido de consentimento expresso do paciente e, como já dito, o presente trabalho discorda dessa posição.

Percebe-se, pelo exposto, que é possível sustentar a eticidade da conduta médica de não realizar a distanásia e, portanto, a violação à ética médica quando o profissional a realiza.

Historicamente, o ofensor é responsabilizado quando comprovado ato ilícito, dano, nexo de causalidade e culpa. Schreiber[30] afirma que

> como resultado direto da erosão dos filtros tradicionais da reparação – ou, em outras palavras, da relativa perda de importância da culpa e do nexo causal como óbices ao ressarcimento dos danos sofridos – um maior número de pretensões indenizatórias passou a ser acolhido pelo Poder Judiciário.

Diante desse cenário, a responsabilidade civil tem, cada vez mais, sido amparada no binômio dano/reparação. Nesse contexto, Rosenvald[31] afirma que é preciso pensar que a responsabilização do ofensor tem a finalidade compensatória mas também de prevenção de comportamentos.

Assim, para discutir a responsabilidade civil do médico por prática de distanásia é preciso perquirir se a obstinação terapêutica é um comportamento a ser prevenido. E, por todo o exposto, entende-se que a obstinação terapêutica é prática danosa ao paciente, pois viola seu direito à morte digna, reconhecido por Flávia Piovesan[32] como um direito constitucional, decorrente do "direito à liberdade, à autonomia, ao respeito e à vida, no marco de um Estado laico, no qual impera a razão pública e secular".

4. CONSIDERAÇÕES FINAIS

Entende-se, assim, que há no Brasil arcabouço jurídico suficiente para condenar o médico a indenizar a família do paciente vítima de distanásia, vez que está claro o dano, a necessidade de repará-lo e a necessidade de prevenir práticas como essa.

---

29. Concil OF Europe. Protection of the human rights and dignity of the terminally ill and the dying. Disponível em: [http://assembly.coe.int/nw/xml/XRef/Xref-XML2HTML-en.asp?fileid=16722&lang=em], acesso em: 27/06/2017.
30. SCHREIBER, Anderson. *Novos paradigmas da responsabilidade civil: da erosão dos filtros da reparação à diluição dos danos*. 5 ed. São Paulo: Atlas, 2013.
31. ROSENVALD, Nelson. *As funções da responsabilidade civil: a reparação e a pena civil*. São Paulo: Atlas, 2013, p.91.
32. PIOVESAN, Flávia. Proteção jurídica da pessoa humana e o direito à morte digna. In: DADALTO, Luciana; GODINHO, Adriano Marteleto; LEITE, George Salomão. *Tratado brasileiro sobre o direito fundamental à morte digna*. São Paulo, Almedina, 2017, p. 77.

Todavia, deve-se questionar se a judicialização da obstinação terapêutica é a melhor solução para uma mudança de mentalidade, pois a história da responsabilidade civil médica demonstra que o Poder Judiciário, ao condenar o profissional por determinada prática, favorece a diminuição dos atos danosos.

Do ponto de vista bioético, parece que essa não é a melhor solução para a distanásia. É preciso ir além da responsabilização do médico. É necessário mudar o entendimento acerca do prolongamento da vida biológica. É urgente compreender que somos seres mortais, pois, como Cícero disse: "Simplesmente, era preciso que houvesse um fim; que à imagem das bagas e dos frutos a vida, espontaneamente, chegada sua hora, murchasse e caísse por terra. A tudo isso o sábio deve consentir pacificamente. Pretender resistir à natureza não teria mais sentido do que querer – como os gigantes guerrear contra os deuses".

5. REFERÊNCIAS

ALVES, Virgínia Colares Figueiredo; CALADO, Vinicius De Negreiros. Negligência Informacional: uma análise jurídico-discursiva de precedente do STJ. In: *XIX Encontro Nacional do CONPEDI/UFC, 2010,* Fortaleza. Encontro Nacional do CONPEDI (19:2010: Fortaleza, CE) Anais do [Recurso eletrônico] XIX Encontro Nacional do CONPEDI. Florianópolis: Fundação Boiteux, 2010. v. 1. p. 739-755.

AMERICAN THORACIC DOCUMENTS. An Official ATS/AACN/ACCP/ESICM/SCCM Policy Statement: Responding to Requests for Potentially Inappropriate Treatments in Intensive Care Units. In: *American Journal of Respiratory and Critical Care Medicine.* 2015. v. 191, n. 11.

ANGOTTI NETO, Hélio. *A tradição da medicina.* Brasília, DF: Academia Monergista, 2016.

BOBBIO, Mario. *O doente imaginado*: os riscos de uma medicina sem limite. São Paulo: Bamboo Editorial, 2016.

CASTRO, Alexandre Martins de; MAIA, Maurilio Casas. A responsabilidade civil pela perda de uma chance de cura ou sobrevivência na atividade médica: entre a doutrina e a visão do Superior Tribunal de Justiça (STJ). In: *Revista de Direito do Consumidor: RDC,* v. 23, n. 95, set./out. 2014, p. 291-309.

CÍCERO. *Saber envelhecer.* São Paulo: L&M Pocket, 1997.

CÓDIGO DE HAMURABI. Disponível em: [https://historiablog.files.wordpress.com/2013/02/cc3b3digo-de-hamurabi.pdf], acesso em: 27/06/2017.

CONSELHO FEDERAL DE MEDICINA. *Resolução 1.931, de 17 de setembro de 2009* (Código de Ética Médica). Disponível em: [http://www.portalmedico.org.br/novocodigo/integra.asp], acesso em: 17/06/2017.

CONSELHO FEDERAL DE MEDICINA. *Resolução 1.931, de 28 de novembro de 2016.* Disponível em: [https://sistemas.cfm.org.br/normas/visualizar/resolucoes/BR/2006/1805], acesso em: 17/06/2017.

CONSELHO FEDERAL DE MEDICINA. *Resolução 2.156, de 17 de novembro de 2016.* Disponível em: [https://sistemas.cfm.org.br/normas/visualizar/resolucoes/BR/2016/2156], acesso em: 17/06/2017.

CONCIL OF EUROPE. Protection of the human rights and dignity of the terminally ill and the dying. Disponível em: [http://assembly.coe.int/nw/xml/XRef/Xref-XML2HTML-en.asp?fileid=16722&lang=em: 27/06/2017.

DADALTO, Luciana. SAVOI, Cristiana. Distanásia: entre o real e o ideial. In: DADALTO, Luciana; GODINHO, Adriano Marteleto; LEITE, George Salomão. *Tratado Brasileiro sobre o direito fundamental à morte digna*. São Paulo: Almedina, 2017.

DANTAS, Eduardo. *Direito médico*. 3. ed. Rio de Janeiro: Editora GZ, 2014.

FREIRE, Elga René. Futilidade Médica: da teoria à prática. In: *Arquivos de Medicina*, 2015; 29[4]:98-102.

GAMARRA, Jorge. *Responsabilidad Civil Medica*. v.1. Montevideo: 2012.

GOLDSTEIN, Mary Kane, et. al. Durable power of attorney for health care: are we ready for it? In: *West J Med*. 1991 Sep; 155(3): 263-268.

KALLAS FILHO, Elias. O fato da técnica: excludente da responsabilidade civil do médico. In: *Revista de Direito Sanitário*, São Paulo, v. 14, n. 2, jul./out. 2013, p. 137-151.

KFOURI NETO, Miguel. *Responsabilidade civil do médico*. 8 ed. São Paulo: Revista dos Tribunais, 2013.

MURR, Leidimar Pereira. A inversão do ônus da prova na caracterização do erro médico pela legislação brasileira. In: *Revista Bioética*, 2010; 18 (1): 31-47.

OPITZ JÚNIIOR. Relação médico paciente no século XXI. Disponível em: [http://agusvinnus.prodiversitas.org/libros/bioetica/OPTIZ.pdf], acesso em: 18/06/2017.

PALACIOS, Marisa; REGO, Sergio. A finitude humana e a saúde pública. *Cad. Saúde Pública*. 2006, v. 22, n.8, p. 1755-1760.

POPE, Thaddeus M; WHITE, Douglas B. The Courts, Futility, and the Ends of Medicine. In: *Journal of the American Medical Association*. 2012 January 11; 307(2): 151-155.

POPE, Thaddeus Mason. Clinicians May Not Administer Life-Sustaining Treatment Without Consent: Civil, Criminal, and Disciplinary Sanctions (2012). In: *Journal of Health & Biomedical Law*, v. 9, N. 2, p. 213-296, 2013.

PIOVESAN, Flávia. Proteção jurídica da pessoa humana e o direito à morte digna. In: DADALTO, Luciana; GODINHO, Adriano Marteleto; LEITE, George Salomão. *Tratado brasileiro sobre o direito fundamental à morte digna*. São Paulo, Almedina, 2017.

ROSENVALD, Nelson. *As funções da responsabilidade civil*: a reparação e a pena civil. São Paulo: Atlas, 2013.

SCHREIBER, Anderson. *Novos paradigmas da responsabilidade civil*: da erosão dos filtros da reparação à diluição dos danos. 5 ed. São Paulo: Atlas, 2013.

SILVA, José Antônio Cordero et. al. Distanásia e ortotanásia: práticas médicas sob a visão de um hospital particular. In: *Revista Bioética,* 2014:22 (2): 358-366.

SIQUEIRA, José Eduardo. Considerações éticas sobre a relação médico-paciente. In: BRAGA, Reinaldo; SOUSA, Filipe. *Compliance na saúde:* Presente e futuro de um mercado em brusca da autorregulação. Salvador, Sanar, 2016.

SUPERIOR TRIBUNAL DE JUSTIÇA. Agravo Regimental no Recurso Especial 2014/0173852-5. Disponível em: [https://ww2.stj.jus.br/processo/revista/inteiroteor/?num_registro=201401738525&dt_publicacao=24/05/2016]. Acesso em: 20/06/2017.

SUPERIOR TRIBUNAL DE JUSTIÇA. Agravo Regimental no Recurso Especial 2015/0052786-5. Disponível em: [https://ww2.stj.jus.br/processo/revista/inteiroteor/?num_registro=201500527865&dt_publicacao=11/12/2015]. Acesso em: 20/06/2017.

SUPERIOR TRIBUNAL DE JUSTIÇA. Agravo Regimental no Recurso Especial 2014/0058312-9. Disponível em: [https://ww2.stj.jus.br/processo/revista/inteiroteor/?num_registro=201400583129&dt_publicacao=18/02/2015]. Acesso em: 20/06/2017.

VILLAS-BÔAS, Maria Elisa. *Da eutanásia ao prolongamento artificial:* aspectos polêmicos na disciplina jurídico-penal do final de vida. Rio de Janeiro, 2005.

VÍTOR, Paula Távora. Procurador para cuidados de saúde: importância de um novo decisor. In: Lex Medicinae: *Revista Portuguesa de Direito da Saúde*, Coimbra, ano 1, n. 1, p.121-134, 2004.

WANSSA, Maria do Carmo Demassi. Autonomia versus beneficência. In: *Revista Bioética*, 2011; 19(1): 105-117.

WILKINSON, DJC; SAVULESCU, J. Knowing when to stop: futility in the intensive care unit. In: *Current Opinion in Anaesthesiology*. 2011 Apr; 24(2): 160-165.

Responsabilidade Civil dos Fabricantes de Cigarros

RESPONSABILIDADE CIVIL E TABACO

Michael César Silva

Doutor e Mestre em Direito Privado pela Pontifícia Universidade Católica de Minas Gerais. Especialista em Direito de Empresa pela Pontifícia Universidade Católica de Minas Gerais. Professor do Curso de Pós-Graduação *Lato Sensu* da Escola de Direito da Fundação Getulio Vargas (FGV Direito Rio). Professor da Pós-graduação *Lato Sensu* da Pontifícia Universidade Católica de Minas Gerais. Professor da Escola Superior Dom Helder Câmara. Professor da Escola de Direito do Centro Universitário Newton Paiva. Membro da Comissão de Direito do Consumidor da OAB/MG. Advogado.

Lucas Magalhães de Oliveira Carvalho

Bacharel em Direito pela Escola Superior Dom Helder Câmara.

Samuel Vinícius da Silva

Acadêmico do 9º Período do Curso de Direito Integral da Escola Superior Dom Helder Câmara.

Sumário: 1. Introdução – 2. A proteção ao consumidor; 2.1. Escorço histórico; 2.2. Princípios aplicáveis às relações de consumo – 3. Responsabilidade civil das empresas de tabaco – 4. Conclusão – 5. Referências.

1. INTRODUÇÃO

O presente trabalho almeja discorrer sobre a responsabilidade civil das empresas de tabaco, suas peculiaridades, contornos e limites. Trata-se de tema controverso no Direito brasileiro, em âmbito doutrinário e jurisprudencial, na medida em que há divergência acerca da possibilidade de concessão de indenização decorrente do uso do tabaco.

Para uma melhor compreensão da temática, inicialmente, discorrer-se-á sobre a relação jurídica de consumo estabelecida entre as empresas de tabaco e os fumantes. A partir dessa análise, os contornos contemporâneos da responsabilidade civil serão compreendidos sob a perspectiva dos princípios norteadores desse microssistema, dentre os quais, destacam-se a boa-fé objetiva, (criadora de padrões de conduta ético-jurídicos), a informação, a transparência e a confiança despertada. Buscar-se-á enunciar que a proteção consumerista é mais intensa caso comparada com outras relações contratuais (civis ou empresariais), pois a contratação ocorre entre partes desiguais, sendo o consumidor compreendido em uma posição de vulnerabilidade presumida.

Delineados os aspectos mais relevantes da relação de consumo, o artigo analisa a possibilidade de aplicação de responsabilidade civil à comercialização de tabaco. Valer-se-á dos dispositivos do Código de Defesa do Consumidor (CDC), bem como, seus princípios norteadores, no intuito de demonstrar que as empresas de tabaco, ao contrário do que vem decidindo o Superior Tribunal de Justiça, são responsáveis objetivamente pelos danos causados aos consumidores, tanto pelo *fornecimento de informações insuficientes e não qualificadas* sobre os malefícios do consumo de cigarro, quanto pelo caráter fundamental e inalienável do *direito de saúde*, elencado no art. 196 da CF/1988, devendo, portanto, serem os fornecedores de tabaco responsabilizados pelas lesões perpetradas aos fumantes em razão da nocividade inerente aos seus produtos.

2. A PROTEÇÃO AO CONSUMIDOR

2.1. Escorço histórico

O movimento de proteção ao consumidor inicia-se na Europa com o advento da Revolução Industrial no século XVIII e com o aperfeiçoamento do Liberalismo Econômico do século XIX, que veio a consagrar o dogma da autonomia da vontade, através da liberdade de contratação e igualdade (formal) jurídica dos contratantes.[1] Com as transformações sociais advindas no final do século XIX, e com a crescente massificação dos meios de produção, dá-se o surgimento da denominada sociedade de consumo (*mass consumption society*), na qual a produção manual dos bens (produtos) passa a ser exceção, pela introdução da mecanização, produção em série, etc.

Essa evolução do processo produtivo gerou um aumento progressivo dos riscos gerados aos consumidores, por meio de falhas resultantes desse processo. Nesse contexto, verifica-se o domínio do crédito, *marketing*, da publicidade ilícita (abusiva e enganosa), práticas abusivas, cláusulas contratuais abusivas, falta de informação adequada, surgimento dos contratos de adesão, os quais diminuíam ou impossibilitavam o exercício da liberdade contratual e impunham dificuldades de acesso à justiça.[2]

Portanto, o fenômeno do consumerismo e o advento da sociedade de consumo, encontram-se, diretamente relacionados com a proteção do consumidor, que exsurge para coibir os abusos impostos pelos grandes conglomerados econômicos aos contratantes (consumidores). Havia, também, a insuficiência dos esquemas tradicionais do direito substancial e processual, que já não mais tutelavam eficazmente novos interesses identificados como coletivos e difusos. Deste modo, o contexto histórico-social, diante dos avanços tecnológicos dos meios de produção e da posição de inferioridade dos contratantes, passou a demandar por uma legislação moderna, que

---
1. NISHIYAMA, Adolfo Mamoru. *A proteção constitucional do consumidor*. Rio de Janeiro: Forense, 2002, p. 21.
2. GRINOVER, Ada Pellegrini *et al*. *Código brasileiro de defesa do consumidor*: v. I: direito material (arts. 1 a 80 e 105 a 108): comentado pelos autores do anteprojeto. 10. ed. rev., atual. e reform. Rio de Janeiro: Forense, 2011, p. 6.

resguardasse não apenas direitos, mas também, que punisse com rigor o desrespeito aos direitos estabelecidos em favor dos contratantes.

É nesse cenário que se desenvolve efetivamente a ideia de proteção ao consumidor, *parte presumivelmente vulnerável,* em posição de patente inferioridade em face aos conglomerados econômicos, através do reconhecimento desta proteção na esfera dos poderes Legislativo, Executivo e do Judiciário. Entretanto, é recente a inserção da proteção do consumidor em texto constitucional, o que ocorreu, somente, com a promulgação da Constituição Espanhola de 1978. No Brasil, com o advento da Constituição da República de 1988, a proteção ao consumidor foi expressamente delineada no ordenamento jurídico brasileiro, seguindo a tendência mundial.[3]

A Constituição da República de 1988 adotou a sistemática da proteção ao consumidor, de *forma ampla,* conforme previsto nos artigos 5°, XXXII, 170, V, CR/1988 e 48 do ADCT, consagrando-a, como *direito fundamental.*[4] Tal perspectiva consolida-se com o advento do Código de Defesa do Consumidor, que positivou a proteção ao consumidor de *forma específica,* assegurando direitos individuais e coletivos, através da introdução de princípios contratuais, norteados pela sistemática dos preceitos constitucionais e pela concepção social de contrato esculpida na teoria contratual contemporânea, os quais passaram a direcionar a interpretação da relação de consumo.

O Código de Defesa do Consumidor é uma lei que consagra princípios fundamentais da República, o mínimo essencial para proteção do consumidor e a sobreposição deste em relação aos demais ramos do direito, nos quais se evidencie relações de consumo. O estatuto consumerista foi erigido sob a égide de um sistema de proteção específica destinado ao consumidor, fundado na técnica legislativa das *cláusulas gerais* visando à constante evolução da legislação consumerista, diante das demandas da sociedade, no sentido de viabilizar a efetiva proteção do consumidor.

Insta destacar, que no âmbito das relações de consumo, exsurge como pressuposto fundamental de reconhecimento da tutela do consumidor, *o princípio da vulnerabilidade*[5] do consumidor (art.4°, I CDC), o qual norteia toda a legislação consumerista. Trata-se do traço marcante, distintivo do CDC, estando relacionado,

---

3. NISHIYAMA, Adolfo Mamoru. *A proteção constitucional do consumidor.* Rio de Janeiro: Forense, 2002, p. 22-27.
4. NISHIYAMA, Adolfo Mamoru. *A proteção constitucional do consumidor.* Rio de Janeiro: Forense, 2002, p. 15-16; FARIAS, Cristiano Chaves de; NETTO, Felipe Peixoto Braga; ROSENVALD, Nelson. *Novo Tratado de Responsabilidade Civil.* 2. ed. São Paulo: Saraiva, 2017, p. 658.
5. Segundo Claudia Lima Marques, a vulnerabilidade *informacional* apresenta-se como sendo "a vulnerabilidade básica do consumidor, intrínseca e característica deste papel na sociedade." (BENJAMIN, Antônio Herman V.; MARQUES, Claudia Lima; BESSA, Leonardo Roscoe. *Manual de Direito do Consumidor.* 7. ed., São Paulo: Revista dos Tribunais, 2016, p. 117). Nesse sentido ver: MARQUES, Claudia Lima. *Contratos no Código de Defesa do Consumidor:* O novo regime das relações contratuais. 7. ed. São Paulo: Revista dos Tribunais, 2014, p. 335 e 339.

intimamente, com os princípios da informação, transparência e da boa-fé objetiva, no intuito de garantir o reequilíbrio e proteção do consumidor nas relações de consumo.[6]

2.2. Princípios aplicáveis às relações de consumo

Toda a legislação consumerista, e em especial, o Código de Defesa do Consumidor, erigiu amplo rol de direitos, garantias e princípios para fins da efetiva proteção do consumidor no mercado com vistas à manutenção de uma relação de consumo harmonizada. No contexto da relação de consumo estabelecida, ater-se-á especificamente ao estudo daqueles princípios que lhe são intimamente correlatos.

O princípio da boa-fé objetiva apresenta-se contemporaneamente como um dos mais relevantes princípios do direito privado. Possui grande relevância no direito contratual, dado sua inserção tanto no Código de Defesa do Consumidor (artigo 4º, III e 51, IV CDC) quanto no Código Civil (artigos 113, 187 e 422 CC).

Constitui-se em uma regra de conduta, imposta às partes, pautada nos ideais de honestidade, retidão e lealdade, no intuito de não frustrar a legítima confiança, da outra parte, tendo ainda, a finalidade de estabelecer o equilíbrio nas relações jurídicas.[7]

A boa-fé objetiva possui caráter tridimensional, que se exterioriza através de três funções elencadas no Código Civil (2002), quais sejam: a *interpretativa* (artigo 113), na qual atua como referencial hermenêutico das relações jurídicas contratuais, a *de controle* (artigo 187), na qual visa a compatibilizar o exercício abusivo do direito subjetivo e a *integrativa* (artigo 422), na qual se destaca como fonte criadora de novos deveres especiais de conduta a serem observados pelas partes durante todo o vínculo obrigacional, e, que, passam obrigatoriamente a integrar qualquer relação obrigacional, como obrigação secundária, visando a garantir seu adimplemento.[8]

Logo, do princípio da boa-fé objetiva, decorrem os deveres anexos de conduta (de proteção, cooperação, informação etc.), os quais se introjetam em toda e qualquer relação jurídica obrigacional, no intuito de instrumentalizar o correto cumprimento da obrigação principal e a satisfação dos interesses envolvidos no contrato,[9] os quais devem ser observados pelas partes desde a fase pré-contratual à fase pós-contratual.

---

6. MARQUES, Claudia Lima. *Contratos no Código de Defesa do Consumidor*: O novo regime das relações contratuais. 7. ed. São Paulo: Revista dos Tribunais, 2014, p. 320-322.
7. ROSENVALD, Nelson. *Dignidade humana e boa-fé no Código Civil*. São Paulo: Saraiva, 2005, p. 80. Nesse sentido ver: GARCIA, Leonardo de Medeiros. *Código de Defesa do Consumidor comentado: artigo por artigo*. 13. ed. rev. ampl. e atual. Salvador: JusPodivm, 2017, p. 61.
8. NORONHA, Fernando. *O direito dos contratos e seus princípios fundamentais*: autonomia privada, boa-fé e justiça contratual. São Paulo: Saraiva, 1994, p. 157; SCHREIBER, Anderson. *Novos paradigmas da responsabilidade civil da erosão dos filtros da reparação à diluição dos danos*. 5.ed. São Paulo: Atlas, 2013, p. 47; FARIAS, Cristiano Chaves de; NETTO, Felipe Peixoto Braga; ROSENVALD, Nelson. *Novo Tratado de Responsabilidade Civil*. 2. ed. São Paulo: Saraiva, 2017, p. 656.
9. NEGREIROS, Teresa. *Teoria do contrato*: novos paradigmas. Rio de Janeiro: Renovar, 2002, p. 153-154; MARTINS-COSTA, Judith. *A boa-fé no direito privado*: sistema e tópica no processo obrigacional. São Paulo: Revista dos Tribunais, 2000, p. 104-105

Dentre os deveres anexos de conduta, o *dever de informação* (ou de informar) destaca-se como o mais importante dos referidos deveres, pois, a informação é fundamental para que os contratantes possam ser alertados sobre fatos de que não poderiam perceber por sua própria diligencia ordinária.[10] Devido à relevância concretizada pelos deveres anexos de conduta nas relações obrigacionais, firmou-se entendimento no sentido de que, quando se descumpre os referidos deveres, tem-se a chamada violação positiva do contrato ou adimplemento ruim, pois, a obrigação principal é cumprida, porém, ocorre o descumprimento dos deveres anexos de conduta.

Deste modo, a boa-fé objetiva destaca-se como elemento transformador de todo o direito obrigacional, irradiando-se para os demais ramos do direito, e em especial, para o contratual.[11] Trata-se de princípio a ser concretizado pelo intérprete de acordo com as circunstâncias do caso concreto.

O princípio da informação impõe as partes o dever jurídico de reciprocamente apresentarem todas as circunstâncias relevantes sobre o contrato, desde a fase pré-contratual até a fase pós-contratual, para que as partes possam, livremente, exercitar sua autonomia privada em consonância com os preceitos estabelecidos pela boa-fé objetiva.

Destarte, a informação é essencial para que as partes possam ser alertadas sobre fatos de que não poderiam perceber por sua própria diligência ordinária.[12] No âmbito das relações de consumo, *o direito à informação* (art. 6º, III, CDC), em consonância com o *princípio da informação* (art. 4º, IV, CDC), estabelece a obrigatoriedade da informação, dentre os direitos básicos do consumidor, o qual constitui *dever fundamental do fornecedor em prestar informações* claras e adequadas ao consumidor, relacionadas as características dos produtos/serviços fornecidos no mercado.[13]

Claudia Lima Marques sustenta que "o dever de informar passa a representar, no sistema do CDC, um verdadeiro dever essencial, dever básico (art. 6º, III) para a harmonia e transparência das relações de consumo".[14] O princípio da informação apresenta-se, portanto, como fundamental ao sistema consumerista,[15] posto que, em

---

10. ROSENVALD, Nelson. *Dignidade humana e boa-fé no Código Civil*. São Paulo: Saraiva, 2005, p. 109.
11. MARTINS-COSTA, Judith. Mercado e solidariedade social entre *cosmos táxis*: A boa-fé nas relações de consumo. In: MARTINS-COSTA, Judith (Org.). *A reconstrução do direito privado*: reflexos dos princípios, diretrizes e direitos fundamentais constitucionais no direito privado. São Paulo: Revista dos Tribunais, 2002, p. 611.
12. ROSENVALD, Nelson. *Dignidade humana e boa-fé no Código Civil*. São Paulo: Saraiva, 2005, p. 109. Nesse sentido ver: MARQUES, Claudia Lima. *Contratos no Código de Defesa do Consumidor*: O novo regime das relações contratuais. 7. ed. São Paulo: Revista dos Tribunais, 2014, p. 224-232.
13. Nesse sentido ver: TARTUCE, Flávio; NEVES, Daniel Amorim Assumpção. *Manual de direito do consumidor*: volume único: direito material e processual. 6. ed. rev., atual. e ampl. Rio de Janeiro: Forense, 2017, p. 43-44; FARIAS, Cristiano Chaves de; NETTO, Felipe Peixoto Braga; ROSENVALD, Nelson. *Novo Tratado de responsabilidade civil*. 2. ed. São Paulo: Saraiva, 2017, p. 663.
14. MARQUES, Claudia Lima. *Contratos no Código de Defesa do Consumidor*: o novo regime das relações contratuais. 7. ed. São Paulo: Revista dos Tribunais, 2014, p. 840.
15. BRAGA NETTO, Felipe Peixoto. *Manual de direito do consumidor*: à luz da jurisprudência do STJ. 12. ed., Salvador: JusPodivm, 2017, p. 63.

consonância com o princípio da transparência, impõem ao fornecedor o dever de transmitir informações qualificadas, para que os consumidores possam ter conhecimento prévio e efetivo de todas as obrigações assumidas em relação ao conteúdo contratual, sob pena de imputação de responsabilidade civil.

O princípio da transparência apresenta-se como princípio básico norteador dos contratos de consumo. Preconiza a forma como a informação deve ser prestada ao consumidor no ato da contratação, a qual deve ser clara, ostensiva, precisa e correta, visando a sanar quaisquer dúvidas e garantir o equilíbrio contratual.

A transparência significa qualificar a informação fornecida de forma ampla ao consumidor sobre aspectos relevantes da contratação (características do produto ou serviço e conteúdo do contrato), desde a fase pré-contratual.[16] Assim, a conjugação dos princípios da transparência e da informação, em consonância com os preceitos norteadores da boa-fé objetiva apresentam-se como instrumentos imprescindíveis a garantir a proteção do consumidor diante de condutas do fornecedor, que venham a infringir as normas basilares do direito consumerista, tendo-se em consideração a vulnerabilidade do consumidor na relação jurídica de consumo.

O princípio da confiança busca proteger a legítima expectativa despertada no consumidor, desde o período pré-contratual ao pós-contratual. Destarte, o referido princípio visa a garantir a tutela jurídica da confiança e o adimplemento das legítimas expectativas das partes no entabulamento de relações jurídicas, no intuito de não se frustrar a confiança infundida no tráfego jurídico e na segurança do produto ou serviço inserido no mercado de consumo, sob pena de imputação de responsabilidade civil por danos à saúde e segurança do consumidor.[17]

3. RESPONSABILIDADE CIVIL DAS EMPRESAS DE TABACO

A imputação de responsabilidade civil das sociedades empresárias fabricantes de tabaco é controvertida nos Tribunais brasileiros, tendo o Superior Tribunal de Justiça se posicionado contrário à tese da responsabilização dos fornecedores que exploram o mercado fumígeno.[18] Trata-se de entendimento obsoleto, por não condizer com

---

16. MARQUES, Claudia Lima. *Contratos no Código de Defesa do Consumidor:* o novo regime das relações contratuais. 7. ed. São Paulo: Revista dos Tribunais, 2014, p. 782-790.
17. Segundo Renata Domingues Balbino Munhoz Soares "como a informação é o pressuposto da escolha livre e consciente do consumidor, não basta informar, é preciso informar claramente (com transparência), informar todas as características do produto (informação completa) e os efeitos decorrentes do consumo, bem como, ao informar, passar confiança de que a informação corresponde à veracidade, ou seja, passar credibilidade" (SOARES, Renata Domingues Balbino Munhoz. Direito e Tabaco: prevenção, reparação e decisão. São Paulo: Atlas, 2016, p. 152).
18. Recurso Especial. *Responsabilidade Civil* e consumidor. Ação de reparação de danos morais e materiais. Tabagismo. Ex-fumante. Doença e uso de *cigarro*. Risco inerente ao produto. Precedentes. Improcedência do pedido. Recurso provido. 1. "O *cigarro* é um produto de periculosidade inerente e não um produto defeituoso, nos termos do que preceitua o Código de Defesa do Consumidor, pois o defeito a que alude o Diploma consubstancia-se em falha que se desvia da normalidade, capaz de gerar uma frustração no consumidor ao não experimentar a segurança que ordinariamente se espera do produto ou serviço (REsp 1.113.804/RS,

a nova ordem civil constitucional, com os avanços da sociedade contemporânea e, sobretudo, com os contornos hodiernos atribuídos a teoria da responsabilidade civil necessários a atender às novas exigências econômicas e sociais, com destaque para incidência nas relações jurídicas contratuais dos princípios da dignidade da pessoa humana, da solidariedade social, da prevenção e da reparação integral.[19]

Ainda nesta ótica, o princípio da solidariedade social veda que haja a privatização dos lucros e a socialização dos prejuízos, devido ao fato de que os vultosos proveitos econômicos são destinados a uma pequena parcela da sociedade, enquanto os malefícios causados pelo consumo de tabaco são percebidos pelos consumidores e, principalmente, pelo Estado, que dispende grande parte do orçamento com tratamentos médicos preventivos ou repressivos no combate contra enfermidades geradas pelo uso do tabaco.

O reconhecimento da Saúde como direito do indivíduo coincide com o Estado Social de Direito, com o advento dos direitos fundamentais de segunda geração. Alude-se, a direitos fundamentais prestacionais, cujo papel estatal é administrar e prover a saúde a todos, sob pena de responsabilização objetiva preconizada pela Carta Magna. Assim, é imperioso, por mandamento constitucional, que haja a repartição dos prejuízos causados pelo consumo de cigarro com os fornecedores que se aproveitam financeiramente desse pernicioso produto.[20]

Em relação aos malefícios do tabaco incide questão bastante controvertida na temática: os efeitos decorrentes da utilização da substância podem ser considerados como um fato do produto ou acidente de consumo e, assim, fazer incidir a responsabilidade objetiva imposta pelo Código de Defesa do Consumidor?

A jurisprudência do STJ posiciona-se no sentido de denegar o defeito, pois se trata de produto com *periculosidade inerente*,[21] ou seja, os eventuais danos causados estão

---

Rel. Min. Luis Felipe Salomão, DJe 24/06/2010) 2. Recurso Especial Provido." (STJ, REsp 1.197.660/SP, 4.ª T., j. 15/12/2011, Rel. Min. Raul Araujo, DJe 01/08/2012).

19. Nesse sentido ver: ROSENVALD, Nelson. *As funções da responsabilidade civil*: a reparação e a pena civil. 3. ed. São Paulo: Saraiva, 2017, p. 26-29.
20. Cristiano Chaves de Farias, Nelson Rosenvald e Felipe Peixoto Braga Netto asseveram que o "princípio da solidariedade penetra decisivamente no direito de danos para promover um giro copernicano na matéria. Talvez o mais significativo em termos de solidariedade seja a passagem de um estado de responsabilidade para outro de *corresponsabilidade*, no qual todos atuam conjuntamente para a obtenção de certo resultado, estipulando consensos mínimos para rechaçar aquilo que é intolerável. (FARIAS, Cristiano Chaves de; ROSENVALD, Nelson; BRAGA NETTO, Felipe Peixoto. *Curso de Direito Civil*: responsabilidade civil: volume 3. 4. ed. rev. ampl. e atual. Salvador: JusPodivm, 2017, p. 45).
21. Segundo Antonio Herman V. Benjamin os "bens de consumo de *periculosidade inerente ou latente* (*unavoidably unsafe product or service*) trazem um risco intrínseco atado a sua própria qualidade ou modo de funcionamento. Embora se mostre capaz de causar acidentes, a periculosidade dos produtos e serviços, nesses casos, diz-se *normal e previsível* em decorrência de sua natureza ou fruição, ou seja, está em sintonia com as expectativas legítimas dos consumidores. A periculosidade só é inerente quando dotada de normalidade (isto em relação ao produto ou serviço) e de previsibilidade (isto em relação ao consumidor). Se assim não ocorre, cabe ao fornecedor a obrigação de advertir os consumidores (dever de informar) dos riscos inevitáveis. [...]. Em síntese, para que a periculosidade seja reputada *inerente*, dois requisitos devem estar presentes: a *normalidade* e a *previsibilidade*. Têm eles a ver com a expectativa legítima dos consumi-

dentro da normalidade e previsibilidade do consumidor. Nesse mesmo giro, acolhe a tese da *licitude da atividade*, do *fato exclusivo da vítima* e do *enriquecimento indevido* do consumidor, para fins de se *afastar a concessão de reparação civil* às vítimas diretas (fumantes) ou aos seus familiares pelos danos sofridos pelo consumo do cigarro.

No entanto, os produtos de periculosidade inerente devem ser analisados sob dois aspectos. O primeiro trata-se de um aspecto positivo, qual seja a utilidade social trazida pelo objeto. Já o segundo é um aspecto negativo, ou seja, apresenta a possibilidade de acarretar danos previsíveis ao consumidor.[22]

Ao contrário, a inserção de produto com apenas substâncias cancerígenas e viciantes (aspectos negativos) atenta contra a própria tutela constitucional dos bens jurídicos, sobretudo, os relacionados à saúde e à vida. Nesse sentido, Cristiano Chaves de Farias, Nelson Rosenvald e Felipe Peixoto Braga Netto propõem que o significado jurídico de defeito do produto precisa ser contextualizado, à luz dos valores e preceitos da Constituição da República de 1988, e em diálogo das fontes, sob a perspectiva do conceito de risco da atividade e de abuso de direito.[23] Dessa forma, por ser objeto que viola direitos fundamentais e por não possuir nenhuma função prestante deve ser tido como defeituoso, fazendo incidir a responsabilidade objetiva propugnada pelo CDC.

Ademais, é clarividente a situação de que o cigarro sujeita o consumidor à dependência da nicotina (posto que viciante), a doenças, e até, eventualmente, a morte em razão do consumo contínuo de tabaco, demonstrando-se de forma inexorável sua relação com os malefícios causados à saúde do consumidor.[24]

Gustavo Tepedino esclarece com precisão que para o Código de Defesa do Consumidor "defeito não se confunde com nocividade (há inúmeros produtos, na

---

dores. A regra geral, portanto, é a de que os danos decorrentes de periculosidade inerente não dão ensejo ao dever de indenizar. Por exemplo, o fabricante da faca de cozinha não está obrigado a reparar os danos sofridos pela consumidora ao utilizá-la nas suas atividades domésticas". (BENJAMIN, Antônio Herman V.; MARQUES, Claudia Lima; BESSA, Leonardo Roscoe. *Manual de Direito do Consumidor*. 7. ed., São Paulo: Revista dos Tribunais, 2016, p. 172-173). Nesse sentido ver: GARCIA, Leonardo de Medeiros. *Código de Defesa do Consumidor comentando: artigo por artigo*. 13. ed. rev. ampl. e atual. Salvador: JusPodivm, 2017, p. 147; BRAGA NETTO, Felipe Peixoto. *Manual de direito do consumidor:* à luz da jurisprudência do STJ. 12. ed., Salvador: JusPodivm, 2017, p. 173; CAVALIERI FILHO, Sérgio. *Programa de responsabilidade civil.* 11. ed. São Paulo: Atlas, 2014, p. 229.

22. Ana Paulo Atz e Leonel Severo Rocha expõem que "o risco do cigarro à saúde do consumidor é inerente, detendo mácula em sua origem. Risco não é tolerável ou aceitável". (ATZ, Ana Paula; ROCHA, Leonel Severo. Indenização em caso difícil: a responsabilidade civil das empresas de tabaco no Brasil. *Revista de Direito do Consumidor,* v.111, a.26, São Paulo: Revista dos Tribunais, maio-jun. 2017, p. 61).
23. FARIAS, Cristiano Chaves de; NETTO, Felipe Peixoto Braga; ROSENVALD, Nelson. *Novo tratado de responsabilidade civil.* 2. ed. São Paulo: Saraiva, 2017, p. 845.
24. Nesse sentido ver: OLIVEIRA, Amanda Flávio de. *Direito de (não) fumar:* Rio de Janeiro: Renovar, 2008; DELFINO, Lúcio. *Responsabilidade civil e tabagismo no Código de Defesa do Consumidor.* Belo Horizonte: Del Rey, 2002.

praça, que, embora nocivos, não são defeituosos, *desde que as informações prestadas pelo fornecedor esclareçam bem o seu grau de nocividade)*".[25]

E nisso reside o cerne da questão relativa à imputação de responsabilidade sobre a indústria de tabaco. As informações fornecidas aos consumidores no mercado de consumo *são insuficientes e não qualificadas*, desrespeitando os preceitos jurídicos da boa-fé objetiva, informação, transparência e da confiança despertada na contratação, pois *não resta devidamente esclarecido aos consumidores o grau de nocividade e os riscos* do tabagismo para a saúde da população. Logo, o exercício da autonomia privada se encontra *severamente prejudicado* diante do fato do consumo do tabaco ser viciante e causador de dependência. Nessa linha de inteleção, se observa, ainda, a *ofensa aos deveres anexos de conduta* da boa-fé objetiva (lealdade, cooperação e, sobretudo, de informação), no tocante a pós-eficácia das obrigações, devido aos inúmeros danos continuamente perpetrados pela indústria tabagista, tendo por consequência a imputação de responsabilidade civil pós-contratual.[26]

Nesse contexto, coaduna-se com os argumentos esposados, a importância atribuída na esfera de *proteção ao direito à saúde*, enquanto direito fundamental constitucionalmente assegurado aos consumidores pela Constituição da República de 1988, que deve, também, direcionar a interpretação da relação de consumo em estudo, no que pertine a possibilidade ou não de atribuição de responsabilização pela conduta abusiva perpetrada pelas empresas de tabaco.[27]

A outro giro, Judith Martins-Costa sustenta, em defesa da impossibilidade de responsabilidade civil dos fornecedores de tabaco, que a opção pelo tabaco se encontra dentro da seara da *autodeterminação de vontade do consumidor*.[28] Entretanto, tal argumentação entra em colisão com os estudos científicos sobre a temática,[29] que atestam que o cigarro contém nicotina - substância altamente viciante – que *diminui, significativamente, a autodeterminação de vontade do tabagista* e causa *dependência*

---

25. TEPEDINO, Gustavo. A responsabilidade civil por acidentes de consumo na ótica civil-constitucional. In: TEPEDINO, Gustavo. *Temas de direito civil*. 4. ed. rev. e atual. Rio de Janeiro: Renovar, 2008, p. 287.
26. Nesse sentido ver: DELFINO, Lúcio. *Responsabilidade civil e tabagismo no Código de Defesa do Consumidor*. Belo Horizonte: Del Rey, 2002, p. 116.
27. Nesse sentido ver: PIOVESAN, Flávia; SUDBRACK, Umberto Guaspari. Direito à saúde e o dever de informar: direito à prova e a responsabilidade civil das empresas de tabaco. *Revista de Direito do Consumidor*, v.77, ano 20, p. 341-370, São Paulo: Revista dos Tribunais, jan.-mar. 2011.
28. MARTINS-COSTA, Judith. Ação indenizatória. Dever de informar do fabricante sobre os riscos do tabagismo (parecer). In: LOPEZ, Teresa Ancona (Org.). *Estudos e pareceres sobre livre-arbítrio, responsabilidade e produto de risco inerente- o paradigma do tabaco, aspectos civis e processuais*. Rio de Janeiro: Renovar, 2009, p. 17. Disponível em: [http://docs.wixstatic.com/ugd/451585_cd50737d38a34b08a397a8a2b5bcdf3c.pdf]. Acesso em: 15/07/2017.
29. O médico José Francisco Zumpano adverte que "além da dependência física, o tabagista também apresenta dependência psicológica e comportamental. É importante ressaltar que a divisão é apenas didática. No fumante estas dependências estão entrelaçadas e misturadas como os ingredientes de uma sopa, embora cada um com sua função e sabor" (ZUMPANO, José Francisco. *Respire vida*. Belo Horizonte: José Francisco Zumpano, 2013, p. 66).

física e psicológica.[30] Destarte, a manifestação de vontade do consumidor resta prejudicada pelos efeitos viciantes do tabaco e pela falta de informação qualificada, não sendo concebível proteger aquele que possuindo, informações concretas e científicas sobre os males provocados pelo cigarro, induz abusivamente um comportamento prejudicial à saúde dos consumidores no mercado de consumo.[31]

Ainda que seja aceita, indevidamente, como exposto, de que se trata de produto com periculosidade inerente, não se pode afastar a responsabilização dos fornecedores com base na teoria do risco da atividade (art. 927, parágrafo único, CC). É indiscutível que embora a publicidade seja defesa pela Lei 9.294/1996, o fornecimento de tabaco no Brasil é uma atividade lícita, todavia, é indiferente para a teoria do risco a licitude da atividade para fins de responsabilização. Nessa linha de raciocínio, nenhuma valia possui a alegação dos defensores da impossibilidade de responsabilização dos fornecedores de tabaco de que se trata de uma ação permitida pelo ordenamento jurídico brasileiro, pois a licitude da atividade não protege o ofensor da reparação de danos.[32]

Nessa esteira, para a responsabilização dos fornecedores, à luz da teoria do risco, se faz necessário apenas a comprovação do dano injusto e do nexo causal. Em relação ao dano, inúmeros estudos científicos demonstram as prejudicialidades causadas pelo uso, excessivo ou não, do tabaco que normalmente conduz a debilidades ou enfermidades mortais.[33] Embora os efeitos do consumo do tabaco sejam bem determinados pela ciência, a demonstração fática do nexo de causalidade *in casu* é

---

30. Nessa mesma linha de intelecção, Renata Domingues Balbino Munhoz Soares expõe que "os fabricantes no intuito de manterem o consumidor cativo, passaram a inserir nos componentes do cigarro substâncias que acarretam dependência, obrigando-o a consumir cada vez mais. Em razão disso, o organismo fica numa premente necessidade química, o que acaba por impedir que o fumante aja livremente, ou seja, o livre-arbítrio não é o mais único determinante para que a pessoa deixe de fumar". (SOARES, Renata Domingues Balbino Munhoz. Direito e Tabaco: prevenção, reparação e decisão. São Paulo: Atlas, 2016, p. 173).
31. Lúcio Delfino preleciona que "Mediante uma estratégia sofisticadíssima, pautada na omissão de informações acerca dos males do fumo, na negativa e ataque de esclarecimentos científicos apontando esses males, e em técnicas requintadas de *marketing* massivo, a indústria do fumo, astuciosamente, estabeleceu uma aura positiva em torno do tabagismo, de modo que o consumo de cigarros acabou sendo aceito socialmente, visto, por muitos, como símbolo de *status*, riqueza, sucesso profissional, requinte e, até mesmo, saúde. Esse o principal fator externo a condicionar as pessoas, principalmente os mais jovens, a experimentar o cigarro: a aura positiva, essa atmosfera de aceitação social de um produto potencialmente perigoso à saúde daqueles que o consomem direta e indiretamente, cuja edificação teve por matéria-prima blocos de ganância e embustes, pavimentados com uma incrível falsidade, direcionada apenas a garantir o sucesso de vendas e a consequente obtenção de vultosos lucros" (DELFINO, Lúcio. O fumante e o livre-arbítrio: um polêmico tema envolvendo a responsabilidade civil das indústrias do tabaco. *Revista Páginas de Direito*, Porto Alegre, ano 8, n. 736, 17 de março de 2008. Disponível em: [http://www.tex.pro.br/home/artigos/67-artigos-mar-2008/5960-o-fumante-e-o-livre-arbitrio-um-polemico-tema-envolvendo-a-responsabilidade-civil-das-industrias-do-tabaco]. Acesso em: 15/07/2017).
32. FARIAS, Cristiano Chaves de; NETTO; Felipe Peixoto; ROSENVALD, Nelson. Novo *Tratado de responsabilidade civil*. São Paulo: Atlas, 2015, p. 830 e 834.
33. Lúcio Delfino elenca algumas consequências pelo uso do tabaco "enfisema, câncer de laringe, câncer do pâncreas, câncer da bexiga, infarto do miocárdio, úlcera péptica, câncer bucal, câncer do pulmão, câncer do esôfago, problemas durante o parto e com o feto". (DELFINO, Lucio. *A tutela jurisdicional na responsabilidade civil das indústrias do tabaco por danos advindos do tabagismo*. 2006. Tese de Doutorado. PUC-SP. Disponível em: [www.dominiopublico.gov.br/download/texto/cp011601.pdf]. Acesso em: 14/07/2017, p. 42).

problemática e dificultosa, em razão de que as enfermidades podem ser causadas por diversos fatores, sejam eles físicos, químicos ou biológicos. Portanto, não seria possível aferir, em tese, direta e imediatamente a causa do dano injusto.[34]

Porém, o ordenamento jurídico brasileiro também acolhe a teoria da causalidade adequada, podendo os fornecedores ser responsabilizados na hipótese em que o "dano que a vítima experimentou é uma consequência normalmente previsível do fato à luz da experiência.[35] Essa teoria, portanto, baseia-se na probabilidade do evento danoso".[36] Como exposto, o conhecimento empírico e científico demonstra que o tabaco conduz à destruição da saúde e da vida humana, e nesse sentido, diante dos novos contornos da responsabilidade civil no Brasil, é possível indicar uma presunção de causalidade entre o ato de fumar por anos e os danos causados à saúde pelo consumo do tabaco.[37]

É imperioso salientar que não se trata de uma responsabilização absoluta dos fornecedores, mas, tão somente da imposição de ônus probatório adequado a excluir a responsabilidade das empresas de tabaco no caso em concreto. Não se trata de uma *prova diabólica*, devido ao fato de que as sociedades empresárias do tabaco possuem maior aptidão técnica, financeira, jurídica e científica de demonstrarem, *in casu*, a impossibilidade de imputação de responsabilidade civil. Hoje, a *prova diabólica* está nas mãos do consumidor, causando uma violação a garantia constitucional de reparação aos danos, à saúde e a proteção, de caráter fundamental, do consumidor.

4. CONCLUSÃO

Conforme os novos paradigmas da responsabilidade civil no Brasil, faz-se necessária uma mudança de entendimento, sobretudo, no âmbito do Superior Tribunal de Justiça em relação à responsabilização das empresas de tabaco, mormente, por violar

---

34. Nesse sentido ver: GARCIA, Leonardo de Medeiros. *Código de Defesa do Consumidor Comentando: artigo por artigo*. 13. ed. rev. ampl. e atual. Salvador: JusPodivm, 2017, p. 173.
35. Renata Domingues Balbino Munhoz Soares expressa o equívoco em denegar-se a responsabilidade civil das empresas de tabaco pela suposta ausência de liame entre conduta e dano, ao destacar que "a ciência possibilitou o exame de DNA para o reconhecimento de paternidade, e o direito valeu-se da ciência. A ciência considerou a morte encefálica como morte, e o direito valeu-se da ciência. A ciência permitiu a fecundação in vitro, e o direito valeu-se da ciência. A ciência afirmou que fumar é um vício e causa câncer e diversas doenças, inclusive a morte, e o direito não se vale da ciência? (SOARES, Renata Domingues Balbino Munhoz. Direito e Tabaco: prevenção, reparação e decisão. São Paulo: Atlas, 2016, p. 170).
36. FARIAS, Cristiano Chaves de; NETTO, Felipe Peixoto Braga; ROSENVALD, Nelson. *Novo Tratado de Responsabilidade Civil*. 2. ed. São Paulo: Saraiva, 2017, p. 475.
37. Cristiano Chaves de Farias, Felipe Peixoto Braga Netto e Nelson Rosenvald, com esteio nos estudos de Caitlin Mulholland, prelecionam que "mediante um juízo de probabilidade, eficiente e legítimo, o decisor admitiria os fatos como presumidamente verdadeiros, possibilitando a reparação, que de outra forma não se efetivaria. De fato, pretende-se a configuração do dever reparatório, baseado na potencialidade e probabilidade do risco em relação ao dano. O nexo causal passa a ser investigado como a ligação provável e potencial entre o dano causado e a atividade imputada, dispensado-se a prova irrefutável do liame entre a conduta e o dano para se configurar o dever reparatório" (FARIAS, Cristiano Chaves de; ROSENVALD, Nelson; BRAGA NETTO, Felipe Peixoto. *Curso de Direito Civil*: Responsabilidade Civil: volume 3. 4.ed. rev., ampl. e atual. São Paulo: JusPodivm, 2017, p. 490).

direitos fundamentais básicos do consumidor, como a vida, a saúde e a informação, pois o risco associado ao uso do tabaco é informado de maneira genérica e inespecífica, portanto, sem a adequada qualificação imposta pela legislação consumerista.

O princípio da boa-fé objetiva, como manifestação da tutela da confiança, é concretizado por meio da transparência nas relações negociais, vinculando a parte que possui vantagens informativas, através da imposição do dever jurídico de informação clara, precisa e ostensiva de todo o conteúdo contratual, sem subterfúgios ou possibilidades de interpretações dúbias, no intuito de impedir que se frustrem as expectativas legítimas da contraparte, evidentemente, vulnerável no tocante às informações relacionadas ao teor das cláusulas contratuais da avença.

Por fim, o princípio da solidariedade impõe o dever de colaboração para fins de promoção do bem comum e do interesse da coletividade. Nesse sentido, a inserção pelas empresas de tabaco de um produto no mercado de consumo, decorrente de atividade ainda que considerada lícita, mas, com potencialidade para causar inúmeros danos à saúde dos consumidores é inconcebível pela ordem civil-constitucional, devendo o produto ser tido como defeituoso e seus danos considerados como responsabilidade do fato do produto, já que a interpretação de defeito na seara consumerista deve ser analisada conjuntamente com os preceitos da Constituição Federal. Além disso, a própria teoria do risco é argumento inexorável, tendo em vista que a própria atividade de fornecimento de tabaco possui um risco intrínseco de causar prejuízos aos consumidores. Portanto, quem almeja os bônus deve, também, arcar com os ônus correspondentes ao risco da atividade econômica desenvolvida.

5. REFERÊNCIAS

ATZ, Ana Paula; ROCHA, Leonel Severo. Indenização em caso difícil: A responsabilidade civil das empresas de tabaco no Brasil. *Revista de Direito do Consumidor.* v. 111, ano 26, p. 39-73, São Paulo: Revista dos Tribunais, maio-jun. 2017.

BENJAMIN, Antonio Herman; MARQUES, Claudia Lima; BESSA, Leonardo Roscoe. *Manual de Direito do Consumidor.* 7. ed. São Paulo: Revista dos Tribunais, 2016.

BRAGA NETTO, Felipe Peixoto. *Manual de direito do consumidor:* à luz da jurisprudência do STJ. 12. ed., Salvador: JusPodivm, 2017.

BULOS, Uadi Lammêgo. *Curso de Direito Constitucional.* 8. ed. São Paulo: Saraiva, 2014

CAVALIERI FILHO, Sérgio. *Programa de responsabilidade civil.* 11. ed. São Paulo: Atlas, 2014.

DELFINO, Lucio. *A tutela jurisdicional na responsabilidade civil das indústrias do tabaco por danos advindos do tabagismo.* 2006. Tese de Doutorado. 600 p. PUC-SP. Disponível em: [www.dominiopublico.gov.br/download/texto/cp011601.pdf]. Acesso em: 14/07/2017.

_____. O fumante e o livre-arbítrio: um polêmico tema envolvendo a responsabilidade civil das indústrias do tabaco. *Revista Páginas de Direito*, Porto Alegre, ano 8, n. 736, 17/03/2008. Disponível em: [http://www.tex.pro.br/home/artigos/67-artigos-mar-2008/5960-o-fumante-e-o-livre-arbitrio-um-polemico-tema-envolvendo-a-responsabilidade-civil-das-industrias-do-tabaco]. Acesso em: 15/07/2017.

_____. *Responsabilidade civil e tabagismo no Código de Defesa do Consumidor.* Belo Horizonte: Del Rey, 2002.

FABIAN, Christoph. *O dever de informar no direito civil.* São Paulo: Revista dos Tribunais, 2002

FARIAS, Cristiano Chaves de; BRAGA NETTO, Felipe Peixoto; ROSENVALD, Nelson. *Novo Tratado de responsabilidade civil.* 2. ed. São Paulo: Saraiva, 2017.

_____; _____; _____. *Curso de Direito Civil:* Responsabilidade Civil: volume 3. 4.ed. rev., ampl. e atual. São Paulo: JusPodivm, 2017.

GARCIA, Leonardo de Medeiros. *Código de Defesa do Consumidor comentado: artigo por artigo.* 13. ed. rev. ampl. e atual. Salvador: JusPodivm, 2017.

GRINOVER, Ada Pellegrini *et al. Código brasileiro de defesa do consumidor:* v. I: direito material (arts. 1 a 80 e 105 a 108): comentado pelos autores do anteprojeto. 10. ed. rev., atual. e reform. Rio de Janeiro: Forense, 2011.

MARQUES, Claudia Lima. *Contratos no Código de Defesa do Consumidor:* o novo regime das relações contratuais. 7. ed. São Paulo: Revista dos Tribunais, 2014.

MARTINS-COSTA, Judith. *A boa-fé no direito privado:* sistema e tópica no processo obrigacional. São Paulo: Revista dos Tribunais, 2000.

_____. Ação Indenizatória. Dever de Informar do Fabricante sobre os riscos do tabagismo (parecer). In: LOPEZ, Teresa Ancona (Org.). *Estudos e pareceres sobre livre-arbítrio, responsabilidade e produto de risco inerente- o paradigma do tabaco, aspectos civis e processuais.* Rio de Janeiro: Renovar, 2009. Disponível em: [http://docs.wixstatic.com/ugd/451585_cd50737d38a34b08a397a8a2b5bcdf3c.pdf]. Acesso em: 15/07/2017.

_____. Mercado e solidariedade social entre *cosmos táxis:* A boa-fé nas relações de consumo. In: MARTINS-COSTA, Judith (Org.). *A reconstrução do direito privado:* reflexos dos princípios, diretrizes e direitos fundamentais constitucionais no direito privado. São Paulo: Revista dos Tribunais, 2002.

NEGREIROS, Teresa. *Teoria do contrato:* novos paradigmas. Rio de Janeiro: Renovar, 2002.

NISHIYAMA, Adolfo Mamoru. *A proteção constitucional do consumidor.* Rio de Janeiro: Forense, 2002.

NORONHA, Fernando. *O direito dos contratos e seus princípios fundamentais:* autonomia privada, boa-fé e justiça contratual. São Paulo: Saraiva, 1994.

OLIVEIRA, Amanda Flávio de. *Direito de (não) fumar:* uma abordagem humanista. Rio de Janeiro: Renovar, 2008.

PIOVESAN, Flávia; SUDBRACK, Umberto Guaspari. Direito à saúde e o dever de informar: direito à prova e a responsabilidade civil das empresas de tabaco. *Revista de Direito do Consumidor,* v. 77, ano 20, p. 341-370, São Paulo: Revista dos Tribunais, jan.-mar. 2011.

ROSENVALD, Nelson. *Dignidade humana e boa-fé no Código Civil.* São Paulo: Saraiva, 2005.

_____. *As funções da responsabilidade civil:* a reparação e a pena civil. 3. ed. São Paulo: Saraiva, 2017.

SCHREIBER, Anderson. *Novos paradigmas da responsabilidade civil da erosão dos filtros da reparação à diluição dos danos.* 5.ed. São Paulo: Atlas, 2013.

SOARES, Renata Domingues Balbino Munhoz. *Direito e Tabaco: prevenção, reparação e decisão.* São Pau-lo: Atlas, 2016.

TARTUCE, Flávio; NEVES, Daniel Amorim Assumpção. *Manual de direito do consumidor:* volume único: direito material e processual. 6. ed. rev., atual. e ampl. Rio de Janeiro: Forense, 2017.

ZUMPANO, José Francisco. *Respire Vida.* Belo Horizonte: José Francisco Zumpano, 2013.

A RESPONSABILIDADE CIVIL DA INDÚSTRIA TABAGISTA PELOS DANOS CAUSADOS AO FUMANTE

Renata Domingues Balbino Munhoz Soares

Doutora e Mestre em Direito Político e Econômico pela Universidade Presbiteriana Mackenzie. Especialista em Direito Privado pela Escola Paulista da Magistratura. Professora de Direito Civil e Empresarial do Mackenzie. Coordenadora do Grupo de Estudo "Direito e Tabaco" do Mackenzie. Advogada em São Paulo. Autora do livro "Direito e Tabaco. Prevenção, Reparação e Decisão", Atlas/Grupo Gen.

Sumário: 1. Introdução – 2. Responsabilidade civil e a convenção-quadro para o controle do tabaco – 3. Fundamentos da responsabilidade civil da indústria do tabaco: boa-fé objetiva, abuso de direito e *venire contra factum proprium* – 4. Fases da responsabilidade civil da indústria tabagista – 5. Conclusão – 6. Referências.

1. INTRODUÇÃO

Como diz Gustavo Castilla, "Lo que preocupa del tema, en esencia, es que hoy pocos discuten que fumar realmente hace daño a la salud de la persona y que ésta, en cuanto consumidora, se encuentra en estado de dependência (...)".[1]

O tabagismo, para o OMS – Organização Mundial de Saúde, é responsável por cinco milhões de mortes ao ano no mundo, o que corresponde a mais de 10 mil mortes por dia. No Brasil, segundo o INCA – Instituto Nacional do Câncer, estima-se que, a cada ano, 200 mil brasileiros morrem precocemente devido às doenças causadas pelo tabagismo.[2]

Diante dessa realidade, mister se faz inserir a discussão a respeito da responsabilidade civil num ambiente científico global de danos à saúde do fumante – direito social fundamental.

2. RESPONSABILIDADE CIVIL E A CONVENÇÃO-QUADRO PARA O CONTROLE DO TABACO

Na ordem internacional, como expressão da preocupação global com as consequências maléficas do uso do tabaco, surgiu o primeiro Tratado Internacional de

---

1. CASTILLA, Gustavo Ordoqui. *Derecho de Daños. Daño em las relaciones comerciales. Daño em las relaciones de família. Daño desportivo. Daño por aplicación de la biotecnologia. Daño por el consumo de tabaco.* Tomo II. v. II. 2. ed. Montevideo: La Ley Uruguay, 2015, p. 803.
2. Disponível em: [www.http://actbr.org.br/tabagismo/numeros.asp]. Último acesso em: 12/07/2017.

Saúde Pública, desenvolvido pela Organização Mundial da Saúde (OMS), denominado "Convenção-Quadro sobre o Controle do Uso do Tabaco", celebrado no ano de 2003, em Genebra.

Ao lado de mais de 180 países, o Brasil é signatário, tendo expressado sua concordância em 16 de novembro do mesmo ano, com ratificação ocorrida em 2005 por Decreto Presidencial 5.658, de 02/01/2006.[3]

A Convenção reconhece formalmente, no preâmbulo e no art. 8, que o tabaco causa danos à saúde, afirmando que a ciência já demonstrou de maneira inequívoca que o consumo e a exposição à fumaça do tabaco são causas de mortalidade, morbidade e incapacidade e, também, que as doenças relacionadas ao tabaco não se revelam imediatamente após o início da exposição à fumaça do tabaco e ao consumo de qualquer produto dele derivado.

Em seu artigo 19, trata das questões relacionadas à responsabilidade civil e penal. Para fins de controle do tabaco, determina a Convenção que as Partes devem adotar medidas legislativas ou de promoção de suas leis vigentes, bem como cooperarem entre si no intercâmbio de informações sobre a jurisprudência pertinente.

3. FUNDAMENTOS DA RESPONSABILIDADE CIVIL DA INDÚSTRIA DO TABACO: BOA-FÉ OBJETIVA, ABUSO DE DIREITO E *VENIRE CONTRA FACTUM PROPRIUM*

A informação é o ponto central a ser discutido na seara da responsabilidade civil da indústria tabagista. Historicamente, o comportamento da indústria tabagista no tocante à informação sobre os danos do cigarro à saúde do fumante pode ser resumido em três situações, que vão desde a aposição de informação falsa, passando pela informação verdadeira, ainda que parcial, até a falta total de informação sobre restrições de uso.[4]

Nas décadas de 1920 a 1950, os fabricantes de cigarros afirmavam que não havia qualquer restrição ao consumo do produto, fazendo, inclusive, propaganda com deliberado propósito de enganar (usando a figura de médicos, enfermeiros, celebridades, esportistas, Papai Noel, bebês etc.), inserindo nas embalagens informações de que o cigarro fazia bem, curava asma, emagrecia etc.[5]

---

3. VEDOVATO, Luís Renato. A convenção-quadro sobre controle do uso do tabaco. Consequências para o ordenamento jurídico brasileiro. In: HOMSI, Clarissa Menezes (coord.). *Controle do tabaco e o ordenamento jurídico brasileiro*. Rio de Janeiro: Lumen Juris, 2011, p. 6.
4. Interessante comparação com a atividade de parques de diversão faz Flávia Piovesan e Umberto Sudbrack. (PIOVESAN, Flávia; SUDBRACK, Umberto Guaspari. Direito à saúde e o dever de informar: direito à prova e a responsabilidade civil das empresas de tabaco. HOMSI, Clarissa Menezes (coord.). *Controle do tabaco e o ordenamento jurídico brasileiro*. Rio de Janeiro: Lumen Juris, 2011, p. 126).
5. Em tese de doutorado, fizemos uma análise da propaganda da indústria tabagista desde a década de 1920 até os dias atuais, com fotos de campanhas publicitárias e de embalagens de cigarros (SOARES, Renata Domingues Balbino Munhoz. *Cidadania e dirigismo estatal: o paradigma do tabaco*. Universidade Presbiteriana Mackenzie, São Paulo, 2014, p. 347-414).

No tocante à informação verdadeira, com alerta às restrições, nunca os fabricantes o fizeram (ou seja, não cumpriram o que chamamos de "tripé informacional":[6] informação completa, clara e de credibilidade). As informações quanto às restrições pela indústria sempre foram resultado de imposições do Poder Público ante as descobertas da ciência que vieram à tona.[7]

E, no que diz respeito à falta total de informação sobre os males do cigarro, isso foi feito pela indústria das décadas de 1920 a 1980, configurando omissão intencional, já que tinha conhecimento dos males do produto. Só a partir da década de 1990, a indústria começou a informar, em razão de determinações do Poder Público, não espontaneamente, como podemos notar pela inclusão de advertências sanitárias nas embalagens de cigarros. Hoje, inclusive, a cada dia descobre-se que a indústria se vale de novos artifícios para conquistar o consumidor, tendo a Anvisa (Agência de Vigilância Sanitária) exercido importante papel de regulação (vide RDC 14/2012,[8] que restringe o uso de aditivos em produtos derivados do tabaco comercializados no Brasil e RDC 46/2009, que proíbe a comercialização, a importação e a propaganda de cigarros eletrônicos, com base no princípio da precaução).

Se tal omissão não fosse intencional, para fidelizar cada vez mais o consumidor, aí sim poderíamos cogitar do livre-arbítrio como escusa da responsabilidade de indenizar.

Na primeira hipótese – informação falsa, há um ilícito, passível de indenização, já que demonstrado o dolo do agente. Nesse sentido, o fabricante poderia ser responsabilizado pelos danos decorrentes do consumo do cigarro com base no art. 186 do Código Civil de 2002.

Na segunda hipótese, foram observados apenas em parte os deveres de informar ou de esclarecimento. Há, também, cogitar-se de indenização em razão do descumprimento em parte do dever legal de boa-fé (existente no direito brasileiro desde o Código Comercial de 1850, e amparado, hoje, pela interpretação ampla do art. 389, do Código Civil).[9]

Como ressalta Gustavo Castilla:

> Proceder de buena fe en la venta de cigarrillos, más allá de las obligaciones legales, implica el deber de informar correctamente con relación a su alcance. Hoy, de cara a las relaciones de consumo, queda muy claro no informar correctamente sobre los riesgos de fumar puede suponer

---

6. SOARES, Renata Domingues Balbino Munhoz. *Direito e tabaco. Prevenção, reparação e decisão*. São Paulo: Atlas/Grupo Gen, 2016, p. 150-155.
7. Vide estudos científicos abordados in: SOARES, Renata Domingues Balbino Munhoz. *Direito e tabaco. Prevenção, reparação e decisão*. São Paulo: Atlas/Grupo Gen, 2016, p. 127-145.
8. Resolução suspensa por medida liminar concedida pelo STF em ADIn 4874.
9. Em comentário ao art. 389, do CC, conclui Hamid Charaf Bdine Jr.: "a mesma consequência impõe-se quando a obrigação é cumprida de modo imperfeito." (BDINE JR., Hamid Charaf. Comentários aos arts. 233 a 420. In: PELUSO, CEZAR (coord.). *Código Civil Comentado. Doutrina e jurisprudência*. Barueri: Manole, 2007, p. 275).

por sí ya um incumplimiento contractual en la medida en que no se especifique con claridade el alcance del perjuicio que se puede causar.[10]

Portanto, na relação jurídica entre fumante e fabricante, que devem se comportar de modo leal e honesto, se uma das partes gerou na outra um estado de confiança no negócio celebrado – como fez a indústria de cigarros durante décadas, possível é a fundamentação no princípio da boa-fé objetiva.

Já ressaltamos em outra oportunidade que:

> Ainda que para muitos tal fundamentação não se mostre possível para solucionar casos anteriores à previsão expressa da boa-fé objetiva em nosso ordenamento jurídico, a verdade é que a conduta do fabricante seria avaliada "pelo respeito aos bons costumes como exigência mínima, derivada da condição social do homem, a ser observada em qualquer atuação social"[11] e os deveres de conduta seriam exigências "de uma atuação calcada na boa-fé e derivadas do sistema, e não de qualquer vontade das partes, pois o seu âmbito transcende o da mera contratualidade", conforme ressaltam Cristiano Chaves de Farias e Nelson Rosenvald.[12]

Alguns juristas falam em responsabilidade concorrente do fumante, que teria informação dos malefícios do cigarro, como defende Flávio Tartuce.[13] No entanto, parece-nos mais coerentes os argumentos de Aparecida Amarante e Gustavo Castilla, respectivamente, sobre a responsabilidade exclusiva da indústria:

> o consentimento do ofendido só opera como excludente de ilicitude sobre bens jurídicos disponíveis. Quando se cuida de direitos à vida e à saúde, flagrantemente indisponíveis, a ordem pública se impõe, tornando ineficaz tal consentimento.[14]

> La dependência del fumador por adcción es notória y no puede aceptarse que este libre para assumir el riesgo después de la información, sino que está en estado de necesidad al igual que el que consume una droga. El tabaco termina por afectar el derecho de la autodeterminación de la persona que lo consume.[15]

---

10. CASTILLA, Gustavo Ordoqui. *Derecho de Daños. Daño em las relaciones comerciales. Daño em las relaciones de família. Daño desportivo. Daño por aplicación de la biotecnologia. Daño por el consumo de tabaco*. Tomo II. v. II. 2. ed. Montevideo: La Ley Uruguay, 2015, p. 806.
11. FARIAS, Cristiano Chaves de; ROSENVALD, Nelson. *Direito dos contratos*. Rio de Janeiro: Lumen juris, 2011, p. 163.
12. FARIAS, Cristiano Chaves de; ROSENVALD, Nelson. *Direito dos contratos*. Rio de Janeiro: Lumen juris, 2011, p. 169.
13. Para Flávio Tartuce, aqueles que iniciaram o hábito de fumar mais recentemente têm a informação de que o cigarro faz mal à saúde, e, assumem, também, uma parcela de risco, por exemplo, 90% do risco por parte do fumante e 10% por parte do fabricante ou 80% do fumante e 20% do fabricante (e assim sucessivamente). Não há, segundo o autor, culpa exclusiva do fumante, mas risco concorrente. TARTUCE, Flávio. *Responsabilidade civil objetiva e risco. A teoria do risco concorrente*. São Paulo: Método, 2011, p. 368.
14. Tese de Aparecida Amarante. *Excludentes de ilicitude civil*. Belo Horizonte: Del Rey, 1998, p. 51. No mesmo sentido, o voto do Des. Adão Sérgio do Nascimento Cassiano: "Nem se alegue que há culpa exclusiva ou concorrente da vítima. Evidentemente, diante da propaganda a que me referi e da dependência química e psíquica, não há lugar para a alegação de culpa da vítima." (BRASIL, Tribunal de Justiça do Rio Grande do Sul. Apelação Cível 70004812558-RS. Apelantes: Maria de Oliveira Bernardo, Marlon de Oliveira Bernardo e Rozane de Oliveira Bernardo dos Santos. Apelado: Souza Cruz S.A. Relatora: Mara Larsen Chechi. Porto Alegre, 13 de outubro de 2004, p. 1 e 21 e 41).
15. CASTILLA, Gustavo Ordoqui. *Derecho de Daños. Daño em las relaciones comerciales. Daño em las relaciones de família. Daño desportivo. Daño por aplicación de la biotecnologia. Daño por el consumo de tabaco*. Tomo II.

Na última hipótese – de falta de informação, há a possibilidade de um silêncio em razão da intenção de aumentar a clientela (dolo) ou em razão de apenas um descuido (culpa *stricto sensu*).

Também não há que se falar do *dolus bonus* por parte da indústria, pois admite que o cigarro faz mal à saúde e escondeu tal informação do consumidor por muito tempo. No entanto, ainda que não soubesse, tinha o dever legal de saber ao introduzir o produto no mercado de consumo (exemplo: medicamentos).

Trata-se de violação à boa-fé subjetiva (intenção) e à boa-fé objetiva,[16] de acordo com os artigos 422 e também 187 (abuso de direito – a atividade da empresa não precisa ser ilícita para gerar responsabilidade civil, mas que, ao exercê-la, ultrapasse os limites impostos pela boa-fé e pela função social), do Código Civil; e artigos 6º e 51, do Código de Defesa do Consumidor.[17]

Desde o momento das aproximações negociais para vender, ou seja, desde as práticas de publicidade, vigoram os ditames de boa-fé, ou conduta honesta, que exige informações verdadeiras e corretas que possam racionalizar a decisão do consumidor.

Se não fosse necessário cumprir a boa-fé objetiva (regra de conduta) e a subjetiva (estado de conhecimento/desconhecimento de uma situação), como lembra Claudia Lima Marques, isso valoraria a "culpa daquele que *in contrahendo*, direta ou indiretamente, omitiu e criou aparência diferente da realidade – por ele conhecida – para assim vender e mais lucrar, despertando confiança e criando expectativas inexistentes".[18]

Segundo Claudia Lima Marques:

> O limite da boa-fé objetiva (*standard* de conduta) sempre foi a boa-fé subjetiva. O uso da teoria da boa-fé objetiva (*standard*) não pode justamente beneficiar aquele profissional que confessa estar de má-fé subjetiva ou cuja conduta denota ciência de algo que intencionalmente omitiu, violando a boa-fé. Em outras palavras, a má-fé subjetiva é justamente o estado subjetivo de saber/

---

v. II. 2. ed. Montevideo: La Ley Uruguay, 2015, p. 808.

16. Nesse sentido, alerta Claudia Lima Marques: "Efetivamente, uma sociedade não pode estar organizada com base na má-fé, não pode permitir a má-fé subjetiva, seja no contrato, nos direitos reais ou igualmente na relação extracontratual (ou pré-contratual) onde a segurança e a confiança no afirmado deve ser a regra a evitar o dano futuro: *neaminen laedere*!" (MARQUES, Claudia Lima. Violação do dever de boa-fé de informar corretamente, atos negociais omissivos afetando o direito/liberdade de escolha. Nexo causal entre a falha/defeito de informação e defeito de qualidade nos produtos de tabaco e o dano final morte. Responsabilidade do fabricante do produto, direito a ressarcimento dos danos materiais e morais, sejam preventivos, reparatórios ou satisfatórios. *RT*/Fasc. Civ., Ano 94, v. 835, maio 2005, p. 81).

17. Em outra oportunidade, já discorremos sobre as funções e fases da boa-fé objetiva (SOARES, Renata Domingues Balbino Munhoz. *A boa-fé objetiva e o inadimplemento do contrato. Doutrina e Jurisprudência*. São Paulo: LTr, 2008).

18. MARQUES, Claudia Lima. Violação do dever de boa-fé de informar corretamente, atos negociais omissivos afetando o direito/liberdade de escolha. Nexo causal entre a falha/defeito de informação e defeito de qualidade nos produtos de tabaco e o dano final morte. Responsabilidade do fabricante do produto, direito a ressarcimento dos danos materiais e morais, sejam preventivos, reparatórios ou satisfatórios. *RT*/Fasc. Civ., Ano 94, v. 835, maio 2005, p. 86.

ciência de um *expert* ou profissional sobre seu produto/risco, enquanto a boa-fé subjetiva é o estado de ignorância do outro leigo (consumidor já viciado ou não em cigarros), tudo em relação à periculosidade e riscos do uso (também da intensidade do uso) do produto para evitar e prevenir danos, assim como para preservar a liberdade de não consumir!

Nesse sentido, ressaltam Umberto Sudbrack e Flávia Piovesan, que:

> A Souza Cruz sempre teve o dever – seja pela CF/88, seja pelo CDC, seja pelos princípios gerais de direito civil, englobados no CC – de advertir, de forma clara, transparente e precisa acerca de todos os riscos inerentes ao consumo do cigarro. E o fato de não existir uma regulamentação específica determinando o dever de informar os riscos do produto, desde o momento em que o cigarro foi disponibilizado no mercado, não exonera o fabricante de cigarros do ônus de advertir os consumidores acerca dos riscos inerentes ao consumo do tabaco que – via inalação – afetam a saúde do ser humano.[19]

Ademais, o Enunciado 24, aprovado na Jornada de Direito Civil, concluiu que "em virtude do princípio da boa-fé, positivado no art. 422 do novo Código Civil, a violação dos deveres anexos constitui espécie de inadimplemento, independente de culpa".

Quanto ao abuso de direito, aquele que, ao exercer um direito excede manifestamente os limites impostos pela boa-fé, pelo seu fim econômico e social, ou pelos bons costumes, comete ato ilícito (art. 187, do CC).

Assim, no exercício de direitos reconhece-se a existência de abusos, pois os direitos possuem uma finalidade social, não são absolutos, admitem restrições.

O abuso de direito caracteriza-se como:

> um limite imposto ao exercício do direito subjetivo. É necessário estabelecer um limite aos direitos subjetivos para que os demais sejam protegidos contra atitudes egoístas e antissociais do titular dos direitos. Trata-se de evitar que o titular de um determinado direito subjetivo cometa excessos ao exercer seu direito, ou não usá-lo, de forma a prejudicar interesses alheios, dignos de tutela jurídica.[20]

Assim, a indústria do tabaco tem o direito de fabricar e comercializar o cigarro, pois a atividade é lícita no país. No entanto, no exercício desse direito, se ultrapassar algumas das barreiras estipuladas por lei como limites aos direitos subjetivos, comete abuso de direito.

Nesse sentido, se deixa de cumprir o "tripé informacional" (informação clara, completa e de credibilidade), infringe a boa-fé objetiva. Portanto, segundo o art. 187, do Código Civil, comete ato ilícito por abuso de direito.

Entendemos, por isso, como já dito em outra seara, que:

---

19. PIOVESAN, Flávia; SUDBRACK, Umberto Guaspari. Direito à saúde e o dever de informar: direito à prova e a responsabilidade civil das empresas de tabaco. HOMSI, Clarissa Menezes (coord.). *Controle do tabaco e o ordenamento jurídico brasileiro*. Rio de Janeiro: Lumen Juris, 2011, p. 131.
20. LOUREIRO, Luiz Guilherme. *Teoria geral dos contratos no novo Código Civil*. São Paulo: Método, 2002, p. 81.

o abuso de direito pode ser um fundamento pertinente no ordenamento jurídico brasileiro a embasar as ações de indenização propostas pelos fumantes ou seus familiares em face dos fabricantes de cigarros pelos danos causados à saúde dos consumidores.[21]

E mais:

> a indústria do cigarro, diante de um comportamento afirmativo e cooptante de que o cigarro fazia bem à saúde e à beleza durante décadas, gerou no consumidor uma legítima expectativa de que o produto poderia, e deveria ser consumido, não podendo, posteriormente, frustrar essa expectativa, sem informar corretamente, apresentando um comportamento incoerente, afirmando ser um produto que notoriamente causa mal à saúde (como tem feito hodiernamente).[22]

Trata-se da adoção do princípio de que a ninguém é dado contrariar os próprios atos (*nemo potest venire contra factum proprium*), fundamentado no direito civil brasileiro pelo princípio da boa-fé objetiva e pela tutela da confiança.[23]

A função de limitação ao exercício de direitos da boa-fé objetiva permite-nos reconhecer que inúmeros comportamentos que seriam admitidos pelo direito privado liberal são considerados hoje sob o prisma da lealdade, da transparência e da confiança entre as partes, o que impede que um comportamento contrarie atos próprios, violando expectativas despertadas em outrem, causando-lhe prejuízos.[24]

Ensina Anderson Schreiber que:

> O comportamento contraditório é abusivo, no sentido de que é um comportamento que, embora aparentemente lícito, se torna ilícito, ou inadmissível. E isto justamente porque seu exercício, examinado em conjunto com um comportamento anterior, afigura-se contrário à confiança despertada em outrem, o que revela, no âmbito normativo, contrariedade à boa-fé objetiva.[25]

A conduta da indústria tabagista, embora não seja por definição uma conduta vinculante, assim se torna na medida em que desperta uma confiança legítima em outrem na sua conservação.

É contraditória na medida em que, aparentemente lícita, torna-se abusiva em razão de conduta adotada anteriormente.[26]

---

21. SOARES, Renata Domingues Balbino Munhoz. *Direito e tabaco. Prevenção, reparação e decisão*. São Paulo: Atlas/Grupo Gen, 2016, p. 167.
22. SOARES, Renata Domingues Balbino Munhoz. *Direito e tabaco. Prevenção, reparação e decisão*. São Paulo: Atlas/Grupo Gen, 2016, p. 167.
23. SCHREIBER, Anderson. *A proibição de comportamento contraditório. Tutela da confiança e venire contra factum proprium*. Rio de Janeiro: Renovar, 2005, p. 62 e 65.
24. SCHREIBER, Anderson. A proibição de comportamento contraditório. *Tutela da confiança e venire contra factum proprium*. Rio de Janeiro: Renovar, 2005, p. 84-85 e 90.
25. SCHREIBER, Anderson. A proibição de comportamento contraditório. *Tutela da confiança e venire contra factum proprium*. Rio de Janeiro: Renovar, 2005, p. 114.
26. Ressalta Anderson Schreiber que "a extensão do lapso temporal que separa os dois comportamentos é tida como irrelevante, desde que o comportamento contraditório venha posteriormente ao comportamento inicial" e que "Não é de se desconsiderar, contudo, que, normalmente, quanto mais longo o lapso de tempo transcorrido, maior a confiança na conservação da conduta inicial" (SCHREIBER, Anderson. A proibição de comportamento contraditório. *Tutela da confiança e venire contra factum proprium*. Rio de Janeiro: Renovar, 2005, p. 139 e 142).

E, finalmente, diante da existência de um dano efetivo ou potencial a alguém, que confiou na conservação do comportamento inicial, mas que foi surpreendido por um comportamento contraditório, mister se faz sua reparação ou o próprio impedimento de tal conduta, a prevenir a ocorrência do dano.[27]

Por fim, um argumento possível, também, seria a incidência do art. 931, do Código Civil, como regra residual,[28] que determina que ressalvados outros casos previstos em lei especial, os empresários individuais e as empresas respondem independentemente de culpa pelos danos causados pelos produtos postos em circulação.[29]

4. FASES DA RESPONSABILIDADE CIVIL DA INDÚSTRIA TABAGISTA

Desde a década de 1950, quando a indústria tabagista sabia dos malefícios do cigarro à saúde de fumantes e não fumantes, muito embora não os divulgasse, nasceram, nas palavras de Robert Rabin, "três ondas" ou fases de litígios nos Estados Unidos.[30]

Nas duas primeiras fases (de 1950 a 1990) destacam-se as ações individuais de fumantes em face da indústria tabacaleira, especialmente sob alegações de que o cigarro causa câncer de pulmão; já a terceira fase (a partir da década de 1990) concentra-se nas ações coletivas, como o conhecido "Engle Case", julgado pela Suprema Corte da Flórida.

No Brasil, as ações de indenização, individuais ou coletivas, em face da indústria tabagista começaram a surgir na década de 1990. No entanto, diferentemente dos Estados Unidos, não há ainda condenações definitivas nos Tribunais Brasileiros determinando indenizações da indústria aos fumantes.[31]

5. CONCLUSÃO

Falar de danos à saúde do fumante decorrentes do tabagismo importa em assumir que a indústria tabagista tem responsabilidade por colocar no mercado um produto que mata mais da metade de seus usuários.

---

27. SCHREIBER, Anderson. A proibição de comportamento contraditório. *Tutela da confiança e venire contra factum proprium*. Rio de Janeiro: Renovar, 2005, p. 125-147 e 155.
28. Tudo o que não está regulado especialmente na lei especial pode ser regulado pela lei geral.
29. Partilha dessa posição Adalberto Pasqualotto (Palestra: "Responsabilidade civil da indústria do fumo pelos danos aos fumantes". Congresso Brasil-Argentina de Direito Civil-Constitucional. Responsabilidade Civil e Direito de Danos. 15 e 16 de maio de 2013. PUC-RS. Porto Alegre-RS).
30. ZIPURSKY, Goldberg Sebok. *Tort Law. Responsabilities and Redress*. 3. ed. New York: Wolters Kluwer Law & Business, 2012, p. 1046.
31. Em outra oportunidade analisamos mais de 1.056 acórdãos dos Tribunais Brasileiros (Tribunal de Justiça do Estado de São Paulo, Tribunal de Justiça do Estado do Rio de Janeiro, Tribunal de Justiça do Estado do Rio Grande do Sul, Superior Tribunal de Justiça e Supremo Tribunal Federal) a respeito do tema, destacando argumentos favoráveis e desfavoráveis à tese de responsabilização da indústria tabagista (SOARES, Renata Domingues Balbino Munhoz. *Direito e tabaco. Prevenção, reparação e decisão*. São Paulo: Atlas/Grupo Gen, 2016, p. 174-195).

No entanto, para que as ações de responsabilidade civil sejam um mecanismo de sucesso no controle do tabagismo, os operadores do direito deveriam considerar as evidências científicas já produzidas e que o tema foi objeto de Tratado Internacional ratificado pelo Brasil há mais de dez anos, deixando de embasar seus juízos de valor em opiniões pessoais e de senso comum.

Por fim, usando as palavras de Gustavo Castilla, "não se pode assumir danos que lesionem a saúde pois se estaria permitindo dispor daquilo que é indisponível".

6. REFERÊNCIAS

AMARANTE, Aparecida. *Excludentes de ilicitude civil*. Belo Horizonte: Del Rey, 1998.

BDINE JR., Hamid Charaf. Comentários aos arts. 233 a 420. In: PELUSO, CEZAR (coord.). *Código Civil comentado. Doutrina e jurisprudência*. Barueri: Manole, 2007.

CASTILLA, Gustavo Ordoqui. *Derecho de Daños. Daño em las relaciones comerciales. Daño em las relaciones de família. Daño desportivo. Daño por aplicación de la biotecnologia. Daño por el consumo de tabaco*. Tomo II. v. II. 2. ed. Montevideo: La Ley Uruguay, 2015.

FARIAS, Cristiano Chaves de; ROSENVALD, Nelson. *Direito dos contratos*. Rio de Janeiro: Lumen juris, 2011.

_____; NETTO BRAGA, Felipe; ROSENVALD, Nelson. *Novo Tratado de Responsabilidade Civil*. 2. ed. São Paulo: Saraiva jur, 2017.

LOUREIRO, Luiz Guilherme. *Teoria geral dos contratos no novo Código Civil*. São Paulo: Método, 2002.

MARQUES, Claudia Lima. Violação do dever de boa-fé de informar corretamente, atos negociais omissivos afetando o direito/liberdade de escolha. Nexo causal entre a falha/defeito de informação e defeito de qualidade nos produtos de tabaco e o dano final morte. Responsabilidade do fabricante do produto, direito a ressarcimento dos danos materiais e morais, sejam preventivos, reparatórios ou satisfatórios. *RT/Fasc. Civ.*, Ano 94, v. 835, maio 2005, p. 75-133.

PIOVESAN, Flávia; SUDBRACK, Umberto Guaspari. Direito à saúde e o dever de informar: direito à prova e a responsabilidade civil das empresas de tabaco. In: HOMSI, Clarissa Menezes (coord.). *Controle do tabaco e o ordenamento jurídico brasileiro*. Rio de Janeiro: Lumen Juris, 2011, p. 105-134.

SCHREIBER, Anderson. *A proibição de comportamento contraditório. Tutela da confiança e venire contra factum proprium*. Rio de Janeiro: Renovar, 2005.

SOARES, Renata Domingues Balbino Munhoz. *Direito e Tabaco. Prevenção*, Reparação e Decisão. São Paulo: Atlas/Grupo Gen, 2016.

_____. *A boa-fé objetiva e o inadimplemento do contrato. Doutrina e Jurisprudência*. São Paulo: LTr, 2008.

_____. *Cidadania e dirigismo estatal: o paradigma do tabaco*. Universidade Presbiteriana Mackenzie. São Paulo, 2014.

TARTUCE, Flávio. *Responsabilidade civil objetiva e risco. A teoria do risco concorrente*. São Paulo: Método, 2011.

VEDOVATO, Luís Renato. A convenção-quadro sobre controle do uso do tabaco. Consequências para o ordenamento jurídico brasileiro. In: HOMSI, Clarissa Menezes (coord.). *Controle do tabaco e o ordenamento jurídico brasileiro*. Rio de Janeiro: Lumen juris, 2011.

ZIPURSKY, Goldberg Sebok. *Tort Law. Responsabilities and Redress*. 3. ed. New York: Wolters Kluwer Law & Business, 2012.

Responsabilidade Civil
dos Notários e Registradores

A RESPONSABILIDADE CIVIL DE NOTÁRIOS E REGISTRADORES

Hercules Alexandre da Costa Benício

Doutor e Mestre em Direito pela Universidade de Brasília. Tabelião titular do Cartório do 1º Ofício de Notas, Registro Civil, Títulos e Documentos, Protesto de Títulos e Registro de Pessoas Jurídicas do Distrito Federal. Professor coordenador do curso de pós-graduação em Direito Imobiliário do IDP. Foi Procurador da Fazenda Nacional com atuação no Distrito Federal (1999-2000). Autor do livro: Responsabilidade civil do Estado decorrente de atos notariais e de registro (Editora RT, 2005)

Raphael Abs Musa de Lemos

Mestre em Direito Civil pela Pontifícia Universidade Católica de São Paulo. Especialista em Direito Civil e em Direito Notarial e Registral. Graduado pela Faculdade de Direito da Universidade de São Paulo. É oficial de registro titular do Cartório do 5º Ofício de Registro Civil, Títulos e Documentos e Pessoas Jurídicas do Distrito Federal.

Sumário: 1. Noções introdutórias – 2. As modificações ao enunciado do art. 22 da Lei 8.935/1994 – 3. O julgamento do RE 842.846/SC e a responsabilidade do ente estatal delegante por atos notariais e de registro – 4. A aplicabilidade do Código de Defesa do Consumidor nas relações entre prestadores e usuários de serviços notariais e de registro – 5. A apreciação concreta do critério subjetivo explicitado pela Lei 13.286/2016 – 6. Conclusões – 7. Referências.

1. NOÇÕES INTRODUTÓRIAS

Notários e registradores são profissionais do direito, dotados de fé pública, a quem o Poder Público, após concurso público de provas e títulos, delega o exercício, em caráter privado, da atividade notarial e de registro. Segundo determina o art. 4º da Lei 8.935, de 18 de novembro de 1994 (o Estatuto de Notários e Registradores), os serviços notariais e de registro serão prestados de modo eficiente e adequado. Considerando que tais serviços são os de organização técnica e administrativa destinados a garantir a publicidade, autenticidade, segurança e eficácia dos atos jurídicos, bem se verifica que os usuários das referidas atividades fazem jus a que os atos, requeridos ao tabelião e ao registrador, sejam seguros, previnam litígios e produzam os efeitos jurídicos regulares.

Neste contexto, diante da relevância das atividades notariais e de registro, levando-se em conta as importantes atribuições cometidas legalmente aos notários e registradores brasileiros, é que se devem analisar as normas que regulam a responsabilidade civil dos tabeliães e oficiais de registro no Brasil.

Ao tratar dos serviços notariais e de registro, como sendo exercidos em caráter privado, por delegação do Poder Público, a Constituição Federal de 1988 prevê, no

§ 1º do art. 236, que, *in verbis*: "Lei regulará as atividades, disciplinará a responsabilidade civil e criminal dos notários, dos oficiais de registro e de seus prepostos, e definirá a fiscalização de seus atos pelo Poder Judiciário". O disciplinamento à citada norma constitucional veio por intermédio da Lei 8.935/1994, que, no art. 22, dispôs a responsabilidade civil de notários e registradores, sofrendo, entretanto, duas modificações redacionais nos últimos anos.

No presente texto, trataremos da evolução normativa do referido art. 22 do Estatuto de Notários e Registradores, alterado pelas Leis 13.137/2015 e 13.286/2016, bem como apresentaremos aspectos ainda controvertidos acerca da responsabilidade civil de notários e registradores, tais como: (i) a responsabilidade indireta do ente estatal delegante por atos notariais e de registro; (ii) a aplicabilidade do Código de Defesa do Consumidor nas relações entre prestadores e usuários de serviços notariais e de registro, (iii) os limites da imputação de responsabilidade a tabeliães e oficiais de registro no exercício de suas funções.

2. AS MODIFICAÇÕES AO ENUNCIADO DO ART. 22 DA LEI 8.935/1994

A redação originária[1] do art. 22 do Estatuto de Notários e Registradores, em muito se aproximava do comando constitucional (previsto no § 6º do art. 37 da CF/1988[2]) que serve de base para a responsabilidade objetiva do Estado e das pessoas prestadoras de serviços públicos.

Diante de tais fatos, como já tivemos a oportunidade de demonstrar em obra acadêmica,[3] muitos autores vinham sustentando que, com a promulgação da Carta da República de 1988, o art. 28 da Lei de Registros Públicos (Lei 6.015/1973)[4] não teria sido recepcionado em nossa nova ordem constitucional e que, portanto, a responsabilidade dos titulares das serventias extrajudiciais não oficializadas teria passado a ser objetiva, nos mesmos moldes da responsabilidade dos concessionários e permissionários de serviços públicos.

Acresce que, com o advento da Lei 8.935/1994, principalmente por força do disposto em seu artigo 22, alguns doutrinadores foram induzidos a concluir que a responsabilidade de notários e registradores teria passado a ser objetiva, a partir de

---

1. "Art. 22. Os notários e oficiais de registro responderão pelos danos que eles e seus prepostos causem a terceiros, na prática de atos próprios da serventia, assegurado aos primeiros direito de regresso no caso de dolo ou culpa dos prepostos".
2. Determina o § 6º do art. 37 da Constituição Federal de 1988 que, *in verbis*: "As pessoas jurídicas de direito público e as de direito privado prestadoras de serviços públicos responderão pelos danos que seus agentes, nessa qualidade, causarem a terceiros, assegurado o direito de regresso contra o responsável nos casos de dolo ou culpa".
3. BENÍCIO, Hercules Alexandre da Costa. *Responsabilidade civil do Estado decorrente de atos notariais e de registro*. São Paulo: Revista dos Tribunais, 2005, p. 258-259.
4. Dispõe o caput do art. 28 da Lei 6.015/1973 que, *in verbis*: "Além dos casos expressamente consignados, os oficiais são civilmente responsáveis por todos os prejuízos que, pessoalmente, ou pelos prepostos ou substitutos que indicarem, causarem, por culpa ou dolo, aos interessados no registro".

1994. Segundo tal corrente, a responsabilidade objetiva dos notários e registradores pelos danos causados à parte ou a terceiros incidiria, "exclusivamente, sobre fatos comissivos ou omissivos *posteriores* à Lei 8.935, de 18/11/1994. Os fatos anteriores a esta data não dispensam a averiguação da culpa ou dolo para ensejar a responsabilidade do serventuário".[5]

A propósito, o Superior Tribunal de Justiça, ainda lastreado na redação originária do art. 22 da Lei 8.935/1994, vem se posicionando, predominantemente, no sentido de que o critério para aferição da responsabilidade de notários e registradores é objetivo, decorrente do risco criado pelo desempenho da atividade notarial e de registro.[6]

Nada obstante a referida postura majoritária do Superior Tribunal de Justiça, mesmo sob a égide da redação originária do art. 22 do Estatuto de Notários e Registradores, é possível encontrar importantes precedentes em que o critério subjetivo foi o adotado para a responsabilização do profissional da fé pública.[7] Ademais, em decisão monocrática do Min. Massami Uyeda, proferida em 1º/04/2008, no julgamento do REsp 1.027.925/RJ, o Superior Tribunal de Justiça apontou o entendimento de que, para fins de responsabilização civil dos titulares e prepostos dos serviços notariais e de registro, se faz necessária a comprovação da atuação dolosa ou culposa de tabeliães e registradores.

Cumpre salientar, contudo, que, especificamente quanto aos tabeliães de protesto, por força do art. 38 da Lei 9.492/1997,[8] não há dúvida de que o critério para imputação da responsabilidade civil deve fundar-se na culpa ou dolo do delegatário.

De todo modo, vale ressaltar que, após mais de vinte anos do início de sua vigência, o dispositivo normativo que trata especificamente da responsabilidade civil de notários e registradores no Brasil sofreu mudança. Com a edição da Lei 13.137, de 19 de junho de 2015, a redação do art. 22 recebeu sutil alteração para explicitar que os sujeitos responsáveis diretos por danos decorrentes da prática de atos notariais e de registro são os "notários e oficiais de registro, temporários ou permanentes".

---

5. Cf. José Renato Nalini (*Registro de imóveis e notas: responsabilidade civil e disciplinar*. São Paulo: RT, 1997, p. 92); Yussef Said Cahali (*Responsabilidade civil do Estado*. 2. ed. rev., atual. e ampl. São Paulo: Malheiros, 1996, p. 349). Neste mesmo sentido, é o precedente no julgamento do AgRg no REsp 1.027.925/RJ, sob a relatoria da Ministra Maria Isabel Gallotti da Quarta Turma do STJ, julgado em 21/03/2013, DJe 11/04/2013, em que consta na ementa que, *in verbis*: "2. A responsabilidade do notário registrador somente passou a ser objetiva com a regulamentação da previsão constitucional por meio da edição da Lei 8.935/1994".
6. AgRg no REsp 1.377.074/RJ, sob a relatoria do Ministro Benedito Gonçalves, julgado em 16/02/2016: "nos casos de danos resultantes de atividade estatal delegada pelo Poder Público, há responsabilidade objetiva do notário, nos termos do art. 22 da Lei 8.935/1994, e apenas subsidiária do ente estatal. Precedentes: AgRg no AREsp 474.524/PE, Rel. Min. Herman Benjamin, Segunda Turma, DJe 18/06/2014; AgRg no AgRg no AREsp 273.876/SP, Rel. Min. Humberto Martins, Segunda Turma, DJe 24/05/2013; REsp 1.163.652/PE, Rel. Min. Herman Benjamin, Segunda Turma, DJe 1º/07/2010".
7. Nesse sentido, confiram-se os acórdãos exarados nos julgamentos do REsp 489.511/SP (Rel. Min. Eliana Calmon, DJ 04/10/2004) e do REsp 481.939/GO (Rel. Min. Teori Zavascki, DJ 21/03/2005).
8. *In verbis*: "Art. 38. Os Tabeliães de Protesto de Títulos são civilmente responsáveis por todos os prejuízos que causarem, por culpa ou dolo, pessoalmente, pelos substitutos que designarem ou Escreventes que autorizarem, assegurado o direito de regresso".

Ademais, a regra passou a mencionar que o âmbito da responsabilidade englobaria, inclusive, eventos "relacionados a direitos e encargos trabalhistas".[9]

Pode-se dizer que a Lei 13.137/2015 nada inovou no sistema da responsabilidade civil de notários e registradores, para os quais os serviços tenham sido delegado em virtude de aprovação em regular concurso público de provas e títulos, nos termos da Constituição Federal.

A mudança mais significativa no regramento da responsabilidade civil de notários e registradores, após o advento do Estatuto dos Notários e Registradores, adveio com a nova redação trazida pela Lei 13.286, de 10 de maio de 2016.[10] A partir da entrada em vigor dessa lei, explicitou-se o critério subjetivo (da culpa ou dolo) para a aferição da responsabilidade civil de tabeliães e oficiais de registro, na linha (i) do tratamento dedicado a tabeliães de protesto brasileiros, (ii) de alguns precedentes do STJ (tal como visto acima), (iii) de expressivo posicionamento doutrinário[11] e, de resto, (iv) do método de responsabilização de notários predominante em âmbito mundial.[12] Além disso, com relação à prescrição para que a vítima exerça sua pretensão reparatória, em conformidade com o disposto no inc. V do § 3º do art. 206 do Código Civil,[13] a nova redação do art. 22 da Lei 8.935/1994 passou a prever, em seu parágrafo único, o prazo de três anos.

Vejamos, então, a nova redação dada pela mencionada Lei 13.286/2016: "Art. 22. Os notários e oficiais de registro são civilmente responsáveis por todos os prejuízos que causarem a terceiros, por culpa ou dolo, pessoalmente, pelos substitutos que designarem ou escreventes que autorizarem, assegurado o direito de regresso. Parágrafo único. Prescreve em três anos a pretensão de reparação civil, contado o prazo da data de lavratura do ato registral ou notarial".

Como visto, na presente seção, a Lei 13.286/2016 uniformizou os critérios para aferição da responsabilidade civil de notários e registradores, determinando que a vítima de um dano, tal como já acontecia no caso de serviços prestados por tabeliães de protesto, precisa provar dolo ou culpa do prestador de serviço para a obtenção de ressarcimento.

---

9. Com a edição da Lei 3.137/2015, a redação do art. 22 da Lei 8.935/1994 passou a ser a seguinte: "Art. 22. Os notários e oficiais de registro, temporários ou permanentes, responderão pelos danos que eles e seus prepostos causem a terceiros, inclusive pelos relacionados a direitos e encargos trabalhistas, na prática de atos próprios da serventia, assegurado aos primeiros direito de regresso no caso de dolo ou culpa dos prepostos".
10. A Lei 13.286/2016 entrou em vigor na data de sua publicação, ocorrida em 11/05/2016. Ou seja, especificamente, o art. 22 da Lei 8.935/1994, que manteve sua redação originária por mais de vinte anos, veio a sofrer, nos anos de 2015 e 2016, duas alterações significativas em seu programa normativo.
11. A esse respeito, cfr. Hercules Benício (2005, p. 256-297).
12. Sobre o critério subjetivo para a aferição da responsabilidade de notários, por exemplo, na França (berço da responsabilidade civil objetiva!), cfr. Jeanne de Poulpiquet (*Responsabilité des notaires: civile, disciplinaire, pénale. Dalloz Référence*. França: Dalloz, 2009).
13. Dispõe o inc. V do § 3º da Lei 10.406/2002 que, *in verbis*: "Art. 206. Prescreve: §3º Em três anos: V – a pretensão de reparação civil".

De todo modo, no ambiente da responsabilidade civil dos profissionais da fé pública que exercem suas atividades em caráter privado, aspectos controvertidos subsistem, como, por exemplo, os que dizem respeito à eventual responsabilidade direta do ente estatal delegante por atos notariais e de registro; à eventual aplicabilidade do Código de Defesa do Consumidor nas relações entre prestadores e usuários de serviços e aos limites da imputação de responsabilidade a tabeliães e oficiais de registro no exercício de suas funções. Passemos, pois, a abordar tais temas.

3. O JULGAMENTO DO RE 842.846/SC E A RESPONSABILIDADE DO ENTE ESTATAL DELEGANTE POR ATOS NOTARIAIS E DE REGISTRO

Em 17/11/2014, o Supremo Tribunal Federal, sob a relatoria do Min. Luiz Fux, à unanimidade, reconheceu repercussão geral da questão constitucional suscitada em recurso extraordinário (RE 842.846/SC) interposto pelo Estado de Santa Catarina, em que o ente estatal alega não ter responsabilidade direta por dano gerado no âmbito do serviço prestado por cartório de registro civil.[14]

A propósito, nos autos do RE 842.846/SC, o Procurador-Geral da República já teve a oportunidade de exarar parecer (em 23/04/2015), no sentido de que a responsabilidade civil pelos atos notariais e registrais deve ser imputada solidariamente ao Estado e aos delegatários, estes últimos respondendo direta e subjetivamente.

No entanto, ousamos discordar do entendimento propugnado pelo representante do *Parquet*, no que tange à responsabilidade solidária do ente estatal. Entendemos que, considerando o regime de delegação e a percepção integral de emolumentos pelos titulares de serventias não oficializadas, inexiste, a princípio, responsabilidade direta do Estado por atos desses agentes delegados. A responsabilidade do ente estatal delegante deve ser tão somente subsidiária, no caso de insolvência do agente delegado, este – sim – diretamente responsável.

---

14. Eis a ementa do referido recurso extraordinário: "Administrativo. Dano material. Omissões e atos danosos de tabeliães e registradores. Atividade delegada. Art. 236 da CF. Responsabilidade do tabelião e do oficial de registro. Responsabilidade civil do Estado. Caráter primário, solidário ou subsidiário da responsabilidade estatal. Responsabilidade objetiva ou subjetiva. Controvérsia. Art. 37, § 6º, da CF/88. Repercussão geral reconhecida". Aliás, com a entrada em vigor da Lei 13.286/2016, resta pacificado o critério de aferição da responsabilidade civil de notários e registradores fundado na culpa ou no dolo. Entendemos que, uma vez que o fundamento constitucional da responsabilidade civil de notários e registradores está radicado no § 1º do art. 236 do texto constitucional (que prevê que "lei disciplinará a responsabilidade civil de notários e oficiais de registro"), não há que se falar em inconstitucionalidade da referida Lei 13.286/2016 por suposta violação ao critério objetivo previsto no § 6º do art. 37 da Constituição Federal de 1988. A Constituição Federal dedica norma especial (art. 236, § 1º) para o tratamento da responsabilidade civil e criminal de notários e registradores. Tal norma especial delega a uma "lei" (infraconstitucional) o disciplinamento de tal matéria (responsabilidade civil e criminal desses profissionais da fé pública). Assim sendo, ao que tudo indica, muito embora, na admissão do RE 842.846/SC, o STF tenha conhecido, além da questão referente à responsabilidade do Estado (se primária, solidária ou subsidiária), também do tema referente ao critério de aferição da responsabilidade (se subjetivo ou objetivo), queremos crer que, no julgamento do mérito do referido recurso extraordinário, não será debatido o tema referente ao critério de aferição da responsabilidade, uma vez que este assunto específico refere-se a matéria de índole infraconstitucional.

Com efeito, se considerarmos que, com base no art. 28 da Lei 8.935/1994, notários e registradores têm direito à percepção dos emolumentos integrais pelos atos praticados na serventia,[15] apropriando-se dos lucros daí decorrentes, os prejuízos que causarem não devem ser socializados e satisfeitos pela totalidade dos cidadãos do ente estatal delegante. Afinal, o prejuízo (ou o ganho) do Estado implica necessariamente o respectivo prejuízo (ou ganho) da coletividade. Embora a titularidade do serviço remanesça com o Estado, pode-se afirmar que o delegado age em nome próprio, não se confundindo com as categorias jurídicas de funcionário e empregado públicos. O "atuar por si", que deve afastar a responsabilidade direta do Estado, não é descaracterizado pela natureza pública dos poderes e faculdades que o delegado exerce em virtude da prestação do serviço, tampouco pela natureza pública do vínculo jurídico com o poder delegante ou das prerrogativas que envolvem a sua relação com os usuários.

Frisamos: não deve haver delegação sem responsabilidades próprias do delegado. Se equipararmos o delegado prestador de serviços públicos à situação de subordinação que caracteriza os agentes públicos, então deveremos empregar a figura do cargo público e não da delegação. Isso porque a primeira representa vinculação por dependência, e a segunda contém o desempenho autônomo de atividade notarial e registral, o qual só se justifica se a atuação se der por conta própria e pela assunção de responsabilidade do delegado.

Queremos crer que a posição ora sustentada não implica retrocesso, nem ignora as modernas tendências de alargamento das responsabilidades estatais e da ampliação do âmbito de proteção da vítima, que dão ênfase à reparação integral dos danos na sua vinculação com a equidade. Trata-se, antes, de compatibilizar tais tendências com outra vertente que diz respeito à atualização de todo o sistema de serviços públicos em face do caráter multifacetado do Estado contemporâneo: a forte participação da iniciativa privada e de todos os habitantes numa relação jurídica com o Estado que converte a todos em sujeitos protagonistas e responsáveis pela consecução do bem-estar geral.

4. A APLICABILIDADE DO CÓDIGO DE DEFESA DO CONSUMIDOR NAS RELAÇÕES ENTRE PRESTADORES E USUÁRIOS DE SERVIÇOS NOTARIAIS E DE REGISTRO

O reconhecimento da incidência do Código de Defesa do Consumidor (CDC) a notários e registradores implica recrudescimento da responsabilidade civil, bastando mencionar, a título exemplificativo: (i) a possibilidade de inversão do ônus proba-

---

15. Note-se que partimos da premissa de que os emolumentos integrais percebidos pelos delegados de serviços notariais e de registro são condizentes com o maior grau de autonomia que tais agentes passaram a desfrutar com o advento da Constituição de 1988 e, portanto, tais emolumentos são (ou devem ser, por alguma forma de compensação) suficientes, em tese, para remunerar o delegado e justificar sua responsabilidade direta e exclusiva pelos atos da serventia não oficializada que titulariza.

tório favoravelmente à vítima nas hipóteses em que, a critério do juiz, a alegação seja verossímil, ou o proponente seja hipossuficiente (art. 6º, VIII, do CDC); (ii) o prazo prescricional de cinco anos, que se inicia a partir do conhecimento do dano e da sua autoria (art. 27 do CDC); (iii) a possibilidade de ajuizar-se ação no domicílio do autor (art. 101, I, do CDC).

Doutrinária e jurisprudencialmente, verifica-se controvérsia quanto à classificação do vínculo entre delegado extrajudicial e usuário como relação de consumo. Para aqueles que refutam a aplicação do microssistema consumerista, notários e registradores zelam pela legalidade, sendo-lhes impossível, portanto, atender a interesses dos usuários em descompasso com a independência funcional inerente à qualificação dos atos que lhes são submetidos. Soma-se a esse argumento a indicação – igualmente polêmica – de que a natureza de taxa atribuída aos emolumentos induz à incompatibilidade com as normas do consumo, vocacionadas apenas às relações que tenham por objeto pagamento de preço.

Nesse contexto, apesar de, no passado, o Superior Tribunal de Justiça haver repelido, por três votos a dois, a natureza consumerista, conforme o entendimento de que os atos notariais e de registro se caracterizam como serviço público típico, remunerado por tributo,[16] mais recentemente tem afirmado que o CDC se aplica às atividades notarial e registral, sem, todavia, minudenciar os motivos que o convencem a atrair o diploma consumerista ao âmbito extrajudicial.[17]

Com efeito, para se concluir a respeito do jaez consumerista dessa relação, é preciso identificar o parâmetro de incidência, consistente nas figuras de consumidor (art. 2º do CDC) e fornecedor de serviços (arts. 3º e 22 do CDC). Dessa forma, as definições positivadas pelo legislador foram propositadamente redigidas, da perspectiva semântica, em termos amplos, para que se abrangesse extenso espectro de sujeitos de direito.

Inexistindo óbices à aproximação entre usuário e consumidor de acordo com o art. 2º do CDC, assim como ao reconhecimento de uma pessoa física exercendo uma função pública por intermédio de delegação – atendendo, portanto, aos enunciados dos arts. 3º, *caput*, e 22 do CDC – parece que o cogitável entrave à equiparação entre delegados e fornecedores de serviços se restringe à verificação do critério situacional "mercado de consumo" (art. 3º, § 2º, do CDC).

A despeito da rigorosa noção de que por mercado se deva entender um ambiente sujeito à lei da oferta e da procura, nada impede sua atenuação para se admitir que notários e registradores, além de visarem a uma margem de lucro, por mínima que seja, gozam também de autonomia gerencial, administrativa e financeira (art. 21 da Lei 8.935/1994). Esses fatores, por conseguinte, possibilitam reconhecer a inserção da atividade extrajudicial no mercado de consumo, ainda que sensivelmente miti-

---

16. REsp 625.144/SP, Rel. Min. Nancy Andrighi, 3ª Turma, julgamento em 14/03/2006.
17. REsp 1.163.652/PE, Rel. Min. Herman Benjamin, 2ª Turma, julgamento em 1º/06/2010.

gados os conceitos de livre concorrência – em certas especialidades inexistente – e livre-iniciativa – porque os valores vêm previstos em tabela legal de emolumentos, sujeitando-se aos princípios do direito tributário.

Assim, malgrado se reconheça a incidência das normas do consumo à relação entre delegatário e usuário extrajudicial, é importante salientar, a fim de evitar confusões, que o Código de Defesa do Consumidor não poderá cercear a independência funcional que se franqueia ao notário ou ao registrador na qualificação dos atos jurídicos encaminhados à sua apreciação, no exercício do mister prudencial.

Além disso, havendo uma aparente antinomia entre regras atinentes aos microssistemas consumerista e notarial e registral, não se encontram problemas na modulação do alcance das normas do consumidor, prestigiando-se, destarte, a valoração feita pelo legislador ao prever dispositivos especificamente dirigidos aos agentes extrajudiciais, por exemplo, no art. 22, parágrafo único, da Lei 8.935/1994, que prevê prazo prescricional de três anos para o exercício da pretensão reparatória; e no art. 53, III, alínea "f", do novo Código de Processo Civil, que estabelece como competente o foro do lugar da "sede da serventia notarial ou de registro" pelos atos extrajudiciais praticados.

Verificados os aspectos controvertidos quanto à responsabilidade direta do Estado por danos decorrentes da prestação de serviços notariais e registrais e quanto à configuração de relação de consumo no vínculo jurídico entre o titular da serventia extrajudicial não oficializada e o interessado (usuário) pelo serviço, passemos ao último tópico do presente artigo, que tratará dos limites da imputação de responsabilidade a tabeliães e oficiais de registro no exercício de suas funções.

5. A APRECIAÇÃO CONCRETA DO CRITÉRIO SUBJETIVO EXPLICITADO PELA LEI 13.286/2016

Mesmo com a pacificação do critério subjetivo para a responsabilização de notários e registradores,[18] há situações em que, a depender do método empregado pelo

---

18. Ao referirmo-nos em "pacificação do critério subjetivo", não desconhecemos que, na evolução histórica da responsabilidade civil, a tendência é de insurgência de novos paradigmas (da culpa ao risco), com a erosão dos filtros da culpa e do nexo de causalidade, na linha do defendido por Anderson Schreiber (*Novos paradigmas da responsabilidade civil: da erosão dos filtros da reparação à diluição dos danos*. São Paulo: Atlas, 2007), e de perspectivas que (i) focam na vítima, que (ii) partem do pressuposto ético de solidariedade social e diluição dos danos, que (iii) priorizam a precaução e a prevenção, bem como tutelam os vulneráveis, que (iv) propugnam pela resposta proporcional ao dano potencial ou concreto, que (v) prestigiam, como fatores de imputação, a equidade, o risco e a garantia, na linha do defendido por Pablo Malheiros Frota (*Responsabilidade por danos*: imputação e nexo de causalidade. Curitiba: Juruá, 2014). Contudo, *legem habemus*! A intenção do presente artigo é tratar do sistema de responsabilização civil de notários e registradores sob a égide da Lei 13.286/2016, que leva em consideração as idiossincrasias da atuação profissional do agente delegado no desempenho da fé pública. Por exemplo, não se pode igualar o critério (subjetivo) de aferição da responsabilidade de notários e registradores (agentes delegados) com o critério de aferição da responsabilidade de concessionárias prestadores de serviços públicos. Diferentemente dessas (em que a responsabilidade pode ser limitada à integralização de um capital social em uma pessoa jurídica), notários

julgador para configurar a existência, ou não, de uma falha na prestação do serviço, poderá implicar a condenação ou a absolvição do profissional. Vejamos, a seguir, breve exemplo que revela a complexidade de soluções circunscritas ao cotidiano extrajudicial.

Figuremos caso que envolve atuação de um tabelião de notas: a vítima, em sua petição inicial, alega que teve seu nome incluído em cadastro de inadimplentes, em função de ação judicial movida pelo proprietário de um imóvel locado, em que os aluguéis não vinham sendo pagos por inquilino supostamente afiançado pela vítima. Sustenta a vítima que a ação ajuizada pelo proprietário do imóvel é decorrente de contrato de fiança locatícia, nunca celebrado por ela (vítima). Alega ter havido estelionato, tendo sido falsificada a sua assinatura. Indaga-se: o tabelião que reconheceu a firma da vítima no contrato de fiança locatícia deve ser responsabilizado?

Ao que tudo indica, considerando o critério subjetivo, a responsabilização dependerá da verificação de culpa do tabelião na prática do ato de reconhecimento de firma. Caso a falsificação seja grosseira, o dever de ressarcir será imputado ao profissional; caso contrário, considerando que o tabelião não é perito grafoscópico, não pode negar fé a documentos públicos[19] e deve presumir a boa-fé do usuário,[20] bem provavelmente, não será condenado por ausência de culpa.

Outra linha de argumentação também pode ser desenvolvida. Se é certo que não é exigível o reconhecimento de firma do fiador (ou dos demais contratantes) para a validade do contrato de locação ou da própria garantia locatícia (art. 37, II, da Lei 8.245/91 e art. 818 do CC), é possível concluir-se que o contrato teria sido celebrado (e a assinatura falsificada teria sido nele lançada) mesmo sem o reconhecimento de firma certificado pelo tabelião. Assim, ainda que a assinatura falsificada da vítima não tivesse sido reconhecida como autêntica pelo tabelião, a ação de execução teria contra ela sido igualmente proposta, causando-lhes os mesmos danos. Conclusão: o tabelião poderá ser dispensado de ressarcir, nessa linha de argumentação, por ausên-

---

 e registradores respondem como pessoas físicas, com todo o patrimônio por si titularizado. Ademais, diferentemente de concessionárias (em que o reajuste e a revisão tarifária decorrem do equilíbrio econômico-financeiro do contrato de concessão), os emolumentos cartorários submetem-se sempre ao princípio da anterioridade e da anualidade, nos termos do art. 5º da Lei 10.169/2000, segundo o qual, in verbis: "Art. 5º Quando for o caso, o valor dos emolumentos poderá sofrer reajuste, publicando-se as respectivas tabelas, até o último dia do ano, observado o princípio da anterioridade".

19. Dispõe o inc. II do art. 19 da Constituição Federal que, in verbis: "Art. 19. É vedado à União, aos Estados, ao Distrito Federal e aos Municípios: II – recusar fé aos documentos públicos".
20. Prescreve o art. 5º, II, da Lei 13.460/2017, in verbis: "Art. 5º O usuário de serviço público tem direito à adequada prestação dos serviços, devendo os agentes públicos e prestadores de serviços públicos observar as seguintes diretrizes: (...) II – presunção de boa-fé do usuário". Não vemos obstáculos à compatibilização do novo Código de Defesa do Usuário do Serviço Público com a função de notas e registros, principalmente em virtude do que preveem os §§ 2º e 3º do art. 1º: "Art. 1º Esta Lei estabelece normas básicas para participação, proteção e defesa dos direitos do usuário dos serviços públicos prestados direta ou indiretamente pela administração pública. (...) § 2º A aplicação desta Lei não afasta a necessidade de cumprimento do disposto: I – em normas regulamentadoras específicas, quando se tratar de serviço ou atividade sujeitos a regulação ou supervisão; e II – na Lei 8.078, de 11 de setembro de 1990, quando caracterizada relação de consumo. § 3º Aplica-se subsidiariamente o disposto nesta Lei aos serviços públicos prestados por particular".

cia de nexo de causalidade entre o dano sofrido pela vítima e a conduta perpetrada pelo tabelião.[21]

6. CONCLUSÕES

Com a entrada em vigor da Lei 13.286/2016, que alterou a redação do art. 22 da Lei 8.935/1994, restou explícita a opção do legislador brasileiro em uniformizar os critérios de aferição da responsabilidade civil de notários e registradores.

O Supremo Tribunal Federal, quando do julgamento do RE 842.846/SC, ao que tudo indica, não problematizará o critério subjetivo de aferição da responsabilidade de notários e registradores, porque a questão, além de ser matéria de índole infraconstitucional, com a entrada em vigor da Lei 13.286/2016, está pacificada!

Com relação à natureza da responsabilidade do Estado em decorrência de atos notariais e de registro, entendemos que o ente delegante dos serviços notariais ou registrais (a União, no caso de falhas dos delegatários que prestam serviço no Distrito Federal, ou o Estado-membro, nos demais casos) não pode ser, primariamente, chamado a responder por eventual prejuízo ocasionado no falho desempenho de função notarial ou registral por agente delegado. Como demonstrado, a delegação afasta a responsabilidade direta do ente delegante, o qual só será chamado a responder pelo prejuízo, no caso de insolvência do agente delegado.

O certo é que, a despeito de a edição da Lei 13.286/2016 ter apresentado clara referência normativa ao critério de apuração da responsabilidade de notários e registradores e ao cômputo do prazo prescricional de três anos, a complexidade envolvendo os episódios geradores de danos, no âmbito das atividades notariais e de registro, exige dos intérpretes – para além da mera perquirição da culpa do agente, da análise da reprovabilidade do fato ocorrido ou do liame de causalidade – contínua atenção acerca da esfera de responsabilidade do obrigado a indenizar, levando-se em consideração as legítimas expectativas (por exemplo, quanto à validade, à eficácia e à segurança jurídica dos atos) a que fazem jus os usuários das relevantes atividades notariais e de registro.

7. REFERÊNCIAS

BENÍCIO, Hercules Alexandre da Costa. *Responsabilidade civil do Estado decorrente de atos notariais e de registro*. São Paulo: Editora RT, 2005.

CAHALI, Yussef Said. *Responsabilidade civil do Estado*. 2. ed. rev., atual. e ampl. São Paulo: Malheiros, 1996.

COUTO JÚNIOR, Antônio Joaquim de O. *A responsabilidade civil dos tabelionatos por danos morais decorrentes do protesto indevido*. Dinheiro, out. 1999.

---

21. A propósito, foi exatamente essa a conclusão a que chegou o julgador monocrático, em ação que tratava do assunto ora exemplificado, no Processo 2006.01.1.074562-6 que tramitou perante a 10ª Vara Cível da Circunscrição Judiciária de Brasília/DF (TJDFT), em sentença prolatada em 15/05/2013.

ERPEN, Décio Antônio. A responsabilidade civil, penal e administrativa dos notários e registradores. *Boletim do Colégio Notarial do Brasil* – Seção Rio Grande do Sul, n. 1, 1999.

FROTA, Pablo Malheiros da Cunha. *Responsabilidade por danos: imputação e nexo de causalidade*. Curitiba: Juruá, 2014.

LISBOA, Roberto Senise. *Responsabilidade civil nas relações de consumo*. São Paulo: RT, 2001.

MACEDO JÚNIOR, Ronaldo Porto. A proteção dos usuários de serviços públicos: a perspectiva do direito do consumidor. *Revista de Direito do Consumidor*, São Paulo, v. 10, n. 37, p. 78-82, jan./mar. 2001.

MAIA, Ana Cristina de Souza. Responsabilidade civil dos notários e registradores. *Jus Navigandi*, n. 56, abr. 2002. Disponível em: <http://www1.jus.com.br/doutrina/texto.asp?id=2890>.

MEIRELLES, Hely Lopes. *Direito administrativo brasileiro*. 19. ed. São Paulo: Malheiros, 1994.

NALINI, José Renato; DIP, Ricardo. *Registro de imóveis e notas: responsabilidade civil e disciplinar*. São Paulo: RT, 1997.

POULPIQUET, Jeanne de. *Responsabilité des notaires: civile, disciplinaire, pénale*. Dalloz Référence. França: Dalloz, 2009.

SCHREIBER, Anderson. *Novos paradigmas da responsabilidade civil: da erosão dos filtros da reparação à diluição dos danos*. São Paulo: Atlas, 2007.

THEODORO JÚNIOR, Humberto. Alguns impactos da nova ordem constitucional sobre o direito civil. *Revista dos Tribunais*, ano 79, v. 662, dez. 1990.

VIANNA, Luís Carlos Fagundes. Serventias notariais e registrais: responsabilidade, extinção e emolumentos. *Revista da Procuradoria-Geral do INSS*, v. 8, n. 2, jul.-set. 2001.

Responsabilidade Civil do Estado

RESPONSABILIDADE CIVIL E SERVIÇOS PÚBLICOS: UM ESPAÇO DE CONVIVÊNCIA ENTRE A AUTORIDADE E A CONSENSUALIDADE

Ana Rita de Figueiredo Nery

Doutoranda em Direito do Estado (USP). Pós-Graduada em Direito da Administração Pública (UFF) e em Direito para a Carreira da Magistratura (EMERJ). Professora-Assistente da Escola Paulista de Magistratura (EPM). Autora do livro "A causa do contrato administrativo". Juíza de Direito.

Sumário: 1. Introdução – 2. Panorama da responsabilidade civil do estado pela prestação de serviços públicos – 3. Serviço público: estrutura a serviço da autoridade ou função a serviço do cidadão? – 4. Autoridade e consensualidade – 5. Autoridade e consensualidade no julgar da responsabilidade Civil do Estado pelo próprio Estado – 6. Conclusão: a consensualidade como vetor cabível ao sistema responsabilidade civil do Estado por prestação de serviços públicos – 7. Referências.

> A partir desta data,
> aquela mágoa sem remédio
> é considerada nula
> e sobre ela – silêncio perpétuo
> (Paulo Leminski, "*Bem no fundo*")

1. INTRODUÇÃO

Nesse trabalho pretende-se trazer à reflexão o tema da reponsabilidade civil em matéria de serviços públicos. A partir do reconhecimento da permeabilidade entre os regimes de responsabilização público e privado será desenvolvido o recurso à consensualidade como meio legítimo de ajuste da indenização devida, bem como de reconhecimento da prática do ilícito pela Administração Pública.

Por tese, tem-se que a Administração Pública ainda garante pouco espaço para registros automáticos de sua responsabilização bem como para o reconhecimento administrativo do seu dever de indenizar. Esse *modus operandi*, presente em todo o regime de responsabilidade civil do Estado, mostra-se especialmente vil ante a prestação de serviços públicos, seara em que os ganhos, com a assunção da responsabilidade e a reparabilidade do dano transcendem a posição jurídica do particular lesado, podendo aperfeiçoar a própria prestação do serviço público em prol de toda a coletividade.

A partir da premissa de direito público segundo a qual o bem maior é o interesse metaindividual, social e coletivo, decorre que normas de ordem pública comumente suplantam as normas de direito privado, em especial de Direito Civil, mesmo em modelos jurídicos mais privatísticos. Igualmente assente que essa supremacia não implica necessariamente identidade casuística com o interesse público primário.

Historicamente acerca das tensões entre Direito Privado e Direito Público, cumpre esclarecer o que na falta de um Código administrativo, o Código napoleônico era costurado pelo Conselho de Estado francês ao analisar cada caso submetido a julgamento. Dicotomias entre o público e o privado foram cristalizadas na jurisprudência de Direito Administrativo.

O tema da responsabilidade civil é exemplo inquebrantável dessa dinâmica: os tribunais administrativos franceses e o Conselho de Estado francês importaram a teoria da responsabilidade civil, com todos os seus institutos, para suplantar a ausência de regras acerca da responsabilidade do Estado. Do monarca impassível de erro, adotou-se, em trânsito, a teoria da responsabilidade por culpa para, posteriormente, assumir-se a tese da responsabilidade objetiva da Administração.

Fenômenos contemporâneos como a inserção do direito interno numa órbita comunitária, a "dessacralização" da supremacia do Estado e a superação da dicotomia direito administrativo *versus* direito comum são decisivos ao enfrentamento adequado dos problemas que exsurgem na seara da responsabilidade civil do Estado e das demandas por retorno às origens do Direito Administrativo, quando regimes público e privado interagiam com maior fluidez e eficiência nas mãos dos operadores.

2. PANORAMA DA RESPONSABILIDADE CIVIL DO ESTADO PELA PRESTAÇÃO DE SERVIÇOS PÚBLICOS

A responsabilização do Estado por danos causados a particulares foi uma das grandes decorrências da submissão dos atos da Administração Pública (soberania estatal) à lei. Tratava-se de regra do direito europeu continental e, curiosamente, também vigente nos países da *commom law*. No direito anglo-saxônico, diga-se, a irresponsabilidade do Estado sobreviveu à implantação, ao estabelecimento e desenvolvimento do Estado de Direito.

Na tradição romano-germânica, esse panorama terminou com os primeiros julgados do Conselho de Estado francês, que datam da segunda metade do século XIX: combinaram-se a teoria geral da Responsabilidade Civil do direito privado e o Direito Administrativo para reconhecer o dever do Estado de indenizar vítimas de acidentes automobilísticos causados por automóveis oficiais encarregados da prestação de serviços públicos.[1]

---

1. Cite-se o emblemático caso "Blanco", pelo qual empresa estatal de manufatura de tabaco de Bourdeax foi condenada ao pagamento de uma pensão vitalícia à vítima, lançando, assim, as bases da Teoria do Risco Administrativo, que estabelece a responsabilidade objetiva do Estado por danos causados pelos seus agentes.

Posteriormente advieram as teorias da responsabilidade com culpa civil do Estado, da responsabilidade mediante comprovação de culpa ou dolo dos agentes estatais – para a qual o ônus probatório recaia sobre os particulares –; da culpa administrativa – caracterizada pela inexistência, mau funcionamento ou retardamento do serviço –; do risco integral – pela qual as provas da existência do evento danoso e do nexo causal desaguam no indenizar, mesmo sob culpa exclusiva do particular; do risco administrativo – majoritariamente adotada pelo art. 37, § 6º, da CRFB/1988, pelo qual há obrigação estatal de reparar o dano independentemente de falta do serviço ou culpa do agente, salvo em casos de culpa exclusiva da vítima, evento fortuito ou inexistência de nexo causal.

Extrai-se das Cartas Políticas de 1824[2] e de 1891[3] que os funcionários públicos eram direta e exclusivamente responsáveis por prejuízos decorrentes de omissão ou abuso no exercício de seus cargos, sendo excluído o Estado.

Em 1934 e 1937, previu-se o princípio da responsabilidade solidária entre o Estado e o servidor público. Executada a sentença contra a Fazenda, esta promoverá execução contra o funcionário culpado. A Constituição de 1946 afastou a hipótese de litisconsórcio necessário, solidariedade ou responsabilidade direta do servidor. A partir de então, consolidou-se a responsabilidade objetiva do Estado. As pessoas jurídicas de direito público interno seriam civilmente responsáveis pelos danos que os seus funcionários, nessa qualidade, causassem a terceiros, caber-lhes ação regressiva contra os funcionários causadores do dano, em caso de culpa. A Constituição de 1967 ampliou as hipóteses de responsabilização das pessoas jurídicas de direito público por atos de seus servidores, de modo a abranger tanto as entidades políticas nacionais quanto as estrangeiras, mediante a supressão da palavra 'interno'. A Constituição de 1988,[4] por fim, estendeu a responsabilidade civil objetiva às pessoas jurídicas de direito privado prestadoras de serviços públicos.

Observa-se também que no texto constitucional de 1988 adotou-se o vocábulo "agente", englobando atos comissivos ou omissivos qualquer que seja a forma de investidura e prescindindo-se da culpa.[5]

O caso Blanco confirma, em grande parte, os termos de decisões anteriores, nos casos Rothschild, de 6 de dezembro de 1855, Carcassonne, de 20 de fevereiro de 1858, Deckeister de 06 de agosto de 1861, Brandy, de 1º de junho de 1861: RÉPUBLIQUE FRANÇAISE. Tribunal des conflits. In: *Le service public de la diffusion du droit*. Disponível em: <http://legifrance.gouv.fr/affichJuriAdmin.do?idTexte=CETATEXT000007605886&dateTexte=>. Acesso em: 05/07/2017.

2. "Art. 179, XXIX. Os Empregados Publicos são strictamente responsaveis pelos abusos, e omissões praticadas no exercicio das suas funcções, e por não fazerem effectivamente responsaveis aos seus subalternos."
3. "Art. 82. Os funcionários públicos são estritamente responsáveis pelos abusos e omissões em que incorrerem no exercício de seus cargos, assim como pela indulgência ou negligência em não responsabilizarem efetivamente os seus subalternos."
4. BRASIL. Constituição da República Federativa do Brasil. Brasília, 05/10/1988: "[Art. 37, § 6º] As pessoas jurídicas de direito público e as de direito privado prestadoras de serviços públicos responderão pelos danos que seus agentes, nessa qualidade, causarem a terceiros, assegurado o direito de regresso contra o responsável nos casos de dolo ou culpa."
5. Importante trazer à baila Ementa de v. Acórdão do Supremo Tribunal Federal, que, em modificação de entendimento jurisprudencial anterior acerca da matéria, pacificou que a responsabilidade das concessionárias e permissionárias de serviço público, no que se refere aos danos causados a terceiros, será de natureza objetiva,

O Código Civil (Lei 10.406/2002),[6] mesmo sem tratar das pessoas jurídicas prestadoras de serviço público, disciplinou o tema em estrita consonância com a Constituição vigente, à luz do princípio do risco administrativo natural em certas tarefas executadas pela Administração Pública, bastando assim que o lesado comprove o fato, o dano e o nexo causal entre o fato e o dano que sofreu.

A despeito da notável evolução normativa em tema de responsabilidade do Estado, o paradigma autoritário de um Estado irresponsável ainda sobrevive. Na prática, depara-se com a tendente desoneração do Estado pelo próprio Estado quanto ao dever de reparar aquele civilmente lesado. Essa constatação é ainda mais perceptível no âmbito da prestação de serviços públicos, cuja disciplina se passa a analisar.

3. SERVIÇO PÚBLICO: ESTRUTURA A SERVIÇO DA AUTORIDADE OU FUNÇÃO A SERVIÇO DO CIDADÃO?

A busca de um conceito seguro e de traços metodológicos bem marcados em matéria de Serviço Público se agudiza em uma perspectiva de constante mutação das opções políticas de Estado, de maleabilidade das necessidades sociais e mesmo de flutuação de agentes econômicos.

Entre o intervencionismo e o não intervencionismo o volume de atividades absorvidas pelas funções administrativas sob o rótulo de serviço público faz com que o ordenamento experimente a indefinição ou mesmo a desnecessidade de um regime jurídico único aplicável a todo esse universo de atividades. De outro lado, há momentos de intensa aproximação entre os regimes privado e público de prestação, ambos marcados pela exploração em níveis de mercado e que igualmente parecem frustrar a relevância de um conceito de serviço público.[7]

No estudo da responsabilidade civil do Estado, a predominar a lógica de que o serviço público é uma estrutura a serviço da autoridade estatal, também o tratamento dos danos gerados pelo Estado durante a prestação dos serviços refletirá o interesse na conservação e propagação dessa autoridade. Por outro lado, a predominar a lógica de capacitação dos serviços públicos pela sua função, para que o melhor conteúdo seja colocado a serviço do cidadão, mais fácil pensar em um sistema aberto ao consenso,

---

    mesmo que o dano tenha prejudicado terceiro não usuário daquele serviço público oferecido. Veja-se em Informativo 557 (RE 591874/MS): "Constitucional. Responsabilidade do Estado. Art. 37, § 6º, da Constituição. Pessoas jurídicas de direito privado prestadoras de serviço público. Concessionário ou permissionário do serviço de transporte coletivo. Responsabilidade objetiva em relação a terceiros não-usuários do serviço. Recurso desprovido". Disponível em: <http://www.stf.jus.br/portal/processo/verProcessoAndamento.asp?incidente=2635450>. Acesso em: 05/07/2017. V. ainda: RE 593525 AgR-segundo / DF.

6. Código Civil, art. 43. As pessoas jurídicas de direito público interno são civilmente responsáveis por atos dos seus agentes que nessa qualidade causem danos a terceiros, ressalvado direito regressivo contra os causadores do dano, se houver, por parte destes, culpa ou dolo".
7. Consinta-se referir Alexandre Santos de Aragão, que analisa duas crises conceituais de Serviço Público: ARAGÃO, Alexandre Santos de. *Direito dos Serviços Público*, Rio de Janeiro: Forense, 2007, p. 239 e seguintes.

à dialética entre o Estado e o particular e, assim, ao reconhecimento da responsabilidade do Estado pelo próprio Estado.

Ao longo da história, as decisões de Estado acerca de quais seriam as atividades produtivas a cargo do poder público definiam o que estaria circunscrito à atividade produtiva da coletividade. A prestação de serviços públicos sempre garantiu posição privilegiada ao governante. O Estado sempre se valeu da organização dos serviços para a obtenção de unidade e coesão social.[8]

Era importante para o Estado justificar as prerrogativas do governo através do regime jurídico de Direito Público, mais que assegurar, materialmente, a prestação universal dos serviços públicos.

No que diz respeito à prestação de utilidades públicas, importante lembrar que tanto o modelo europeu e quanto o modelo americano apontam fortes influências comuns: a sujeição do interesse individual ao interesse geral, a continuidade, a igualdade, e a derrogação das liberdades individuais para coibição de abusos.

Sob uma ótica utilitarista que se debruce sobre o conceito de serviço público, inevitável perceber que as atividades prestacionais do Estado serviram, ao longo da história, muito para a manutenção de privilégios realengos – através do mecanismo das concessões, da derrogação de liberdades e, mais recentemente, da regulação – para a efetiva entrega universal ao cidadão de utilidades públicas.

Passando-se para uma análise funcional e operativa, vê-se que a legitimidade do Estado autoritário foi muito traída pela intensidade das demandas sociais e pela versatilidade da organização cotidiana dos serviços públicos.[9] A estruturação rígida de um regime de serviço público garantidor de privilégios para o Estado e de subalterna interação com o regime jurídico comum não mais se apresenta operacional ante as multifacetadas cadeias prestacionais que os processos de urbanização e de desenvolvimento social impuseram.[10]

Em outros termos, o Direito Administrativo neutralizou no direito pátrio sua preocupação com a qualidade da prestação para valorizar a manutenção de um regime jurídico intransponível às pressões de outros focos de poder. Nesse processo, o regime jurídico deixou de ser consequência e passou a ser causa, origem.

Sob a perspectiva dos demandantes de serviços públicos, atribuir-se enfoque à reserva da atividade pelo Estado, e não à atividade reservada do Estado, obstaculiza

---

8. Para o direito brasileiro, o debate entre a Escola Institucionalista e a Escola dos Serviços públicos não é tão perceptível como o debate metodológico entre os critérios objetivista e subjetivista para fins de qualificação de uma atividade como Serviço Público.
9. Exemplificativamente, a dicotomia entre serviço público e atividade econômica, muito embora de grande utilidade para se tentar entender modalidades de intervenção estatal, não possuem presença nítida no texto constitucional.
10. A respeito, v. MARQUES NETO, Floriano de Azevedo. Universalização de serviços públicos e competição: o caso da distribuição de gás natural. In: *Revista de Direito Administrativo – RDA*, vol. 223, 2001, p.138.

a proteção do usuário do serviço e dificulta o manejo dos instrumentos de responsabilização civil por iniciativa do próprio Estado.

Além do tratamento histórico da disciplina dos serviços públicos, a dicotomia *autoridade versus consensualidade* também impactará, na outra, o tratamento da responsabilidade civil do Estado por danos causados na prestação de serviços públicos.

4. AUTORIDADE E CONSENSUALIDADE

Como já visto no estudo do tema dos serviços públicos, a ação do Estado seria exclusivamente voltada à limitação das individualidades e ao exercício de um poder extroverso, sendo a Administração Pública apenas um aparato do Poder.

Desse modo, as presunções de validade e veracidade do ato administrativo e – para o que interessa a esse estudo – os entraves ao reconhecimento da responsabilidade do Estado pelo próprio Estado são expressões dessa ideia tradicional fundada na autoridade e no binômio poder-dever. Outra ideia que se soma à do poder incontrastável é o de controle do poder pelo poder, noção esta afeta à da legalidade estrita. É no direito europeu continental, especialmente, que a autoridade usufrui de posições jurídico-subjetivas excepcionais e discrepantes em relação a qualquer outro agente privado que seja alvo de controle.

Nessa toada, tanto a ideia de um poder incontrastável como a ideia de um poder controlador do próprio poder levaram a um manejo tímido dos instrumentos consensuais pelo poder público. Apesar do esforço exegético acerca do artigo 37, § 6º, da Constituição Federal, na prática, pisa-se pela conservação de um Estado irresponsável que se esconderia atrás do sofisma que aproxima "interesse público" e "interesse do erário".

Nesse cenário (vigente na rotina administrativa e replicado pela estrutura burocrática) transacionar com o particular equivaleria a abrir mão do poder do Estado: a abrir mão da autoridade e a minar o dado essencial da prestação de serviços públicos no Brasil, qual seja: o ideário de conservação da estrutura a serviço da autoridade (e não de desempenho de uma função a serviço do cidadão).

5. AUTORIDADE E CONSENSUALIDADE NO JULGAR DA RESPONSABILIDADE CIVIL DO ESTADO PELO PRÓPRIO ESTADO

Assente está que a Constituição Federal (art. 37, § 6º) consagra a responsabilidade civil do Estado sob a modalidade do risco administrativo.[11] Ocorre que, em regra, os resultados de responsabilização do Estado iniciados com a proteção do Poder Judiciário ainda decorrem da ação positiva de terceiros ou dos respectivos centros

---

11. "Não se exige qualquer falta do serviço público, nem culpa de seus agentes (...)": MEIRELLES, Hely Lopes. *Direito Administrativo Brasileiro*, 24. ed., São Paulo: Malheiros, 1999, p. 585.

de controle, sendo rara a ação interna de reconhecimento da responsabilidade civil pelo órgão administrativo ou cessionário.

Prevalece no dia a dia a posição de irresponsabilidade do Estado e de conservação de sua posição de autoridade.

A *imperatividade do agir* administrativo, tomado este como uma prerrogativa da Administração, é traduzida para o tratamento do tema da responsabilidade civil do Estado como tendente *imunidade do agir* administrativo.

Dito isso, há um primeiro entrave cultural imposto à consensualidade: como incorporá-la à prática administrativa estabelecendo-se a imperatividade do agir administrativo para fins de reconhecimento da prática de atos ilícitos pelo próprio Estado?

As funções absorvidas pelo Estado contemporâneo demandam interações e o estabelecimento de relações jurídicas consentâneas com a vastidão e a variedade de suas atividades. As constituições sociais do século XX, a vinculação da Administração Pública aos direitos fundamentais e o incremento das demandas do Estado complexificaram as relações entre administrador e administrados, abrandando barreiras entre o público e o privado.

A consensualidade, nessa perspectiva, não é apenas mais um método de atuação do Estado, mas aquele que pode melhor representar um atuar da Administração Pública orientado pela legitimação de suas condutas através do reconhecimento público e dialógico de suas responsabilidades.

É importante que também no âmbito da responsabilidade civil – como já se verifica em diversas áreas de atuação do Estado – o exercício da autoridade seja vitimado por clivagens que transportem a Administração Pública de uma lógica da autoridade para uma lógica de atendimento de resultados e de conquista diuturna de confiança e legitimação social. Daí dizer-se que, se de um lado, a imperatividade sempre foi a representação maior do exercício da atividade administrativa calcada no poder-dever, o paradigma da consensualidade é o que melhor responde ao gatilho de um *poder-função*, ou seja: de um poder de Estado predicado à consecução das funções que lhe são constitucionalmente entregues.

A mudança é substancial pelo papel do consenso. O consenso pressupõe o reconhecimento de que mesmo o Estado precisa estabelecer vínculos jurídicos com grupos que o permitam efetivar um feixe abstrato de competências e de obrigações para o fim de cumprimento de deveres estatais.

6. CONCLUSÃO: A CONSENSUALIDADE COMO VETOR CABÍVEL AO SISTEMA RESPONSABILIDADE CIVIL DO ESTADO POR PRESTAÇÃO DE SERVIÇOS PÚBLICOS

Pretendeu-se demonstrar como a elaboração histórica do tema de serviços públicos e a tradicional dualidade entre autoridade e consensualidade têm dificultado a absorção, pelo Estado, de uma cultura de reconhecimento de sua responsabilidade em situação de danos causados pela prestação de serviços públicos.

Através de um modelo permeado à consensualidade, o Estado é protagonista do processo de responsabilização civil, sem se afastar de um ambiente processual, com a participação dos interessados em que prevalece a regra do contraditório (Artigo 5º, LV, da CRFB) em coexistência com o poder do Estado.

Não raro espera-se a tramitação de ações de controle interno ou externo e o empoeiramento de situações claras de lesão a bem jurídico do cidadão. A dispersão de ouvidorias e de sistemas de atendimento ao consumidor, muito embora tenham incrementado as vias de comunicação entre a Administração Pública e o administrado, não raro apenas reproduzem a mesma cultura obstrutiva de reconhecimento de responsabilidade civil do Estado pelo próprio Estado.

Adiam-se soluções positivas de recomposição dos patrimônios lesados e tendencialmente privilegia-se a incolumidade do erário como se ali estivesse o próprio interesse público.

O recurso à consensualidade é um movimento relevante para a disciplina da responsabilidade civil. Pode incidir desde o momento inicial de reconhecimento da responsabilidade e da causação do prejuízo ao particular como na concertação sobre prejuízos deflagrados pela prestação de serviços públicos. O silêncio da Administração Pública alinhado à espera da insurgência do lesado ou da atuação dos mecanismos de controle não é senão um retorno à lógica de irresponsabilidade do Estado e do exercício de uma autoridade incontrastável.

Através de um modelo permeado à consensualidade, o Estado é protagonista do processo de responsabilização civil. O provimento decorrente dessa posição contrita do próprio Estado – posição de reconhecimento da falta e de recomposição dos prejuízos experimentados por terceiros – será construído em um ambiente processual, com a participação dos interessados em que prevalece a regra do contraditório.

Importa perceber que a aplicação de mecanismos consensuais que filiem a Administração Pública à posição jurídico-subjetiva de causadora de prejuízos não implica renúncia ou abdicação do poder do Estado. Pela autoridade exerce-se a condução do processo em que serão apresentadas versões para o mesmo fato e fixam-se as premissas de sua marcha, inclusive acerca do arbitramento da indenização. A partir do momento em que se trava o contraditório, ao fim, caberá ao Administrador tomar sua decisão pelo reconhecimento ou não da responsabilidade; pelo pagamento ou não de indenização.

Ainda através da consensualidade, o desenvolvimento da atividade administrativa se dá sobre bases mais abertas e mais elásticas, buscando no movimento contínuo da ação administrativa o equilíbrio entre a autoridade administrativa e o respeito à vontade manifestada pelo particular.

Não é demais assentar o consensualidade como princípio implícito do ordenamento jurídico brasileiro, caro à Teoria Geral dos contratos e, no âmbito do Direito Administrativo, consectário da urgência de ajustar o exercício do Poder às inúmeras funções administrativas.

Tomado o ambiente processual como referência, como aquele válido para contornar – ou para fundamentar –, o provimento administrativo, incide a autoridade do Estado para socorrer o processo, garantindo-lhe um desempenho ótimo e mais compatível com a recomposição de padrões de eficiência na prestação do serviço público. Da mesma forma como as partes, em um processo judicial, disputam o provimento judicial, o espaço processual administrativo permeado pela consensualidade não abdica de certa disputa de teses e de posições sobre a responsabilização administrativa.

A participação dos privados no procedimento, ao permitir a ponderação dos interesses que emergem como relevantes após a causação de um prejuízo a particulares pela prestação de serviços públicos, não apenas imprime com mais eficácia melhoria das prestações de serviços do Estado como as torna mais facilmente aceitas pelo seu destinatário.

Em termos gerais, a aderência do particular à decisão que é produto do consenso não apenas repercute, abstratamente, no ganho de legitimidade da ação administrativa como também, em termos práticos, na maior garantia de sua execução, de seu cumprimento. Se em jogo a prestação de serviços públicos, o ganho se desprega do eixo que polariza o Estado e o particular lesado: a resposta de aperfeiçoamento do serviço pode ser imediata e perspectivas essencialistas e funcionais são resgatadas em prestígio do interesse do tomador do serviço.

Pode-se dizer, enfim, que ocorre uma mudança da posição do administrado. Numa perspectiva processual, o administrado é teoricamente parte do processo. A processualidade faz do processo, a um só tempo, um modo de participação e uma alternativa ao ato unilateral e autoritário para edição do provimento administrativo. O mecanismo propicia que a administração capture os administrados para legitimar a sua ação pela dialética.

A variabilidade de resultados possíveis e a sujeição de um cenário conflituoso à autoridade administrativa não desqualificam o processo. Fundamental, nesse ponto, é a motivação da escolha e o reconhecimento das opções oriundas da participação do agente privado. Há quem considere que ao substituir uma condenação (judicial ou administrativa), por um ato bilateral que se antecipe ao reconhecimento da responsabilidade do Estado, a Administração Pública estaria a dispor sobre o interesse público, ou seja: estaria versando sobre a forma como o interesse público deve ser realizado.

A violação à indisponibilidade ao interesse público em tema de serviços públicos, todavia, não deve vir da valorização da forma, mas do conteúdo e dos resultados de eficiência. Os ganhos com o aprimoramento do serviço e a possibilidade de negociação da dívida assumida pelo agente público não podem ser tratados como mecanismos de vulneração do erário. A processualidade pode até, sob uma ótica, multiplicar as facetas de dissenso, mas é o que garantirá a publicidade e assegurará a incidência dos mecanismos de controle, agora posteriores e supletivos ao reconhecimento da responsabilidade civil pelos próprios prestadores de serviços públicos.

Há ainda um longo caminho de aprimoramento dos mecanismos processuais de atingimento do consenso em tema de responsabilidade civil pela prestação de serviços públicos. O que não condiz mais com o sistema republicano vigente é que a centenária abertura legislativa para um regime de responsabilização do Estado não encontre eco nos corredores da Administração Pública, e que a postura administrativa imediata diante de um episódio lesivo aos patrimônios materiais e imateriais ainda subscreva o paradigma autoritário de um Estado irresponsável.

A mágoa sem remédio.

7. REFERÊNCIAS

BANDEIRA DE MELLO, Oswaldo Aranha. *Princípios gerais de direito administrativo*. São Paulo: Malheiros, v. VI, 2010;

BRASIL. *Constituição da República Federativa do Brasil*. Brasília, 05 out. 1988. Disponível em:< http://www.planalto.gov.br/ccivil_03/constituicao/constituicaocompilado.htm >. Acesso em: 05.07.2017.

DUGUIT, Léon. *Las Transformaciones Generales de Derecho,* Buenos Aires: Ediforial Heliasta, 2001.

MARQUES NETO, Floriano de Azevedo. Universalização de serviços públicos e competição: o caso da distribuição de gás natural, in *Revista de Direito Administrativo – RDA*, vol. 223, 2001.

MEIRELLES, Hely Lopes. *Direito Administrativo Brasileiro*. 24 ed. São Paulo: Malheiros, 1999.

MOREIRA NETO, Diogo de Figueiredo. Mito e Realidade do Serviço Público. In: *Revista de Direito da Procuradoria do Estado do Rio de Janeiro*. vol. 53. Disponível em: <http://download.rj.gov.br/documentos>. Acesso em: 23.06.2012.

RÉPUBLIQUE FRANÇAISE. Tribunal des conflits. In: *Le service public de la diffusion du droit*. Disponível em: <http://legifrance.gouv.fr/affichJuriAdmin.do?idTexte=CETATEXT000007605886&dateTexte=>. Acesso em: 05.07.2017.

VIOLÊNCIA URBANA E RESPONSABILIDADE CIVIL: ALGUMAS PERGUNTAS E UM VASTO SILÊNCIO

Felipe Braga Netto

Membro do Ministério Público Federal (Procurador da República). Doutor em Direito pela PUC-RIO.

Sumário: 1. Uma breve contextualização – 2. Os ciclos evolutivos da responsabilidade civil: entre velhas estruturas e novas funções – 3. A cosmovisão da (pós?) Modernidade: vivendo em sociedades plurais e complexas – 4. O padrão mental convencional a propósito do tema – 5. Que perguntas podemos fazer? – 6. Referências.

1. UMA BREVE CONTEXTUALIZAÇÃO

Esse artigo tem uma proposta modesta. Trata-se de propor, epistemologicamente, algumas perguntas a respeito da conexão teórica entre a responsabilidade civil do Estado por omissão e a violência urbana. Busca-se fornecer um cenário (possível) de discussão para provocar – em nós, pesquisadores – reflexões contextualizadas a propósito do tema.

Convém, a propósito, uma palavra prévia. Há, entre nós, em relação ao tema, um estranho silêncio doutrinário, como se o tema não fosse bem-vindo, ou como se não fosse teoricamente relevante nem atual (dispensa, cremos, exaustão argumentativa provar o contrário). A questão talvez possa ser assim resumida: o padrão mental convencional *não aceita* que o Estado possa responder por danos sofridos pelos cidadãos relacionados à violência urbana (em outras palavras, a orientação tradicional esvazia de eficácia concreta o discurso da solidariedade social). É diante desse estado de coisas que indagamos: temos, hoje, uma rede de conexões – normativas e conceituais – que nos autoriza dar um passo além? O itinerário completo desse percurso – e eventuais soluções argumentativas – ficará para artigos seguintes. A proposta, aqui, é mais modesta: traçar algumas perguntas possíveis, delimitar alguns aspectos que nos parecem epistemologicamente relevantes a propósito do tema. Podemos, porém, desde já, adiantar uma conclusão (que já foi objeto de nossas reflexões em outras oportunidades): temos apontado a existência de uma progressiva redução dos espaços de omissão estatal legítima. Em outras palavras: uma omissão que no passado talvez não responsabilizasse (civilmente) o Estado, hoje pode responsabilizar.

2. OS CICLOS EVOLUTIVOS DA RESPONSABILIDADE CIVIL: ENTRE VELHAS ESTRUTURAS E NOVAS FUNÇÕES

A responsabilidade civil traz consigo, em seus ciclos evolutivos, um potencial inovador considerável. Talvez possamos falar em certo componente iconoclasta na responsabilidade civil. Não que esteja presente em todos os períodos históricos, mas, de tempos em tempos, ele se faz sentir, talvez bem mais aqui do que em outros institutos do direito civil.

A explicação possível talvez possa ser encontrada no fato de que a responsabilidade civil tem uma estrutura orgânica que facilita a absorção – possivelmente mais rápida – das mudanças sociais. Para que possamos decidir um caso relativo à responsabilidade civil – para ficarmos num único elemento –, precisamos analisar se há dano (lembremos que a valoração humana acerca *do que é* dano varia enormemente. Fatos que há algumas décadas não consideraríamos dano hoje poderíamos considerá-los como tal. Há, portanto, uma historicidade inerente ao conceito de dano, que varia temporal e espacialmente). Não é exagero afirmar que a responsabilidade civil se redefine a partir das mudanças sociais.[1]

Aliás, hoje se aceita, de modo crescente, a ideia do sistema jurídico como um sistema (pelo menos relativamente) aberto. Claus-Wilhelm Canaris define o sistema jurídico como "ordem teleológica de princípios gerais de direito".[2] A atribuição de eficácia normativa dos princípios está associada à abertura do sistema jurídico, no sentido de aceitar mudanças de fora para dentro, isto é, aceitar que fontes não propriamente legislativas possam modificar o sentido e as possibilidades das normas jurídicas.

Inegavelmente, o direito civil se aproxima das normas abertas da Constituição e dialoga crescentemente com a teoria dos direitos fundamentais. As polêmicas restringem-se, em geral, à forma como deve se dar essa aplicação.[3] A aplicação direta desses direitos, aliás, virou palavra de ordem entre os civilistas, entendendo-se, de modo largamente dominante, que no Brasil a eficácia dos direitos fundamentais se

---

1. Cf. CASTRONOVO, Carlo. *La nuova responsabilità civile*. Milano: Giuffrè, 2006, p.101. Aliás, não por acaso, afirma-se que "a responsabilidade civil tem representado nos países ocidentais um papel verdadeiramente revolucionário" (MORAES, Maria Celina Bodin de. *Danos à pessoa humana*. Rio de Janeiro: Renovar, 2003, p. 22). A flexibilidade orgânica da responsabilidade civil, dissemos, facilita essa permeabilidade às mudanças. O juiz, para decidir um caso, precisa verificar se houve dano; se o dano é relevante; se há nexo causal entre o dano e determinada ação ou omissão; se há culpa (nos casos de responsabilidade civil subjetiva); se é o caso de impor sanções exemplares, punitivas ou pedagógicas. Isso sem falar no dificílimo problema da quantificação dos danos extrapatrimoniais (trata-se, sabemos, de quantificar aquilo que, ontologicamente, não comporta quantificação).
2. O ordenamento jurídico, nessa perspectiva, apresentaria caráter dinâmico, não estático, e dialogaria com as mudanças sociais, incorporando-as às suas dimensões normativas através da interpretação dos conceitos jurídicos (CANARIS, Claus-Wilhelm. *Pensamento sistemático e conceito de sistema na ciência do direito*. Introdução e trad. A. Menezes Cordeiro. Lisboa: Calouste Gulbenkian, 1996, p. 30). Canaris argumenta ainda "que a unidade interna de sentido do Direito, que opera para o erguer em sistema, não corresponde a uma derivação da ideia de justiça do tipo *lógico*, mas antes de tipo *valorativo* ou *axiológico*".
3. CAPITANT, David. *Lês effets juridiques des droits fondamentaux en Allemagne*. Paris: L.G.D.J., 2001.

processaria de modo direto,[4] e não de forma indireta como ocorre na Alemanha, berço teórico da concepção. Não só a aplicação direta dos direitos fundamentais às relações privadas ganha força, mas também – como dissemos antes – a percepção do sistema jurídico como um sistema aberto de princípios normativos. Por isso – mas não só por isso – a sulcada divisão entre direito público e direito privado perde relevância (lembremos que o princípio da dignidade da pessoa humana não conhece setores imunes às suas luzes).

Podemos afirmar que a responsabilidade civil se encontra em processo de abertura e refuncionalização, aceitando o pluralismo e assumindo certo tom menos dogmático. Não mais o sujeito de direito impessoal e abstrato, mas a pessoa humana, com seus projetos e suas dores bastante reais. O direito dos nossos dias reconhece as diferenças socioculturais. Aliás, não só as reconhece como as têm como relevantes para as soluções dos conflitos. Outro ponto é a funcionalidade. Aceita-se, atualmente, que a função social defina, internamente, os institutos, não se pondo apenas como limite externo. Em outras palavras: a funcionalidade define o que eles são e não só até aonde podem ir.

Nesse contexto a responsabilidade civil renova-se de modo significativo a partir de certas mudanças (não só normativas, mas sobretudo sociais). Houve, nas últimas décadas, intensa produção jurisprudencial a respeito do tema – o que permitiu renovar, criativamente, boa parte dos postulados teóricos aplicáveis à matéria. Conforme destacamos, nesse nosso século a responsabilidade civil é refuncionalizada, ou seja, é chamada a desempenhar novas funções.[5] Outra dimensão relevante é a progressiva relevância da proteção prioritária das vítimas dos danos. A maior proteção à vítima vem conjugada com um processo histórico-normativo que torna a responsabilidade civil cada vez mais objetiva. Isto é, os suportes fáticos das normas que determinam a indenizabilidade dos danos exigem, cada vez menos, a presença da culpa. Indeniza-se, mesmo sem culpa. Ampliam-se, fortemente, os espaços do dano injusto indenizável.

---

4. Maria Celina Bodin de Moraes, a propósito, esclarece: "As profundas transformações ocorridas na responsabilidade civil, ramo do direito civil que apresenta atualmente grandes desafios aos juristas, devem ser enfrentadas a partir da perspectiva da aplicação direta e imediata das normas constitucionais" (MORAES, Maria Celina Bodin de. A Constitucionalização do Direito Civil e seus efeitos sobre a Responsabilidade Civil. *A Constitucionalização do Direito: fundamentos teóricos e aplicações específicas*. Cláudio Pereira de Souza e Daniel Sarmento (Orgs). Rio de Janeiro: Lumen Juris, 2007, p. 444). Juarez Freitas argumenta que "o Estado brasileiro precisa ser responsável pela eficácia direta e imediata dos direitos fundamentais, já em suas obrigações negativas, já em suas dimensões prestacionais. Será, nessa perspectiva, proporcionalmente responsabilizável, tanto por ações como por omissões, admitida a inversão do ônus da prova da inexistência do nexo causal a favor da suposta vítima" (FREITAS, Juarez. A Constituição, a responsabilidade do Estado e a eficácia direta e imediata dos direitos fundamentais. SAMPAIO, José Adércio Leite (Coord.). *Constituição e crise política*. Belo Horizonte: Del Rey, 2006, p. 381-401, p. 382). Em outra oportunidade, destacou que "o princípio da responsabilidade extracontratual objetiva do Estado pelas condutas omissivas ou comissivas causadoras de lesão antijurídica apresenta-se como um dos pilares do Estado Democrático, sobremodo pelos riscos inerentes à atuação estatal (FREITAS, Juarez. A responsabilidade extracontratual do Estado e o princípio da proporcionalidade: vedação de excesso e de omissão. *Revista de Direito Administrativo*. Rio de Janeiro, n. 241, 2005, p. 21-37, p. 28).
5. Cf. ROSENVALD, Nelson. *As funções da responsabilidade civil*. São Paulo: Atlas, 2013.

Há danos individuais e danos coletivos, danos atuais e danos futuros. Indeniza-se, até, hoje, a perda da chance. Lida-se não mais com a certeza do dano clássico, mas com a probabilidade.[6] Lembremos que a dimensão preventiva – eventualmente dialogando com os princípios da prevenção e da precaução – é fator relevante na responsabilidade civil atual.[7]

O direito dos nossos dias – talvez melhor fosse escrever: o direito dos danos dos nossos dias – olha menos para a culpa e mais para o risco (não por acaso, título da clássica obra de Alvino Lima).[8] Trata-se de linha de tendência que se esboça em nosso país sobretudo a partir de meados do século passado. Outro aspecto relevante é o seguinte: há uma filtragem ética – ou pelo menos há uma crescente preocupação doutrinária nesse sentido, ainda que eventualmente desconsiderada na solução de certos casos – que busca distinguir, para conferir respostas normativamente diferenciadas, bens patrimoniais e bens não patrimoniais (existenciais).

3. A COSMOVISÃO DA (PÓS?) MODERNIDADE: VIVENDO EM SOCIEDADES PLURAIS E COMPLEXAS

É frequente, atualmente, na filosofia constitucional, lermos referências ao pós-modernismo. Nem todos os autores aceitam que a nossa época possa ser descrita como pós-moderna.[9] A questão é sabidamente delicada e polêmica, uma vez que o

---

6. Gisela Sampaio da Cruz aponta: "Todavia, apesar de ser aleatória a possibilidade de obter o benefício em expectativa, nestes casos existe um dano real, que é constituído pela própria chance perdida, isto é, pela oportunidade, que se dissipou, de se obter no futuro a vantagem, ou de evitar o prejuízo que veio a acontecer" (CRUZ, Gisela Sampaio da. *O problema do nexo causal na responsabilidade civil*. Rio de Janeiro: Renovar, 2005, p. 7). De modo mais amplo, pensando acerca das probabilidades, Georges Wiederkehr, à luz da realidade europeia, alude ao convite feito ao juiz de não ser muito exigente acerca da prova da causalidade e de não querer mais do que a probabilidade. Na esfera do direito ambiental já se mostram aceitáveis e difundidas as presunções de causalidade (MULHOLLAND, Caitlin Sampaio. *A responsabilidade civil por presunção de causalidade*. Rio de Janeiro: GZ, 2010, p. 21, nota 31). Aliás, os danos ambientais revestem-se de particularidades. Os danos ambientais raramente seguem uma lógica linear. A quantificação é dificílima. Como quantificar e ressarcir – por exemplo – a extinção de certa espécie da fauna? Ou mesmo a contaminação de lençóis freáticos? Trabalha-se, ademais, neste campo, com muita frequência, com o conceito de dano futuro. Pensemos na chamada poluição histórica, que resulta da acumulação, sucessiva e progressiva, de dejetos. Sem falar que há danos que nem sempre se situam no domínio das causas visíveis. Há, frequentemente, um largo espectro de causas e uma distância espacial (e também temporal) entre a ação e o resultado danoso. Não por acaso, Herman Benjamim aludiu ao "império da dispersão do nexo causal". Por isso, como dissemos, há de certo modo um convite ao juiz a não ser muito exigente com o nexo de causalidade e não exigir mais do que a probabilidade.
7. PERLINGIERE, Pietro. La responsabilità civile tra indennizzo e risarcimento. *Rassegna di diritto civile*, n. 4, 2004, p. 1061-1087.
8. Alvino Lima, escrevendo na década de 30 do século passado – lembremos que sua obra, cujo título original era "Da culpa ao risco", tem origem na tese de cátedra que o jurista defendeu na Faculdade de Direito do Largo de São Francisco, em 1938 – já apontava que "a teoria do risco tem conquistado terreno sobre a responsabilidade fundada na culpa, quer na elaboração dos próprios preceitos do direito comum, como em sua interpretação pelos tribunais, quer na legislação especial, resolvendo hipóteses que não o poderiam ser, com justiça e equidade, no âmbito estreito da culpa" (LIMA, Alvino. *Culpa e risco*. 2 ed São Paulo: RT, 1999).
9. Habermas menciona, em blague, que alguns veem "pós" quando ainda estamos em pleno domínio do "ainda". HABERMAS. Cf. *The new conservatism*. Cambridge: MIT Press, 1990, p. 3. Algo semelhante ao afirmado por

pós-modernismo rejeita o universalismo e a razão, e pode, com isso, acabar rejeitando os direitos fundamentais. Podemos argumentar, em contrário, que a Modernidade vai além do Estado Liberal, incorporando *também* o Estado Social. Seria, nesse contexto, equivocado restringir a cosmovisão da Modernidade ao Estado liberal-burguês.[10] Em geral, porém, no direito civil, a descrição tem sido aceita – ainda que nem sempre com os mesmos argumentos ou pressupostos filosóficos. Maria Celina Bodin de Moraes proclama que "à responsabilidade civil deve ser reconhecido o papel de constituir-se como um dos fenômenos sociojurídicos mais importantes da pós-modernidade".[11]

Seja como for, é impossível pensar em pós-positivismo sem atribuir caráter normativo aos princípios. Os princípios, desse modo, são normas jurídicas vinculantes, trata-se de percepção largamente compartilhada em nossos dias. Os princípios, porém, não fornecem, de modo abstrato, todos os componentes de sua aplicação. Em virtude da própria estrutura maleável e flexível com que são formados, eles precisam da dialética dos casos concretos para assumir sua exata dimensão. O sistema jurídico, desse modo, cada vez mais se põe como um sistema aberto de princípios normativos. Esses princípios, que estabelecem objetivos e fins, são articulados de modo dinâmico, não estático. Eles trabalham com uma lógica de ponderação, o que significa que apenas nos casos concretos, devidamente contextualizados, é que os princípios se expandem ou se retraem, à luz das especificidades das circunstâncias.

Atualmente a interpretação jurídica ganhou notas de complexidade que inexistiam nos séculos passados. Não se trata de operação neutra, formal, lastreada unicamente na subsunção silogística. Tampouco se aceita a ideia de que a ordem jurídica traz apenas uma resposta correta para cada problema.[12] Ainda há, é certo, quem

---

Sérgio Paulo Rouanet: "Dizer que somos pós-modernos dá um pouco a impressão de que deixamos de ser contemporâneos de nós mesmos. Seja como for, temos que aceitar filosoficamente o fato de que na opinião de grande número de pessoas, nem todas lunáticas, entramos na era da pós-modernidade" (ROUANET, Sérgio. As Razões do Iluminismo. São Paulo: Companhia das Letras, 2000, p. 229).

10. Em descrição provocadora, percebe-se que "a constatação, desconcertante, é que o Brasil chega à pós-modernidade sem ter conseguido ser liberal nem moderno. Herdeiros de uma tradição autoritária e populista, elitizada e excludente, seletiva entre amigos e inimigos – mansa com os ricos e dura com os pobres, chegamos ao terceiro milênio atrasados e com pressa" (BARROSO, Luís Roberto. Fundamentos teóricos e filosóficos do novo direito constitucional brasileiro. In: *Revista de Direito Administrativo*, n. 225, 2001, p. 05-37, p. 8; SARMENTO, Daniel. *Direitos fundamentais e relações privadas*. Rio de Janeiro: Lumen Juris, 2004, p. 65).

11. MORAES, Maria Celina Bodin de. A Constitucionalização do Direito Civil e seus efeitos sobre a Responsabilidade Civil. *A constitucionalização do direito: fundamentos teóricos e aplicações específicas.* Cláudio Pereira de Souza e Daniel Sarmento (Orgs). Rio de Janeiro: Lumen Juris, 2007, p. 452. Erik James sustenta que uma das características do direito pós-moderno é a volta dos direitos humanos e um certo retorno aos sentimentos.

12. A questão, porém, é polêmica. Em crítica teoricamente sofisticada a essa visão, argumenta-se que "a despeito da dimensão inevitavelmente 'criativa' da interpretação constitucional – dimensão presente em qualquer processo hermenêutico, o que, por isso mesmo, não coloca risco, segundo Habermas, a lógica da separação dos poderes, – as Cortes Supremas, ainda que recorram a argumentos que ultrapassem o direito escrito, devem proferir 'decisões corretas' e não se envolver na tarefa de 'criação do direito', a partir de valores 'preferencialmente aceitos'. As decisões de princípio proferidas pelas Cortes Constitucionais não podem ser equiparadas, segundo Habermas, a emissões de juízos que '*ponderam objetivos, valores e bens coletivos*', pois, dado que normas e princípios constitucionais, em virtude do seu sentido deontológico de validade, são vinculantes e não especialmente preferidos, a interpretação constitucional deve decidir '*qual pretensão e qual*

defenda essa posição, mas trata-se de corrente hoje minoritária. A norma é o ponto de partida da interpretação,[13] é o que resulta da interpretação e não o texto friamente estático. As leituras éticas das normas se impõem muito forte neste século XXI.

Dizer, hoje, que a Constituição é norma jurídica vinculante é autêntico truísmo – não só as regras da Constituição, mas também, e sobretudo, os seus princípios.[14] O juiz pode aplicá-los diretamente, sem mediação legislativa. E os cidadãos podem invocá-los não só para limitar a atividade estatal, como também para se defender de agressões de outros particulares, dos chamados poderes privados (empresas de telefonia, bancos, seguros etc.). Temos, hoje, uma constituição normativa que consagra e protege, de modo incisivo, os direitos fundamentais. Aliás, não é propriamente novidade mencionar que as constituições do século XX, de modo geral, chamaram a si matérias que tradicionalmente eram próprias do direito civil, revitalizando-as com novas luzes.

A solidariedade, por exemplo, hoje, como princípio jurídico, opõe-se vigorosamente ao individualismo que permeou as práticas jurídicas nos séculos passados. O *pathos* da sociedade atual é a solidariedade social, isto é, a responsabilidade partilhada, incluindo a responsabilidade do Estado (mas não só a dele). Entre nós, o marco normativo da consagração da solidariedade social foi a Constituição de 1988. Hoje se tem como firme que não estamos diante da dimensão espiritual ou caritativa da solidariedade, mas estamos em dimensão essencialmente jurídica. Assim como a tese da aplicação direta dos direitos fundamentais nas relações privadas preceitua,

---

conduta são corretas em um dado conflito e não como equilibrar interesses ou relacionar valores" (CITTADINO, Gisele. *Pluralismo, direito e justiça distributiva. Elementos da filosofia constitucional contemporânea*. 2 ed. Rio de Janeiro: Lumen Juris, 2000, p. 212-213).

13. Cabe lembrar, a propósito, à luz das lições de Humberto Ávila, que a "matéria bruta utilizada pelo intérprete – o texto normativo ou dispositivo – constitui uma mera possibilidade de Direito. A transformação dos textos normativos em normas jurídicas depende da construção de conteúdos de sentido pelo próprio intérprete" (ÁVILA, Humberto. *Teoria dos Princípios: da definição à aplicação dos princípios jurídicos*. São Paulo: Malheiros, 2003, p. 16). Aliás, a ideia não é nova, sendo, na verdade, muito antiga – obviamente sob outros pressupostos teóricos e sociais. Paulo já proclamava que "não é da regra que promana o direito, senão com base no direito, existente por si mesmo, que a regra é elaborada". *Non ut ex regula jus sumatur, sed ex jure, quod est, regula fiat* (De Diversis Regulis Juris Antiqui, reg. 1 (tradução de Limongi França). *Brocardos Jurídicos – As Regras de Justitiano*. São Paulo: RT, 1969, p. 48).
14. Uma análise precursora acerca dos princípios, especialmente no direito privado, deve-se a ESSER, Josef. *Principio y norma en la elaboración jurisprudencial del derecho privado*. Trad. Eduardo Valenti Fiol. Barcelona: Bosch, 1961, p. 10-11. Embora, por certo, em muitos casos, continuemos aplicando o direito a partir da subsunção. Reconhecer uma nova realidade não significa necessariamente abandonar as antigas. Aliás, o novo não é sinônimo de qualidade teórica. O autenticamente novo é um fiel depositário da tradição. É teoricamente ingênuo louvar o novo como se ele, por si mesmo, trouxesse consigo intrínsecas qualidades boas. Temos, porém, esse hábito mental, sobretudo se o novo vem de fora, de outros países, que costumamos importar como se fossem as *últimas e mais importantes novidades teóricas*. Importação frequentemente acrítica, frise-se. Cabe conferir, a respeito, a crítica de Virgilio Afonso da Silva: "Não é difícil perceber que a doutrina jurídica recebe de forma muitas vezes pouco ponderada as teorias desenvolvidas no exterior. E, nesse cenário, a doutrina alemã parece gozar de uma posição privilegiada, já que, por razões desconhecidas, *tudo* o que é produzido na literatura jurídica germânica parece ser encarado como revestido de uma aura de cientificidade e verdade indiscutíveis" (SILVA, Virgílio Afonso da. *Interpretação constitucional*. São Paulo: Malheiros, 2007, p. 116).

de modo até mais amplo, o princípio da solidariedade não é oponível apenas ao Estado, mas também aos particulares.[15] Uma cosmovisão individualista da sociedade reconhece apenas a lógica da competição.

Há, também, uma revalorização da equidade, no sentido aristotélico de justiça do caso concreto. Uma consequência até certo ponto óbvia dessas mudanças é a seguinte: quanto mais a ordem jurídica se vale de normas abertas, maior é o campo de atuação do intérprete. Porém, se sua liberdade de movimentação é maior ao lidar com princípios e cláusulas gerais, maiores também serão, proporcionalmente, seus deveres de argumentação, que se mostram mais rigorosos à medida em que a norma se evidencia mais aberta. Está havendo um contínuo deslocamento do eixo estrutural do sistema jurídico: de um sistema fechado, autorreferente, composto exclusivamente por regras, para um sistema que, sem desprezar as regras, enfoca, com particular preponderância, os princípios e os conceitos abertos. As fontes normativas – em especial aquelas situadas no vértice do sistema – passaram a operar com um valor não absoluto de constância, o que possibilita uma atividade jurídica mais permeável aos valores.[16] Ademais, gostemos ou não, trata-se de fenômeno dos nossos dias, com os quais devemos aprender a lidar e dele extrair as melhores potencialidades.

4. O PADRÃO MENTAL CONVENCIONAL A PROPÓSITO DO TEMA

Podemos afirmar que a decisão que cada sociedade, em cada período histórico, observará a respeito das consequências civis da violência urbana é fundamentalmente uma escolha social. A pergunta é esta: nós, como sociedade, estamos dispostos a arcar com esses danos? Como distribuir, socialmente, esses custos? O custo decorrente da violência urbana deve ser socialmente redistribuído ou deve ser suportado pelas vítimas – infelizes, porém cada vez mais frequentes – dos danos? O princípio da solidariedade social deve ser chamado para iluminar a questão? Há, em nossos dias, um arcabouço normativo-conceitual que nos permite responsabilizar civilmente o Estado por esses danos (se não por todos, por boa parte deles). São algumas das perguntas cabíveis. O problema desnuda – política e filosoficamente – uma visão de mundo, queiramos ou não.[17]

---

15. PECES-BARBA MARTINEZ, Gregório. *Teoria dei diritti fundamentali*. Milano: Giuffrè, 1993, p. 256.
16. Teoriza-se a propósito: "Neste contexto, o Direito se torna um regulador de procedimentos cuja função é legitimar decisões de conteúdo indeterminado. Tal indeterminação não significa, no entanto, aleatoriedade. O sistema jurídico recolhe a núcleos de sentido como os valores, as pessoas, os papéis sociais e as ideologias para conferir conteúdo às normas" (RIBEIRO, Maurício Portugal. O direito contemporâneo e a metodologia de ensino do direito. *Direito Global*. SUNDFELD, Carlos Ari; VIEIRA, Oscar Vilhena (Coordenadores). São Paulo: Max Limonad, 1999, p. 96).
17. Cada ciclo histórico traz suas peculiariedades e opta, em linhas gerais, por certos valores. Na sociedade romana podemos dizer que a segurança e a estabilidade eram os valores supremos (GALGANO, Francesco. *Il diritto privato fra codice e costituzione*. Bologna: Zanichelli, 1988, p. 5). Hoje passa a ser crescentemente aceito que o intérprete do século XXI deve ter uma atenção prioritária com a pessoa humana (e não coisificá-la ou relegar sua proteção às dimensões patrimoniais). A dignidade da pessoa humana é princípio que perpassa, horizontalmente, o sistema jurídico em todos os setores e áreas. Não só horizontal, mas também

Será que as vítimas de violência urbana, em nosso estágio civilizatório atual, não dispõem de direitos e pretensões – normativamente vinculantes – contra o Estado? Será que vamos resgatar, sob outra roupagem, o terrível "contra a Pátria não há direitos"?[18] Não convém postular exageros e comparar situações absolutamente incomparáveis: vivemos, atualmente, numa democracia constitucional, não parece haver dúvida razoável sobre o ponto. Hoje, porém, a situação é esta: vítimas da violência urbana são absolutamente esquecidas pela ordem jurídico-constitucional brasileira, não lhes é dado amparo algum (estamos falando das práticas atualmente vivenciadas – não, por certo, das generosas potencialidades normativas constitucionais). Não há, realisticamente, direitos mínimos, perante o Estado, reconhecidos jurisprudencialmente para essas vítimas. Isso destoa, clara e vastamente, dos princípios e regras que regem o direito de danos dos nossos dias.[19]

Talvez seja chegado o momento de revisitar antigas leituras, rever tradicionais concepções. Isso tem sido feito, aqui e ali, na responsabilidade civil do Estado, mas apenas muito raramente em relação à segurança pública.[20]

---

verticalmente, estando a dignidade humana situada no ápice, como fundamento da República (CF, art. 1º, III), plasmando e conformando quaisquer leis, complementares ou ordinárias, quaisquer atos infralegais. O Código de Processo Civil de 2015, art. 8º, reconhece essa realidade ao dispor: "Ao aplicar o ordenamento jurídico, o juiz atenderá aos fins sociais e às exigências do bem comum, resguardando e promovendo a dignidade da pessoa humana e observando a proporcionalidade, a razoabilidade, a legalidade, a publicidade e a eficiência" (conferir, a propósito: MORAES, Maria Celina Bodin de; BARBOSA, Fernanda Nunes. O processo civil constitucionalizado. *Civilística*, a. 5, n. 1, 2016, editorial). Aliás, sabemos, hoje, que só há real dignidade se houver padrões mínimos de liberdade e de igualdade material. E a igualdade não se restringe à *proibição de exclusão*. Igualdade é também *obrigação de inclusão*.

18. Elio Gaspari, em *A ditadura escancarada*, menciona uma placa pendurada em determinada delegacia (paulista) de polícia durante o auge da ditadura militar brasileira no século passado: "Contra a Pátria não há direitos" (GASPARI, Elio. *A Ditadura Escancarada*. São Paulo: Companhia das Letras, 2002, p. 17).

19. Ou como disse, em página clássica, a propósito de outro assunto, José de Aguiar Dias: "Isso estabelece uma doutrina que não pode merecer os aplausos dos juristas informados dos princípios atualmente observados em relação à responsabilidade civil" (DIAS, José de Aguiar. *Da responsabilidade civil*. Rio de Janeiro: Forense, 1954, p. 689). Em certos aspectos, talvez não seja despropositado falar em "estado de coisas inconstitucional" em relação aos danos causados pela violência urbana (e o desamparo jurídico das vítimas). Podemos, sem dúvida, traçar paralelo, pelo menos aproximativo, em relação à matéria já decidida pelo STF relativamente à condição degradante das penitenciárias no Brasil. A respeito do tema, o Supremo Tribunal Federal registrou: "Presente quadro de violação massiva e persistente de direitos fundamentais, decorrente de falhas estruturais e falência de políticas públicas e cuja modificação depende de medidas abrangentes de natureza normativa, administrativa e orçamentária, deve o sistema penitenciário nacional ser caracterizado como estado de coisas inconstitucional" (STF, ADPF 347, Rel. Min. Marco Aurélio, Pleno, j. 09/09/2015). A situação é tão absurda que, em novembro de 2016, diante da superlotação dos presídios e cadeias gaúchos, alguns detentos estão presos em viaturas e ônibus estacionados diante das delegacias. Outros presos ficam algemados em lixeiras públicas nas calçadas, em frente às delegacias. O secretário de segurança pública do Rio Grande do Sul declarou, em entrevista, estar cogitando construir containers para alojar os detentos, ou até mesmo usar um navio para alojá-los. Voltando ao ponto central: há – isso é um fato inquestionável – o dever, constitucionalmente posto, do Estado prestar segurança pública aos cidadãos, um direito fundamental social. E esse direito – também parece não haver dúvida razoável sobre o ponto – é violado de modo sistemático e abusivo, isto é, muitos brasileiros recebem exatamente o contrário daquilo que poderia ser aceito como uma prestação mínima.

20. Por exemplo, a jurisprudência brasileira tem, em determinados casos, responsabilizado civilmente o Estado por danos causados por enchentes. Em certo caso, o cidadão que teve sua casa alagada por anos consecutivos, com perdas materiais expressivas, teve seu direito à indenização estatal reconhecido pelo STJ. O tribunal,

A violência urbana, hoje, embora constitucionalmente conectada às funções estatais (ninguém põe em dúvida que o dever de prestar segurança pública é um dever do Estado), é um território de ninguém, no que diz respeito à assunção – jurídica – dos riscos. As empresas de transporte público, por exemplo – conforme adiante veremos com mais clareza –, não respondem por esses riscos, e o Estado, segundo o padrão mental que prepondera atualmente, também não. Resta à vítima, sozinha e esquecida, reclamar de seu destino apenas.[21] Algo estranho, para dizer o mínimo, numa democracia constitucional regida pela normatividade dos direitos fundamentais.

Cabe registrar que nas sociedades contemporâneas há uma constante reavaliação dos riscos que são socialmente aceitáveis. Do mesmo modo, há uma dinâmica reavaliação de quem são os responsáveis por eles. Nosso projeto constitucional – heterogêneo, mas humanista – busca diferenciar situações que devem ser diferenciadas, com especial acento na proteção das dimensões existenciais do ser humano. Essa é a linha de tendência mais forte e mais louvável da responsabilidade civil do século XXI. Lembremos, aliás, que atualmente o conceito de risco cada vez mais se aproxima da dimensão jurídica. O mero risco, em muitos setores da experiência jurídica, pode funcionar como mecanismo deflagrador do dever de proteção (basta lembrar das prescrições do direito ambiental). A palavra de ordem é evitar danos. A responsabilidade civil, ademais, perde sua função individualística e repressiva, e ganha também uma função coletiva e preventiva. Argumenta-se aliás que, se o século XX foi devotado à reparação de danos, o presente será consagrado à prevenção.[22]

As funções do Estado, hoje, são no mínimo mais coloridas que as tradicionais funções absenteístas dos séculos passados. O Estado tem longo histórico como inimigo dos direitos fundamentais (que foram criados, sabemos, para fazer frente às violências e agressões estatais). Os direitos fundamentais seriam, nessa perspectiva, direitos de defesa em face do Estado, uma espécie de trincheira para exigir abstenções estatais. Hoje, porém, a situação é outra. Há uma dimensão ativa, no sentido de exigir que o Estado aja – eficaz e adequadamente – para proteger direitos fundamentais de violações de terceiros. Se na função ou dimensão passiva dos direitos fundamentais exigíamos abstenções do Estado, na função ou dimensão ativa exigimos ações dele. Atualmente, na dimensão positiva, o Estado deve mais: deve proteger os direitos fun-

---

no caso, construiu a argumentação relativa ao nexo causal com a omissão estatal em desobstruir as "bocas de lobo" (STJ, REsp 1.125.304, Rel. Min. Castro Meira, 2ª T, DJ 28/02/2011).

21. Em sentido semelhante, KOWARICK, Lúcio. Viver em risco: sobre a vulnerabilidade no Brasil urbano. *Novos Estudos*. São Paulo, n. 63, jul. 2002, p. 9-30, p. 29-30.

22. SEGUÍ, Adela M. Aspectos relevantes de la responsabilidad civil moderna. *Revista de Direito do Consumidor*. São Paulo: RT, n. 52, p. 267-318, out./dez. 2004. Em matéria ambiental, a exigência cresce de ponto, diante da frequente irreversibilidade que caracteriza as lesões biodifusas. Aliás, não seria equivocado dizer que o mesmo se aplica, em boa medida, embora por razões diversas, às vítimas de danos relacionados à violência urbana. Os danos, na hipótese, são irreversíveis, pelo menos muitos deles. A propósito, "quanto mais valioso for o direito ameaçado, maior será o ativismo judicial no controle das medidas adotadas pelo Legislativo e Executivo para protegê-lo" (SARMENTO, Daniel. *Direitos fundamentais e relações privadas*. Rio de Janeiro: Lumen Juris, 2004, p. 166).

damentais de agressões provindas de terceiros (nessa perspectiva, o Estado aparece como amigo, não inimigo, dos direitos fundamentais).

Nossa (jovem) democracia constitucional precisa, talvez, refletir sobre os deveres de proteção dos cidadãos, a cargo do Estado.[23] A proteção dos direitos fundamentais, inclusive contra agressões não estatais, não pode permanecer em nível retórico. A segurança pública – e seus óbvios contornos estatais – não é uma promessa vazia a ser cumprida "se der". Aliás, costumamos esquecer, em nossas reflexões jurídicas, que a segurança é um direito fundamental social (certamente não é um direito levado a sério). Apenas muito raramente se vê raciocínios (sobretudo jurisprudenciais) que extraiam consequências normativas, vinculantes, desse direito. É um dever tão claramente estatal que os cidadãos sequer possuem a capacidade de autotutela, o uso legítimo da força é monopólio estatal. A afirmação é particularmente verdadeira nos espaços públicos, mas não só neles. Seja como for, há, hoje, um cenário (algo espantoso) de Estado ausente, passivo, indiferente. Em relação à segurança pública, o Estado, em certas ocasiões, age como se tivesse desistido de enfrentar a violência, como se as coisas "fossem assim mesmo", como se a proteção coubesse a cada um dos cidadãos, entregues à própria sorte.

A jurisprudência, em muitos desses casos, opta por uma visão restrita dos riscos. Trilha o caminho (fácil, convenhamos) da ausência do nexo causal ou esgrima a excludente do fato de terceiro. Podemos, aliás, adiantar uma discussão dos nossos dias: em que medida um fato de terceiro é um fato de terceiro? Em outras palavras, em que medida ele pode ser aceito como excludente de responsabilidade civil? Começa-se a perceber – em certas situações e em certas atividades – que a pergunta a ser feita *não é mais* aquela (tão) clássica: há nexo causal entre o dano e a ação ou omissão? A pergunta, em certos cenários, passa a ser outra: o dano participa da esfera de risco da atividade? O dano está compreendido nos riscos típicos, inerentes, próprios, da atividade? Voltaremos à questão adiante.

Costuma-se afirmar – e em princípio a afirmação é correta – que quando nos movimentamos no universo teórico da responsabilidade objetiva, as discussões acerca da causalidade ganham maior relevância (trata-se, afinal, do último filtro contra a reparação, já que a culpa passa a ser irrelevante nessa hipótese). Relativamente à responsabilidade civil do Estado no Brasil, já frisamos que desde 1946 estamos diante de responsabilidade objetiva (pelo menos no que se refere às ações estatais, existe certa polêmica, no que se refere às omissões estatais). São poucas ou inexistentes,

---

23. Nesse contexto, "o Estado moderno não deve, como no passado, proteger o cidadão tão somente dos ladrões, assassinos e outros malfeitores, mas a sua tarefa de proteção ampliou-se consideravelmente. De fato as dependências e as interações cada vez maiores do ser humano conduziram não só à ampliação das possibilidades de comunicação mas também a uma ampliação dos perigos aos quais o homem está exposto. O Estado é então obrigado a assumir novas tarefas em matéria de proteção" (FLEINER-GERSTER, Thomas. *Teoria Geral do Estado*. Trad. Marlene Holzhausen. Revisão técnica Flávia Portella Puschel. São Paulo: Martins Fontes, 2006, p. 594). Ver também: GRIMM, Dieter. A função protetiva do Estado. Trad. Eduardo Mendonça. *A Constitucionalização do Direito: fundamentos teóricos e aplicações específicas*. Cláudio Pereira de Souza e Daniel Sarmento (Orgs). Rio de Janeiro: Lumen Juris, 2007, p. 160.

entretanto, as reflexões contextualizadas que relacionem o Estado à violência urbana, sob a ótica da responsabilidade civil. Quais os limites e funções da responsabilidade civil do Estado? Já dispomos, hoje, de uma rede de conexões normativas e conceituais que nos permitam dar um passo além?

O padrão mental convencional costuma, de modo um tanto quanto cômodo, responder negativamente, e reproduzir reflexões de meados do século passado (não esqueçamos, aliás, que nossa jurisprudência – e até parte de nossa doutrina – levou décadas para aceitar, plenamente, a responsabilidade civil do Estado objetiva consagrada na Constituição Federal de 1946, o que evidencia, com clareza, que as mudanças de compreensão não se processam de modo automático, são fundamentalmente mudanças culturais, e que a norma jurídica não é só – dizemos nos desculpando pela obviedade – o texto escrito). Para muitos de nós, vivemos, hoje, o mesmo cenário normativo-conceitual de 1946 (não se leva em conta a força normativa dos princípios constitucionais, não se leva em conta que vivemos no Estado dos direitos fundamentais, não se leva em conta a proteção prioritária da vítima do dano, não se leva em conta a priorização das situações existenciais em relação às patrimoniais – e a lista, embora não pareça, é apenas exemplificativa). Alguns intérpretes conseguem até piorar a situação em relação a 1946, passando a exigir a prova da culpa nas omissões estatais.

5. QUE PERGUNTAS PODEMOS FAZER?

Mário Quintana certa vez escreveu: "A resposta correta, não importa nada. O importante é que as perguntas estejam certas".[24] Existem, na responsabilidade civil do Estado dos nossos dias, muitas perguntas que podem ser feitas, muitas investigações que podem ser iniciadas. O tema, em si, faz parte daquele conjunto de assuntos que não costuma aguardar o legislador, caracterizando-se, ao contrário, por acentuado dinamismo, antecipando soluções que o legislador ainda não trouxe, ou sequer pensou em trazer.

As perguntas são muitas – e a cada uma delas, outras surgem, ou podem surgir.

Talvez possamos começar formulando a seguinte pergunta: o dano contraria alguma expectativa, legítima e razoável, de segurança? Esse é o ponto de partida para a discussão, contextualizada e séria, dos casos de responsabilidade civil do Estado ligados à violência urbana. Não é possível ao Estado estar, através de seus agentes, em todos os lugares a todo tempo. Nem se pode desconhecer as progressivamente severas restrições orçamentárias que tudo isso envolve. Não basta, por outro lado, invocar essa dificuldade orçamentária e achar que, com essa alegação, tem-se um passaporte que imunize o Estado contra as indenizações. Não terá. Nem tanto ao mar, nem tanto à terra. Em síntese: nem se pode cair na afirmação irresponsável que o Estado deverá responder por todos os danos ligados à violência, de modo abrupto

---

24. QUINTANA, Mário. *Caderno H*. São Paulo: Globo, 1998, p. 54.

e amplíssimo, nem tampouco nos satisfará, como sociedade, uma negativa genérica à indenizabilidade desses danos.[25]

Não adianta postular respostas fechadas – elas não existirão e, se existissem, seriam falsas, de escassa utilidade. Os fatos não tardariam a desmenti-las. A responsabilidade civil, além do mais, não costuma lidar bem com camisas-de-força, com respostas aprioristicas e estanques. Há sempre – e isso é, na matéria, uma vantagem, não um vício – um espaço para a riqueza colorida das circunstâncias, sobretudo quando lidamos com princípios, cláusulas gerais, conceitos jurídicos indeterminados. Por isso não há de se exigir da pesquisa respostas à maneira da lógica-formal, com encadeamento matemático, por assim dizer – isso, adianta-se, não existirá, e é questionável se seria desejável que existisse.

Aliás, não deixa de ser curioso notar que a violência urbana – na visão clássica da responsabilidade civil – é frequentemente abordada *contra* a vítima do dano, ou pelo menos contra uma delas. Só um exemplo prosaico: há autores que defendem que no caso de veículo roubado ou furtado, o dono do caso será civilmente responsável pelos danos que o ladrão, no uso do carro roubado ou furtado, vier a causar a terceiros.[26]

---

25. Em relação ao tema, a chamada "reserva do possível" costuma ser uma porta de saída – um tanto cômoda – de discussões. Estudos consistentes têm demonstrado, entretanto, que o princípio do mínimo existencial pode ser oposto ao Estado, e a "reserva do possível" não pode ser usada como desculpa para a inobservância de direitos fundamentais (Conferir, a propósito, TORRES, Ricardo Lobo. O mínimo existencial e os direitos fundamentais. *Revista de Direito Administrativo*, n. 177, 1989, p. 20-49). O STF, a propósito, consignou: "É certo que não se inclui, ordinariamente, no âmbito das funções institucionais do Poder Judiciário – e nas desta Suprema Corte em especial – a atribuição de formular e implementar políticas públicas, pois nesse domínio, o encargo reside, primeiramente, nos Poderes Legislativo e Executivo. Tal incumbência, no entanto, embora em bases excepcionais, poderá atribuir-se ao Poder Judiciário, se e enquanto os órgãos estatais competentes, por descumprirem os encargos político-jurídicos que sobre eles incidem, vierem a comprometer, com tal comportamento, a eficácia e integridade de direitos individuais e/ou coletivos impregnados de estatura constitucional, ainda que derivados de cláusulas revestidas de conteúdo programático" (STF, ADPF 45, Rel. Min. Celso de Mello). O STJ já teve oportunidade de se manifestar a respeito: "O dever de ressarcir danos, inclusive morais, efetivamente causados por atos dos agentes estatais ou pela inadequação dos serviços públicos decorre diretamente do art. 37, § 6º da Constituição, dispositivo autoaplicável, não sujeito à intermediação legislativa ou administrativa para assegurar o correspondente direito subjetivo à indenização. Não cabe invocar, para afastar tal responsabilidade, o princípio da reserva do possível ou a insuficiência de recursos" (STJ, REsp 1.051.023, Rel. Min. Teori Albino Zavascki, 1ª T, DJ 01/12/2008). Outrossim, convém observar que não se cuida, aqui, de pretender definir judicialmente políticas públicas para o Estado. Não é disso que se trata. Cuida-se apenas de se reconhecer, concreta e posteriormente, que determinada política pública (de segurança, no caso) falhou em determinada situação, no resguardo eficiente da integridade física dos cidadãos. Nesse contexto, parte-se a indagar se isso pode ensejar – presentes determinados pressupostos – o dever de indenizar estatal.
26. José de Aguiar Dias, embora, em geral, perfilhe ideias objetivistas, no ponto cita os notórios subjetivistas Mazeud e Mazeud e, com base na teoria da guarda da coisa, adere a essa posição, que aliás foi reproduzida por autores mais recentes. Aliás, a teoria da guarda da coisa surgiu do engenho teórico de autores franceses que, corajosamente, pensaram modos e formas de funcionalizar (embora a expressão não fosse então usada) a responsabilidade civil para responsabilizar os patrões pelos acidentes de trabalho relacionados às suas máquinas. A preocupação era não deixar determinadas vítimas sem indenização. Pontes de Miranda lembra que a ideia de *risco profissional* surgiu na França: "Começou-se com a proclamação, nos livros de doutrina jurídica, de economia e de sociologia, da 'injustiça' das regras de direito comum para a responsabilidade civil nos processos de acidentes no trabalho. O trabalhador não podia obter reparação se não provasse a culpa do patrão. Prova difícil; às vezes, devido à complexidade da indústria contemporânea, impossível de fazer-se. A vítima sofria o incômodo oriundo da empresa" (PONTES DE MIRANDA. *Tratado de Direito Privado*, t.

Argumenta-se que a "guarda jurídica" da coisa ainda estaria com o dono do carro. A conclusão, por certo, não se sustenta à luz da razoabilidade. A interpretação do direito não pode conduzir a soluções absurdas, nem a complexidade dos nossos dias autoriza tamanho grau de abstração e conceitualismo.

Seja como for, as indagações são muitas – e podemos, pelo menos em parte, sumarizá-las aqui, apenas com o intuito de contextualizar a discussão.

O Estado pode responder por ato de violência urbana? Ou isso seria, sempre e em todos os casos, considerado um fato de terceiro? Ou mesmo seria um fortuito externo, uma excludente de responsabilidade civil, que afastaria o nexo causal? Aliás, o nexo causal poderá se formar nessas hipóteses? O fato de a segurança pública ser, intrinsecamente, uma atividade de óbvios contornos estatais, significa, ou pode significar, que o Estado responderá pelos riscos que lhe são inerentes? Poderíamos, ainda nesses casos, presumir o nexo causal? Isto é, poderíamos pensar que a prova relativa ao nexo causal caberia, não à vítima, mas ao suposto ofensor (ao Estado, nessa perspectiva, é que caberia provar que o nexo causal não se formou)?

As indagações, convém repetir, são muitas, e todas teoricamente sedutoras.[27] Não convém, nos parece – em argumento *ad baculum*[28] – repetir que, sob uma perspectiva orçamentária, o Estado não suportaria responder civilmente por atos ligados à violência urbana, e com isso sumariamente encerrar a discussão.

As perguntas, dissemos, são muitas, e convidam à reflexão. Existem diferenças normativas, na responsabilidade civil do Estado, entre ações e omissões? Isto é, há dualidade de regimes? Objetiva nas ações, e subjetiva nas omissões? Existem argumentos, sólidos e consistentes, para criar regimes diferenciados? As repetições de certas soluções jurisprudenciais, não raras vezes superficiais, contribuem para tornar ainda mais difícil a visualização do problema. Isso sem falar que um equívoco, repetido muitas vezes, ganha, com frequência, ares de verdade.

---

53. Rio de Janeiro: Borsoi, 1966, p. 157). Como, na época, não havia obviamente legislação trabalhista, e a responsabilidade civil era fundada na culpa, esses danos, relacionados às máquinas, ficavam sem reparação. No Brasil, posteriormente, passou-se a aplicar a teoria para outros casos, como os veículos. O STJ, nessa trilha, decidiu: "Responsabilidade solidária entre a conduta do veículo que causou o acidente e a pessoa jurídica proprietária do automóvel. Aplicação da teoria da guarda da coisa" (STJ, REsp 604758, Rel. Min. Nancy Andrighi, 3ª T, DJ 17/10/2006).
27. A questão "assume um relevo extraordinário diante do contexto de exclusão e violência em que está mergulhada a sociedade brasileira. Basta pensarmos na dramática situação vivenciada pela legião de pessoas humildes e trabalhadoras, residentes em favelas dominadas por quadrilhas de traficantes, e por isso sujeitas ao poder de um verdadeiro "Estado Paralelo". A sua liberdade de ir e vir, cerceada por frequentes *toques de recolher*, impostos pela marginalidade; o seu direito à vida, ameaçado por constantes tiroteios e balas perdidas, exigem não uma abstenção, mas um comportamento ativo dos Poderes Públicos, que têm a obrigação de intervir para proteger os direitos humanos destes sofridos cidadãos" (SARMENTO, Daniel. *direitos fundamentais e relações privadas*. Rio de Janeiro: Lumen Juris, 2004, p. 168).
28. Argumento *ad baculum* consiste, fundamentalmente, em "defender uma conclusão destacando as terríveis consequências de não acreditar nela" (BLACKBURN, Simon. *Dicionário Oxford de Filosofia*. Trad. Desidério Murcho. Rio de Janeiro: Jorge Zahar Editor, 1997, p. 24).

Podemos, ainda, indagar – supondo que a responsabilidade civil do Estado por danos relacionados à violência urbana seja aceita, pelo menos em certos casos: a responsabilidade civil do Estado, na hipótese, seria subjetiva ou objetiva? Sendo objetiva, poderíamos pensar na categoria da responsabilidade objetiva agravada? Que excludentes o Estado poderia alegar? Teríamos, no caso, uma responsabilidade por ato lícito ou ilícito? A vulnerabilidade da vítima teria alguma relevância na discussão? Poderíamos pensar no conceito de "esfera de risco"? Ou seja, há certos danos que se colocam em conexão com a atividade estatal, de modo que se dilui, de certo modo, a distinção entre atos próprios e atos de terceiros? Há paralelos possíveis entre a responsabilidade objetiva das instituições financeiras, por atos de terceiros, desde que conexos às suas atividades, e a atividade do Estado, por atos de terceiros, desde que conexos às suas atividades (como, por exemplo, a segurança pública)?

São, repetimos, *algumas* perguntas que poderíamos formular. Dissemos algumas, porque estão, aí, em caráter exemplificativo – poderíamos formular outras, e outras discussões (relevantes) existem. Por exemplo: seria razoável e proporcional que o Estado impedisse o dano? Não se trata, sabemos, de uma pergunta de resposta única, nem mesmo de respostas fáceis. Os argumentos variarão na linha do tempo, e não só nela. Toda uma gama de circunstâncias poderá influir, de modo relevante, na construção das respostas – lugar do dano, horário do dano, conduta da vítima (precavida ou leviana, potencializando os perigos), conduta dos policiais (que, negligentemente, digamos, nada fizeram, embora pudessem razoavelmente agir para que o dano não ocorresse).[29]

A falta dos cumprimentos dos deveres estatais deverá ser conectada com uma investigação, no caso concreto, acerca da proporcionalidade, investigação iluminada pela teoria do risco (inclusive indagando em que medida os riscos são atribuíveis ao Estado). Convém lembrar que a virada conceitual experimentada pela responsabilidade civil está ligada, em boa medida, à consolidação da teoria

---

29. É difícil escolher um caso para simbolizar os tantos e tristes episódios relacionados ao tema. Os exemplos, infelizmente, são diários, e cada um parece superar o outro em carga dramática, dor e tristeza. Quando escrevíamos este trecho – em 07 de maio de 2016 – uma jovem de 17 anos morreu, baleada na cabeça, em arrastão na Linha Amarela, no Rio de Janeiro. A adolescente – Ana Beatriz Frade – estava dentro do carro, no banco do carona, ao lado do padrasto e do irmão – de dois anos. O padrasto da garota morta, que dirigia o carro, tentou, em movimento natural, se afastar do arrastão, quando Ana Beatriz foi atingida pelo disparo. Ele, o padrasto, foi hospitalizado em estado de choque. A jovem, que morava em Guarapari, no Espírito Santo, com os avós, tinha ido ao Rio para fazer uma surpresa para a mãe (iria buscar a mãe, que chegava de uma viagem, no aeroporto Tom Jobim, exatamente no dia das mães). Não bastasse toda a dor, a mãe ainda teve a infelicidade de perder a filha do *dia das mães*. Há controvérsias quanto ao número de assaltantes envolvidos. Cerca de oito criminosos participaram da ação. No arrastão, o carro de uma policial militar foi roubado. Ela abandonou o carro, a arma e a farda antes dos ladrões chegarem. Os bandidos, aliás, usaram o carro desta policial militar – um pálio vermelho – para fugir do local. Infelizmente, *é só um exemplo* (para a família – com o perdão da torpe obviedade – *não é só um exemplo*). Poderíamos, lamentavelmente, descrever um caso desses por dia – alterando nomes, idades, condição sócio econômica, circunstâncias. Todos, no entanto, terrivelmente dramáticos e cuja gravidade dispensa comentários.

do risco como novo fator de imputação no direito dos danos.[30] A vulnerabilidade da vítima também poderá contribuir para a discussão e orientar a pertinência das respostas.[31] São muitos, inegavelmente, os fatores envolvidos, e as respostas não são, nem poderiam ser, excessivamente simplificadoras ou apriorísticas. Aliás, no direito dos danos, apenas muito dificilmente respostas apriorísticas podem satisfazer. Precisamos, em geral, da riqueza de tons do caso concreto para dar soluções que não se afastem da equidade – no sentido aristotélico de justiça do caso concreto.[32]

O que parece certo – e isso podemos adiantar – é sinalizar que não se pode, hoje, afastar como previamente impossível a discussão acerca da responsabilização do Estado por danos vinculados à violência urbana. Isso não significa, por certo, que todos os danos com essa alegação serão indenizáveis – absolutamente. Porém tampouco significará que esses danos são liminarmente afastados como insuscetíveis de indenização. Melhor seria evitar posturas fundamentalistas. O que se busca é a arte da tensão profícua. Ou, melhor ainda, da moderação contextualizada, que busque investigar, à luz das novas leituras das funções do Estado,[33] em que medida os riscos sociais são riscos estatais, e em que medida atos de terceiros são apenas atos de terceiros.

---

30. MULHOLLAND, Caitlin Sampaio. *A responsabilidade civil por presunção de causalidade*. Rio de Janeiro: GZ, 2010, p. 16. Aliás, em nossos dias, "estudar o Direito de Danos sem um fundamento objetivo é absolutamente impensável. A configuração de uma sociedade do risco, em que os acidentes não são mais fortuitos, mas previsíveis e certos, é o alicerce justificador da responsabilidade objetiva. Ao mesmo tempo, a concepção personalista do Direito de Danos promove a modificação do paradigma individualista em que foi fundada a responsabilidade civil no início do século XIX, para fazer valer como objetivo principal da obrigação de indenizar não mais a punição do ofensor pela conduta ilícita perpetrada e pelo dano gerado, mas sim a reparação da vítima pelo dano sofrido que lhe foi injustamente causado" (MULHOLLAND, Caitlin Sampaio. *A responsabilidade civil por presunção de causalidade*. Rio de Janeiro: GZ, 2010, p. 309).
31. Não exageramos ao afirmar que a responsabilidade civil contemporânea desvia seu olhar em direção à vítima do dano (Em sentido semelhante: HIRONAKA, Giselda Maria Novaes. Responsabilidade civil: o estado da arte. In: NERY, Rosa Maria de Andrade; DONNINI, Rogério (Coords). *Responsabilidade Civil: estudos em homenagem ao Professor Rui Geraldo Camargo Viana*. São Paulo: RT, 2009, p. 201). Há, aliás, autores – aponta Maria Celina Bodin de Moraes – para os quais a responsabilidade objetiva seria uma espécie de seguro coletivo (MORAES, Maria Celina Bodin de. Risco, solidariedade e responsabilidade objetiva. *Revista dos Tribunais*, v. 854, dez/2006, p. 11-37, p. 15).
32. Nesse contexto, "a doutrina costuma enfatizar a importância da responsabilidade objetiva como instrumento de equidade, visão que casa perfeitamente com a tendência atual de considerar a responsabilidade civil sob o enfoque mais amplo do balanceamento de interesses conflitantes, da cessação do ilícito, da proteção dos valores constitucionais e da busca por justiça e equidade" (FRAZÃO, Ana. Risco da empresa e caso fortuito externo. *Civilística*. a 5, n. 1, 2016, p. 10).
33. Ricardo Lobo Torres sublinha que "a legitimação do Estado e do ordenamento jurídico é o processo de julgamento de suas qualidades e de sua validade ética. A legitimação implica sempre a resposta à pergunta sobre o merecimento e a razão de ser dos direitos e dos princípios. Por que a preeminência dos direitos humanos? Qual a melhor forma de Estado? Por que a dignidade humana é um dos fundamentos da República?" (TORRES, Ricardo Lobo. A Legitimação dos Direitos Humanos e os Princípios da Ponderação e da Razoabilidade. *Legitimação dos Direitos Humanos*. TORRES, Ricardo Lobo (Org.). Rio de Janeiro: Renovar, 2002, p. 397-449, p. 398). O autor, um pouco depois, esclarece ainda que a principal distinção entre legitimação e fundamento consiste em que aquela é buscada fora do ordenamento ou do direito a ser justificado, enquanto o fundamento pode ser coextensivo ao próprio objeto a se justificar. Conclui, por fim, que "a legitimidade do Estado moderno tem que ser vista sobretudo a partir do equilíbrio e harmonia entre valores e princípios jurídicos afirmados por consenso".

Se lançarmos os olhos para nossa jurisprudência – tendo como ângulo de análise a responsabilização civil estatal por atos relacionados à violência urbana – verificaremos que são pouco frequentes, atualmente, as hipóteses de êxito. Porém talvez não exageremos ao afirmar que existem, embora dispersos, sinais alentadores de uma mudança de olhar, e são esses sinais, essa mudança de olhar, que o intérprete deve seguir, buscando novos modos de compreensão.

6. REFERÊNCIAS

ÁVILA, Humberto. *Teoria dos Princípios: da definição à aplicação dos princípios jurídicos*. São Paulo: Malheiros, 2003.

BARROSO, Luís Roberto. Fundamentos Teóricos e Filosóficos do Novo Direito Constitucional Brasileiro. In: *Revista de Direito Administrativo*, n. 225, 2001, p. 05-37.

BLACKBURN, Simon. *Dicionário Oxford de Filosofia*. Trad. Desidério Murcho. Rio de Janeiro: Jorge Zahar Editor, 1997.

CANARIS, Claus-Wilhelm. *Pensamento sistemático e conceito de sistema na ciência do direito*. Introdução e trad. A. Menezes Cordeiro. Lisboa: Calouste Gulbenkian, 1996.

CAPITANT, David. *Lês effets juridiques des droits fondamentaux en Allemagne*. Paris: L.G.D.J., 2001.

CASTRONOVO, Carlo. *La nuova responsabilità civile*. Milano: Giuffrè, 2006.

CITTADINO, Gisele. *Pluralismo, Direito e Justiça Distributiva. Elementos da Filosofia Constitucional Contemporânea*. 2 ed. Rio de Janeiro: Lumen Juris, 2000.

CRUZ, Gisela Sampaio da. *O problema do nexo causal na responsabilidade civil*. Gisela Sampaio da Cruz. Rio de Janeiro: Renovar, 2005.

ESSER, Josef. *Principio y norma en la elaboración jurisprudencial del derecho privado*. Trad. Eduardo Valenti Fiol. Barcelona: Bosch, 1961.

FRAZÃO, Ana. Risco da empresa e caso fortuito externo. *Civilística*. a 5, n. 1, 2016.

FREITAS, Juarez. A Constituição, a responsabilidade do Estado e a eficácia direta e imediata dos direitos fundamentais. SAMPAIO, José Adércio Leite (Coord.). *Constituição e crise política*. Belo Horizonte: Del Rey, 2006.

FREITAS, Juarez. A responsabilidade extracontratual do Estado e o princípio da proporcionalidade: vedação de excesso e de omissão. *Revista de Direito Administrativo*. Rio de Janeiro, n. 241, 2005, p. 21-37.

GALGANO, Francesco. *Il diritto privato fra codice e costituzione*. Bologna: Zanichelli, 1988.

GRIMM, Dieter. A função protetiva do Estado. Trad. Eduardo Mendonça. *A Constitucionalização do Direito: fundamentos teóricos e aplicações específicas*. Cláudio Pereira de Souza e Daniel Sarmento (Orgs). Rio de Janeiro: Lumen Juris, 2007.

HABERMAS. Cf. *The new conservatism*. Cambridge: MIT Press, 1990.

HIRONAKA, Giselda Maria Novaes. Responsabilidade civil: o estado da arte. In: NERY, Rosa Maria de Andrade; DONNINI, Rogério (Coords). *Responsabilidade Civil: estudos em homenagem ao Professor Rui Geraldo Camargo Viana*. São Paulo: RT, 2009.

KOWARICK, Lúcio. Viver em risco: sobre a vulnerabilidade no Brasil urbano. *Novos Estudos*. São Paulo, n. 63, jul. 2002, p. 9-30.

LIMA, Alvino. *Culpa e risco*. São Paulo: RT, 1999.

MORAES, Maria Celina Bodin de. *Danos à pessoa humana*. Rio de Janeiro: Renovar, 2003.

_____. A Constitucionalização do Direito Civil e seus efeitos sobre a Responsabilidade Civil. *A Constitucionalização do Direito: fundamentos teóricos e aplicações específicas*. Cláudio Pereira de Souza e Daniel Sarmento (Orgs). Rio de Janeiro: Lumen Juris, 2007.

MULHOLLAND, Caitlin Sampaio. *A responsabilidade civil por presunção de causalidade*. Rio de Janeiro: GZ, 2010.

PECES-BARBA MARTINEZ, Gregório. *Teoria dei diritti fundamentali*. Milano: Giuffrè, 1993.

PERLINGIERE, Pietro. La responsabilità civile tra indennizzo e risarcimento. *Rassegna di diritto civile*, n. 4, 2004, p. 1061-1087.

PONTES DE MIRANDA. *Tratado de Direito Privado*, t. 53. Rio de Janeiro: Borsoi, 1966.

QUINTANA, Mário. *Caderno H*. São Paulo: Globo, 1998.

RIBEIRO, Maurício Portugal. O direito contemporâneo e a metodologia de ensino do direito. *Direito Global*. SUNDFELD, Carlos Ari; VIEIRA, Oscar Vilhena (Coordenadores). São Paulo: Max Limonad, 1999.

ROUANET, Sérgio. *As Razões do Iluminismo*. São Paulo: Companhia das Letras, 2000.

ROSENVALD, Nelson. *As funções da responsabilidade civil*. São Paulo: Atlas, 2013.

SARMENTO, Daniel. *Direitos Fundamentais e Relações Privadas*. Rio de Janeiro: Lumen Juris, 2004.

SEGUÍ, Adela M. Aspectos relevantes de la responsabilidad civil moderna. *Revista de Direito do Consumidor*. São Paulo: RT, n. 52, p. 267-318, out./dez. 2004.

Anotações Gerais